Francoscopie

DU MÊME AUTEUR

Les Français en questions
La Revue des Deux Mondes/RFI, 1989.

Monsieur le futur président
Aubier, 1988.

Démocrature
Comment les médias transforment la démocratie. Aubier, 1987.

Francoscopie
Edition 1987. Larousse.

La Bataille des images
Avec Jean-Marie Cotteret. Larousse, 1986.

Vous et les Français
Avec Bernard Cathelat. Flammarion, 1985.

Francoscopie
Larousse, 1985. Prix Convergences (Ministère des Relations extérieures).

Marketing : les règles du jeu.
Clet (France) et Agence d'Arc (Canada), 1982.

ISBN : 2-03-503090-0

Gérard Mermet

Francoscopie

Français
qui êtes-vous ?

dessins de Gilles Rapaport

Larousse

17, RUE DU MONTPARNASSE - 75298 PARIS CEDEX 06

SOMMAIRE

Afin de mieux répondre aux attentes des lecteurs, un questionnaire a été placé à la fin de l'ouvrage. Merci de consacrer quelques minutes à le remplir et à le retourner.

Micro-entretiens

MODE D'EMPLOI

FRANCOSCOPIE a pour ambition de décrire et d'analyser l'état de la société française et les modes de vie des Français. Il s'efforce donc de montrer, démontrer, ouvrir des pistes de réflexion plutôt que juger, condamner ou militer.

Les informations mentionnées sont les plus récentes disponibles au moment de la rédaction. Elles émanent d'un grand nombre de sources, publiques ou privées, dont une liste est donnée en annexe. En l'absence de chiffres officiels et précis, des estimations « raisonnables » ont été reprises ou élaborées ; elles sont alors précédées du symbole **E**.

Les chiffres émanant de sondages ou enquêtes d'opinion sont identifiés par le symbole **S**. Ceux qui ont été sélectionnés sont ceux qui présentent les meilleures garanties de fiabilité (échantillon, libellé des questions...). Les enquêtes répétitives (baromètres), qui permettent de mesurer les évolutions dans le temps, ont été privilégiées. Sauf indication contraire, les sondages portent sur des échantillons représentatifs de la population de 18 ans et plus.

L'ouvrage est illustré par des photos de campagnes de publicité récentes qui mettent en évidence certaines tendances décrites dans les chapitres.

Afin de dresser un panorama encore plus clair et complet de l'état de la société française, de nouvelles améliorations ont été apportées dans le contenu et la forme de cette édition :
• Le livre fournit davantage de comparaisons avec les autres pays, en particulier ceux appartenant à la Communauté européenne.
• Certains chapitres (*Santé*, *Valeurs*, *Argent*, *Europe* ...) font l'objet de développements particuliers.
• Les événements de l'actualité des deux dernières années sont replacés dans un contexte général.
• Le livre contient une trentaine de *Micro-entretiens* avec des personnalités sur des sujets très divers (voir liste dans le *Sommaire*). Ces courtes questions-réponses sont reprises de l'émission FRANCOSCOPIE produite et animée par Gérard Mermet chaque semaine sur Radio France Internationale.
• Un indicateur sociologique exclusif, le *Socioscope*, réalisé à partir des données des enquêtes annuelles de l'institut Agoramétrie, montre le chemin parcouru par la société française depuis une dizaine d'années.
• La maquette a été encore améliorée afin de faciliter la lisibilité et la compréhension des informations.

Si vous êtes un lecteur pressé, faites une « lecture en couleur ». Les informations principales ou synthétiques ont été placées dans des intertitres imprimés en rouge.

FRANCOSCOPIE,
ÉDITION 2000 moins 9

Depuis la dernière édition de FRANCOSCOPIE, publiée fin 1988, des changements particulièrement importants se sont produits (ou révélés) dans la société française et dans son environnement international. Les inquiétudes nées des mouvements à l'Est et de la crise du Golfe Persique n'ont fait que renforcer un malaise social déjà apparent.

Après des décennies de resserrement des écarts entre les Français, on assiste à un accroissement (et à une prise de conscience) des *inégalités*. L'*argent* s'affirme aujourd'hui comme l'instrument de mesure principal de la valeur, tant des choses que des individus. Surtout, on voit se diffuser des *normes sociales* implicites de plus en plus nombreuses et contraignantes. Les médias, les entreprises et même les pouvoirs publics proposent avec insistance des modèles d'« excellence » professionnelle, personnelle et familiale difficiles à atteindre par le commun des mortels.

La conséquence est un sentiment de *frustration*, souvent accompagné de peur ou de colère, qui touche la grande masse de ceux qui ne peuvent (ou ne veulent) ressembler aux modèles. Il est alimenté par les menaces, réelles ou supposées, qui pèsent sur l'avenir du monde et de l'espèce humaine (déséquilibres géopolitiques, risques écologiques, sida, démographie, immigration, etc.). Il explique à la fois la montée de l'extrême droite, celle de l'écologie ou de l'abstention. Son corollaire est un besoin d'*humanisme*, de solidarité, de morale, voire de spiritualité. S'il n'était pas satisfait au cours des prochaines années, une véritable explosion sociale deviendrait alors possible...

Une recomposition de la société française, de son système de valeurs, de ses craintes et de ses espérances est donc en cours. Elle est décrite et analysée dans les différents chapitres du livre. Elle est synthétisée dans la première partie (*L'état des Français*), qui dresse la liste des « tendances lourdes » et montre que de fortes tensions, apparentes ou souterraines, se développent actuellement dans les différentes couches de la société.

Qui sont les Français ? Comment vivent-ils ? En s'efforçant de répondre à ces deux questions, FRANCOSCOPIE 91 vous aide aussi à imaginer comment ils vivront demain.

Gérard Mermet

Je dédie cette édition à ma mère.

**Disponible également
chez Larousse :**

La première description exhaustive des douze
pays et des douze peuples de la C.E.E. :

- l'Europe telle que vous ne l'avez jamais vue
  à travers des cartes et des classements inédits,

- l'histoire, la géographie, la vie politique
  et économique des douze nations,

- une analyse approfondie
  des modes de vie des Européens.

Un volume broché (19,5 × 28 cm), 448 pages.

L'ÉTAT DES FRANÇAIS

Les pages qui suivent ne constituent pas une introduction, mais une synthèse. C'est-à-dire qu'elles ont été rédigées *après* l'ensemble des chapitres du livre et qu'elles sont la traduction de leur contenu. Par nature, cette synthèse ne peut être qu'une *interprétation* par l'auteur des données (très nombreuses et parfois contradictoires) dont il dispose ; elle n'engage donc que lui.

La première partie (*La France frustrée*) décrit l'état actuel des mentalités individuelles et son influence sur les comportements collectifs. Certains lecteurs pourront la juger pessimiste dans un contexte économique qui, jusqu'à la crise ouverte au Moyen-Orient, apparaissait plutôt favorable. On peut faire à ceux-là quatre remarques :

1. Les périodes de retour à une prospérité relative sont plus favorables à l'expression des mécontentements que celles de crise économique, surtout lorsqu'elles s'accompagnent d'une redistribution des rôles entre les catégories sociales et de partages plus inégalitaires.

2. L'état réel d'une société est souvent différent de l'image qui en est donnée par les médias, pour des raisons qui tiennent aux contraintes du système médiatique (recherche de l'audience maximum, primauté des événements sur les idées, difficulté de suivre les informations dans le temps, etc.).

3. Chacun tend naturellement à confondre son propre mode de vie et son itinéraire personnel avec ceux de l'ensemble de ses concitoyens. Toute transformation des structures sociales produit des gagnants et des perdants ; les premiers (sans doute plus nombreux à lire ce livre) ne sont pas toujours conscients de l'existence des seconds.

4. Les grandes secousses de la société sont souvent précédées de petites oscillations peu perceptibles à celui qui ne dispose pas de l'attention nécessaire pour les observer ni d'instruments pour les mesurer.

La deuxième partie (*Tendances*) met en évidence les mouvements, naissants ou confirmés, qui agitent la société et expliquent les attitudes et les comportements des Français. Elle est complétée par une synthèse graphique des évolutions constatées depuis une dizaine d'années (le *Socioscope*).

La troisième partie (*Le petit bout de la lorgnette*) reprend certains faits étonnants, amusants ou anecdotiques, mais toujours révélateurs des modes de vie contemporains.

Enfin, une page intitulée *Quelques chiffres pour planter le décor* donne un rapide aperçu de la population française et de ses conditions de vie.

LA FRANCE FRUSTRÉE

Retournements de tendances ● *Retour des inégalités* ● *Dictature des normes sociales* ● *Montée de la frustration* ● *De la peur à l'agressivité* ● *Recomposition sociale* ● *La dernière génération ?* ● *Humanisme et spiritualité*

Retournements de tendances

La seconde moitié des années 80 aura été caractérisée par une inversion des tendances établies depuis des années, voire des décennies dans de nombreux domaines (économie, démographie, santé, etc.) :

• Amélioration de l'activité économique et de ses perspectives ;

• Reprise de la création d'emplois, amorcée dès 1985 et accentuée en 1988 et 1989, qui a permis de stabiliser le niveau de chômage ;

• Augmentation de l'épargne des ménages à partir de 1988, après six années de baisse pratiquement ininterrompue ;

• Augmentation, depuis 1987, des maladies professionnelles, des accidents du travail et des accidents de la route, annulant l'amélioration générale constatée depuis près d'une décennie ;

• Reprise des mariages (+ 2,2 % en 1988, + 3,6 % en 1989) et stabilisation du nombre des divorces, après une baisse continue de quinze ans pour les mariages, de plus de trente ans pour les divorces ;

• Stabilisation de la natalité. Si l'indicateur conjoncturel se maintient à environ 1,8, la descendance finale des générations arrivées au terme de leur période de fécondité s'établit à 2,1 enfants par femme, niveau proche du seuil de renouvellement des générations. L'apparition d'une fécondité plus étalée dans le temps rend donc moins probables les scénarios-catastrophes des démographes ;

• Accroissement de l'éventail des revenus, après plusieurs décennies de resserrement des écarts.

La dé-France

Les mots sont les traductions des idées et les reflets de l'époque à laquelle ils sont inventés. La date de leur entrée dans le dictionnaire permet de situer avec précision les changements qui se produisent dans les mentalités. Ainsi, ce n'est pas par hasard que beaucoup de mots commençant par le préfixe « dé » sont entrés dans le *Petit Larousse* au cours des années 80 :

1981. Déscolariser ; débudgétisation ; désétatiser.
1982. Dépénaliser ; désinformation ; dégraisser.
1983. Débureaucratiser ; déconventionner.
1984. Décompresser ; déprogrammer ; déqualifier ; désépaissir.
1985. Démotiver ; désinflation ; désynchroniser.
1986. Déréglementer ; désendettement ; désyndicalisation.
1987. Déconstruire ; démotivation ; déresponsabiliser ; désindexer.
1988. Décrédibiliser ; dérégulation ; désectorisation.
1989. Décriminaliser ; défiscaliser ; démédicaliser ; désindustrialiser ; désinformer.
1990. Délocalisation ; désincarcérer.

Il apparaît donc clairement que cette décennie aura été marquée par la volonté de *défaire* des institutions, des idées et des structures héritées du passé et inadaptées au présent. Consciemment ou inconsciemment, les Français ont voulu *dépoussiérer* (le mot est entré dans le dictionnaire en 1985 dans son sens figuré de rajeunir) la société. Il faudra sans doute encore quelques années avant que cette période de dé-France ne s'achève. Mais ce n'est pas par hasard non plus que le mot *rénovation* a fait son apparition dans le vocabulaire, en particulier politique, à la fin de la décennie.

Le retour des inégalités

La reprise de la croissance aura coïncidé avec celle des inégalités sociales. L'éventail des revenus s'est à nouveau ouvert à partir de 1985. Entre 1986 et 1989, les salaires des cadres et des patrons ont plus augmenté que les bas salaires. Ces inégalités sont accentuées par les compléments de salaires, plus élevés dans les catégories les mieux rémunérées.

L'un des enseignements de la décennie aura été que le capital rapporte davantage que le travail. La concentration de la fortune, déjà forte, tend à s'accroître : 1 % des ménages les plus fortunés détiennent près de 20 % du patrimoine total ; les 10 % de ménages les moins fortunés en possèdent une part infime (0,1 %). Les inégalités de consommation suivent logiquement celles des revenus et des patrimoines. Ainsi, les ménages de cadres supérieurs dépensent par unité de consommation entre 40 % (alimentation) et 200 % (loisirs) de plus que ceux d'ouvriers. Les écarts ont doublé en trente ans.

Il est à craindre, en l'absence de mécanismes régulateurs adaptés, que le prolongement de la croissance économique au cours des prochaines années ne vienne renforcer ces inégalités. La rentabilité et les plus-values des placements favorisent en effet les patrimoines élevés, qui peuvent plus facilement profiter des opportunités offertes par la Bourse ou l'immobilier. L'internationalisation du marché de l'emploi des cadres et des chefs d'entreprise et l'amélioration des profits tendent à tirer les gros salaires vers le haut, tandis que les petits profitent moins de la conjoncture économique.

Les inégalités de type culturel pourraient aussi connaître une aggravation. Dès l'école, les enfants des milieux aisés bénéficient d'un soutien (direct et indirect) de plus en plus intense de la part de leurs parents. On constate en outre que le niveau des diplômés augmente, tandis que celui des non-diplômés diminue.

Les écarts apparus au cours de la scolarité continuent de se creuser tout au long de la vie par l'influence des *relations*, qui faussent le jeu de la concurrence (croissante) entre les individus. L'*homogamie* (propension des individus à se marier avec une personne issue d'un milieu social identique ou proche) et l'*endogamie* (propension à se marier entre personnes de la même aire géographique) sont d'autres facteurs qui entretiennent la « reproduction » sociale.

Enfin, la multiplicité des choix en matière de loisirs (surtout audiovisuels) tend à renforcer les différences entre ceux qui ont les moyens et l'envie de se cultiver et ceux qui cèdent à la facilité.

Quelques convergences

Dans une société de plus en plus complexe, les mouvements se produisent rarement dans un seul sens. L'accroissement des inégalités s'accompagne dans certains domaines d'une réduction des écarts entre les individus.

Les différences entre les sexes tendent ainsi à se réduire, voire à s'inverser. Dans le couple, le partage des tâches et des rôles (y compris sexuels) est plus égalitaire, bien que leur répartition reste très spécialisée. Les écarts entre les pratiques de loisirs (y compris sportifs) diminuent. A l'école, les filles sont plus nombreuses et meilleures que les garçons ; elles ont un meilleur taux de réussite au bac.

On observe aussi des convergences dans des domaines très différents. C'est le cas par exemple de la taille des Français : la population compte un peu plus de grands, mais beaucoup moins de petits. Les habitudes alimentaires, longtemps distinctes, entre les catégories sociales tendent à se rapprocher. L'écart concernant la durée du travail s'est réduit entre les professions et les secteurs d'activité. En matière de divorce, les différences régionales se sont atténuées. Enfin, parmi les femmes en âge de procréer, l'usage de la contraception s'est harmonisé entre les catégories sociales.

La dictature douce des normes sociales

Les médias (publicité, magazines, livres pratiques ou de « développement personnel », films, séries télévisées...) mettent en scène des personnages dotés de tous les canons actuels de la perfection : jeunesse, forme physique, richesse, efficacité, capacité de communication et de séduction, force de caractère, chance, etc. Mais peu d'hommes peuvent prétendre ressembler à Bernard Tapie, peu de femmes aux *super-women* qu'on leur donne en exemple.

Etre petit, âgé, obèse, chauve, fumeur, alcoolique, velléitaire, malade ou malchanceux devient donc un véritable handicap social. Avoir un emploi non valorisant, un salaire modeste, une petite voiture, des enfants en situation scolaire difficile est souvent ressenti comme un échec par rapport aux normes de perfection qui prévalent. La dictature rampante du « toujours plus » et du « toujours mieux » impose de réussir en même temps sa vie professionnelle, familiale, amoureuse, personnelle, sociale.

Surfant sur la vague sécuritaire, les médias se sont faits en outre les champions de la prévoyance individuelle. Leurs conseils, multiples et contradictoires, incitent des Français inquiets à exclure de leur alimentation certains produits supposés cancérigènes, à se méfier de médicaments jugés peu sûrs, à ne pas s'exposer au soleil, à bannir le jogging, l'ULM ou le saut à l'élastique. Ils les incitent aussi à différencier les bons et les mauvais glucides, à surveiller leur hypertension et leur cholestérol, à se faire vacciner contre la grippe...

Dans le même souci, évidemment louable, de favoriser à la fois la protection individuelle et le bien-être collectif, les pouvoirs publics participent de plus en plus à cette normalisation implicite des comportements. Les campagnes institutionnelles se multiplient contre l'usage du tabac, de l'alcool, de la drogue, pour l'usage des contraceptifs, le respect du port de la ceinture de sécurité, voire la dénonciation des contrevenants. Pour avoir leur brevet de parfaits citoyens, les Français doivent aussi refuser les bombes aérosols, équiper leur voiture d'un pot catalytique, économiser l'eau du robinet, réduire les déchets ménagers...

Les entreprises contribuent également au phénomène. La vie professionnelle est de plus en plus codifiée (recrutement, méthodes de travail, comportements, apparence, modes de rémunération...) ; les comportements « déviants » tendent à être sanctionnés. Il faut dire que les entreprises n'ont guère le droit à l'erreur, à une époque où une goutte de benzène dans une bouteille d'eau minérale peut ruiner une image, une rumeur entraîner la faillite. Le mythe de l'« excellence », importé des Etats-Unis, s'est imposé aussi comme une méthode de gestion des hommes. Mais la « culture du stress » et le culte de la perfection produisent au moins autant de frustration que d'efficacité.

La montée des frustrations

Pour le petit nombre des « gagnants », qui accumulent les attributs de la réussite (pouvoir, argent, célébrité), la « normalisation » de la vie quotidienne peut constituer une formidable source de satisfaction, voire de griserie (bien que se pose pour eux le difficile problème du maintien dans ce club très fermé). Mais, pour les autres, beaucoup plus nombreux, elle entraîne un sentiment croissant de frustration. Le confort matériel, qui concerne la grande majorité des Français, coexiste aujourd'hui avec l'inconfort moral. La crise économique s'est accompagnée d'une crise d'identité. Elle a engendré à la fois le *stress* et le *spleen*. Les manifestations de cette frustration sont de plus en plus nombreuses et apparentes :

• Le nombre de fumeurs a augmenté, en particulier chez les femmes et les jeunes.

• Les Français détiennent le record du monde de consommation de tranquillisants et de somnifères.

• Les suicides ont triplé chez les 15-24 ans en vingt ans ; ils ont augmenté de moitié en dix ans chez les plus de 55 ans.

• Le nombre des solitaires (environ 6 millions) a augmenté beaucoup plus vite que la population. Une large proportion d'entre eux vit plutôt mal cette solitude.

• Après une pause de quatre ans, la délinquance a augmenté à nouveau en 1989, surtout en ce qui concerne les vols et les actes d'agression. La recrudescence du vandalisme, qui s'exerce aussi bien sur les équipements publics (métro parisien, cabines téléphoniques...) que privés (voitures, biens divers...) traduit souvent la frustration de certaines catégories sociales (jeunes, étrangers...).

• De nouveaux rapports s'installent entre les hommes et les animaux. Les chats et les chiens sont parfois mieux traités et soignés que les enfants. On peut analyser ce phénomène comme une compensation à un besoin de communication insatisfait.

• Parmi les douze pays de la Communauté européenne, les Français ne se placent qu'au 9e rang de satisfaction par rapport à la vie qu'ils mènent. Les sondages montrent en outre qu'ils ont l'impression de rire de moins en moins.

De la peur à l'agressivité

Le rejet de « l'autre » et l'agressivité sont de plus en plus apparents dans les attitudes et les comportements des Français, au travail ou au volant, dans les faits divers comme dans les conversations.

La montée de l'extrême droite constitue la manifestation la plus spectaculaire de cette évolution des mentalités. Beaucoup d'électeurs du Front national se recrutent parmi ceux qui, mal dans leur peau, tendent à rejeter sur les autres la responsabilité de leur frustration. Les attitudes vis-à-vis de l'immigration tendent à se radicaliser. Une large majorité des Français sont défavorables à l'entrée de nouveaux immigrés, au droit de vote des étrangers ou à l'affirmation des convictions religieuses à l'école. Le débat sur l'immigration ne concerne plus seulement le chômage mais l'avenir de l'identité de la France dans le cadre d'une société qui deviendrait pluriculturelle.

Le triomphe récent de certains films constitue une bonne illustration de ce malaise social. *Le Cercle des poètes disparus* est un hymne au *carpe diem*, une incitation à ne pas se laisser couler dans le moule des normes sociales, même si cela présente quelques risques. *Bagdad Café* met en scène des personnages « non conformes » et montre qu'ils peuvent quand même parvenir à un bonheur simple mais vrai. *Le Grand Bleu* ou *l'Ours* sont des régressions, au sens psychanalytique, vers le monde animal ou la mer, matrice de l'humanité. Chacun de ces films apporte sa réponse à une angoisse existentielle croissante et à la difficulté de vivre dans *un monde sans pitié*, titre d'un autre film récent à succès.

La recomposition sociale

Les transformations économiques, technologiques ou culturelles de ces quinze dernières années ont des conséquences de plus en plus sensibles sur la plupart des structures, professionnelles, familiales, sociales, institutionnelles.

La hiérarchie des professions s'en est trouvée peu à peu transformée. Les notables d'hier (médecins, enseignants, certaines professions libérales, hommes politiques...) ont perdu une partie de la considération et des privilèges dont ils jouissaient. Les cadres ont dû se mettre à l'heure de l'efficacité. Certains métiers de production ou de service se sont revalorisés, dans la mesure où ils se sont avérés à la fois indépendants et rentables (plombier, restaurateur, boulanger, viticulteur, garagiste, expert-comptable, kinésithérapeute...).

Cette recomposition professionnelle a bien sûr des incidences sur la hiérarchie sociale. La « classe moyenne », fruit de trente années de prospérité économique (1945-1975), est en train d'éclater (voir encadré). Le paysage social est traversé de tensions croissantes : entre Français et étrangers, entre actifs et inactifs, entre fonctionnaires et salariés du privé, entre jeunes et vieux...

Les nouvelles classes

L'explosion de la classe moyenne a engendré vers le haut une sorte de *protectorat* composé de fonctionnaires, de certaines professions libérales, d'employés et cadres d'entreprises des secteurs non concurrentiels ; ceux-là ne connaissent pas les affres de la compétition professionnelle et vivent dans un monde protégé, presque irréel.

Au-dessus, plane toujours ce qu'il est convenu d'appeler l'« élite » de la nation, *Nomenklatura* à la française qui tient les rênes du pouvoir politique, économique, intellectuel, social. Ses membres sont patrons, cadres supérieurs, professions libérales, gros commerçants, mais aussi hommes politiques, responsables d'associations, syndicalistes, experts, journalistes, etc. Une aristocratie moderne qui ne se reconnaît plus par la naissance mais par la réussite, le pouvoir et l'argent.

Dans le même temps, la classe moyenne a engendré vers le bas une sorte de *néo-prolétariat* aux conditions de vie de plus en plus précaires. On y trouve les « nouveaux pauvres » et les exclus du modernisme, mais aussi de la vie professionnelle, culturelle, sociale. Enfin, les autres Français appartiennent à la *néo-bourgeoisie*. Commerçants, petits patrons, employés ou même ouvriers qualifiés, ainsi que certains représentants des professions libérales en difficulté (médecins, architectes...), ils ont un pouvoir d'achat acceptable ou confortable, mais restent vulnérables à l'évolution de la conjoncture économique.

Les structures familiales évoluent aussi. Depuis quelques années, les couples vivant en cohabitation, les familles monoparentales, les familles « recomposées » (parents remariés et enfants issus de plusieurs mariages) se sont multipliés. Plus d'une naissance sur quatre se produit hors mariage.

Sur le plan économique, de nouveaux types de ménages ont pris une importance croissante : les *mono-ménages actifs* (composés d'une seule personne exerçant une activité) et les ménages *biactifs* (dans lesquels l'homme et la femme travaillent) représentent aujourd'hui plus de la moitié des foyers. La norme de la femme au foyer est remplacée par celle de la femme au travail. Ce qui n'empêche pas le rapport numérique entre actifs et inactifs de se détériorer : on comptait dix travailleurs pour un retraité en 1955 ; ils ne sont plus que deux en 1990.

Les institutions n'échappent pas à la restructuration en cours. Même si ses effets ne se font pas encore vraiment sentir, le vent de la réforme commence à souffler sur l'école, l'Eglise, l'Etat ou les syndicats. Malgré leur forte résistance au changement, les partis politiques sont aussi condamnés à se redéfinir ; le Parti communiste a ses rénovateurs, le RPR ses jeunes loups, le Parti socialiste ses courants.

Partout dans la société, les hiérarchies se transforment sous l'action des forces externes et internes. De nouvelles structures se forment ou se réforment. De nouvelles classes sociales se créent, qui commencent à se livrer de nouvelles luttes.

La dernière génération ?

Dans les médias et dans les conversations, le mot *fin* est d'un usage de plus en plus courant. L'approche de l'an 2000, terme d'un siècle et d'un millénaire, n'y est évidemment pas étrangère. Ce n'est pas par hasard non plus que le concept de « fin de l'Histoire » proposé par l'Américain Fukuyama a frappé les esprits.

Les menaces écologiques (effet de serre, déforestation, fissure de la couche d'ozone...) ont fini par accréditer l'idée d'une fin possible du monde. Bien que leurs effets soient opposés, le sida et la croissance démographique sont considérés comme deux fléaux. L'un est individuel et l'autre collectif, mais tous deux illustrent la difficulté actuelle de l'humanité à assurer sa survie.

La jeunesse trahie

Nés après 1968, les moins de 20 ans forment une génération particulière. Ni « bof-génération », ni « boss-génération », ils constituent en fait la *génération-transition*. Transition entre deux sociétés (industrielle et post-industrielle), entre deux appartenances géographiques (nés Français, ils vivront leur vie d'adulte en tant qu'Européens), entre deux siècles et, phénomène plus rare, entre deux millénaires. Transition entre deux systèmes de valeurs : la vision collective de la vie et de la société s'efface au profit d'une vision individuelle, « égologique ». Transition en fait entre deux civilisations ; celle de la consommation et des loisirs remplace peu à peu celle du travail. Plus que toute autre génération, celle-ci devra inventer un monde nouveau. Sa tâche s'annonce d'autant plus difficile qu'elle reçoit en héritage une société aux prises avec de graves problèmes : chômage, sida, pollution, misère, intolérance, risques technologiques...

Pour beaucoup de jeunes, les adultes d'aujourd'hui n'ont pas plus réussi à gérer le présent qu'à maîtriser le futur. La plupart des institutions, à l'exception de certaines entreprises, n'ont pas su s'adapter à leur environnement ; elles ont donc perdu leur crédibilité. Les partis politiques sont paralysés par des structures figées et un souci permanent de ne pas déplaire à l'opinion. L'Etat (de droite comme de gauche) est empêtré dans des arbitrages qui privilégient le court terme ; il a laissé se développer les inégalités et les extrémismes et n'a pas su insuffler les conditions d'un sursaut national. Les syndicats continuent de livrer des combats d'arrière-garde, favorisant les corporatismes et le protectionnisme.

Plus encore que les adultes, les jeunes se sentent incapables de ressembler aux modèles qui leur sont proposés par les médias. Beaucoup en ressentent une grande frustration et un profond découragement. Cette situation est d'autant plus préoccupante qu'elle se développe sur fond d'harmonie familiale. Mais les parents affichent souvent pour leurs enfants une *ambition destructrice* qui les fait entrer très tôt dans une compétition où il y a autant à perdre qu'à gagner. Le contexte moral n'est pas plus favorable à la quête de la sérénité. Les valeurs du moment sont avant tout défensives, matérialistes, individualistes. Le court terme est plus important que le long terme, l'habitude plus que l'innovation, le rêve plus que la réalité. Le système social semble construit pour engendrer le confort, la sécurité, le plaisir. Beaucoup de jeunes ont l'impression qu'il aboutit au résultat inverse.

Une formation inadaptée, un environnement menacé, un emploi mal partagé, une technologie indomptée, une Europe inachevée ; l'héritage que les adultes sont en train de léguer aux jeunes ressemble fort à un cadeau empoisonné.

Les jeunes sont évidemment les plus concernés par ces menaces. L'urgence des problèmes, l'ampleur des risques et les craintes des experts incitent certains d'entre eux à se demander s'ils ne font pas partie de la « dernière génération ».

Humanisme et spiritualité

Avec dix ans d'avance, l'époque donne raison à André Malraux. La frustration actuelle s'accompagne logiquement d'une recherche croissante de sens, de morale, de solidarité, d'humanisme. Le siècle prochain sera sans doute spirituel, peut-être religieux. L'affirmation peut paraître hardie à une époque où les catholiques vont peu à la messe, où les Français hésitent à se marier à l'église et à faire baptiser leurs enfants, écoutent d'une oreille distraite ou indignée les discours des évêques sur la sexualité ou la contraception, s'inquiètent des intégrismes de toutes sortes.

Pourtant, il ne faut pas assimiler la diminution (spectaculaire) de la pratique religieuse à celle de la foi. Tous les indicateurs montrent que celle-ci reste pratiquement constante depuis une vingtaine d'années : environ 60 % des Français affirment croire en Dieu.

Il ne faut pas confondre non plus l'*image* de l'Eglise catholique avec son influence réelle et surtout potentielle. Bien sûr, ses prises de position sur la pilule abortive, l'utilisation des préservatifs, le film de Scorsese ou le mariage des prêtres sont ressenties par beaucoup comme d'inacceptables atteintes à la liberté. Mais les protestations des Français devant cette ingérence de l'Eglise n'empêchent pas une prise de conscience des rapports nécessaires entre vie privée et moralité, entre vie matérielle et spiritualité. Elles cachent souvent aussi un véritable sentiment de culpabilité, face à sa propre vie, face à l'héritage que l'on va laisser à ses enfants. Même si beaucoup affectent de ne pas l'entendre, le cardinal Lustiger frappe les esprits lorsqu'il affirme que « nos pays occidentaux sont en train de crever moralement par manque de respect, d'enthousiasme, de dignité, de sens de l'honneur de la vie » (*Club de la Presse*, Europe 1, 25 septembre 1988).

Depuis des siècles (celui de la Révolution, et peut-être plus encore de la Réforme), l'Eglise catholique n'a jamais été très à l'aise avec le « modernisme », qui a progressivement imposé la prééminence de l'individu. Pour celui-ci, l'existence se déroule essentiellement « ici et maintenant », alors que les textes religieux parlent plus volontiers de la « personne » et situent sa raison d'être « ailleurs et plus tard ». L'Eglise n'a jamais été non plus en harmonie avec la République, qui place sur le même plan la liberté, l'égalité et la fraternité.

La réconciliation est aujourd'hui possible. Dans le contexte des grandes inquiétudes actuelles (risques technologiques, déséquilibres démographiques et économiques...), l'humanisme et la fraternité apparaissent de plus en plus nécessaires. Or, la fraternité est précisément l'un des principes fondateurs de l'Eglise et le domaine dans lequel elle peut le mieux exercer son magistère.

Certes, la société française n'a jamais été aussi attachée à sa laïcité (abondamment fêtée lors du bicentenaire de la Révolution). Mais l'influence de l'Eglise pourrait être d'autant plus grande qu'elle n'est plus une institution intégrée à la République et qu'elle peut être un contrepoids intemporel aux partis politiques, aux syndicats, à l'école ou aux médias.

Le doute contemporain est celui de l'identité et de l'appartenance : géographique, morale, politique, culturelle. C'est-à-dire, au fond, spirituelle. Dans une civilisation qui se voudrait immortelle mais qui ne croit plus à son avenir, il n'est pas exclu que les Français se tournent vers la religion.

TENDANCES

Le principe de plaisir ● La vie rêvée ● La science contestée ● L'argent-roi ● Le nouveau monde ● La soif de culture ● L'ère de l'audiovisuel ● La société horizontale ● L'égologie ● La société centrifuge ● La démocrature ● Le temps partagé ● La troisième voie

Le principe de plaisir

Le ressort de la société actuelle n'est plus le travail, mais le loisir. Celui-ci n'est plus une récompense, mais une activité. Ce changement de mentalité traduit à la fois la priorité accordée au présent et la prépondérance de l'individu sur la collectivité.

Dans ce contexte, le plaisir et sa dimension matérielle, le confort, sont des attentes essentielles. Déçus par le fonctionnement des institutions et inquiets de leur avenir, les Français sont de moins en moins militants, que ce soit dans le cadre d'associations, de syndicats ou de partis politiques.

Le principe de plaisir n'est pas un nouvel hédonisme. S'il traduit la volonté commune de profiter de l'instant présent, conséquence logique de la primauté du court terme, il est une manifestation du pessimisme et de la frustration ambiants. Il s'oppose à la fois au principe de l'effort et à celui de réalité.

La vie rêvée

La médiatisation des produits, entreprises, institutions, idées et personnages publics fait que, dans beaucoup de cas, c'est l'image qui tient lieu de réalité. La réalité vécue est donc en partie « rêvée ». Le foyer devient une sorte de bulle stérile peuplée de « produits de distanciation » (télévision, téléphone, Minitel, ordinateur...) qui permettent de rester en contact avec le monde extérieur sans être en contact direct avec lui.

Le mythe du « voyage » se développe ; on y accède par les transports mais aussi par la drogue, les médias ou le jeu. Les loisirs qui se développent le plus (audiovisuel, jeux vidéo, parcs de loisirs, clubs de vacances...) ne cherchent d'ailleurs plus à simuler la réalité, mais plutôt à la transcender.

A défaut de bien vivre leur vie, les Français préfèrent la rêver. Beaucoup vivent leurs passions par procuration, confortablement installés devant la télévision.

La science contestée

La montée de l'écologie traduit la peur des menaces liées au progrès scientifique (manipulations génétiques...) ou industriel (pollution...). Plus qu'une opinion politique, elle est une attitude générale devant les menaces qui pèsent sur l'environnement et sur la survie des espèces, y compris depuis peu l'espèce humaine. La science a montré qu'elle était capable de prolonger la vie ; elle montre aujourd'hui qu'elle peut la supprimer. A l'échelon individuel, mais aussi, désormais, collectif.

De plus, les récentes années ont montré l'étendue de l'ignorance dans de nombreux domaines scientifiques, que ce soit pour prévoir les phénomènes, les décrire ou éviter leurs inconvénients. Le scientisme cède peu à peu la place à l'irrationnel : 10 millions de Français utilisent les services des voyants ; 66 % croient à l'astrologie.

Pourtant, la plupart sont conscients que seule la science est capable de réparer les dégâts qu'elle a causés. Ils savent que la technologie supprime des emplois mais crée des métiers. Ils acceptent de mieux en mieux la présence de l'ordinateur dans leur vie.

L'argent-roi

Les années 80 ont marqué la fin du « péché capital ». Le culte de la réussite individuelle s'est développé en contrepoint à la crise. Si l'argent est moins suspect, il est de plus en plus voyant, ce qui engendre un sentiment de frustration parmi ceux qui n'en ont pas autant qu'ils le souhaitent.

La consommation constitue la raison de vivre de beaucoup de Français qui s'étourdissent dans l'achat et l'utilisation de produits, d'équipements et de signes sociaux, dans une quête de petits bonheurs achetés au jour le jour ; « je consomme, donc je suis »...

Pour préserver leurs dépenses (ou accéder aux produits de luxe, de plus en plus recherchés), les Français ont préféré puiser dans leur épargne (jusqu'en 1987) et surtout recourir au crédit. Le taux de croissance des crédits à la consommation dépasse 20 % par an depuis 1985. Le surendettement concerne au moins 200 000 familles.

L'argent n'a donc plus d'odeur ; il est investissement ou rêve selon les circonstances. Il permet de meubler l'instant présent de sensations fortes mais éphémères.

Le nouveau monde

Les Français ont aujourd'hui une vision plus précise, mais aussi plus inquiète, du monde. La perspective du marché unique de 1992 a favorisé leur adhésion morale à l'Europe des douze. Les événements dans les pays de l'Est ont provoqué leur découverte d'une autre Europe, oubliée depuis quarante ans.

Mais la rupture des anciens équilibres entraîne de nouvelles inquiétudes. L'Europe communautaire n'est pas encore un modèle, alors que l'Amérique, le Japon ou la Scandinavie ne le sont plus, même si l'influence culturelle des Etats-Unis reste forte. La conséquence est que beaucoup de Français hésitent aujourd'hui à définir leur appartenance : locale, régionale, nationale, européenne, planétaire ?

Le besoin de culture

Les activités culturelles sont de plus en plus recherchées. Les grandes expositions provoquent des affluences considérables. Le marché de l'art explose. Certains livres difficiles connaissent des succès inattendus. Les Français cherchent dans l'histoire des points de repère, soucieux de comprendre le présent et d'entretenir la mémoire du passé. Les pratiques culturelles tendent à devenir plus éclectiques, même pendant les vacances. Le besoin de culture se double d'un besoin esthétique.

La culture générale est la clé de l'adaptation à un environnement en perpétuelle mutation. Le recrutement des entreprises accorde aujourd'hui un peu moins de place aux mathématiques et aux matières scientifiques, davantage aux connaissances générales. Les entreprises misent aussi sur la culture pour façonner leur image, à travers le *sponsoring*.

L'ère de l'audiovisuel

Les Français font davantage confiance à l'écrit mais se laissent de plus en plus séduire par l'audiovisuel. La musique tient une place croissante dans leur vie. En dix ans, le nombre des lecteurs de la presse quotidienne a diminué de plus d'un quart. Entre 1982 et 1989, la durée de réception de la télévision est passée de 4 à 5 heures par jour et par foyer.

Le progrès technologique favorise cet engouement pour l'image et le son : le Minitel, l'ordinateur, les lecteurs de disques compacts, les magnétoscopes et Caméscopes en sont les principaux vecteurs.

La société horizontale

Après avoir été hiérarchiques, donc verticales, les structures des entreprises, de l'Etat ou de la famille tendent à devenir horizontales.

L'entreprise fait davantage participer ses employés, les laboratoires de recherche créent des équipes pluri-disciplinaires, l'Etat décentralise, la famille donne à la femme et aux enfants une plus large autonomie.

Mais c'est dans le domaine de la communication que l'évolution est la plus sensible, grâce au développement des réseaux. Par l'intermédiaire des ordinateurs ou du Minitel, reliés entre eux et aux banques de données, l'information circule entre les individus sans respecter une quelconque hiérarchie. Ce « maillage » transversal abolit les barrières de classe sociale, d'âge, de distance. Il répond à la fois aux souhaits des Français et à un souci plus général d'efficacité.

L'égologie

Dans un monde dur et dangereux, l'individu devient peu à peu la valeur suprême. Celle qui, finalement, commande toutes les autres. La volonté de vivre pour soi, en dehors de toute contrainte, en écoutant ses propres pulsions, est le dénominateur commun de la société actuelle. Elle traduit à la fois la rupture avec le passé récent et l'angoisse du lendemain.

L'intérêt que les Français portent à leur corps, la transformation des modes de vie à l'intérieur du couple et de la famille sont les conséquences directes et spectaculaires de ce mouvement « égologique ». Il s'agit là d'une forme d'individualisme noble, raisonné, de nature philosophique, qui pose en principe que la personne est plus importante que le groupe. L'égologie porte en elle les germes d'un nouvel humanisme.

La société centrifuge

Les systèmes de protection sociale ont retardé les effets de la crise ; ils ne les ont pas empêchés. C'est pourquoi on a vu se développer une nouvelle forme de pauvreté, conséquence des grandes mutations qui s'opèrent : un travailleur sur dix n'a pas d'emploi ; un Français sur dix ne dispose pas d'un revenu suffisant pour vivre décemment. La mise en place du RMI (revenu minimum d'insertion) n'a pas fondamentalement transformé cette situation.

La société d'hier était *centripète* : elle s'efforçait d'intégrer la totalité de ses membres. Celle d'aujourd'hui est *centrifuge* : elle tend à exclure ceux qui ne parviennent pas à se maintenir dans le courant, parce qu'ils n'ont pas la santé, les connaissances ou les relations nécessaires. La société de communication est aussi une société d'*excommunication*.

La démocrature

Après avoir largement contribué à mettre en place, puis à renforcer la démocratie, les médias sont en train de la transformer. La « volonté du peuple », qui en est le principe fondateur, est souvent déformée, détournée, rendue plus complexe par l'évolution du système médiatique qui lui permet de s'exprimer. Les médias exercent sur les acteurs de la vie sociale et sur le public une sorte de « dictature douce », sur fond de démocratie. De nouveaux rapports de force entre les trois parties prenantes (acteurs, médias, public) sont en train de s'installer. Les médias constituent l'amorce d'un nouveau système social : la *démocrature*.

Le temps partagé

Depuis le début du siècle, l'espérance de vie moyenne à la naissance s'est allongée de vingt-six ans. Parallèlement, la durée du travail a baissé de façon spectaculaire (moins d'heures par semaine, moins de semaines par an), au profit du temps libre. A tel point que les Français passent au cours de leur vie plus de temps devant la télévision qu'au travail ou, pour les jeunes, qu'à l'école.

L'emploi du temps traditionnel de la vie (un temps pour apprendre, un pour travailler, un pour se reposer) ne correspond plus ni à leurs souhaits ni aux contraintes économiques. Cette révolution du temps sera l'un des fondements de la nouvelle civilisation en préparation. Elle est d'autant plus probable qu'elle permettra une meilleure adaptation des individus à leur environnement professionnel et personnel.

La troisième voie

Les grands changements de ces dernières années ont démontré l'insuffisance des conceptions de type binaire. La femme n'est plus aujourd'hui le contraire de l'homme. La gauche et la droite ne sont plus les deux pôles de la politique. La séparation traditionnelle entre travail et loisirs s'estompe, au profit d'un « mélange des genres » plus conforme aux aspirations individuelles. La frontière entre le corps et l'esprit est moins nette, ces deux aspects relevant d'une même hygiène de vie dont le but ultime est d'être « bien dans sa peau ».

En fait, les Français sont à la recherche d'une « autre » conception du monde et de la vie. Une sorte de compromis entre masculin et féminin, socialisme et libéralisme, individu et collectivité, devoir et plaisir. Une voie centrale et consensuelle entre le *yin* et le *yang*...

Après la *troisième voie* du général de Gaulle, la *nouvelle société* de Jacques Chaban-Delmas, la *société libérale avancée* de Valéry Giscard d'Estaing, la *société d'économie mixte* proposée par François Mitterrand est la dernière tentative en date d'un compromis entre des conceptions plus complémentaires que concurrentes. Mais elle n'a pas encore été vraiment expliquée aux Français, donc acceptée par eux.

LE SOCIOSCOPE

Le *Socioscope* est un indicateur sociologique exclusif. Calculé à partir des données des enquêtes annuelles effectuées par l'institut AGORAMÉTRIE, il permet de mettre en évidence les évolutions intervenues dans les attitudes des Français depuis une dizaine d'années.

Le graphique compare les réponses de 1989 (dernière enquête disponible) à la moyenne des réponses aux enquêtes effectuées entre 1981 et 1988 (pour chaque thème, la barre supérieure figure le chiffre de 1989, la barre inférieure le chiffre moyen 1981-88). Il faut noter que les évolutions correspondantes, déjà sensibles, le seraient encore plus si on comparait 1989 à 1981. Mais elles seraient perturbées par l'influence de l'actualité (faits divers, grands débats politiques ou médiatiques, etc.) qui peuvent modifier les réponses pour une année donnée. Les réponses obtenues en 1977, première année d'enquête, sont données à titre de comparaison.

Les 16 thèmes retenus sont ceux qui présentent un intérêt général (non conjoncturel) et qui ont été suivis chaque année depuis 1977 (à l'exception de la question concernant l'ordinateur).

Pour chaque thème et pour chaque période, le pourcentage indiqué correspond au cumul des réponses « bien d'accord » et « entièrement d'accord » à l'affirmation proposée (cinq modalités de réponse étaient possibles : « pas du tout d'accord » ; « pas tellement d'accord » ; « peut-être d'accord » ; « bien d'accord » ; « entièrement d'accord »).

Les thèmes sont classés par taux décroissants de réponses. Il faut cependant noter qu'un même taux de réponses favorables n'a pas la même « valeur », car le libellé des affirmations est par nature différent. Ce sont les évolutions dans le temps, plus que les valeurs absolues, qui sont significatives.

On s'aperçoit ainsi que les Français, au cours des années 80, sont devenus :

- Encore plus favorables en 1989 à la *famille* et à l'*égalité* ;
- Encore plus critiques à l'égard de la *télévision* ;
- Davantage préoccupés par la baisse de la *natalité*.

Ils sont au contraire :

- Encore moins persuadés de la nécessité de la *croissance* économique et de la *défense* nationale ;
- Encore moins favorables à la construction des *centrales nucléaires* ou à la *censure* ;
- Moins critiques vis-à-vis de l'efficacité du *gouvernement* et moins effrayés par l'*ordinateur* ;
- Moins persuadés de l'existence de *Dieu* ;
- Moins concernés par l'*insécurité* ou le nombre des travailleurs *immigrés*.

Enfin, le souhait d'un respect des *convenances* reste stable à un haut niveau, tandis que l'esprit de sacrifice à l'égard de la *patrie* et la volonté d'aide au *tiers-monde* restent à un niveau moyen.

On observe que la plupart de ces mouvements se poursuivent depuis plus de dix ans (si l'on compare 1989 à 1977), à l'exception de cinq domaines dans lesquels il s'est produit un retournement plus ou moins marqué de l'opinion : famille ; croissance économique ; égalité des revenus ; télévision ; centrales nucléaires.

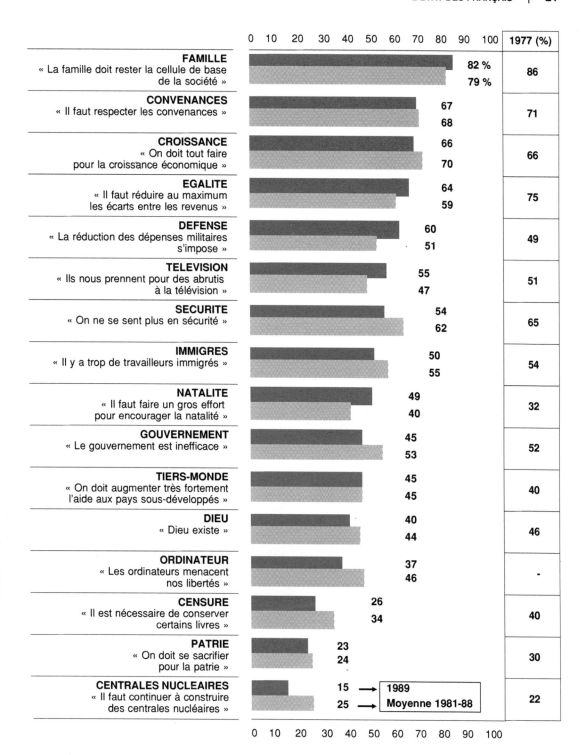

	0 10 20 30 40 50 60 70 80 90 100	1977 (%)
FAMILLE « La famille doit rester la cellule de base de la société »	82 % 79 %	86
CONVENANCES « Il faut respecter les convenances »	67 68	71
CROISSANCE « On doit tout faire pour la croissance économique »	66 70	66
EGALITE « Il faut réduire au maximum les écarts entre les revenus »	64 59	75
DEFENSE « La réduction des dépenses militaires s'impose »	60 51	49
TELEVISION « Ils nous prennent pour des abrutis à la télévision »	55 47	51
SECURITE « On ne se sent plus en sécurité »	54 62	65
IMMIGRES « Il y a trop de travailleurs immigrés »	50 55	54
NATALITE « Il faut faire un gros effort pour encourager la natalité »	49 40	32
GOUVERNEMENT « Le gouvernement est inefficace »	45 53	52
TIERS-MONDE « On doit augmenter très fortement l'aide aux pays sous-développés »	45 45	40
DIEU « Dieu existe »	40 44	46
ORDINATEUR « Les ordinateurs menacent nos libertés »	37 46	-
CENSURE « Il est nécessaire de conserver certains livres »	26 34	40
PATRIE « On doit se sacrifier pour la patrie »	23 24	30
CENTRALES NUCLEAIRES « Il faut continuer à construire des centrales nucléaires »	15 → 1989 25 → Moyenne 1981-88	22

0 10 20 30 40 50 60 70 80 90 100

LE PETIT BOUT DE LA LORGNETTE

A côté des grandes tendances, qui expliquent le cheminement de la société, il y a les faits anecdotiques, étonnants ou amusants, qui révèlent des aspects ignorés des modes de vie des Français. Ces petits morceaux de vérité complètent le puzzle social et lui donnent toute sa dimension humaine. Voici une sélection d'informations figurant dans les différents chapitres, tirées de statistiques, de sondages ou d'enquêtes diverses.

Apparence

E ➤ 6 000 Français adultes mesurent moins de 1,40 m.

➤ Un cadre supérieur mesure en moyenne 7 cm de plus qu'un agriculteur, 5 cm de plus qu'un ouvrier.

E ➤ Le poids total des Français est de 3,4 millions de tonnes.

S ➤ 59 % des femmes et 41 % des hommes aiment se regarder dans un miroir.

➤ En France, on utilise en moyenne 5 savonnettes par an, contre 6 en Italie, 8 en Grande-Bretagne, 11 aux Etats-Unis. Mais on utilise plus de 500 g de savon de Marseille par personne et par an, dix fois plus qu'en Grande-Bretagne ou en RFA, deux fois moins qu'en Italie et sept fois moins qu'au Portugal.

S ➤ 33 % des femmes revêtent au moins occasionnellement des porte-jarretelles.

➤ Les Français achètent en moyenne 1,4 paire de pantoufles par an.

S ➤ 77 % des Françaises sont satisfaites de leurs seins.

Santé

➤ Un paquet de cigarettes rapporte environ 4 francs à l'Etat, aux médias et aux commerçants, mais coûte 9 francs à la collectivité.

S ➤ 10 % seulement des Français de 18 ans et plus ne font usage d'aucun produit psychotrope (tabac, alcool, tranquillisants, somnifères).

E ➤ Plus d'un tiers des personnes qui tentent de se suicider sont en état d'ébriété.

➤ Les femmes au volant provoquent 10 % d'accidents de plus que les hommes, mais ils coûtent 30 % moins cher.

➤ 4 % des familles bénéficient de plus des trois quarts des indemnités journalières versées par la Sécurité sociale.

E ➤ Les examens inutiles pratiqués chaque année coûtent 800 millions de francs à la Sécurité sociale.

S ➤ 43 % des médecins avouent avoir eu des gestes amoureux avec une patiente.

E ➤ On pratique en France de 3 à 4 fois plus d'opérations de l'appendicite que dans d'autres pays d'Europe ou en Amérique du Nord.

➤ L'espérance de vie à la naissance a augmenté de 3 mois par an au cours des dernières années.

Instruction

S ➤ Un Français sur trois n'a aucun diplôme.

S ➤ 4 % des Français se trouvent « très intelligents », 72 % « assez intelligents », 15 % « peu intelligents », 1 % « pas du tout intelligents ».

S ➤ 73 % des Français considèrent qu'il n'est pas nécessaire d'avoir des connaissances scientifiques pour être cultivé.

➤ Depuis 1944, la France a connu 34 ministres de l'Education nationale, et pratiquement autant de réformes.

Vie de couple

S ➤ 2 % des hommes font le repassage et 3 % la lessive.

S ➤ 4 % des femmes ont toujours un préservatif au fond de leur sac.

S ➤ 43 % des hommes et 21 % des femmes aimeraient faire l'amour plus souvent.

S ➤ 4 % des Français regrettent d'avoir été infidèles à leur conjoint. 8 % regrettent de ne jamais l'avoir été.

S ➤ 69 % des femmes se laisseraient séduire par la bibliothèque d'un homme ; 25 % par son bronzage.

S ➤ 69 % des Français préféreraient une femme intelligente, 24 % la préféreraient belle.

➤ Les cinq prénoms les plus souvent donnés depuis 1985 sont, par ordre décroissant : Aurélie, Emilie, Elodie, Julie et Audrey pour les filles ; Julien, Nicolas, Jérémy, Mickaël et Mathieu pour les garçons.

Enfants

S ➤ 37 % des enfants de moins de 3 ans possèdent un livret de caisse d'épargne.

S ➤ Les enfants de 4 à 7 ans reçoivent en moyenne 11 F d'argent de poche par semaine.

➤ Un tiers des garçons salariés de 25 ans habitent chez leurs parents.

➤ En un demi-siècle, l'âge de la puberté est passé de 13 à 11 ans.

S ➤ 34 % des 13-18 ans estiment que leurs parents ne sont pas assez sévères avec eux (17 % trop sévères).

E ➤ Il y a aujourd'hui trois fois moins d'enfants non désirés qu'en 1965.

Consommation

➤ En 1989, le nombre des immatriculations des voitures de 17 CV et plus a augmenté de 30 %.

➤ La part du budget consacrée à l'alimentation est passée de 36 % en 1959 à 19,7 % en 1989.

➤ Les *fast-foods* représentent 6 % des repas pris à l'extérieur.

➤ La consommation de sucre est passée de 20,4 kg par personne en 1970 à 12 kg en 1989.

➤ La consommation de vin courant est passée de 96 litres par personne en 1970 à 53 litres en 1989. Dans le même temps, celle des vins d'appellation contrôlée passait de 8 à 21 litres.

S ➤ 10 % des Français vont au café au moins une fois par jour.

Logement

S ➤ Dans 40 % des foyers, la télévision est toujours allumée pendant le repas du soir.

S ➤ 63 % des personnes proches de la droite sont propriétaires, 47 % de celles proches de la gauche.

E ➤ 500 logements sont cambriolés chaque jour.

S ➤ On compte en moyenne 36 meubles par logement et 7 plantes vertes.

E ➤ Chaque année, environ 50 000 chiens sont abandonnés par leurs maîtres.

E ➤ 1,4 million de Français ont une eau du robinet à teneur anormalement élevée en nitrates.

S ➤ Au cours des 5 dernières années, 29 % des Français ont déménagé au moins une fois.

Vie en société

S ➤ Les Français parlent en moyenne à 17 personnes par semaine (hors foyer, travail, poste, téléphone).

S ➤ 75 % des Français seraient hostiles à l'élection d'un président de la République d'origine musulmane.

E ➤ La fraude fiscale coûte au moins 100 milliards de francs par an.

E ➤ Chaque Français produit en moyenne 1 kg de déchets ménagers par jour et, indirectement, 3 kg de déchets industriels.

S ➤ 6 % des Français avouent être déjà partis d'un restaurant sans payer.

E ➤ En 15 ans, le temps perdu dans les bouchons en Ile-de-France a quintuplé.

Travail

S ➤ 8 % des Français qui travaillent le regrettent, mais 35 % de ceux qui ne travaillent pas le regrettent.

E ➤ Le travail ne représente que le dixième du temps d'une vie et le tiers du temps libre.

➤ 90 % des emplois créés le sont dans des entreprises de moins de 200 personnes.

➤ 70 % des travailleurs intérimaires sont des hommes. 84 % des travailleurs à temps partiel sont des femmes.

E ➤ 11 % des chômeurs ne sont pas inscrits à l'ANPE.

➤ 98 % des secrétaires sont des femmes, mais seulement 10 % des ingénieurs et 17 % des chefs d'entreprise.

S ➤ 14 % des salariés tutoient leur patron, 16 % l'appellent par son prénom.

Argent

S ➤ 56 % des Français s'estiment mal ou très mal payés, 34 % normalement, 9 % bien ou très bien.

➤ 3 000 Français ont déjà gagné plus d'un million de francs au Loto.

➤ Le revenu des viticulteurs s'est accru de 68 % en 1989.

S ➤ 76 % des Français se déclarent choqués par les salaires des footballeurs, 21 % non.

➤ Un quart des biens d'équipement sont achetés à crédit.

S ➤ 69 % des emprunteurs n'ont aucune idée des taux d'intérêt qu'ils contractent. 29 % ne connaissent pas la durée de leur prêt.

➤ Près d'un million de mauvais payeurs sont interdits de chéquier à la Banque de France.

➤ Les prix de l'immobilier ont doublé à Paris en francs constants entre 1984 et 1989.

➤ Un quart des biens d'équipement sont achetés à crédit.

➤ Un enfant d'ouvrier hérite en moyenne de 50 000 F, un enfant d'agriculteur de 179 000 F, un enfant de cadre supérieur de 286 000 F.

E ➤ Les 10 % de Français les plus fortunés possèdent 54 % du patrimoine total.

Télévision

S ➤ Les Français âgés de 6 ans et plus ont passé 1 013 heures devant la télévision en 1989.

➤ En 1989, les cinq chaînes de télévision non codées ont diffusé 901 films. Les films représentent 10,5 % de la consommation de télévision, mais seulement 4 % du temps de programmation.

➤ 25 000 spots publicitaires ont été diffusés à la télévision en 1988.

S ➤ 13,5 millions de Français ont regardé sur TF1 la finale de la coupe du Monde de football (Argentine-RFA) le 8 juillet 1990.

➤ En 1989, les Français ont acheté 12 millions de cassettes vidéo.

Autres loisirs

S ➤ 71 % des Français de 15 ans et plus n'ont jamais assisté à un concert de musique classique. 55 % ne sont jamais allés au théâtre.

➤ Les 15-24 ans représentent à eux seuls la moitié des entrées du cinéma.

S ➤ Un quart des Français ne lisent jamais de livres. 13 % n'en possèdent aucun.

S ➤ 13 % des Français de 15 ans et plus ne savent pas nager.

S ➤ 8 % des Français ont déjà écrit un roman ou des poèmes.

S ➤ Les Français passent en moyenne 7 week-ends hors de chez eux chaque année.

S ➤ Les Français sont deux fois moins nombreux à partir en vacances à l'étranger que les Allemands ou les Néerlandais.

Quelques chiffres pour planter le décor

56,5 millions d'habitants en Métropole

dont 4,1 millions
d'étrangers
(estimation)

+ 1,9 million de Français
dans les DOM-TOM

+ 1,5 million de Français
à l'étranger

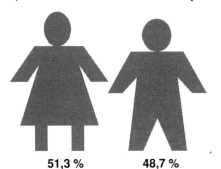

51,3 %　　　48,7 %

21,1 millions de ménages

11,3 millions d'enfants
de 0 à 15 ans
(taux de fécondité : 1,81)

10,6 millions de 60 ans
ou plus

AGE

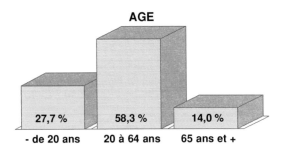

27,7 %	58,3 %	14,0 %
- de 20 ans	20 à 64 ans	65 ans et +

STATUT

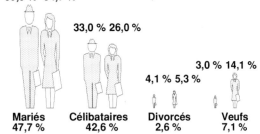

59,9 %　54,7 %

33,0 % 26,0 %

4,1 % 5,3 %

3,0 % 14,1 %

Mariés	Célibataires	Divorcés	Veufs
47,7 %	42,6 %	2,6 %	7,1 %

HABITAT

56 % habitent
une maison

44 % habitent
un appartement

COMMUNES

73,3 % dans des
communes urbaines
(8,7 millions agglom. parisienne)

26,7 % dans des
communes rurales

ACTIVITÉ (15 ans et plus)

Salaire
net moyen
en 1989 :
104 700 F
(secteurs
privé et
semi-public)

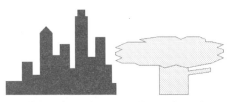

24,1 millions d'actifs (54,7 %)

	HOMMES	FEMMES
	13,6 millions	10,5 millions
dont : occupés	12,6 millions	9,2 millions
chômeurs	1,0 million	1,3 million

19,9 millions d'inactifs (45 ,3%)

	HOMMES	FEMMES
	7,5 millions	12,4 millions
dont : étudiants	2,3 millions	2,5 millions
retraités	4,3 millions	4,1 millions

HOMMES　　　　**FEMMES**

Taux
d'épargne
1989 :
12,7 %
du revenu
disponible
brut

INSEE

INDIVIDU

LE BAROMÈTRE DE L'INDIVIDU

Chacune des six grandes parties du livre est introduite par un baromètre qui indique l'évolution de l'opinion publique en ce qui concerne les principaux thèmes abordés.

La plupart des tableaux présentés sont tirés des études annuelles Agoramétrie sur la population adulte (18 ans et plus). Les pourcentages mentionnés correspondent au cumul des réponses « bien d'accord » et « entièrement d'accord » aux affirmations proposées.

« La famille doit rester la cellule de base de la société » (en %) :

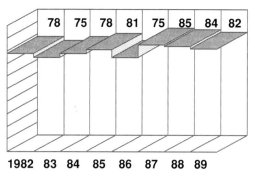

1982	83	84	85	86	87	88	89
78	75	78	81	75	85	84	82

Agoramétrie

« On doit se sacrifier pour la patrie » (en %) :

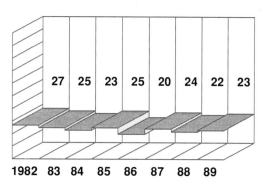

1982	83	84	85	86	87	88	89
27	25	23	25	20	24	22	23

Agoramétrie

« Dieu existe » (en %) :

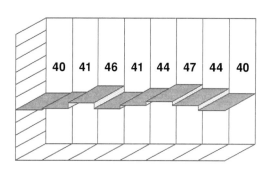

1982	83	84	85	86	87	88	89
40	41	46	41	44	47	44	40

Agoramétrie

« On n'apprend plus rien à l'école » (en %) :

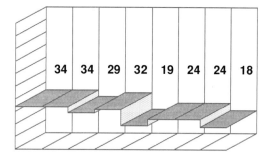

1982	83	84	85	86	87	88	89
34	34	29	32	19	24	24	18

Agoramétrie

L'APPARENCE PHYSIQUE

CORPS

1,72 m et 75 kg pour les hommes ● 1,60 m et 60 kg pour les femmes ● Différences selon l'âge, la catégorie sociale, la région ● Hiérarchie sociale semblable à celle de la toise ● Les hommes s'intéressent à leur beauté, les femmes à leur forme ● L'hygiène en progrès

Grandeur et hiérarchie

Les Français grandissent. Les théories s'opposent sur les causes de ce phénomène. La taille moyenne varie selon le sexe, la région, la catégorie sociale et l'âge.

Les hommes mesurent en moyenne 1,72 m, les femmes 1,60 m.
En un siècle, les hommes ont grandi de 7 cm, les femmes de 5 cm.

Vers 1840, les conscrits mesuraient en moyenne 1,62 m ; ils mesuraient 1,65 m en 1900, 1,69 m en 1940, 1,72 m en 1970. Ils mesurent 1,74 m aujourd'hui. Ce phénomène de grandissement n'est pas propre à la France. On constate une forte augmentation de la taille dans tous les pays qui sont passés d'une civilisation rurale agricole à une civilisation urbaine et industrialisée. Il existe aussi, à l'intérieur du pays, des écarts significatifs entre les citadins et les ruraux, entre les classes sociales et entre les régions.

Un peu plus de grands, beaucoup moins de petits

Le grandissement moyen cache une réalité plus complexe. Les conditions de développement des enfants sont aujourd'hui plus favorables (meilleure hygiène, meilleure alimentation) et permettent aux facteurs génétiques d'influer normalement sur leur croissance. C'est pourquoi les plus petits sont de moins en moins nombreux. A l'inverse, et pour des raisons semblables, les gens anormalement grands sont plus rares.

Plus on est âgé, plus on est petit

Taille moyenne par sexe en fonction de l'âge (en cm) :

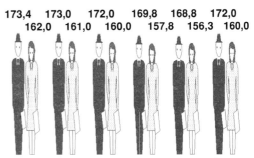

173,4 173,0 172,0 169,8 168,8 172,0
162,0 161,0 160,0 157,8 156,3 160,0

18-24 ans 25-34 35-44 45-54 55 et + Moyenne

Un cadre supérieur mesure en moyenne 7 cm de plus qu'un agriculteur, 5 cm de plus qu'un ouvrier.

La hiérarchie de la toise reproduit celle des catégories sociales. Il existe en effet une forte corrélation entre la taille et la profession ou le

Renault

niveau d'instruction, ce qui revient un peu au même (voir *Formation*). Chez les appelés du contingent, un étudiant mesure 4 cm de plus qu'un jeune agriculteur. Les différences de taille entre les catégories socioprofessionnelles sont cependant moins élevées parmi les femmes que parmi les hommes.

Les causes du grandissement

D'après certaines théories, l'accroissement continu de la stature serait lié au métissage de plus en plus fréquent entre les nationalités de race blanche. D'autres privilégient l'amélioration des conditions d'alimentation et d'hygiène. D'autres encore l'expliquent par des phénomènes génétiques complexes.

On peut aussi évoquer le lien entre réussite sociale et prestance physique. Le type de société dans lequel vivaient nos ancêtres tendait à privilégier ceux qui pouvaient s'imposer physiquement. La pratique du duel, jusqu'au XIXe siècle, en est une illustration. La taille a donc pu jouer un rôle dans la constitution d'une hiérarchie sociale. Les différences ainsi créées ont été maintenues, voire amplifiées par les mariages fréquents entre des personnes aux caractéristiques sociales et physiques proches. Un phénomène qui reste d'actualité (voir *Mariage*).

On constate également que la taille des enfants est corrélée à celle des parents, bien qu'il soit difficile d'isoler les causes génétiques éventuelles d'autres facteurs tels que les habitudes de vie communes (alimentation, hygiène, etc.).

Taille et hiérarchie sociale

Taille moyenne par sexe en fonction de la catégorie socioprofessionnelle (en cm) :

	Hommes	Femmes
• Cadres supérieurs, professions libérales	176,4	162,7
• Cadres moyens, techniciens	173,2	160,7
• Employés, commerçants	172,6	160,4
• Inactifs	170,9	161,0
• Ouvriers	170,8	159,1
• Agriculteurs	167,5	157,4

Les grands sont plus nombreux dans le Nord, les petits dans l'Ouest.

Les différences ne sont pas, cependant, fortement marquées. En particulier, elles ne sont pas significatives pour les femmes. Les écarts plus importants constatés chez les hommes s'expliquent en partie par la structure de la pyramide des âges dans les diverses régions : on est plus jeune, donc plus grand, dans le Nord, région principalement urbaine, que dans l'Ouest, région essentiellement rurale.

La taille des régions

Taille moyenne par sexe en fonction de la région (en cm) :

	Hommes	Femmes
• Nord	174,1	161,2
• Est	173,1	161,2
• Ile-de-France	172,7	160,5
• Centre-Est	171,8	161,3
• Bassin parisien	171,4	160,6
• Méditerranée	171,3	160,6
• Etranger et DOM-TOM	171,2	159,4
• Sud-Ouest	170,5	160,0
• Ouest	169,6	160,0

Poids : la balance inégale

En même temps qu'ils grandissaient, les hommes ont grossi, tandis que les femmes ont minci. Pour les deux sexes, le poids augmente en général avec l'âge, bien que la taille tende à diminuer. Selon les critères utilisés par les médecins, environ deux Français sur trois sont trop gros. Mais seulement un sur trois se considère comme tel.

Les hommes pèsent en moyenne 75 kg, les femmes 60 kg.
En trente ans, les hommes ont grossi de 3 kg, tandis que les femmes perdaient 600 g.

L'hérédité joue sans doute un rôle important dans la morphologie et se trouve à l'origine de certaines obésités. Mais les modes de vie individuels (alimentation, exercice, soins, etc.) et les canons de la beauté qui prévalent à un moment donné exercent aussi une influence très forte. C'est peut-être ce qui explique que les Françaises ont à la fois grandi et minci au cours des vingt dernières années, tandis que les hommes grandissaient et grossissaient.

Le poids moyen augmente avec l'âge.

Les statistiques montrent que les Français prennent du poids au fur et à mesure qu'ils avancent en âge. Entre 20 et 50 ans, la prise de poids représente environ 5 kg pour les hommes et 7,5 kg pour les femmes. Les statistiques montrent aussi que plus on est âgé, plus on est petit. C'est ce qui explique que les risques d'obésité (rapport poids/taille non conforme aux normes en vigueur) augmentent avec l'âge.

ciennes sont, semble-t-il, moins concernées, puisqu'elles pèsent en moyenne près de 6 kg de plus, avec une taille moyenne inférieure.

Le poids des professions

En kg :	Hommes	Femmes
• Cadres supérieurs, professions libérales	75,8	57,6
• Cadres moyens, techniciens	75,2	63,2
• Employés, commerçants	74,8	58,5
• Inactifs	73,5	60,4
• Ouvriers	73,3	60,0
• Agriculteurs	71,9	58,8

Renault

Le poids des régions

En kg :	Hommes	Femmes
• Nord	76,5	61,5
• Est	76,1	58,2
• Ile-de-France	75,5	61,0
• Centre-Est	74,0	60,7
• Bassin Parisien	73,8	59,6
• Méditerranée	73,4	59,8
• Etranger et DOM-TOM	73,0	58,6
• Sud-Ouest	71,8	58,1
• Ouest	71,7	58,1

Renault

Le poids des ans

Poids moyen par sexe en fonction de l'âge (en kg) :

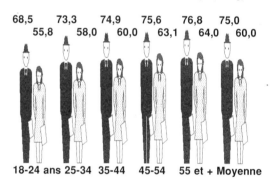

| 68,5 | 73,3 | 74,9 | 75,6 | 76,8 | 75,0 |
| 55,8 | 58,0 | 60,0 | 63,1 | 64,0 | 60,0 |

18-24 ans 25-34 35-44 45-54 55 et + Moyenne

Chez les hommes, les agriculteurs et ceux qui exercent des professions indépendantes pèsent davantage en moyenne que les salariés, à taille et âge égaux. La hiérarchie est différente chez les femmes ; à l'inverse des hommes, celles qui sont cadres supérieurs ou membres des professions libérales sont les moins lourdes (en même temps que les plus grandes). Ces chiffres laissent à penser que les femmes qui cherchent à obtenir des postes élevés dans la hiérarchie professionnelle veillent plus que les autres à leur ligne. Celles qui sont cadres moyens ou techni-

➤ La taille d'un individu peut varier de 1 cm à 1,5 cm du matin au soir, du fait du tassement des disques vertébraux lié à la station debout.
E ➤ L'écart entre les tailles moyennes des pays du monde est d'environ 40 cm, soit le double de l'écart habituel à l'intérieur d'un même pays.
➤ La croissance est provoquée par une hormone sécrétée par l'hypophyse, glande située à la base du cerveau.
E ➤ En France, 6 000 adultes mesurent moins de 1,40 m.
S ➤ 43 % des hommes adultes préfèrent les « poitrines généreuses », 36 % les « petits seins attendrissants » ; 50 % préfèrent les « croupes conquérantes », 24 % les « hanches androgynes ».
E ➤ Le poids total des Français est de 3,4 millions de tonnes.

Gros, ronds, minces et maigres

Catégories morphologiques (*) en fonction du sexe et de l'âge :

| Corpulence | Hommes | | | | | Femmes | | | | |
| | Tranches d'âge | | | | | Tranches d'âge | | | | |
	12/17	18/34	35/49	50/64	65/74	12/17	18/34	35/49	50/64	65/74
Gros	0	1	2	2	0	1	0	1	1	3
Ronds	0	4	10	18	21	1	1	8	13	15
Minces	19	42	61	66	56	17	33	43	55	59
Maigres	81	53	27	14	23	81	66	48	31	23
Ensemble	100	100	100	100	100	100	100	100	100	100

(*) Catégories déterminées à partir d'un *Indice de minceur* (taille en cm moins poids en kg). Les "gros" sont ceux dont l'indice est compris entre 50 et 80, les "ronds" entre 81 et 95, les "minces" entre 96 et 110, les "maigres" entre 111 et 130.

Morphologies régionales

La morphologie des Français varie selon les régions, bien que les mélanges de plus en plus fréquents entre les origines tendent à estomper les caractères spécifiques :
• Les gens du Nord ont en général une taille haute, des cheveux et des yeux clairs, le crâne de type méso-brachycéphale (largeur presque égale à la hauteur).
• Dans l'Est, la taille et la forme du crâne sont semblables à celles du Nord, mais les cheveux et les yeux sont foncés.
• Dans le Sud, les personnes sont plus petits, les cheveux et les yeux sont foncés, le crâne est de type brachycéphale (largeur et hauteur très voisines).
• Les Bretons sont aussi de petite taille et de type brachycéphale, leurs cheveux sont plus ou moins clairs, leurs yeux clairs.
• Les Basques ont une taille haute, des cheveux très foncés, des yeux clairs et un crâne de type brachycéphale.
• Les personnes originaires de la bande pyrénéo-méditerranéenne ont une taille moyenne, des cheveux et des yeux très foncés, un crâne de type méso-dolichocéphale (plutôt étroit et allongé).

S ➤ Les Françaises trouvent que les Français sont les plus attirants, devant les Italiens, les Scandinaves, les Américains et les Latino-Américains.

Le corps communicant

Les Français prennent de plus en plus soin de leur corps. Les femmes s'intéressent à leur forme, tandis que les hommes se préoccupent de leur beauté. Etre bien dans sa peau, c'est être mieux dans sa tête. Mais c'est aussi donner aux autres une image plus favorable de soi, donc accroître ses chances de réussite dans une société où la concurrence est de plus en plus vive.

Le stress des années 70 a fait place au spleen des années 80.

Les années 50, 60 et 70 avaient été celles de l'accession au confort. La voiture, la télévision, les machines industrielles et domestiques constituaient autant de prothèses et d'incitations à la paresse physique. Les Français en avaient oublié l'existence de leur enveloppe charnelle. La fatigue qu'ils ressentaient concernait moins leur corps que leur esprit. Le *stress* fit son apparition dans les années 70, en particulier chez les cadres et certains membres des classes moyennes.

Pour beaucoup de Français, la crise économique s'est accompagnée d'une crise d'identité. Dans les années 80, la fatigue nerveuse a fait place à une fatigue existentielle. Après le stress se développait le *spleen*. Avec lui remontaient à la surface des formes d'angoisse oubliées : peur de vieillir, peur de mourir, peur de perdre ce que l'on avait acquis. Les Français étaient mal dans leur peau.

Le corps retrouvé

---

*Le corps sert moins à agir
et plus à communiquer.*

Pour être mieux dans sa peau, il faut s'en occuper davantage. C'est de ce postulat qu'est né le grand mouvement de reconquête du corps qui a marqué les années 80. Le « corps-outil », celui qui permet de se déplacer et d'agir a fait place au « corps-vitrine ». Celui-ci assume une double fonction : transmettre aux autres une image valorisante et rassurer l'individu à qui il appartient. La vitrine doit donc être vue de l'intérieur comme de l'extérieur. Le corps est aujourd'hui un miroir à double face.

Cette conception du corps en tant que moyen de communication est récente. Les diverses catégories sociales ne sont pas également concernées. Ce sont les personnes âgées (65 ans et plus) qui ont le plus augmenté leurs dépenses de santé-hygiène-beauté depuis vingt ans.

*Les pressions sociales et médiatiques
jouent un rôle déterminant.*

La société actuelle privilégie ceux qui sont beaux et bien portants. Les médias et la publicité ont largement participé à la création de nouveaux modèles collectifs. Les magazines féminins des années 80 ont idéalisé les modes de vie californien, brésilien, suédois ou australien et tenté de démontrer que les femmes pouvaient (devaient ?) être à la fois belles, actives, sensuelles et sportives.

Les Français en ont retiré l'impression que la réussite professionnelle ou personnelle passait par la forme physique. C'est ce qui explique l'accroissement considérable des dépenses de santé, l'engouement croissant pour le sport et l'introduction des notions de diététique dans l'alimentation.

Non contents de veiller à l'entretien de leur corps, ils ont aussi cherché à l'embellir, en recourant aux soins de beauté ou, de plus en plus, à la chirurgie esthétique. Ils s'efforcent enfin de le personnaliser, par des efforts vestimentaires qui permettent à chacun de se créer une apparence, un style, qui n'appartient qu'à lui.

A la recherche du corps parfait

La chirurgie esthétique est à la mode. Les femmes hésitent de moins en moins à se livrer aux mains des chirurgiens spécialisés pour diminuer ou supprimer la cellulite, des défauts de naissance ou certains effets du vieillissement.

Parmi les opérations pratiquées, celle du nez est la plus fréquente. Il faut citer également les *liftings* qui consistent à remonter la peau pour faire disparaître les rides, la réduction des masses graisseuses (« culotte de cheval »), les opérations effectuées sur la poitrine, celles concernant les cheveux.

La chirurgie esthétique (à ne pas confondre avec la chirurgie réparatrice, destinée à corriger par exemple les défauts survenus à la suite d'accidents) tente de répondre en même temps à des problèmes physiques et psychologiques. Mais les résultats ne sont pas assurés et la profession n'est guère réglementée. Tout médecin a le droit de pratiquer la chirurgie esthétique ; sur les 2 500 personnes qui exercent cette activité, seules 350 sont « qualifiées » au Conseil de l'Ordre des médecins.

E ➤ Pour brûler un kilo de graisse, il faut en moyenne 10 heures de squash, 15 heures de tennis, 16 heures de jogging, 20 heures de natation (de détente), 40 heures de golf, 80 heures de marche. Les femmes doivent fournir environ 30 % d'effort de plus que les hommes pour arriver au même résultat.

S ➤ 9 % des hommes déclarent partager la vie d'une femme plantureuse. 29 % la trouvent enrobée, 35 % svelte, 5 % filiforme (22 % sans réponse).

Beauté pour tous

Les Français font de plus en plus d'efforts pour se mettre physiquement en valeur. Les hommes ne s'intéressent plus seulement à la beauté des femmes ; ils se sentent personnellement concernés. De leur côté, les femmes pratiquent davantage le sport et n'ont plus peur d'avoir des muscles. Face à une demande croissante, l'offre de produits de beauté s'est d'abord diversifiée. Elle tend aujourd'hui à se médicaliser.

La consommation de produits d'hygiène-beauté est d'environ 500 francs par personne et par an, contre 72 francs en 1970.

Les Français ont acheté en 1989 pour environ 30 milliards de francs de produits de parfumerie, toilette et beauté : 2 fois plus, en francs constants, qu'il y a 15 ans. C'est la vente des produits de beauté qui se développe le plus, en particulier les produits de soins et de traitement du visage. Les achats de parfums connaissent aussi une forte progression : il y a quarante ans, une femme sur dix se parfumait ; on en compte aujourd'hui sept sur dix.

La volonté de plaire (aux autres et à soi-même), le désir de s'occuper de soi et le goût pour les produits de luxe expliquent cette évolution. En utilisant des produits de beauté, les femmes obéissent à une double motivation : être plus belles et rester jeunes. Chacune veut mettre en valeur son apparence tout en affirmant sa personnalité. Une motivation que l'on retrouve dans toutes les catégories sociales.

Les produits de beauté proposés se situent aujourd'hui entre la cosmétologie et la pharmacologie. Les fabricants ont fait à la fois des efforts de recherche (liposomes, anti-radicaux libres, collagènes, etc.) et de communication. Peu de femmes résistent à la promesse d'un rajeunissement ou, au moins, d'un vieillissement ralenti.

Les hommes n'ont plus peur d'utiliser des produits de beauté.

Le grand mouvement de reconquête du corps ne touche pas seulement les femmes. L'égalité des sexes se fait ici dans un sens inhabituel puisque ce sont les hommes qui prennent modèle sur leurs homologues du « beau sexe ». Leurs tentatives s'étaient jusqu'ici limitées à ce qui ne risquait pas, à leurs yeux, de diminuer leur virilité : crème pour les mains, eau de toilette, pommade pour les lèvres... Ils s'intéressent aujourd'hui aux autres types de produits.

Depuis quelques années, le marché de la beauté masculine connaît une véritable explosion : environ 3 milliards de francs en 1989. 15 % des hommes utilisent régulièrement des produits de soins (souvent ceux de leurs compagnes) ; plus d'un sur trois a déjà utilisé une crème pour le visage et la moitié des autres sont prêts à essayer. On constate cependant que ce sont encore les femmes qui, dans 60 % des cas, achètent les produits de beauté pour les hommes.

« S'il prend soin de lui, c'est qu'il prend soin de moi et j'adore ça. »

Yves Rocher
ma vraie nature

Grand Public

Les hommes aussi

La forme physique est considérée comme l'un des aspects de la beauté.

Les produits de beauté permettent d'agir en surface, en embellissant le corps ou en rendant moins apparents les effets de son vieillissement. Mais les Français se tournent aussi vers des moyens d'agir en profondeur. Non contents de cacher leurs petits défauts physiques, ils cherchent à les faire disparaître, à remodeler leur corps selon leurs désirs. C'est l'ambition de tous ceux qui souffrent en silence (ou, le plus souvent, en musique) dans les salles d'aérobic, de culture physique, de danse, dans les cabines de sauna, sur les tables de massage ou d'opération. Après des siècles d'oubli, le précepte de l'esprit sain dans un corps sain fait un retour remarqué.

Les minces plus sportifs

Ce sont les personnes qui en ont a priori le moins besoin qui font de l'exercice. C'est ce que révèle une enquête réalisée par l'INSEP sur les pratiques sportives. Ce sont en effet les hommes et les femmes les plus minces qui ont le plus d'activité physique. Ce phénomène peut s'expliquer par le fait que ceux qui ne se sentent pas « dans la norme » éprouvent plus de réticence à pratiquer un sport, de crainte d'une comparaison qui ne serait pas à leur avantage.
De la même façon, on constate que les personnes qui font de l'exercice font plus attention à ce qu'elles mangent : 61 % d'entre elles surveillent leur alimentation, contre 41 % des non-pratiquants. Une semblable corrélation existe, chez les femmes, entre la pratique sportive et la consommation de produits de maquillage et de soins de beauté. Elle existe aussi chez les hommes en ce qui concerne les produits d'hygiène et de beauté.

S ➤ 59 % des femmes et 41 % des hommes aiment se regarder dans un miroir. C'est le cas de 58 % des moins de 35 ans et de 45 % des personnes plus âgées, de 41 % des agriculteurs, 47 % des professions libérales et cadres supérieurs, 61 % des ouvriers.
S ➤ 58 % des hommes préfèrent que leur femme « prenne des rondeurs tout en restant bien dans sa peau », 24 % qu'elle « travaille d'arrache-pied le body-building pour conserver à tout prix sa taille fine ».
S ➤ 66 % des femmes et 46 % des hommes ont l'habitude d'utiliser un déodorant. 72 % des 18-24 ans, 38 % des 60 ans et plus. 66 % à Paris et 55 % en province.
S ➤ L'homme idéal est grand pour 95 % des femmes, protecteur (85 %), porte les cheveux courts (84 %), est plus âgé qu'elles (79 %), habillé classique (69 %), ne porte ni barbe ni moustache (69 %), ni lunettes (67 %), est plutôt mince (57 %), a des yeux clairs (49 %).
S ➤ 33 % des femmes se retournent souvent ou parfois sur un homme qu'elles trouvent séduisant, 64 % rarement ou jamais.
S ➤ 38 % des femmes et 18 % des hommes se disent sensibles aux odeurs corporelles.
E ➤ 350 nouveaux produits de beauté sont lancés chaque année.

Les femmes n'ont plus peur d'avoir des muscles.

Lassées d'offrir au regard des hommes des formes arrondies, attributs classiques de la féminité, beaucoup de femmes cherchent aujourd'hui à se fabriquer un corps ferme et fort. 39 % pratiquent un sport, dont le tiers dans le cadre d'une association ou d'un groupement. Ce sont surtout des femmes jeunes, diplômées et urbaines. Leurs sports préférés sont, par ordre décroissant, le tennis, la natation, la course à pied, le vélo, la gymnastique. Après avoir essayé les sports « durs » des années 80 (jogging, aérobic, musculation), beaucoup reviennent aujourd'hui à des sports plus tranquilles, dans lesquels la notion de plaisir est prépondérante.

Hygiène : l'utile et l'agréable

L'hygiène est la face cachée de la beauté. C'est peut-être pourquoi elle n'a pas toujours occupé une place essentielle dans les préoccupations des Français. Mais leur attitude a changé, sous l'effet des pressions sociales, favorisées par la publicité, et des nouveaux produits mis sur le marché. Pour un nombre croissant d'individus, l'hygiène a cessé d'être une obligation morale pour devenir une nécessité sociale et un plaisir individuel.

Le niveau d'hygiène a largement progressé.

Certaines enquêtes laissent entendre que les habitudes d'hygiène nationales ne sont pas aussi ancrées que celles en vigueur dans d'autres pays développés. Ainsi, les Français utilisent en moyenne 5 savonnettes par an, contre 6 en Italie, 8 en Grande-Bretagne, 11 aux Etats-Unis. Ils achètent une brosse à dents par personne et par an. Un sur quatre se lave les mains une seule fois par jour, un sur cinq garde son linge de corps plusieurs jours de suite...
Pourtant, on constate que le niveau d'hygiène a nettement progressé en France depuis quelques années, en même temps que le corps prenait une importance accrue et que les produits d'hygiène-plaisir se multipliaient.

Un savon peut en cacher un autre

Avec environ 650 g par personne et par an, les Français achètent deux fois moins de savon que les Anglais (1 250 g), moins aussi que les Allemands (1 000 g) ou les Italiens (800 g). Mais ces chiffres ne tiennent pas compte de la consommation des produits récents tels que les gels de douche, les bains moussants ou les savons liquides, qui s'est beaucoup accrue au cours des dernières années. Surtout, ils oublient la consommation de savon de ménage (dit « savon de Marseille ») que les Français utilisent souvent pour leur toilette. Ils en achètent ainsi plus de 500 g par personne et par an, dix fois plus qu'en Grande-Bretagne ou en Allemagne, mais deux fois moins qu'en Italie et sept fois moins qu'au Portugal. Au total, la France n'arrive sans doute pas au premier rang au palmarès de la consommation de savon, mais elle se situe dans la moyenne européenne.

Les produits pour la douche et le bain se sont banalisés.

Les logements sont de mieux en mieux équipés sur le plan sanitaire. Près de 90 % des ménages disposent d'une baignoire ou d'une douche (28 % en 1960). Ils les utilisent si l'on en juge par le développement spectaculaire des achats de bains moussants : environ 250 g par personne et par an ; 56 % des femmes et 30 % des hommes s'en servent chaque fois qu'ils prennent un bain. Les gels douche, apparus en 1985, connaissent aussi une forte croissance (de l'ordre de 30 % au cours des dernières années) ; chaque Français en consomme 130 g par an. Les Français se lavent aussi les cheveux plus souvent : 2 fois par semaine en moyenne, contre 1,2 fois en 1974. La consommation moyenne est de 3 flacons de 230 ml par an, soit un peu moins qu'en RFA (3,5) mais plus qu'en Grande-Bretagne ou en Italie (2,5).

Le volume d'achats de déodorants a plus que doublé en dix ans.

En 1989, les Français ont acheté un peu moins de 80 millions d'unités de produits déodorants, pour plus d'un milliard de francs. Cette croissance est due pour une part à l'existence de lignes de produits spécialement destinées aux hommes. Elle devrait se poursuivre, puisque seulement la moitié des foyers en achè-tent, contre les trois quarts en Grande-Bretagne et les deux tiers en RFA.

La consommation de dentifrice s'est également beaucoup accrue : 2,5 tubes par an et par personne, contre un tube en 1966. Mais les Anglais en consomment 5, les Allemands 4,5, et les Italiens 3. D'ailleurs 10 % des Français avouent ne jamais se brosser les dents.

Le niveau d'hygiène est lié aux habitudes culturelles.

La carte de l'hygiène sépare traditionnellement le Nord et le Sud, le bassin méditerranéen et les pays d'influence anglo-germanique. On retrouve ces différences en France, où les habitants des régions proches de la Belgique, du Luxembourg, de l'Allemagne ou de la Suisse continuent de consommer plus de savon et de dentifrice que ceux des régions proches de l'Italie ou de l'Espagne.

Si le niveau global d'hygiène d'un pays augmente avec son développement économique, il reste néanmoins influencé par les caractéristiques culturelles nationales et régionales. A niveau de vie égal, les habitudes et les pressions sociales peuvent faire préférer l'achat d'une télévision à celui d'une baignoire. Mais, dans ce domaine comme dans d'autres, les écarts tendent à s'estomper, du fait des brassages de population, de la multiplication des produits d'hygiène et de la communication qui accompagne leur développement.

E ➤ Les Français achètent en moyenne une brosse à dents par an, mais déclarent en acheter au moins trois.
S ➤ 48 % des femmes sont d'abord attirées par l'intelligence d'un homme, 39 % par son humour, 33 % par son regard, 32 % par son allure, 16 % par son mode de vie, 13 % par sa solidité, 10 % par sa force physique, 10 % par sa taille, 8 % par sa voix, 7 % par ses mains, 4 % par sa fragilité, 3 % par sa fortune.
S ➤ 50 % des femmes préfèrent les bruns, 12 % les châtains, 10 % les blonds, 1 % les chauves.
S ➤ 32 % des femmes et 19 % des hommes déclarent se laver à fond tous les jours.
S ➤ 62 % des hommes et 52 % des femmes préfèrent prendre une douche qu'un bain, 43 % des femmes et 31 % des hommes préfèrent le bain.

APPARENCE

Budget habillement en baisse, mais fortes différences sociales ● Les adultes moins intéressés par la mode, les enfants davantage ● Nouveaux lieux d'achat ● Les mots changent, les gestes demeurent

---

L'habit fait l'individu

Au vieux proverbe français qui prétend que « l'habit ne fait pas le moine », un proverbe allemand répond au contraire que « les vêtements font les gens ». C'est ce dernier qui semble le mieux adapté à la *société des apparences* caractéristique de cette fin de siècle. La mode fut pendant longtemps un phénomène de masse ; l'heure est aujourd'hui à la personnalisation. Le vêtement est l'un des moyens de communiquer aux autres (et à soi-même) une certaine image de soi.

La part des dépenses d'habillement diminue régulièrement :
* *12 % du budget des ménages en 1870 ;*
* *9,6 % en 1970 ;*
* *7 % en 1989.*

Aux yeux de beaucoup d'étrangers, la France continue d'être le pays du bon goût et des beaux habits. De fait, la haute couture française se situe toujours au premier rang mondial. Pourtant, les Français consacrent de moins en moins d'argent à leur habillement. Un phénomène particulièrement sensible depuis 1983, date à laquelle les dépenses ont commencé à diminuer en volume à prix constants (c'est-à-dire indépendamment des évolutions de prix). L'ensemble des catégories sociales est concerné, même si les dépenses restent très inégales.

La dépense vestimentaire annuelle est d'environ 3 000 F par personne. Les femmes dépensent 30 % de plus que les hommes, les filles 30 % de plus que les garçons.

Au début des années 50, la situation était inversée : les hommes dépensaient 30 % de plus que les femmes pour s'habiller ; les dépenses concernant les filles étaient nettement inférieures à celles faites pour les garçons. Durant la période de forte expansion économique, entre 1953 et 1972, les dépenses vestimentaires des femmes ont progressé nettement plus vite que la moyenne. Celles des enfants ont triplé pendant que celles des adultes doublaient. Les dépenses des filles ont augmenté davantage que celles des garçons.

Depuis le début de la crise économique, on observe un tassement général des dépenses d'habillement. La moindre influence de la mode explique que les gros articles (manteaux, costumes, imperméables, tailleurs...) représentent une part décroissante des dépenses : 17 % contre 33 % en 1953.

Après deux années de baisse, en 1987 et 1988, les achats ont cependant légèrement progressé en 1989 et la tendance devrait se maintenir en 1990. C'est surtout le prêt-à-porter féminin qui a profité de cette embellie. Les prix de détail n'ont augmenté que de 2,6 % en 1989, pour une inflation de 3,6 %.

> ➤ La haute couture proprement dite représente 7 % des 5,3 milliards de francs de chiffre d'affaires des couturiers adhérant à la Fédération française de la haute couture. Le prêt-à-porter féminin représente 33 %, le secteur masculin 23 %, les accessoires 37 %.
> ➤ En 1990, le prix moyen des costumes pour homme était de 1 945 F, 1 185 F pour les vestes seules, 850 F pour les blousons, 445 F pour les pantalons de draperie, 290 F pour les chemises, 1 770 F pour les pardessus, 1 775 F pour les imperméables (indications panel de 500 détaillants).

INSEE, L. Kasparian, N. Herpin

Une garde-robe étoffée

Elle compte en moyenne une centaine d'articles, dont le quart est renouvelé chaque année (en priorité les sous-vêtements et les vêtements de nuit). Celle des femmes est plus importante que celle des hommes, celle des actifs plus que celle des inactifs. 90 % des vêtements sont achetés dans le commerce, généralement par la maîtresse de maison. 5,5 % sont fabriqués à la maison (indépendamment du revenu du ménage et de l'activité de la femme) et 4,5 % viennent d'autres personnes et ont déjà été portés. Le recours aux services d'entretien et l'habitude de donner des vieux vêtements sont d'autant plus courants que le revenu du ménage est plus élevé. Les vêtements des femmes sont plus diversifiés que ceux des hommes, mais les garde-robes des deux sexes tendent à se rapprocher. L'achat de certains vêtements et sous-vêtements montre cependant que la plupart ne renoncent pas à leur féminité.

Les enfants et adolescents sont de plus en plus sensibles aux signes de reconnaissance.

Si la mode joue un moindre rôle dans les achats des adultes, elle se manifeste dès l'école primaire chez l'enfant et prend une importance considérable à l'entrée au collège. Tout ce qui peut permettre une identification du vêtement ou de l'accessoire a une importance : inscriptions, formes, matériaux et surtout marques. Vêtements *Creeks*, *Compagnie de Californie*, *Naf-Naf*, blousons *Chevignon*, *Perfecto* ou *Liberto*, chaussettes *Burlington*, chaussures *Reebok*, sacs *Hervé Chapelier*, etc.

Les filles aiment porter des vêtements très larges, ce qui leur permet de se servir dans la garde-robe de leur mère, voire de leur père. Entre 10 et 16 ans, elles ont en moyenne 28 articles de plus que les garçons du même âge, 44 de plus entre 17 et 24 ans. Après quelques années de mode unisexe, on constate une plus grande différenciation entre les filles et les garçons.

La recherche de prix moins élevés se généralise.

Si les Français dépensent moins pour leurs vêtements, c'est surtout parce qu'ils les payent moins cher, en utilisant de façon plus systématique les diverses possibilités qui s'offrent à eux : périodes de soldes, dépôts-vente, magasins d'usines, « discounters », etc.

La marque compte autant que le vêtement

Cette évolution des dépenses s'accompagne de nouvelles attitudes devant le vêtement. Celui-ci n'est plus depuis longtemps considéré comme un produit de première nécessité. Le souci du confort et de la durée, la recherche de l'originalité sont des critères qui pèsent de plus en plus sur les achats.

S ➤ 58 % des Français sont très ou assez attentifs à la mode, 41 % peu ou pas du tout attentifs. Mais 85 % font selon leur humeur pour se sentir bien, même si cela ne correspond pas forcément à la mode (11 % suivent la mode).
S ➤ 63 % des hommes préfèrent les jupes courtes, 46 % des femmes préfèrent les longues. 10 % des hommes considèrent que cela dépend...
S ➤ 76 % des femmes dorment avec une chemise de nuit et 47 % des hommes un pyjama. Ils sont 56 % parmi les 18-24 ans, 38 % des 25-34 ans, 63 % des 35-44 ans, 66 % des 45-59 ans, 82 % des 60 ans et plus.
S ➤ 45 % des ménages ont jeté des vêtements au cours des trois derniers mois. 35 % en ont donné. 2 % en ont vendu (9 % des cadres).
E ➤ Les Français ont acheté environ 30 millions de jeans en 1990, dont 11 pour des enfants.
E ➤ 60 % des vêtements achetés par les hommes sont fabriqués dans des pays en voie de développement.

Porte-jarretelles : une femme sur trois

33 % des femmes de 15 à 50 ans revêtent au moins occasionnellement des porte-jarretelles (4 % plusieurs fois par semaine). 85 % des autres seraient prêtes à en porter à la demande de leur partenaire. Le noir et le blanc arrivent à égalité, devant le pastel ; le rouge est très peu utilisé. 51 % en portent pour faire plaisir à leur partenaire, 42 % pour leur propre plaisir. Il apparaît que seules 12 % des femmes sont irréductiblement opposées à ce produit.

Le sur-mesure tend à disparaître.
La confection domestique diminue.
Les dépenses d'entretien augmentent.

Le sur-mesure ne représente plus que un pour mille des dépenses contre 10 % en 1953. Les femmes, qui ont de plus en plus souvent une activité professionnelle, ont moins de temps pour fabriquer elles-mêmes leurs vêtements ou ceux de leurs enfants.

Un peu moins de 5 % des vêtements sont confectionnés à la maison ; les deux tiers sont des tricots (pull-overs, vestes, chaussettes, layette). Leur part dans les dépenses d'habillement est passée de 10 % en 1953 à 3 % aujourd'hui. Dans le même temps, les dépenses de services extérieurs de réparations et nettoyage sont passées de 1 % à 10 %.

Un cadre dépense quatre fois plus
qu'un agriculteur,
deux fois plus qu'un ouvrier
Les écarts ont doublé en trente ans.

Un tiers des hommes achètent les trois quarts des vêtements de dessus masculins (pantalons, vestes, costumes, chemises, pulls, imperméables, manteaux). De même, 30 % des femmes achètent 70 % des vêtements de dessus féminins. Ce sont les catégories les plus modestes qui réduisent le plus la part de leurs revenus consacrée à ce type de dépenses.

D'une façon générale, le rattrapage des catégories aisées par les plus modestes est plus lent chez les femmes que chez les hommes. On constate d'ailleurs des écarts considérables entre les dépenses des femmes actives et celles des femmes au foyer : 3 500 francs par an environ contre 2 400 francs.

Le costume et le pantalon de ville constituent des postes de dépenses beaucoup plus élevés chez les cadres que dans les milieux populaires, malgré la baisse relative des prix de ces vêtements.

Chaussures, coiffure, accessoires : la mode pluriel

Les chaussures et les accessoires (montre, sac, bijoux...) sont les compléments indispensables des vêtements. La coiffure constitue un autre moyen privilégié de personnaliser son apparence.

Les Français sont les plus gros acheteurs de chaussures d'Europe :
5,8 paires par personne en 1988.

Ils ont acheté au total 322 millions de paires de chaussures, contre 235 millions en 1975. Des chiffres qui placent la France en première position, devant les Anglais (5,2 paires), les Belges (4,9) et les Allemands (4,8). 64 % des achats concernent des chaussures de fabrication étrangère : un tiers vient d'Italie ; la moitié de pays extérieurs à la CEE (47 millions de Chine, 23 millions de Corée du Sud, 14 millions de Taïwan).

Les chaussures représentent en moyenne, 15 % des dépenses d'habillement, une proportion qui varie peu en fonction du niveau de revenu des ménages ou de la région d'habitation. La part est en revanche très différente selon le sexe et l'âge : 12 % du budget habillement des bébés, 13 % de celui des hommes, 14 % de celui des femmes, 19 % de celui des fillettes et 22 % de celui des garçons.

Les années 70 avaient été celles de la chaussure utilisée à « contre-emploi ». Les tennis, baskets et autres chaussures de sport servaient plus au bureau, à l'école ou au marché que sur les courts ou dans les stades.

La chaussure est aujourd'hui moins le symbole de la décontraction que celui de la personnalisation. Ce qui n'exclut pas l'influence des modes lancées par les fabricants, en particulier à destination des jeunes. Les adolescents sont les plus sensibles aux marques et aux modèles « de l'année ».

FNICF

Les champions de la pantoufle

En 1988, chaque Français a acheté en moyenne 2,4 paires de chaussures de cuir, 1,0 en textile, 0,9 paire en matière synthétique et... 1,4 paire de pantoufles. Nos compatriotes consomment trois fois plus de pantoufles ou chaussons que les Allemands, quatre fois plus que les Danois, sept fois plus que les Italiens, cent vingt fois plus que les Portugais ! La « charentaise » reste le symbole d'une France frileuse, avide de confort et très attachée à son logement. Si le foyer est le cocon de la vie des Français, la pantoufle est celui du pied.

Les Français vont chez le coiffeur en moyenne 7,5 fois par an. 10 % n'y vont jamais.

3 % s'y rendent au moins une fois par semaine (surtout des femmes), 20 % une fois par quinzaine, 57 % une fois par mois, 18 % une fois par trimestre, 2 % moins souvent. Ce rythme a diminué lentement mais régulièrement au cours des dix dernières années, du fait surtout des augmentations de prix. Le budget coiffure représente 0,6 % des dépenses totales des ménages. Les services les plus courants sont, par ordre décroissant : coupe (18 %) ; brushing (17 %) ; permanente (16 %) ; mise en plis (14 %) ; traitement (13 %) ; coloration/décoloration (13 %) ; divers (9 %).

Les jeunes ont souvent voulu affirmer par des coiffures délibérément outrancières leur refus de s'intégrer totalement au monde des adultes (Beatles, Punks, Skinheads, etc.). Aujourd'hui, un certain classicisme domine, mais on constate un certain regain d'intérêt pour la mode, surtout de la part des femmes et des jeunes.

➤ La France est le second producteur de chaussures de la CEE, derrière l'Italie et assure 25 % de la production européenne.
Les hommes passent 3 500 heures, soit 6 mois de leur vie, à se raser.
E ➤ 7 % des hommes environ portent la barbe ou la moustache.
S ➤ 49 % des hommes et 35 % des femmes préfèrent les cheveux longs. 29 % des hommes et 58 % des femmes préfèrent les cheveux courts.

Les accessoires vestimentaires jouent un rôle essentiel.

Leur fonction est à la fois psychologique et économique. Ils permettent de modifier à peu de frais l'apparence d'un vêtement éventuellement ancien et de lui donner une touche plus personnelle : montre de gousset, boucle d'oreille, nœud papillon, pour les hommes ; écharpes, ceintures, sac, colliers pour les femmes. Même la chaussette, longtemps austère et neutre, ne se cache plus. Seuls les compléments plus traditionnels du vêtement (chapeau, gants, etc.) sont en voie de disparition, malgré quelques tentatives périodiques de réhabilitation.

RUDEMENT FÉMININ

Uyhla

L'accessoire devient essentiel

Le tatouage, que l'on peut considérer comme un accessoire très particulier, concerne des catégories spécifiques de la population, attachées à sa signification symbolique (virilité, marginalité, appartenance à un groupe ou à un individu). Les femmes sont plus nombreuses que par le passé à y recourir.

E • 24 millions de Français portent des lunettes.

Le nombre de personnes portant des lunettes tend à s'accroître, du fait du vieillissement de la population et d'une plus grande attention portée

Les Ateliers A.B.C.

aux problèmes de vision, en particulier à l'égard des enfants.

En même temps qu'elles servent à corriger la vue, les lunettes participent à l'expression de la personnalité. Chaque année, les Français achètent environ 7 millions de montures optiques (pour verres correcteurs), auxquelles il faut ajouter les lunettes de soleil et celles destinées à modifier l'apparence plutôt qu'à améliorer la vue.

Les gestes qui parlent

L'apparence ne se limite pas à l'allure physique, aux vêtements ou à la coiffure. Les gestes sont un autre révélateur important de la personnalité d'un individu, mais aussi des caractéristiques d'une nation.

Si l'on connaît la façon de manger ou de s'habiller des Français, on connaît moins leur façon de bouger. Parmi les rares études sur le sujet, celle du sociologue américain Laurence Wylie révèle des particularités intéressantes du comportement gestuel national.

La tension musculaire est permanente.

Lorsqu'on examine au ralenti les films des mouvements usuels, ce qui frappe d'abord, c'est le degré de tension musculaire. Pratiqué dès le plus jeune âge, le contrôle des muscles de tout le corps explique la rigidité du torse, la poitrine bombée, les épaules hautes et carrées des Français. Des épaules d'ailleurs particulièrement expressives : ramenées vers l'avant, accompagnées d'un soupir ou d'une moue, elles disent tour à tour le doute, le regret ou l'impuissance.

Le corps participe à l'expression orale.

Lorsqu'ils sont debout, les Français ne font pas basculer le bassin comme le font les Américains. Leurs pieds sont distants d'environ douze centimètres, l'un posé en avant de l'autre. Cela permet un balancement d'avant en arrière, contrastant avec le mouvement latéral des Américains. Mais c'est la mobilité du poignet et du coude qui est la plus étonnante pour l'observateur. Les mouvements gracieux et compliqués de la main participent à la conversation, complétant

efficacement ce qui est exprimé par les mots. C'est peut-être pour cette raison que mettre les mains dans ses poches n'est pas une attitude très courante, les Français préférant garder une certaine liberté de mouvement en mettant (quelquefois) les poings sur les hanches ou, plus souvent, en croisant les bras.

Assis, ils aiment croiser les jambes, tout en les gardant parallèles, contrairement aux Américains qui préfèrent poser un pied sur le genou opposé (ce qui serait considéré comme impoli en France). Ils gardent parfois les bras croisés, ou bien utilisent une main pour caresser la bouche, les cheveux, ou soutenir le menton. Pas de pieds posés sur une table ou une chaise, pas de mains sur la tête comme on le voit couramment outre-Atlantique, dans la plupart des classes sociales.

Les gauchers ne sont plus contrariés

Les enfants qui écrivent de la main gauche représentent en France (comme en Europe) 10 % de la population scolaire, contre 8 % en Asie. Les gauchers sont aujourd'hui considérés comme des gens « normaux » que l'on ne doit pas contraindre à utiliser leur main droite. C'est ce qui explique que leur proportion augmente régulièrement, comme ce fut le cas aux Etats-Unis : 2 % au début du siècle ; 13 % aujourd'hui parmi les 18-30 ans (6 % seulement chez les plus de 60 ans).

Les études ont montré que les gauchers ont un avantage dans les sports d'adresse et de vitesse : leur proportion parmi les champions de tennis, d'escrime ou de football est très supérieure à ce qu'elle est dans l'ensemble de la population. L'une des explications proposées est que l'analyse d'une situation et la commande de l'action correspondante sont effectuées chez eux par le même hémisphère du cerveau (droit), sans avoir à transiter par l'autre hémisphère.

La démarche générale est guidée par la tête.

On peut distinguer un Américain d'un Français de loin. Le premier a tendance à balancer les épaules et le bassin, et à faire des moulinets avec les bras. Le second s'efforce d'occuper un espace plus restreint : pas de balancement sur le côté ; la jambe est projetée très loin en avant et tend le genou. Le pied retombe sur le talon, le torse demeure rigide et ce sont les avant-bras et la tête qui amorcent le mouvement.

Bien sûr, les gestes varient selon les individus et les catégories sociales auxquelles ils appartiennent. Les gens « bien élevés » font plutôt moins de gestes que les autres, les hommes moins que les femmes. Le langage des mains, que les Français imaginent propre aux Italiens, est l'une des composantes du patrimoine national ; de la main tendue pour dire bonjour aux pouce et index frottés l'un contre l'autre pour exprimer l'idée d'argent, en passant par l'index accusateur... Le dictionnaire des gestes, qui reste à créer, constituerait sans doute un complément utile à celui des mots. Il aurait en plus l'avantage d'être drôle.

> **S ➤** 49 % des Français ont acheté au moins un bijou depuis deux ans.
> **S ➤** 40 % des hommes trouvent que le port d'un bijou pour un homme est inélégant, contre 50 % en 1983.
> **S ➤** S'ils devaient améliorer leur apparence physique, 30 % des Français feraient d'abord du sport, 24 % changeraient de garde-robe, 23 % suivraient un régime alimentaire, 12 % arrêteraient de fumer et de boire de l'alcool, 1 % utiliseraient des produits de beauté.
> **S ➤** 77 % des Françaises sont satisfaites de leurs seins (10 % non).

LA SANTÉ

MALADIES

Mortalité globale en baisse ● Sida, drogue, tabac et suicides en hausse ● Plus de cancers chez l'homme, moins chez la femme ● 5 millions de handicapés physiques, 1,7 million de handicapés mentaux ● Un adulte sur trois dort mal

---

La mortalité en baisse

Au cours des six ou sept dernières décennies, on a observé une régression des maladies infectieuses (qui explique la chute spectaculaire de la mortalité infantile) ainsi que des maladies cardio-vasculaires. Après avoir progressé jusqu'en 1960, les maladies liées à l'alcoolisme sont également en diminution. A l'inverse, les tumeurs sont plus nombreuses chez l'homme et arrivent en seconde position des causes de décès (quatrième en 1925).

La baisse de la mortalité a moins bénéficié aux hommes qu'aux femmes, en particulier entre 25 et 35 ans, du fait des accidents, des suicides et de l'apparition du sida, et entre 55 et 65 ans, à cause des cancers.

D'après l'enquête réalisée en 1987 par le ministère de la Santé, les deux tiers des Français estiment leur santé bonne ou très bonne.

Les maladies cardio-vasculaires représentent 34 % des causes de décès.
E • 15 % des Français entre 30 et 70 ans souffrent d'hypertension artérielle, mais 80 % l'ignorent.
E • 60 % des obèses meurent d'un accident cardio-vasculaire.

Les « maladies de cœur » restent la première cause de mortalité en France (200 000 décès chaque année). Plus de la moitié d'entre elles concernent le cerveau (maladies cérébro-vasculaires) et les arrêts cardiaques (ischémies). Viennent ensuite les problèmes liés à l'hypertension.

Pourtant, la France est dans la CEE le pays le moins touché par ces maladies, du fait d'une politique efficace de prévention, d'information et de dépistage des personnes à haut risque (en particulier les hypertendus). Les accidents vasculaires cérébraux ont ainsi diminué de 40 % entre 1975 et 1985.

L'hérédité mais aussi les modes de vie sont les principaux responsables de ces maladies. Les hommes sont les plus touchés ; entre 35 et 65 ans, ils meurent trois fois plus des diverses maladies cardio-vasculaires que les femmes.

Maladies mortelles

Principales causes de mortalité (en 1988) :

	Nombre	Part
• Maladies de l'appareil circulatoire	178 660	34%
• Tumeurs	138 511	27%
• Accidents et autres morts violentes	46 047	9%
• Maladies de l'appareil respiratoire	32 927	6%
• Maladies de l'appareil digestif	27 780	5%
• Autres causes	98 200	19%
Total des décès	522 125	100%

INSERM

200 000 personnes sont atteintes du cancer chaque année :
• Le cancer du sein représente 46 % des cancers des femmes (utérus : 15 %).
• Le cancer du pharynx représente 16 % des cancers des hommes (poumons : 14 %).

Les différents types de cancer ont connu des évolutions contrastées (voir tableau). L'augmentation de la mortalité a été forte chez les hommes à cause du tabac. On constate au contraire une diminution chez les femmes, du fait de la baisse des cancers de l'utérus, de l'estomac, malgré une hausse des cancers du sein. De sorte que l'écart de mortalité entre les sexes est aujourd'hui en France le plus important des pays la Communauté européenne.

Le tabac serait responsable d'un cancer sur quatre, le type d'alimentation interviendrait dans 20 à 30 % des cas, l'alcool dans 10 %. Le risque augmente à partir de 50 ans mais diminue à partir de 80 ans.

Plus de cancers chez l'homme, moins chez la femme

Mortalité par divers cancers (en 1988) :

	Hommes	Femmes
Toutes tumeurs	**83 848**	**54 663**
dont :		
• Trachée, bronches, poumons	18 083	2 704
• Sein	136	9 820
• Prostate	8 691	0
• Cavité buccale, pharynx, larynx	7 946	822
• Intestin	7 913	7 517
• Utérus, ovaires et annexes	0	6 265
• Estomac	4 225	2 956
• Œsophage	4 225	619
• Vessie	3 063	987

RFI, 22 avril 1989

Micro-entretien

LÉON SCHWARTZENBERG *

G.M. - *Pourquoi le cancer reste-t-il une maladie maudite, malgré un taux de guérison global proche de 50 % ?*

L.S. - Le cancer est une maladie des cellules à l'intérieur de l'organisme. L'individu n'en est pas responsable, bien que son mode de vie puisse avoir une influence déterminante. Les cellules malades quittent le processus de vie pour établir une sorte de territoire de mort. Si ce territoire n'est pas évacué d'urgence, à l'aide de différents moyens thérapeutiques, la mort de l'organisme s'ensuit. Maintenant que la population est informée, elle a peur et, quand la maladie la frappe, celle-ci lui paraît infiniment plus maudite que toute autre.

---

* Cancérologue, auteur de plusieurs ouvrages, dont : *la Société humaine* (Belfond) ; *Requiem pour la vie* (le Pré aux Clercs).

S ➤ Les maladies les plus redoutées par les Français sont, par ordre décroissant : le cancer (53 %), le sida (42 %), les accidents de la route (41 %), la drogue (33 %), les maladies cardio-vasculaires (24 %), la dépression nerveuse (12 %), l'alcoolisme (7 %), les catastrophes naturelles (4 %).

E • On a recensé environ 3 000 maladies héréditaires.
En 1988, les anomalies congénitales ont été à l'origine de 1 900 décès.

Des accidents dus à des problèmes chromosomiques se produisent dans 15 à 20 % des grossesses. La plupart entraînent un avortement spontané, mais d'autres n'empêchent pas l'enfant de naître. L'hémophilie touche un enfant de sexe masculin sur 7 000, la myopathie un sur 3 500 (son espérance de vie est limitée à une vingtaine d'années). La débilité mentale concerne une naissance sur 1 500, la mucoviscidose un enfant sur 2 500.

La recherche est très active ; elle a été aidée en France par les sommes considérables collectées lors des *Téléthons* organisés par Antenne 2. Des chercheurs étrangers ont déjà identifié les gènes responsables de la myopathie et de la mucoviscidose.

Maladies professionnelles :
3 972 cas en 1988, contre 10 000 en 1950, mais 3 834 en 1980 et 3 531 en 1987.

La plupart des maladies professionnelles sont des affections pulmonaires provoquées par l'inhalation de poussières métalliques ou minérales (pneumoconioses) ou des affections de la peau (dermatoses). De nombreuses maladies, de nature psychosomatique, ne sont pas prises en compte du fait de leur relation incertaine avec le travail, comme les ulcères, maux gastro-intestinaux, troubles du sommeil, dépressions, bronchites, asthme, etc. Les chiffres de mortalité seraient beaucoup plus élevés encore si l'on devait considérer le stress comme une maladie professionnelle...

Les maladies professionnelles classiques sont en forte régression. La silicose (maladie des mineurs) devient rare : 300 cas en 1988 contre 3 000 en 1976 et 8 500 en 1954.

La part des maladies infectieuses (hors sida) est stable.

On a dénombré 7 800 décès dus à des maladies infectieuses ou parasitaires en 1988. Après avoir baissé considérablement grâce aux travaux de Pasteur et à l'élévation du niveau de vie, leur part est stable depuis une vingtaine d'années. Plus des trois quarts des décès concernent des personnes âgées de plus de 65 ans. Les principales causes restent la septicémie et la tuberculose, devant les infections intestinales. On enregistre environ 100 000 cas d'hépatites virales (de type B) chaque année.

L'incidence des maladies sexuellement transmissibles (MST) est difficile à mesurer. Il semble néanmoins que la syphilis (2 000 à 10 000 cas annuels) et la gonococcie (200 000 à 400 000 cas) seraient en baisse. Mais le sida est une maladie autrement redoutable (voir ci-après).

Plusieurs millions de Français sont touchés par la grippe chaque année. 1 000 morts en 1988 (16 000 en 1968).

Le coût de la grippe est estimé à plusieurs milliards de francs par an à la communauté. 10 à 30 millions de journées de travail sont perdues selon les années. Après une mauvaise année 1986 (2 108 morts), 1987 et 1988 ont été plus favorables avec 500 et 1 000 morts. L'hiver 1989 a été plus redoutable, en France comme en Grande-Bretagne.

Les mutations du virus sont fréquentes, ce qui rend la population vulnérable à chaque épidémie. La prévention est cependant largement développée : environ 10 % des Français se font vacciner chaque année (20 % chez les plus de 65 ans). Certaines épidémies, comme celle de l'automne-hiver 1988-1989, affectent des jeunes et des adultes ; elles entraînent alors de nombreux arrêts de travail et une augmentation de la consommation médicale.

L'épouvantail du sida

Les premiers cas de sida (syndrome immuno-déficitaire acquis) sont apparus en France en 1978. Un premier virus était découvert en 1983. Au début de l'épidémie, le nombre de personnes atteintes doublait en six mois ; en 1989, il doublait en treize mois. Les populations « à risque » (homosexuels, toxicomanes) ne sont pas les seules concernées. Des hétérosexuels et des enfants sont également touchés.

A fin décembre 1989, on avait dénombré 10 460 cas depuis le début de l'épidémie.

La France détient le triste record du sida dans la Communauté européenne, avec 3,3 cas détectés pour 100 000 habitants, devant l'Espagne (2,2) et le Danemark (1,8) ; un taux huit fois plus élevé que celui du Portugal, pays le moins touché (chiffres 1988).

Cette situation s'explique par l'utilisation peu répandue des préservatifs (environ 10 % des Français, 50 % parmi la population « à risque ») et par une prise de conscience insuffisante et en tout cas tardive, en particulier chez les jeunes. Les diverses campagnes d'information diffusées n'ont pas eu un effet comparable à celui constaté dans d'autres pays ; leur impact a été limité par la croyance en l'arrivée prochaine d'un vaccin.

La mortalité est environ six fois plus élevée chez les hommes que chez les femmes ; elle commence vers 20 ans et atteint son maximum entre 35 et 39 ans. Chez les hommes de plus de 25 ans, les célibataires sont dix fois plus touchés que les hommes mariés.

E • Il y avait 300 000 séropositifs à fin 1989.

Les régions les plus touchées sont les départements des Antilles et de Guyane, devant la région parisienne et la région Provence-Alpes-Côte d'Azur. Contrairement à ce qui se passe

De la drogue au sida

Répartition des cas de sida selon le type de transmission (en %) :

Groupe de transmission	1981	1982	1983	1984	1985	1986	1987	1988	1989
• Homosexuels	54,5	68,0	59,8	61,7	64,9	59,8	55,1	50,5	47,4
• Toxicomanes	0	0	0	2,9	7,4	12,1	15,4	20,9	27,0
• Homosexuels et toxicomanes	0	0	1,2	2,4	3,0	3,7	2,8	1,4	1,7
• Cas indéterminés (adultes)	27,3	0	2,4	4,9	4,4	4,9	6,7	6,9	7,0
• Autres cas	18,2	32,0	31,7	22,3	15,4	17,3	16,8	18,5	16,1
• Enfants	0	0	4,9	5,8	4,8	2,2	3,2	1,8	0,9

Lecture : Sur 100 cas de SIDA avéré constatés en 1981, 54,5 touchaient des homosexuels.

pour la plupart des maladies, les catégories sociales favorisées sont plus touchées que les autres. Le taux de mortalité le plus bas est celui des agriculteurs (3,6 par million), le plus élevé étant celui des « professions de l'information, des arts et du spectacle » : plus de 500 par million.

Les chances de survie des personnes qui ont développé le virus sont minimes, même si certains des traitements expérimentés laissent entrevoir quelque espoir. Partout dans le monde, les laboratoires s'activent à la recherche d'un vaccin qui mettrait fin à un risque planétaire comparable aux grandes épidémies des siècles passés... et constitue une opportunité économique considérable.

Les principales victimes sont les homosexuels et les héroïnomanes.

A fin 1989, 52,5 % des cas de sida enregistrés concernaient des personnes homo ou bisexuelles, 18 % des toxicomanes, 10 % des hétérosexuels, 6 % des transfusés, 3 % des enfants. La transmission du sida se produit essentiellement lors d'échanges sexuels ou par contamination du sang. Les populations à haut risque sont donc les homosexuels qui changent souvent de partenaires, les prostituées, les drogués qui utilisent des seringues polluées ; ils représentent aujourd'hui 90 % des malades en France métropolitaine.

Des risques de contamination existent dans les couples hétérosexuels.

Dans les départements d'Outre-Mer (Guyane Antilles), on constate que la transmission hétérosexuelle est prédominante. Dans des couples où seul l'homme était initialement infecté, 27 % des femmes l'ont été à leur tour après quelques années de vie commune sans précaution spécifique.

Les risques liés aux transfusions sanguines ont été en principe supprimés par les mesures de prévention et de dépistage prises dans les hôpitaux.

S ➤ S'ils étaient atteints du cancer, 89 % des Français préféreraient savoir la vérité, 7 % en aucun cas.
S ➤ 75 % des Français se déclarent prêts à faire don de leurs propres organes à leur mort. 69 % sont prêts à autoriser à l'avance qu'on leur fasse des prélèvements d'organes s'ils étaient en coma dépassé (59 % accepteraient des expérimentations médicales sur eux-mêmes dans ce cas).
E ➤ 50 000 Français sont atteints d'insuffisance respiratoire (bronchites chroniques, mucoviscidose, pneumoconiose, asthme).
E ➤ Plus de 2 000 transplantations d'organes sont effectuées chaque année en France.
S ➤ 15 % des hommes et 32 % des femmes sont sujets à des allergies, comme le pollen, la poussière, etc.
E ➤ On pratique en France de 3 à 4 fois plus d'opérations de l'appendicite que dans d'autres pays d'Europe ou en Amérique du Nord. Pour les médecins, les habitudes médicales et les pressions familiales sont les principales causes de cette situation.

RFI, 13 avril 1989

Micro-entretien

MICHÈLE BARZACH *

G.M. - *L'apparition du sida a été le révélateur d'un certain nombre de fantasmes sociaux. Comment les interprétez-vous ?*

M.B. - Le sida est porteur d'un message. Il survient dans une société qui commençait à se croire immortelle. Le sentiment commun était que la médecine et la recherche avaient trouvé les moyens de vaincre toutes les maladies, de soigner tous les maux. La notion d'immortalité s'est peu à peu glissée dans les esprits. La mort s'est cachée, est devenue presque anormale. Le sida a brusquement révélé notre mortalité et les faibles moyens dont nous disposons pour combattre la mort.

---

* Député, ancien ministre de la Santé et de la Famille, auteur du *Paravent des égoïsmes* (Odile Jacob).

Des millions d'handicapés

Les statistiques concernant le nombre des handicapés ne sont pas précises, du fait des diverses définitions possibles et de la difficulté à recenser tous ceux qui en sont affectés. On estime que cinq millions de Français sont concernés. Ce ne sont pas des malades comme les autres. Leur souffrance est plus souvent morale que physique. Leur espoir de guérison est en général très faible.

E • 5 millions de Français
souffrent de handicaps au sens large.

Au total, environ un Français sur dix « éprouve une gêne ou des difficultés dans la vie quotidienne » ; un peu plus de 3 millions d'entre eux ont plus de 60 ans. On retrouve des proportions similaires dans d'autres pays d'Europe : Danemark, Espagne, Pays-Bas, Luxembourg. La proportion est même supérieure en RFA (environ 12 %) ; elle est inférieure en Irlande, en Grande-Bretagne et au Portugal. Si l'on retient seulement les déficiences graves (mentales, sensorielles) et les suites d'accidents ou de maladies ayant entraîné un taux d'incapacité d'au moins 50 %, on compte seulement 1,2 million de handicapés sévères de moins de 60 ans.

Sur les 810 000 pensionnés, 23 % ont un handicap d'origine congénitale : environ 2 % des nouveau-nés sont porteurs d'une malformation ; deux pour mille ont une maladie héréditaire du métabolisme se manifestant dès le premier âge. Les autres handicaps physiques sont dus à des causes socio-économiques : accidents, maladies, conditions de vie n'ayant pas permis un développement normal de l'individu.

En 1988, les maladies du système nerveux et des organes des sens ont tué 5 000 personnes. La principale est la maladie de Parkinson (1 260 décès) qui touche principalement les personnes âgées.

E • On compte en France
250 000 malentendants, 17 000 sourds-muets,
65 000 aveugles et amblyopes (vue très affaiblie).

Parmi les malentendants (sourds profonds ou personnes ne pouvant entendre sans aide auditive), on estime que 200 000 ont plus de 60 ans. Parmi les aveugles, 60 % sont dans ce cas ; 5 000 occupent un emploi, le plus fréquemment comme standardistes, musiciens ou masseurs.

La surdité et les difficultés de la vue augmentent avec l'âge, bien qu'elles ne conduisent pas dans tous les cas à une infirmité totale.

E • Il y aurait 1 700 000 handicapés
mentaux.
La moitié souffrent de déficiences légères.
75 % ont moins de 20 ans.

Les causes majeures du handicap mental chez l'adulte sont les névroses graves, les psychoses chroniques, les déficiences profondes, l'alcoolisme, la toxicomanie et les formes graves de psychopathie. Les dépressions touchent, à des degrés divers, un nombre élevé de personnes (sans doute plus de 10 % de la population).

Parmi les délinquants et marginaux, on estime que 200 000 personnes sont des irresponsables, victimes d'un handicap prononcé. La durée de vie moyenne des handicapés mentaux est beaucoup plus faible que celle du reste de la population. C'est ce qui explique que la plupart d'entre eux sont jeunes.

Un Français sur cinq souffre d'une maladie nerveuse au cours de sa vie. Les hôpitaux psychiatriques abritent environ 75 000 personnes à temps complet. Ils suivent chaque année environ 200 000 enfants et 70 000 adultes.

La France championne du monde des psy

La France est le pays qui compte proportionnellement le plus de psychiatres au monde. 8 000 spécialistes (plus de 5 000 dans le privé) suivent environ 750 000 patients. La moitié d'entre eux sont hors de l'hôpital, dans des dispensaires, centres de vie, ou à domicile. Les placements d'office des personnes atteintes de formes diverses de maladies mentales ne représentent plus que 3 % des entrées contre 14 % en 1970. Les « placements volontaires » (en réalité demandés par la famille) comptent pour 21 % contre 59 %. Les hospitalisations libres sont largement majoritaires : 68 % contre 27 % en 1970.

Alcool, tabac, drogue : la mort en face

Certains plaisirs de la vie contribuent à en raccourcir la durée. Le « verre de trop » est encore à l'origine de nombreux accidents. Le tabac est responsable du quart des cancers. Quant à la drogue, elle promet un paradis qui s'apparente à l'enfer.

10 % seulement des Français de 18 ans ou plus ne font usage d'aucun produit psychotrope (tabac, alcool, tranquillisant, somnifère). 12 % font une consommation importante de tabac (plus de 20 cigarettes par jour) ou d'alcool (plus d'un litre de vin par jour ou des apéritifs et digestifs). 14 % prennent régulièrement des somnifères ou tranquillisants.

Les Français absorbent en moyenne 19 litres d'alcool par an (record mondial).
E • L'alcool est à l'origine de 60 000 décès par an ; les trois quarts concernent des hommes.

L'abus d'alcool entraîne chaque année la mort d'environ 15 000 personnes par psychose alcoolique, alcoolisme et cirrhose alcoolique (plus du tiers des maladies de l'appareil digestif sont des cirrhoses du foie). Il faut y ajouter 35 000 décès imputables principalement à l'al-

cool (accidents de la route, tumeurs de la bouche et de l'œsophage, etc.). Il faut enfin mentionner les cas où l'alcool est une cause associée ayant contribué au décès : plus de 10 000 cas par an. Le fait que les hommes boivent plus que les femmes serait d'ailleurs l'une des principales causes de la surmortalité masculine.

L'alcool consommé provient de moins en moins des boissons moyennement alcoolisées comme le vin (10° à 13°) et de plus en plus des boissons faiblement alcoolisées (bière, 4° à 7°) et fortement alcoolisées (spiritueux 15° à 40°). Il est de moins en moins consommé à table et de plus en plus en dehors ou « autour » des repas. Il tend donc à devenir une boisson de loisir plus qu'un composant de l'alimentation. Ainsi, les jeunes boivent plus souvent des apéritifs et des alcools : avant 24 ans, un garçon sur deux et une fille sur trois en prennent au moins une fois par semaine.

Moins de vin et de cidre, plus de bière et de spiritueux

Evolution de la consommation d'alcool en litres d'alcool pur par personne (14 ans et plus) et par an :

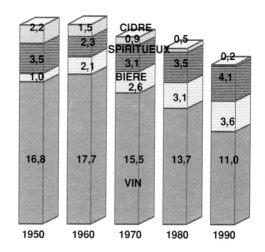

A titre de comparaison, la consommation moyenne d'alcool pur est de 19 litres par Français et par an, contre 13,0 en Italie, 12,7 en Espagne, 12,2 en RFA et au Portugal, 11,7 en Hongrie, 11,3 en Suisse, 11,1 en Autriche, 10,8 en Belgique et 10,2 en RDA.

Une solide tradition

La consommation d'alcool varie selon l'âge, le sexe et la profession exercée. Les plus âgés sont les moins nombreux à boire régulièrement (87 % des hommes de plus de 75 ans consomment au moins une boisson alcoolisée chaque jour), mais c'est entre 45 et 54 ans que les hommes consomment les plus grosses quantités (35 à 44 ans pour les femmes). Les métiers où l'on boit le plus sont ceux de l'agriculture, de l'artisanat et du commerce, où les traditions sont les plus solidement installées.

Les femmes sont généralement beaucoup plus sobres que les hommes : 39 % d'entre elles consomment régulièrement des boissons alcoolisées, contre 66 % des hommes. Parmi les consommateurs occasionnels, les femmes boivent trois fois moins que les hommes. Ce sont les jeunes hommes de 15 à 24 ans qui sont en bonne partie responsables de l'augmentation de la consommation moyenne.

Le nombre de fumeurs augmente :
45 % des hommes et 28 % des femmes.
Un fumeur sur quatre fume au moins
un paquet par jour.

36 % des Français sont fumeurs, contre 34 % en 1979. La proportion est stable chez les hommes. Elle augmente chez les femmes et les jeunes, diminue chez les personnes âgées. Le tabac est, comme l'alcool, à l'origine d'environ

E ➤ Un paquet de cigarettes rapporte 4 francs à l'Etat, aux médias et aux commerçants et coûte 9 francs à la collectivité.
E ➤ Le tabac est 4 fois moins cher en France qu'en Norvège ou au Danemark, 2 fois moins qu'en RFA ou au Royaume-Uni, une fois et demie moins qu'en Belgique.
E ➤ Chaque cigarette fumée raccourcit la durée de vie du fumeur de 2 minutes.
E ➤ Un fumeur sur huit mourra de cancer du poumon.
E ➤ L'infarctus du myocarde est 2 fois plus fréquent chez les fumeurs.
E ➤ 11 % des naissances prématurées sont imputables au fait que la mère fume.
➤ La fumée qui se dégage d'une cigarette contient 5 fois plus d'oxyde de carbone, 3 fois plus de goudron et de nicotine, quatre fois plus de benzopyrène et 46 fois plus d'ammoniac que celle qui est inhalée par le fumeur.
E ➤ Le tabac est responsable d'un tiers des retards de poids et de taille chez les nourrissons.

60 000 décès chaque année (220 000 dans la CEE et 2,5 millions dans le monde). Le coût des maladies liées au tabac s'élève à 40 milliards de francs pour la collectivité.

Grâce aux multiples campagnes d'information, les Français savent que le tabac est à l'origine de près d'un cancer sur trois, d'accouchements prématurés et d'autres graves inconvénients. D'ailleurs, la majorité des Français (y compris parmi les fumeurs) sont favorables à l'interdiction de fumer dans les lieux publics ; les plus convaincus sont les femmes et les personnes âgées.

Le tabac en liberté surveillée

Bordelais Lemeunier/Leo Burnett

Les plus gros fumeurs sont les jeunes :
52 % des moins de 24 ans.

Si certains hommes ont ralenti ou cessé de fumer, les femmes et les jeunes sont plus nombreux à le faire. A 13 ans, 25 % des enfants fument ; à 15 ans, un sur deux est devenu un fumeur régulier. La consommation moyenne est en croissance : 1 410 cigarettes par habitant et par an en 1970 ; 1 500 en 1986. 17,5 % des hommes fument plus d'un paquet de cigarettes par jour, contre 12 % en 1977. 41 % des Français n'ont jamais fumé et 23 % ont arrêté (57 % des fumeurs ont déjà essayé de s'arrêter, 12 % ont l'intention de le faire).

Les catégories les plus concernées sont les cadres moyens, les membres des professions intermédiaires, les employés. 19 % seulement des inactifs fument. On fume plus à Paris et dans les villes de 40 000 à 100 000 habitants que dans les villes de plus de 100 000 habitants, plus lorsqu'on est de gauche que de droite, mais beaucoup plus si l'on se situe à l'extrême gauche et à l'extrême droite.

L'attitude des femmes vis-à-vis du tabac a beaucoup changé. Aujourd'hui, quatre femmes de moins de 25 ans sur cinq fument ou ont déjà fumé, alors que 70 % des plus de 45 ans n'ont jamais fumé.

42 703 drogués et 7 123 trafiquants ont été interpellés en 1989.
E • 150 000 personnes
se droguent régulièrement.
E • 85 % des drogués ont moins de 30 ans.

La toxicomanie (état de dépendance vis-à-vis d'une substance particulière) est en forte augmentation. Plusieurs millions de Français ont déjà fait l'expérience d'une drogue douce et environ 150 000 peuvent être considérés comme des toxicomanes. Une situation inquiétante, qui reste cependant moins dramatique que celle de l'Espagne, de l'Italie ou de la RFA.

Les trois quarts des drogués sont des hommes, mais la proportion de femmes tend à augmenter. La population concernée tend aussi à vieillir, ce qui accroît les risques dans le cas de grossesses. Le développement du sida dans cette population à risque est un autre problème inquiétant.

Les mélanges médicaments-alcool sont de plus en plus couramment utilisés.

39 % des drogués ont commencé par le cannabis, 21 % par l'héroïne. L'héroïne est plutôt moins consommée, par crainte de la transmission du sida par les seringues. Beaucoup préfèrent aujourd'hui des mélanges de médicaments et d'alcool, plus faciles à obtenir. Les produits consommés varient en fonction de l'âge. Les enfants et adolescents choisissent plutôt les colles, les solvants et le cannabis. Les jeunes adultes (20 à 30 ans) utilisent l'héroïne. Les adultes font une place plus large aux médicaments psychotropes ou stimulants. A la différence des autres produits, ceux-ci concernent aussi bien les femmes que les hommes.

L'usage de la drogue est fortement lié aux difficultés des jeunes dans leur vie familiale ou sociale.

Le recours à la drogue est le résultat d'une triple rencontre : un produit, une personnalité, un « moment socio-culturel ». Les toxicomanes ont souvent une vie de famille pauvre : un sur deux a des parents séparés ; 17 % ont perdu leur père, 7 % leur mère. Beaucoup ont en outre des difficultés scolaires ou professionnelles ; à 18 ans, 16 % seulement sont encore scolarisés (contre 75 % dans l'ensemble de la population) et plus de la moitié sont chômeurs ou sans activité. Ils se tournent alors vers les paradis artificiels, sans savoir qu'ils leur ouvrent les portes de l'enfer.

Il est significatif que l'image que les jeunes drogués ont d'eux-mêmes est beaucoup moins favorable que celle des non-drogués. Des enquêtes montrent que les premiers se jugent plus pessimistes, tristes, inquiets, énervés, fantaisistes, paresseux, dépensiers, mal organisés, sans ambition, mal dans leur peau. Même ceux qui ne consomment que des drogues « licites » (alcool, tabac, médicaments psychotropes) sont plus nombreux à avoir le cafard que ceux qui n'en utilisent pas (55 % contre 21 %). Ils sont même 13 % à avoir des idées de suicide, contre 3 % des non-consommateurs. Il n'y a pas de drogués heureux.

➤ Les femmes supportent moins l'alcool que les hommes, du fait d'une moindre élimination au niveau de l'estomac. Les différences enzymatiques expliquent le risque beaucoup plus élevé, à consommation égale, de cirrhose chez les femmes.
S ➤ 87 % des Français boivent du café au moins une fois par jour, 33 % trois fois par jour.
S ➤ 27 % boivent du vin à table, 66 % de l'eau.
S ➤ 75 % boivent des apéritifs ou des alcools, 15 % plusieurs fois par semaine.
➤ Les hommes ont 3 fois plus de risques que les femmes de subir une cirrhose ou une psychose alcoolique et 9 fois plus d'être touchés par un cancer des voies aérodigestives supérieures.
➤ 24 % des drogués ont déjà fait une tentative de suicide.
➤ 60 % des drogués le sont depuis plus de 5 ans.
S ➤ 76 % des Français pensent qu'un drogué est avant tout un malade, 9 % que c'est avant tout un délinquant, 9 % les deux à la fois.
E ➤ Près de 9 % des jeunes de 11 à 20 ans ont déjà essayé une drogue ; un sur deux a renouvelé l'expérience au moins trois fois.

RFI, 6 avril 1989

Micro-entretien

CLAUDE OLIEVENSTEIN *

G.M. - *Le développement de la drogue est lié à la crise des valeurs qui a touché l'Occident. Peut-on imaginer qu'il diminuera d'importance au fur et à mesure qu'un nouveau système de valeurs se mettra en place ?*

C.O. - Toute société qui ne propose pas des modèles d'identification suffisamment solides pousse la partie la plus faible de la population à la transgression et à la marginalité. Peut-être le problème est-il de trouver des produits compatibles avec la convivialité. C'est ce que certains pays comme la France ont fait pour l'alcool et le tabac. Bien sûr, il n'est pas possible de proposer l'ascétisme comme modèle à une population entière. Il faut trouver des compromis. C'est ce que nous avons fait, tout au long de notre histoire, afin de permettre aux uns et aux autres de vivre le moins mal possible.

* Fondateur et médecin-chef de l'hôpital Marmottan, auteur notamment de : *le Non-dit des émotions* (Odile Jacob) ; *la Drogue ou la vie* (Robert Laffont).

La quasi-totalité des Français consomment un ou plusieurs produits à caractère psychotrope.

La consommation de somnifères, tranquillisants, psychotropes, antidépresseurs a été multipliée par cinq depuis 1970. La France détient en ce domaine le record du monde. D'après une enquête du CREDOC, seuls 1,5 % des Français ne consomment ni alcool, ni tabac, ni café, ni thé, ni tranquillisants ou somnifères. Les quantités et les produits consommés varient largement selon les individus. Ceux-ci peuvent être rangés en sept catégories :
• 10 % des Français (surtout des hommes, mariés, environ 50 ans) sont des buveurs de vin ou de bière et d'apéritifs peu fumeurs.
• 28 % sont des buveurs de café (surtout des femmes d'âge moyen, actives, souvent « employées », mariées).
• 19 % sont des fumeurs, gros consommateurs de café (trois fois par jour et plus) ; ce sont surtout des hommes jeunes, actifs, peu diplômés, ayant des difficultés professionnelles.
• 9 % sont des buveurs de thé, petits consommateurs d'alcools et de cigarettes (plutôt jeunes et très diplômés).
• 10 % ne consomment guère que du thé (surtout des femmes plutôt jeunes, de niveau socio-culturel élevé).
• 19 % ne consomment ni alcool ni tabac, mais des tranquillisants ; ce sont en majorité des femmes âgées, souvent isolées, aux revenus peu élevés.
• 5 % sont de gros consommateurs d'alcool et de tabac, souvent associés au café ; ce sont en majorité des hommes actifs, mariés, de toutes les couches sociales (surtout ouvriers et commerçants).

Suicide : la société en question

Entre 1950 et 1976, le décès par suicide concernait 15 habitants sur 100 000 ; la proportion est aujourd'hui de 21. Depuis 1982, le nombre des suicides dépasse celui des décès par accident de la route. L'augmentation a été surtout sensible chez les jeunes ; elle est la conséquence d'un véritable problème de civilisation.

En 1988, 11 352 Français se sont suicidés, contre 10 500 en 1980, 8 700 en 1977.
Les hommes sont trois fois plus touchés que les femmes.
Les manœuvres se suicident 3 à 4 fois plus que les contremaîtres ou les cadres supérieurs.

Les taux de décès par suicide augmentent avec l'âge, surtout chez les hommes après 65 ans. Les chiffres officiels sont d'ailleurs probablement sous-estimés, beaucoup de suicides étant camouflés en mort accidentelle ou en disparition.

Le nombre des tentatives de suicide est estimé à plus de 150 000. Si les hommes sont plus nombreux que les femmes à se suicider, on constate que les tentatives de suicides sont deux fois plus nombreuses chez les femmes.

Le rôle déterminant de l'entourage familial est évident : le suicide est 2,3 fois plus fréquent que la moyenne chez les célibataires, 2,9 fois chez les divorcés et 3,6 fois chez les veufs. Le chômage est un autre facteur aggravant. Enfin, plus d'un tiers des suicidants sont en état d'ébriété avant leur tentative de suicide ; l'éthylisme est d'ailleurs un facteur important de récidive.

Les pays riches plus touchés

L'accroissement du nombre des suicides concerne surtout les pays développés, en particulier ceux du nord de l'Europe. Le taux le plus élevé est celui du Danemark (40 pour 100 000 chez les hommes et 20 pour 100 000 chez les femmes) ; le plus faible est celui de la Grèce (respectivement 6 et 2 pour 100 000). Les taux tendent à s'accroître avec l'âge, surtout dans la population masculine. Hors de l'Europe, le Japon est particulièrement concerné, avec un taux en forte croissance depuis quelques années, surtout chez les jeunes. En France, les régions Nord et Ouest sont deux fois plus touchées que les régions méridionales.

Le taux de suicide des jeunes de 15 à 24 ans a triplé en vingt ans.

En 1989, 816 jeunes de 15 à 24 ans (dont 641 garçons) se sont donné la mort. Il faudrait sans doute y ajouter les 158 garçons et 51 filles décédés à la suite de « traumatismes et empoisonnements causés d'une manière indéterminée quant à l'intention ». Le nombre de suicides de jeunes a triplé depuis les années 60 ; en dix ans, il a augmenté de 80 % pour les garçons et 20 % pour les filles. Il arrive juste derrière les décès par accident de la route et très loin devant ceux liés à la drogue.

Les causes de cet accroissement sont multiples : jeunes battus ; filles victimes d'inceste ; famille éclatée ; trop grandes exigences scolaires, etc. On constate que le taux de suicides « réussis » n'est que de 4 % entre 15 et 24 ans, alors qu'il est de 20 % chez les hommes de plus de 65 ans. Parmi les 45 000 jeunes qui tentent de se suicider chaque année, un tiers récidivent. La majorité des tentatives sont des appels au secours, ultime et dramatique essai de renouer le dialogue avec les autres. On peut y voir un effet de l'évolution de la société qui, en même temps qu'elle permet l'accès au confort au plus grand nombre, exclut du partage un nombre croissant d'individus.

Le suicide a aussi beaucoup augmenté chez les personnes âgées.

Les cas de suicide ont augmenté de 42 % en dix ans parmi les plus de 55 ans et représentent la moitié de l'ensemble des décès dus à cette cause. Le taux de suicide est de 44 pour 100 000 chez les personnes de 55 à 64 ans ; il atteint 55 entre 65 et 74 ans, 107 entre 75 et 84 ans, 144 à partir de 85 ans.

L'arrivée à la retraite est souvent ressentie comme une déchéance, surtout chez les hommes. Le décès du conjoint est le traumatisme le plus sévère ; c'est dans l'année qui suit le décès que le taux de dépressions suivies de tentatives de suicide est le plus élevé. La France enregistre un taux de suicide des personnes âgées deux à trois fois plus élevé que celui des autres pays européens.

Un problème de société

Cent ans d'études statistiques donnent raison à Durkheim : le suicide relève davantage de causes socio-économiques que d'une décision purement individuelle. Mais la carte sociale du suicide a évolué :
• Le taux de suicide croît avec l'âge, indépendamment d'autres variables.
• Il est plus élevé chez les hommes, les célibataires et les veufs, à la campagne et dans les petites agglomérations.
• Il se produit plus souvent de jour, en début de semaine, au printemps.
• Les jeunes et les femmes sont plus nombreux à tenter de se supprimer, mais les suicides effectifs sont plus rares.
Les études montrent que les rythmes sociaux ont une grande influence : on se suicide plus le lundi, jour de la reprise du travail après le congé hebdomadaire ; la généralisation des congés payés a entraîné une diminution des suicides en juillet et août.

INSEE

S ➤ 19 % des Français disent dormir mal, 34 % pas assez (8 % trop).
S ➤ 21 % des Français font des rêves en rapport avec leur famille, 17 % avec leur travail, 4 % avec leurs amis, 3 % font des rêves érotiques ; 33 % rien de tout cela.
➤ 41 % des Français considèrent que le handicap le plus dramatique est de perdre ses facultés mentales, 37 % de ne plus voir clair, 8 % de ne plus marcher, 5 % de perdre l'usage de ses mains, 2 % de ne plus entendre.

Migraine, stress, insomnie : les maladies du siècle

Le mal de tête, le mal de dos, la dépression nerveuse ou l'insomnie sont le tribut à payer au confort matériel et à l'inconfort moral caractéristiques de l'époque.

E • 8 millions de Français sont sujets au mal de tête.

Le doute a longtemps plané sur la réalité physiologique de la migraine. Atteignant principalement les femmes, sans symptôme apparent, elle pouvait passer, selon Balzac, pour « la reine des maladies, l'arme la plus plaisante et la plus terrible employée par les femmes contre leurs maris ».

Ce doute est aujourd'hui dissipé, car les manifestations qui accompagnent la « migraine commune » sont connues : modifications de l'appétit, barre sur l'estomac, troubles intestinaux, dépression ou euphorie, prise de poids. Le tout accompagné de douleurs de tête, débutant plutôt le matin.

S • 19 % des Français ont déjà fait une dépression (dont 40 % plusieurs fois).
S • 45 % pensent que cela pourrait leur arriver.

Le stress n'est pas à proprement parler une maladie. Tout se passe, ici, dans la tête. L'accumulation de difficultés ou de frustrations dans la vie professionnelle, familiale ou personnelle en est la cause principale.

Dans la vie moderne, chacun doit jouer plusieurs rôles dans une même journée, assumer tour à tour les responsabilités d'employé ou de patron, de parent ou d'époux. Un mélange souvent épuisant dans une société qui ne pardonne guère les faiblesses et les erreurs. Les nuisances de l'environnement (bruit, pollutions, agressivité ambiante) viennent encore ajouter à ces difficultés. La palette des manifestations possibles est large : de la perte de sommeil à la dépression totale, accompagnée parfois de la tentation extrême, celle du suicide. On constate un accroissement inquiétant de ces manifestations depuis quelques années.

Un Français sur dix dépressif

11,5 % des Français présentent un état dépressif. La tranche d'âge la plus concernée est celle des 45-54 ans ; les femmes sont plus dépressives que les hommes.

Les événements ressentis comme les plus traumatisants sont, par ordre décroissant d'importance : le décès du père ou de la mère (24 %) ou d'un membre de la famille (19 %), la mésentente avec le conjoint (11 %), la maladie d'un membre de la famille (10 %). Les événements touchant à la vie matérielle et professionnelle sont plus durement ressentis par les 45-54 ans (11 % contre 5 % en moyenne) ainsi que les problèmes conjugaux (16 % contre 11 %).

S • Un Français sur trois souffre de troubles du sommeil.
• La consommation de tranquillisants ou somnifères est la plus élevée au monde.

Les Français ont acheté en 1989 environ 170 millions de boîtes de produits hypnotiques, neuroleptiques, tranquillisants et antidépresseurs, plus couramment appelés somnifères. 36 % des femmes et 20 % des hommes y ont recours, au moins occasionnellement. La proportion est encore plus élevée après 60 ans : 32 % des hommes et 51 % des femmes. On constate d'ailleurs que les femmes âgées qui prennent ce type de médicaments ne s'en passent plus. On remarque également que la consommation de tranquillisants va de pair avec celle des autres médicaments.

Si la pilule du soir représente pour beaucoup l'espoir d'une nuit de sommeil, elle présente tout de même des risques par ses effets induits ; on estime que 6 % des accidents de voiture sont liés à la consommation de somnifères.

S ➤ 63 % des femmes et 71 % des hommes estiment que leur état de santé est « bon » ou « très bon » compte tenu de leur âge ; 78 % et 84 % entre 18 et 44 ans, 37 % et entre 75 et 84 ans.
➤ 14 % seulement des assurés sociaux payent le ticket modérateur.
S ➤ 68 % des Français considèrent que la foi est un soutien moral important en cas de maladie ; 30 % non. 48 % souhaiteraient la visite d'un aumônier s'ils étaient hospitalisés pour une maladie grave, 51 % non.

Duphar/Ifop, 1987

ACCIDENTS

10 000 morts par an sur les routes ; vitesse et alcool principaux responsables ● Accidents du travail moins nombreux mais nouveaux types de risques ● 5 millions d'accidents domestiques et 25 000 morts par an ● Coût global des accidents (route, maison, travail) : 80 milliards de francs par an.

Route : 400 000 morts en trente ans

Le taux de décès par mort violente (accidents, suicides, homicides) avait diminué de 1965 à 1982, grâce à une baisse de la mortalité liée aux accidents de la circulation. Il est remonté depuis 1983. Avant 45 ans, les accidents constituent la première cause de décès.

Entre 1960 et 1989, près de 400 000 Français sont morts sur la route et 8,5 millions ont été blessés. Un bilan insupportable sur le plan humain. Détestable aussi sur le plan économique, puisque chaque décès coûte environ 2 millions de francs à la collectivité.

Il y a eu 10 528 morts sur la route en 1989.

Il y avait eu 16 500 morts en 1972. Le nombre était passé pour la première fois en dessous de la barre des 10 000 en 1987 (9 855). Mais il est repassé au-dessus de ce seuil en 1988

(10 546) et en 1989. En 15 ans, le nombre de morts a cependant diminué, d'environ 40 %.

Une réduction du nombre d'accidents mortels avait pu être obtenue grâce à l'amélioration du réseau routier, l'obligation du port de la ceinture, la limitation des vitesses, l'abaissement de la puissance moyenne des voitures, l'impact des campagnes sur la sécurité routière et l'accroissement de la vigilance des policiers et des gendarmes. Il reste aujourd'hui à modifier les comportements des automobilistes.

170 590 accidents corporels ont fait 235 999 blessés, dont 55 086 graves.

Le nombre d'accidents a été moins élevé en 1989 qu'en 1988, mais ils ont été plus graves : 6,2 tués pour 100 accidents corporels, contre 6,0 % en 1988 et 5,8 % en 1987. La vitesse est sans doute responsable de cette situation. On estime que deux automobilistes sur trois dépassent la vitesse autorisée en agglomération, un sur six sur les autoroutes.

Le nombre d'accidents impliquant des piétons a diminué (- 9,6 % pour les tués, - 6,6 % pour les blessés). Il a augmenté chez les motocyclistes (+ 12,3 % de tués, + 1,9 % de blessés). Le nombre d'accidents sur autoroute est resté stable, mais les accidents mortels y sont en régression.

La proportion d'accidents mortels reste plus élevée en France que dans les autres grands pays occidentaux.

Parmi les pays industrialisés, la France est l'un de ceux où l'on meurt le plus sur la route : 410 conducteurs ou passagers tués par million de voitures en circulation. A titre de comparaison, le chiffre est de 270 en RFA, 260 au Royaume-Uni. A l'intérieur de la Communauté Européenne, la France occupe la sixième position en ce qui concerne la proportion de tués par rapport au nombre de véhicules, derrière le Portugal, la Grèce, l'Espagne, la Belgique et l'Irlande.

Pour les motocyclistes, les chiffres sont encore plus accablants : 122 morts par an pour 100 000 motos en circulation, contre 82 au Japon et aux Etats-Unis, 76 en RFA, 65 au Royaume-Uni, 59 en Italie. Ce sont bien sûr les jeunes qui sont les plus concernés.

L'amélioration interrompue

Evolution du nombre des accidents corporels, des blessés et des tués par accidents de la route (en milliers) :

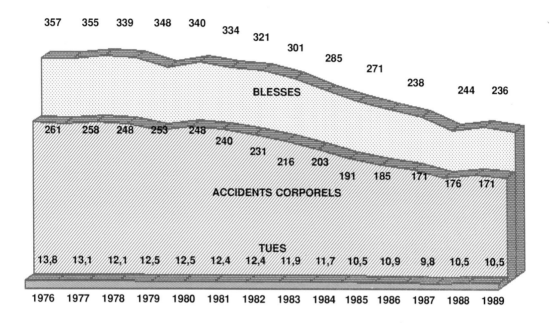

La vitesse est la principale responsable des accidents :
- *28 % des accidents corporels ;*
- *31 % des accidents mortels.*

Malgré les campagnes d'incitation à la prudence largement diffusées par les médias, 67 % des conducteurs reconnaissent qu'il leur est arrivé de dépasser les limitations de vitesse. Si 43 % se disent prêts à mieux la respecter, on compte encore 20 % d'irréductibles qui refusent de faire un effort dans ce domaine. 15 % ne sont pas d'accord non plus pour boucler leur ceinture.

Le respect des vitesses et de la signalisation reste également très insuffisant dans les agglomérations ; les accidents qui s'y produisent sont d'ailleurs trois fois plus nombreux qu'en rase campagne, mais ils sont moins graves. Dans les grandes villes, Paris en tête, la traversée des rues constitue souvent une périlleuse aventure.

➤ Les femmes au volant provoquent 10 % de plus d'accidents que les hommes, mais ils coûtent 30 % moins cher.
E ➤ Une alcoolémie supérieure au seuil légal de 0,8 g/l multiplie par 5 le risque d'accident et par 10 le risque de décès.
➤ L'absence de casque est chaque année à l'origine du décès de 150 motards ou cyclomotoristes.
S ➤ 59 % des Français sont d'accord avec l'obligation du port de la ceinture à l'arrière des voitures (35 % contre).
S ➤ 65 % des Français estiment qu'il faut conserver la vitesse de 130 km/h sur autoroute, 13 % qu'il faut l'abaisser, 18 % qu'il faut la supprimer.
S ➤ 60 % des automobilistes disent avoir peur des poids-lourds lorsqu'ils sont sur la route.
S ➤ 34 % des Français conduisent moins de 10 000 km par an, 34 % de 10 000 à 20 000, 15 % plus de 20 000, 17 % ne conduisent jamais.
➤ Les accidents sont plus nombreux et plus graves en été (maximum en juillet) et en fin de semaine (maximum le samedi).

Chaque année, des milliers d'enfants sont blessés ou y laissent leur vie. Les personnes âgées, plus prudentes mais moins mobiles, ne sont pas épargnées.

L'alcool, ennemi public

40 % des accidents mortels sont imputables à l'alcool.

Chaque jour, plusieurs centaines de milliers d'usagers de la route conduisent avec un taux d'alcool trop élevé ; 21 % des automobilistes reconnaissent d'ailleurs qu'il leur est arrivé de conduire en état d'ivresse. 38 % des conducteurs responsables d'un accident mortel dépassent le taux d'alcoolémie de 0,8 gramme par litre (et 3 % de l'ensemble des conducteurs). L'importance de l'alcool est d'ailleurs sous-évaluée dans les statistiques, du fait de l'impossibilité de pratiquer l'alcootest sur les morts et les blessés graves.

Les erreurs humaines sont beaucoup plus nombreuses que les défaillances mécaniques.

2 % seulement des accidents seraient dus à des défaillances mécaniques, mais on estime que 40 % des véhicules sont en mauvais état.

La vitesse tue

Principales causes d'accidents corporels sur les routes (1989) :

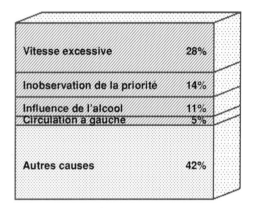

Vitesse excessive	28%
Inobservation de la priorité	14%
Influence de l'alcool	11%
Circulation à gauche	5%
Autres causes	42%

Contrairement à une idée répandue, les accidents ne sont pas systématiquement dus à la rencontre de deux véhicules. La moitié des accidents mortels ne mettent en cause qu'un seul véhicule. L'alcool y joue bien souvent un rôle. Le danger, ce n'est pas toujours les autres.

La conduite des Européens

Nombre de tués pour 100 000 véhicules dans les accidents de la route dans les pays de la CEE (en 1987) :

• Portugal	117
• Grèce	80
• Espagne	62
• Belgique	50
• Irlande	47
• FRANCE	**41**
• Danemark	37
• Luxembourg	37
• Italie	31
• RFA	27
• Pays-Bas	11
• Royaume-Uni	11

Audour, Soum, Larue/S.M.S.

Gendarmerie nationale

CDIA

La vue et la vie

On estime qu'environ 10 millions de Français voient mal au volant : 11 % d'entre eux ne portent pas de lunettes, 35 % de ceux qui en portent ont une correction mal adaptée. Les statistiques montrent que les personnes qui ont des problèmes de vue ont une fréquence d'accidents au moins double de celle des autres. Un solide argument à l'appui de ceux qui demandent l'examen de la vue obligatoire pour tous les conducteurs. Comme cela se pratique par exemple couramment au Japon (tous les 3 ans), en Suisse (tous les 5 ans), en Espagne et en Italie (tous les 10 ou 5 ans selon l'âge).

➤ En 1988, il y a eu 28 accidents d'avion qui ont fait 903 morts, contre 22 en 1987, qui avaient fait 856 morts.
S ➤ 74 % des Français considèrent que la voiture est le moyen de transport le moins sûr, devant l'avion (16 %) et le train (9 %).
➤ Les enfants de familles monoparentales sont deux fois plus souvent victimes d'accidents scolaires que les autres enfants.
➤ Une hospitalisation sur cinq est consécutive à un accident (une sur quatre pour les hommes).
➤ Les animaux domestiques sont à l'origine de 5 % des accidents domestiques.
➤ Les voitures particulières sont responsables de 68 % des accidents, les deux-roues 16 %, les véhicules utilitaires 10 %, les piétons 4 %.
➤ Sur 100 conducteurs de voiture victimes d'un accident, 57 sont responsables, 7 sont tués.
➤ Sur 100 piétons victimes d'un accident, 48 sont responsables, 14 sont tués.
➤ Sur 100 conducteurs de deux-roues victimes d'un accident, 54 sont responsables, 7 sont tués.
➤ Sur 100 conducteurs de véhicules utilitaires victimes d'un accident, 47 sont responsables, 3 sont tués.
➤ 64 % des accidents corporels de 1989 se sont produits en rase campagne.
➤ En 1989, la gendarmerie a constaté 642 000 excès de vitesse, 289 000 infractions au port de la ceinture de sécurité, 87 000 infractions au port du casque, 60 000 dépistages d'alcoolémie positifs.
➤ Au cours de l'hiver 1988-89, 20 000 enfants de moins de 14 ans ont été accidentés en faisant du ski. 35 % d'entre eux ont eu une entorse, 27 % une fracture, 6 % un traumatisme crânien.
➤ Tous les ans, 350 personnes environ meurent asphyxiées à leur domicile.
➤ Contrairement à une idée reçue, l'alcool est peu souvent responsable des accidents du travail.

Accidents du travail : la reprise

Après avoir été stable, aux alentours de un million par an jusqu'en 1977, le nombre des accidents du travail avait diminué régulièrement. Mais l'augmentation des effectifs des catégories plus vulnérables et moins protégées que les salariés réguliers (intérimaires, contrats à durée déterminée, sous-traitants...) pourrait remettre en question cette évolution favorable.

En 1988, 690 000 accidents ont entraîné un arrêt de travail,
68 590 une incapacité permanente,
24 millions de journées de travail ont été perdues.

Entre 1955 et 1986, le taux de fréquence (nombre d'accidents par million d'heures travaillées était passé de 53 à 29, soit une baisse de près de moitié. Cette baisse était due pour une part à une réduction des risques, liée aux efforts effectués par les entreprises dans le domaine de la sécurité. Elle avait été favorisée par la diminution de la population la plus exposée aux risques : salariés du bâtiment, mineurs, ouvriers.

Ces bons résultats ont été remis en question par la hausse intervenue en 1988, pour la première fois depuis plus de dix ans : 3,9 % d'accidents de plus par rapport à 1987 ; + 8,4 % d'incapacités permanentes, + 6,9 % de tués. Le taux de gravité (nombre de journées perdues par incapacité temporaire pour 1 000 heures de travail) est stagnant, notamment dans les branches à risque élevé.

Le nombre des décès a fortement diminué jusqu'en 1986,
avant de s'accroître à nouveau :
* *1970 : 2 268 ;*
* *1980 : 1 423 ;*
* *1986 : 978 ;*
* *1988 : 1 112.*

Après une diminution régulière, le nombre des personnes tuées par accident du travail a augmenté en 1987 et 1988. Le taux de fréquence est 5 fois plus élevé chez les ouvriers que chez les autres travailleurs. Les travailleurs étrangers sont plus touchés que les Français, du fait de leur présence plus nombreuse dans le secteur exposé du bâtiment et des travaux publics (surtout les charpentes métalliques et les travaux souterrains). Le risque est maximal entre 20 et 29 ans. Il décroît ensuite avec l'âge. Les accidents sont moins fréquents dans les tranches d'âge élevées, mais ils sont plus graves.

Moins d'accidents de trajet

81 000 accidents de trajet avec arrêt de travail se sont produits en 1988. 661 ont entraîné la mort et 15 000 se sont traduits par une incapacité permanente.
4,1 millions de journées de travail ont été perdues à la suite d'accidents de trajet ayant entraîné une incapacité temporaire, 219 000 à la suite d'incapacités permanentes.
Le nombre des accidents de trajet avec arrêt a fortement diminué depuis une dizaine d'années ; il avait atteint 154 000 en 1979 et occasionné la perte de 6,7 millions de journées de travail. La mise en place d'horaires flexibles, qui a réduit la crainte d'arriver en retard à son travail, explique en partie cette amélioration. Cette tendance s'est poursuivie en 1988, mais le nombre de décès était au contraire en augmentation de 4,6 % par rapport à 1987, celui des journées de travail perdues pour incapacité temporaire de 3 %.

---

*Les travailleurs à statut précaire
sont plus touchés que les autres.*

Les intérimaires sont plus souvent victimes d'accidents du travail que l'ensemble des salariés et les accidents sont plus graves. La fréquence est de 11,5 pour mille intérimaires contre 5,9 pour mille dans l'ensemble des salariés. Ce phénomène s'explique en partie par le fait que les intérimaires travaillent plus souvent que les autres dans les secteurs à risque (industrie et surtout BTP). Elle s'explique aussi par une moindre formation à la sécurité du travail et une affectation aux postes les plus dangereux ou présentant de forte contraintes de rendement.

La mort à domicile

Plus nombreux que les accidents du travail ou de la route, les accidents de la vie privée (à la maison, aux abords de la maison ou au cours des loisirs extérieurs) font aussi plus de morts : douze fois plus que les accidents du travail. Un Français sur dix en est victime chaque année. Parmi les pays industrialisés, la France est l'un des plus touchés.

*Les accidents domestiques
font chaque année 25 000 morts
et plus de 2 millions de blessés.
60 % des personnes concernées
sont des hommes.*

On enregistre chaque année environ 5 millions d'accidents domestiques, trois fois plus que les accidents du travail et 18 fois plus que ceux de la circulation. Ils entraînent 450 000 hospitalisations et 550 000 arrêts de travail. 0,5 % seulement sont mortels, contre 8 % dans le cas des accidents de la route. Les deux principales populations à risques sont les enfants de moins de 16 ans et les personnes âgées de plus de 60 ans.

La majorité des accidents domestiques sont liés à des chutes, le plus souvent dans la cuisine (27 % des cas). Les principales causes sont, par ordre décroissant : portes, escaliers, éléments de la voie publique (sol, trottoir...), véhicules et bateaux, mobilier, sports (patinage, ski, tennis, natation...), jeux (ballons, fléchettes...), animaux. Dans un cas sur trois, aucun objet ou produit n'est à l'origine de la chute.

Les accidents de sport et de loisir concernent davantage les hommes. Les cadres sont les plus touchés, suivis des professions intermédiaires et des ouvriers. Le fait d'habiter une maison individuelle est un facteur aggravant, lié à la multiplication des risques. Le taux d'accidents scolaires croît jusqu'à 16 ans et diminue ensuite fortement ; il concerne plus les garçons que les filles.

*Les enfants sont les plus exposés :
E • 300 000 chutes à la maison ;
E • 1 000 morts par an.*

Plus d'un million d'accidents de la vie privée donnant lieu à des soins de médecin concernent chaque année environ 13 % des enfants de 0 à 16 ans. Le taux s'élève à 21 % pour les garçons de 2 à 4 ans et 15 % pour les filles. Un peu moins de la moitié des accidents se produisent à la maison.

Dans plus de la moitié des cas, la cause est une chute. Dans un cas sur cinq, il s'agit d'un choc. Les brûlures ne représentent que 10 % des accidents domestiques survenant aux enfants, les coupures 6 %. La cour, le jardin et la cuisine sont les lieux principaux dans lesquels ils ont lieu.

Les intoxications sont responsables d'un accident sur quatre chez les enfants de moins de 5 ans. Les médicaments et produits d'entretien sont à l'origine de 60 % des cas. Il faut citer aussi l'ingestion d'objets les plus divers (cacahuètes, pépins, haricots, clous, boutons, capuchons de stylo...), qui peut parfois se terminer de façon tragique, surtout lorsque l'enfant se trouve seul.

SOINS

8 000 F par an et par personne ● 74 % pris en charge par la collectivité ● Consommation médicale forte mais inégale ● Malaise du corps médical ● Intérêt croissant pour les médecines douces

---

Priorité santé

Malgré les progrès considérables de la recherche médicale, les Français n'ont jamais eu aussi peur de la maladie, ni autant fait d'efforts pour la prévenir ou la guérir. Les dépenses de santé représentent 17 % du budget des ménages en 1990, contre 8 % en 1963. Elles dépasseront celles consacrées à l'alimentation d'ici l'an 2000.

La santé apparaît comme une condition nécessaire pour réussir sa vie.

Mieux vaut être riche et en bonne santé que pauvre et malade. Jamais cette vérité d'évidence n'aura été autant ressentie que dans la société actuelle. Une société dure et compétitive qui tend à privilégier, dans les faits comme dans l'imagerie populaire, ceux qui affichent une forme physique parfaite. La santé paraît d'autant plus précieuse aux Français qu'elle constitue de plus en plus un atout dans leur vie personnelle et professionnelle. Dans une époque souvent éprouvante, la santé représente un capital précieux. Aussi précieux que le temps, dont elle est l'allié le plus sûr.

Micro-entretien

LÉON SCHWARTZENBERG *

G.M. - Pourquoi les Français ont-ils si peur de la maladie ?

L.S. - La raison principale me paraît être la quasi-disparition des maladies aiguës. Tout particulièrement les maladies infectieuses, qui représentaient la plus grande cause de mortalité jusqu'en 1940-1950 et n'entrent plus aujourd'hui que pour 3 % dans les statistiques. La population est terrifiée par la maladie dans la mesure où celle-ci prend des aspects chroniques et débilitants. Les Français ont peur d'être affaiblis et avilis par de telles maladies, au premier rang desquelles se situent les maladies cardio-vasculaires, les cancers et les maladies mentales.

* Cancérologue, auteur notamment de : *la Société humaine* (Belfond) ; *Requiem pour la vie* (le Pré aux Clercs).

En 1989, chaque Français a dépensé près de 9 000 F pour sa santé, contre 870 F en 1970.

En vingt ans, la consommation médicale a été multipliée par dix en francs courants ; dans le même temps, le PIB n'a été multiplié que par sept. Entre 1973 et 1985, les dépenses de santé ont augmenté en moyenne de 7 % par an en francs constants, soit beaucoup plus que la croissance économique. Elles représentent aujourd'hui 8,9 % du budget des ménages, contre 7,1 % en 1970.

Cette accélération a été ralentie, puis stoppée à partir de 1985, à la suite des mesures prises pour rééquilibrer le budget de la Sécurité sociale : taux de remboursement inférieurs, baisse de la TVA sur les médicaments, instauration du forfait journalier à l'hôpital, réforme des maladies prises en charge à 100 %.

Le budget de l'Assurance maladie a cependant augmenté de 10,3 % en 1989, contre 6,7 % en 1988. Ce sont les dépenses de pharmacie qui

L'hôpital coûte cher

Répartition des dépenses médicales en 1989 :

	Dépense moyenne	Part (en %)
• Soins hospitaliers et en sections médicalisées	4 213	47,3
• Soins ambulatoires	2 572	29,0
dont :		
Médecins	*1 196*	*13,4*
Auxiliaires médicaux	*373*	*4,2*
Dentistes	*596*	*6,7*
Analyses	*316*	*3,5*
Cures thermales	*91*	*1,0*
• Transports de malades	116	1,3
• Médicaments	1 594	17,9
• Prothèses	203	2,3
dont :		
Lunetteries	*135*	*1,5*
Orthopédie	*68*	*0,8*
• Médecine préventive	200	2,2
Total	**8 898**	**100,0**

ont le plus augmenté (15,6 %), devant les dépenses d'hospitalisation (9,5 %) et les honoraires médicaux (9 %).

La collectivité prend en charge 74 % des dépenses totales de santé.

La part des remboursements de la Sécurité sociale a diminué (72,7 % contre 76,5 % en 1980), en même temps que celle de l'Etat et des collectivités locales (1,2 % contre 2,9 %). Ce sont les ménages qui financent la différence (19,9 % contre 15,6 %), aidés par leurs assurances mutuelles (6,2 % contre 5,0 %). Depuis 1988, le taux moyen de remboursement des médicaments n'est plus que de 70 %, contre 76,9 % en 1986.

La quasi-totalité des Français (99 %) sont aujourd'hui couverts par un régime d'assurance maladie. 73 % d'entre eux disposent en outre d'une assurance complémentaire auprès de mutuelles ou de compagnies privées (contre un tiers en 1960) ; leur consommation médicale est d'ailleurs supérieure de moitié à celle des personnes qui n'ont pas d'assurance complémentaire. Mais on estime que 400 000 personnes ne disposent encore d'aucune couverture en cas de maladie.

Chaque Français consulte un médecin
5 fois par an.

Depuis 1982, la croissance des « soins de ville », séances et prescriptions de médecins, s'accentue. On constate une croissance plus forte de la médecine spécialisée et des dépenses de médicaments et analyses.

Les femmes consultent en moyenne plus souvent que les hommes : un peu moins de 6 consultations et visites annuelles, contre 4,5. Le nombre d'examens qu'elles subissent (un peu supérieur à trois par an en moyenne) est presque le double de celui des hommes. Mais les femmes ont plus de raisons particulières de se rendre chez le médecin : périodes de grossesse, choix et suivi des méthodes contraceptives, ménopause, etc. Les personnes âgées consultent également davantage : environ 7 fois par an en moyenne.

La consommation médicale est très inégale :
* *13 % des familles effectuent*
55 % des dépenses ;
* *4 % des familles bénéficient*
de plus des trois quarts des indemnités
journalières versées.

Les consommations médicales moyennes cachent de très profondes disparités. Les cadres et employés sont ceux qui consultent le plus, les médecins, les professions libérales, agriculteurs et patrons ceux qui consultent le moins. La quantité de soins reçue n'est pas la seule différence entre les professions. Le type de consultation oppose encore les cadres supérieurs aux agriculteurs et aux ouvriers non qualifiés : les premiers se rendent beaucoup plus fréquemment chez les spécialistes, tandis que les seconds restent plus fidèles aux médecins généralistes.

➤ Les Français consomment proportionnellement 5 fois plus de tranquillisants que les Américains, et deux fois plus qu'il y a 10 ans.
➤ Un *numerus clausus* existe dans certaines professions médicales : pharmaciens (2 200 en 1988) ; dentistes (900) ; sages-femmes (671) ; infirmiers diplômés d'Etat (14 160), masseurs-kinésithérapeuthes (1 506).

Les Français surmédicalisés

Les Français sont en Europe ceux qui consomment le plus de médicaments : environ 1 500 F par personne en 1989. La croissance a été de 12 % par an en moyenne depuis 1970. Lorsqu'un Français achète 100 médicaments, un Allemand en achète 64, un Britannique 32.
Les principales catégories de produits utilisés concernent les troubles du métabolisme et de l'appareil digestif, les affections du système nerveux et les problèmes cardio-vasculaires. Il faut préciser que les Français sont loin de consommer tout ce qu'ils achètent ; les armoires à pharmacie sont pleines de boîtes périmées ou partiellement utilisées.

La médecine malade

Un million de personnes exercent une profession de santé : près de 600 000 pratiquent des activités médicales ou paramédicales ; plus de 400 000 sont agents des services hospitaliers, aides-soignants, ambulanciers, laborantins ou psychologues. Le nombre des médecins a beaucoup augmenté ; il est aujourd'hui pléthorique. Il en est de même de la capacité d'accueil des hôpitaux. Beaucoup de membres de ces professions se plaignent de leurs conditions de travail et de rémunération, ainsi que de la dégradation de leur statut social.

180 000 médecins étaient inscrits à l'Ordre
en 1989, contre 118 000 en 1980
et 66 000 en 1970.
La part des spécialistes augmente.

Depuis 1975, le pouvoir d'achat des médecins généralistes a diminué régulièrement. On estime que 10 000 médecins commencent avec un revenu inférieur au Smic. Les 39 000 généralistes du secteur 1 effectuent en moyenne 4 800 actes par an ; les 6 500 du secteur 2 en effectuent 3 800. Dans les deux cas, le chiffre d'affaires annuel moyen est de 482 000 F. Ils sont donc de plus en plus tentés par le secteur à honoraires libres (27 000 début 1989). Fin 1987, on comptait 97 000 médecins libéraux, soit 70 % des médecins en activité. Pour la même raison, le nombre des spécialistes (75 000 en 1990) tend à augmenter.

Le nombre de nouveaux étudiants en médecine est limité à 4 100 en 2e année. Mais le nombre de médecins devrait continuer à s'accroître au cours de la prochaine décennie à un rythme ralenti, pour se stabiliser vers 2 005 à environ 180 000, soit 40 000 de plus qu'en 1988.

Figaro Magazine/Sofres, janvier 1990

Le malaise des médecins

39 % des médecins spécialistes et 51 % des généralistes ne sont pas satisfaits de leurs revenus actuels. 93 % ont le sentiment que leur niveau de vie a baissé depuis quinze ou vingt ans. 39 % sont également préoccupés de leurs rapports avec l'administration. 91 % considèrent qu'un jeune médecin a aujourd'hui moins de chances qu'avant de réussir sa vie professionnelle. 60 % déconseilleraient à leur enfant de devenir médecin. Enfin, 51 % des spécialistes et 40 % des généralistes s'attendent à une baisse de la qualité des soins dans les années à venir (30 % et 29 % à une amélioration).

Les capacités d'accueil des hôpitaux
sont excédentaires.
Les chefs de clinique, internes, infirmières
sont mécontents de leur sort.

Les 3 500 établissements hospitaliers (dont 1 065 publics et 2 400 privés) emploient 720 000 personnes. Leur capacité d'accueil (environ 500 000 lits) est largement supérieure aux besoins, du fait des progrès réalisés en matière de soins chirurgicaux. On estime que 20 % des 300 000 lits du secteur public sont excédentaires.

E ➤ Les examens inutiles pratiqués chaque année coûtent 800 millions de francs à la Sécurité sociale.
S ➤ 91 % des Français se disent satisfaits des médecins qu'ils consultent ; 6 % ne sont pas satisfaits.
S ➤ 67 % des patients sont prêts à payer plus que le tarif remboursé par la Sécurité sociale pour voir le médecin de leur choix.
S ➤ 76 % des Français considèrent que les problèmes de la Sécurité sociale viennent en partie de ce que les gens ne se sentent pas responsables et dépensent trop.
S ➤ 43 % des médecins avouent avoir eu des gestes amoureux avec une patiente, qui se sont traduit dans 20 % des cas par un baiser, dans 54 % par des relations sexuelles.

Les hôpitaux sont de moins en moins des lieux d'hébergement, mais des lieux d'intervention chirurgicale ; la durée moyenne de séjour a diminué de moitié en vingt ans (8 jours en 1989). Le problème est en fait de reconvertir des lits pour accueillir les vieillards, de plus en plus nombreux.

Le mécontentement des chefs de clinique et personnels hospitaliers, tant en ce qui concerne les conditions de travail que les salaires, s'est largement manifesté en 1989 et 1990.

La santé n'a pas de prix

LE PHARMACIEN mon conseiller santé

... mais la maladie a un coût

MAP

La médecine tend à devenir
un service comme les autres.

Pendant longtemps, les Français avaient considéré le médecin comme le détenteur unique d'un pouvoir magique, celui de guérir la maladie, de prolonger la vie. Les attitudes et les comportements ont changé. De plus en plus de malades pratiquent l'automédication. D'autres se tournent plutôt vers des thérapeutiques nouvelles. Un nombre croissant de malades mettent en concurrence le diagnostic, autrefois sacré, de leur médecin avec celui d'autres hommes de l'art ; un malade sur trois demande l'avis d'au moins un autre praticien.

Même lorsqu'ils ont consulté un médecin, les Français souhaitent garder une possibilité de choix personnel. Un tiers des patients ne suivent pas les ordonnances à la lettre : certains n'achètent pas tous les médicaments prescrits ; d'autres enfin n'en consomment qu'une partie.

*Les litiges opposant des malades
à des médecins tendent à se multiplier.*

Ceux qui considèrent avoir été victimes d'erreurs médicales estiment avoir droit à des explications et si possible à des réparations. On estime à plus de 2 000 le nombre de personnes ou de familles qui mettent en cause chaque année le travail d'un médecin ou d'un chirurgien. Un chiffre toutefois faible par rapport aux quelque 400 millions d'actes médicaux établis.

Les trois quarts des procès intentés sont perdus par les plaignants, mais une cinquantaine de médecins sont condamnés chaque année en correctionnelle. La situation reste très éloignée de celle des Etats-Unis, où les très nombreux procès médicaux se soldent parfois par des indemnités de plusieurs millions de dollars (en moyenne 70 000 dollars) ; les médecins dépensent chaque année plus de dix milliards de dollars en examens complémentaires pour se couvrir en cas de procès.

Le droit à la vérité

S'ils étaient atteints d'une maladie grave, la plupart des Français souhaiteraient qu'on leur dise la vérité : 84 % dans le cas d'un cancer, 88 % pour le sida, 90 % pour une grave maladie de cœur. 69 % considèrent que cela les aiderait plutôt à lutter contre la maladie, 22 % que cela pourrait avoir des effets négatifs sur leur moral.
Dans le cas où un proche serait atteint d'une maladie grave, 54 % souhaiteraient qu'il soit informé de son état par le médecin, 19 % par eux-mêmes, 18 % préféreraient qu'il ne l'apprenne pas. 69 % estiment enfin que les hôpitaux devraient être autorisés à donner à chaque malade son dossier.

---

*Un Français sur trois
recourt aux « médecines douces ».*

Les Français ont redécouvert depuis quelques années les vertus des médecines anciennes (homéopathie, phytothérapie, aromathérapie, etc.) ou « exotiques » (acupuncture). Ils les utilisent à la place ou, le plus souvent, en complément des médecines conventionnelles.

Le succès de ces médecines différentes peut s'expliquer par la montée des préoccupations écologiques et la volonté des Français d'être moins dépendants de leur médecin habituel. Elle traduisent aussi une volonté de lutter contre la surmédicalisation caractéristique des années récentes. Enfin, l'aspect moins rationnel et scientifique des médecines douces exerce sans aucun doute une attirance sur certains malades.

Micro-entretien

MICHÈLE BARZACH *

G.M. - *La société est-elle prête à définir une véritable éthique en matière médicale ?*

M.B. - La morale est une réponse individuelle et l'éthique une réponse de société. Les problèmes à résoudre sont de plus en plus complexes. Avec les moyens biologiques modernes, la famille traditionnelle perd sa signification. On peut aujourd'hui congeler un embryon, le décongeler dans deux ans ou dans dix ans. Qui est le père de qui, que devient la filiation, que devient l'identité, que devient la famille, donc que devient notre société ? Qui décide, qui fixe les règles du jeu ? La morale, la religion et la loi ne sont pas prêtes.

* Député, ancien ministre de la Santé et de la Famille, auteur du *Paravent des égoïsmes* (Odile Jacob).

S ➤ Les trois quarts des Français ne donnent jamais leur sang : 26 % parce qu'ils n'ont pas ou plus l'âge ; 24 % parce qu'ils n'y pensent pas ; 12 % par peur de la piqûre ; 11 % par peur d'avoir un malaise ; 6 % par peur d'avoir une maladie.
S ➤ 31 % des Français pensent que les médecines douces sont un recours en cas d'échec de la médecine classique, 29 % qu'elles ont fait leurs preuves depuis des siècles.
E ➤ Un infarctus coûte entre 100 000 et 200 000 F à la collectivité, une transplantation du foie 800 000 F, une greffe de moelle osseuse 300 000 F, une dialyse 400 000 F.
E ➤ Une greffe cardiaque coûte 230 000 F en France, 650 000 F aux Etats-Unis et 150 000 F en Italie.
E ➤ Chaque année, 600 000 patients sont victimes d'une infection au cours de leur hospitalisation.
➤ Le bénéfice moyen des électroradiologistes se montait en 1987 à 54 000 F par mois, 52 000 F pour les chirurgiens, 38 000 F pour les médecins spécialistes, 34 000 F pour les chirurgiens-dentistes, 27 000 F pour les médecins généralistes, 15 500 F pour les masseurs kinésithérapeutes.

RFI, 13 avril 1989

Le Nouvel Observateur, octobre 1988

L'INSTRUCTION

CULTURE

Un Français sur quatre sans diplôme ● Instruction inégale et insuffisante ● Milieu familial déterminant ● Influence moins égalitaire des médias ● Culture générale plus contemporaine ● Evolution parallèle du langage et de la culture

L'instruction insuffisante et inégale

Si l'on mesure la réussite d'un individu à la place qu'il occupe dans la hiérarchie professionnelle, c'est à l'école qu'elle se prépare le plus souvent. Mais un quart des Français n'ont pas de diplôme. Malgré le développement de la formation continue, l'instruction demeure très inégale.

Un Français sur quatre n'a aucun diplôme.
Un sur dix a un diplôme supérieur
ou égal au baccalauréat.

30 % des Français de 18 ans et plus ont arrêté leurs études à temps complet à l'âge de 15 ans ou moins, 47 % entre 16 et 19 ans, 23 % à 20 ans ou plus. Les personnes actives sont plus diplômées que les inactifs. Les hommes le sont plus que les femmes, bien que cette tendance soit en

train de s'inverser dans les jeunes générations. Les effectifs des bacheliers ont été multipliés par quatre en 25 ans ; au début du siècle, seul un sur mille possédait ce privilège.

Le diplôme, assurance vie professionnelle

Le lien entre les professions et les diplômes est évident : 6 % des agriculteurs ont un niveau d'instruction égal ou supérieur au bac, contre 76 % des cadres supérieurs ; 50 % des ouvriers n'ont aucun diplôme, contre 9 % des employés. Les diplômes constituent aujourd'hui la meilleure assurance sur la vie professionnelle.

Plus de 3 millions de Français sont illettrés.

Sur les 37 millions de personnes valides de plus de 18 ans vivant en France métropolitaine, 3,3 millions (soit près d'une sur dix) éprouvent des difficultés graves à parler, lire, écrire ou comprendre la langue française. Parmi eux, 1,9 million sont des Français et 1,4 million des immigrés. On estime qu'un immigré sur trois a des difficultés graves avec la langue : 16 % ne savent pas parler, 7 % parlent mais ne savent pas lire. Sur les 400 000 appelés d'une classe d'âge, 8 % seraient illettrés et 0,8 % seraient des analphabètes complets (ne sachant ni lire ni écrire).

L'évolution à laquelle on assiste depuis plusieurs décennies se développe dans deux sens opposés : d'un côté, l'accroissement du niveau d'instruction moyen ; de l'autre, l'existence d'un nombre croissant de laissés-pour-compte. Un phénomène qui incite à se poser des questions sur l'efficacité globale du système éducatif et sur sa capacité à réduire les inégalités entre les individus.

L'illettrisme concerne
tous les pays développés.

Beaucoup d'Européens éprouvent des difficultés à lire dans leur propre langue. C'est le cas de 15 % des Américains. On estime que 10 à

Un Français sur deux n'a pas le certificat d'études

Population de plus de 15 ans, non scolarisée, selon le diplôme (en 1989) :

HOMMES

• Aucun diplôme ou CEP seul	45,3%
• BEPC seul	6,2%
• CAP, BEP ou autre diplôme de ce niveau	25,4%
• Bac, BP, ou autre diplôme de ce niveau	9,0%
• Diplôme du 1er cycle universitaire, BTS, DUT	4,6%
• Diplôme du 2e ou 3e cycle universitaire	7,2%
• Diplômes non déclarés	2,3%

FEMMES

• Aucun diplôme ou CEP seul	55,8%
• BEPC seul	8,6%
• CAP BEP ou autre diplôme de ce niveau	16,9%
• Bac, BP, ou autre diplôme de ce niveau	9,0%
• Diplôme du 1er cycle universitaire, BTS, DUT	6,4%
• Diplôme du 2e ou 3e cycle universitaire	4,0%
• Diplômes non déclarés	2,3%

INSEE (Enquête sur l'emploi en 1989)

15 millions de personnes habitant la CEE sont analphabètes. S'il est difficile de recenser précisément cette forme très grave de handicap social, il est encore plus ardu d'y remédier. La plupart des personnes qui sont concernées s'efforcent de cacher leurs problèmes, craignant de perdre leur dignité. Sans cesse confrontées à la « civilisation de l'écriture » qui, quoi qu'on en pense, reste prépondérante dans la société de l'image, elles vivent une humiliation quotidienne. Celle-ci se traduit souvent par l'isolement, la honte, voire le mépris de soi. Car le malheur guette celui qui ne peut pas comprendre ni s'exprimer, dans un monde où tout est communication.

53 % des Français ont suivi des études classiques,
28 % ont suivi des études techniques,
19 % les deux filières successivement.

La filière suivie par les Français au moment de leur scolarité n'a pas toujours de rapport avec la vie professionnelle et personnelle qu'ils auront plus tard. Ainsi, plus de la moitié des adultes d'aujourd'hui ont flirté dans leur jeunesse avec les déclinaisons latines, le grec ancien ou la littérature française.

L'orientation scolaire tient plus au hasard qu'à un choix délibéré : pour 70 % des adultes, le type d'études suivi a été dicté par les circonstances ; pour les autres, il a été guidé par l'entourage (parents, professeurs...). Le contenu des programmes d'enseignement n'est pas la seule cause du décalage entre la formation reçue à l'école et les besoins économiques. Les défauts ou l'absence d'orientation lors de la scolarité sont tout aussi graves.

Hommes scientifiques, femmes littéraires

46 % des hommes se disent, par goût, plutôt scientifiques, et 36 % plutôt littéraires. Les proportions sont inversées pour les femmes : 60 % se disent plutôt littéraires, 28 % scientifiques. Les jeunes de 18 à 24 ans sont les plus nombreux à se considérer comme des littéraires (64 %). Les personnes âgées de 60 à 69 ans sont les moins nombreuses à se qualifier de scientifiques (24 %), sans pour autant se croire massivement littéraires (48 %). Les personnes proches de la droite sont plus fréquemment scientifiques, celles proches de la gauche littéraires.

Le Point/Ipsos, janvier 1989

La proportion de diplômés est insuffisante.

La France forme chaque année 14 000 diplômés, soit deux fois moins que la RFA. Par rapport aux pays voisins, les formations supérieures restent trop élitistes, tandis que les qualifications moyennes ne sont pas assez compétitives. Le nombre de techniciens est très insuffisant ; il devrait tripler d'ici l'an 2 000. On estime qu'il manque chaque année 10 000 ingénieurs sur le marché du travail. Le manque de commerciaux reste un handicap typique des entreprises françaises.

Le niveau des diplômés augmente,
celui des non-diplômés diminue.

Contrairement à une idée très répandue (en particulier chez les enseignants), le niveau des élèves les plus diplômés n'a pas baissé. Depuis le début du siècle, la scolarité moyenne a plus que doublé. Une étude réalisée sur les appelés par les universitaires Christian Baudelot et Roger Establet a montré que les bacheliers obtiennent de meilleures notes aux tests du service national (qui ont dû être relevés à plusieurs reprises) que leurs homologues de 1967. De même, les élèves font aujourd'hui moins de fautes d'orthographe, à âge égal, que leurs aînés.

Les résultats sont en revanche moins bons pour les titulaires du brevet ou du CAP. La croissance du nombre de ces diplômés s'est accompagnée d'une baisse du niveau moyen.

La formation continue est un moyen
de rattrapage et de perfectionnement.
4,5 millions de salariés en ont profité en 1989.

L'instauration, en 1971, de la loi sur la formation continue (ou permanente) a permis à des millions de Français de progresser dans leur métier et de mieux jouer leur rôle dans l'économie nationale. En 1989, un actif sur cinq a bénéficié d'une formation (un sur quatre hors fonction publique), contre un sur sept en 1974. Un peu moins de 3 % de la masse salariale des entreprises ont été consacrés à la formation professionnelle (1,4 % dans les unités de 10 à 19 salariés, 4,5 % au-dessus de 2 000), pour une durée de 612 millions d'heures, soit 137 heures par personne formée).

Si un cadre sur trois bénéficie d'un stage, c'est le cas seulement d'un employé sur six et d'un ouvrier sur douze. Les femmes, qui représentent 42 % de la population active, ne participent qu'à 25 % des actions de formation. 58 % des stagiaires ont entre 25 et 40 ans alors qu'ils ne représentent que 45 % des salariés.

Formation continue et promotion

Les personnes qui ont bénéficié d'au moins une action de formation continue à l'initiative de leur employeur bénéficient en moyenne deux fois plus souvent de promotions que ceux qui n'en ont pas suivi. Dans le secteur public, la formation permet plus souvent l'accès à un grade supérieur : environ 30 % des personnes concernées, contre 21 % dans le secteur public. Les salariés des grandes entreprises (plus de 500 personnes) sont promus deux fois plus souvent que ceux des entreprises de moins de 10 salariés. Enfin, le risque d'être en chômage est deux fois et demi moindre pour les personnes qui ont bénéficié d'une session de formation continue.

Famille et médias : la formation permanente

Le « milieu » joue un rôle de plus en plus important dans l'éducation et la formation des jeunes. L'idée que l'enfant se fait de la société dépend plus des situations vécues en famille que de la présentation formelle qu'en font les professeurs. Elle est aussi de plus en plus influencée par la description qu'en donnent les médias. La télévision joue un rôle particulier et croissant. Après avoir contribué à une certaine égalisation culturelle, elle pourrait, en augmentant la diversité de ses programmes, accroître les différences entre les individus.

S ➤ 4 % des Français se trouvent « très intelligents », 72 % « assez intelligents », 15 % « peu intelligents », 1 % « pas du tout ». Les jeunes se trouvent un peu plus intelligents que les autres, les cadres supérieurs un peu plus que les cadres moyens et les ouvriers et beaucoup plus que les agriculteurs, les parisiens un peu plus que les provinciaux.
➤ La proportion de conscrits incapables d'écrire leur nom était de 17 % en 1880, de 4 % en 1912 ; elle est inférieure à 1 % aujourd'hui.

INSEE/CFRFO

L'origine familiale reste l'un des principaux facteurs d'inégalité culturelle.

Le fils d'un ministre, d'un écrivain ou d'un chercheur ne connaît pas dans sa vie d'enfant les mêmes expériences que le fils d'un manœuvre. Le premier a été amené tout naturellement à s'intéresser aux différents aspects de la « culture » et aux discussions de portée générale. Le second n'en a guère eu la possibilité, ramené le plus souvent aux réalités matérielles et aux difficultés qu'elles engendrent.

Un enfant de cadre ou d'enseignant dispose, à 7 ans, d'un vocabulaire 2 à 3 fois plus riche qu'un enfant d'ouvrier.
La probabilité d'accès à l'enseignement supérieur d'un fils de cadre supérieur est 20 fois plus grande que celle d'un fils d'ouvrier.

Les enfants de catégories sociales différentes ont de grandes chances (le mot est pris, ici, dans son sens statistique) de devenir des adultes différents. Le taux de redoublement au cours préparatoire est trois fois plus élevé chez les enfants d'OS que chez ceux des cadres. Sans nier l'influence, sans aucun doute considérable, de l'hérédité, il est certain que les différences de vocabulaire ou d'ouverture d'esprit jouent en défaveur des enfants des milieux modestes.

Les Français peuvent accéder facilement et à un très faible coût à l'information.

Le prix de revient d'une heure d'écoute de la radio est dérisoire : de l'ordre de un centime, représentant l'amortissement d'un poste et sa consommation électrique. Celui d'une heure d'écoute de la télévision peut être estimé à 30 centimes. Le téléspectateur bénéficie pour ce prix d'au moins cinq chaînes. Le coût des autres moyens de diffusion de la connaissance (presse, édition, Minitel) est évidemment supérieur, sans être toutefois très élevé.

La plupart des Français utilisent largement les possibilités médiatiques qui leur sont offertes : 3 heures et demie par jour en moyenne pour la télévision ; 2 heures trois quarts pour la radio ; plusieurs heures par semaine de lecture des journaux et magazines. On peut donc affirmer qu'une part croissante des connaissances individuelles, tant des adultes que des enfants, transite aujourd'hui par les médias.

Cette révolution de la communication va se poursuivre : satellites, câble, télévision haute définition, cassette audionumérique, vidéodisque laser, etc. Déjà, 5 millions de ménages sont équipés d'un Minitel, un sur trois d'un magnétoscope, un sur huit d'un micro-ordinateur.

Micro-entretien

NOËL MAMÈRE *

G.M. - *La télévision a-t-elle encore une vocation pédagogique vis-à-vis de l'ensemble de la population ?*

N.M. - La télévision est un moyen de connaissance formidable. Elle a créé une grande soif de savoir, elle a participé à l'élargissement de la connaissance et de la démocratie. Mais l'instrument n'a pas été à la mesure des attentes qu'il a provoquées. Fatigués après leur journée de travail, les Français préfèrent être passifs devant leur poste de télévision plutôt que de fournir un effort pour se parler, se découvrir ou redécouvrir la nature. Nos grands marchands du temple audiovisuel l'ont très bien compris. Ils « achètent » le téléspectateur, au moyen par exemple de jeux, pour obtenir un auditoire.

* Journaliste, auteur de *la Dictature de l'Audimat*, (La Découverte).

RFI, 23 novembre 1988

L'élargissement du choix pourrait se traduire par un renforcement des inégalités culturelles.

Pendant longtemps, la télévision a été une formidable machine égalitaire, apportant à l'ensemble de la population une sorte de « tronc culturel commun » d'informations et de connaissances diffusées au même moment à tous. La multiplication des chaînes entraîne un choix beaucoup plus vaste.

Le corollaire est un risque de ségrégation culturelle entre deux types de public. D'un côté, ceux qui font l'effort (ou disposent de l'instruction suffisante) pour choisir les programmes à fort contenu de formation et d'information : débats, documentaires, reportages, émissions scientifiques, littéraires, économiques... De l'autre, ceux qui cèdent à la facilité et se contentent des films, émissions de variétés ou jeux.

Après avoir contribué à la réduction des inégalités culturelles entre les Français, les médias pourraient donc, à l'avenir, tendre à les renforcer.

Culture fin de siècle

La « culture générale » tend à changer de contenu. L'attention des Français, celle des jeunes en particulier, est attirée par d'autres formes d'apprentissage et de connaissance que celles qui sont associées à la culture traditionnelle.

La pub n'a pas peur des mots

Publicis Etoiles

L'information devient la matière première de la civilisation.

La carte du monde des richesses économiques se confond avec celle des capacités de traitement de l'information. Les pays développés comme la France font autant commerce de données de toutes natures que d'objets matériels.

Les progrès de la connaissance se sont accompagnés de progrès comparables dans la manière de les diffuser. Chaque Français peut de plus en plus facilement accéder à l'information, par l'intermédiaire des médias, du Minitel ou des banques de données. Mais cet « hyperchoix » n'a pas que des avantages ; il accroît l'impression de complexité du monde et privilégie ceux qui sont capables de faire les indispensables synthèses.

Les jeunes privilégient ce qui leur est contemporain.

La plupart connaissent mieux les noms des derniers vainqueurs de Roland-Garros que ceux des grandes batailles des siècles passés ou l'action du général de Gaulle. Ils ne sont sans doute pas capables de réciter trente vers de *l'Ecole des femmes*, mais beaucoup savent converser avec un ordinateur.

On peut évidemment s'interroger sur les mérites comparés de la culture classique et de la culture contemporaine. En fait, on s'aperçoit que les deux sont nécessaires à la vie, tant personnelle que professionnelle. L'honnête homme du XXIe siècle ne pourra pas se contenter d'être bien informé ; il devra disposer des points de repère qui lui permettront d'analyser les situations afin de mieux les comprendre et de pouvoir y faire face.

L'évolution du langage accompagne celle de la culture.

Les Français restent attachés à leur langue, mais ils ont le sentiment qu'elle a perdu de son influence. Pour la plupart d'entre eux, la langue représente un élément important du patrimoine national et un facteur essentiel du rayonnement culturel de la France dans le monde. L'échéance européenne de 1992 leur apparaît dans ce domaine comme une chance, plutôt que comme une menace. Optimistes quant à l'avenir, les Français sont plutôt pessimistes lorsqu'ils regardent en arrière ; la grande majorité considèrent que l'usage de la langue française s'est dégradé depuis vingt ou trente ans.

S ➤ Selon les professeurs de lettres des lycées, les auteurs préférés de leurs élèves sont, par ordre décroissant : Zola, Baudelaire, Molière, Camus, Maupassant, Voltaire, Vian, Hugo, Sartre.
S ➤ 34 % des Français estiment que la chose la plus importante pour le prestige de la France dans le monde est sa langue et sa culture, devant son développement économique (25 %), le niveau de vie de ses habitants (22 %), ses réalisations scientifiques (9 %), ses traditions et son histoire (6 %), son armée (2 %).
S ➤ 73 % des Français considèrent que pour être cultivé, il n'est pas nécessaire d'avoir des connaissances scientifiques ; 25 % sont d'un avis contraire.

Micro-entretien

JEAN-FRANÇOIS REVEL *

G.M. - *La société actuelle est celle de l'abondance du savoir. Mais la connaissance disponible est-elle bien utilisée ?*

J.-F.R. - De nos jours, tout responsable politique, économique, tout chef d'entreprise ou simple particulier dispose pour prendre ses décisions d'éléments d'information incomparablement supérieurs à ceux dont il disposait, un, deux ou trois siècles auparavant. Un problème philosophique se pose : riches de ces informations, prenons-nous de meilleures décisions que celles qu'auraient prises Charlemagne, Louis XIV ou un de leurs contemporains ? L'analyse de l'histoire du XXe siècle ne donne pas un résultat plus convaincant que celle des siècles passés.

—————
* Journaliste et écrivain, auteur notamment de *la Connaissance inutile* (Grasset).

L'introduction des mots anglais traduit à la fois une perte d'influence et une perte de confiance des Français.

La « balance commerciale » du vocabulaire entre la France et les Etats-Unis est très largement déficitaire pour la France. Si le *surf*, le *marketing* ou les *week-ends* ont depuis longtemps envahi la conversation et les médias, le *fast-food*, le *look*, le *jogging* et le *walkman* sont d'acquisition plus récente. L'invasion du vocabulaire anglo-saxon concerne en priorité les domaines liés à la consommation et aux techniques.

Ces emprunts traduisent deux phénomènes également inquiétants. Le premier est que les nouveaux concepts, en particulier techniques, prennent moins souvent naissance en France que par le passé. Le second est que les Français sont moins pénétrés de l'importance de leur culture et qu'ils cherchent donc moins à la protéger.

S ➤ 35 % des Français ont été élèves du privé.
➤ Dans les entreprises d'au moins 2 000 salariés, 62 % des cadres ont suivi des stages de formation, contre 38 % des employés et 21 % des ouvriers non qualifiés.

Les mots des années 80

Le dictionnaire est au langage ce que le droit est aux mœurs. Il consacre les usages et reflète l'époque qui leur a donné naissance. Ainsi, les mots retenus par le *Petit Larousse* au cours des années 80 nous racontent l'histoire, individuelle, sociale, politique et technique de la France et de sa place dans le monde. En voici une brève sélection :
- **1980** : bande-vidéo, défonce, extraterrestre, gratifiant, micro-ordinateur, overdose, régionalisation, somatiser, squattériser, valorisant.
- **1981** : après-vente, assurance-crédit, antihéros, antisyndical, bénévolat, bioénergie, bisexualité, centrisme, chronobiologie, consumérisme, convivial, deltaplane, demi-volée, dénucléariser, doudoune.
- **1982** : antitabac, biotechnologie, bureautique, charentaise, dealer, Dow Jones, géostratégie, incontournable, I.V.G., jogging, sponsoriser, walkman.
- **1983** : assisté, baba cool, clonage, coke, disquette, hyperréalisme, multimédia, must, péritélévision, piratage, santiag, skinhead, soixante-huitard, tiers-mondiste.
- **1984** : cibler, déprogrammer, déqualification, dévalorisant, fast-food, intoxiqué, mamy, méritocratie, papy, pub, réunionite.
- **1985** : aérobic, amincissant, automédication, crédibiliser, écolo, épanouissant, eurodevise, hypocalorique, look, monocoque, non-résident, recentrage, sida, surendettement, télétravail, vidéoclub.
- **1986** : clip, déréglementation, désyndicalisation, médiatique, Minitel, monétique, pole position, postmodernisme, progiciel, provisionner, rééchelonnement, smurf, sureffectif, téléimpression, turbo, vidéo clip, visioconférence.
- **1987** : aromathérapie, bêtabloquant, bicross, bioéthique, capital-risque, démotivation, désindexer, fun, non-dit, présidentiable, repreneur, unipersonnel, vidéogramme.
- **1988** : autodérision, bancarisation, caméscope, cogniticien, dérégulation, domotique, franco-français, frilosité, handicapant, inconvertibilité, interactivité, micro-ondes, raider, séropositif, vidéothèque.
- **1989** : aspartam, beauf, crasher (se), défiscaliser, désindexation, désinformer, eurocentrisme, euroterrorisme, feeling, fivete, franchouillard, high-tech, husky, ludologue, mercaticien, minitéliste, parapente, rurbain, sidatique, sidéen, technopole, top niveau, zapping.
- **1990** : Audimat, CD-Rom, C.F.C., délocalisation, glasnost, I.S.F., médiaplanning, narcodollar, numérologie, pérestroïka, profitabilité, R.M.I., sitcom, surimi, téléachat, titrisation, transfrontalier, zoner.

Larousse

l'augmentation du taux de passage de 3e en 2e et la poursuite plus fréquente des études à l'issue du brevet.

Le nombre moyen d'élèves par classe est de 28 dans les maternelles publiques et de 27 dans celles des écoles privées. En primaire, la moyenne est de 22 élèves dans le public et de 24 dans le privé.

Dans le second degré, les classes comptent en moyenne 24 élèves dans le premier cycle (de la 6e à la 3e) public ou privé. Dans le second cycle, elle varie entre les classes profession-nelles (24 dans le public, 21 dans le privé) et celles du cycle général et technologique (31 dans le public et 26 dans le privé).

Grandes vacances et longues journées

Du fait de la durée des vacances scolaires (en moyenne 17 semaines), la France est le pays où les élèves ont le moins de jours de classe dans l'année : 158 contre 240 au Japon, 215 en Italie, 200 au Royaume-Uni, au Danemark et en RFA, 180 aux Etats-Unis.
Les horaires hebdomadaires sont en revanche assez chargés : 27 heures par semaine dans le primaire contre 18 aux Etats-Unis et au Japon, 23 en moyenne au Danemark, 21 au Royaume-Uni, 20 en RFA. Dans le secondaire, les Français ont 30,5 heures de cours, contre 33 en RFA, 30 en Italie et au Danemark, 26 au Japon, 22 au Royaume-Uni.

ÉCOLE

12,4 millions d'élèves ● Grandes vacances et longues journées ● Un élève sur six dans le privé ● Le bac banalisé ● Course aux études supérieures ● Un million d'étudiants ● La voie royale des grandes écoles ● Trop peu d'ingénieurs et de commerciaux ● L'école à plusieurs vitesses ● Les filles plus nombreuses et meilleures que les garçons ● Enseignants et parents mécontents

Primaire et secondaire : 12,4 millions d'élèves

Les classes du premier et du second degré comptent aujourd'hui 1 400 000 élèves de plus qu'en 1968. C'est la croissance du taux de scola-risation qui explique cette évolution. A 17 ans, 68 % des jeunes sont à l'école ; ils n'étaient que 36 % en 1968.

Les effectifs diminuent en maternelle et en primaire, mais augmentent à partir de la fin du secondaire.

La baisse démographique constatée depuis une quinzaine d'années se répercute directement sur les effectifs scolaires. Elle est compensée dans l'enseignement préélémentaire par un accroissement de la proportion d'enfants scola-risés à 2 et 3 ans et dans le second cycle par

Un élève sur six est inscrit dans l'enseignement privé :
• 14 % dans le premier degré (15,5 % en 1960) ;
• 21 % dans le second degré (26,1 % en 1960).

La part de l'enseignement privé a un peu diminué depuis une vingtaine d'années, surtout dans le secteur secondaire. Quelles que soient leur condition ou leur sensibilité politique, les Français sont en grande majorité favorables à la coexistence des deux systèmes, même si la plu-part ne souhaitent pas envoyer leurs enfants dans une école privée. L'ampleur des manifestations qui s'étaient déroulées en 1983 et 1984 té-moigne de cette volonté.

L'image du privé est généralement bonne. Les Français, dont la plupart ne l'ont jamais connu, estiment que l'enseignement y est plutôt meilleur que dans les écoles publiques, que les pesanteurs administratives sont moins lourdes, les professeurs moins politisés.

En CE2 et 6ᵉ, le niveau est insuffisant.

En CE2, près du tiers des enfants ne maîtrisent pas le pluriel. Ils éprouvent des difficultés à écrire des phrases correctes, à soustraire, multiplier ou diviser. En sixième, deux élèves sur trois ne savent pas calculer la surface d'un rectangle, même s'ils ont la formule sous les yeux. 72 % ne distinguent pas à la lecture le « c » du « s ». Deux tiers ne sont pas capables d'utiliser la ponctuation et un tiers de passer de la forme affirmative à la forme interrogative. Un tiers parvient difficilement à identifier un triangle isocèle ou rectangle.

Confrontés à un texte sur les Esquimaux, ils n'en comprennent pas le sens précis. Si le niveau des élèves est effectivement supérieur à celui de leurs aînés, il est insuffisant par rapport aux objectifs de formation et aux nécessités de la vie sociale et professionnelle.

Le bac banalisé

Le baccalauréat est devenu le visa nécessaire à l'entrée dans la vie professionnelle, la clé qui ouvre les portes des universités et entrouvre celles des grandes écoles. La presque totalité des titulaires du baccalauréat poursuivent des études supérieures.

En 15 ans, le nombre des admis au bac a presque quintuplé :
* *75 000 bacheliers en 1963 ;*
* *345 000 en 1989.*

Sur les 472 000 candidats qui se sont présentés en juin 1989 aux épreuves des baccalauréats général, technologique et professionnel, 72,9 % ont été reçus. Le taux de succès s'améliore régulièrement : 71,8 % en 1988 ; 66,7 % en 1987. Le baccalauréat professionnel ne représentait encore que 4 % des candidats, mais plus du double de 1988. Le taux de succès correspondant était de 73 %, contre 76,5 % l'année précédente.

Un bachelier sur quatre a obtenu son diplôme avec mention : assez bien 20 % ; bien 5 % ; très bien 0,8 %. Ce sont les séries scientifiques qui obtiennent la plus forte proportion de mentions (43 % en série C). 17 % seulement des titulaires du baccalauréat technologique en obtiennent.

Aujourd'hui, 40 % d'une classe d'âge obtient le baccalauréat.

Créé en 1808 par Napoléon, le bac ne concernait en 1900 que 1 % de la génération scolarisée, 5 % en 1950, 11 % en 1960, 20 % en 1970, et 26 % en 1980. Il devrait atteindre 40 % en 1990.

L'objectif de porter 80 % d'une classe d'âge au niveau du bac en l'an 2000 (contre environ 45 % aujourd'hui) est encore loin d'être atteint. Il passe par le développement de nouvelles voies d'accès, comme les 4ᵉ et 3ᵉ technologiques et les baccalauréats professionnels et un accroissement des taux de réussite dans ces filières.

Bac 1989 : 76 % de reçus

Proportion de réussite au baccalauréat 1987 par série ; total garçons et filles et filles seulement (en %) :

Séries	Total	Filles
A1 - Lettres, sciences	73,8	74,8
A2 - Lettres, langues	76,8	77,1
A3 - Lettres, arts	68,7	68,5
B - Economique et social	70,6	72,2
C - Maths et sc. physiques	85,1	88,6
D - Maths et sc. de la nature	75,5	78,7
D' - Sciences agro. et tech.	68,1	65,1
E - Sciences et techniques	74,9	70,7
Total France métropolitaine	75,8	76,6

Ministère de l'Education nationale - SPRESE

➤ La France a connu 33 ministres de l'Education nationale depuis 1944 et pratiquement autant de réformes. Le ministre qui a fait le passage le plus rapide a été D. Revillon : 5 jours du 5 au 10 septembre 1948. Le plus long a été C. Fouchet : 4 ans et 5 mois, de décembre 1962 à avril 1967.
➤ 61 % des enseignants se situent politiquement à gauche (dont 21 % au centre gauche) ; 8 % se situent à droite (dont 4 % au centre droit) et 9 % se situent au centre.

J'ai le bac
mention
Furet

DP&S

Le bagage minimum

La course aux études supérieures

1 300 000 étudiants suivent les cours de l'enseignement supérieur, soit environ un quart des jeunes de 20 à 24 ans. Mais les formations varient largement selon les disciplines choisies et le type d'enseignement. Le système dual universités-grandes écoles renforce les inégalités entre les étudiants sans résoudre les problèmes de recrutement des entreprises.

Il y avait 1 111 000 étudiants dans les universités à la rentrée 1989.

L'augmentation du nombre des bacheliers implique celle des étudiants. La plupart d'entre eux se dirigent vers les universités. La part du privé dans l'enseignement supérieur est très faible : environ 2 % des effectifs. Malgré une légère diminution, le poids de la région parisienne reste important ; elle regroupe 28 % des étudiants (31 % en 1983).

Les lettres, langues et sciences humaines attirent à elles seules plus du tiers des étudiants, mais la proportion des offres d'emplois auxquelles elles préparent est considérablement inférieure. Les disciplines scientifiques sont cependant un peu plus recherchées, surtout dans les filières nouvelles (Mathématiques appliquées aux sciences sociales et Administration économique et sociale).

Un tiers de littéraires

Répartition des étudiants des universités selon les matières en 1989-90 (en %) :

• Lettres, langues, sciences humaines	34,3
• Droit et sciences économiques	24,8
• Sciences, MASS, ingénieurs	19,2
• Médecine	10,6
• IUT	6,4
• Pharmacie	2,8
• Autres	1,9
Total	100,0

Ministère de l'Education nationale -

La France dans le peloton de queue

Nombre d'étudiants par 1 000 habitants pour quelques pays (en 1987) :

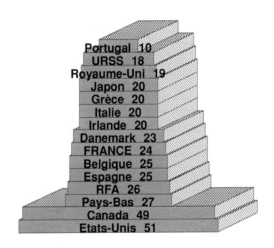

Portugal 10
URSS 18
Royaume-Uni 19
Japon 20
Grèce 20
Italie 20
Irlande 20
Danemark 23
FRANCE 24
Belgique 25
Espagne 25
RFA 26
Pays-Bas 27
Canada 49
Etats-Unis 51

➤ Une place dans une école d'infirmière coûte un peu moins de 20 000 francs par an, une autre à l'université Paris-Dauphine vaut 25 000 francs. Un peu moins que dans un IUT (environ 30 000 francs) ; beaucoup moins qu'à Centrale (70 000 francs). Un polytechnicien coûte près de 300 000 francs par an à la collectivité ; un étudiant en droit ou en économie revient à moins de 10 000 francs.
➤ 55 % des Français estiment que les enfants handicapés doivent être inscrits dans les mêmes écoles que les autres enfants afin de mieux les intégrer, 27 % pensent qu'ils doivent être inscrits dans des écoles spécialisées adaptées à leur cas personnel.

Chaque année, 200 000 diplômes
sont décernés par les universités.

DEUG, DUT, DESS... ces sigles barbares désignent quelques-unes des appellations des diplômes universitaires. Les plus connus sont la licence et la maîtrise, qui sanctionnent le parcours des étudiants les plus ambitieux. La moitié des licences sont obtenues en lettres et en sciences humaines. Les maîtrises et doctorats de troisième cycle tendent à privilégier les disciplines scientifiques.

L'Anglais pour tous

Répartition des élèves étudiant des langues vivantes dans l'enseignement public, en 1988-1989 (en %) :

	Anglais	Allemand	Espagnol	Italien	Autres
Première langue	**82,3**	**15,7**	**1,2**	**0,2**	**0,6**
6ème	84,3	14,0	1,1	0,1	0,5
5ème	85,3	12,8	1,1	0,1	0,7
4ème	84,9	13,3	1,1	0,1	0,6
3ème	84,5	13,5	1,1	0,1	0,7
2nde	82,7	15,8	0,8	0,1	0,6
1ère	82,4	15,6	1,2	0,2	0,6
Terminale	81,8	15,6	1,7	0,4	0,5
Seconde langue	**20,2**	**30,1**	**43,6**	**5,2**	**1,0**
4ème	16,7	26,8	49,7	6,0	0,8
3ème	16,8	26,1	50,1	6,2	0,8
2nde	18,5	29,2	46,1	5,2	0,9
1ère	20,7	30,8	42,5	5,0	1,0
Terminale	22,1	30,6	40,9	5,3	1,1

Les grandes écoles constituent toujours la voie royale.

Face aux universités, en principe ouvertes à tous les bacheliers, les grandes écoles françaises forment un club très fermé. Beaucoup d'étudiants rêvent d'y être un jour admis. Il leur faudra pour cela franchir plusieurs obstacles : d'abord le bac (de préférence avec mention), puis deux années de préparation spéciale, avant le concours d'entrée.

Une fois admis dans le sanctuaire, l'étudiant devra encore mériter d'en sortir avec les honneurs, qui prennent ici la forme d'un diplôme ou d'un bon rang de sortie. Les cinq années nécessaires après le bac constitueront pour beaucoup le meilleur des placements. On pourrait même parler de rente, puisque la plupart en percevront les dividendes pendant toute leur vie.

Face à cette « oligarchie du diplôme », certains se félicitent de l'existence d'un système dual qui est sans équivalent dans le monde. Les autres condamnent la « cooptation » au sein des entreprises (appelée copinage ou mafia) qui en assure, selon eux, la pérennité.

Micr·o·entretien

LAURENT SCHWARTZ *

G.M. - *Le double système Université-Grandes Ecoles a-t-il un intérêt ?*

L.S. - Le système est tellement bâtard qu'aucun pays n'a jamais songé à l'imiter. Il est la conséquence d'une décadence très prolongée de l'Université au cours des siècles et cela encore jusqu'au début du XXe siècle. S'il s'agissait de concevoir un nouveau système, le modèle des Grandes Ecoles ne serait pas retenu. On créerait grandes universités technologiques du type MIT, Polytechnicum de Zurich ou Université d'Erlangen en Allemagne... Mais le système en place fonctionne, malgré tout, et assure un grand nombre de formations. Il convient donc de rapprocher les écoles des universités. Cette évolution est d'ores et déjà amorcée. Les écoles pratiquent en effet un recrutement latéral au niveau de la maîtrise d'université. Notre attention ne doit cependant pas se relâcher si l'on veut éviter que la situation ne devienne trop critique.

---

* Président du Comité national d'évaluation (de 1985 à 1989), auteur de plusieurs livres, dont *Pour sauver l'Université* (le Seuil, 1983).

RFI, 19 octobre 1988

Le système éducatif forme trop peu d'ingénieurs et de commerciaux, trop peu motivés et trop payés.

La France forme chaque année 14 000 ingénieurs contre 20 000 en Grande-Bretagne et 30 000 en RFA. Ces écarts expliquent la surenchère des salaires chez les diplômés des grandes écoles d'ingénieur françaises. Les entreprises déplorent également que la grande majorité des ingénieurs ne soient guère attirés par les fonctions de production et préfèrent les études, la recherche ou, surtout, la gestion.

L'objectif est donc de doubler en vingt ans le nombre d'ingénieurs formés et d'ouvrir le diplôme à des techniciens et cadres ayant une bonne expérience pratique.

Les mêmes reproches sont adressés aux diplômés des grandes écoles commerciales, qui préfèrent la stratégie, le conseil, les études aux carrières véritablement commerciales.

La sélection de mieux en mieux acceptée

Trois ans après avoir défilé dans les rues pour protester contre le projet Devaquet, les étudiants sont en majorité favorables (51 % contre 47 %) à la sélection à l'entrée de l'université, qu'ils condamnaient alors. La formule qu'ils préfèrent est le dossier suivi d'un entretien (62 %), plutôt qu'un concours (15 %) ou l'obtention d'une mention au bac (3 %). La plupart souhaitent que les diplômes universitaires restent nationaux et maintiennent l'égalité entre les universités, 22 % penchent au contraire pour des diplômes spécifiques correspondant à la valeur de chaque université. Un tiers (31 %) accepteraient que les droits annuels d'inscription passent à 1 000 F, contre environ 450 F actuellement.

➤ Plus de 2 millions d'élèves utilisent les cars de ramassage scolaire ; 40 % sont des collégiens.
90 % des étudiants paient moins de 1 000 francs par an ; 3 % paient de 1 000 à 10 000 francs ;
5 % paient plus de 10 000 francs.
➤ Les universités françaises comptent 124 000 étrangers, soit 13 % des effectifs (record mondial). Les plus nombreux sont les Marocains, les Algériens et les Tunisiens.
S ➤ 52 % des parents d'élèves pensent que le niveau scolaire de leurs enfants est plus élevé que le leur au même âge (25 % moins élevé, 20 % aussi élevé). 50 % trouvent que leurs enfants travaillent plus qu'à leur âge (24 % moins, 23 % autant).
S ➤ 54 % des enseignants sont favorables à ce que la culture religieuse (à l'exception du catéchisme) soit intégrée dans les programmes scolaires des établissements publics ; 35 % y sont opposés.

L'école à plusieurs vitesses

Si tous les enfants, ou presque, vont à l'école, tous ne réussissent pas leur vie scolaire de la même façon. Des écarts importants subsistent entre les diverses catégories sociales, de la maternelle à l'enseignement supérieur. Le système scolaire français, très élitiste, tend à accroître les écarts entre les élèves. S'il développe la culture générale et mathématique, il ne favorise guère la créativité et l'aptitude à prendre des décisions.

En maternelle, 32 % des enfants d'ouvriers sont « signalés » (éprouvent des difficultés à suivre normalement).
C'est le cas de seulement 14 % des enfants de cadres supérieurs.

Les ingrédients de la réussite ou de l'échec scolaire sont présents dès les premières années de la scolarité. Il ne s'agit pourtant pas encore d'apprendre à lire ou à compter. Mais le développement intellectuel des enfants est plus stimulé dans les milieux les plus favorisés, indépendamment des différences de capacité pouvant exister entre les uns et les autres.

A l'école primaire, les enfants d'ouvriers redoublent dix fois plus que ceux des cadres supérieurs.

A 6 ans, l'écart s'est déjà fortement creusé entre les enfants des familles culturellement privilégiées et les enfants de celles qui ne le sont pas. 22 % des enfants d'ouvriers redoublent le cours préparatoire, contre 2,2 % des enfants de cadres supérieurs et de membres des professions libérales. On sait par ailleurs que les élèves ayant rencontré des difficultés dans l'enseignement primaire sont beaucoup moins nombreux à accéder en classe terminale.

La sélection se poursuit dans le secondaire :
• 9 enfants d'ouvriers sur 10 entrant en 6e ne vont pas jusqu'en terminale ;
• Le taux d'admission en terminale varie de 79 % pour les enfants d'enseignants à 15 % pour les enfants de salariés agricoles.

Sur 100 élèves entrés en 6e à l'âge normal de 11 ans et issus des catégories sociales défavo-

Avantage aux filles

Taux d'élèves entrés en 6e, à l'âge normal ou en avance, ou bien en retard en 1980, qui étaient bacheliers ou en terminale en 1988, selon la profession des parents (en %) :

	Age normal ou en avance		En retard	
	Garçons	**Filles**	**Garçons**	**Filles**
• Enseignants	76,4	88,0	21,7	22,2
• Cadres supérieurs	75,2	85,6	29,5	29,1
• Cadres moyens	57,7	64,5	11,9	19,3
• Indépendants	43,5	59,1	7,9	12,7
• Agriculteurs	43,0	50,6	5,8	10,9
• Employés	40,4	54,0	4,7	9,8
• Ouvriers	33,3	43,8	5,7	7,0
• Salariés agricoles	24,4	45,6	2,0	1,7
• Divers	36,9	45,5	8,0	4,8
• **Total**	**46,3**	**56,4**	**7,0**	**8,7**

Lecture : 76,4 % des fils d'enseignants entrés en 6e à l'âge normal ou en avance étaient bacheliers ou en terminale en 1988.

Données Sociales - INSEE

risées (ouvriers, personnels de service, salariés agricoles, non-actifs et divers), 49 sont entrés en 2nde, contre 83 issus des catégories favorisées (cadres supérieurs et professions libérales, industrielles et gros commerçants, enseignants). Les élèves des catégories défavorisées représentent 45 % de l'effectif entrant en 6e et 26 % seulement de celui admis en terminale (13 % en terminale C). Pour les élèves entrant avec une année de retard en 6e (à 12 ans), les chances d'accéder en 2nde sont très faibles : une sur dix dans les catégories défavorisées (une sur quarante à 13 ans).

L'écart entre les enfants, déjà important dans le primaire, peut aller jusqu'à l'exclusion dans le secondaire. A l'issue de la classe de 3e, l'orientation qui s'opère fait que les élèves d'origine ouvrière sont beaucoup plus nombreux dans l'enseignement professionnel que dans l'enseignement général.

Les enfants d'immigrés représentent 10 % des effectifs du premier degré et seulement 7,4 % de ceux du second degré.

Les immigrés exercent souvent les professions qui, statistiquement, sont les moins favorables à la réussite scolaire de leurs enfants ; ils sont deux fois plus souvent ouvriers que les ménages français (58 % contre 29 %). Leurs enfants souffrent en outre des problèmes linguistiques et culturels liés à leur origine étrangère et à leur difficile insertion sociale.

Les cracks

Une enquête réalisée auprès de très bons élèves des lycées (de la 3e à la terminale) montre l'influence du milieu familial sur les résultats scolaires (Jean-Claude Lamy, *les Cracks*, Robert Laffont). Plus que les moyens financiers de la famille, l'ambiance culturelle, l'entente des parents, leur disponibilité, la communication avec les enfants jouent un rôle prépondérant.

Indépendamment de leurs qualités intellectuelles, les cracks sont en général de grands travailleurs, ils jouissent d'une grande capacité de concentration et participent activement à la classe. Ils n'ont guère de certitudes intellectuelles. Plutôt conformistes, ils accumulent les connaissances avant de prendre position.

1 065 000 élèves de nationalité étrangère étaient scolarisés en France en 1988-89 dans les établissements publics et privés, soit 8,7 % de l'effectif global du premier et du second degré. La plupart d'entre eux s'orientent vers les formations de type technique ou professionnel et choisissent les formations courtes. Ils représentent 87 % des effectifs des classes d'initiation

(destinées aux non-francophones), 22 % de ceux des classes d'adaptation et 20 % de ceux des classes de perfectionnement. Les élèves d'origine maghrébine représentent 57 % des effectifs du premier degré.

Les filles plus nombreuses et meilleures que les garçons

Les filles sont aujourd'hui plus nombreuses que les garçons dans l'enseignement supérieur depuis la fin des années 70, alors qu'elles étaient très minoritaires au début du siècle. Tout au long de leur parcours scolaire, elles réussissent en moyenne mieux que les garçons. Pour 100 garçons arrivant en 6e sans redoubler, on compte 110 filles. En fin de 5e et de 3e, elles sont moins souvent orientées vers les lycées professionnels que les garçons. Elles sont également plus nombreuses à se présenter au bac et leur taux de réussite y est supérieur.

Malgré l'évolution de ces dernières années, les filles sont toujours faiblement représentées dans les filières scientifiques et techniques. Elles se concentrent sur les filières traditionnellement féminines : santé, enseignement, relations.

L'origine sociale des étudiants n'évolue guère.

On rencontre encore peu de fils d'ouvriers ou d'agriculteurs dans les universités. La part qu'ils représentent dans le recrutement reste très inférieure à leur importance numérique dans la population ; elle a même diminué depuis une dizaine d'années. Les obstacles d'ordre financier sont pourtant moins importants que par le passé : environ 200 000 élèves et étudiants bénéficient d'une bourse, d'un montant moyen de 500 francs pour les collégiens et 2 000 francs pour les lycéens.

Les autres obstacles sont liés pour une part aux différences de capacités individuelles (mais des démonstrations irréfutables manquent sur ce point). Ils tiennent enfin beaucoup à l'environnement culturel des enfants, sur lequel il est très difficile d'agir.

➤ En 1988, 425 000 enfants des établissements publics du premier degré sont partis en classes de découverte. 43 % sont partis à la neige, 30 % à la campagne, 19 % à la mer.

La démocratisation des grandes écoles reste à faire.

Les remarques faites à propos des universités quant à la faible représentation des catégories sociales les plus modestes valent encore plus pour les grandes écoles. Les fils d'ouvriers ne se bousculent toujours pas à Polytechnique ou à HEC, même s'ils sont un peu plus nombreux aux Arts et Métiers. De même, on rencontre peu de fils d'immigrés à Centrale ou à l'ESSEC.

La seule évolution notable est que l'on croise de plus en plus de jeunes femmes dans cet univers longtemps réservé aux hommes. Les plus misogynes des grandes écoles se sont récemment officiellement ouvertes aux représentantes de l'autre sexe.

Un enseignant sur quatre mécontent

• 76 % des enseignants s'estiment plutôt satisfaits de leur métier (80 % en 1978) ; 23 % ne le sont pas (19 % en 1978).

• 43 % considèrent plutôt justifiée l'idée que l'ensemble de leurs collègues sont « peu innovateurs », 42 % qu'ils sont « coupés de la société », 19 % « trop politisés », 16 % « privilégiés », 8 % « trop souvent absents ».

• 42 % considèrent que ce que les élèves apprennent par les médias contribue plutôt à « freiner l'intérêt qu'ils portent à leurs études » (53 % en 1976), 42 % que cela contribue plutôt à « stimuler » cet intérêt (33 % en 1976).

• 31 % considèrent que les syndicats d'enseignants jouent plutôt un rôle de frein dans l'évolution du système scolaire (15 % en 1978). 21 % pensent qu'ils jouent un rôle moteur (45 % en 1978).

• 70 % déclarent avoir suivi des stages de formation ou de recyclage (29 % non).

• 65 % choisiraient pourtant le même métier si c'était à refaire (25 % non).

L'école continue de maintenir, voire de renforcer les écarts existant à la naissance.

Plusieurs millions de Français sont illettrés ; d'autres ont une maîtrise insuffisante de la langue pour communiquer. Beaucoup ont une culture générale trop restreinte pour comprendre les transformations du monde et de la société et y participer.

Ministère de l'Education nationale

La Vie-Sud-Ouest-Ligue de

Bien qu'ils restent très attachés à l'institution, les Français considèrent que l'école remplit plutôt mal sa mission d'éducation ; 52 % considèrent que l'enseignement public fonctionne mal, 42 % seulement sont d'un avis contraire. Les enseignants ne sont pas satisfaits de leur sort, mais redoutent les réformes. Paradoxalement, ce sont les élèves qui s'accommodent le mieux du système actuel.

S ➤ 32 % des parents d'élèves du primaire et du secondaire reprochent aux enseignants leur trop grande politisation, 30 % leur peur des réformes, 29 % leur méthode d'enseignement, 27 % leur manque d'enthousiasme, 24 % leur manque de disponibilité pour les enfants.

S ➤ 85 % des élèves de l'enseignement supérieur sont plutôt satisfaits de la filière dans laquelle ils se trouvent, 15 % ne le sont pas.

LE TEMPS

ESPÉRANCE DE VIE

72,5 ans pour les hommes et 80,7 ans pour les femmes ● Mortalité infantile divisée par cinq en 35 ans ● Inégalité des sexes, des âges, des professions, des pays

La vie à rallonge

L'espérance de vie est « la moyenne des années de vie d'une génération imaginaire qui serait soumise toute sa vie aux quotients de mortalité par âge (nombre de décès dans un groupe donné pendant une année donnée par rapport à la population du groupe en début d'année) pendant l'année d'observation ».

Elle ne cesse de s'accroître en France, où elle a triplé depuis 1789.

L'espérance de vie à la naissance est de 72,5 ans pour les hommes et 80,7 ans pour les femmes (1989). Elle a augmenté de 31 ans depuis le début du siècle.

L'augmentation atteint même 53 ans pour les femmes et 45 ans pour les hommes si on remonte à la Révolution française ! Cet accroissement est dû en partie aux progrès réalisés dans la lutte contre les maladies infectieuses, cardio-vasculaires et bactériennes, et à l'amélioration de l'équilibre alimentaire.

Mais il s'explique surtout par la très forte diminution de la mortalité infantile (encadré). On a une idée précise de son influence en observant l'évolution de l'espérance de vie des adultes de 40 ans. On constate alors qu'en un demi-siècle ils n'ont gagné que 7 ans d'espérance de vie supplémentaire (6 ans pour les hommes et 8 pour les femmes).

Entre 1985 et 1989, le gain moyen était de 3,6 mois par an, contre 2,4 au début des années 80. Il est surtout sensible aux âges avancés, entre 65 et 85 ans.

L'inégalité à la naissance

La mortalité infantile (nombre d'enfants décédés avant l'âge d'un an pour 1 000 enfants nés vivants) est estimée à 7,5 pour mille en 1990. Elle était cinq fois plus élevée en 1955 (36,5 pour mille). Cette très forte diminution s'explique surtout par l'amélioration des conditions de vie des mères et des techniques d'accouchement et la réduction des décès dus à des maladies infectieuses.

La mortalité infantile reste plus forte chez les garçons que chez les filles. Bien que les écarts s'estompent, elle est plus élevée pour les enfants nés hors mariage, dans les familles nombreuses (y compris pour les premiers-nés), chez les immigrés et dans les familles dont les parents ont le niveau d'instruction le plus faible. Elle augmente avec l'âge de la mère (elle double entre 30 et 40 ans). Dans tous les milieux, elle est plus faible chez les enfants de femmes exerçant une activité professionnelle.

L'allongement de la vie contribue au vieillissement de la population.

Le vieillissement de la population française est dû au moins autant à l'accroissement de l'espérance de vie qu'à la baisse de la fécondité. Il pose à terme des problèmes d'équilibre économique et démographique. Ainsi, la survie presque générale des femmes jusqu'à la période féconde tend à modifier l'image et l'importance

La mort repoussée

Evolution de l'espérance de vie à la naissance (en années):

	1750	1800	1850
H	23,9	33,4	39,3
F	25,8	34,9	41,0

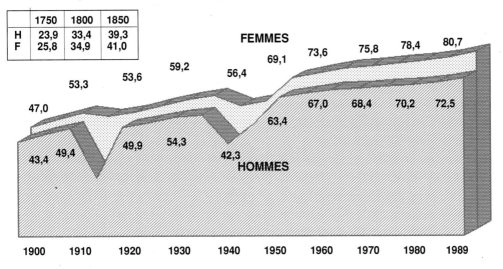

de la procréation. Il semble aujourd'hui qu'elle tende à étaler les naissances dans le temps (voir *Démographie*).

L'allongement de la vie influe aussi sur le système de valeurs de la société.

Au plan personnel, la mort des personnes proches est une expérience plus rare puisqu'elle se produit essentiellement chez des personnes âgées. Cet éloignement croissant de l'idée de la mort n'est pas sans effet sur les conceptions religieuses, la production artistique ou la conception générale de la vie. Devant les progrès médicaux et les espoirs affichés par les chercheurs, les Français ressentent un certain sentiment d'immortalité. Mais ils craignent d'autant plus l'idée de la mort qu'elle est peu présente dans l'imagerie collective et apparaît comme un phénomène anormal et résistible.

> ► Pendant le XIXe siècle, l'espérance de vie avait augmenté de dix ans. Elle en a gagné 31 depuis le début du XXe siècle.
> ► Dans les pays développés, près d'un demi-million de décès avant 65 ans sont dus chaque année au tabagisme.

La plus grande inégalité

L'allongement de l'espérance de vie n'a pas profité également à tous. Les écarts entre les hommes et les femmes, entre les âges, entre les catégories professionnelles et entre les pays restent considérables.

L'inégalité des sexes :
• A la naissance, les Françaises ont une espérance de vie supérieure de 8,2 ans à celle des Français ;
• L'écart n'était que de 6,7 ans en 1960.

Le « sexe faible » est en fait celui qui vit le plus longtemps. Plus des trois quarts des personnes âgées de plus de 85 ans sont des femmes. Avec un peu plus de 8 ans de vie supplémentaire par rapport aux hommes, les Françaises sont d'ailleurs les championnes d'Europe (l'écart est de 6 ans en moyenne pour les pays de la Communauté européenne).

Les raisons de la plus grande longévité des femmes sont difficiles à cerner avec précision. Elles tiennent pour une part à un risque inférieur de mourir d'un accident (au travail, sur la route, en faisant du sport, etc.), du fait d'une vie plus sédentaire, de métiers présentant moins de risques et d'activités de loisirs moins dangereuses. Les femmes sont en outre trois fois moins touchées par le suicide que les hommes. Elles sont peut-être aussi plus résistantes ; dès les premières années de la vie, on constate que les petites filles sont moins fragiles que les petits garçons (leur mortalité infantile est d'ailleurs inférieure).

Mais l'une des causes essentielles semble être une moindre consommation d'alcool ou de tabac que les hommes. Les femmes sont en effet beaucoup moins nombreuses, en proportion, à mourir d'une cirrhose du foie (3 159 contre 7 268 en 1988) ou d'un cancer du poumon (2 704 contre 18 083). On note d'ailleurs une régression des décès par tumeur chez les femmes, alors que les hommes sont plus concernés. Enfin, on constate que les femmes sont mieux suivies médicalement que les hommes (par le biais de la contraception et des maternités) et qu'elles ont mieux profité des progrès sanitaires.

L'inégalité des âges :
• A 20 ans, l'espérance de vie d'un homme est de 53,5 ans (il vivra jusqu'à 73,5 ans), celle des femmes est de 61,4 ans ;
• A 60 ans, l'espérance de vie est de 18,7 ans pour les hommes, 23,9 ans pour les femmes.

Plus on est âgé et plus on a de chances de vivre longtemps. De toutes les inégalités, celle-ci est sans doute la moins choquante. Le bon sens incite à penser que les risques de décès à 20 ans (accident, maladie, guerre, etc.) sont plus élevés que ceux que l'on court à 60 ans, après avoir traversé sans encombre 40 années supplémentaires. Il est donc logique que l'âge moyen probable de décès des personnes âgées soit plus élevé que celui des jeunes.

L'accroissement de l'espérance de vie a moins profité aux hommes de 25 à 35 ans, qui sont davantage concernés par les accidents de la circulation, les suicides et le sida. Les hommes âgés de 55 à 65 ans ont été également plus touchés par les cancers.

Aujourd'hui, un nouveau-né de sexe masculin a 19 % de chances de fêter son 85e anniversaire et 41 % s'il est de sexe féminin.

Demain, tous centenaires ?

L'allongement considérable de la durée de vie constaté en France depuis un ou deux siècles semble autoriser tous les espoirs. Certains biologistes affirment qu'il sera bientôt possible de vivre jusqu'à 130 ans. En l'an 2000, le vieillissement pourrait être selon eux considérablement ralenti et, pourquoi pas, stoppé en conjuguant la diététique et la pharmacopée...

D'autres experts sont moins optimistes. Les causes de décès les plus anciennes (mortalité infantile, certaines maladies, etc.) ont déjà été réduites de façon spectaculaire. Il reste maintenant à vaincre les grandes maladies (cancer, maladies cardiaques, sida, etc.) qui continuent d'abréger anormalement la vie. Le chemin risque d'être long et difficile.

L'inégalité des professions :
à 35 ans, un professeur a en moyenne
9 ans de plus à vivre qu'un manœuvre.

La hiérarchie des espérances de vie « colle » assez bien à celle des professions. Les écarts s'expliquent par des facteurs de risque différents entre les catégories professionnelles. Les membres des professions manuelles sont beaucoup plus souvent victimes d'accidents du travail que les autres. Ils ont aussi plus fréquemment des modes de vie pouvant entraîner des décès pré-

Le temps, matière première

Jean & Montmarin

Les riches vivent plus longtemps que les pauvres

Espérance de vie à la naissance dans divers pays (moyenne hommes/femmes, en années, 1987) :

PAYS RICHES		PAYS PAUVRES	
Irlande	74	Guinée	42
Belgique	75	Tchad	46
Danemark	75	Ethiopie	47
Etats-Unis	75	Mali	47
RFA	75	Népal	51
Royaume-Uni	75	Côte-d'Ivoire	52
Australie	76	Pakistan	55
Canada	77	Haïti	55
FRANCE	77	Inde	58
Italie	77	Turquie	64
Pays-Bas	77	Colombie	66
Suède	77	Chine	69
Japon	78	Chili	72

Banque Mondiale

maturés (encadré). Enfin, la surveillance médicale et les efforts de prévention sont moins développés dans ces catégories sociales.

L'inégalité des modes de vie

L'impact du mode de vie sur sa durée est difficile à évaluer, mais il est réel. La consommation de tabac et d'alcool est un facteur aggravant pour les cancers, la cirrhose du foie ou les accidents de la route. Le risque de mort subite est cinq fois plus élevé chez les gros fumeurs que chez les non-fumeurs. La qualité de l'alimentation est un autre facteur important : les hommes de 40 ans pesant 30 % de plus que leur poids idéal ont deux fois plus de risques que les autres de mourir d'une maladie cardio-vasculaire dans les dix ans. Ce risque est multiplié par cinq pour les personnes atteintes d'hypertension.

E ➤ L'avantage biologique des femmes représenterait un écart de 2 ans d'espérance de vie par rapport aux hommes.
➤ L'écart d'espérance de vie entre les femmes et les hommes variait de 0,6 an à 2,6 ans entre 1740 et 1865. Il a ensuite augmenté régulièrement de 3 à 8 ans jusqu'à aujourd'hui
E ➤ En l'an 2000, une femme aura 33 % de chances d'atteindre l'âge de 90 ans, un homme 12 % de chances.

En dehors des risques spécifiques, ce n'est pas le fait d'exercer un certain métier qui explique une espérance de vie plus ou moins longue, mais l'ensemble des répercussions que ce métier implique sur le style de vie en général (sédentarité, fatigue, stress...).

L'inégalité des pays : l'espérance de vie à la naissance en Guinée (42 ans) est presque deux fois moins élevée qu'en France.

Les pays dits « en voie de développement » cumulent les handicaps de la malnutrition, du manque d'hygiène, de l'insuffisance des soins et de l'inexistence de la prévention. La mortalité infantile très élevée explique une partie de l'écart considérable avec les pays développés. Dans de nombreuses régions du tiers monde, un enfant sur dix meurt avant son premier anniversaire (moins d'un sur cent en France).

Dans la plupart des pays d'Europe de l'Est, l'espérance de vie est inférieure à 70 ans pour les hommes. Elle a en général diminué depuis 1970, contrairement à ce qui s'est produit à l'Ouest. L'alcoolisme, les conditions économiques défavorables, la mauvaise organisation des services de santé et leur manque d'équipement seraient en partie responsables de cette évolution.

EMPLOI DU TEMPS

Temps libre trois fois plus long que temps de travail ● Emplois du temps différents entre hommes et femmes, ruraux et citadins ● Moindre distinction entre temps subi et temps choisi ● Redistribution de l'emploi du temps de la vie

Toute une vie

Le capital-temps des Français (72,5 ans pour les hommes, 80,7 ans pour les femmes) a doublé en moins de deux siècles. La façon dont il est utilisé s'est complètement transformée.

Le sommeil occupe le tiers de la vie.

Un homme d'aujourd'hui consacre 30 années de sa vie aux activités de type physiologique, soit environ 40 % du temps total. Le sommeil en représente l'essentiel (24 ans). Les autres fonctions (alimentation, soins personnels, etc.) nécessitent 6 années d'une vie moyenne.

Le temps « subi » est celui consacré au travail (y compris les trajets), à la formation et aux tâches domestiques ; il est très inférieur au temps libre ou « temps choisi », qui correspond aux activités de loisir et à la vie sociale. Enfin, l'enfance et la scolarité (hors temps physiologique) représentent 8 années.

Le travail ne représente plus que le dixième du temps d'une vie et le tiers du temps libre.

Sur la base actuelle de 40 années de vie active (entre 20 et 60 ans) et de 1 500 heures effectives de travail par an (pour 1680 heures théoriques), le temps total de travail est de 60 000 heures dans une vie, soit environ 7 ans. Il est donc à peine supérieur au temps de déplacement (6 ans). Surtout, il est trois fois moins long que le temps libre d'adulte.

Peu de Français sont conscients de la révolution qui s'est opérée dans les modes de vie avec l'inversion, au cours du XXᵉ siècle, des temps consacrés au travail et au loisir. Depuis la fin de la Seconde Guerre mondiale, le temps de travail des Français a été divisé par deux. En un peu plus de quarante ans, la durée de la vie active s'est raccourcie de 10 ans, de 3 semaines par an et de 6 heures par semaine.

Le temps à géométrie variable

Evolution de l'emploi du temps de la vie selon les époques (en % du temps total) :

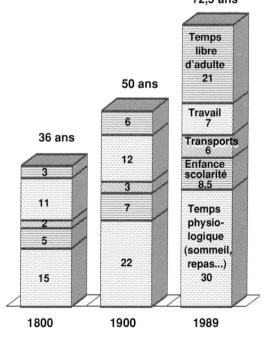

*Le temps libre d'une vie est aujourd'hui
7 fois plus long qu'en 1800 et 3,5 fois plus
qu'en 1900.*

Depuis un ou deux siècles, le temps disponible s'est globalement « dilaté », mais les différentes parties qui le composent ont subi des déformations très différentes.

Au début du XIXe siècle, nos ancêtres vivaient en moyenne 36 ans et consacraient la moitié de leur vie éveillée au travail. Leur temps libre était donc très limité : trois ans. Aujourd'hui, les Français disposent de deux fois plus de temps, mais la part qu'ils consacrent au travail est moins élevée qu'en 1800.

La période de l'enfance s'est un peu étirée, du fait de l'allongement de la scolarité. Seul le temps accordé au sommeil et aux divers besoins d'ordre physiologique n'a guère évolué, du fait de sa nature difficilement compressible.

Mais le véritable bouleversement est celui du temps libre de l'adulte, multiplié par 7 depuis 1800. Bien sûr, une bonne partie de ce temps-là n'est disponible qu'au moment de la retraite. La plupart des Français ne pourront vraiment profiter de ce temps libre qu'après 30 ou 40 ans de labeur.

S ➤ Pour 41 % des Français, l'âge idéal de la retraite est 55 ans, pour 39 % il est de 60 ans, pour 10 % moins de 55 ans.
S ➤ 69 % des Français sont plutôt confiants lorsqu'ils pensent à leur vieillesse, 26 % plutôt inquiets.
S ➤ 32 % des hommes et des femmes font la grasse matinée le dimanche ; 16 % des sympathisants du Front national, 32 % du RPR, 36 % du PS et du PC, 42 % de l'UDF.
S ➤ Entre 2 h et 4 h 30 du matin, 98 % des Français dorment.
S ➤ Entre 14 h et 15 h, 10 % font la sieste. A 12 h 30, la moitié sont en train de déjeuner. Entre 16 h 30 et 17 h , 5 % prennent une collation. A midi, 1 % regarde la télévision, 31 % à 20 h 30, plus de 50 % à 21 h 30.
S ➤ 7 h 20, en semaine, 73 % des femmes actives et 78 % des hommes actifs sont réveillés. A la même heure le dimanche, plus de trois quarts dorment (plus de la moitié le samedi).
➤ Les Français de 15 ans et plus consacrent en moyenne 27 minutes par jour à la lecture,
17 minutes aux visites et réceptions (sans repas),
11 minutes à la promenade, pêche et chasse,
5 minutes à réfléchir, 3 minutes à la pratique associative, 2 minutes à la pratique religieuse.

Le temps social, météo de l'histoire

L'étude du temps social est une dimension essentielle et trop peu utilisée de l'histoire des sociétés. Elle montre que l'utilisation du temps par les individus dépend à la fois des conditions économiques, politiques et culturelles, religieuses, qui prévalent à un moment donné.

Le sociologue Rudolf Rezsohazy indique par exemple que la perspective dominante en Europe occidentale au cours des années 60 était l'avenir. La vision d'un avenir en progrès s'est brouillée depuis le milieu des années 70, et les sociétés occidentales se sont repliées sur le présent, tout en idéalisant le passé, comme l'atteste la mode persistante du « rétro ».

La modification du temps social est d'abord la conséquence d'une très forte revendication pour une réduction du temps consacré au travail, sensible depuis le milieu du XIXe siècle. Nicole Samuel a montré que ce mouvement a commencé dès la révolution de 1848 avec le décret de Louis Blanc limitant la journée de travail à dix heures à Paris et 11 en province. Il fallut cependant attendre 1912 pour que ces dispositions entrent dans les faits. La journée était réduite à 8 heures en 1919, répondant ainsi à une demande apparue dès 1880.

Les pressions sociales pour réduire le temps de travail s'exprimèrent ensuite à l'échelle de la semaine, avec le droit au week-end. Puis elles concernèrent l'année, avec la mise en place des congés payés : 12 jours ouvrables en 1936, portés à 18 en 1956, 24 en 1969, 30 en 1982 (cinq semaines). A l'échelle de la vie, il faut noter l'avancement de l'âge de la retraite, fixé pour l'ensemble du régime général à 65 ans vers 1950, puis à 60 ans en 1982.

Les revendications actuelles vont moins à une diminution du temps de travail qu'à un meilleur aménagement. Le travail à temps partiel, les horaires variables, la possibilité de ne pas travailler pendant les jours fériés en sont les principales.

Le temps au quotidien

L'emploi du temps de la vie des Français fait apparaître de profondes différences entre les individus, dès la fin de la période scolaire. La répartition temps de travail/temps libre varie principalement selon qu'on est actif ou pas.

Mais ces définitions officielles ne reflètent pas toujours la réalité : certains inactifs (les femmes en particulier) travaillent plus que beaucoup d'actifs.

*Parmi les actifs citadins, les hommes
ont chaque jour 50 minutes de temps libre
de plus que les femmes.*

L'emploi du temps des adultes actifs (citadins) fait évidemment une large place au travail. Si les femmes travaillent à l'extérieur en moyenne une heure de moins que les hommes, il faut préciser qu'elles consacrent plus de quatre heures et demie aux tâches domestiques, contre 2 h 48 pour les hommes (durée journalière calculée sur une base de 7 jours).

La journée des citadins actifs

Hommes et femmes de 18 à 64 ans (1985-86) :

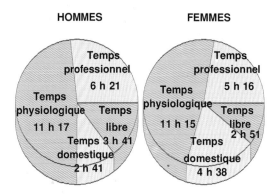

Temps exprimé en heures et minutes. Ces chiffres sont des moyennes incluant les samedis et les dimanches.

Le temps physiologique (ou personnel) des deux sexes est comparable. Les hommes restent un peu plus longtemps à table (1 h 23 contre 1 h 18 pour les repas à domicile), tandis que leurs épouses prennent un peu plus de temps pour s'occuper d'elles-mêmes. Au total, les femmes actives sont donc pénalisées de près d'une heure de loisir par rapport aux hommes, soit près du tiers de leur temps libre quotidien.

*L'écart entre hommes et femmes est plus
important parmi les non-actifs (de moins
de 65 ans).*

La différence d'emploi du temps entre hommes et femmes est encore plus marquée en l'absence d'activité professionnelle. Les hommes sont de plus gros dormeurs. Les femmes « inactives » consacrent tout de même

La journée des inactifs

Hommes et femmes de 25 à 54 ans (1985-86) :

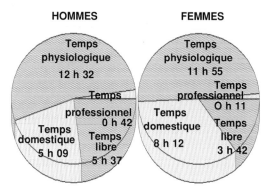

Hommes et femmes de 65 à 74 ans (1985-86) :

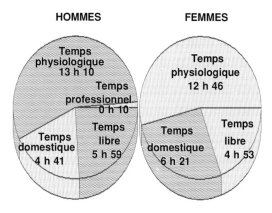

Temps exprimé en heures et en minutes.

INSEE

6 h 53 au ménage et autres travaux domestiques, les hommes seulement 2 h 41. De sorte qu'au concours du temps libre les hommes sont encore les grands gagnants, avec 5 h 33 par jour, soit une heure et demie de plus que leurs compagnes.

Les hommes âgés ont une heure de temps libre de plus que les femmes.

La journée des plus de 65 ans ressemble un peu à celle de leurs cadets non actifs. S'ils consacrent moins de temps aux travaux domestiques, c'est principalement parce que leurs foyers comptent moins de personnes. Les enfants étant partis, les courses et le ménage leur demandent moins de temps. C'est peut-être pourquoi ils ont tendance à en consacrer davantage aux repas, moments importants de la journée, souvent prolongés, l'après-midi, par la sieste.

Comme pour les actifs, l'écart de temps libre entre les hommes et les femmes est d'environ une heure en faveur des hommes, soit moins que chez les inactifs jeunes. Pour beaucoup de personnes âgées, le temps est une matière première à la fois abondante dans le présent et rare dans l'avenir.

L'emploi du temps n'est pas le même en ville et en milieu rural.

Les agriculteurs travaillent deux heures de plus par jour que la moyenne des citadins. Le temps passé par les agricultrices ou aides familiales au travail professionnel et domestique représente au total 10 heures et demie par jour, soit une heure de plus que chez les citadines. En particulier, la préparation des repas et la vaisselle prennent deux fois plus de temps à la ferme qu'en ville. Cet écart tient au fait que les agriculteurs participent en moyenne une heure de moins aux travaux ménagers que les actifs urbains.

On constate aussi que les ruraux (surtout âgés) dorment davantage que les citadins. Ils passent plus de temps à table : 1 h 35 par jour à domicile contre 1 h 20 en ville. Enfin, la télévision et les sorties occupent moins de temps à la campagne qu'à la ville. D'abord, parce que le temps de loisir est inférieur d'une demi-heure par jour en milieu rural. Ensuite, parce que la pratique de la chasse ou de la pêche est beaucoup plus fréquente chez les personnes qui habitent en milieu rural.

Les Français et les saisons

Contrairement à ce que beaucoup de Français pensent ou disent, il y a encore des saisons. Philippe Besnard, chercheur au CNRS, a montré dans *Mœurs et humeurs des Français au fil des saisons* (Balland) qu'ils règlent largement leur vie sur le calendrier. La courbe des mariages présente chaque année une pointe fin juin-début juillet. Celle des naissances est plus marquée en mai et creuse en novembre. Même la mort a un caractère saisonnier, vers fin janvier-début février. Les suicides, eux, sont plus nombreux au printemps et se produisent plus fréquemment le lundi, traduisant « l'angoisse des recommencements ». Un phénomène qui explique peut-être aussi le creux de septembre de la sociabilité. L'alimentation, les achats, la lecture, la pratique sportive sont aussi des activités étroitement liées aux saisons. L'humeur elle-même serait en partie dépendante de la lumière du jour. La violence, dont la relation avec les phases lunaires n'est pas démontrée, apparaît maximale en octobre-novembre et limitée en juillet. Les fêtes, païennes ou religieuses, continuent de rythmer les saisons et la vie des Français, qui ont ainsi la sensation d'être rattachés à l'Univers.

L'année calendaire comporte au total huit moments critiques : les solstices d'été et d'hiver ; les équinoxes de printemps et d'automne ; les débuts des mois de février, mai, août et novembre. Les découvertes récentes de la chronobiologie montrent d'ailleurs que les Français vivent à contre-temps ; le corps a plus besoin de repos en hiver (on dort moins en été), mais c'est pourtant en été que partent les vacanciers.

Entre 1975 et 1985, le temps de travail a diminué, le temps libre a augmenté, les repas ont raccourci.

Pendant cette période, le temps libre a augmenté de 35 minutes. Les trois quarts de cette augmentation (26 minutes) se sont portés sur la télévision, qui absorbe aujourd'hui 40 % du temps libre des Français.

Les femmes et les hommes ont conservé des rôles domestiques distincts (l'entretien du linge reste presque exclusivement féminin) mais le partage des tâches est un peu plus égalitaire. Les activités masculines telles que le bricolage et le rangement ont augmenté, tandis que les tâches féminines (cuisine, vaisselle, linge) ont diminué.

Enfin, on constate que les adultes citadins consacrent un quart d'heure de moins aux repas.

Une évolution qui touche toutes les catégories de personnes, jeunes ou âgées, actives ou non, hommes ou femmes.

Le temps, dix ans après

Evolution des emplois du temps des adultes citadins entre 1975 et 1985 (en heures et minutes) :

	1975	1985
• Temps physiologique	12 h 05	11 h 53
dont :		
- repas à domicile	1 h 41	1 h 30
- repas hors domicile	0 h 29	0 h 28
• Temps professionnel et de formation	4 h 01	3 h 32
dont :		
- travail professionnel	3 h 23	2 h 49
- études et formation	0 h 14	0 h 20
- trajets	0 h 24	0 h 23
• Temps domestique	4 h 26	4 h 31
dont :		
- activités ménagères	2 h 44	2 h 38
- bricolage, couture	0 h 21	0 h 23
- autres trajets	0 h 43	0 h 47
- soins aux personnes	0 h 24	0 h 24
• Temps libre	3 h 28	4 h 04
dont :		
- télévision	1 h 22	1 h 48
- sports	0 h 03	0 h 08
- spectacles, sorties	0 h 05	0 h 08
- jeux	0 h 08	0 h 11

INSEE

Les Françaises sont celles qui consacrent le plus de temps à la fois au travail professionnel et domestique.

Une comparaison portant sur sept pays industrialisés (Caroline Roy, INSEE) montre que les femmes consacrent partout plus de temps au travail domestique que les hommes et moins à leur activité professionnelle lorsqu'elles en ont une. Aux Etats-Unis, par exemple, un homme actif travaille environ 47 heures par semaine, une femme active 36 heures ; mais l'homme consacre 14 heures aux travaux du foyer, la femme 26 heures. Au Danemark et aux Pays-Bas, les actifs comme les inactifs consacrent moins de temps au travail domestique qu'ailleurs.

Les Françaises sont celles qui ont le moins de temps libre ; elles consacrent deux fois plus de temps aux activités domestiques que les Néerlandaises (28 heures par semaine contre 14). Enfin, on constate que les besoins physiologiques occupent à peu près partout la moitié de la journée.

Le temps, c'est de l'argent

Le temps en révolution

Les Français n'ont jamais eu autant de temps libre à leur disposition, mais ils cherchent encore à en avoir davantage. Gagner du temps pour pouvoir le perdre à sa guise, tel est l'apparent paradoxe de la société française d'aujourd'hui. La conquête quantitative du temps est maintenant bien engagée. Il reste à réaliser celle, plus difficile et personnelle, de la qualité.

Les Français ont de plus en plus de temps, mais ils ont le sentiment d'en manquer.

La société actuelle offre de nombreux moyens de gagner du temps. Les produits alimentaires (en poudre, concentrés, congelés, surgelés, en conserve, lyophilisés, précuits, etc.), l'équipement électroménager (machines à laver le linge ou la vaisselle, four à micro-ondes...), les moyens de transport (avion, TGV, transports urbains) ont une raison d'être commune : faire

Emplois du temps

Structure des emplois du temps dans sept pays (en heures par semaine) :

	Royaume-Uni - 1984	Canada 1981	Danemark 1975	France 1986	Norvège 1981	Pays-Bas 1980	Etats-Unis 1985
HOMMES							
• **Actifs à plein temps**							
- Temps personnel	73,5	70,4	70,7	71,0	70,9	70,4	71,0
- Temps professionnel	43,4	40,5	44,7	44,9	42,6	41,6	47,5
- Temps domestique	13,0	16,8	6,4	16,5	14,7	9,7	14,1
- Temps libre	38,1	40,3	46,2	35,6	39,8	46,3	35,4
• **Inactifs**							
- Temps personnel	81,3	75,4	80,5	80,2	80,9	80,4	81,0
- Temps professionnel	2,6	3,4	9,0	1,4	1,7	0,4	6,2
- Temps domestique	20,9	19,5	11,1	23,6	17,1	20,8	23,2
- Temps libre	63,2	69,7	67,4	62,8	68,3	66,4	57,6
FEMMES							
• **Actives à plein temps**							
- Temps personnel	73,9	72,7	70,0	72,5	69,7	73,6	72,3
- Temps professionnel	40,1	35,6	39,0	40,1	36,0	31,4	36,3
- Temps domestique	18,9	22,9	15,8	27,7	24,7	13,6	25,8
- Temps libre	35,1	36,8	43,2	27,7	37,6	49,4	33,6
• **Inactives**							
- Temps personnel	79,6	75,1	79,8	79,7	76,5	77,8	78,1
- Temps professionnel	1,6	1,8	3,3	0,8	1,7	0,7	2,8
- Temps domestique	37,5	35,2	28,1	40,0	38,2	41,5	38,2
- Temps libre	49,3	55,9	56,8	47,5	51,6	48,0	48,9

Données sociales - INSEE

économiser du temps. Car c'est bien du temps qu'on achète, chaque jour, en s'offrant un hamburger, les services du pressing, ceux d'une femme de ménage ou d'un jardinier...

Mais la conquête du temps n'a pas pour unique objet le divertissement. Elle représente pour chacun la possibilité de gérer lui-même le temps dont il dispose, c'est-à-dire sa vie. Un pas important vers la maîtrise de son destin, revendication essentielle de l'époque.

*Les revendications en matière
d'emploi du temps de la vie
sont de plus en plus nombreuses.
Le découpage formation-travail-retraite
apparaît de plus en plus artificiel.*

Les trois périodes successives de la vie (un temps pour apprendre, un autre pour travailler, le dernier pour se reposer) ne correspondent pas plus aux besoins individuels qu'aux nécessités collectives. Pourquoi ne pas apprendre quand on en a envie ou quand c'est nécessaire ? Pourquoi ne pas « se mettre en retraite » à différentes époques de sa vie, afin de s'orienter vers un autre type d'activité, prendre un peu de recul ou simplement profiter de la vie ? Pourquoi ne pas travailler de façon plus modulée, tant qu'on en éprouve le besoin ou l'envie, tant qu'on en a la capacité ?

Au quotidien, d'autres revendications se font jour. Les Français souhaitent pouvoir faire leurs courses tard le soir, utiliser les services publics sept jours sur sept, choisir les dates de leurs vacances et, pour ceux qui ont des enfants, ne pas dépendre du calendrier scolaire. Les ruptures du temps social (fins de semaine, congés payés, retraite, etc.), hier considérées comme des progrès, sont aujourd'hui souvent vécues comme des contraintes.

Ainsi, les besoins des citoyens-consommateurs se heurtent aux réticences des citoyens-travailleurs, qui ne souhaitent pas rentrer chez eux plus tard le soir pour assurer l'ouverture des magasins ou des services de toutes sortes. Mais si le poids des usagers est parfois inférieur à celui des syndicats, les aspects économiques pourraient jouer un rôle déterminant.

RFI, 10 juin 1989

Micro-entretien

GILBERT TRIGANO *

G.M. - *Allons-nous vers un nouvel emploi du temps de la vie ?*

G.T. - Nous sommes à l'aube d'une nouvelle vie où apprendre, travailler et se détendre alterneront. Le temps est révolu où, trois ou quatre ans après la naissance, commence l'école, jusqu'à 16, 20 ou 25 ans. Puis, une fois cet apprentissage supposé achevé, succède le travail pendant une durée nécessaire pour toucher une retraite complète. Puis l'homme se prépare à mourir. Cette organisation est en cours de disparition. Nous nous trouvons à une période formidable de l'évolution de l'espèce humaine. Il n'est pas question de temps du loisir, mais de nouveau temps de vivre, d'une nouvelle approche de la vie.

---

* Président du Club Méditerranée.

Les structures sociales devront s'adapter aux nouvelles attentes.

Si le temps libre d'une vie est aujourd'hui trois fois plus abondant que le travail, les structures de la société restent calquées sur le modèle traditionnel, organisé autour du travail. Pourtant, la revendication d'un « autre temps » est aujourd'hui soutenue par des experts qui pensent que l'utopie sociale a des justifications économiques. Elle permettrait en particulier de mieux partager l'emploi, de mieux adapter la formation aux besoins de l'économie en même temps qu'elle rendrait les gens plus heureux, donc plus efficaces.

On voit donc s'esquisser le chemin vers une autre société, caractérisée par une plus grande harmonie entre les nécessités collectives et les aspirations individuelles. La voie vers cette nouvelle civilisation passe par une véritable révolution du temps. A la différence d'autres révolutions, celle-ci ne sera pas violente et devrait satisfaire les désirs de chacun.

La fin de l'heure d'été ?

L'utilité du changement d'heure, entre fin avril et fin septembre, est de plus en plus remise en question, tant par les économistes que par les médecins. Les premiers contestent la réalité des économies d'énergie ainsi réalisées. Les seconds accusent les changements induits dans le rythme de vie d'avoir des incidences sur la santé, en particulier chez les enfants et dans le monde rural.

L'heure d'été, instaurée en 1976, n'est pas la première tentative de changement d'heure. Jusqu'en 1916, la France vivait toute l'année à l'heure solaire (GMT). L'heure d'été (GMT + 1) fut instituée pour accompagner l'effort de guerre et réaliser des économies d'énergie. En 1940, l'heure allemande fut imposée par l'occupant (GMT + 2) et supprimée en 1945. L'heure unique fut cette fois GMT + 1, jusqu'en 1976.

➤ Le temps consacré aux ébats amoureux est classé dans la catégorie « temps personnel » et ne fait pas partie du temps libre.
➤ Le temps moyen de trajet au travail représente 39 minutes pour les hommes actifs de 25 à 54 ans, 30 minutes pour les femmes.
S ➤ 44 % des hommes et 47 % des femmes se disent « plutôt du matin », 47 % des hommes et 42 % des femmes « plutôt du soir ». 29 % des moins de 35 ans seulement sont « du matin », 62 % « du soir ».

LES VALEURS

SYSTÈME DE RÉFÉRENCE

Trente Glorieuses, Dix Paresseuses, Cinq Peureuses ● *Retour des revendications d'égalité, de morale et de vertu* ● *Importance croissante de « l'égologie »* ● *Bonheur matériel et inconfort moral* ● *Hyperchoix et frustration.*

Des Trente Glorieuses aux Cinq Peureuses

Comme la plupart des sociétés occidentales, la société française est à la recherche d'une nouvelle identité. L'effort de contestation, puis d'adaptation à un monde qui se transforme est sensible depuis vingt ans. Il a été marqué d'abord par une demande de liberté individuelle et de sécurité, puis d'égalité et de morale. Il s'est traduit par un divorce entre les individus et les institutions.

La société française a connu trois périodes distinctes depuis l'après-guerre.

L'histoire moderne commence après la Seconde Guerre mondiale. Aux *Trente Glorieuses* (1945-1974) succède ce qu'on pourrait appeler les *Dix Paresseuses* (1975-1984). Les Français, englués dans le confort accumulé, refusent de voir la crise en face ; ils continuent de penser que le monde tourne autour de la France comme la Terre autour du Soleil. Le réveil sera brutal. Après s'être longuement admirés dans le miroir complaisant, parfois déformant, que leur tendaient les hommes politiques et les médias, ils commencent à regarder au dedans d'eux-mêmes.

Le résultat le plus notable de cette introspection est que l'individu devient plus important que la collectivité. La « règle du je » est aujourd'hui la seule acceptable par tous. Le foyer s'est transformé en une bulle stérile, refuge contre les agressions extérieures. Les années 1985-1990 auront été les *Cinq Peureuses*.

Le grand mouvement de remise en cause a commencé vers 1965.

Dès 1965, certains phénomènes, passés presque inaperçus, annoncent déjà la « révolution des mœurs ». La natalité commence à chuter. Le chômage s'accroît. La pratique religieuse régresse, en particulier chez les jeunes. Le nu fait son apparition dans les magazines, dans les films et sur les plages. Pour la première fois depuis vingt ans, la productivité des entreprises diminue dans l'ensemble des pays occidentaux, tandis que les coûts de la santé et de l'éducation commencent à s'accroître, préparant le terrain de la crise économique des années 70.

Les rapports des Français avec les institutions commencent à se détériorer. L'Eglise, l'armée, l'entreprise, l'Etat connaissent tour à tour la contestation. Celle qui touche l'école atteint sont point culminant en mai 1968. Le goût de plus en plus affirmé pour la liberté va provoquer la levée des tabous qui pesaient depuis des siècles sur la société. Avec, en contrepoint, la remise en cause des valeurs traditionnelles.

La « révolution introuvable » de Mai 68 aura été un moment essentiel de l'histoire contemporaine. Elle est encore inachevée.

*En vingt ans, la société française
a connu cinq chocs importants :
1968, 1973, 1981, 1982, 1987.*

1968 fut avant tout un choc *culturel* ; les jeunes Français descendirent dans la rue pour dénoncer la civilisation industrielle et les dangers de la société de consommation.

Le choc *économique* de 1973 sonna le glas de la période d'abondance, annonçant l'avènement du chômage et la redistribution des cartes entre les régions du monde. Mais il fallut dix ans aux Français pour s'en convaincre.

Le choc *politique* de 1981 mit un terme au règne sans partage de la droite. Il signifia la fin des jugements binaires, entre droite et gauche, bien et mal, homme et femme, enfant et adulte. Le sens des nuances vint aux Français.

Fin 1982 eut lieu un second choc *culturel*. La gauche, et avec elle tous les Français, découvraient l'existence d'une dépendance économique planétaire et l'impossibilité pour un pays de jouer seul sa partition. La peur s'emparait de la société civile, suivie bientôt par la réapparition du réalisme.

Le choc *financier* de 1987 mit en évidence les déséquilibres économiques, les limites de la coopération internationale, l'insuffisance des protections mises en place depuis 1929, l'impuissance des experts à prévoir et à enrayer les crises.

Ces chocs répétés ont été d'autant plus forts qu'ils se sont produits sur fond de mutation technologique. Ils ont engendré des décalages, parfois même des divorces entre les catégories sociales. Chacun d'eux a accéléré l'évolution des mentalités et contribué à la mise en place progressive d'un nouveau système de valeurs.

Identité française

« Si vous deviez caractériser l'identité française aujourd'hui, par quelles valeurs le feriez-vous ? » :

• Liberté d'opinion	51 %
• Démocratie	33 %
• Culture	26 %
• Tolérance	26 %
• Langue	18 %
• Laïcité	13 %
• Patriotisme	13 %
• Religion	6 %

Le Point/Ipsos, octobre 1989

La nouvelle échelle des valeurs

Le système de valeurs des Français est à la fois complexe et diversifié : la tolérance croissante aux minorités y côtoie le racisme ; l'individualisme fait bon ménage avec de nouvelles formes de solidarité ; le déclin de la pratique religieuse n'entame pas la foi en Dieu. Derrière ces évolutions se dessine peu à peu un nouveau type de société.

*La liberté avait été la revendication
principale des années 80.*

Les trois grands principes fondateurs de la République (Liberté-Egalité-Fraternité) n'ont pratiquement jamais connu ensemble la faveur des Français. Les années 40 et 50 furent placées sous le signe de la *Fraternité*.

Au cours des années 60 et 70, l'état d'esprit général était plutôt à l'*Egalité*, au moyen de la redistribution par l'Etat des bienfaits de la croissance économique. Les premières années de crise, loin de remettre en question ce partage, ont au contraire permis de le poursuivre, avec en particulier un accroissement important du pouvoir d'achat des plus défavorisés (« smicards », retraités).

Des progrès à faire

Pour beaucoup de Français, la devise de la République reste un vœu pieux. 86 % considèrent qu'il y a encore des progrès à faire dans la France d'aujourd'hui en matière d'égalité, 80 % en matière de fraternité, 70 % en matière de liberté.
Les droits qui apparaissent les mieux respectés sont, par ordre décroissant : le droit de vote (73%), le droit de manifester (63%), le droit de grève (52%), la liberté de la presse (52%), le droit au travail (33%), le droit à l'éducation et à la formation (30%), le droit à un revenu minimum (20%). Pour ces trois derniers droits (revenu minimum, formation, travail), plus de 60 % des Français pensent qu'il y a des progrès à faire.

Les années 80 ont été placées sous le signe de la *Liberté*. C'est en son nom que s'est développé l'individualisme caractéristique de cette fin de siècle.

Université Diderot/ISOP, avril 1989

Les années 90 devraient voir resurgir
les revendications égalitaires et humanitaires.

Les années récentes ont été marquées par un retournement de tendance très net en matière d'inégalités. L'éventail des revenus, qui n'avait cessé de se resserrer pendant plusieurs décennies, s'est à nouveau élargi. Les revenus du capital ont largement dépassé ceux du travail, de sorte que les écarts entre les patrimoines sont encore plus élevés qu'entre les salaires. Certaines catégories sociales se sont trouvées marginalisées par le chômage.

Après avoir été « centripète » (elle tendait naturellement à ramener en son centre l'ensemble de ses membres), la société française est aujourd'hui « centrifuge ». Elle tend au contraire à rejeter ceux qui ne peuvent se maintenir, par manque de formation, de santé, ou de combativité.

Les Français sont pour la plupart conscients et inquiets de cette situation d'inégalité, voire d'injustice croissante. Beaucoup se sentent même personnellement menacés par le risque de marginalisation. C'est pourquoi ils sentent la nécessité d'une plus grande justice entre les individus. Ils l'attendent en partie de l'Etat, mais sont de plus en plus convaincus qu'ils ont un rôle personnel à jouer dans ce domaine.

Chacun sent confusément qu'un nouvel humanisme est à inventer. La morale et la vertu, mots longtemps bannis du vocabulaire de la modernité, pourraient retrouver leur place au cours des prochaines années.

Le retour de la morale

56 % des Français trouvent que la morale n'occupe pas une place assez importante dans la société d'aujourd'hui (pour 23%, elle a une place assez importante, pour 4 % une place trop importante). C'est pourquoi 59 % des Français pensent qu'il faut retrouver le sens des valeurs traditionnelles, 19 % qu'il faut inventer de nouvelles valeurs morales. Seuls 18 % pensent que la notion de morale est dépassée. Mais qu'est-ce que la morale ? 46 % des Français pensent que c'est « un ensemble de valeurs permettant d'être en accord avec soi-même et en harmonie avec la société ». 20 % pensent que ce sont « des règles de vie en société », 17 % que c'est « une affaire strictement personnelle », 16 % que c'est « un faux problème : les gens seraient meilleurs si la société était meilleure ».

La solidarité progresse.

Pendant quelques années, la solidarité des Français s'est exprimée surtout de façon ponctuelle, à l'occasion de grandes offensives médiatiques : concerts donnés au profit de certains pays pauvres, actions en faveur de la recherche médicale, etc. Elle est aujourd'hui vécue différemment. Les instruments traditionnels de régulation sociale ne fonctionnant plus de façon satisfaisante, il apparaît nécessaire aux Français d'intervenir directement pour venir en aide aux plus défavorisés.

L'Etat-providence a montré ses limites. Il est aujourd'hui incompatible avec le souci des Français de conduire leur propre destin. Ce qui les oblige d'ailleurs à être davantage attentifs à celui de leurs semblables. Ne serait-ce que parce qu'ils sont de moins en moins nombreux à se sentir à l'abri d'un « accident de parcours »...

Les grands mots

Les 10 mots les plus importants pour les Français :

• Santé	43 %
• Travail	36 %
• Amour	33 %
• Famille	31 %
• Argent	25 %
• Enfants	20 %
• Amitié	19 %
• Bonheur	17 %
• Loisirs	13 %
• Liberté	8 %

Note : Les classements sont différents selon le sexe : les femmes privilégient les valeurs familiales. Par ordre décroissant : amour, famille, enfants, amitié, bonheur, maison. Les hommes accordent la priorité à la vie active et aux activités extérieures : travail, argent, loisirs, vacances, vie, paix.

Le Point/Infométrie, janvier 1989

S ➤ 44 % des Français sont en priorité révoltés par le manque de solidarité entre les gens, 25 % par le manque de justice, 23 % par le manque de tolérance, 7 % par le manque de liberté.
S ➤ Pour 68 % des Français, la solidarité est avant tout « être toujours prêt à aider les gens autour de soi sans rien attendre en retour ».
S ➤ 58 % des Français pensent qu'il n'y a pas de compétitivité sans des hommes bien formés et en bonne santé.

Un nouveau système de valeurs se met en place.

La famille et le travail restent des valeurs sûres pour la majorité des Français. Mais les attentes dans ces domaines ont changé. La réussite de la vie de famille implique à la fois plus d'égalité dans le couple et d'indépendance des partenaires, des enfants moins nombreux, moins d'engagement à long terme. Le travail n'est plus un simple moyen de gagner sa vie. Comme la famille, il doit permettre à chacun de s'épanouir et de s'enrichir.

Les ressorts des individus ont changé. La Cofremca, qui étudie l'évolution de la société française, a mis en évidence au cours de ces dernières années la diffusion de plusieurs courants socioculturels :
• L'autonomie, ou le besoin d'expression personnelle, d'autodétermination, de variété.
• La vitalité, ou le plaisir de vivre et de progresser, la volonté d'utiliser et d'accroître ses potentialités, une plus grande faculté à prendre des risques. Mais aussi parfois la vitalité frustrée, mise sous l'éteignoir de la société.
• L'organicisme, ou la solidarité viscérale, la double préoccupation du « moi-nous », la transparence, les réseaux et l'informalité des relations.
• L'opposition aux structures sociales, lorsqu'elles apparaissent mal adaptées ou contraignantes, la responsabilité sociale et écologique.
• Le mélange du rationnel et de l'affectif dans les diverses situations de la vie.
• La recherche du sens profond, de l'harmonie, la prise en compte du non-sens, l'intérêt pour les recherches marginales, non conflictuelles.

La société évolue en même temps dans des directions opposées.

Les grandes tendances actuelles ne concernent pas l'ensemble de la population, ce qui explique certains paradoxes. Le conservatisme le plus rétrograde côtoie le modernisme le plus avancé, le goût du confort cohabite avec le goût du risque. L'individualisme ambiant n'exclut pas la solidarité. La montée de la tolérance s'accompagne de celle du racisme, de la xénophobie et d'autres manifestations d'agressivité sociale. Certains supportent mal la présence d'étrangers dont ils ne comprennent pas la culture et les comportements. Mais un nombre croissant de Français, les jeunes en particulier, trouvent normal et nécessaire d'accepter les minorités, quelles que soient la raison ou l'origine de leurs différences.

La passion selon les Français

« Vous-même, partagez-vous une ou plusieurs de ces passions ? » (en %) :

• Les animaux	37
• Le sport	33
• L'amour	32
• La musique	29
• Le métier	23
• L'aventure	15
• L'argent	11
• Les collections	10
• La politique	6
• Autres réponses	15
• Aucune	5
• Sans opinion	1

Le degré de passion est d'autant plus grand que l'on se situe haut dans la hiérarchie sociale : 32 % des inactifs et retraités se déclarent passionnés, 33 % des agriculteurs, 38 % des ouvriers, 48 % des employés et professions intermédiaires, 57 % des artisans et commerçants, 63%% des cadres et professions intellectuelles.

S ➤ 74 % des Français voteraient pour un candidat à l'élection présidentielle proche de leurs idées politiques s'ils apprenaient qu'il a plusieurs maîtresses (22 % non), 63 % s'il est franc-maçon (21 % non), 60 % s'il fréquente des prostituées (34 % non), 55 % s'il a un compte bancaire en Suisse (39 % non), 45 % s'il avait des relations homosexuelles avec des adultes (48 % non), 33 % s'il fumait de temps à autre du haschich (63 % non), 19 % s'il avait des relations sexuelles avec une mineure (74 % non), 11 % s'il avait des relations sexuelles avec un mineur (83 % non), 7 % s'il était alcoolique (90 % non).
S ➤ 71 % des Français sont d'accord avec l'idée que « ce qui concerne tout le monde doit être débattu par tout le monde car la solution de nombreux problèmes sera de plus en plus du ressort des gens eux-mêmes ». 21 % ne sont pas d'accord.
S ➤ 85 % des Français sont d'accord avec l'idée que la société est partagée entre des privilégiés d'une part et des défavorisés d'autre part (12 % non).

Les nouveaux héros des Français
sont des humanistes.

Parmi les dix personnalités préférées des Français (voir tableau), les trois premières ont en commun d'être considérées comme des humanistes. Elles n'ont pas une image de « gagneurs » aux dents longues, mais au contraire celle d'hommes bons et préoccupés de l'avenir de leurs semblables. On remarque aussi l'absence dans cette liste de « maîtres à penser » intellectuels et d'hommes politiques. On constate enfin que six des personnages cités sont des professionnels des médias ou du spectacle : Anne Sinclair, Philippe Noiret, Jean-Paul Belmondo, Robert Hossein, Raymond Devos, Patrick Sébastien.

Les nouveaux héros sont donc aussi des hérauts, chargés de porter (mais aussi de formuler) les messages de l'époque. Et le public préfère toujours les « gentils ».

Les héros des Français

Personnalités préférées des Français :

1. Cdt Cousteau	11. Bernard Pivot
2. Abbé Pierre	12. Michel Drucker
3. Haroun Tazieff	13. François Mitterrand
4. Anne Sinclair	14. Michel Serrault
5. Philippe Noiret	15. P. P. d'Arvor
6. Jean-Paul Belmondo	16. Alain Prost
7. Pr Schwartzenberg	17. Alain Delon
8. Robert Hossein	18. Jacques Martin
9. Raymond Devos	19. P.-E. Victor
10. Patrick Sébastien	20. J.-P. Foucault

L'égologie

Le système de valeurs des Français donne aujourd'hui clairement la priorité aux aspirations de type personnel. On retrouve cette préséance du « je » sur le « nous » dans tous les aspects de la vie quotidienne. Chaque individu est de plus en plus conscient d'être unique et s'efforce d'apparaître comme tel dans tous ses faits et gestes. C'est pourquoi il s'éloigne des modèles, ne pouvant avoir par définition d'autre modèle que lui-même.

Ce passage d'une vision collective à une vision individuelle de la vie et de la société ne doit pas être considéré comme une régression. Il constitue peut-être un cheminement ultime dans l'évolution humaine.

La « règle du je »
est de plus en plus communément admise.

Elle s'énonce de plusieurs façons qui, toutes, dévoilent un aspect de son contenu : « chacun pour soi et tout pour tous » ; « on ne vit qu'une fois » ; « après moi le déluge »...

L'écologie et « l'égologie » pourraient bien être les deux revendications majeures des années à venir. La ressemblance entre ces deux mouvements ne s'arrête pas à celle des mots qui les qualifient. Tous deux se caractérisent par une volonté de retour à la nature. Mais c'est à la nature humaine que l'égologie s'intéresse. Tout se passe comme si chaque individu, après avoir refoulé pendant des siècles certaines facettes de son être, avait enfin décidé (et trouvé l'occasion) de les libérer.

Micro-entretien

ALAIN DE VULPIAN *

G.M. - *L'individualisme est-il un repli sur soi ou une manière de vivre sa vie de façon plus responsable, de mieux s'épanouir ?*

A. de V. - Notre société n'est pas homogène. Il y a des strates plus en avance, qui défrichent, et d'autres qui sont encore très marquées par les valeurs d'hier et se comportent différemment. Nos enquêtes montrent que les 25 % de la population française les plus modernes, les plus dynamiques, les plus jeunes vivent un individualisme qui se caractérise avant tout par la vitalité, pas par la frilosité. Ce sont des gens qui ont envie de trouver leur propre façon de vivre, qui veulent s'épanouir, prendre des risques, bouger et qui ont une certaine voracité. Ce ne sont pas du tout des excités. Ils ont envie de vivre, de sentir le sang battre dans leurs veines.

---

* Président de la Cofremca.

Journal du Dimanche/Nop, février 1990

RFI, 20 novembre 1989

L'égologie est plus complexe et plus porteuse d'espoir que l'individualisme.

L'égologie traduit la reconnaissance du *moi* comme valeur sociale prépondérante. Elle ne saurait pourtant être confondue avec l'égoïsme ou l'égocentrisme. Elle exprime, pour la première fois dans l'histoire de la société française, que l'individu est plus important que le groupe et qu'il est par nature divers et complexe. L'égologie peut être l'aboutissement, le concept fédérateur des valeurs « postmatérialistes » dont parle Inglehart (paix, tolérance, qualité de vie, convivialité, liberté individuelle, attachement aux idées plutôt qu'aux objets, etc.).

Après avoir été tentés par l'égoïsme et l'intolérance, les Français sont aujourd'hui à la recherche de solutions plus humanistes, voire spirituelles.

Le bonheur, une idée neuve

PBE

Tout pour être heureux...

Les sondages montrent que les Français se disent pour la plupart heureux. Mais leur inquiétude est à la hauteur de leur bonheur. Aux angoisses des années 80 (chômage, guerre, diminution du pouvoir d'achat) se sont ajoutées les menaces et les interrogations qui marquent l'entrée dans les années 90 : sida ; risques écologiques ; avenir économique et politique de l'Europe, à l'Est comme à l'Ouest.

Plus peut-être que leurs homologues des autres pays industrialisés, les Français ont développé au cours des dernières décennies un goût prononcé pour le confort, un besoin irrépressible de sécurité. Il n'est donc pas étonnant que la situation actuelle du monde soit pour eux une source d'inquiétude.

La majorité des Français ont le sentiment d'être plus heureux que les autres.

L'un des enseignements constants des sondages réalisés dans ce domaine éminemment subjectif est que chaque Français, pris individuellement, se considère plutôt plus heureux que l'ensemble de ses compatriotes. C'est particulièrement le cas si l'on mesure le bonheur à l'aune de la situation matérielle. A la question concernant l'évolution du niveau de vie de l'ensemble de la population depuis une dizaine d'années,

28 % des Français répondent que « ça va mieux », 20 % que « c'est pareil », 47 % que « ça va moins bien » (enquête CREDOC, 1989). La même question concernant leur propre niveau de vie amène des réponses plus positives.

On constate aussi une dégradation des réponses dans le temps. Dans la première enquête du CREDOC, réalisée en 1978, les Français étaient plus nombreux qu'aujourd'hui à penser que leurs propres conditions de vie s'étaient améliorées.

Pourtant, s'ils se déclarent plutôt moins satisfaits que par le passé, les Français sont plus optimistes quant à l'avenir : 39 % estimaient fin 1989 que leurs conditions de vie allaient s'améliorer au cours des cinq prochaines années, 21 % qu'elles allaient se dégrader, 37 % qu'elles allaient rester semblables.

Les Français rient de moins en moins

64 % des Français pensent qu'ils rient moins qu'autrefois. 43 % déclarent rire quelquefois avec les amis, 36 % en famille, 5 % seulement au bureau. 65 % apprécient les blagues sur les homosexuels, 64 % sur les Arabes, 62 % sur les Juifs. 61 % s'interdisent de rire des histoires sur les camps de concentration, 58 % de la faim dans le monde, 52 % des otages. Mais 28 % considèrent que l'on peut rire de tout.

Télérama/CSA mars 1990

Demain l'angoisse

« Pensez-vous que vos conditions de vie vont s'améliorer ou se détériorer au cours des 5 prochaines années ? »

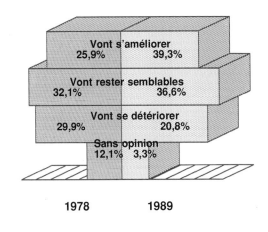

Vont s'améliorer
25,9%   39,3%

Vont rester semblables
32,1%   36,6%

Vont se détériorer
29,9%   20,8%

Sans opinion
12,1% 3,3%

1978   **1989**

Le bonheur est aujourd'hui individuel et multidimensionnel.

Les quinze dernières années, marquées par une crise à la fois économique et morale, ont fortement ébranlé l'espoir d'un bonheur collectif. Dans ce contexte, chacun s'efforce de conduire sa propre vie et de la « réussir » en fonction de ses aspirations, de ses capacités et de ses contraintes.

Mais le bonheur ne peut être complet que si chacune des activités quotidiennes contribue à l'épanouissement individuel. Les Français acceptent mal que leur vie soit découpée en tranches indépendantes les unes des autres. Les activités obligatoires, travail en tête, ne doivent pas être moins enrichissantes que celles qui sont librement choisies. Pourquoi faudrait-il mériter quelques instants de bonheur par de longs moments de contrainte ou d'ennui ?

S ➤ Les causes devant être soutenues en priorité sont, pour les Français, la recherche médicale (71%), les enfants victimes dans le monde (53%), la lutte contre la pauvreté en France (45%), les handicapés (43%), les droits de l'homme (27%), le développement du tiers-monde (20%).

Les regrets des Français

• 49 % des Français estiment qu'ils ont perdu des occasions au cours de leur vie ou laissé passer la chance ; 74 % dans la vie professionnelle, 34 % dans la vie sentimentale.
• 35 % de ceux qui ne travaillent pas ou plus le regrettent (61 % non).
• 8 % de ceux qui travaillent le regrettent (92 % non). 19 % regrettent d'avoir choisi le métier qu'ils exercent (78 % non). 15 % regrettent l'entreprise dans laquelle ils travaillent (77 % non).
• 15 % regrettent les études qu'ils ont faites (72 % non). 71 % regrettent de ne pas en avoir fait davantage (26 % non).
• 31 % regrettent d'avoir commencé à fumer.
• 23 % de ceux qui n'ont pas eu d'enfant le regrettent (65 % non). 21 % de ceux qui en ont regrettent de ne pas en avoir eu davantage (77 % non).
• 4 % regrettent d'avoir été quelquefois infidèles à leur conjoint (42 % non). 8 % regrettent de ne jamais avoir été infidèles (71 % non). 34 % regrettent de ne pas être entrés en relation avec quelqu'un qu'ils n'ont jamais revu (64 % non).
• 30 % regrettent de ne pas avoir assez écouté les conseils de leurs parents (68 % non).
• 42 % regrettent parfois d'avoir été trop honnête (57 % non). 11 % de ne pas avoir toujours été très honnêtes (82 % non).
• 45 % regrettent d'avoir parfois manqué de courage (53 % non).
• 25 % regrettent de ne pas avoir, un jour, tout quitté dans leur vie professionnelle pour recommencer à zéro (69 % non). 14 % dans leur vie amoureuse (83 % non). 9 % dans leur vie familiale (89 % non).

L'Express, février 1990

Le confort matériel croissant va de pair avec un inconfort moral grandissant.

Les Français n'ont jamais été (globalement) aussi riches, aussi libres, aussi informés, aussi maîtres de leur destin individuel. Pourtant, ils n'ont peut-être jamais été aussi anxieux. La consommation de tranquillisants et de somnifères, pour laquelle la France détient le record du monde, l'accroissement du nombre des suicides en sont des illustrations.

Les attitudes et comportements sont souvent paradoxaux. L'argent ne fait pas le bonheur, mais les Français en demandent toujours davantage. Ils habitent dans les villes mais rêvent de vivre à la campagne. Ils sont salariés des entreprises privées, mais pensent que les fonctionnaires sont les plus heureux. Ils passent leur temps libre devant la télévision, mais considèrent que la lecture est plus importante...

Les grandes peurs de la fin du siècle

« Parmi les risques suivants, quels sont ceux qui vous inquiètent le plus d'ici à l'an 2000 ? » (en %) :

• La drogue	54
• Le chômage	49
• Le sida	46
• La pollution	39
• La faim dans le monde	33
• Le terrorisme	26
• L'immigration	23
• La baisse du niveau de vie	19
• Une guerre mondiale	18
• La concurrence économique des autres pays	16
• Les conflits sociaux	11

Le bonheur s'alimente d'un sentiment d'amélioration des conditions de vie.

D'une manière générale, la sensation de bonheur, à l'échelon individuel ou collectif, varie dans le même sens que plusieurs facteurs d'ordre subjectif (tels que la confiance à l'égard d'autrui) ou objectif (le niveau de revenu, la prospérité économique nationale, le niveau de sécurité physique).

Il semble également que le bonheur ait besoin, pour se maintenir, d'une amélioration continue de ces facteurs favorables. C'est ce que le bon sens populaire appelle ne jamais être satisfait de son sort, en vouloir toujours plus. Il n'est donc pas étonnant que la courbe du bonheur ne suive pas fidèlement celle de la croissance économique.

> **S ➤** 24 % des Français avouent avoir déjà postdaté un chèque ou antidaté une lettre, 20 % voyagé sans billet ou avec un billet non valable, 19 % travaillé au noir, 14 % volé dans un magasin, 13 % pas payé la redevance de télévision, 12 % triché sur leur âge ou celui de leurs enfants pour obtenir des réductions, 11 % changé les étiquettes des produits dans les grandes surfaces, 8 % fraudé le fisc, 6 % fait des fausses déclarations aux assurances en cas de vol ou de dégâts, 6 % être partis d'un restaurant sans payer.

Figaro-Europe 1/Sofres, janvier 1990

Un Français sur trois a une phobie

53 % des Français ont peur de certains animaux (araignées, serpents, rats...), 32 % des espaces clos (tunnels, ascenseurs, trains, avions...), 23 % de la foule, 16 % du sang, 9 % de certains objets. 11 % ont peur de parler en public. Les femmes sont deux fois plus atteintes de phobies que les hommes ; elles sont en particulier plus sensibles aux animaux, aux espaces clos et à la foule. Les craintes décroissent avec l'âge.

Lorsqu'ils sont confrontés à l'objet de leur phobie, 35 % sont pris de panique et veulent fuir, 25 % se sentent très agités, 21 % ont des vertiges avec des sueurs froides ou chaudes, 8 % tremblent. 24 % ont déjà consulté un médecin ou s'exercent à la relaxation.

Laboratoires Dunbar/IFOP, février 1990

Le progrès matériel crée à la fois du bien-être et de la frustration.

Comme la plupart des sociétés occidentales, la société française est caractérisée par « l'hyperchoix », créé par les entreprises et relayé par la publicité et les médias. Cette croissance considérable de l'offre entraîne la lassitude de ceux qui courent sans cesse après les objets de la modernité. Elle implique aussi la frustration de ceux qui n'ont pas les moyens de se les offrir. Si les Français restent très attachés au matérialisme, ils sont de plus en plus conscients que celui-ci ne donne pas un sens à leur vie.

Le bonheur d'être Français est mieux apprécié à l'étranger qu'en France.

Sur les douze pays de la Communauté européenne, la France n'occupe que la 9e place en ce qui concerne la satisfaction de la vie (voir tableau). On constate des écarts importants entre les pays dont les habitants sont le plus satisfaits de la vie qu'ils mènent, qui sont plutôt ceux du Nord (Pays-Bas, Danemark, Irlande) et les autres, avec en queue de peloton les pays méditerranéens (France, Grèce, Italie, Portugal).

Les enquêtes, baromètres et sondages effectués à l'échelon international montrent que les étrangers considèrent au contraire la France comme un pays où il fait bon vivre. Les Français ne sont pas toujours conscients de l'attirance qu'exercent leur pays et leurs modes de vie sur beaucoup d'étrangers, comme en témoigne ce dicton allemand qui dit d'un homme comblé qu'il est « heureux comme Dieu en France ».

Les Français au 9e rang du bonheur dans la CEE

« D'une façon générale, êtes-vous très satisfait, plutôt satisfait, plutôt pas satisfait ou pas satisfait du tout de la vie que vous menez » (total « très » ou « plutôt » satisfait, en %) :

	1973	1989
• Danemark	95	95
• Pays-Bas	93	94
• Allemagne	82	90
• Belgique	73	89
• Royaume-Uni	85	89
• Luxembourg	79	87
• Espagne	70(*)	84
• Irlande	92	82
• France	77	81
• Italie	65	76
• Portugal	56(*)	71
• Grèce	58	66

(*)1985, première enquête réalisée.

S ➤ Pour 36 % des Français, réussir sa vie, c'est avant tout être en accord avec soi-même, pour 25 % fonder une famille, pour 12 %bien gagner sa vie, pour 11 % ne dépendre de personne, pour 8 % assumer des responsabilités dans son travail.
S ➤ 70 % des Français jugent excusable le fait de faire des photocopies privées sur la photocopieuse de l'entreprise (26 % inexcusable), 50 % de se fournir en petites fournitures (stylos, papier...) dans l'entreprise (47 % inexcusable), 22 % de sonner des coups de téléphone privés à l'étranger depuis l'entreprise (75 % inexcusable), 18 % de faire des repas personnels aux frais de l'entreprise (78 % inexcusable).
S ➤ S'ils étaient une personnalité, 43 % des Français aimeraient être le commandant Cousteau, 23 % Alain Prost, le professeur Schwartzenberg. 30 % des Françaises choisiraient d'être Mère Teresa, 15 % Simone Veil, 14 % Barbara Hendricks.
S ➤ Les 10 mots qui font le plus peur aux Français sont : maladie (50%); accident (39%); mort (37%); guerre (30%); chômage (28%); pauvreté (11%); violence (10%); solitude (8%); cancer (7%); sida (6%).
S ➤ 72 % des hommes et 64 % des femmes se disent d'un tempérament plutôt optimiste, 23 % des hommes et 30 % des femmes d'un tempérament plutôt pessimiste.

RELIGION

80 % de catholiques ● 3 millions de musulmans ● Pratique religieuse en baisse ● Moindre influence de l'Eglise sur les modes de vie, mais besoin croissant de spiritualité ● Retour de l'irrationnel

Les religions en question

La proportion de catholiques dans la population française est très élevée (80%), mais elle est en diminution régulière. Le nombre des musulmans s'est au contraire accru, de sorte que l'Islam est aujourd'hui la seconde religion en France, devant le protestantisme et le judaïsme.

S • 80 % des Français se disent catholiques, 16 % sans religion.

Ce sont les cadres et les personnes âgées qui sont les plus religieux, les employés et ouvriers qui le sont le moins. La baisse constatée depuis une quinzaine d'années est surtout sensible chez les jeunes de 18 à 24 ans et les personnes ayant un niveau d'études secondaires. On compte quatre fois plus de « sans religion » chez les jeunes de moins de 25 ans que chez les plus de 60 ans.

Les chiffres, bien sûr, ne sont pas suffisants pour rendre compte de la réalité religieuse actuelle. Le fait de se dire catholique n'implique pas nécessairement une affirmation de la foi, mais que l'on a été baptisé ou que l'on se reconnaît dans certaines valeurs héritées de la religion.

Les catholiques

	1970	1987
• Proportion de catholiques	90 %	80 %
• Proportion de baptêmes par rapport aux naissances	84 %	64 %
• Proportion de mariages religieux	95 %	55 %
• Nombre de prêtres	45 259	34 522
• Nombre de diacres	-	410
• Nombre d'ordinations (1)	264	106

(1) Le nombre d'ordinations est stable depuis une douzaine d'années.

Episcopat

4 % des Français se réclament d'une autre religion.

Cette proportion est faussée par le fait qu'elle ne couvre que la seule population française. Les estimations de la population musulmane vivant en France, dont la grande majorité ne dispose pas de la nationalité française, varient entre 3 et 5 millions. Le nombre des protestants est estimé à un million (470 000 réformés, 280 000 luthériens, 210 000 évangéliques); 60 % d'entre eux ne se rendent jamais au temple. Quant aux juifs, on en dénombre environ 600 000. On compte 80 rabbins, 40 ministres du culte et une centaine de ministres adjoints.

S ➤ 34 % des prêtres et religieux sont favorables au mariage des prêtres (54 % opposés). 81 % trouvent excusable qu'un prêtre ou religieux éprouve parfois un désir physique pour une personne (3 % trouvent cela condamnable). 9 % avouent qu'il leur est arrivé d'avoir des relations sexuelles avec quelqu'un.
S ➤ 9 % des Français vont à la messe tous les samedis et dimanches, 6 % au moins une fois par mois, 16 % de temps en temps, 44 % seulement pour les grandes fêtes et cérémonies, 23 % jamais.
S ➤ 53 % des Français trouvent que l'Eglise tient aujourd'hui un rôle peu ou pas important dans la société française, 42 % un rôle très ou assez important.

Paris, carrefour des religions

Si les catholiques sont largement majoritaires dans la capitale, on y trouve aussi un grand nombre d'adeptes d'autres religions. Les musulmans sont difficiles à dénombrer, mais leur nombre est estimé à plus de 500 000. Environ la moitié des juifs (300 000) vivant en France se trouvent à Paris. Les juifs ashkénases sont arrivés d'Europe centrale entre les deux guerres ; ils ont été suivis par les séfarades venus d'Afrique du Nord après la décolonisation. Beaucoup sont regroupés à Belleville, dans le Marais et autour du faubourg Montmartre. Les protestants sont au nombre de 30 000 à 40 000.

Il faut encore ajouter les orthodoxes, dont la majorité sont des Russes blancs émigrés après la Révolution de 1917 et sont installés dans l'ouest de Paris. D'autres religions et un nombre important de sectes diverses sont enfin présentes dans la capitale.

L'islam est la religion la plus pratiquée en France après le catholicisme.

La France est le pays de la Communauté européenne qui compte le plus de musulmans (au moins 3 millions) : environ deux fois plus qu'en l'Allemagne (1,7 million) et en Grande-Bretagne (1,5).

L'islam est aujourd'hui la seconde religion de France. Ce nombre élevé, qui s'ajoute aux différences de modes de vie, est la cause de difficultés croissantes de cohabitation. L'actualité en donne régulièrement des exemples : affaire du foulard dans les écoles, affaire Salman Rushdie, crimes racistes, etc. (voir *Climat social*).

La majorité des musulmans de France n'ont pas la nationalité française.

Cependant, les musulmans originaires d'Algérie (les familles harkies et leurs enfants nés depuis 1962) sont français et représentent une communauté de 500 000 à 700 000 personnes. On trouve parmi les musulmans une majorité de personnes de condition modeste, mais aussi des intellectuels, des membres des professions libérales. Tous ne sont pas pratiquants (voir encadré) et les principes du Coran sont interprétés de façon parfois très différente par les diverses communautés qui s'y réfèrent.

La grande majorité des musulmans de France (plus de 90 %) sont sunnites. Les autres sont

La tolérance naît de l'information

chiites ou appartiennent à une secte schismatique peu nombreuse (les Bahali, environ 10 000). Le nombre des lieux de culte (environ 600) a doublé depuis 1980.

Les musulmans et la religion

• 37 % des Français musulmans se disent croyants et pratiquants, 38 % croyants, 20 % d'origine musulmane, 4 % sans religion.
• 37 % des musulmans se disent proches du parti socialiste, 6 % des écologistes, 5 % du parti communiste, 3 % de l'extrême-gauche, 3 % du RPR, 1 % de l'UDF et du Front national. 45 % ne se situent pas politiquement.
• 81 % des musulmans français observent le ramadan ; 60 % jeûnent pendant toute sa durée. 41 % prient chaque jour (59 % non), 65 % ne boivent jamais d'alcool (35 % parfois).
• Si l'un de leurs proches parents abandonnait la religion musulmane, 72 % continueraient de le voir en le laissant libre de son choix, 24 % chercheraient à le ramener à la religion par tous les moyens possibles, 2 % cesseraient de le voir.

La pratique en baisse

Parmi les catholiques, les indicateurs de la pratique religieuse sont pratiquement tous en baisse : les Français font de moins en moins baptiser leurs enfants, vont de moins en moins à l'église, même pour s'y marier. La population ecclésiastique elle-même a suivi et est en diminution.

La moitié des catholiques (51%) ne sont pas pratiquants, 15 % sont pratiquants occasionnels, 14 % pratiquants réguliers.

La pratique régulière de la religion catholique est croissante avec l'âge : elle concerne 5 % des 18-24 ans, 7 % des 25-34 ans, 12 % des 35-49 ans, 18 % des 50-64 ans, 26 % des 65 ans et plus. 28 % des Français prient souvent ou tous les jours, 39 % rarement, 33 % jamais. 70 % des fidèles ne se confessent jamais, contre 32 % en 1950. La baisse de la pratique est particulièrement forte dans l'Est ; on observe au contraire une hausse en région parisienne et dans le Centre.

Si les taux de pratique régulière constatés actuellement chez les jeunes restent inchangés au fur et à mesure qu'ils vieilliront ainsi que pour les prochaines générations, la part des catholiques pratiquants réguliers devrait se réduire considérablement : environ 10 % en l'an 2000 ; seulement 3 % en 2030. Il faut noter cependant que, si la fréquentation des églises diminue, les Français continuent largement de s'y rendre lors des moments importants de la vie : naissance, mariage, décès.

De la théorie à la pratique

Evolution de la pratique religieuse :

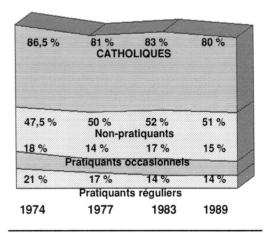

	1974	1977	1983	1989
CATHOLIQUES	86,5 %	81 %	83 %	80 %
Non-pratiquants	47,5 %	50 %	52 %	51 %
Pratiquants occasionnels	18 %	14 %	17 %	15 %
Pratiquants réguliers	21 %	17 %	14 %	14 %

Pèlerin Magazine/Sofres, mars 1989

Les caractéristiques et les modes de vie des pratiquants sont différents de ceux des personnes sans religion.

Les pratiquants réguliers sont plus âgés (47 % ont plus de 60 ans), 72 % sont des femmes et ils habitent plus fréquemment en Lorraine et dans l'Ouest. Ils croient davantage en la famille (qu'ils souhaitent idéalement composée de trois enfants), habitent plutôt des logements anciens, fument moins et suivent plus souvent que les autres un régime alimentaire.

Au contraire, ceux qui se disent sans religion sont jeunes (68 % ont moins de 40 ans), ont un niveau d'études plus élevé que la moyenne, habitent plus souvent l'agglomération parisienne et les régions méditerranéennes. Ils sont plus individualistes, moins satisfaits de leur niveau de revenu ou du fonctionnement des institutions.

On constate également que l'union libre est pratiquement inexistante chez les catholiques pratiquants réguliers âgés de 25 à 39 ans, qui sont presque tous mariés. Aux mêmes âges, 19 % des personnes sans religion vivent en union libre, 20 % sont célibataires, 52 % seulement sont mariées. Entre 40 et 59 ans, le taux de divorce est de 20 % dans ce groupe, contre 4 % chez les pratiquants réguliers.

Le nombre d'ecclésiastiques diminue.

Il y avait 41 000 ecclésiastiques en 1965. Si l'érosion se poursuit au cours des prochaines années, il n'en restera plus que la moitié en 1995. La France ne compte déjà plus que 27 000 prêtres pour 37 000 paroisses. Le nombre des ordinations, qui était de 1 000 par an en 1965, a beaucoup diminué entre 1970 et 1977 ; il s'est depuis stabilisé à une centaine. L'une des conséquences est que la population sacerdotale vieillit et qu'il lui est plus difficile d'entrer en contact avec les jeunes.

E ➤ Le denier du culte représente environ la moitié des recettes des diocèses, les offrandes et les quêtes lors des messes 40%. Le reste provient des revenus fonciers mobiliers et immobiliers, des quêtes « impérées » réalisées six fois par an par l'évêque et des contributions demandées aux familles lors des célébrations (baptêmes, mariages, funérailles).

Pour pallier ce problème d'effectifs, l'Eglise fait de plus en plus appel aux laïcs, que ce soit pour enseigner le catéchisme aux enfants (200 000 personnes sont concernées), tenir des assemblées du dimanche en l'absence de prêtres (ADAP) ou procéder à des enterrements.

La nouvelle spiritualité

Beaucoup de Français ont aujourd'hui le sentiment que l'Eglise ne s'est pas adaptée à l'époque et aux nouvelles questions qu'elle soulève. Si l'influence directe de l'Eglise diminue, la culture française reste profondément imprégnée des valeurs chrétiennes. On constate aujourd'hui une montée de plus en plus sensible de la demande spirituelle dans la population. De nouveaux rapports sont donc en train de se tisser entre l'Eglise et la société.

L'influence de l'Eglise sur les modes de vie est moins apparente.

Pour la majorité des Français, le rôle essentiel du prêtre est de dire la messe, d'aider et de réconforter les plus déshérités, favoriser la transmission des valeurs familiales, prêcher la paix et le respect des droits de l'homme, être une référence morale plutôt que le censeur des mœurs et des modes de vie. Lorsque le pape se prononce contre le divorce, la pilule ou l'avortement, les trois quarts des catholiques (et plus de la moitié des pratiquants) déclarent ne pas en tenir compte. Ils ne comprennent pas davantage le refus des préservatifs afin de lutter contre la transmission du sida, celui de la pilule abortive ou la condamnation du film de Scorsese (*la Dernière Tentation du Christ*).

Il faut rapprocher cette évolution de celle qui s'est produite sur le plan économique au cours de ces trente dernières années. La société de consommation a mis au premier plan les valeurs de satisfaction des besoins individuels, dans l'optique d'une jouissance matérielle et immédiate. Dans le même temps, l'Eglise continuait de prôner des valeurs d'altruisme, d'effort, voire de pénitence. D'un côté, la possibilité, matérielle et morale, de « profiter de la vie » ; de l'autre, la promesse d'un paradis différé, au prix du sacrifice quotidien. Les Français, comme la plupart des Occidentaux, n'ont guère hésité avant de choisir la première solution.

Après s'être séparée de l'Etat, l'Eglise tend à se démarquer de la société.

Le pouvoir et l'influence de l'Eglise, considérables jusqu'à la fin du XIXᵉ siècle, ont depuis régulièrement diminué. La disparition des liens officiels entre l'Etat et l'Eglise (1905) ne pouvait pas être sans conséquence sur le fonctionnement de la société et sur le système de valeurs adopté par les individus. En fait, la laïcisation de la société et l'émergence de l'individu remontent à la Révolution, elle-même préparée par le lent glissement spirituel qui s'était produit depuis la fin du XVIᵉ siècle et la déchirure qui a suivi la Réforme.

En même temps s'est opéré un transfert à l'Etat de la fonction d'assistance aux plus défavorisés, traditionnellement assumée par l'Eglise. Celle-ci avait donc perdu deux de ses rôles essentiels : proposer (et défendre) un système de valeurs servant de référence commune ; contribuer à l'égalisation de la société. Dès lors, son utilité apparaissait avec moins d'évidence à l'ensemble des catholiques.

Pourtant, la proportion des Français qui croient en Dieu reste stable (environ 60 %).

La crise de la religion n'est pas celle de la foi, mais celle de sa manifestation dans la vie quotidienne. Aller à la messe était autrefois une obligation à la fois religieuse et sociale ; ce n'est plus le cas aujourd'hui et la pratique religieuse n'est pas considérée comme socialement ou humainement valorisante. La religion devient une affaire personnelle, que l'on n'est plus obligé de partager avec d'autres. C'est ce qui explique que les rapports entre les individus et l'Eglise soient en train de changer.

De nouveaux courants spirituels apparaissent.

Il n'y a pas que des signes de déclin dans l'évolution récente de la religion catholique. Alors que les intégristes s'opposent de plus en plus ouvertement au Vatican, jusqu'à provoquer un schisme, de nouveaux courants spirituels naissent, tels que le Renouveau charismatique,

qui tentent d'élaborer de nouvelles façons de vivre sa foi. On assiste donc au développement d'une certaine hétérodoxie autorisant des aménagements personnels avec l'Eglise, dans le but de la rapprocher de la vie de tous les jours.

Micro-entretien

Cardinal JEAN-MARIE LUSTIGER *

G.M.- *Un quart des jeunes de moins de 18 ans se disent sans religion, alors qu'ils n'étaient que 16 % il y a quelques années. Comment l'expliquez-vous ?*

J.-M. L.- La France a subi une sorte de tremblement de terre social au cours des trente dernières années. Les Français ne s'en rendent pas toujours compte. Mais cela explique la baisse concomitante d'un certain nombre de pratiques, non seulement religieuses, mais morales, du domaine des mœurs. Cette crise qui est mise en exergue sur le plan religieux se retrouve dans toute la vie sociale. Les parents, quelle que soit leur religion, n'arrivent pas à transmettre à leurs enfants leur propre raison de vivre. Toute la société française est cisaillée par cette rupture. Le catholicisme en tant qu'élément majeur de la culture française joue un rôle positif de réinvention.

---

* Cardinal archevêque de Paris.

RFI, 22 février 1989

L'Eglise catholique devra répondre aux nouvelles questions posées par l'époque.

L'avenir de l'Eglise catholique et de ses relations avec la société dépendra sans doute pour une large part de la façon dont elle réagira aux grands défis de cette fin de millénaire. Elle devra prendre position sur les problèmes d'éthique posés par la science en matière de naissance, de vie et de mort. Elle devra réfléchir à ce que doit être le rôle des femmes à l'intérieur de la communauté religieuse (y compris dans la célébration du culte). Elle devra intensifier sa lutte pour la réduction de l'injustice entre les hommes, entre les pays.

S ➤ 62 % des Français souhaitent des funérailles religieuses, 24 % non. 49 % trouvent normal que des laïcs prennent en charge les enterrements religieux lorsqu'aucun prêtre n'est disponible, 47 % pensent que les funérailles ne peuvent se faire sans les prêtres.

Mort et religion

L'attitude des Français face à la mort est en train de changer. Si 70 % des décès sont suivis de funérailles religieuses, les obsèques civiles prennent une importance croissante. Il faut dire que les obsèques religieuses sont de plus en plus difficilement assurées, en raison du manque de prêtres. Les crémations ont augmenté en moyenne de 20 % par an pendant les années 80, mais elles ne représentent que 4 % des décès, contre 70 % en Grande-Bretagne et 99 % au Japon. 70 % des décès ont lieu aujourd'hui à l'hôpital, contre 30 % il y a une trentaine d'années. Religieux ou non, les décès coûtent cher aux familles ; les Français dépensent chaque année 15 milliards de francs pour enterrer leurs morts.

Les autres croyances

Si la religion ne répond pas aux nouveaux défis de la vie quotidienne, la science ne donne pas non plus une explication satisfaisante du monde. C'est pourquoi beaucoup de Français puisent dans l'irrationnel des éléments de réponse ou de réflexion.

Le scientisme cède peu à peu la place au mysticisme.

Les bienfaits passés de la science ne sont guère mis en doute, mais ses promesses actuelles sont loin de faire l'unanimité. Aujourd'hui, les scientifiques s'interrogent autant sur les conséquences de leur pouvoir que sur les limites de leurs connaissances ; certains n'hésitent pas à chercher dans d'autres voies. A la télévision, les émissions scientifiques sont pratiquement inexistantes, tandis que celles qui traitent des phénomènes paranormaux se multiplient. Les astrologues, voyants ou fondateurs de sectes récupèrent une partie des déçus du rationalisme. Lorsque la raison apparaît défaillante, ce sont les sentiments et l'intuition qui prennent le relais.

Les catholiques n'échappent pas à la tentation de l'irrationnel. Les affaires de sorcellerie, d'envoûtement, de possession ou de crimes rituels sont encore nombreuses en France, surtout dans les campagnes. On estime à 30 000 le nombre des sorciers, mages, désenvoûteurs,

opérant dans le pays. Chaque année, les diocèses reçoivent plusieurs milliers de demandes d'exorcisme, dont 1 000 pour la seule ville de Paris.

Les Français sont à la recherche des « religions douces ».

En même temps que les Français s'intéressent aux médecines douces, censées compléter les résultats obtenus avec la médecine traditionnelle (homéopathie, acuponcture, phytothérapie, instinctothérapie, etc.), ils se tournent vers les religions venues d'ailleurs : bouddhisme, hindouisme, etc. Les années soixante-dix ont vu également le développement des sectes, dont certaines avaient des vocations plus lucratives que religieuses. Même si l'on en parle moins aujourd'hui dans les médias, les sectes continuent de recruter, en particulier chez les jeunes.

E · 600 000 Français sont concernés par les sectes.

L'Eglise de Scientologie, la Méditation transcendantale, Ecoovie, l'Eglise de l'unification (Moon), la Nouvelle Acropole, les Témoins de Jéhovah et bien d'autres sont les plus solidement implantées en France. On compterait 200 000 adeptes des sectes et 400 000 sympathisants.

La crise des valeurs, celle de l'économie et de la religion, la proximité de l'an 2000 expliquent sans doute le besoin, ressenti par beaucoup de Français, de chercher de nouvelles attaches, de nouvelles explications du monde, de nouvelles visions de l'avenir. Dans ce contexte, l'originalité des pratiques proposées par les sectes et la vie marginale qu'elles offrent à leurs adeptes apparaissent comme d'ultimes solutions à ceux qui se sentent mal dans la société.

E ➤ Le nombre de Français convertis à l'Islam varie de 30 000 à un million selon les sources.
S ➤ 82 % des Français et 93 % des musulmans pensent qu'on peut parfaitement être intégré à la société française et pratiquer la religion musulmane en privé (11 % des Français et 4 % des musulmans ne sont pas d'accord).
S ➤ 41 % des Français pensent que l'on doit pouvoir vivre en France en respectant toutes les prescriptions de l'Islam (42 % ne sont pas d'accord).

L'Express/Soirs, octobre 1989

La fascination du paranormal

40 % des Français croient à la télépathie (54 % non), 35 % à l'explication des caractères par les signes astrologiques (60 % non), 22 % aux horoscopes et prédictions astrologiques (75 % non), 17 % aux envoûtements et à la sorcellerie (81 % non), 12 % aux tables tournantes (86 % non), 5 % aux fantômes et revenants (94 % non).

La croyance au paranormal diminue avec l'âge : 55 % des 18-24 ans, 53 % des 25-39 ans, 44 % des 40-54 ans, 37 % des 55-69 ans, 33 % au-delà. Elle est plus forte chez les femmes, chez les personnes proches des partis écologistes (69%), chez celles qui ont suivi des études supérieures de type littéraire.

Les francs-maçons sont environ 80 000 en France.

Parmi eux, 32 000 appartiennent au Grand Orient, 17 000 à la Grande Loge, 13 000 à la Grande Loge nationale française, 10 000 au Droit humain, 8 000 à la Grande Loge féminine de France. Si les hommes politiques et autres acteurs de la vie sociale sont bien représentés (une centaine de parlementaires, une dizaine de ministres), les francs-maçons se recrutent principalement dans les classes moyennes (mais leur identité est tenue secrète). La cotisation (capitation) s'élève à environ 1 800 F par an. En principe, deux réunions se tiennent chaque mois.

Le règlement maçonnique impose à chaque membre « d'aimer ses frères et de mettre en pratique en toutes circonstances la grande loi de la solidarité humaine ». Parmi les divers courants existant au sein du mouvement, l'obédience spiritualiste semble se développer davantage que la référence rationaliste, historiquement prépondérante. La maçonnerie française du Grand Orient de France avait décidé, en 1877, de retirer de ses Constitutions toute référence à Dieu, ce qui l'a éloignée des francs-maçons des autres pays.

E • 10 millions de Français utilisent les services des voyants.

Il y aurait en France environ 50 000 extralucides professionnels ; deux fois plus que de prêtres ! Télépathie, clairvoyance, précognition sont les dons revendiqués par ces voyants, marabouts, occultistes, exorcistes, radiesthésistes que les Français consultent de plus en plus fréquemment et ouvertement. Le chiffre d'affaires de la profession représenterait plus de 5 milliards de francs.

La superstition, bien ancrée dans l'esprit de beaucoup d'hommes, revient souvent lorsque le quotidien paraît fade et l'avenir bouché. Si 66 % des Français déclarent croire en Dieu, 24 % croient au diable et à l'enfer.

S • 66 % des Français croient à l'astrologie.
S • 9 sur 10 connaissent leur signe du zodiaque, 17 % leur ascendant.
E • 5 % des Français se rendent chez un astrologue au moins une fois par an.

La croyance à l'astrologie diminue régulièrement avec l'âge : 47 % chez les 18-24 ans, 21 % chez les 70 ans et plus. Elle est plus forte chez les femmes que chez les hommes. Comme la peur du diable et le goût pour l'irrationnel, l'engouement pour l'astrologie n'est pas un phénomène récent. Mais on constate aujourd'hui son institutionnalisation. La société moderne, industrielle et technologique s'accommode plutôt bien des vieilles croyances ancestrales, dont les fondements scientifiques sont d'ailleurs contredits par les découvertes récentes de l'astronomie. Avec l'astrologie, les Français ont l'impression d'être en communication directe avec le cosmos.

Depuis longtemps présente dans les journaux grand public, l'astrologie investit peu à peu les différents domaines de la vie quotidienne. Les indications demandées aux astres ne concernent plus seulement la chance au jeu ou en amour. On les consulte aujourd'hui pour prévoir les événements politiques, embaucher un cadre... ou anticiper les cours de la Bourse. Alors, superstition, science, ou simple jeu ? La France hésite. Et c'est bien normal, puisqu'elle est née, d'après les astrologues, sous le signe de la Balance...

S ➤ 49 % des Français pensent que la chance est le fruit du hasard, 37 % que c'est un signe du destin.
S ➤ 74 % des Français disent ne pas être superstitieux.
S ➤ 45 % des Français croient qu'il faut toucher du bois pour conjurer le mauvais sort (55 % non), 30 % croient que le trèfle à quatre feuilles porte chance (67 % non), 28 % qu'il faut éviter de passer sous une échelle (68 % non), 19 % qu'il faut éviter d'être treize à table (79 % non), 18 % qu'il faut éviter d'offrir un couteau pour ne pas couper une amitié, un amour (80 % non).

FEMMES

Individualisme et féminisme, même combat ●
Egalité professionnelle encore théorique ●
*Difficile recherche de l'équilibre personnel,
familial et social*

La nouvelle femme

Le XXᵉ siècle aura sans aucun doute été celui des femmes et les vingt dernières années ont été particulièrement décisives. L'image de la femme dans la société en est complètement transformée.

Le féminisme a commencé avec la Révolution, mais il s'est développé à partir du début du xxᵉ siècle.

Olympe de Gouges écrivait dans *la Déclaration des droits de la femme et de la citoyenne* : « Les femmes ont le droit de monter à l'échafaud ; elles doivent pouvoir monter à la tribune. » Elle fut guillotinée et il fallut attendre 1891 pour que le mot *féminisme* apparaisse dans le vocabulaire. Il est significatif que la première femme avocate ait été nommée en 1900 ; c'est en effet par la loi que la condition féminine allait progressivement changer.

Parmi les femmes qui ont joué un rôle essentiel dans cette évolution, il faut citer bien sûr Simone de Beauvoir. La parution, en 1949, du

Deuxième Sexe, constitue une date importante pour le féminisme, même s'il donne une image discutable de la femme dans sa dimension maternelle. Mais la reconnaissance de Marie Curie dans le domaine scientifique (deux fois prix Nobel), de Camille Claudel dans le domaine artistique, de Coco Chanel dans celui de la mode ou de Brigitte Bardot dans le cinéma auront été sans doute tout aussi importante que la lutte des féministes.

Les grandes batailles

1850 : admission des filles à l'école primaire.
1880 : admission des filles au lycée.
1907 : les femmes mariées peuvent disposer de leur salaire.
1928 : capacité juridique de la femme mariée.
1937 : garçons et filles suivent le même programme scolaire.
1944 : obtention du droit de vote (96 ans après les hommes).
1965 : suppression de la tutelle du mari.
1967 : loi Neuwirth ; légalisation de la contraception.
1970 : partage de l'autorité parentale.
1972 : principe légal de l'égalité de rémunération pour des travaux de valeur égale.
1974 : loi Veil ; légalisation de l'IVG.
1982 : remboursement de l'IVG par la Sécurité sociale.
1983 : Loi sur l'égalité professionnelle.
1985 : possibilité d'administrer conjointement les biens familiaux.

L'émergence de l'individualisme explique en partie celle du féminisme.

Le regard que l'homme et la femme portent l'un sur l'autre conditionne la façon dont ils vivent ensemble. La revendication du droit de chacun à disposer de lui-même est une tendance majeure de l'époque. Individualisme et féminisme, même combat ! A propos des femmes, il s'agit donc en fait d'un individualisme de groupe, car l'identité personnelle est indissociable de celle du sexe.

Les femmes ne se contentent plus aujourd'hui de la trilogie maison-mère-mari. Si la révolution féministe n'a pas aboli cette triple fonction, elle l'a rendue plus acceptable par un grand nombre de femmes, parce que plus librement choisie.

*La plus grande conquête
est celle de la contraception.*

Avant la disponibilité de la pilule (et sa reconnaissance légale, en 1967), la vie de la femme était rythmée par la succession des grossesses. C'est en devenant capable de maîtriser ce rythme qu'elle a pu commencer à conquérir son autonomie. Dès lors que l'on pouvait « programmer » les périodes de maternité, tout devenait possible : l'espoir d'une vie professionnelle plus riche, celui d'un rôle social différent. Sans parler de la sexualité du couple, qui prenait une nouvelle dimension.

Pour la première fois, la femme n'était plus déterminée par sa fonction de procréation. Elle devenait un être à part entière, capable de conduire sa vie hors des limites étroites que la nature (largement aidée par les hommes) lui avaient imposées.

La liberté des femmes, c'est l'égalité

*Un nouveau partage des tâches
commence à s'installer dans le couple.*

Les femmes ne pourront profiter vraiment de l'autonomie qu'elles ont conquise que si elles disposent du temps nécessaire. Cela implique de partager avec leurs maris ou compagnons le fardeau des tâches quotidiennes. Entre 1975 et 1986, les hommes ont augmenté de 11 minutes le temps qu'ils consacrent chaque jour au travail domestique, tandis que les femmes l'ont réduit

de 4 minutes. Mais la répartition des rôles est encore loin d'être égalitaire : 4 h 38 de tâches ménagères par jour en moyenne pour les femmes ; 2 h 41 pour les hommes. Ces derniers mettent un peu plus volontiers la main à la pâte (voir *Vie de couple*), même si beaucoup restent réfractaires au repassage, à la lessive ou à la couture.

Le sexe des mots

Le genre des mots repose plus sur l'usage que sur la logique. On explique par exemple que « chaise » est féminin et « fauteuil » masculin parce que la première est de plus petite taille que le second. Mais comment expliquer alors que « autoradio » soit masculin alors que les deux mots qui le composent sont féminins ? Dernier vestige de la domination masculine, le vocabulaire des métiers reste fondamentalement masculin. Marguerite Yourcenar avait réussi à franchir l'entrée (pourtant bien gardée) de l'Académie française, mais elle n'a pas eu droit au titre d'« académicienne ». De même, les femmes présentes au gouvernement sont encore appelées « Madame le ministre ».
Cette hésitation à consacrer par les mots l'entrée des femmes dans le monde professionnel au plus haut niveau n'est pas innocente. Car les mots et les usages sont encore moins facilement réversibles que les lois.

L'égalité professionnelle théorique

En accédant au travail extérieur, les femmes avaient une double ambition : s'épanouir en sortant de chez elles ; acquérir une autonomie financière. Cela leur donnait un poids nouveau à l'intérieur du foyer, ainsi que des garanties pour l'avenir. Mais la réalité n'est pas toujours aussi satisfaisante.

S ➤ Pour les Français, les principaux atouts de la féminité sont, par ordre décroissant : la possibilité d'être mère au moment choisi (48%), un meilleur épanouissement personnel (36%), le charme et la séduction (28%), la possibilité de rester jeune plus longtemps (23%), ne pas avoir à ressembler aux hommes (19%), le physique (8%), une sexualité plus libre (7%).
S ➤ 52 % des femmes actives n'accepteraient pas de gagner moins d'argent pour travailler à temps partiel (48 % oui).

La vie professionnelle commence à l'école.

Pendant longtemps, l'école n'avait été pour les femmes qu'un moyen d'acquérir un vernis suffisant pour discuter avec leur mari et ses relations de travail sans être trop en retrait des choses de la vie économique. Elles poursuivent des études aujourd'hui pour apprendre un métier.

Dans cette perspective nouvelle, les femmes deviennent de redoutables concurrentes des hommes aux examens et concours. D'autant qu'elles travaillent souvent avec plus de détermination et obtiennent de meilleurs résultats qu'eux (au bac, par exemple).

Les portes des grandes écoles, qui leur étaient pour la plupart fermées, se sont ouvertes peu à peu (entrouvertes pour certaines): on trouve environ 7 % de filles dans les promotions récentes à Polytechnique, mais 20 % à l'ENA, 30 % à HEC, 45 % à l'Ecole nationale de la magistrature.

L'égalité professionnelle reste théorique :
• Les femmes représentent 28 %
des effectifs de la formation continue,
mais 44 % de la population active ;
• Le taux de chômage des femmes est
supérieur de moitié à celui des hommes ;
• Les deux tiers des chômeurs de longue
durée sont des femmes.

Il faudrait ajouter à cette liste l'inégalité des salaires versés, à poste égal, aux hommes et aux femmes ou le fait que certains métiers restent difficilement accessibles aux femmes dans la réalité. Bien qu'officiellement reconnue, l'égalité des sexes vis-à-vis du travail se heurte encore à de nombreux obstacles dans la réalité quotidienne.

Mais toutes ces réserves ne doivent pas faire oublier le chemin parcouru au cours de ces vingt dernières années. On constate une réduction des écarts de salaires depuis une vingtaine d'années : en 1979, les hommes gagnaient en moyenne 47 % de plus que les femmes ; l'écart est d'environ 30 % en 1990. La loi sur l'égalité professionnelle de juin 1983, l'adoption en juillet 1982 du statut des femmes d'artisans et de commerçants (améliorant leurs conditions de retraite) ont constitué des étapes essentielles.

Le sexe des professions

• Les femmes sont plus nombreuses que les hommes dans certains domaines d'activité professionnelle :
1 527 000 employées de la fonction publique pour 420 000 hommes ;
• 1 813 000 employées administratives d'entreprises privées pour 389 000 employés ;
• 724 000 employées de commerce pour 179 000 employés ;
• 524 000 institutrices pour 314 000 instituteurs ;
• 560 000 femmes exerçant des professions intermédiaires de la santé et du travail social pour 180 000 hommes.
• Elles sont en revanche moins nombreuses dans des postes plus qualifiés :
• 51 000 femmes ingénieurs et cadres techniques pour 466 000 hommes ;
• 20 000 femmes chefs d'entreprise de plus de dix salariés pour 101 000 hommes ;
• 85 000 techniciennes pour 699 000 hommes ;
• 40 000 femmes contremaîtres ou agents de maîtrise pour 538 000 hommes.
• Parmi les 3 millions de personnes qui occupent des emplois salariés non stables (contrats à durée déterminée, intérim) ou à temps partiel, les trois quarts sont des femmes.

Les femmes au pouvoir

L'indicateur essentiel de l'importance sociale de la femme fut pendant longtemps sa contribution démographique. Elle se mesure aujourd'hui à beaucoup d'autres éléments.

S ➤ 69 % des hommes préféreraient une femme intelligente, 24 % belle. 72 % la préféreraient femme au foyer, 18 % superwoman. 68 % la préféreraient bonne cuisinière, 23 % intellectuelle.
S ➤ Si elles avaient le choix, 80 % des femmes préféreraient avoir une activité professionnelle (17 % non). 27 % préféreraient travailler à temps partiel et gagner moins (68 % non).
S ➤ Si elles avaient le choix, 80 % des femmes préféreraient avoir une activité professionnelle (17 % non).
S ➤ 27 % des femmes préféreraient gagner moins et travailler à temps partiel (68 % non).
S ➤ 36 % des femmes déclarent avoir été l'objet d'avances ou de sollicitations d'ordre sexuel au cours de leur vie professionnelle, de la part d'un supérieur hiérarchique. Dans 56 % des cas, les propositions étaient assorties de promesses d'engagement ou d'avancement.

Les femmes restent largement minoritaires dans les postes de responsabilité, mais elles rattrapent peu à peu leur retard.

Sur les 3 millions de cadres, 28 % seulement sont des femmes (21,6 % en 1975). Mais, sur 100 postes nouveaux de cadres, 46 sont occupés par une femme (55 postes de cadres moyens, 42 postes de cadres supérieurs). L'accroissement du nombre de femmes cadres devrait se poursuivre à l'avenir. On estime que 80 % des jeunes femmes diplômées de l'enseignement supérieur deviendront des cadres, contre 78 % des hommes. Mais seulement 20 % deviendraient cadres supérieurs, contre 28 % des hommes et 4 % seraient ingénieurs, contre 12 % des hommes.

Les grandes premières

1861 : Julie Daubié, première bachelière.
1900 : Jeanne Chauvin, première avocate.
1932 : Suzanne Borel, première femme conseiller d'ambassade.
1936 : Cécile Brunschwig, Suzanne Lacore, Irène Joliot-Curie, premières femmes sous-secrétaires d'Etat.
1947 : Germaine Poinso-Chapuis première femme ministre.
1967 : Marcelle Campana, première femme consul général (première femme ambassadrice en 1972).
1973 : Jacqueline de Romilly, première femme professeur au Collège de France.
1974 : Françoise Chandernagor, première femme au Conseil d'Etat.
1975 : Arlette Laguiller, première candidate à l'élection présidentielle.
1976 : Valérie André, première femme général.
1980 : Marguerite Yourcenar, première académicienne.
1981 : Yvette Chassagne, première femme préfet.

Les femmes ont commencé à faire leur entrée en politique.

Le bruit court depuis environ 2 000 ans que ce sont les femmes qui, contre toute apparence, détiennent le pouvoir. Les hommes, officiellement en charge des responsabilités suprêmes prendraient leurs décisions à partir des conseils subtilement prodigués par leurs épouses ou maîtresses. La « politique de l'oreiller » peut être vue comme une réalité ou comme un mythe,

entretenu par l'homme pour maintenir chez elles les femmes qui auraient pu avoir l'idée d'en sortir.

La conséquence est qu'il a fallu attendre 1947 en France pour qu'une femme devienne ministre, vingt-six ans après la Grande-Bretagne. Entre 1936 et 1986, 26 postes de secrétaires d'Etat et 14 ministères seulement ont été confiés à des femmes. Pendant près de 30 ans (de 1947 à 1974), les différents gouvernements n'ont compté aucune femme ministre.

Femmes politiques

Les 1986 femmes élues maires ne représentent que 5,4 % de l'ensemble des maires de France et 3,5 % dans les communes de plus de 30 000 habitants (8 élues). Les départements comptant la plus forte proportion de femmes maires sont, par ordre décroissant : la Corse du Nord (12,7%), les Yvelines (11%), le Val-d'Oise (8,6%), les Hauts-de-Seine et la Nièvre (8,3%). Les plus faibles sont le Vaucluse et le Haut-Rhin (1,3%), le Bas-Rhin (1,5%) et la Moselle (2,1%).
La proportion de femmes dans les conseils municipaux est de 17,1%; le taux croît avec la taille des communes. Les conseils généraux de la région parisienne sont les plus féminisés (entre 21 et 28%), à l'exception du conseil de Paris, qui ne compte que 18 % de femmes.
La proportion de femmes à l'Assemblée nationale est de 5,7 % (6,9 % en 1945). Les plus nombreuses appartiennent au RPR (8%), devant le PS (6%). Le Sénat ne compte que 10 femmes (5 PC, 4 RPR et une PS). Enfin, 20 % des députés européens français sont des femmes (16 sur 81).

ROCHAS

FEMME. TRÈS FEMME.

L'activité n'exclut pas la féminité

Le difficile équilibre

La nouvelle image de la femme est parfois éloignée de la réalité. Ni femmes-objets, ni « superwomen », beaucoup de femmes cherchent encore l'équilibre entre leur vie personnelle, familiale et professionnelle.

Le modèle de la « superwoman » ne convient pas à toutes les femmes.

Les héroïnes de la lutte contre les monopoles du sexe opposé sont un peu fatiguées. Un certain nombre d'entre elles, qui veulent tout réussir en même temps, à l'image de celles complaisamment décrites par les médias, se rendent compte des difficultés et se demandent si le prix à payer n'est pas trop élevé. Après avoir goûté à la vie professionnelle, certaines préfèrent encore être femmes au foyer. D'autres s'inquiètent de la passivité affichée par les hommes, finalement satisfaits de partager leurs responsabilités et leurs soucis avec leurs compagnes.

En conquérant le droit à l'égalité, les femmes ne veulent pas perdre leur droit à la différence.

Il en est du féminisme comme de tous les mouvements de fond qui transforment la société. Pour être efficaces, ils doivent souvent se donner une forme extrémiste. La difficulté est, dès que les résultats ont été obtenus, de revenir à des positions moins offensives.

La contrepartie des victoires féminines de ces dernières décennies est la crainte d'avoir été trop loin dans le souci d'égalité et de perdre dans les rapports quotidiens la spécificité (et donc la complémentarité) des deux sexes. Des femmes qui ont « investi » dans leur vie professionnelle se retrouvent PDG mais célibataires. Certaines, à force de vouloir ressembler aux hommes, ont fini par les éloigner d'elles.

Les femmes se battent moins pour l'égalité que pour un compromis acceptable au sein du couple.

Le balancier du féminisme semble amorcer aujourd'hui un mouvement de sens contraire. La femme fatale, bannie par les féministes des années soixante-dix, refait son apparition au cinéma et dans la publicité. Les magazines redécouvrent la femme traditionnelle, qui n'a jamais cessé d'être majoritaire dans le pays.

Quant aux hommes, beaucoup sont encore sous le coup des profondes mutations qui se sont déroulées sous leurs yeux. Occupés à reconnaître une nouvelle identité à la femme, ils ne se sont pas rendu compte qu'ils risquaient de perdre la leur. Pris entre le souci de rester virils et celui d'être modernes, eux non plus n'ont pas encore réussi à trouver le bon équilibre.

S ➤ 52 % des Français considèrent que les responsabilités des femmes dans la vie politique ne sont pas assez importantes« , 4 % qu'elles sont trop importantes, 41 % qu'elles sont "comme il faut.
S ➤ 80 % des électeurs voteraient indifféremment pour un homme ou une femme aux élections législatives ou municipales, 71 % aux présidentielles.
S ➤ 56 % des femmes actives rêvent souvent ou parfois de s'arrêter de travailler (40 % jamais).
➤ Jean-Jacques Rousseau écrivait en 1762 dans l'*Emile* : « Toute l'éducation des femmes doit être relative aux hommes ; les filles n'ont aucun goût pour la lecture ni l'écriture ».
➤ En 1801, un projet de loi prévoyait d'interdire au femmes d'apprendre à lire.
➤ Le monde compte trois reines en exercice : Margrethe au Danemark, Elisabeth II en Grande-Bretagne, Béatrix d'Orange-Nassau aux Pays-Bas. Trois pays ont une présidente de la République : Islande (Vigdis Fingbogatottir); Malte (Agatha Barbara) ; Philippines (Corazon Aquino). Cinq pays ont une femme Premier ministre : Dominique (Mary-Eugénie Charles) ; Norvège (Gro Harlem Brundtland); Royaume-Uni (Margaret Thatcher); Saint-Marin (Maria Angelini); Yougoslavie (Milka Planinc).

FAMILLE

LE BAROMÈTRE DE LA FAMILLE

Les pourcentages indiqués représentent les réponses positives aux affirmations proposées.

« La famille est le seul endroit
où l'on se sente bien et détendu » (en %) :

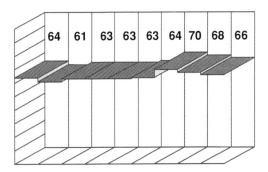

1981 82 83 84 85 86 87 88 89

CREDOC

« On ne devrait plus se marier » (en %) :

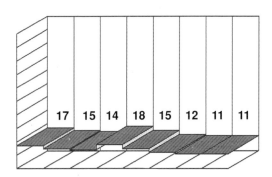

1982 83 84 85 86 87 88 89

Agoramétrie

« Il faut faire un gros effort
pour encourager la natalité » (en %) :

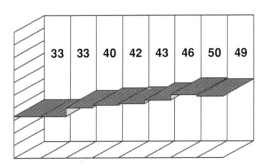

1982 83 84 85 86 87 88 89

Agoramétrie

« Il faut adhérer aux associations
de défense du consommateur » (en %) :

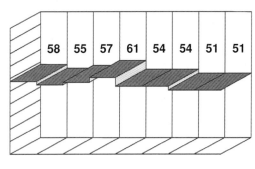

1982 83 84 85 86 87 88 89

Agoramétrie

LE COUPLE

MARIAGE

Reprise après 15 ans de baisse ● Un mariage sur dix concerne au moins un époux étranger ● Le taux de célibat pourrait atteindre 45 % à l'âge de 50 ans ● Couples : être heureux ensemble et séparément ● Pressions sociales et religieuses moins fortes que par le passé ● Age moyen au mariage en hausse ● Homogamie et endogamie toujours fortes

Le retournement ?

La baisse du nombre des mariages a été ininterrompue en France pendant quinze ans, entre 1973 et 1987. Elle a été enrayée en 1988 et, de façon encore plus nette, en 1989. Il pourrait s'agir d'un renversement de tendance, dans la mesure où on assiste en même temps à un changement des mentalités vis-à-vis du mariage. On constate d'ailleurs un phénomène semblable dans d'autres pays d'Europe.

Entre 1973 et 1987, le nombre de mariages avait diminué de 150 000.

Le nombre maximum de mariages (417 000) avait été atteint en 1972. Il a ensuite diminué de façon continue, alors que le nombre de personnes en âge de se marier augmentait. Le taux de mariages avait donc chuté dans des proportions importantes : 4,8 pour 1 000 habitants en 1987 contre 8,1 en 1972.

Il faut cependant ramener cette spectaculaire diminution à ses proportions véritables. On peut considérer en effet que le nombre des mariages avait anormalement augmenté entre 1968 et 1972, sous l'influence de trois phénomènes :
• L'arrivée à l'âge du mariage des générations nombreuses de l'après-guerre, issues de ce qu'on a appelé le « baby boom » ;
• L'accroissement des conceptions prénuptiales à une époque où la liberté sexuelle ne s'était pas encore accompagnée d'une large diffusion des moyens de contraception ;
• L'existence de pressions sociales fortes à l'encontre des naissances hors mariage.

Il faut enfin préciser que l'âge moyen au mariage a augmenté pendant cette période, alors qu'il avait diminué entre 1950 et le milieu des années soixante-dix. Ce décalage dans le temps a eu évidemment pour effet de diminuer le nombre des mariages célébrés pendant cette période. Pour ces raisons, les années 1950 à 1970 apparaissent comme des années de transition.

Le nombre des mariages s'est stabilisé en 1987. Il a augmenté en 1988 et 1989.

On avait déjà enregistré en 1987 presque autant de mariages qu'en 1986. Leur nombre s'est accru de 2,2 % en 1988, mais une partie de cet accroissement pouvait s'expliquer par le fait qu'il s'agissait d'une année bissextile. La tendance a été confirmée en 1989, avec 281 000 mariages, soit une augmentation de 3,6 %.

L'augmentation constatée (alors que la population en âge de se marier est restée stable) est due principalement à une reprise des unions chez les femmes d'âge mûr, alors que la nuptialité continue de baisser chez les très jeunes femmes. Le nombre des remariages a également augmenté, et leur part (bien qu'en diminution)

30 ans de mariages

Evolution du nombre de mariages annuel (en milliers) :

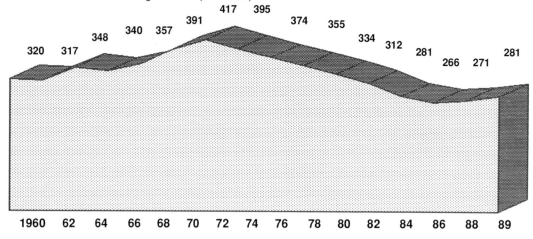

représente 16 % du nombre total de mariages, contre 12 % en 1980.

Un mariage sur dix concerne au moins un époux étranger

Le nombre des mariages mixtes, unissant un époux français et un étranger, est un peu supérieur à 20 000 par an, et représente environ 8 % du nombre total, contre 5,3 % en 1975. Cette augmentation s'explique à la fois par celle du nombre des étrangers vivant en France et par leur attitude plus favorables au mariage. Le nombre de mariages unissant deux époux étrangers est stable depuis six ans, autour de 7 000 par an, soit 2,5 % de l'ensemble. Au total, un mariage sur dix comporte au moins un époux étranger. Les nationalités les plus représentées sont par ordre décroissant : les Portugais, les Espagnols, les Algériens, les Italiens, les Allemands.

La proportion de célibataires s'est considérablement accrue.

Depuis 1972, l'affaissement du nombre des mariages n'a pas été compensé par l'explosion du nombre de couples vivant en cohabitation. Aujourd'hui, 89 % des hommes et 72 % des femmes âgés de 20 à 24 ans sont de « vrais »

célibataires, c'est-à-dire non-mariés, non concubins et ne vivant pas en couple chez leurs parents. Ils sont encore respectivement 48 % et 32 % entre 25 et 29 ans, 22 % et 16 % entre 30 et 34 ans, 13 % et 9 % entre 35 et 39 ans.

Le taux de célibat pourrait atteindre 45 % à l'âge de 50 ans.

Chez les hommes, les taux de célibat les plus élevés se rencontrent dans les catégories modestes. On constate la tendance contraire chez les femmes : ce sont les femmes diplômées qui se marient le moins. Parmi les femmes âgées de 40 à 50 ans, 19 % de celles qui détiennent un diplôme d'études supérieures étaient toujours célibataires à 35 ans, contre 5 % de celles qui sont titulaires du seul certificat d'études. A niveau scolaire égal, les femmes issues d'un milieu aisé se marient moins que celles qui ont été élevées dans un milieu modeste.

Si les Français continuaient d'avoir les même taux de mariage à tous les âges, la proportion d'adultes célibataires (au sens légal du terme) serait de l'ordre de 45 % à l'âge de 50 ans. Les chiffres comparables pour les hommes et les femmes nés entre 1925 et 1930 étaient inférieurs à 10 %. Cela signifie que près de la moitié des hommes et des femmes des prochaines générations vivraient en dehors du cadre du mariage, contre 29 % en 1980.

La plupart des pays développés ont enregistré une forte baisse du nombre des mariages.

Les pays scandinaves, la Grande-Bretagne et la RFA ont connu avant la France des mouvements démographiques de grande ampleur, qui concernent à la fois la diminution du nombre des mariages, celle des naissances ou l'apparition de nouvelles formes de la vie en couple. Aux Etats-Unis, le pourcentage d'hommes célibataires âgés de 30 à 34 ans a plus que doublé depuis 1970 : 23,1 % contre 9,4 %. Chez les jeunes femmes de 20 à 24 ans, la proportion atteint 61 %, contre 36 % en 1970.

La réhabilitation du mariage devrait se poursuivre.

Cet accroissement pourrait être le début d'un véritable retournement de tendance dans la mesure où on observe depuis plusieurs années des mouvements similaires dans d'autres pays d'Europe du Nord : 1983 au Danemark, 1984 en Suède (la baisse avait été plus forte et plus précoce en Scandinavie qu'en France), 1986 au Royaume-Uni.

Venise

Le mariage de retour ?

La nuptialité dans le monde

Nombre de mariages pour 1 000 habitants, en 1987 :

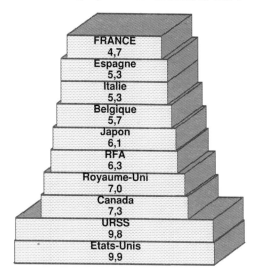

Eurostat

L'observation des mentalités conduit également à penser que ce renversement pourrait être durable. La tendance actuelle à un certain conservatisme pourrait faire renaître des attitudes sociales favorables au mariage. Le balancier féministe est revenu à une position plus centrale, de sorte que les femmes ont moins peur des risques d'« aliénation » liés à l'institution. Enfin, il semble que les jeunes soient en passe de retrouver le goût d'une union plus traditionnelle et surtout plus stable que l'union libre.

S ➤ Par rapport à l'époque de leur mariage, 34 % des femmes s'estiment plutôt déçues par leur conjoint (65 % non). Mais 89 % épouseraient le même homme si elles pouvaient recommencer leur vie (23 % seulement de celles qui se disent déçues).
S ➤ Les principales raisons qui ont conduit les Français à se marier sont : la volonté de sceller leur amour (68 %) ; le désir d'avoir des enfants (33 %) ; le respect des traditions (24 %) ; le souhait d'officialiser leur relation (23 %) ; la possibilité de se faciliter la vie (avantages fiscaux, logement..., 7 %) ; faire plaisir aux parents (5 %).

Heureux ensemble...
et séparément

Le mariage n'a pas échappé à la désaffection dont souffrent les institutions en général : Etat, syndicats, Eglise, école, administrations, partis politiques, etc. Si les candidats au mariage se sont faits moins nombreux, ce n'est pas parce que celui-ci était démodé ; c'est peut-être au contraire parce qu'on attendait plus de lui que par le passé.

Plus qu'une formalité imposée par le contexte social ou familial, le mariage devient une décision personnelle que l'on prend après mûre réflexion.

L'espérance de vie d'un couple
est de 50 ans, contre 17 ans au XVIIIe siècle et
38 ans en 1940.

Les couples qui se marient aujourd'hui s'engagent en moyenne pour un demi-siècle de vie commune : 55,5 ans pour les femmes et 45,3 ans pour les hommes, compte tenu de l'allongement considérable de la durée de vie et de l'âge moyen au mariage ! Cette perspective fait sans doute reculer beaucoup de jeunes au moment de prendre la grande décision. Cet engagement à très long terme leur apparaît difficile à assumer dans un contexte où dominent le changement et le souci de liberté. Cela explique aussi la plus grande mobilité conjugale que l'on observe actuellement.

Les partenaires veulent être heureux
ensemble, mais aussi individuellement.

La montée de l'individualisme ne pouvait être sans conséquences sur les relations au sein du couple. Chacun des époux veut aujourd'hui s'épanouir sans contrainte, vivre à deux sans abdiquer sa vie personnelle. Cette aspiration à plus de liberté ne s'accompagne pas d'un recul de la vie affective. Au contraire, l'amour et la tendresse sont des revendications très fortes, plus peut-être que par le passé.

Montaigne affirmait en son temps : « Un bon mariage, s'il en est, refuse la compagnie et condition de l'amour. » L'attitude actuelle est différente ; on ne se marie pas si on ne s'aime pas, mais on n'est pas obligé de se marier si on s'aime.

Rencontres : le hasard
moins que la nécessité

16 % des couples mariés se sont rencontrés dans un bal, 13 % dans un lieu public, 12 % au travail, 9 % chez des particuliers, 8 % dans des associations, 8 % pendant leurs études, 7 % au cours d'une fête entre amis, 5 % à l'occasion d'une sortie ou d'un spectacle, 5 % sur un lieu de vacances, 4 % dans une discothèque, 3 % par connaissance ancienne ou relation de voisinage, 3 % dans une fête publique, 1 % par l'intermédiaire d'une annonce ou d'une agence.

Les moyens de rencontre varient selon les milieux sociaux : 37 % des agriculteurs ont rencontré leur future épouse au cours d'un bal ou d'une autre situation liée à la danse. C'est le cas de 29 % des commerçants, 18 % des employés, 14 % des cadres, 12 % des professeurs.

On constate depuis une trentaine d'années une nette diminution de l'importance des bals publics, des rencontres de voisinage et des fêtes familiales. Les clubs de vacances, les rencontres entre amis, les discothèques, cafés et autres lieux publics jouent par contre un rôle croissant, tandis que celui des lieux de travail et d'études reste stable, malgré l'allongement de la scolarité et la réduction du temps de travail.

Contrairement à ce qu'on pourrait imaginer, les Français se marient très peu par l'intermédiaire des agences matrimoniales, des petites annonces ou des messageries du Minitel (moins de 1 % des rencontres ayant donné lieu à un mariage).

Il faut préciser enfin que le « rendement matrimonial » des divers moyens de rencontres est très variable : si les fêtes de famille sont des événements beaucoup plus rares que les bals ou les soirées entre amis, elles se traduisent proportionnellement plus souvent par une union. D'une manière générale, il apparaît que les rencontres ne se forment pas au hasard ; les flèches de Cupidon ne tombent jamais bien loin...

L'évolution de la mentalité féminine
a joué un rôle important
dans la redéfinition du mariage.

Pendant des siècles, les femmes s'étaient contentées de leur condition de mère et d'épouse, vivant une vie sociale par procuration. Aujourd'hui, plus d'une sur trois est active. Les femmes ont donc moins de temps, mais aussi moins de goût pour les tâches domestiques.

Les jeunes, surtout, ont d'autres ambitions dans la vie que d'être une parfaite femme au

Michel Bozon, François Héran, INED

foyer. Beaucoup sont convaincues que l'égalité des sexes est plus facilement respectée dans le cadre de l'union libre que dans celui du mariage, dans lequel l'épouse a traditionnellement un rôle second. Durkheim affirmait déjà il y a un siècle que « la société conjugale, désastreuse pour la femme, est au contraire bénéfique pour l'homme ».

L'accès à la vie professionnelle n'a pas donné aux femmes que le goût de l'indépendance. Il leur a donné aussi les moyens financiers de l'assumer. Cela explique en partie l'accroissement du nombre des divorces ; c'est en effet la femme qui, dans la majorité des cas, est à l'origine de la décision de divorcer.

Micro-entretien

EMMANUEL TODD *

G.M. - *Quelle est la principale cause de la diminution des mariages ?*

E.T. - Le mariage est une institution qui a pour but de protéger les femmes et les enfants. Il était parfaitement adapté à une époque où les femmes ne travaillaient pas. A partir du moment où elles sont, comme les hommes, salariées, et où les deux membres du couple disposent d'une capacité de survie autonome, la nécessité d'un encadrement légal ne se fait plus sentir. On revient donc à une conception consensuelle de l'union, gérée par l'environnement. Les gens vivent ensemble et font des enfants sans se marier. Mais nous entrons dans un nouveau système où l'enfant de parents non mariés, mais reconnu par eux, se généralise.

* Historien, auteur notamment de l'*Invention de l'Europe* (Seuil).

Les pressions sociales et religieuses sont beaucoup moins fortes que par le passé.

Beaucoup de mariages ont été, pendant des siècles, la conséquence des très fortes pressions que la société et l'Eglise exerçaient sur les futurs époux. Point de vie en couple (au moins officielle) et point d'enfant en dehors du mariage ; plutôt être malheureux ensemble que divorcer !

Depuis vingt ans, les pressions sociales se sont considérablement relâchées. Le mariage n'est plus considéré comme la seule façon acceptable de vivre en couple et de fonder un foyer. En 1976, 62 % des Français condamnaient ou trouvaient choquante l'union libre ; ils ne sont plus que 35 % aujourd'hui. On constate également une tolérance croissante à l'égard des naissances survenant hors mariage, du divorce, des familles monoparentales ou des couples qui décident de ne pas avoir d'enfants.

Ce relâchement des pressions sociales s'est en outre accompagné d'incitations de nature fiscale. Initialement destinées à aider les mères célibataires, les mesures en faveur des personnes non mariées (en particulier la prise en compte pour une part entière des enfants à charge) ont abouti à favoriser les couples non mariés. A tel point que certains couples mariés ont pu, en divorçant, réaliser un véritable investissement, qui leur rapporte chaque année des intérêts substantiels...

Le mariage aujourd'hui

Les pratiques actuelles en matière de mariage sont caractérisées à la fois par des changements importants dans les motivations et un respect des traditions dans la forme. Les Français se marient moins par intérêt ou par conformisme et se rendent plus volontiers à la mairie qu'à l'église. La proximité sociale et géographique des conjoints reste cependant très forte. De même que leur volonté de faire du mariage une véritable fête.

S ➤ 69 % des Français pensent que la fidélité du couple renforce le sentiment amoureux, 8 % qu'elle le banalise, 13 % qu'elle n'a pas d'influence.
S ➤ En dehors de l'aspect physique, les qualités que les femmes attendent en priorité d'un homme sont, par ordre décroissant : qu'il participe à l'éducation des enfants, qu'il respecte leur indépendance, qu'il ait les mêmes idées qu'elle, qu'il les fasse rire, qu'il partage les tâches ménagères, qu'il soit galant, qu'il leur fasse bien l'amour, qu'il gagne bien sa vie.
S ➤ Pour 89 % des femmes, l'homme idéal doit être bricoleur (pour 10 % non). Pour 68 %, il doit aimer sortir souvent (restaurant, théâtre, cinéma...,) (pour 30 % non). Pour 48 %, il doit s'occuper de toutes les affaires financières du couple (pour 30 % non). Pour 28 % il doit vouloir beaucoup d'enfants (pour 66 % non).

*L'âge moyen au mariage augmente
régulièrement :*
* *27,2 ans pour les hommes (24,3 en 1973) ;*
* *25,2 ans pour les femmes (22,4 en 1973).*

Après avoir baissé de deux ans en deux siècles, l'âge moyen au premier mariage a augmenté d'autant depuis 1980, de sorte qu'on se marie aujourd'hui au même âge qu'au XVIIIe siècle. Les femmes (plus mûres ou plus pressées ?) se marient en moyenne deux ans plus tôt que les hommes. A 18 ans, 10 % d'entre elles sont mariées, contre 1 % seulement des hommes ; Les trois quarts des mariages ont lieu entre des conjoints âgés de 20 à 30 ans.

L'accroissement de l'âge moyen au mariage s'explique par la durée plus longue des études et le fait que les jeunes restent plus longtemps chez leurs parents, pour des raisons souvent de facilité économique. En outre, le mariage se produit de plus en plus souvent après une période de cohabitation : plus de la moitié des nouveaux époux d'une année ont vécu sous le même toit avant le mariage.

Les catégories sociales ne se mélangent guère.

Qui se ressemble s'assemble. Le vieux dicton n'a rien perdu de son actualité. L'*homogamie*, qui désigne la propension des individus à se marier avec une personne issue d'un milieu social identique ou proche, reste à un niveau

Danse avec moi

KRITER
Brut de Brut

KRITER

Les couples ne se forment pas au hasard

élevé. Ainsi, la moitié des filles de cadres mariées entre 1970 et 1974 ont épousé un homme qui était cadre en 1982. Plus de la moitié des filles d'ouvriers sont restées en milieu ouvrier et moins de 6 % vivent avec un cadre.

Les enquêtes montrent que les individus issus des milieux modestes ont d'autant plus de chances d'épouser une personne issue d'un milieu plus élevé qu'ils sont plus diplômés et qu'ils ont moins de frères et sœurs.

Le prince se marie rarement avec la bergère...

Le « coefficient d'homogamie » est par exemple de 10,1 pour les professions libérales. Cela signifie que le nombre de couples dans lesquels le mari et le père de la femme exercent tous deux une profession libérale est 10,1 fois plus grand que si les couples se formaient purement par hasard. Le coefficient est de 9 pour les gros commerçants, de 8,4 pour les industriels, de 5,9 pour les professeurs. Il est de 11,6 pour les artistes et... de 20,7 pour les mineurs de fond.

Les catégories sociales les plus fermées sont les non salariées : professions libérales, gros commerçants, industriels, artistes, agriculteurs. Certaines catégories sont plus ouvertes ; les enfants de techniciens, employés de bureau ou de commerce épousent plus souvent des représentant(e)s d'autres catégories. Le désir d'évolution sociale est plus ou moins fort selon les catégories. Les fils de contremaîtres épousent plutôt des filles d'entrepreneurs ou de commerçants que celles de contremaîtres ou d'ouvriers. Les fils de cadres moyens épousent des filles de cadres supérieurs, tandis que les jeunes cadres supérieurs trouvent un charme particulier aux filles des membres des professions libérales. Il semble cependant que les interdits familiaux ou sociaux soient en régression : se marier avec quelqu'un de la même race n'apparaît souhaitable qu'à un Français sur deux, du même pays à un Français sur cinq, du même milieu social à un Français sur trois.

Les conjoints sont moins souvent issus de la même région et du même type de commune.

L'*endogamie*, propension à se marier entre personnes de la même aire géographique, est encore répandue. Sur 100 couples dont le mari est né dans une commune de moins de 5 000 habitants, 53 épouses sont nées dans la même catégorie de commune. Le taux est de 34 % dans les communes de 5 000 à 50 000 habitants, 45 % dans les communes de 50 000 à 200 000 habitants, 55 % dans les communes de plus de 200 000 habitants (45 % en 1959), 50 % dans l'agglomération parisienne.

On constate cependant une baisse de ce phénomène, que l'on compare les lieux de naissance des conjoints ou leurs domiciles respectifs avant le mariage. Ainsi, entre 1914 et 1959, les deux conjoints étaient originaires de la même commune dans près d'un couple sur cinq ; c'était le cas seulement d'un couple sur sept entre 1959 et 1983.

60 % des couples se marient à l'église, contre 78 % en 1965.

Le mariage civil était autrefois indissociable du mariage religieux. Aujourd'hui, les Français sont de moins en moins nombreux à se marier à l'église. A l'instar des autres sacrements, celui-ci n'est plus considéré comme indispensable par les jeunes couples, ni par leurs parents. On se marie plus facilement devant les hommes que devant Dieu, comme si l'on hésitait à donner à cette union un caractère solennel et définitif.

La contrepartie de cette évolution est que ceux qui se marient à l'église le font au terme d'une démarche plus réfléchie, plus personnelle que par le passé. La cérémonie religieuse prend alors pour eux un sens plus profond.

Le mariage redevient une fête.

Après une période pendant laquelle on se mariait dans la simplicité et dans l'intimité, on constate aujourd'hui une tendance à un mariage plus traditionnel. La plupart des fournisseurs concernés par le mariage (fabricants de vêtements spécialisés, traiteurs, coiffeurs, fleuristes, etc.) constatent un retour à la tradition : les robes de mariée blanches, longues et sages, les voiles de dentelle et les couronnes d'oranger reviennent en force, et les grands couturiers les remettent dans leurs collections. Les repas de mariage sont l'occasion de fêtes et de rencontres avec des membres souvent éparpillés de la famille.

Les saisons du mariage

On se marie le plus souvent en été (de juin à septembre, avec une pointe en juin) sauf chez les agriculteurs, occupés par les travaux des champs. Le mois d'avril attire moins les couples que par le passé. Les interdits et coutumes d'origine religieuse font que l'on choisit moins fréquemment la période de Carême, entre Mardi gras et Pâques (« noce de mai, noce de mort » , « mois des fleurs, mois des pleurs »), ou en novembre (mois des morts). L'interdit de l'Avent (de fin novembre à Noël) n'est guère respecté.
Les trois quarts des mariages continuent d'être célébrés le samedi, un sur dix le vendredi (un sur deux pour les cadres). Les artisans et commerçants se marient plus souvent le lundi, jour de fermeture de beaucoup de commerces.

Philippe Besnard, CNRS

VIE DE COUPLE

La cohabitation banalisée et durable ● Les femmes favorables à l'union libre ● Couples plus égalitaire, mais répartition des tâches spécialisée ● Fin du monopole financier de l'homme ● Sexualité mieux partagée, mais le sexe ne fait pas toujours le bonheur

---

La cohabitation banalisée

Apparue vers le milieu des années 70, la pratique de la cohabitation s'est depuis largement développée, jusqu'à représenter un véritable phénomène de société (elle s'est même étendue, en 1986, à la vie politique !). Aujourd'hui, environ 60 % des couples qui se marient ont vécu ensemble avant le mariage ; ils n'étaient que 8 % pendant la période 1960-1969.

Le « mariage à l'essai »
dure de plus en plus longtemps.

La réaction de méfiance vis-à-vis du mariage se traduisit par le développement d'une forme de vie à deux relativement nouvelle qu'on appela concubinage puis cohabitation. Avant d'officialiser leur union, les jeunes préféraient vivre ensemble pendant quelque temps, pour tester en vraie grandeur les avantages et les inconvénients de la vie à deux. Cette vie commune prénuptiale se substituait en fait à la période traditionnelle des fiançailles. Mais la perspective de l'arrivée d'un enfant constituait alors une forte incitation au mariage.

Si elle n'avait été qu'une période transitoire, la diminution des mariages liée à cette pratique nouvelle aurait dû se stabiliser après quelques années. On assista au contraire à une nouvelle baisse ; l'essai était de moins en moins souvent « transformé ».

Un à deux millions de couples
vivent en union libre.
Leur nombre a été multiplié par quatre
en vingt ans.

300 000 couples déclaraient vivre en union libre en 1968. Leur nombre atteignait un million lors du recensement de 1982. Bien qu'il soit difficile à définir, on estime aujourd'hui entre un et deux millions le nombre de couples non mariés : jeunes couples passant une partie de la semaine ensemble dans le logement des parents de l'un d'entre deux ; couples de divorcés, etc. 40 % seulement des couples non mariés sont formés de deux célibataires sans enfant. Les autres comportent des enfants ou l'un des deux conjoints a déjà été marié.

Plus qu'une période d'observation réciproque des futurs époux, l'union libre est devenue pour beaucoup de jeunes un véritable choix de vie, comme en témoigne l'évolution du nombre des naissances hors mariage (une sur quatre). Les avantages essentiels de la cohabitation sont liés à l'absence de contrainte : pas de papiers à remplir, pas de serment à prononcer, pas de divorce à demander en cas de séparation...

S ➤ Pour 51 % des femmes, l'homme avec qui elles vivent manque plutôt de romantisme (40 % satisfaites), pour 43 % de temps à leur consacrer (53 % satisfaites), pour 22 % d'humour (69 % satisfaites), pour 10 % de caractère (74 % satisfaites), pour 7 % de faire l'amour avec elles (72 % satisfaites).
S ➤ 88 % des Français se disent fidèles à la personne avec laquelle ils vivent, 3 % non. 47 % pensent que la fidélité en amour est quelque chose d'actuel, 40 % une chose à redécouvrir, 7 % une chose démodée.
S ➤ 33 % des femmes de 18 ans et plus utilisent la pilule comme moyen de contraception, 10 % le stérilet, 3 % le préservatif, 2 % un spermicide, 1 % un diaphragme.

La cohabitation durable

D'après une enquête réalisée par l'INED (Catherine Gokalp et Henri Léridon), moins d'un cohabitant sur deux envisage de se marier. 26 % seulement des personnes interrogées (âgées de moins de 45 ans) souhaitent officialiser leur union rapidement par le mariage et 17 % pensent le faire après une « période d'essai ». On constate que la proportion est plus forte chez les jeunes cohabitants (moins de 25 ans). 50 % des couples qui vivent ensemble depuis moins de cinq ans pensent au mariage, contre seulement 26 % de ceux qui ont plus de cinq ans de vie commune. L'appartenance religieuse est plus forte que la pression sociale : 3 % seulement des catholiques pratiquants vivent en union libre et, parmi eux, 83 % envisagent de se marier.

L'union libre est plus fréquente chez les jeunes...

Bien qu'elle soit en augmentation partout, l'union libre ne concerne pas uniformément toutes les catégories sociales. Elle est par exemple deux fois plus fréquente parmi les couples où l'homme est âgé de moins de 35 ans (plus de 600 000 aujourd'hui contre 67 000 en 1968). Elle dépasse même 50 % chez les très jeunes couples (dans lesquels l'homme est âgé de moins de 25 ans) habitant dans l'agglomération parisienne.

En se développant, l'union libre n'a pratiquement pas touché les personnes de plus de 50 ans (une sur trente entre 50 et 59 ans). Elle est en revanche devenue beaucoup plus fréquente chez les 35-40 ans, ainsi que chez les plus jeunes, dont plus de la moitié commencent leur vie de couple en dehors du mariage.

...dans les grandes villes, parmi les non-croyants, et ceux qui ont un niveau d'instruction élevé.

Le phénomène est également plus répandu dans les grandes villes que dans les petites et dans les communes rurales. Le cas de Paris est particulier : la cohabitation y est non seulement plus fréquente mais aussi plus longue qu'ailleurs. Bien que les écarts entre les zones urbaines et les zones rurales se réduisent (en même temps que diminue le nombre des agricul-

teurs), on constate encore des écarts importants selon les régions.

L'existence d'une forte tradition religieuse constitue un frein au développement de l'union libre : les gens du Nord restent plus attachés au mariage. Des enquêtes montrent que la pratique de l'union libre est 5 fois plus fréquente chez les non-croyants que chez les pratiquants.

Enfin, la cohabitation est plus répandue chez ceux qui disposent du degré d'instruction le plus élevé. Les cadres et les « professions intellectuelles supérieures » (enseignants, professions libérales, membres des professions artistiques et des médias) cohabitent proportionnellement plus que les autres catégories.

Un couple sur dix

Evolution du nombre de couples non mariés en France et part dans l'ensemble des couples :

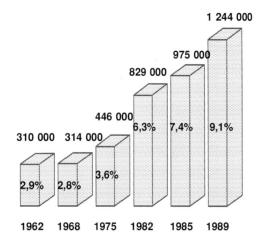

INSEE

Les femmes sont les plus favorables à l'union libre.

Les jeunes femmes sont un peu plus nombreuses que les hommes à préférer l'union libre au mariage. Cette solution leur apparaît en effet plus égalitaire, plus souple, moins contraignante que le mariage.

La femme qui cohabite a en outre la possibilité de conserver son nom de jeune fille, donc une partie de son identité. Il est d'ailleurs signi-

ficatif que 80 % des femmes divorcées sans enfant gardent leur nom de naissance, et 13 % seulement le nom de leur mari (6 % gardent le
double nom, comme elles en ont la possibilité).

De plus, la loi française accordait depuis
longtemps au mari le statut de « chef de famille ». Les réformes administratives récentes
ont enlevé au mari ses privilèges, mais les habitudes restent très présentes.

Cohabitation en Europe

Pourcentage de personnes vivant maritalement dans
les pays de la CEE (en 1989) :

• Danemark	13,6
• France	6,7
• Pays-Bas	5,7
• Royaume-Uni	5,0
• Belgique	3,2
• Luxembourg	3,0
• RFA	1,2
• Italie	0,9
• Espagne	0,5
• Portugal	0,5
• Grèce	0,4
• Irlande	0,4
• Europe des 12	**3,1**

Eurobaromètre

---

*La cohabitation touche la plupart des pays
développés, surtout en Europe du Nord.*

Comme la baisse du nombre des mariages,
l'accroissement de la cohabitation touche la plupart des pays développés, mais à des degrés divers selon les pays. Ainsi, en Suède, 44 % des
personnes âgées de 20 à 24 ans vivent en union
libre ; la proportion est de 35 % au Danemark,
mais de 2 % seulement aux Etats-Unis. On a
constaté au cours des dernières années une tendance à la stabilisation de l'union libre, sinon à
un renversement de tendance.

> **S** ➤ 62 % des Français pensent que le fait d'être
> amoureux a une influence positive sur leur santé
> (29 % non). 66 % considèrent que cela peut
> accélérer la guérison d'une maladie (22 % non).
> 54 % pensent que cela peut permettre de vivre plus
> longtemps (30 % non).

Le couple plus égalitaire

Pendant longtemps, l'homme et la femme
eurent au sein du couple des attributions bien
distinctes. D'un côté, la femme au foyer, de l'autre le chef de famille. Aujourd'hui, les rôles des
deux partenaires se sont rapprochés, que ce soit
pour faire la vaisselle... ou l'amour. Mais la
répartition des tâches reste encore marquée par
les habitudes et les réticences masculines à en
changer.

*La femme entend jouer un rôle nouveau
dans le couple.*

Dans le couple traditionnel, le rôle de la
femme était largement conditionné par les
notions de devoir, de contrainte et de sacrifice.
Le couple moderne est au contraire caractérisé
par la volonté de chaque membre de s'épanouir,
aussi bien dans le cadre familial qu'au dehors.
Entre ces deux conceptions du couple, il y a
l'espace d'une révolution, celle du féminisme.

La conséquence est que l'image du couple a
changé. L'évolution est particulièrement sensible dans la publicité et le cinéma. La femme y
est de plus en plus souvent montrée dans des
situations autrefois réservées aux hommes, voire
en position de domination. Si l'on en croit les
affiches et les spots publicitaires, ce sont aujour-
d'hui les hommes qui font la vaisselle, la cuisine
et changent les couches des enfants, pendant que

Plus de sujets tabous dans le couple

DDB Needham Paris

La fin du machisme administratif

Face à l'évolution des rôles à l'intérieur du couple, les administrations ont fini par réagir : plus de chef de famille, plus de monopole masculin dans les formalités administratives. Les femmes, qui ont conquis le droit au revenu par leur travail, ont aussi gagné celui, plus symbolique, de signer la feuille d'impôts. La chasse aux descriptions sexistes a commencé dans les manuels scolaires. Dans le discours et dans le fonctionnement des institutions de la République, la prééminence masculine s'estompe lentement.

les « superwomen » boivent de la bière, portent des caleçons et mènent une vie professionnelle très active...

La répartition des tâches reste très spécialisée.

Cuisine, vaisselle, ménage, lavage, courses, soins des enfants... Autant de domaines longtemps réservés à l'épouse modèle. Si l'homme se mêlait quelquefois de cuisine, c'était pour faire déguster à l'entourage admiratif une de ses spécialités. Cuisine-loisir de l'homme contre cuisine-contrainte de la femme. Parfois même, le bon époux condescendait à faire la vaisselle, voire à passer l'aspirateur, attendant en retour un témoignage de reconnaissance devant cette preuve d'affection.

Ces vieux clichés ne sont pas tous démodés. Certaines tâches domestiques restent typiquement féminines : les hommes ne s'occupent que dans moins de 5 % des cas du lavage du linge, du repassage, de la couture, du nettoyage des

Qui fait quoi ?

Répartition des tâches domestiques dans les couples (en %) :

	Homme	Femme	Les deux conjoints également	Autre personne du ménage	Tiers rémunéré
Tâches "féminines"					
• Laver le linge à la main	1,1	96,7	0,5	0,9	0,8
• Laver le gros linge à la machine	2,6	94,2	1,3	0,9	1,0
• Laver du petit linge à la machine	2,0	95,0	1,7	0,8	0,5
• Repasser	2,2	89,3	0,9	2,4	5,2
• Recoudre un bouton	2,0	93,3	0,9	2,4	1,4
• Faire les sanitaires	4,4	89,7	1,9	1,2	2,8
Tâches "masculines"					
• Porter du bois, du charbon, du mazout	74,1	20,2	2,2	3,2	0,2
• Laver la voiture	71,3	12,3	2,3	3,1	11,1
Tâches négociables					
• Faire la cuisine	8,3	84,0	5,1	1,9	0,7
• Faire les vitres	13,6	77,9	2,1	1,1	5,2
• Passer l'aspirateur, le balai	13,5	75,3	5,5	2,9	2,9
• Faire la vaisselle à la main	16,4	73,7	6,8	2,6	0,5
• Faire les courses	19,9	67,4	10,6	2,0	0,2
• Remplir et vider le lave-vaisselle	21,9	63,0	6,3	8,4	0,3
• Mettre le couvert	23,5	52,0	8,4	15,9	0,3

INSEE

sanitaires (voir tableau). Ils y participent de façon secondaire que dans 20 % des cas au mieux. Les tâches principalement masculines sont plus limitées : porter du bois, du charbon ou du mazout et laver la voiture. Plus de 70 % des hommes les prennent en charge et plus de 80 % y participent.

Il existe des tâches « négociables » entre les époux.

Faire la cuisine, laver les vitres, passer l'aspirateur ou le balai, laver la vaisselle, faire les courses, mettre le couvert sont des travaux moins féminisés que par le passé. Si les femmes en sont encore largement responsables, les hommes les prennent en charge dans 10 à 20 % des cas et y participent assez largement.

La division du travail domestique évolue lentement et concerne essentiellement ces « tâches négociables ». Les hommes participent d'autant plus que leurs compagnes exercent une activité professionnelle. Le recours aux services d'une personne rémunérée (femme de ménage à temps plein ou, le plus souvent, partiel) est d'autant plus fréquent que le revenu du ménage est élevé ; il devient significatif lorsqu'il dépasse 18 000 F par mois.

Les contributions masculines varient selon les catégories sociales.

Les salariés (en particulier les cadres supérieurs) sont en général mieux disposés envers un partage équitable des tâches au sein du couple que les indépendants, commerçants, chefs d'entreprise, professions libérales ou les agriculteurs, qui constituent le pôle traditionnel.

S ➤ 63 % des hommes et 57 % des femmes sont favorables à la pilule abortive. 34 % des femmes et 24 % des hommes sont contre.
S ➤ Par amour, 46 % des femmes et 40 % des hommes seraient prêts à faire un régime amaigrissant, 40 % des hommes et 33 % des femmes à arrêter de fumer (35 % et 33 % non).
S ➤ Pour 52 % des Français, le week-end de leurs fantasmes se déroulerait sur une île déserte, pour 36 % dans un palace, pour 8 % au lit.

On remarque que la répartition des tâches évolue moins vite que les conditions de vie des couples ne le laisseraient supposer. Cette lenteur peut s'expliquer en partie par le principe de « l'inertie culturelle » : chaque conjoint reproduirait inconsciemment le rôle que tenait son père ou sa mère. On observe d'ailleurs que cette inertie est d'autant moins forte que le niveau d'instruction des époux est élevé : plus l'homme est diplômé, plus il prend en charge les tâches féminines ou négociables. De même, plus le revenu de la femme est élevé par rapport à celui du mari, plus celui-ci participe.

Les décisions sont mieux partagées que les tâches domestiques.

L'avis du mari est déterminant dans le choix du lieu d'habitation, de l'automobile ou du matériel hi-fi. Mais c'est l'épouse qui, le plus souvent, décide de l'acquisition des biens culturels (livres, œuvres d'art), sauf pour les disques, qui sont achetés ensemble.

Le poids de la femme reste prépondérant lorsqu'il s'agit de choisir l'ameublement, la décoration de la maison ou l'équipement électroménager (c'est elle qui, le plus souvent, fera fonctionner la machine à laver...).

Mais de plus en plus de décisions sont prises en commun, qu'elles concernent les vacances, les invitations à dîner ou l'éducation des enfants (bien que, dans ce dernier domaine, l'empreinte de la mère reste forte).

Plus encore que dans les activités domestiques, l'équilibre du couple se réalise lors des décisions concernant la vie familiale. L'égalité de la femme dans le couple se fait donc plus facilement lorsqu'il s'agit d'accroître son influence dans les domaines importants que lorsqu'il s'agit de la restreindre dans les tâches courantes. En d'autres termes, les maris acceptent plus volontiers de faire « monter » les femmes à leur hauteur que de « descendre » eux-mêmes à leur niveau.

L'homme n'a plus le monopole de l'argent et de la gestion du ménage.

Pendant longtemps, les femmes ont surtout participé aux *dépenses* du ménage. C'est elles qui, dans la majorité des cas, tenaient les cordons de la bourse, gérant en particulier les frais de fonctionnement du foyer : nourriture, entretien, achats de vêtements, etc. Aujourd'hui, près de la moitié d'entre elles exercent une activité professionnelle rémunérée. Elles peuvent donc également contribuer aux *recettes*, au même titre que leur compagnon.

Cette évolution a, bien sûr, des incidences sur le plan économique : l'impact du second salaire modifie complètement la structure des revenus globaux des ménages. Elle en a aussi sur le plan psychologique ; en accédant par son travail à un revenu personnel, la femme accède du même coup à l'autorité qu'il confère.

Une des manifestations de cette évolution est le développement du compte bancaire joint, qui concerne aujourd'hui plus de 70 % des couples. Grâce à lui, la femme peut désormais effectuer des dépenses sur l'argent du ménage sans la signature de son mari. Une évolution qui n'est pas seulement symbolique.

La sexualité est à l'affiche

L'amour toujours

Liberté, égalité, sexualité. La révolution culturelle des années 70 avait entraîné un bouleversement des conceptions et des pratiques sexuelles. Une sorte de boulimie s'était emparée des Français, comme s'ils avaient voulu rattraper en quelques années des siècles de tabous, d'interdits et d'effacement féminin. La sexualité devenait soudain un produit de grande consommation.

Cette période d'exubérance achevée, on observe aujourd'hui un retour à la fidélité, à la tendresse, voire à l'abstinence. Mais les acquis demeurent, en particulier pour les femmes. L'érotisme n'est plus clandestin ; il fait aujourd'hui partie du paysage culturel et même audiovisuel. On constate une stabilisation et une individualisation des comportements sexuels. Dans ce domaine comme dans d'autres, il n'y a plus de modèle de référence.

Ce sont les jeunes et les femmes qui ont profité le plus de la révolution sexuelle.

La diminution progressive de la pratique religieuse explique en partie la disparition des vieux tabous. L'éducation des adolescents, qui a contribué à avancer l'âge des premiers rapports, est une autre cause de cette évolution. La réduction du temps de travail, la diminution de la fatigue physique qu'il entraîne ont également joué un rôle important ; on fait moins l'amour quand on rentre tard chez soi ou quand on n'est pas en forme.

L'émancipation féminine constitue le phénomène essentiel de la révolution sexuelle de ces vingt dernières années. La libération des femmes ne s'est pas en effet limitée à la cuisine, au travail ou à la façon de s'habiller ; elle a aussi transformé leur vie amoureuse. Elle leur a permis d'exprimer leur propre personnalité et leurs propres désirs, de commencer à recevoir en même temps qu'elles donnaient. Longtemps cantonnées à un rôle de soumission, les femmes peuvent aujourd'hui vivre une sexualité plus satisfaisante.

S ➤ 4 % des femmes ont toujours un préservatif au fond de leur sac.
S ➤ 34 % des femmes oseraient proposer un préservatif à un nouveau partenaire, 41 % non.
S ➤ 47 % des Français considèrent que la révolution sexuelle était plutôt une bonne chose, 24 % une mauvaise.
S ➤ 3 % des Français ont déjà pris des aphrodisiaques ou des excitants.
S ➤ 6 % des Français disent avoir déjà fait l'amour au cinéma, 15 % dans leur cuisine, 22 % au bureau, 57 % en voiture.

Trente ans de révolution sexuelle

1956. 22 femmes créent « La maternité heureuse », association destinée à favoriser l'idée de l'enfant désiré et de lutter contre l'avortement clandestin par un développement de la contraception.

1967. L'éducation sexuelle se vulgarise. On projette *Helga*, la vie intime d'une jeune femme, film allemand qui aura un énorme succès. Sur RTL, Ménie Grégoire réalise sa première émission, qui durera six ans. L'Assemblée nationale vote la loi Neuwirth qui légalise la contraception.

1970. Le MLF est créé. Les sex-shops commencent à se multiplier au grand jour.

1972. Procès de Bobigny, où maître Gisèle Halimi défend une jeune avortée de 17 ans.

1973. Hachette publie *l'Encyclopédie de la vie sexuelle*, destinée aux enfants à partir de 7 ans aussi bien qu'aux adultes. Elle se vendra à 1,5 million d'exemplaires et sera traduite en 16 langues. L'éducation sexuelle est officiellement introduite à l'école par Joseph Fontanet, ministre de l'Éducation nationale.

1974. Remboursement de la contraception par la Sécurité sociale et contraception possible pour les mineures sans autorisation parentale.

1975. Loi Veil légalisant l'interruption volontaire de grossesse (IVG).

1978. L'industrie de la pornographie s'essouffle. La fréquentation des salles chute, mais elle sera bientôt relayée par les cassettes vidéo.

1980. Loi sur la répression du viol. Les criminels, qui étaient auparavant redevables de la correctionnelle, sont jugés par un tribunal d'assises.

1983. L'IVG est remboursée par la Sécurité sociale. On en pratique environ 180 000 chaque année. La majorité des femmes en âge de procréer utilisent un moyen contraceptif.

1986. Les chaînes de télévision diffusent des émissions érotiques.

1990. Antenne 2 diffuse une série controversée sur « l'Amour en France ».

La généralisation de la contraception a joué un rôle essentiel dans la libération des mœurs sexuelles.

La pilule aura plus fait pour l'histoire de la femme et la sexualité du couple que 2 000 ans d'histoire. Une fois encore, c'est la technologie qui a fait basculer la société dans une nouvelle ère. En donnant à la femme le droit de séparer sa vie sexuelle de sa fonction de procréation, la pilule aura eu une incidence dans de nombreux domaines. La religion, la famille, la démographie, les rapports entre les sexes, la vie professionnelle en ont été bouleversés. On a de la peine à retrouver dans l'histoire de l'humanité des changements aussi profonds et aussi rapides que ceux qui se sont produits depuis trente ans dans le domaine de la sexualité.

Le partage des rôles sexuels est plus égalitaire, mais les hommes le vivent parfois difficilement.

Qu'il s'agisse de l'acte sexuel ou des étapes qui le précèdent (séduction, rencontre), les femmes « libérées » sont de moins en moins passives. Ce mouvement de rééquilibrage des forces dans le couple a pris aujourd'hui une telle ampleur que certains hommes le ressentent comme une frustration et une atteinte à leur virilité. Le « droit au plaisir », conquis récemment par les femmes, est ressenti par eux comme une contrainte et beaucoup craignent de ne pas « être à la hauteur ».

Une redéfinition des rapports amoureux est en train de s'opérer depuis quelques années. La plupart des hommes s'efforcent d'y participer de bon cœur. D'autres résistent encore dans une lutte qui sera vaine.

S ➤ 7 % des Français disent faire l'amour tous les jours.

S ➤ 15 % des Français sont atteints de troubles de l'érection.

S ➤ 26 % des hommes ont été déçus par leur première expérience sexuelle.

S ➤ 43 % des hommes (mais seulement 21 % des femmes) aimeraient faire l'amour plus souvent.

S ➤ 90 % des couples dorment dans un lit à deux places.

S ➤ 74 % des Français sont favorables à la vente de préservatifs dans les « lieux de grand passage », avec une préférence pour les stations-service, les débits de tabac, les kiosques à journaux.

➤ 69 % des préservatifs sont achetés en pharmacie et 25 % dans les grands surfaces.

S ➤ 70 % des Français trouvent normal que des gens racontent leur vie sexuelle à la télévision (25 % non), mais 84 % n'accepteraient sans doute pas de le faire (11 % peut-être et 3 % sûrement).

S ➤ 56 % des hommes sont attirés par ce qu'une femme suggère, 27 % par ce qu'elle cache, 17 % par ce qu'elle montre.

Tout ce que vous avez toujours voulu savoir sur le sexe...

Les enquêtes et sondages sur la sexualité des Français sont a priori peu fiables, dans la mesure où ils ne reflètent que les *déclarations* des personnes interrogées. Certaines réponses comportent donc sans doute une part de dissimulation ou d'exagération. Les chiffres présentés ci-après concernent la population âgée de 18 ans et plus.

Les premiers rapports. 55 % des Français trouvent normal d'avoir des rapports sexuels à 18 ans, 18 % à 15 ans, 14 % à 20 ans, 1 % à 12 ans.

Le nombre de partenaires. Au cours des douze derniers mois, 69 % des Français n'ont eu qu'un seul partenaire, 4 % deux ou trois, 5 % quatre et plus (8 % n'ont pas eu de rapports sexuels). 3 % des hommes déclarent avoir eu recours à des prostituées.

Le nombre de rapports. Les plus actifs sont les 25-35 ans, dont la moitié ont plusieurs rapports par semaine. Ceux qui ont un partenaire unique ont plus de rapports que les autres. A âge équivalent, les couples vivant sous le même toit sans être mariés font plus l'amour que les couples officiels.

La nature des rapports. 66 % des personnes ayant répondu disent avoir déjà pratiqué des caresses bucco-génitales (un quart souvent), 30 % la sodomie (3 % souvent).

La partie du corps la plus excitante. Chez un homme, 36 % des femmes sont d'abord attirées par les yeux, 10 % par la poitrine, 6 % par la bouche et les mains, 5 % par les cheveux, 2 % par les jambes et le sexe, 1 % par les fesses. Chez une femme, 26 % des hommes sont surtout excités par la poitrine, 23 %

par les yeux, 13 % par les jambes, 5 % par les cheveux, 4 % par la bouche, 3 % par les fesses et le sexe, 1 % par les mains.

L'amour avec des étrangers. 57 % des hommes et 18 % des femmes feraient ou ont fait l'amour avec un partenaire africain, 63 % des hommes et 21 % des femmes avec un Antillais, 50 % des hommes et 16 % des femmes avec un Arabe, 63 % des hommes et 21 % des femmes avec un Asiatique.

L'initiative des femmes. 64 % des hommes et 63 % des femmes pensent que les femmes prennent de plus en plus d'initiative au cours des rapports sexuels, 7 % qu'elles n'en prennent pas plus qu'avant.

Le porno. Pour 33 % des hommes et 17 % des femmes, ce sont les films pornographiques qui sont les plus excitants (41 % et 25 % en 1986). 4 % des hommes et 5 % des femmes préfèrent les dialogues sur Minitel, 2 % des hommes et 1 % des femmes le téléphone érotique, 61 % des hommes et 77 % des femmes rien de tout cela.

L'homosexualité. 2 % des hommes et 1 % des femmes ont déjà eu des rapports sexuels avec une personne du même sexe. 3 % des hommes et 2 % des femmes ont été tentés mais n'en ont pas eu. 93 % des hommes et 95 % des femmes n'ont jamais été tentés.

Le sida. 20 % des hommes et 8 % des femmes ont changé leur comportement sexuel par peur du sida. 80 % des hommes et 92 % des femmes n'ont rien changé. La fidélité à un seul partenaire et l'emploi de préservatifs sont les principaux changements intervenus.

Le Nouvel Observateur/ Ifop, juin 1988 et autres sondages

L'infidélité n'est plus à la mode.

L'infidélité n'est pas un phénomène aussi répandu qu'on le dit ou qu'on le croit. Si elle reste l'une des composantes de la vie des couples, elle semble plus liée aux hasards de la vie qu'à la volonté délibérée de tromper l'autre, au nom de la liberté individuelle.

C'est dans les couples non mariés que la fidélité est la moins systématique. Cocufiage et concubinage se justifieraient donc mutuellement, dans le cadre d'une union qui se veut

libre. Même si elles restent moins nombreuses que les hommes à être infidèles, les femmes s'accordent plus volontiers le droit de l'être que par le passé, au nom de l'égalité.

La banalisation de la sexualité entraîne aussi des frustrations.

Il y a des exclus de la sexualité comme il y a des exclus de l'emploi. Ce sont principalement des solitaires, qui ne parviennent pas à satisfaire leurs pulsions par manque de partenaires. Leur exclusion est d'autant plus difficile à vivre qu'elle s'inscrit dans un contexte de grande tolérance.

Devant le déballage de la vie sexuelle bien remplie des héros de la télévision, les solitaires ont l'impression d'être anormaux, en tout cas marginaux. Les petites annonces, les messageries roses du Minitel ou les clubs de rencontre ne leur permettent pas toujours de trouver une solution acceptable à leur problème. Ils se construisent alors une autre vie, dans laquelle le sexe n'a plus sa place.

Entre les inconditionnels de la chair faible et les frustrés de la chair triste, il semble que les Français soient en train de chercher une troisième voie.

sé la place à un détachement, voire un désintérêt vis-à-vis des choses du sexe ? La situation n'est évidemment pas aussi simple. La diffusion de la liberté sexuelle a en tout cas entraîné une certaine banalisation de la sexualité.

Il semble aujourd'hui que les jeunes se concentrent davantage sur les dimensions émotionnelles de l'amour que sur ses aspects techniques. Ce mouvement peut s'expliquer par une attente déçue par rapport à des promesses trop largement propagées. L'orgasme n'est pas la condition suffisante du bonheur. Le balancier des mœurs semble donc reparti dans l'autre sens, traversant au passage les décors qui jalonnent la carte du tendre : séduction, romantisme, tendresse, chasteté, fidélité.

---

15 % d'infidèles

69 % des Français de 18 ans et plus considèrent la fidélité comme tout à fait indispensable dans un couple marié, 22 % plutôt indispensable. Ils ne sont que 4 % à la juger « plutôt pas indispensable » et 2 % « certainement pas indispensable ». 64 % partent d'ailleurs du principe que l'on ne peut aimer deux personnes à la fois (29 % pensent que c'est possible). 15 % avouent avoir déjà été infidèles. Parmi les autres, 21 % pensent que cela pourrait leur arriver et 55 % ne pensent pas pouvoir l'être. Les principales raisons qui poussent à la fidélité sont l'amour du conjoint (59 %), le fait que l'infidélité est contraire à ses principes (29 %), l'existence des enfants (11 %) et... le manque de temps (5 %). La peur du sida n'est citée que par 1 % des personnes fidèles. Ce sont les plus jeunes et les plus âgés qui sont aujourd'hui les plus favorables à la fidélité dans le couple. Les premiers par amour, les seconds par principe. Dans le cas où leur conjoint leur serait infidèle, 54 % préféreraient le savoir, 33 % l'ignorer. 58 % discuteraient avec lui pour essayer de comprendre, 19 % s'efforceraient de le reconquérir, 10 % exigeraient qu'il rompe, 9 % demanderaient le divorce, 9 % demanderaient une séparation provisoire, 7 % se vengeraient en étant à leur tour infidèles, 4 % lui donneraient une bonne correction. 6 % seulement ne diraient rien.

Le charme discret de la tradition

Les femmes se laissent plus facilement séduire par la bibliothèque d'un homme que par son bronzage (69 % contre 25 %), son costume Saint-Laurent que son Perfecto (63 % contre 32 %), son vieux chrono que sa montre de luxe style Cartier (56 % contre 38 %). Elles préfèrent qu'ils leur envoient des fleurs plutôt que de les embrasser avec fougue dans la rue (74 % contre 24 %), qu'il leur tienne la porte du restaurant plutôt que de payer l'addition (64 % contre 34 %), qu'ils les invitent pour le week-end dans une auberge plutôt que dans un palace (85 % contre 12 %). Leur cœur balance en revanche entre la vieille 404 et la décapotable avec téléphone (47 % et 48 %).
Les préférences des hommes ne sont pas moins traditionnelles : ils préfèrent les femmes en dessous de soie plutôt qu'en culottes *Petit Bateau* (82 % contre 14 %), des airs de sauvageonne plutôt que des allures de star (70 % contre 28 %), un tailleur chic plutôt que des shorts (62 % contre 36 %), une femme d'intérieur accomplie à une femme qui brille en société (63 % contre 34 %). Entre les jambes et la poitrine, leur regard est partagé : 48 % et 49 %.

Comme l'argent, le sexe ne fait pas le bonheur.

La soif de liberté sexuelle exprimée par les Français au cours des années 70 aurait-elle lais-

et 1975. La loi du 11 juillet 1975, qui reconnaissait le divorce par consentement mutuel, ne semble pas avoir eu d'incidence notable sur cet accroissement, très sensible à partir de 1965.

La hausse semble être enrayée depuis 1987.

Pour la première fois depuis des décennies, le nombre des divorces a diminué en 1987. Cette évolution est à rapprocher de la baisse des mariages depuis une quinzaine d'années ; les ruptures tendent à se produire plus tôt, après seulement quelques années d'union.

Le taux de divorce, qui mesure le nombre de divorces par rapport au nombre de mariages au cours d'une année donnée, est de l'ordre de 30 %.

La hausse des trente dernières années a concerné l'ensemble des catégories sociales, mais le taux de divorce est très variable selon la profession.

Le divorce reste plus fréquent chez les employés et rare chez les agriculteurs. La divortialité n'augmente pas avec le niveau social du mari, mais s'accroît lorsque le niveau de formation de la femme est plus élevé, ce qui semble montrer que les couples dans lesquels la formation de la femme est supérieure à celle du mari sont plus vulnérables que les autres.

Les professions respectives des époux ont donc une grande importance. Un couple formé d'une employée et d'un agriculteur a 50 fois plus de risques de divorcer qu'un couple constitué de deux agriculteurs. Un couple où la femme est employée et le mari ouvrier divorcera 2 fois plus que si les deux sont employés, mais un peu moins que s'ils étaient tous deux ouvriers.

Le risque de divorce est aussi d'autant plus grand que l'écart des revenus des deux époux est important. Ainsi, un patron de l'industrie ou du commerce a 3 fois plus de risques de divorcer si son épouse est cadre supérieur que si elle est également patron, 4 fois plus si elle est cadre moyen, 7 fois plus si elle est employée.

DIVORCE

100 000 divorces par an ● Hausse enrayée depuis 1987 ● On divorce plus tôt ● Trois demandes sur quatre faites par les femmes ● Moins de remariages ● Enfants confiés à la mère huit fois sur dix

---

100 000 divorces par an

La diminution du nombre des mariages aurait dû logiquement entraîner celle des divorces. C'est le contraire qui s'est produit. Amorcé depuis le début du siècle, le phénomène s'est largement amplifié à partir du milieu des années 60. Il s'est ralenti depuis 1980 et semble stabilisé depuis 1987, suivant en cela l'évolution du mariage.

103 000 divorces en 1989, soit plus de 30 pour 100 mariages.

Depuis 1984, le nombre des divorces annuels dépasse 100 000. Après 7 ans d'union, environ 10 % des mariages sont aujourd'hui rompus par un divorce. Si la situation actuelle se prolongeait dans les prochaines décennies, environ un tiers des mariages contractés aujourd'hui se solderaient par un divorce.

Alors que le nombre des mariages diminuait dans de larges proportions, celui des divorces a triplé entre 1970 et 1985. Il a doublé entre 1970

S ➤ Parmi les différentes attitudes accusées de tuer l'amour, l'indifférence arrive en premier (47 %), suivie de l'infidélité (45 %), l'habitude (37 %), la jalousie (33 %), le travail (20 %), la vulgarité (19 %), l'espacement ou l'arrêt des rapports sexuels (12 %).

10 fois plus de divorces qu'au début du siècle

Evolution du nombre de divorces annuel (en milliers) :

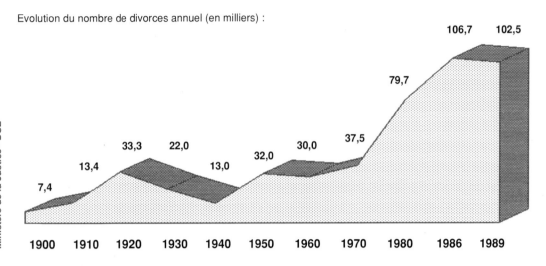

Ministère de la Justice - DSE

Le divorce intervient plus tôt, mais la durée moyenne des mariages soldés par un divorce tend à s'allonger.

On assiste aujourd'hui à l'apparition d'un nouveau modèle de divorce. Les ruptures se produisent surtout au début du mariage et atteignent leur maximum plus tôt, vers la quatrième année. La fréquence des ruptures a tendance à chuter ensuite rapidement à mesure que la durée de l'union augmente. La conséquence, paradoxale, de ce nouveau modèle est que la durée moyenne du mariage avant rupture tend à s'allonger : elle est de 13 ans aujourd'hui, contre 11 ans en 1975.

Régions : écarts marqués mais en diminution

En simplifiant, la France est coupée en deux par une ligne allant de Caen à Marseille en passant par Lyon. Les taux de divorce sont souvent plus élevés que la moyenne à l'Est, plus faibles à l'Ouest. Le divorce est particulièrement fréquent en Ile-de-France et dans les grandes métropoles régionales. Il est plus rare en Bretagne, en Auvergne et dans la région Midi-Pyrénées, zones de forte tradition religieuse ou rurale. Au cours des dernières années, la hausse a été plus forte à l'Ouest, de sorte que les écarts régionaux tendent à se réduire.

La précocité des divorces s'explique d'abord par le fait qu'on attend moins longtemps avant de constater l'échec du couple. De plus, les procédures juridiques sont moins longues et pénibles que par le passé pour les candidats au divorce. Mais la principale raison est probablement la plus grande acceptation du divorce par la société. Les divorcés ne subissent plus aujourd'hui les mêmes pressions familiales et sociales que par le passé. Et leurs enfants sont (au moins vis-à-vis de la collectivité) des enfants comme les autres.

La plupart des demandes sont faites par les femmes : 75 % en 1988 contre 67 % en 1976.

Le divorce par consentement mutuel est largement majoritaire dans le cas de mariages récents : 65 % avant 5 ans. A partir de 20 ans, le divorce pour faute dépasse 50 % des cas. La rupture de la vie commune joue également un rôle croissant dans les mariages de longue durée ; elle est à l'origine de plus d'un divorce sur dix après 35 ans de vie commune.

Si c'est encore traditionnellement l'homme qui fait la demande en mariage, c'est souvent la femme qui fait la « demande en divorce », surtout lorsqu'il y a faute du conjoint. Même dans

INSEE

le cas des ruptures de la vie commune, l'initiative revient presque autant aux femmes qu'aux hommes. Mais la part des demandes de rupture présentées par un seul époux diminue : 80 % en 1976, 67 % en 1988.

Demandes en divorce

Répartition des divorces directs selon les demandes (en %) :

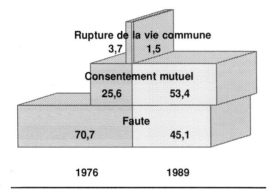

Rupture de la vie commune
3,7   1,5

Consentement mutuel
25,6   53,4

Faute
70,7   45,1

1976   1989

Plus de huit fois sur dix, c'est à la mère que sont confiés les enfants.

Le père n'obtient la garde des enfants que dans 9 % des divorces ; une répartition pratiquement inchangée depuis plus de dix ans. La garde n'est partagée entre les deux parents que dans 5 % des cas, ce qui représente une modeste augmentation par rapport à 1976 (3,5 %).

La garde alternée (l'enfant demeure une semaine, un mois ou une année chez l'un, puis chez l'autre de ses parents) est encore peu fréquente. Elle présente des inconvénients pratiques lorsqu'il s'agit d'assurer à l'enfant une scolarité normale et un environnement stable. Malgré l'évolution administrative et la meilleure compréhension sociale, le divorce est encore bien souvent vécu comme un drame par les enfants.

E ➤ Environ 5 % des divorces concernent des couples mariés depuis 30 ans et plus, 1 % de ceux mariés depuis 40 ans et plus.

Les enfants n'empêchent pas de divorcer

La présence d'enfants dans un couple ne semble pas avoir d'incidence sur sa probabilité de divorcer. La proportion de couples sans enfants est la même chez les divorcés et chez les couples mariés.
On constate par contre une fréquence de divorce plus élevée dans les couples ayant eu des enfants avant d'être mariés et ceux dans lesquels les naissances ont été rapprochées.

La proportion de remariages diminue, mais leur part dans les mariages a augmenté.

41 % des hommes et 38 % des femmes se sont remariés en 1985 contre 65 % et 58 % en 1975. La part des remariages (dont 90 % concernent des divorcés) dans l'ensemble des mariages tend cependant à augmenter : ils représentaient 16 % des mariages en 1989 contre 12 % en 1980. Mais cette augmentation est due au fait que les mariages diminuaient tandis que les divorces augmentaient. En fait, les remariages sont de moins en moins fréquents. Un nombre croissant de ceux qui ont connu le divorce préfèrent vivre ensuite en cohabitation plutôt que de risquer un second échec. La moitié des femmes qui ont divorcé de leur premier mari entre 1975 et 1979 vivent aujourd'hui en couple ; 40 % d'entre elles ont choisi la cohabitation. La proportion ne change guère en fonction de la catégorie sociale.

ŒERRUTI 1881 ITUЯЯƎ©

Etre heureux ensemble ... et séparément

Moins de remariages

Taux de remariage des femmes divorcées selon la durée écoulée depuis leur divorce :

	0 an	1 an	2 ans	3 ans	4 ans	5 ans	6 ans	7 ans	8 ans	9 ans
1975	4,37	17,80	25,40	32,39	36,87	40,46	43,32	45,70	47,66	49,29
1980	4,26	13,98	20,46	25,32	28,95	32,03	34,57	36,88	38,95	
1981	3,78	12,33	18,37	22,74	26,24	29,17	31,84	34,10		
1982	3,41	11,52	16,93	21,31	24,75	27,72	30,26			
1983	3,26	10,75	15,95	20,25	23,81	26,84				
1984	2,81	9,88	14,97	19,15	22,64					
1985	2,60	9,13	14,19	18,31						
1986	2,54	9,00	13,85							
1987	2,44	8,68								
1988	2,30									

Lecture : 32,39 % des femmes ayant divorcé en 1975 étaient remariées 3 ans plus tard.

INSEE

Le droit à l'erreur

La perspective de cinquante ans de vie commune est de plus en plus souvent ressentie avec angoisse par les jeunes couples. Le choix de l'union libre leur permet de ne pas y entrer par la porte officielle afin de mieux se ménager une sortie. D'autres, parmi les couples mariés, choisissent la voie du divorce. La plupart, en tout cas, sont de plus en plus vigilants quant à la qualité de leur vie conjugale, sur les plans affectif, intellectuel, culturel et sexuel. Dès que le doute ou la lassitude apparaissent, ils en tirent les conclusions et partent vers de nouvelles « aventures », à tous les sens du terme.

On vit plusieurs vies dans une vie.

Les règles du jeu de la vie à deux sont en train de changer. Dans ce nouveau contexte, le mariage est souvent ressenti comme une contrainte. Il faut dire que l'environnement actuel ne pousse pas à la stabilité. Le chômage, les pratiques d'une société de consommation qui tend à renouveler en permanence les produits pour les remplacer par d'autres, plus modernes et plus « performants », la recherche permanente de nouvelles sensations proposées par la publicité et les médias sont autant d'incitations à l'infidélité et au changement.

Si la vision de la vie concerne aujourd'hui essentiellement le court terme, c'est parce que personne ne peut plus, contrairement aux générations passées, imaginer ce que sera l'avenir, dans un environnement de plus en plus mobile et imprévisible.

Les couples revendiquent le droit à l'erreur.

Contrairement à ce que les chiffres semblent indiquer, les Français restent attachés à la notion de couple et à son prolongement naturel, la famille. Plus peut-être qu'hier, ils recherchent l'amour et le respectent. Certains le respectent même au point de ne pas accepter de le vivre imparfaitement. D'où le rejet de tout ce qui, légalement ou socialement, les obligerait à composer avec leurs sentiments.

Mais l'amour n'est ni garanti par contrat (y compris celui du mariage) ni éternel. Au nom du réalisme, on revendique donc le droit à l'erreur. Le divorce apparaît comme le seul moyen d'éviter que cette erreur n'ait des conséquences définitives sur la vie de ceux qui, en toute bonne foi, l'ont commise. D'autant qu'en ce domaine la réussite d'aujourd'hui peut devenir l'échec de demain.

La vie du cœur est donc de plus en plus souvent faite d'une succession d'expériences, vécues avec des partenaires différents. Ces diverses tentatives ne signifient pas, cependant, que le cœur ait perdu ses droits. Ce sont les conditions de la vie qui se sont transformées. L'aspiration, récente, à une vie personnelle riche et sans contrainte a modifié la notion de couple et le rôle des institutions qui s'y rattachent.

➤ 81 % des femmes divorcées sans enfant vivant seules portent leur nom de naissance, 13 % portent le nom de leur ex-mari, 6 % portent le double nom. 60 % des femmes divorcées ayant des enfants de l'union rompue portent leur nom de naissance, 32 % le nom marital, 8 % le double nom.

LES ENFANTS

DÉMOGRAPHIE

Fécondité des femmes plus basse mais surtout plus tardive ● Natalité finalement proche du seuil de renouvellement des générations ● Vieillissement de la population ● Diminution des familles nombreuses et des naissances de rang 1 et 2 ● Plus d'une naissance sur quatre hors mariage ● Fin des enfants non désirés ● Un avortement pour quatre naissances

Le nouvel équilibre

15,7 millions de Français ont moins de 20 ans. Leur part dans la population diminue régulièrement : 34 % en 1965 ; 27,7 % en 1990. L'allongement de la durée de vie, l'arrivée à l'âge mûr des générations nombreuses de l'après-guerre et la diminution des naissances depuis vingt ans expliquent ce vieillissement.

La natalité, en forte baisse depuis le milieu des années 60, semble aujourd'hui stabilisée à un niveau plus élevé que ne le laissent penser les indicateurs conjoncturels. Les femmes ont une fécondité plus basse, mais aussi plus tardive, de sorte qu'un nouvel équilibre est en vue, proche du niveau de remplacement des générations.

L'indicateur conjoncturel de fécondité stagne depuis 15 ans aux environs de 1,8...

Pour que le remplacement des générations s'effectue à l'identique, il faut que chaque femme en âge d'avoir des enfants (de 15 à 49 ans) ait en moyenne 2,1 enfants au cours de sa vie. Or, le taux de fécondité actuel (nombre de naissances vivantes divisé par le nombre de femmes à une période donnée) est de 1,81 (contre 2,84 en 1965). Les femmes en âge de procréer ont en moyenne un enfant de moins qu'il y a 20 ans.

La chute brutale de l'*indicateur conjoncturel* (somme des taux de fécondité par âge) s'est produite à partir de 1965. Elle a d'abord affecté les taux de fécondité des femmes de plus de 25 ans. La pilule, apparue à cette époque, était en effet surtout accessible aux femmes ayant déjà un ou deux enfants, donc plus âgées. Son usage a entraîné une baisse immédiate des taux de fécondité à ces âges. Celle-ci a pris fin au milieu des années 70, puis a fait place à une importante remontée. La stabilité globale de l'indicateur conjoncturel, sur l'ensemble de la période, est donc le résultat d'évolutions divergentes avant et après 25 ans, qui se sont compensées.

➤ Il naît 105 garçons pour 100 filles.
S ➤ Un enfant sur quatre naît en dehors du mariage. La proportion n'est que de 2,6 % lorsque la mère est de nationalité tunisienne, 12,2 % lorsqu'elle est italienne, 9,7 % espagnole, 8,8 % algérienne, 7,2 % portugaise.
S ➤ Parmi les enfants d'ouvriers non qualifiés, 37 % de ceux qui appartiennent à une famille de deux enfants redoublent dans le primaire, mais 63 % de ceux qui sont d'une famille de cinq enfants ou plus.
S ➤ Dans les familles de cinq enfants ou plus, les deux tiers des pères et les trois quarts des mères sont sans diplôme. 17 % des pères sont au chômage.
S ➤ Dans les familles de trois enfants, les allocations familiales représentent le tiers des ressources. A partir du sixième, elles dépassent le revenu tiré de l'activité.

L'enfant rare

Evolution du nombre des naissances :

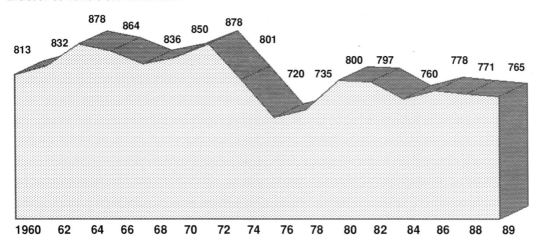

...mais la descendance finale atteint quand même 2,1 enfants par femme, niveau très proche du seuil de remplacement des générations.

L'indicateur conjoncturel de fécondité calculé chaque année ne permet pas de déterminer la *descendance finale* des femmes (le nombre moyen d'enfants par femme sur l'ensemble de la période où elle est féconde). Celle-ci est en effet étroitement lié à la répartition des naissances dans le temps selon l'âge des mères (ce qu'on appelle le *calendrier* de la fécondité). L'indicateur conjoncturel et la descendance finale, bien qu'au bout du compte dépendants, ont des évolutions très distinctes dans le temps. Le premier a connu deux maxima en France en 1947 (3,1) et en 1964 (2,9). Il a ensuite diminué fortement jusqu'en 1976 ; il stagne depuis une quinzaine d'années aux environs de 1,8 enfant par femme.

La descendance finale, quant à elle, a enregistré un maximum avec les générations nées vers 1930. Elle a ensuite fortement diminué du fait de la chute des taux de fécondité entre 1965 et 1975. Elle s'est stabilisée avec les générations 1950-1956 au niveau de 2,1 enfants par femme, qui est presque celui du remplacement de ces générations (en fait 2,2, compte tenu d'une mortalité supérieure à celle d'aujourd'hui).

Il serait évidemment risqué d'estimer la descendance finale des générations suivantes, qui sont encore trop éloignées de la fin de leur période de fécondité. Cependant, il apparaît que, vingt-cinq ans après le début de la période de maîtrise de la fécondité permise par la pilule et souhaitée par les couples, la France retrouve un nouvel équilibre en matière de fécondité. Il se caractérise par une fécondité plus basse mais surtout plus tardive, le second phénomène compensant le premier.

La pyramide déséquilibrée

Proportion des classes d'âge en 1962 et 1990 :

	1962		1990	
	Effectifs (millions)	%	Effectifs (millions)	%
• Moins de 20 ans	15,4	33,5	15,6	27,7
• De 20 à 64 ans	23,1	50,2	32,8	58,3
• 65 ans et plus	5,5	11,9	7,9	14,0
dont 75 ans et plus	2,0	4,4	-	-
Total	**46,0**	100,0	**56,3**	100,0

INSEE

INSEE

Peyrat & Associés

180 x 200 cm.
Enfin deux bonnes mesures pour la natalité.

KONTUR LR
1800F

IKEA®

IKEA PARIS NORD II - IKEA EVRY - IKEA LYON - IKEA MARSEILLE - IKEA LILLE

La démographie, un problème national

*La baisse de la fécondité
a été forte à partir de 1965 ;
elle s'est accentuée entre 1972 et 1976.*

Après la Seconde Guerre mondiale, la France, comme l'ensemble des pays de la Communauté européenne, avait connu vingt années de forte fécondité. Mais celle-ci commença à baisser vers 1964. Le nombre annuel des naissances resta cependant stable, aux alentours de 850 000 par an, jusqu'en 1972.

Deux siècles de déclin démographique

La baisse de la fécondité a commencé en France dès la fin du XVIIIe siècle, dans les décennies qui précédèrent la Révolution. Elle a largement précédé celle des pays voisins ; la baisse a eu lieu vers le milieu du XIXe siècle en Angleterre et au Danemark, vers 1880 en Allemagne et aux Pays-Bas, à la fin du XIXe ou même au début du XXe siècle en Espagne, au Portugal, en Italie et en Grèce.
Ce déclin s'explique par la transition démographique qui touche toute nation qui accède à la modernisation. L'abaissement de la mortalité (en particulier infantile), l'élévation du niveau d'instruction (surtout celui des femmes), le développement des systèmes de prévoyance sociale et de retraite, l'urbanisation, la généralisation du salariat, la baisse de la pratique religieuse sont autant de facteurs qui permettent une moindre dépendance des couples par rapport aux enfants et favorisent des modes de vie dans lesquels un nombre élevé d'enfants est ressenti comme une contrainte.

Entre 1973 et 1976, le nombre des naissances allait passer de 875 000 à 720 000, minimum enregistré. Il se redressait ensuite jusqu'en 1981, pour se stabiliser depuis aux alentours de 760 000. Après la chute de 1983 (749 000), on enregistrait trois années consécutives de hausse qui laissaient espérer un début de redressement. Le chiffre de 1987 était pourtant en retrait de près de 10 000 par rapport à l'année précédente. Ceux de 1988 et 1989 confirment une relative stabilité.

*La baisse de la natalité concerne
la plupart des pays industrialisés.
La France est l'un des pays
les moins touchés.*

Depuis plus de dix ans, aucun des pays de la Communauté économique européenne, sauf l'Irlande, ne parvient à préserver l'équilibre des générations. La situation est particulièrement critique en Allemagne fédérale ; le niveau de natalité y est inférieur à celui de la France depuis 1942. Mais l'unification allemande devrait contribuer à une amélioration de l'équilibre démographique. Le déclin a été plus tardif en Grèce et au Portugal, mais il est engagé. Avec 1,8 enfant par femme, la France reste malgré tout l'un des pays les plus féconds.

La diminution, ou l'insuffisance, des naissances n'est pas une situation nouvelle. Les courbes démographiques montrent l'aspect cyclique de la fécondité depuis une cinquantaine d'années. L'Europe avait connu une baisse généralisée du taux de reproduction entre 1930 et 1940, avec un taux de fécondité du même ordre que celui d'aujourd'hui. La fécondité avait ensuite largement progressé au cours des années qui suivirent la Seconde Guerre mondiale, jusqu'à la fin des années 60.

*Le nombre des familles nombreuses
a diminué de moitié entre 1968 et 1982.*

Les familles d'au moins quatre enfants étaient courantes après la Seconde Guerre mondiale. Elles ne comptent plus aujourd'hui que 12 % des enfants de moins de 20 ans, contre 28 % en 1968. Entre ces deux dates, le nombre de familles de 6 enfants a diminué de 66 %, celui des familles de 9 enfants ou plus, de 82 %.

Ce sont les agricultrices, les ouvrières, les femmes au foyer (mais le fait qu'elles restent au

Les enfants de l'Europe

Nombre de naissances pour 1 000 habitants (1987) :

Italie	9,6
RFA	10,5
Grèce	10,7
Danemark	11,0
Espagne	11,2
Luxembourg	11,4
Belgique	11,9
Portugal	12,0
Pays-Bas	12,7
Grande-Bretagne	13,6
FRANCE	13,8
Irlande	16,6

foyer est-il une cause ou une conséquence ?) qui ont le plus d'enfants. Et ce sont les femmes appartenant aux couches moyennes salariées (surtout employées) qui en ont le moins ; tout se passe comme si la règle (implicite) dans ces catégories était d'avoir au maximum deux enfants.

64 % des enfants de familles très nombreuses (cinq enfants ou plus) ont un père ouvrier, alors que les ouvriers ne représentent que 38 % des pères de famille dans la population totale. La fécondité des ouvriers français est donc supérieure à la moyenne nationale, mais elle est accrue par la forte proportion d'étrangers (en particulier maghrébins) dans cette catégorie ; plus du tiers des familles très nombreuses ont un père de nationalité étrangère.

Les convictions religieuses jouent également un rôle important : 35 % des femmes pratiquantes ont trois ou quatre enfants, contre 21 % des non pratiquantes.

S ➤ S'ils devaient adopter une enfant, 64 % des Français seraient prêts à le faire à l'étranger (29 % non).

La fécondité « héréditaire »

On constate que les familles nombreuses ont tendance à se reproduire. Plus une femme a de frères et sœurs, plus ses chances d'avoir une famille nombreuse sont élevées. Une femme issue d'une famille de cinq enfants et plus en milieu ouvrier a en moyenne un enfant de plus qu'une fille unique issue d'une catégorie moyenne. Le rang de naissance de la mère a aussi une influence sur le nombre de ses enfants : l'aînée d'une famille très nombreuse a en général plus d'enfants que ses sœurs.

Guy Desplanques, INSEE

La chute de la natalité a été partiellement compensée par la plus grande fécondité des étrangers.

Si la part des étrangers dans la population française n'est que d'environ 7 %, leur part dans le nombre des naissances est environ deux fois plus élevée : 15,5 % en 1989, contre 10,8 % en 1975. Ces écarts s'expliquent par la différence de fécondité entre les femmes françaises et les étrangères. Les premières ont en moyenne 1,8 enfant, les secondes 3,15. Près de 40 % des parents ayant eu au cours de l'année un enfant de rang quatre ou plus étaient étrangers.

La fécondité des femmes étrangères varie avec la nationalité : la plus faible est celle des Italiennes (1,74 enfant par femme) ou des Espagnoles (1,77), inférieure à celle des femmes françaises. La plus élevée est celle des Marocaines (5,23), devant les Tunisiennes (5,20), les Turques (5,05) et les Algériennes (4,29).

On constate cependant que la fécondité des étrangères tend à se rapprocher de celle des Françaises au fur et à mesure de leur durée d'habitation en France.

Plus d'une naissance sur quatre se produit hors mariage. Leur part a doublé entre 1980 et 1989

La proportion des naissances hors mariage a augmenté en même temps que se développait l'union libre ; elle représentait 27 % du nombre total des naissances en 1989, contre 11 % en 1980.

La baisse des mariages ne peut donc être tenue pour responsable de la chute de la natalité. On peut cependant penser qu'un certain nombre de naissances ont été retardées par la conjonction de plusieurs évolutions récentes : cohabitation, contraception, accroissement de l'âge moyen au mariage, réduction du nombre total de couples.

---

5 % de familles recomposées

Les familles recomposées regroupent les enfants d'un premier mariage de l'un des conjoints et ceux nés de leur union actuelle. Elles représentent 5 % de l'ensemble des familles ayant un enfant de moins de 19 ans, mais 10 % des familles d'au moins trois enfants et 17 % de celles d'au moins cinq enfants. Elles sont particulièrement nombreuses en milieu ouvrier, comme pour l'ensemble des familles nombreuses.
Le fait de se marier plusieurs fois accroît la probabilité d'avoir une famille nombreuse. Les femmes divorcées remariées ont en moyenne plus d'enfants que celles qui n'ont été mariées qu'une seule fois. Elles pourraient donc, si leur nombre continuait d'augmenter, remplacer en partie les familles nombreuses de type traditionnel.

La fin des enfants non désirés

La baisse de la natalité au cours des dernières décennies s'explique d'abord par la volonté des couples de choisir le nombre de leurs enfants et le moment où ils les mettent au monde. La diffusion des méthodes contraceptives et la légalisation de l'avortement les y ont aidés. Mais il existe d'autres raisons, d'ordre psychologique, à cette évolution. La volonté des hommes et, de plus en plus, des femmes, de vivre une vie personnelle et professionnelle riche et variée s'accommode parfois mal de la présence d'un enfant.

Près de deux femmes sur trois utilisent une méthode contraceptive.

La pilule est de loin le moyen le plus répandu (voir tableau). Le stérilet est de plus en plus utilisé, et ce d'autant plus que l'âge augmente ; il occupe la première place après 35 ans. La méthode du retrait est plus pratiquée par les générations anciennes. Elle est, avec l'absti-

nence périodique, en net recul depuis une dizaine d'années.

Parmi les 36 % de femmes âgées de 18 à 49 ans qui n'utilisent aucun moyen contraceptif, la plupart ne sont pas pour autant exposées au risque d'une grossesse non désirée : 7 % ont subi une opération stérilisante ; 4 % sont déjà stériles pour d'autres motifs ; 13 % n'ont pas de partenaire ou sont temporairement séparées (surtout avant 25 ans) ; 5 % sont enceintes et autant veulent le devenir. Il ne reste que 2 % de femmes n'entrant pas dans ces catégories.

On constate que la pilule est utilisée de plus en plus tôt : 40 % des premiers rapports ont lieu « avec pilule », 6 % avec préservatif, 9 % avec retrait et 40 % sans contraception. Les différences entre les groupes sociaux se sont largement amenuisées. Il y a dix ans, les femmes vivant en milieu rural utilisaient deux fois moins la pilule ou le stérilet que les Parisiennes ; l'écart est nul aujourd'hui.

Il y a aujourd'hui trois fois moins de naissances non désirées qu'en 1965.

La législation sur la contraception, en 1967, et la diffusion des moyens contraceptifs ont considérablement modifié les données de la natalité. L'utilisation massive de la pilule chez les adolescentes de 15 à 18 ans a commencé dès

---

Pilule ou stérilet

Utilisation des méthodes contraceptives par les femmes de 20 à 44 ans (en %) :

	1978	1988
Utilisent une méthode	**68,1**	**67,7**
Méthode principale utilisée :		
• Pilule	27,9	33,6
• Stérilet	8,9	19,1
• Préservatifs	5,2	4,2
• Retrait	18,3	6,3
• Abstinence périodique	5,6	2,4
• Autre	2,2	2,1
Méthode utilisée seule ou en association :		
• Préservatif	6,0	5,0
• Abstinence périodique	9,3	4,3
• Diaphragme, crème, ovule...	0,9	2,5

INED

1970-1975 et l'on constate que c'est au moment où ces jeunes filles sont arrivées à l'âge de procréer que la chute de la natalité s'est accentuée.

Sur cinq naissances survenues dans les années 1963-67, une n'était pas désirée et une autre arrivait plus tôt que prévu. La proportion était tombée à une sur dix dès 1983. Au total, la diminution du nombre des naissances non désirées explique environ la moitié de la baisse de la fécondité.

Les prénoms et la mode

Les prénoms des enfants sont de bons révélateurs de l'époque à laquelle ils sont donnés et de la catégorie sociale de ceux qui les donnent. Philippe Besnard et Guy Desplanques, dans *Un prénom pour toujours* (Balland) ont recensé les plus portés. Par ordre décroissant : Michel, Jean, Pierre, André, Philippe, Alain, Bernard, Jacques, Daniel, René pour les garçons ; Marie, Isabelle, Monique, Catherine, Françoise, Jeanne, Nathalie, Sylvie, Jacqueline, Jeanine pour les filles.

L'influence de la mode est très nette puisque l'un des dix prénoms les plus courants est donné à un nouveau-né sur trois. Le renouvellement est rapide puisqu'aucun des prénoms les plus courants à un moment donné ne l'est encore vingt ans plus tard. Les dix prénoms les plus souvent attribués entre 1985 et 1987 sont pour les filles (par ordre décroissant) : Aurélie, Emilie, Elodie, Julie, Audrey, Mélanie, Jennifer, Stéphanie, Céline et Amandine. Pour les garçons : Julien, Nicolas, Jérémy, Mickaël, Mathieu, Guillaume, Romain, Anthony, Sébastien, Jonathan.

L'interruption volontaire de grossesse a participé à la maîtrise de la fécondité.

L'IVG, longtemps pratiquée clandestinement, à grands frais (et à grands risques), était un recours ultime et désagréable. Sa légalisation et son remboursement lui ont ôté son aspect immoral, même si la religion continue de lui être hostile. Cela ne signifie pas pour autant que l'IVG soit devenue un moyen de contraception. Le nombre d'avortements tend d'ailleurs à se stabiliser (voir graphique).

L'avortement tient cependant une place importante dans la régulation de la fécondité, puisqu'on compte un avortement pour quatre naissances. Mais on constate que les femmes qui ont subi un avortement n'ont pas, au cours de leur vie, moins d'enfants que les autres.

Un avortement pour quatre naissances

Nombre d'opérations déclarées (en milliers) :

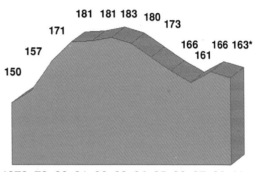

1978 79 80 81 82 83 84 85 86 87 88 89
* Estimation des IVG pratiquées : 220 000

INED

L'avortement n'est pas une méthode contraceptive

Les enquêtes réalisées montrent que le principe du recours à l'avortement est refusé par la majorité des femmes : un quart seulement envisageraient avec certitude d'y recourir si elles attendaient un enfant non désiré ; 39 % garderaient l'enfant dans tous les cas et 17 % probablement. La loi de 1975 n'a donc pas totalement « banalisé » l'avortement.

On constate que les naissances non désirées ne sont pas plus fréquentes dans les catégories sociales où l'avortement est rare. Les cadres et professions intermédiaires ont, comme les ouvrières, à la fois peu de naissances non désirées et peu d'avortements. Les premières utilisent largement les méthodes médicales de contraception, alors que les ouvrières les utilisent peu. La contraception et l'avortement ne sont donc pas les termes d'une alternative ; ce sont des pratiques indépendantes.

Beaucoup de couples hésitent entre profiter de la vie et la donner.

La grande vague de matérialisme des vingt dernières années a mis en avant les valeurs de jouissance immédiate. Elle est aujourd'hui renforcée par celle de l'individualisme, qui prône la

Henri Léridon, Laurent Toulemon, INED

liberté de chacun à disposer de sa propre vie. Dans cette perspective, le fait d'avoir à élever des enfants apparaît à certains comme une contrainte. Contrainte personnelle dans la mesure où le temps qu'on leur consacre est pris sur celui que l'on pourrait utiliser pour ses loisirs. Contrainte économique, aussi : avoir des enfants coûte cher et réduit le budget disponible du couple. Parmi les couples non mariés de 18 à 44 ans, 10 % sont d'accord pour ne pas avoir d'enfant et dans 4 % des cas, un seul des partenaires ne le souhaite pas.

L'adoption difficile

Environ 6 000 enfants sont adoptés chaque année, sur les 20 000 demandes enregistrées.
2 500 adoptions relèvent de l'Aide sociale à l'enfance, 1 500 concernent des enfants étrangers, 2 000 sont des adoptions particulières. La France compte aujourd'hui 15 000 pupilles de l'Etat, un nombre en diminution régulière. Plus de 90 % d'entre eux sont placés dans des familles. Les autres (dont 90 % ont 15 ans et plus) sont accueillis dans des établissements spécialisés.
Il existe en France deux types d'adoption : l'adoption plénière (enfants de moins de 15 ans), qui entraîne la rupture totale des liens avec la famille d'origine, et l'adoption simple, qui prévoit que l'enfant restera en contact avec ses parents biologiques.

Les contraintes économiques jouent un rôle important.

Les enfants coûtent cher. C'est le cas en particulier du troisième, qui oblige souvent à trouver un appartement plus grand ou à changer de voiture. Le prix à payer est encore plus élevé lorsque la mère doit cesser son activité professionnelle. A son coût direct (éducation, alimentation, etc.) s'ajoute le manque à gagner du second salaire. Plus de la moitié des mères de famille de 3 enfants et plus restent au foyer, alors que la proportion n'est que d'un tiers pour l'ensemble des mères de famille.

Les problèmes de garde peuvent également jouer un rôle dans la décision d'avoir des enfants. Sur les 770 000 enfants de moins de trois ans nécessitant un mode de garde du fait de l'activité de leurs parents, seulement 44 % sont accueillis, dans des crèches collectives (12 %), familiales (6 %) ou chez des assistantes mater-

nelles agréées (26 %). Les autres sont gardés le plus souvent par leurs grands-parents (35 %) ou des nourrices non agréées ou des grades à domicile (21 %).

Avec Carrefour je positive!

L'enfant plus rare mais désiré

L'avenir démographique

Bien que la fécondité des femmes reste finalement proche du seuil de remplacement des générations, les Français ont fini par se persuader de l'existence d'un problème de dénatalité. On constate un écart entre le nombre d'enfants qu'ils ont et celui qu'ils souhaitent, ce qui laisse une marge de manœuvre pour une politique nataliste. Mais d'autres considérations entrent en ligne de compte, de sorte qu'il n'est guère possible de prévoir les comportements qui prévaudront à l'avenir.

S ➤ 35 % des hommes et 37 % des femmes sont favorables à une modification de la législation sur l'avortement dans un sens restrictif (50 % et 46 % y sont opposés).
S ➤ 61 % des Français trouvent irresponsable pour un homme de plus de 60 ans d'avoir un enfant. 59 % pensent qu'il n'est pas raisonnable pour une femme d'avoir un enfant avec un homme de plus de 60 ans (28 % pensent le contraire).

*Le nombre réel d'enfants est inférieur
à celui qui apparaît idéal aux familles.*

Le nombre d'enfants souhaité par les Français a légèrement augmenté depuis une dizaine d'années. On constate que ce nombre est plus faible chez les moins de 25 ans (environ 2,1) que les personnes plus âgées (2,3). Les enquêtes montrent aussi que les Français souhaitent collectivement un nombre de naissances supérieur à celui qu'ils sont prêts à assumer individuellement.

Une autre question est de savoir si le nombre d'enfants conçus dans la pratique est ou sera proche de cet idéal. C'est le cas de la génération née entre 1937 et 1942 (âgée de 48 à 53 ans en 1990). Ses membres ont terminé leur cycle de procréation et ont eu, en moyenne, 2,56 enfants pour 2,31 souhaités. Seul l'avenir dira ce qu'il en est des générations plus jeunes.

*La baisse de la fécondité
s'est d'abord jouée sur la diminution
des naissances de rang 3.
Depuis 1983, elle est aussi liée
à la diminution des naissances de rang 1 et 2.*

Depuis une dizaine d'années, le nombre de familles ayant trois enfants ou plus a diminué, alors que le nombre des autres familles a augmenté. Mais on constate aujourd'hui une augmentation du nombre des familles sans enfant. Le retard du premier enfant est peut-être lié au développement de la cohabitation avant le mariage, ainsi qu'à la diminution du nombre des couples.

L'évolution en cours pourrait être aggravée par le fait que les enfants de familles peu nombreuses ont tendance à vouloir à leur tour moins d'enfants que leurs parents. Enfin, on peut s'inquiéter de la possibilité, techniquement réaliste, de choisir le sexe des enfants. Il se pourrait (comme le laissent entendre des enquêtes sur ce sujet) que le nombre des garçons soit alors supérieur à celui des filles, ce qui ne serait évidemment pas favorable à la fécondité. Le risque de cette évolution est, à terme, celui d'une France divisée dans ses conceptions démographiques, dans laquelle 40 % des foyers n'auraient pas d'enfants. Les plus de 65 ans représenteraient alors le quart de la population française, soit plus que les moins de 20 ans.

Micro-entretien

ALFRED SAUVY *

G.M. - *La régulation démographique peut-elle se faire par apport extérieur ?*

A.S. - L'immigration peut être une solution. Mais, dans la mesure où elle est d'origine musulmane, il faut être conscient des problèmes politiques qu'elle peut soulever. Depuis L'Hégire, l'Etat et l'Eglise ne font qu'un. En France, et dans tous les pays européens, c'est au contraire la règle de la séparation de l'Eglise et de l'Etat qui prévaut. Ainsi, l'entrée de personnes de religion musulmane peut un jour (surtout si elle se fait dans des proportions massives) provoquer des difficultés intérieures.

---

* Démographe, auteur notamment de *l'Europe submergée* (Dunod).

RFI, 1er mars 1989

*Tous les experts ne sont pas d'accord
sur les conséquences d'un déséquilibre
démographique.*

En France, la plupart des hommes politiques, ainsi que l'opinion (collectivement plus qu'individuellement) sont majoritairement natalistes et considèrent qu'une baisse de la natalité aurait des conséquences sur le plan économique et social. Les démographes ne sont cependant pas tous d'accord. Certains (comme Pierre Chaunu ou Alfred Sauvy) annoncent un déclin de l'Occident parallèle à son vieillissement. D'autres (comme Hervé Le Bras) considèrent que l'accroissement de la proportion de personnes âgées (14 % de plus de 60 ans en l'an 2000 si le taux de natalité se maintient à son rythme actuel) pourra être supporté par la population active, dans la mesure où les femmes constituent encore une réserve de force de travail importante. Les débats qui ont eu lieu en mai 1990 à propos des « vrais » chiffres de la natalité montrent que les analyses des démographes ne sont pas totalement indépendantes de leurs convictions idéologiques.

S ➤ 45 % des couples qui ont décidé de ne plus avoir d'enfant pourraient changer d'avis si les mères bénéficiaient d'une aide financière. 47 % d'entre elles seraient prêtes à s'arrêter momentanément de travailler.

VIE QUOTIDIENNE

Adolescents plus tôt, adultes plus tard ● *Forte influence des enfants sur la consommation familiale* ● *Moins de contestation, plus d'adaptation* ● *Inquiétude pour l'avenir professionnel* ● *Défiance par rapport aux institutions*

Adolescents plus tôt, adultes plus tard

Sans en être vraiment conscients, les jeunes d'aujourd'hui vivent une période paradoxale. Jamais, sans doute, le présent n'a été pour eux aussi riche et l'avenir si incertain. Il y a donc deux poids et deux mesures entre la vie facile de l'enfance et celle, beaucoup plus complexe, de l'adolescence.

La richesse de l'environnement familial et social des enfants explique qu'ils deviennent adolescents plus tôt. L'incertitude quant à l'avenir fait qu'ils tendent à retarder le moment où ils sont adultes, c'est-à-dire capables de s'assumer.

Jusqu'à 7 ans, la vie est surtout un jeu.

Les plus petits se sentent plutôt bien dans leur peau. Papa et Maman n'épargnent pas leurs efforts pour leur rendre la vie simple et agréable. Le monde des adultes leur apparaît comme un gigantesque jeu aux possibilités infinies. Chaque jour est une découverte. L'école, entre 2 et 7 ans, n'est pas encore un outil de sélection ; on s'y fait de bons copains, avec qui on partage ses expériences et ses rêves.

La majeure partie du temps de loisir de l'enfant se passe en famille, même si la mère exerce une activité professionnelle : entre 4 et 7 ans, les enfants passent en moyenne 1 250 heures avec une mère active (1 000 heures seulement avec un père actif) et 1 500 avec une mère au foyer. Les « mères à temps partiel » des enfants en âge scolaire sont donc finalement aussi présentes que les autres, en dehors du mercredi. Mais la télévision occupe très vite une place essentielle : les 4-7 ans passent plus de temps devant la télé qu'à l'école (1 000 heures contre 800).

Entre 8 et 14 ans, les enfants s'intéressent au monde des adultes.

Les différences sont cependant importantes entre les 8-10 ans et les 11-14 ans. Les premiers acquièrent peu à peu une certaine autonomie au sein du foyer et à l'extérieur : ils se rendent seuls à l'école, commencent à recevoir et à dépenser de l'argent, ont accès au réfrigérateur. Tous les actes de consommation sont pour l'enfant des moyens de rechercher son identité. La socialisation commence vers 8 ans. C'est l'âge où l'on passe progressivement de l'objet aux individus, des perceptions concrètes à la pensée conceptuelle.

Les 11-14 ans connaissent les doutes de la préadolescence, ceux liés à l'intégration au groupe et au développement de la personnalité. L'argent dont ils disposent leur permet d'affirmer leur autonomie et leur identité. A partir de 11 ans, les centres d'intérêt évoluent. Si la télévision reste le média privilégié, les émissions enfantines sont délaissées au profit des émissions musicales (hit-parades) et cinématographiques.

N.B. *Ce chapitre comporte un certain nombre d'informations provenant des études et des baromètres réalisés par l'Institut de l'enfant, dirigé par Joël-Yves Le Bigot.*

La vie quotidienne de 0 à 7 ans

De 0 à 3 ans
• Ils sont 3,1 millions, soit 5,6 % de la population française.
• Dans 41 % des cas, leurs mères ont une activité professionnelle.
• Dans 11 % des cas, leurs parents ne sont pas mariés.
• 62 % des nourrissons sont alimentés au lait maternel.
• 57 % des enfants de 0-3 ans sont à la maison pendant la journée ; 43 % sont confiés à une crèche ou à une nourrice.
• Après 2 ans, 38 % vont à la maternelle.
• 37 % possèdent un livret de caisse d'épargne.
• Dès l'âge de 2 ans, ils regardent déjà beaucoup la télévision le matin, en particulier le mercredi et le dimanche. Leurs émissions préférées sont les dessins animés et la publicité.

De 4 à 7 ans
• Ils sont aussi 3,1 millions, soit 5,6 % de la population française. Les garçons sont un peu plus nombreux que les filles (51 % contre 49 %).
• 45 % des mères ont une activité professionnelle.
• 47 % des enfants se lèvent entre 7 et 7 h 30, 33 % entre 7 h 30 et 8 h.
• Au petit déjeuner, 50 % consomment (au moins occasionnellement) une boisson chocolatée, 42 % des céréales, 28 % des produits laitiers frais, 22 % du chocolat. La durée du petit déjeuner familial a doublé en 5 ans (elle est actuellement de 20 minutes).
• 60 % vont à l'école à pied, 35 % en voiture, 5 % en autobus.
• 45 % déjeunent à la cantine ; les autres rentrent à la maison.
• 15 % dînent entre 18 h 30 et 19 h, 51 % entre 19 h et 19 h 30, 23 % entre 19 h 30 et 20 h. Le dîner dure en moyenne 30 min et reste très structuré. Dans sept foyers sur dix, la télévision est allumée pendant le repas.
• 52 % sont couchés avant 20 h 30, 38 % vers 21 heures.
• Leur loisir préféré est la télévision ; ils la regardent en moyenne 21 h 10 par semaine, contre 16 h 45 en 1986.
• Le mercredi, 55 % des garçons et 61 % des filles restent seuls à la maison. 34 % des garçons et des filles reçoivent ou vont chez des copains, 17 % des garçons et 24 % des filles suivent des cours de musique ou font du sport, 16 % des garçons et 7 % des filles vont dans un centre aéré, 7 % des garçons et 3 % des filles sortent avec des copains.
• 31 % reçoivent de l'argent de poche ; en moyenne 11 F par semaine.

La vie quotidienne des 8-14 ans

• Ils sont 5,5 millions, soit 10 % de la population française, dont une majorité de garçons (2,8 millions).
• 80 % fréquentent l'école publique, 20 % l'école privée.
• La moitié déjeunent à la cantine de l'école.
• Plus de quatre enfants sur dix consomment habituellement des barres chocolatées, trois sur dix des barres céréalières.
• Les garçons portent moins fréquemment des tenues de jogging qu'il y a quelques années. Ils leur préfèrent de plus en plus le jean et le blouson. Les filles aiment les ensembles blouse et collant, les mini-jupes en jean et les blousons de taille large. A l'école, les sacs à dos sont plutôt moins à la mode.
• Les 8-10 ans regardent la télévision en moyenne 23 h 20 par semaine, les 11-14 ans 25 h 28. L'intérêt est plus fort chez les garçons, dans les familles modestes, et décroît un peu avec l'âge.
• 28 % des enfants de 8 à 10 ans pratiquent la natation, 24 % la gymnastique, 23 % le football, 15 % le tennis, 15 % la danse, 14 % les sports de combat, 11 % le basket, 9 % la course à pied, 8 % le ski.
• 27 % des enfants de 11 à 14 ans pratiquent la gymnastique, 26 % la natation, 23 % le basket, 21 % le hand-ball, 20 % le football, 18 % le volley ball, 16 % le tennis, 14 % l'athlétisme, 12 % le cyclisme, 11 % le ski.
• 35 % des 8-14 ans disposent d'un livret d'épargne de l'Ecureuil, 11 % d'un livret bancaire, 10 % d'un livret d'épargne de la Poste. Les sommes moyennes déposées sont de 1 600 F : 1 300 F pour les 8-10 ans, 2 300 F pour les 11-12 ans (âge de la communion), 1 500 F pour les 13-14 ans.

Les jeunes de 15-25 ans sont adolescents plus tôt et adultes plus tard.

Avec l'adolescence se développe le sentiment que l'intégration au monde des adultes ne sera pas facile. C'est ce qui explique que cette adolescence précoce tend à se prolonger, retardant l'arrivée à l'âge adulte.

S ➤ 21 % des et 35 % des filles de 3 à 5 ans pensent que faire l'amour, c'est « faire un petit bébé ». 50 % des garçons et 33 % des filles pensent que c'est « se faire plein de bisous et de gros câlins ». 25 % des garçons et 32 % des filles ne savent pas.
S ➤ 16 % des étudiants et lycéens ont déjà emprunté de l'argent à une banque, en moyenne 12 000 F.

Institut de l'enfant

Les jeunes de 15 à 25 ans se ressemblent, à la fois dans leur apparence, leurs modes de vie et leur échelle des valeurs. Garçons et filles expriment à la fois leur volonté de vivre en harmonie avec les autres et celle d'être indépendant. Ils privilégient la recherche du bonheur individuel et repoussent ce qu'ils considèrent comme l'illusion du bonheur collectif. Ils ne se paient pas de grands mots ni de grands principes, puisqu'à leurs yeux les uns et les autres ont montré leur impuissance à résoudre les principaux problèmes de l'époque.

La vie quotidienne des 15-25 ans

- Ils sont 8,2 millions et représentent 15,5 % de la population française.
- 72 % habitent chez leurs parents ; ils sont encore 24 % à 24 ans.
- 16 % sont mariés ou vivent en couple (35 % entre 21 et 24 ans). 3 millions d'entre eux sont actifs, soit 37 %. Les autres sont scolarisés ou font leur service militaire (540 000).
- Ils se lèvent en moyenne à 6 h 50 et se couchent à 22 h 40. Les élèves et étudiants se lèvent et se couchent sensiblement plus tôt que ceux qui exercent une activité professionnelle. Les actifs se lèvent plus tard que les élèves ou étudiants.
- Leur revenu mensuel est en moyenne de 2 900 F ; il est composé de l'argent de poche (127 F), de celui gagné en faisant des petits travaux (829 F), de l'argent reçu en cadeau (251 F) et de salaires pour les actifs (1 720 F). Au total, le revenu annuel des 15-24 ans représente près de 300 milliards de francs.
- 20 % contribuent aux charges de la famille (participation au loyer, etc.).
- 59 % possèdent personnellement un walkman, 53 % une télévision, 19 % un magnétoscope, 52 % une chaîne hi-fi, 36 % une carte de crédit, 36 % une voiture, 19 % un cyclomoteur, 7 % une moto, 16 % un micro-ordinateur, 14 % un lecteur de disques compacts, 4 % une planche à voile. Mais 7 % ne possèdent rien de tout cela.
- 50 % lisent le plus souvent des bandes dessinées, 35 % des livres d'aventure, 31 % des policiers, 26 % des livres de science fiction.
- 46 % vont au cinéma au moins une fois par mois, 44 % moins souvent et 10 % jamais.
- Les modes se diversifient, avec une tendance croissante vers le « BC-BG », mais le jean reste largement apprécié.

Institut de l'enfant

De la contestation à l'adaptation

Contrairement à leurs aînés de Mai 68, les jeunes d'aujourd'hui ne condamnent pas la société dans laquelle ils vivent ; ils cherchent au contraire à s'y intégrer. La jeunesse est une période d'expérimentation, de quête de sa propre identité. Cette recherche de soi passe par la découverte des autres. La sexualité en est l'un des révélateurs privilégiés. Faire l'amour, c'est entrer dans l'univers des adultes.

Les valeurs des jeunes sont centrées sur la sphère personnelle.

Si la patrie, la religion ou la politique sont éloignées de leurs préoccupations, la famille et le travail restent pour eux au contraire des valeurs sûres. Mais ces mots n'ont plus tout à fait le même sens que pour les adultes des générations précédentes. La famille qu'ils souhaitent est plus ouverte, plus attentive au monde extérieur, plus favorable à l'équilibre de chacun des ses membres.

Le travail qu'ils réclament n'a plus la valeur mythique que lui attribuaient les anciens. C'est d'un « autre » travail qu'il s'agit, par lequel les jeunes veulent à la fois gagner leur vie et s'épanouir, sans lui consacrer pour autant la totalité de leur énergie ni de leur temps.

L'amitié, valeur refuge des jeunes

Dimanche

*L'amour et l'amitié
jouent un rôle prépondérant.*

Jusqu'à environ 15 ans, les jeunes placent souvent l'amitié au-dessus de tout. Ce sentiment fait place ensuite à l'amour et à son corollaire, la sexualité. Si la façon de parler de l'amour et de le faire a changé, les notions profondes qu'il recouvre n'ont pas vraiment évolué.

L'Amour « majuscule » n'existe pas qu'au cinéma ou dans la littérature. Il peuple encore les rêves des jeunes gens d'aujourd'hui. Les filles l'avouent sans doute un peu plus facilement que les garçons. 72 % des 15-25 ans pensent que l'amour peut durer toujours ; 28 % seulement sont d'un avis contraire.

E • En un demi-siècle, l'âge de la puberté s'est abaissé en moyenne de deux ans, passant de 13 à 11 ans.

L'une des fonctions principales de la période d'adolescence est de transformer la sexualité latente en sexualité véritable, c'est-à-dire partagée. Du bon déroulement de ce processus dépend l'équilibre futur de l'adulte. L'évolution sociale des vingt dernières années a rendu les relations amoureuses moins mystérieuses, sans pour autant les banaliser. Par ailleurs, la contraception est devenue plus facile et efficace, même si elle n'est pas encore très largement utilisée.

Les conditions sont donc réunies pour que la sexualité s'exprime différemment. Ainsi, le « droit au plaisir », longtemps réservé aux hommes, a été conquis par les jeunes femmes. Mais il n'est pas antinomique avec les sentiments, qui demeurent prépondérants.

S ➤ 12 % des jeunes de 15 à 25 ans ont eu leur premier rapport sexuel avant 15 ans, 50 % entre 16 et 18 ans, 12 % entre 19 et 21 ans, 1 % entre 22 et 25 ans. Pour 25 % d'entre eux, l'occasion ne s'est pas encore présentée.
S ➤ 15 % des jeunes de 15 à 25 ans considèrent que l'homosexualité, c'est moral, 60 % acceptable, 22 % répréhensible.
S ➤ 34 % des 15-20 ans rêvent de « s'organiser une vie de famille tranquille et confortable ». 27 % disent vouloir « profiter au maximum de la vie », 19 % « économiser de l'argent ». 23 % se disent prêts à « tout faire pour que ça change ».

Contraception : une fille sur deux

Environ une adolescente sur deux entre 15 et 19 ans n'utilise aucun moyen contraceptif lors de son premier rapport sexuel. Parmi celles qui sont exposées aux risques de grossesse, 40 % seulement utilisent la pilule, 25 % font confiance à la méthode des températures, 3 % portent un stérilet, 3 % un diaphragme, 2 % pratiquent le retrait. Les méthodes contraceptives sont moins utilisées par les jeunes en France que dans d'autres pays d'Europe.
La crainte du sida est largement présente : 42 % déclarent s'efforcer de faire très attention au choix de leurs partenaires ; 41 % sont favorables à l'utilisation de préservatifs ; 18 % sont incitées à avoir peu de partenaires.

L'Etudiant/SCP, septembre 1989

*Beaucoup sont inquiets
pour leur vie professionnelle.*

Parmi les principales ambitions des jeunes, la réussite de la vie professionnelle arrive au premier plan, devant même le désir de fonder une famille. Les deux tiers des 18-25 ans sont prêts à faire des sacrifices importants, y compris dans leur vie familiale, pour réussir leur carrière.

La crainte du chômage est évidemment répandue dans la mesure où la plupart ont des camarades ou des membres de leur famille touchés par ce fléau. Les enquêtes montrent qu'ils sont prêts à faire preuve d'une grande mobilité géographique pour trouver un emploi : une écrasante majorité d'entre eux accepteraient de quitter leur ville, leur région, plus de la moitié iraient travailler dans un autre pays d'Europe, voire sur un autre continent.

Les jeunes jugent la société

81 % des jeunes de 17 à 20 ans pensent que la société dans laquelle ils vivent est avant tout violente, 14 % chaleureuse.
71 % la trouvent raciste, 24 % tolérante.
38 % la trouvent décadente, 57 % avancée.
61 % des garçons et 49 % des filles envisagent l'avenir avec crainte, 38 % et 49 % avec confiance.
49 % pensent que leur bonheur dépendra surtout de l'intérêt de leur travail, 35 % de l'amour, 14 % de l'argent.
72 % des filles et 59 % des garçons ne croient pas à l'efficacité de l'action politique (18 % et 37 % oui).

Femme Pratique/BVA, août 1989

Ils ne font guère confiance aux institutions.

Les instances politiques (partis, gouvernement et, par extension, les syndicats) sont les moins appréciées. 6 % des jeunes en âge de voter ne sont pas inscrits sur les listes électorales et n'ont pas l'intention de le faire, 7 % sont inscrits mais ne voteront pas.

La génération-transition

Nés après 1968, les moins de 20 ans forment une génération particulière. Ni bof-génération, ni boss-génération, ils constituent en fait une *génération-transition*.
Transition entre une société industrielle qui s'essouffle et une société post industrielle qui n'a pas encore trouvé ses marques. Un peu plus de vingt ans après, la révolution culturelle de Mai 68 paraît largement inachevée.
Transition entre deux appartenances géographiques : nés Français, les jeunes vivront leur vie d'adulte en tant qu'Européens.
Transition entre deux siècles et, expérience rare, entre deux millénaires. A ceux qui auront la chance de le connaître, le troisième millénaire apparaît chargé d'incertitudes et de menaces.
Transition, surtout, entre deux systèmes de valeurs ; la vision collective de la vie s'efface au profit d'une vision individuelle. L'« égologie » se combine à l'écologie pour exprimer son inquiétude non seulement quant à la préservation de l'environnement, mais aussi en ce qui concerne la survie de l'espèce humaine.
Transition enfin entre deux civilisations : celle de la consommation et des loisirs a remplacé celle du travail. Une mutation à la fois quantitative et qualitative dont on est loin d'avoir mesuré tous les effets.

S ➤ 73 % des enfants de 10 à 13 ans considèrent qu'ils peuvent dire qu'ils ne sont pas d'accord (9 % non), 50 % choisir le film qu'ils veulent voir à la télévision (29 % non), 70 % avoir des secrets (10 % non), 65 % s'habiller comme ils veulent (13 % non), 56 % dépenser seuls leur argent (23 % non), 38 % sortir seuls (41 % non).
S ➤ 85 % des élèves de 6ᵉ et de 5ᵉ trouvent acceptable d'être privés de télévision si leurs parents les punissent, 78 % de recevoir une fessée, 74 % une gifle, 59 % d'être privés de sortie.
S ➤ 80 % des filles et 69 % des garçons de 15 à 25 ans pensent qu'une femme doit être autonome financièrement de son mari (19 % et 28 % non).

Cette désaffection s'explique par l'inefficacité apparente des appareils politiques et institutionnels, qui n'ont pas su résoudre les grands problèmes du moment (chômage, montée du racisme et de la xénophobie, croissance des inégalités..). Elle est renforcée, au plan international, par la persistance des grandes menaces qui pèsent sur l'avenir de l'humanité : risques écologiques, sida, famine, nucléaire, etc.

L'enfant consommateur

Non contents de dépenser eux-mêmes l'argent dont ils disposent (quelque 10 milliards de francs par an), les jeunes exercent une influence déterminante sur les achats effectués par leurs parents. Des bonbons aux vêtements en passant par les voitures et les magnétoscopes, leur ombre se profile derrière un grand nombre de décisions d'achats.

Très tôt, les enfants sont des consommateurs à part entière.

Vers l'âge de 8 ans, la consommation devient un élément de structuration de la personnalité des enfants en même temps qu'un facteur d'identité. Leurs désirs portent d'abord essentiellement sur des produits courants : alimentation, jouets. Vers 10 ans, ils se déplacent vers les produits d'équipement familial. L'âge de 11 ans marque une rupture essentielle, avec l'entrée dans le secondaire.

Entre 11 et 14 ans, le désir d'autonomie se manifeste dans l'habillement, l'alimentation, la communication. C'est l'âge de la surconsommation de téléphone, qui permet de parler aux copains sous n'importe quel prétexte. Toute la période d'adolescence est placée sous le signe de l'ambivalence : l'enfant cherche en même temps à trouver son identité et à s'intégrer au groupe.

A partir de 15 ans, les jeunes représentent une clientèle directe importante pour les industriels ; ils disposent d'un pouvoir d'achat relativement élevé, qu'ils consacrent principalement à des dépenses de plaisir. Ils sont prêts à investir des sommes importantes pour se procurer des produits « symboles » qui sont autant de signes d'appartenance à un groupe social et à une époque. Les marques jouent dans ce domaine un rôle essentiel, surtout en matière vestimentaire (*Adidas, Benetton, Chevignon, Kookaï, Levi's, Naf-Naf, Nike, Perfecto, Reebok, Swatch...*).

A chaque âge ses produits

L'influence des enfants de moins de 15 ans sur la consommation familiale s'exerce sur des types de produits très différents selon l'âge :
• De 0 à 2 ans, l'impact est surtout sensible sur les produits alimentaires et les jouets ; l'enfant manifeste le plus souvent ses choix par le refus, plus facile à exprimer à cet âge.
• De 3 à 6 ans, les enfants exercent leur action sur un domaine élargi aux vêtements, livres, journaux, disques, etc.
• De 7 à 8 ans, les pressions portent sur les produits familiaux courants (alimentation, loisirs, etc.) ; les demandes sont précises et l'incitation à l'achat très directe.
• De 9 à 12 ans, l'influence s'exerce sur les produits familiaux d'équipement (voiture, télévision, hi-fi, etc.), en même temps qu'apparaît le désir d'accéder à des produits normalement réservés aux adultes. Elle est forte également dans le domaine des vêtements, sous-vêtements et produits d'hygiène et certains produits alimentaires (produits de grignotage, céréales, glaces, produits laitiers).
• Entre 12 et 14 ans, c'est l'âge du « spécialiste », imbattable dans les domaines qu'il a choisis. L'enfant organise tout son univers autour de ses passions, tendant à abandonner le reste. L'adolescence et la technologie font souvent bon ménage.

Près de la moitié des dépenses des foyers en biens et services dépendent des enfants de moins de 15 ans.

Les parents sont de plus en plus sensibles aux pressions exercées par leurs enfants. Les mères tiennent souvent compte des marques qui leur sont réclamées, que ce soit en matière de vêtements ou d'alimentation (les enfants peuvent citer en moyenne 17 noms de biscuits).

L'équipement du foyer dépend aussi largement de la présence d'enfants. Ainsi, la proportion de ménages disposant d'un magnétoscope est de 36 % parmi ceux qui ont des enfants de plus de 8 ans, contre 14 % pour l'ensemble de la population. La pénétration de certains produits est conditionnée par la présence d'enfants :

50 % des foyers avec enfants consomment des glaces, le stock étant renouvelé pour environ un tiers chaque semaine.

Au total, ce sont plus de 400 milliards de francs, qui, chaque année, sont plus ou moins contrôlés par les jeunes de moins de 25 ans, soit dix fois plus que le marché des produits qui leur sont spécifiquement destinés. Il faudrait ajouter à cette somme les dépenses effectuées pour eux sans qu'ils y prennent part (assurances, dépenses de santé, etc.) et celles dont ils sont indirectement responsables mais qui sont effectuées par les ménages sans enfants (grands-parents recevant leurs petits-enfants, etc.).

Les jeunes, acheteurs et prescripteurs

Venise

Fils de pub

Les enfants aiment la publicité. L'image les fascine davantage que le son, ce qui explique leur intérêt pour les spots télévisés ou les affiches dans la rue. D'ailleurs, 16 % des spots publicitaires de la télévision sont réalisés avec la participation d'enfants. Dans la publicité, ils apprécient le merveilleux, les choses qui ne se passent pas comme dans la vie, qui transgressent ou ignorent les règles et les contraintes du monde des adultes.
Mais cela ne les empêche pas de savoir prendre leurs distances par rapport au message publicitaire. Avant 10 ans, ils sont séduits par le « spectacle » publicitaire ; ils deviennent ensuite de plus en plus sélectifs vis-à-vis des marques et des produits.

L'argent de poche varie de 46 à 127 F
par mois selon l'âge, mais les sommes
disponibles sont beaucoup plus élevées.

Le nombre d'enfants qui reçoivent de l'argent de poche de leurs parents s'accroît régulièrement et les montants augmentent. Avant 10 ans, l'allocation est hebdomadaire ; elle devient ensuite mensuelle. Elle représente en moyenne 46 F par mois pour les 8-10 ans, 77 F pour les 11-12 ans, 84 F pour les 12-13 ans.

Mais il serait faux de penser que les dépenses des enfants sont limitées à l'argent de poche dont ils disposent. Il s'y ajoute les sommes reçues en cadeau, l'argent « récupéré » et celui obtenu en faisant des petits travaux. Au total, 198 F par mois pour les 8-10 ans, 362 F pour les 11-12 ans, 511 F pour 13-14 ans.

Pour les 15-20 ans, les montants totaux varient considérablement selon l'âge et la situation : 820 F entre 15 et 17 ans ; 3 200 F entre 18 et 20 ans ; 4 300 F entre 21 et 24 ans. Leur revenu mensuel est en moyenne de 2 900 F. L'argent de poche proprement dit ne représente que 127 F ; le reste provient des petits travaux (829 F), de l'argent reçu en cadeau (251 F) et surtout des salaires perçus par les actifs (1 720 F).

La technique du cofinancement

En dehors des petits achats quotidiens (bonbons, journaux, cinéma, etc.) financés par l'argent de poche, les achats concernant des biens d'équipements (sport, musique...), certains vêtements coûteux ou le transport sont cofinancés par les enfants et les parents.
Un système de partenariat s'est donc mis en place dans beaucoup de familles. Lorsqu'un adolescent reçoit 10 francs, il est ainsi capable d'en dépenser 30... tout en mettant de côté 10 francs, qu'il placera sur son livret de caisse d'épargne ou son compte bancaire plutôt que dans sa tirelire.

➤ En trente ans, les émissions pour enfants sont passées de 5 minutes par jour sur une seule chaîne (*Bonne nuit les petits*) à plus de 90 minutes en moyenne par jour et par chaîne.
➤ En matière de jouets, les préférences des 4-7 ans sont très distinctes selon le sexe. Les jouets des garçons s'inscrivent dans l'univers guerrier ; ceux des filles dans l'univers des poupées. Les plus de 7 ans se tournent de plus en plus vers d'autres types de cadeaux, comme l'informatique, les équipements de loisirs ou les vêtements.
S ➤ 59 % des 15-25 ans ont l'intention de se fiancer un jour (41 % non), 72 % de se marier (28 % non), 74 % de vivre en union libre (26 % non). 73 % des hommes et 67 % des femmes se disent sexuellement satisfaits (22 % et 23 % non). 27 % des hommes et 19 % des hommes sont hostiles à l'utilisation de préservatifs. 75 % se disent fidèles (25 % non).
S ➤ 90 % des 8-12 ans aiment le mot drapeau (8 % non), 89 % le mot Europe (9 % non), 74 % le mot Eglise (14 % non), 66 % le mot révolution (31 % non), 20 % le mot politique (76 % non). 51 % ont l'impression de faire ce qu'ils veulent dans la vie de tous les jours (49 % non). 61 % ne sont pas pressés de devenir adultes (38 % oui). 68 % pensent que la France, c'est plutôt mieux que les autres pays (22 % plutôt moins bien).
➤ La presse des jeunes de moins de 18 ans comprend 195 titres, 150 millions d'exemplaires et 12 millions de lecteurs.
S ➤ Les chanteurs préférés des 11-14 ans sont, par ordre décroissant : David Hallyday, Mylène Farmer, Jean-Jacques Goldman, Elsa, Patricia Kaas, Madonna, Kaoma, Michaël Jackson, Renaud, Aha, Johnny Hallyday, Michel Sardou, Vanessa Paradis, les Beatles, Mélody.
S ➤ Les sujets dont les 15-24 parlent le plus fréquemment avec leurs parents sont : le travail (61 %), l'argent (51 %), l'avenir (51 %), la vie de famille (46 %), les études (46 %), l'actualité (45 %). Les sujets dont ils parlent le plus fréquemment avec leurs amis sont : les vacances, les week-ends (78 %), le cinéma (67 %), la musique (59 %), la prochaine sortie (57 %), le travail (49 %), l'avenir (46 %), les sports (43 %), l'actualité (42 %), les études (41 %), les vêtements (40 %).
➤ En France, les achats de jouets représentent 1 350 F par enfant et par an, contre 1 475 en RFA, 970 au Royaume-Uni, 951 en Italie, 631 en Espagne (1988).

LES PERSONNES ÂGÉES

TROISIÈME ÂGE

10 millions de 60 ans et plus ● Un Français de plus de 65 ans sur quatre en 2010 ● Dix travailleurs pour un retraité en 1955, deux en 1990 ● Problème de financement des retraites, mais capacité d'adaptation sociale sous-estimée

La vieille France

Au 1er janvier 1990, 10,5 millions de Français avaient 60 ans et plus, soit un adulte sur trois. Plus d'un Français sur dix est aujourd'hui retraité. Les personnes âgées ne constituent pas un groupe social homogène car les inégalités des situations individuelles sont très fortes. Minorité nombreuse et silencieuse, les seniors représentent à la fois un poids économique important et une charge croissante pour la collectivité.

19 % des Français ont 60 ans et plus. Ils n'étaient que 13 % en 1900.

Le vieillissement est dû à la fois à la chute de la fécondité et à l'allongement de la durée de vie moyenne. Le résultat est un déséquilibre croissant dans la structure de la population française. Un ménage sur quatre appartient aujourd'hui au groupe des « inactifs de plus de 55 ans ».

Le « taux de dépendance », qui mesure le rapport entre la population d'âge inactif (moins de 15 ans et plus de 65 ans) et celle d'âge actif (15 à 65 ans) est en 1990 de 51,8 %. Il devrait s'aggraver à partir de l'an 2010, pour atteindre 68,2 % en 2050. Il devrait encore s'accélérer au cours des prochaines décennies si les taux de fécondité restent à leur niveau actuel.

Mais la définition du troisième âge est artificielle. Il y a l'âge administratif (celui de la retraite ou de la préretraite), l'âge des artères et celui du cerveau.

On constate un vieillissement semblable dans les autres pays industrialisés.

Près de 14 % des Européens (CEE) ont aujourd'hui au moins 65 ans, un peu moins de 20 % ont moins de 15 ans. Le vieillissement devrait s'accentuer jusqu'en 2030, sous l'effet de l'arrivée à l'âge de la retraite des personnes nées pendant la période du « baby boom ». Les pays de la Communauté (à l'exception de l'Irlande) compteront alors plus de personnes âgées de 65 ans et plus que de moins de 15 ans. En France, il y avait cinq jeunes pour un « vieux » en 1789 ; il y en a moins de deux aujourd'hui.

La France vermeil

Evolution démographique de la France (1850-2000) :

	60 ans et plus (%)	65 ans et plus (%)	85 ans et plus (%)	Total France (millions)
• En l'an 1850	10,2	6,5	0,2	35,8
• En l'an 1900	12,9	8,5	0,3	38,5
• En l'an 1975	18,3	13,4	1,0	52,0
• En l'an 1980	17,0	14,0	1,1	53,6
• En l'an 1985	17,9	12,6	1,3	54,8
• En l'an 2000	19,0	14,5	1,5	56,0

INSEE

Eurostat

Le vieux monde

Pourcentage des personnes de 65 ans et plus dans la population totale de certains pays (en 1987) :

	Hommes	Femmes
• Belgique	11,4	16,9
• Danemark	12,9	17,7
• Espagne	10,2	14,3
• FRANCE	10,6	15,9
• Grèce	11,9	14,8
• Irlande	9,5	12,2
• Italie	11,1	15,6
• Luxembourg	10,6	15,7
• Pays-Bas	10,0	14,6
• Portugal	10,4	14,2
• RFA	10,8	19,2
• Royaume-Uni	12,3	18,0

Les personnes âgées ont des caractéristiques différentes du reste de la population.

Les plus de 60 ans sont plus souvent mariés ou veufs, moins souvent célibataires ou divorcés que les personnes plus jeunes. Les femmes sont beaucoup plus nombreuses que les hommes du fait d'une espérance de vie plus longue : plus des trois quarts des plus de 85 ans sont des femmes ; on compte cinq fois plus de veuves que de veufs parmi les personnes âgées de 60 ans et plus.

La répartition régionale est également très diverse : la Creuse compte 25 % de plus de 65 ans ; l'Essonne n'en compte que 8 %. D'une façon générale, la proportion de personnes âgées est plus forte dans la moitié sud de la France et dans la ville de Paris.

La durée de la retraite est très inégale. Celle d'un enseignant dure en moyenne 14 ans de plus que celle d'un manœuvre.

Certaines professions conservent mieux que d'autres. L'enseignant cumule une espérance de vie de 9 ans supérieure à celle du manœuvre et une retraite plus précoce (souvent 5 ans). Sa retraite durera donc en moyenne 14 ans de plus que celle d'autres catégories professionnelles.

On trouve des inégalités encore plus fortes dans certains secteurs de la fonction publique,

La vieillesse : une spécialité féminine

Proportion de femmes dans la population de plus de 60 ans en 1990 (en %) :

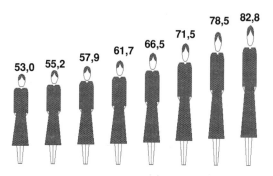

60-64 ans	65-69	70-74	75-79	80-84	85-89	90-94	95 +
53,0	55,2	57,9	61,7	66,5	71,5	78,5	82,8

où la retraite peut être prise bien avant l'âge de 60 ans. La palme revient sans doute à l'armée, où le cumul des années de campagne et l'existence de dispositions particulières permettent à certains gradés de bénéficier de la retraite à 35 ans.

La retraite ailleurs

Age légal du départ à la retraite dans certains pays :

• FRANCE	60 ans et plus
• RFA	65 ans (possible jusqu'à 67)
• Grande-Bretagne	Hommes 65 ans (possible 75)
	Femmes 60 ans (possible 65)
• Italie	Hommes 60 ans
	Femmes 55 ans (possible 65)
• Espagne	65 ans
• Portugal	Hommes 65 ans
	Femmes 62 ans (possible 70)
• Belgique	Hommes 65 ans (possible 70)
	Femmes 60 ans (possible 65)
• Luxembourg	65 ans et plus
• Pays-Bas	65 ans et plus
• Danemark	67 ans (possible jusqu'à 70)
• Irlande	65 ans et plus
• Grèce	Hommes 65 ans et plus
	Femmes 60 ans et plus

*L'état de santé est très variable
selon les âges et les individus.*

68 % des personnes âgées de 65 ans et plus suivent un traitement médical, 39 % ont des difficultés à monter ou descendre un escalier, 22 % à sortir de leur logement, 9 % ont subi une hospitalisation au cours des six derniers mois. Après 85 ans, le taux d'incapacité atteint 80 %.

Les situations sont très différentes selon l'âge : les personnes seules de 75 ans et plus ne sont guère plus nombreuses à suivre un traitement ou être hospitalisées, mais 51 % d'entre elles ont des difficultés pour monter ou descendre un escalier, 33 % à sortir de chez elles. Parmi les plus de 65 ans, 4 % souffrent d'une forte incapacité qui les oblige à rester au lit ou dans un fauteuil ; 20 % ont une incapacité moyenne qui les oblige à rester chez eux.

Les ménages âgés sont dans l'ensemble de mieux en mieux couverts par le système de protection sociale et de retraite : outre la Sécurité sociale, 49 % par une mutuelle, 4 % par l'assistance médicale gratuite. Environ 80 % bénéficient de remboursements des soins à 100 %. 7 % des personnes seules de 65 ans et plus ont une femme de ménage, 12 % une aide ménagère.

La vieillesse invisible

La publicité et les médias, reflets instantanés de l'inconscient collectif, mettent en scène le dynamisme, la vitesse, la fantaisie ou la dérision, qui sont par essence les attributs de la jeunesse. Pas de place, ou presque, pour les « seniors » dans cette imagerie populaire qui a peur des rides et qui privilégie la beauté, la force et la séduction plutôt que la sérénité, la sagesse et l'expérience.
On se trouve donc dans une situation paradoxale où la population âgée, qui représente un cinquième de la population, est très peu visible dans la vie quotidienne (les personnes âgées sortent peu) et dans les médias.

➤ La doyenne des Français, madame Jeanne Calment, a eu 115 ans le 21 février 1990, à Arles.
E. ➤ On compte environ 3 000 centenaires en France, dont la plupart sont des femmes. 215 000 personnes ont plus de 90 ans.
E ➤ A partir de 20 ans, le corps perd de 50 000 à 100 000 cellules par jour.

Scénario noir, scénario bleu

Les scénarios-catastrophe des démographes annoncent une société vieillissante qui perdrait progressivement son dynamisme et sa créativité. Ceux des économistes prévoient qu'une minorité d'actifs fera bientôt vivre le reste de la population en acquittant des charges de plus en plus lourdes. Pourtant, d'autres scénarios, moins dramatiques mais vraisemblables, misent sur la capacité d'adaptation de la société.

*Dans trente ans, un Français sur quatre
aura plus de 65 ans.*

C'est à partir de l'an 2005 que vont se poser les grands problèmes démographiques. Outre l'arrivée à la retraite des « baby-boomers », la poursuite des progrès médicaux, en particulier dans le domaine de la lutte contre les maladies cardio-vasculaires et le cancer, devrait permettre d'allonger encore la durée de vie moyenne.

Cette évolution, qui semble inéluctable, pose deux questions essentielles pour l'avenir de la société. Comment donner aux plus âgés les moyens de bien vivre la période de plus en plus longue de la retraite ? Comment faire pour que les plus jeunes n'aient pas un tribut trop lourd à payer ?

Micro-entretien

ALFRED SAUVY *

G.M. - *Y a-t-il un risque de conflit entre les générations ?*

A.S. - Ce conflit est probable. Dans tous les pays d'Europe, la proportion de personnes âgées va augmenter, et par là même celle des retraités. La retraite est un droit, mais sans jeunes pour y subvenir, ce droit ne sera pas satisfait. Rétablir l'équilibre de la Sécurité sociale risque d'ailleurs d'entraîner une baisse du nombre d'enfants, de jeunes. Ce serait alors un cercle vicieux, lourd de conséquences.

---

* Démographe, auteur notamment de *l'Europe submergée* (Dunod).

RFI, 1er mars 1989

L'âge et le temps

Evolution du nombre des personnes de plus de 60 ans (en % de la population totale) :

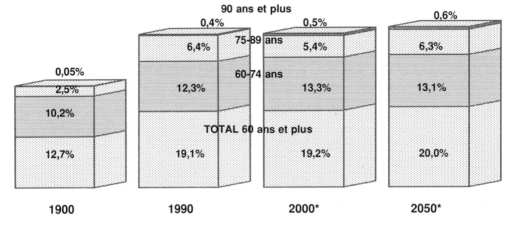

90 ans et plus

75-89 ans

60-74 ans

TOTAL 60 ans et plus

	1900	1990	2000*	2050*
90 ans et plus	0,05%	0,4%	0,5%	0,6%
75-89 ans	2,5%	6,4%	5,4%	6,3%
60-74 ans	10,2%	12,3%	13,3%	13,1%
TOTAL 60 ans et plus	12,7%	19,1%	19,2%	20,0%

* Hypothèse : taux de fécondité à 2,1

INED - INSEE

Plus de vieux que de jeunes après l'an 2000

La proportion de jeunes de moins de 20 ans est passée de 34 % en 1965 à 28 % en 1989. Dans le même temps, celle des 60 ans et plus passait de 17 à 19 %. Quelle que soit la fécondité au cours des dix prochaines années, la population française continuera de croître jusqu'à la fin du siècle. Après l'an 2000, elle diminuera si la fécondité est inférieure ou égale à 1,8 et continuera d'augmenter si le taux de fécondité dépasse 2 enfants par femme.
Dans tous les cas, le vieillissement se poursuivra, surtout à partir de 2005, date de l'arrivée à 60 ans des personnes du baby boom de l'après-guerre. En 2023, les personnes de 60 ans et plus représenteront environ 25 % de la population totale, soit un Français sur quatre. Il y aura alors plus de personnes âgées de 60 ans et plus que de jeunes de moins de 20 ans.

E ➤ A 60 ans, le cerveau humain pèse en moyenne 300 grammes de moins qu'à 20 ans.
S ➤ 49 % des Français âgés de 50 à 64 ans aimeraient prendre leur retraite entre 56 et 60 ans, 31 % à 55 ans ou moins, 12 % à plus de 60 ans. Les personnes plus jeunes souhaitent prendre leur retraite plus tôt que les plus âgées. Les personnes proches de la gauche sont plus tentées par une retraite précoce que celles de droite.

Les actifs devront payer pour les inactifs. En 1955, il y avait dix travailleurs pour un retraité ; ils ne sont plus que deux en 1990.

Aucune génération n'avait jusqu'ici connu une telle situation. La tendance actuelle a peu de chances de se renverser au cours des prochaines années, sauf si l'on repoussait l'âge de la retraite, après l'avoir avancé.

A partir de l'an 2000, le vieillissement de la population et l'arrivée à la retraite des premières générations de femmes actives vont rendre encore plus difficile l'équilibre des caisses de retraite. Cette situation pose évidemment le problème de la prise en charge par la collectivité des dépenses de la vieillesse : retraites, santé, etc.

C'est en partant de ce constat que certains imaginent une sorte de « guerre des générations », qui opposerait les jeunes et les vieux, les actifs et les inactifs. Ses conséquences seraient un appauvrissement général, en même temps qu'une absence de créativité et de fantaisie. La société française, caractérisée par la misère des jeunes et la marginalisation des vieux, serait alors livrée à l'immigration sauvage et aux ambitions hégémoniques d'autres pays. Elle perdrait peu à peu sa culture et son identité.

L'équilibre des régimes de retraite ne pourra être maintenu sans de profondes réformes.

Des augmentations de cotisations apparaissent nécessaires et probables. Les systèmes de retraite par capitalisation individuelle devraient aussi se développer, afin d'apporter le complément de revenu nécessaire aux futurs retraités. L'accroissement du patrimoine des ménages au cours des trente dernières années devrait faciliter sa mise en œuvre. Elle est déjà engagée, sous l'impulsion des compagnies d'assurances et des banques qui ont trouvé là un marché d'avenir.

Les scénarios-catastrophe sous-estiment la capacité d'adaptation sociale.

On peut bâtir à partir des mêmes projections démographiques un scénario plus optimiste, qui prend en compte certains aspects qualitatifs du vieillissement. D'abord, si l'on vieillit davantage, on est jeune plus longtemps ; l'âge de 75 ans aujourd'hui correspond biologiquement à celui de 60 ans entre les deux guerres.

De plus, le découpage ternaire de la vie (formation, travail, retraite) ne correspond plus aux aspirations individuelles, ni aux contraintes économiques. Il est donc probable que les périodes de travail, formation, repos alterneront au cours d'une vie. Dans ce contexte, l'expérience professionnelle et humaine des anciens sera une plus-value que les entreprises auront tout intérêt à exploiter.

Le vieillissement, un problème individuel et collectif

FCA !

Dans cette optique, l'accroissement du nombre de personnes âgées ne serait plus un problème social, mais une opportunité. C'est déjà en partie le cas, dans la mesure où le troisième âge est considéré comme un « marché » dans beaucoup de secteurs de la consommation.

Micro-entretien

MICHEL CICUREL *

G.M. - *Le déséquilibre démographique porte-t-il en germe le déclin économique et les tensions sociales ?*

M.C.- Les vieux d'hier et d'aujourd'hui ne sont pas ceux de demain. La natalité peut connaître des sautes d'humeur imprévisibles. L'armée de réserve des préretraités s'engagera si l'économie manque de bras. Les perspectives inquiétantes des retraites publiques stimuleront l'épargne déclinante. La société de consommation trouvera dans le troisième âge un marché porteur. La famille éclatée se cherchera un nouvel équilibre dont les ancêtres seront le pivot.

* Industriel, auteur de *la Génération inoxydable* (Grasset).

S ➤ 3 % des Français considèrent que l'on commence à vieillir à partir de 40 ans, 10 % à 50 ans, 19 % à 60 ans, 26 % à 70 ans, 22 % à 80 ans.
S ➤ 52 % des Français envisagent l'euthanasie médicale en cas de souffrances ou de maladie irréversible (30 % non).
S ➤ 12 % des Français souhaitent atteindre l'âge de 100 ans ou davantage, 13 % entre 90 et 99 ans, 38 % entre 80 et 89 ans, 22 % entre 70 et 79 ans, 5 % moins de 70 ans.
S ➤ 62 % des Français considèrent que le montant de la retraite qu'ils touchent ou toucheront sera insuffisant (22 % d'un avis contraire). La majorité des actifs imaginent de façon pessimiste leur retraite, sur le plan financier. 57 % des salariés, 64 % des commerçants, 48 % des médecins, sont inquiets.
S ➤ Les principaux signes de vieillissement craints par les Français pour eux-mêmes sont : la dépendance vis-à-vis des autres (49 %) ; la dégradation physique (48 %) ; la perte de mémoire (37 %) ; la solitude (36 %) ; la diminution des facultés intellectuelles (36 %) ; la sensation d'inutilité (35 %) ; la perte des proches (34 %) ; l'inactivité, la retraite (19 %) ; l'arrêt de l'activité sexuelle (13 %).

VIE QUOTIDIENNE

Activité domestique importante ● Relations fréquentes avec l'entourage, mais solitude des femmes ● Revenu moyen comparable à celui des actifs mais forte dispersion ● Plus du quart du patrimoine total des Français ● Consommation en forte croissance ● Dépenses centrées sur l'entretien du corps

Troisième âge, seconde vie

L'espérance de vie continue de s'allonger et la durée du troisième âge est aujourd'hui plus longue que celle de l'enfance. Pour ceux qui ont pu préserver leur intégrité physique et mentale, c'est une nouvelle vie, riche de promesses, qui commence.

Les personnes âgées font de plus en plus d'efforts pour retarder le vieillissement.

Pour lutter contre les dangers du vieillissement, les seniors s'efforcent de pratiquer les mêmes activités que les plus jeunes et de se maintenir en bonne santé. C'est pourquoi ils sont de plus en plus nombreux à faire du sport ou à s'intéresser à la prévention, aussi bien dans le domaine alimentaire (par la diététique) que par de nouvelles habitudes de vie, excluant par exemple le tabac et l'alcool.

Le spectre de la dépendance

La perte de l'autonomie physique ou intellectuelle est la menace la plus redoutée. On estime qu'un million de personnes âgées sont dépendantes des autres pour leur survie. Les risques sont évidemment proportionnels à l'âge : 5 % des plus de 65 ans sont atteints de démence sénile, 20 % des plus de quatre-vingt ans. Dans ce dernier groupe d'âge, 25 % seulement des personnes sont valides. Parmi les autres, les trois quarts sont plus ou moins handicapées, un tiers sont totalement dépendantes. La maladie d'Alzheimer, qui se manifeste par une perte progressive de la mémoire et des capacités intellectuelles, touche environ 400 000 personnes en France. Des méthodes de rééducation permettent de retarder ses effets, voire d'arrêter sa progression.

A 60 ans, une femme a en moyenne 24 ans à vivre ; un homme 19.

Les nouveaux retraités ont le temps de faire des projets, même à long terme. La plupart d'entre eux n'en manquent pas ; ayant connu tardivement l'ère de la consommation et des congés payés, ils sont à même aujourd'hui d'en goûter les plaisirs. C'est ainsi qu'on a vu depuis quelques années se multiplier les activités des personnes âgées, à travers les clubs, les voyages, les pratiques sportives ou culturelles.

32 % des personnes de 65 ans et plus font partie d'une association. 27 % des ménages de retraités comprennent au moins un adhérent à un club du troisième âge. Si certaines activités culturelles restent limitées (ils ne vont guère au cinéma ou au théâtre, écoutent moins de musique), ils lisent en moyenne 25 livres par an, soit davantage que le reste de la population. On estime qu'environ 100 000, essentiellement issus des classes moyennes, fréquentent les quelque soixante universités du troisième âge créées depuis 1973.

➤ Les accidents de la circulation causent deux fois plus de décès chez les piétons âgés que dans l'ensemble de la population.
S ➤ 53 % des Français âgés de 50 à 64 ans pensent à la retraite comme à la chance d'une nouvelle vie, 28 % comme à une période de réflexion et de sagesse, 16 % comme à une période difficile, comme à un saut vers l'inconnu.

Les Gentils Membres
des clubs du troisième âge

Dans un pays traditionnellement peu porté à la vie associative, 13 000 clubs du troisième âge se sont créés en 15 ans, regroupant plus d'un million de membres plus ou moins réguliers. Le club leur offre la possibilité de rencontrer d'autres personnes et de sortir de chez eux. Ils peuvent s'y divertir en jouant aux cartes ou à d'autres jeux et pratiquer des activités utiles à la collectivité.

Dans certaines communes, les clubs jouent un rôle local important, prenant en charge une partie des problèmes de leurs membres : maintien à domicile, assistance financière, etc. La plupart organisent périodiquement des voyages, des conférences, des manifestations diverses, qui fournissent à leurs membres l'occasion de se distraire et de se cultiver.

L'activité domestique des retraités est estimée au total à 15 milliards d'heures, soit 30 % du travail domestique national.

L'économie parallèle (bricolage, jardinage, travaux ménagers, couture, etc.) joue un rôle considérable chez les seniors. Ceux-ci disposent de plus de temps pour cultiver leur jardin, faire des confitures ou effectuer les travaux d'entretien et de réparation du logement. Beaucoup aident aussi leurs enfants et petits-enfants, en leur fournissant des légumes, en effectuant des travaux de couture, de tricot, de bricolage qui leur sont destinés.

Les activités professionnelles, bénévoles ou non, tendent aussi à se développer. Elles servent à tromper l'ennui, à se procurer un complément de revenu (officiel ou non) et surtout à se donner l'impression d'être encore utile à la collectivité.

Du bonheur à la solitude

Pour certains, la « dernière ligne droite » de la vie peut être une période de bonheur, dont chaque instant prend une saveur particulière. Elle est vécue par d'autres comme une « prolongation » douloureuse dont la fin est parfois attendue comme une différence.

L'état de santé, les difficultés matérielles, le fait de vivre seul ou entouré font le plus souvent la différence entre ces deux façons de vieillir.

La retraite sexuelle

L'évolution des modes de vie des personnes âgées ne semble pas avoir concerné leur sexualité. 65 % des personnes âgées de 70 ans et plus déclarent ne plus avoir de relations sexuelles ; 12 % disent en avoir, 23 % ne se prononcent pas.

Il semble que cette « retraite sexuelle » soit plus liée à des causes psychologiques que physiologiques. Le grand mouvement de libération des années 60 et 70 n'a pas fait disparaître les tabous liés à la sexualité des personnes âgées. Certains sont de nature religieuse ; on a des rapports sexuels pour procréer et on cesse lorsque la période de procréation s'achève. D'autres se situent dans l'inconscient collectif ; la sexualité est liée à la beauté et à la séduction, caractéristiques de la jeunesse.

La solitude concerne davantage les femmes.

Compte tenu de l'écart d'espérance de vie, la disparition du conjoint touche beaucoup plus fréquemment les femmes que les hommes. La solitude est alors d'autant mieux vécue que la mobilité physique et l'intégrité intellectuelle sont préservées. La proximité, géographique et relationnelle, de l'entourage familial est également un critère important.

Sur les 10 millions de personnes âgées de 60 ans et plus, 564 000 habitent ailleurs que chez elles, soit 5,6 % (contre 4 % seulement en 1962). 88 000 sont logées dans des logements-foyers , 302 000 en hospice ou maison de retraite, 60 000 dans des établissements hospitaliers, 53 000 dans des communautés religieuses, 34 000 dans des hôpitaux psychiatriques.

Les relations avec l'entourage demeurent fréquentes.

La plupart des personnes âgées gardent des relations avec l'extérieur, en se déplaçant, en recevant leur famille et leurs amis ou en se servant du téléphone. Dans plus d'un ménage de retraités sur deux, le chef de ménage a gardé le contact avec ses anciens collègues de travail.

Les relations familiales restent souvent fréquentes : 60 % des enfants rendent visite à leurs parents au moins une fois par semaine (mais ceux qui habitent à plus de 600 km les voient seulement une fois par an). 40 % des personnes ayant des petits-enfants de moins de 12 ans les gardent pendant les vacances ou au cours de l'année.

Dans les familles, la coexistence de trois ou quatre générations est de plus en plus fréquente.

Le vieillissement de la population a créé de nouveaux rapports entre les générations. Un retraité sur trois a encore ses parents. L'allongement de la durée de vie moyenne fait qu'il est de plus en plus fréquent qu'un enfant connaisse ses arrière-grands-parents, ce qui constitue une nouveauté sociologique.

La contrepartie du vieillissement est que beaucoup de ces aïeux finissent leur vie avec des handicaps physiques qui les empêchent d'être autonomes. Souvent, leurs propres enfants sont eux-mêmes à la retraite et ne peuvent pas les prendre en charge pour des raisons financières. La coexistence de trois ou quatre générations est à la fois une chance et une charge pour les familles comme pour la collectivité.

Le temps de la consommation

Le niveau de vie des personnes âgées a beaucoup augmenté en vingt ans, bien que les inégalités restent fortes. Il est comparable en moyenne à celui des familles plus jeunes. C'est pourquoi les seniors sont aujourd'hui des consommateurs à part entière. Ils jouent un rôle croissant dans l'économie.

Les personnes seules de 65 ans et plus ont un revenu moyen mensuel d'environ 4 500 F en 1990. Les couples dont le chef de famille a 65 ans ou plus perçoivent en moyenne un peu plus de 8 000 F.

L'amélioration de la situation des retraités, qui avait été spectaculaire au cours des années soixante-dix, s'est poursuivie depuis, mais à un rythme inférieur. Le revenu minimum a été multiplié par 20 en 20 ans : il est proche de 3 000 F par mois et par personne (minimum vieillesse plus Fonds national de solidarité).

Le troisième âge de la consommation

D'importantes disparités existent cependant entre les situations individuelles. Le montant des ressources dépend en effet de nombreux facteurs tels que l'âge, la profession exercée antérieurement, la taille du ménage, etc. 13 % des personnes seules de 65 ans et plus bénéficient du Fonds national de solidarité, 3 % ont une pension d'invalidité. L'écart des revenus correspondant à ces diverses situations varie de 1 à 4. Au total, les revenus des personnes âgées sont comparables à ceux des familles d'actifs salariés.

La retraite inégale

En 1988, les retraités ont perçu en moyenne environ 5 000 F par mois (retraites de base et complémentaires). La moitié d'entre eux ont reçu moins de 3 900 F, l'autre moitié plus. Mais les revenus des hommes se montaient à 6 610 F, celui des femmes à 3 510 F seulement, du fait d'une durée de vie professionnelle moins longue que celle des hommes et de revenus inférieurs. Les pensions des agriculteurs étaient inférieures de plus de moitié à celles des autres salariés. 10 % des retraités touchaient plus de 9 620 F et moins de 1 300 F. A ces montants s'ajoutaient d'autres revenus du capital ou du travail, représentant environ 20 % des revenus totaux.

Un budget tourné vers les dépenses intérieures

Comparaison des dépenses des personnes âgées et de l'ensemble des ménages (enquête 1985) :

	Personnes seules 65 ans ou plus	Couples dont le chef a 65 ans ou plus	Personnes seules 75 ans ou plus	Personnes seules handicapées sans enfant 75 ans ou plus	Moyenne nationale
• Alimentation	25,6	26,2	26,3	24,7	22,4
• Occupation du logement	26,7	19,5	28,0	25,6	20,6
• Equipement du logement	9,9	8,2	10,7	12,7	7,8
• Transports	3,6	9,6	2,2	0,7	15,1
• Habillement	8,2	6,8	8,1	8,4	8,3
• Santé	9,2	9,5	10,1	12,8	4,8
• Culture, loisirs	3,8	4,3	3,4	3,7	6,9
• Vacances	2,9	4,2	2,0	1,5	2,9
• Divers	10,1	11,7	9,2	9,9	11,2
Total	100,0	100,0	100,0	100,0	100,0

INSEE

La moitié des personnes âgées ne sont pas logées confortablement.

A budget égal, les seniors ne sont pas aussi bien logés que les plus jeunes. Malgré les progrès importants réalisés au cours des vingt dernières années, beaucoup de logements de personnes âgées ne disposent pas de tout le confort (WC intérieurs, salle d'eau, chauffage central). Les plus âgés occupent souvent des logements anciens et insalubres, surtout en milieu rural. Ainsi, 44 % des personnes de 65 ans et plus ne disposent pas d'une baignoire ou d'une douche dans les communes rurales (31 % pour l'ensemble du territoire). 32 % ne disposent que de l'eau froide ; 22 % sur la France entière.

Les ménages dont le chef a 65 ans et plus détiennent plus du quart du patrimoine total des Français.

Ramenée à l'échelle individuelle, la fortune des personnes âgées est environ le double de celle des moins de 65 ans. Comme pour les revenus, la répartition n'est pas égalitaire : sur 100 ménages d'inactifs, 37 disposent d'un capital de moins de 100 000 F, alors que 12 dépassent le million de francs. Plus de la moitié des contribuables payant l'impôt sur les grosses fortunes

sont des ménages âgés. Les seniors possèdent une part importante des obligations, des actions et de l'or détenus par les particuliers.

Ces patrimoines ont pu être constitués grâce à l'épargne accumulée pendant la vie active, à raison de plus de 10 % des revenus disponibles. Ils ont bénéficié de la hausse des prix de l'immobilier, de celle des valeurs mobilières ainsi que des héritages. Les ménages âgés continuent d'ailleurs d'épargner environ 15 % de leurs revenus annuels, soit davantage que la moyenne nationale (12 %).

S ➤ 35 % des personnes seules de 65 ans ou plus estiment que leur condition financière est satisfaisante (32 % pour les moins de 65 ans). 17 % déclarent qu'elles « n'y arrivent pas » (24 % des moins de 65 ans).

S ➤ Afin de préparer leur retraite, 32 % des Français âgés de 50 à 64 ans ont contracté une assurance-vie, 30 % ont acheté un logement, 18 % ont souscrit un plan d'épargne populaire (plan d'épargne retraite), 16 % ont acheté des valeurs mobilières, 7 % ont pris des engagements dans une association ou une municipalité pour s'occuper pendant la retraite, 2 % ½ ont suivi une session de préparation à la retraite, 1 % une formation pour exercer une activité. 36 % n'ont rien fait de cela.

*La moitié des dépenses des personnes
âgées concernent l'entretien du corps.*

Les dépenses d'alimentation, d'habillement, de santé, de sport, de chauffage représentent près de la moitié du budget total des ménages de 65 ans et plus, contre 38 % pour l'ensemble des Français. Les personnes âgées sont très attachées à leur logement et y consacrent le quart de leurs dépenses, bien que leur endettement immobilier soit très faible. Au contraire, les dépenses tournées vers l'extérieur (transports, sorties) ne représentent que 15 %, bien qu'elles soient en hausse.

*Les personnes âgées
consomment plus que la moyenne.*

Les personnes âgées jouent un rôle de plus en plus important dans la vie économique. Ce sont elles qui dépensent le plus pour leur alimentation, leur santé, les voyages, etc. Elles sont plus fréquemment propriétaires de leur logement que les plus jeunes et détiennent plus d'un tiers du parc immobilier. Au cours des quinze dernières années, les foyers de plus de 65 ans ont multiplié leurs dépenses en francs constants par 3, contre 2,6 en moyenne nationale. En 1975, 36 % seulement des personnes âgées partaient en vacances ; elles étaient 49 % en 1988.

*L'accroissement des dépenses est dû
autant à celui du pouvoir d'achat
qu'à un changement de mentalité.*

Un nombre croissant de seniors trouvent aujourd'hui normal de profiter de la vie et de s'offrir des plaisirs qu'ils n'avaient pas eu le temps ou les moyens de connaître auparavant. C'est pourquoi ils sont de plus en plus nombreux à voyager, prendre l'avion, aller au spectacle ou faire du sport.

Cette attitude est encouragée par l'offre de produits et de services spécifiquement destinés aux personnes âgées, considérées comme un marché d'avenir. Elle est également favorisée par les nombreuses réductions dont elles peuvent bénéficier : tarifs ferroviaires (50 %), voyages aériens intérieurs (30 à 55 %), voyages organisés, etc. Les personnes de condition modeste peuvent même obtenir la gratuité du téléphone, des transports urbains, de la redevance télévision, des aides ménagères, des impôts locaux ou des conseils judiciaires. Pour un retraité parisien logé dans une résidence municipale, le cumul des avantages peut représenter environ 2 500 F par mois.

Si elles ne participent plus par leur activité à la création des richesses, les personnes âgées contribuent par leurs dépenses au fonctionnement de l'économie.

S ➤ 26 % des Français de 35 à 49 ans ont déjà souscrit un contrat d'assurance volontaire et personnelle pour bénéficier d'un complément de retraite, 17 % envisagent de le faire, 57 % non.
S ➤ 62 % des Français estiment que, dans la société actuelle, les personnes très âgées sont plutôt bien considérées (36 % non).
S ➤ 44 % des Français pensent que c'est à l'Etat de prendre en charge les personnes très âgées qui ne peuvent plus vivre de façon autonome, 39 % que c'est le rôle de la famille, 11 % que c'est aux personnes concernées elles-mêmes avec leurs économies.

LA VIE DE FAMILLE

RELATIONS PARENTS-ENFANTS

Peu de conflits de génération ● Ambition destructrice des parents ● Nouveaux types de familles ● Problèmes de communication : drogue, fugues, suicides, enfants battus

Doux dedans, dur dehors

Ayant moins d'enfants, les parents font aujourd'hui plus d'efforts pour les élever et communiquer avec eux. Mais, sous le prétexte de vouloir les préparer très tôt à une vie d'adulte qu'ils imaginent difficile, ils tendent à leur donner une image alarmiste du monde et de l'avenir. La jeunesse n'est donc plus une période d'insouciance, mais d'investissement forcé pour l'avenir.

Les parents font de plus en plus efforts pour l'éducation de leurs enfants, mais les écarts entre les catégories sociales s'accroissent.

Le métier de parent est difficile à exercer. Outre le fait que la société reproche aux familles de ne pas faire suffisamment d'enfants, elle les suspecte volontiers de mal s'en occuper. Les médias, spécialisés ou non, regorgent de conseils sur la façon de comprendre les enfants et de les aider à devenir des adultes. Même s'ils n'ont pas lu les ouvrages de Françoise Dolto, les parents s'efforcent donc d'intégrer dans leurs comportements des rudiments de psychologie. N'étant pas toujours certains de les avoir assimilés, ils ont tendance à se culpabiliser.

Ce sentiment est renforcé par le besoin, souvent contradictoire, de conserver leur liberté d'action individuelle et de préserver leur vie de couple. Les mères, en particulier, qui sont plus nombreuses à vouloir exercer une activité professionnelle, se reprochent de ne pas être en même temps au foyer et au bureau. Un sentiment de culpabilité infondé puisque les enquêtes montrent que les enfants sont en grande majorité favorables au travail de la mère et que ceux des femmes actives obtiennent en moyenne de meilleurs résultats scolaires que ceux des femmes au foyer.

L'inégalité d'éducation des enfants reste forte entre les catégories sociales. Les parents appartenant aux catégories aisées consacrent beaucoup plus de temps et d'argent à la culture générale de leurs enfants et à l'aide scolaire (cours particuliers, stages linguistiques, livres, contrôle des devoirs et leçons, entretiens avec les professeurs, etc.).

L'ambition des parents pour leurs enfants peut avoir des effets destructeurs.

Les enfants ont de moins en moins le temps de vivre leur jeunesse. Très vite, leurs parents les mettent en garde contre la dureté des temps et les difficultés qui vont se dresser devant eux : chômage, compétition implacable entre les individus, entre les entreprises, entre les pays.

Face à ce tableau apocalyptique du monde et de la société, largement confirmé par les médias, les résultats scolaires prennent une place considérable. Jamais les parents n'ont consacré autant de temps à aider leurs enfants à faire les devoirs, ni investi autant d'argent pour leur faire donner des cours particuliers, ou les envoyer en séjour linguistique pendant les vacances.

Ce « gavage intellectuel », qui s'ajoute au discours alarmiste sur l'avenir, explique l'inquiétude des jeunes. C'est même d'angoisse qu'il faut parler à propos de ceux qui, malgré l'aide et les encouragements parentaux, ont des difficultés à être à la hauteur des ambitions que l'on a pour eux.

Une autre conséquence de cette situation est que l'on n'apprend pas aux enfants à mesurer leur « réussite » future par rapport à leurs propres désirs et à leurs capacités, mais à partir de critères matériels : position professionnelle, salaire, attributs. Cette *ambition destructrice* des parents vis-à-vis de leurs enfants est un problème central dont on ne peut aujourd'hui imaginer les effets.

Le confort du cocon parental

Les jeunes habitent de plus en plus longtemps avec leurs parents. A 16 ans, ils sont 95 % sont dans ce cas. Ils sont encore plus de la moitié à 22 ans (60 % des garçons et 45 % des filles). La proportion est plus forte chez les étudiants. Les enfants uniques, ceux d'agriculteurs (surtout les fils), des cadres et des membres des professions indépendantes restent plus longtemps au foyer parental que la moyenne. Les fils des salariés modestes (employés ou ouvriers) sont ceux qui partent le plus tôt.
Parmi les personnes nées en 1940, 70 % des hommes et 53 % des femmes habitaient encore avec leurs parents à l'âge de 21 ans. Pour les personnes nées en 1960, la proportion était de 82 % pour les hommes et 58 % pour les femmes. Cette évolution est due pour une part à l'accroissement de la durée des études et à celui de l'âge moyen au mariage. Elle pourrait s'amplifier encore à l'avenir, du fait de plusieurs facteurs favorables : tendance des parents à pousser leurs enfants à poursuivre des études ; accroissement de la taille moyenne des logements ; risques de chômage pour les jeunes et difficultés économiques en découlant ; acceptation croissante des parents d'héberger un jeune couple vivant en union libre.

---

*Les enfants se disent en général
très satisfaits de leurs parents.*

Les années 80 ont marqué une sorte de trêve dans le conflit traditionnel entre les générations. Pour la grande majorité des enfants, la famille est un nid douillet dans lequel il fait bon vivre. On parle beaucoup plus volontiers aux parents (à la mère en particulier) qu'aux professeurs. Même si les copains restent, malgré tout, les interlocuteurs privilégiés.

L'âge ne semble pas modifier sensiblement ce sentiment général de satisfaction. Tous les sondages montrent que l'on se sent aussi bien en famille à 5 ans qu'à 20 ou à 25, si l'on vit encore au domicile des parents. 77 % des adolescents (13-17 ans) estiment leurs relations avec leurs parents excellentes ou très bonnes (*Figaro-FR3/Sofres*, avril 1990).

*Les nouveaux types de famille
entraînent de nouveaux types de relations.*

Le développement de l'union libre, le nombre croissant de divorces et la diminution du nombre des naissances ne pouvaient être sans incidence sur les modes de vie et d'éducation des enfants. Aujourd'hui, un enfant sur quatre naît en dehors du mariage. Un nombre croissant naît d'une seconde union de la mère. Les enfants ont moins de frères et de sœurs que leurs parents. Un sur deux a une mère active. A 10 ans, un sur dix a des parents séparés ou divorcés. Un sur quatre vit encore en famille à 24 ans.

La multiplication de ces modèles familiaux différents du modèle traditionnel ne semble pas, comme on aurait pu le craindre, avoir d'incidence marquée sur l'équilibre de l'enfant. Si les divorces sont plus nombreux, les difficultés qu'ils impliquent sont plus limitées que par le passé, car les enfants ont moins le sentiment d'être des marginaux.

S ➤ 55 % des parents aident leurs enfants à faire leurs devoirs (45 % non).
S ➤ 68 % des Français pensent que les pères d'aujourd'hui font plus (en ce qui concerne les tâches quotidiennes) pour élever leurs enfants que ceux de la génération précédente, 24 % autant, 6 % moins.
S ➤ 60 % des Français pensent que les rôles de père et de mère dans les tâches quotidiennes pourront devenir un jour interchangeables (32 % non).
S ➤ 94 % des jeunes de 13 à 18 ans déclarent qu'ils s'entendent bien avec leurs parents (51 % très bien), 4 % pas très bien, 1 % pas bien du tout.
47 % des filles et 40 % des garçons s'entendent mieux avec leur mère, 17 % des filles et 16 % des garçons avec leur père, 41 % des garçons et 34 % des filles ne font pas de différence entre les deux.

Le jeu des quatre familles

Les attitudes et comportements des parents vis-à-vis de leurs enfants ne sont évidemment pas uniformes dans l'ensemble de la société française. Les enquêtes réalisées par l'Institut de l'Enfant permettent de distinguer quatre types principaux de familles et de mesurer leur évolution. Chacune d'elles a des caractéristiques, des modes de vie, des attitudes face à l'éducation et un système de valeurs spécifique :

La famille cocon (17 % des familles en 1990 contre 40 % en 1987).
Une cellule familiale dans laquelle chacun a un rôle à jouer pour parvenir à la réalisation d'un projet commun. Les relations sociales sont basées sur la solidarité envers autrui. Le but de l'éducation est d'aider les enfants à avoir plus tard une vie harmonieuse autour d'une famille unie. Ses valeurs essentielles sont la morale, la sécurité, l'égalité et l'ordre. Sa vocation est de constituer un refuge face aux agressions et aux dangers extérieurs de toutes natures.

La famille ouverte (37 % des familles en 1990 contre 20 % en 1987).
Elle cherche à constituer un îlot de paix, un territoire d'autonomie dans lequel la responsabilité de chacun est limitée. S'adapter aux circonstances de la vie implique de remettre en cause ses propres convictions. L'enfant bénéficie d'un espace de liberté, afin de faire ses propres expériences, mais il est soutenu à chaque instant par ses parents. Les valeurs essentielles sont l'égalité et le plaisir.

La famille tradition (17 % des familles en 1990 contre 25 % en 1987).
La famille est vécue comme le lieu privilégié de la transmission des valeurs des parents : morale, sécurité, réalisme, ordre. Ces valeurs sont proches de celles de la famille Cocon, mais elles s'appliquent à une vision globale de la société plutôt qu'au simple cadre familial. L'aptitude de l'enfant à s'adapter et à s'intégrer à la société est considérée comme prioritaire par rapport à ses capacités d'initiative personnelle.

La famille Dysneyland (29 % des familles en 1990 contre 15 % en 1987).
Elle se donne pour objectif de construire et de vivre une expérience commune dans le respect de la personnalité de chacun des membres de la famille. Elle part du principe que tout individu, pour s'épanouir, doit se prendre en charge. Dans ce contexte, l'enfant est un être mûr et raisonnable, capable de faire un bon usage de l'autonomie qui lui est laissée. Les valeurs essentielles sont le réalisme, l'autonomie et le plaisir.

La nature des relations varie selon l'âge des enfants.

Avec les très jeunes enfants (en dessous de 5 ans), les parents sont en général disponibles. C'est le bébé qui impose son rythme, même si cela comporte quelques contraintes. Les livres concernant l'éducation des enfants ont eu un impact certain, largement relayé par les pages spécialisées des magazines féminins. Les parents savent aujourd'hui que le bébé est une personne et que son cerveau se développe en même temps que son corps. Bien qu'ils restent nettement différenciés, les rôles des deux parents se sont rapprochés depuis quelques années. Les nouveaux pères donnent volontiers le biberon ou le bain à leur bébé, le changent ou l'emmènent chez le médecin.

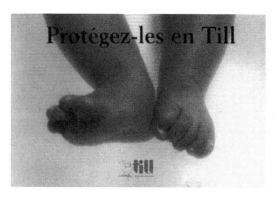

Les bébés-rois

Columbia

Entre 6 et 11 ans, les parents sont à la fois présents et exigeants. C'est dans cette tranche d'âge que se crée ou plutôt s'élargit le fossé entre les différentes familles. Constamment stimulé intellectuellement dans certaines familles, l'enfant se retrouve au contraire seul face à ses devoirs dans d'autres familles, moins disponibles ou moins concernées. C'est à cette période que les écarts scolaires commencent à se creuser.

*Les vraies difficultés
commencent à l'adolescence.*

Après la période tendre des cinq premières années et celle, plus ouverte sur l'extérieur, des 6-11 ans, arrive la période complexe de l'adolescence, entre 12 et 16 ans. Les parents se montrent le plus souvent compréhensifs, mais ils sont parfois dépassés. Beaucoup ont le sentiment douloureux de ne pas savoir quoi dire, quoi faire. Alors, ils s'efforcent de dialoguer pour ne pas perdre le contact. Leurs soucis principaux concernent non seulement les études, mais aussi les fréquentations de leurs enfants. Vers 16 ans, les problèmes de communication sont fréquents. Le babillage du bébé s'interprète parfois plus facilement que les états d'âme de certains adolescents.

*L'absence de règles d'éducation
communément admises
rend la tâche des parents malaisée.*

La difficulté des parents à élever leurs enfants est à la hauteur des ambitions multiples qu'ils ont pour eux. Amener à l'âge adulte un enfant qui pourra tout à la fois réussir sa vie professionnelle, sa vie de famille et s'épanouir à titre personnel est une gageure dans une société où la barre est sans arrêt remontée. Souvent, la réussite dans un métier nécessite un investissement d'énergie et de temps au détriment des autres compartiments de la vie.

Cette difficulté est accrue par le fait qu'il n'y a pas aujourd'hui de principes d'éducation admis par tous. Les parents doivent donc improviser, changer parfois d'avis et de comportement lorsque des problèmes se posent. Faut-il être libéral ou autoritaire, mettre les enfants très tôt en face des réalités de la vie ou les préserver le plus longtemps possible ? Quelles valeurs faut-il leur transmettre, puisqu'il n'existe plus de modèles ?

*L'éducation des enfants
n'est pas assurée par les seuls parents.*

Le développement de l'enfant est la résultante des diverses influences qui s'exercent sur lui. S'il joue un rôle prépondérant, le milieu familial n'est pas le seul acteur ; l'école, les médias et les amis jouent aussi un rôle important. Le mélange qu'ils composent est de plus en plus riche et complexe, à défaut d'être toujours harmonieux. Les enfants puisent dans ces différentes sources les éléments nécessaires à leur apprentissage de la vie. Ils sont cependant conscients de ne pas apprendre les mêmes choses à l'école, à la maison ou dans la rue. Dans ce concert de plus en plus bruyant d'influences concurrentes, voire contradictoires, la famille résiste cependant plutôt bien.

*Le rôle des grands-parents
diminue d'importance.*

Pendant des générations, la présence des grands-parents au sein de la famille a donné une sorte de « plus-value » à l'éducation dispensée par les parents. Aujourd'hui, les grands-parents habitent de moins en moins avec leurs enfants et petits-enfants. Les problèmes de logement, l'éloignement géographique, les différences de mentalité, le souci croissant d'indépendance expliquent cette évolution.

La vision que les jeunes ont de la vie transite donc essentiellement par celle que leur enseignent leurs parents. Aussi beaucoup ne connaissent-ils plus guère l'histoire des générations antérieures. C'est pourquoi certains sont parfois malléables au discours de ceux qui transforment la réalité historique pour justifier des attitudes de rejet vis-à-vis des immigrés, des Juifs, etc.

L'apport des grands-parents représentait un des aspects les plus riches de la formation des enfants. Aucun livre, aucune émission de télévision ne pourra vraiment le remplacer.

➤ A 18 ans, neuf enfants sur dix vivent encore à la maison. Ils sont la moitié à 22 ans et le quart à 24 ans. Un tiers des garçons salariés de 25 ans habitent chez leurs parents.
S ➤ 34 % des 13-18 ans estiment que leurs parents ne sont pas assez sévères avec eux, 17 % trop sévères, 45 % ni l'un ni l'autre.
S ➤ 39 % des 13-18 ans se disputent parfois avec leurs parents à propos des résultats scolaires, 10 % à propos de leur argent de poche, 8 % à propos du choix de leurs amis.
S ➤ 30 % des 13-18 ans ont les mêmes idées que leurs parents sur la politique (30 % des idées différentes), 54 % sur la religion (24 % des idées différentes), 40 % sur la sexualité (26 % des idées différentes).

L'héritage empoisonné

Face aux grandes menaces et aux grandes mutations de cette fin de siècle et de millénaire, les jeunes devront inventer un monde nouveau. Leur tâche sera d'autant plus difficile qu'ils recevront en héritage une société aux prises avec de graves problèmes : chômage, sida, pollution, terrorisme, risques technologiques, racisme, antisémitisme, etc. Les institutions, les médias, mais aussi les parents portent une part de responsabilité dans cette situation.

La situation est d'autant plus préoccupante qu'elle se développe sur fond d'harmonie familiale et de bonnes intentions ; jamais les conflits de génération n'ont été aussi peu présents. Mais si le cocon familial protège les jeunes de la réalité, il ne les aide guère à l'affronter. Beaucoup de parents, à défaut d'être courageux, se contentent d'être généreux avec leurs enfants. Le goût du confort, la prépondérance de valeurs défensives, matérialistes, individualistes font que les adultes d'aujourd'hui préparent aux jeunes qui leur succèderont demain un héritage empoisonné.

Les problèmes de communication

Même si elles sont globalement bonnes, les relations entre les parents d'aujourd'hui et leurs enfants ne sont pas exemptes de difficultés. Les difficultés de communication peuvent avoir des conséquences graves ou dramatiques : fugues, usage de la drogue, enfants maltraités, voire même suicides.

Les moins de 15 ans souhaitent plus d'autonomie...

Conscients des difficultés de l'époque, les parents cherchent à tout prix à en amortir l'impact sur leurs enfants. Les années 80 ont vu l'avènement des « papas-poules » et des « mamans-cool ». Si les enfants trouvent un certain confort dans cette protection permanente, certains se sentent un peu étouffés. Les plus jeunes n'ont guère l'occasion de participer effectivement à la construction de leur univers. Celui dans lequel ils vivent est presque totalement organisé par les adultes, en fonction de l'image, souvent déformée, qu'ils en ont.

...les plus de 15 ans sont au contraire moins pressés de s'assumer.

Alors que les plus jeunes piaffent d'impatience devant les portes de la vie d'adulte, les plus âgés hésitent à en franchir le seuil. Si l'adolescence commence plus tôt, elle tend à se terminer plus tard. Les études sont plus longues et elles retardent donc l'entrée des jeunes dans la vie professionnelle. De plus, beaucoup de jeunes se retrouvent sans emploi après l'école ou le service militaire, ce qui ne facilite pas leur autonomie.

E · *Le nombre des fugues est compris chaque année entre 50 000 et 300 000.*

Le nombre des fugueurs enregistré par la police nationale est à peu près constant depuis dix ans : environ 30 000. Mais il est sans doute très largement supérieur. A partir de 13 ans, les jeunes filles sont toujours plus nombreuses que les garçons à s'enfuir du domicile des parents.

Un tiers des fugueurs sont retrouvés dans les 24 heures par les polices urbaines. La quasi-totalité des autres sont revenus chez leurs parents dans le mois qui suit leur départ. Le nombre de ceux qui disparaissent définitivement est extrêmement faible ; il ne peut cependant être établi avec précision.

On constate que les motifs principaux de fugue sont liés à des problèmes familiaux, alors que les motifs sentimentaux ou scolaires viennent très loin derrière.

E · *Un quart des moins de 18 ans ont déjà essayé une drogue.*

7 % des lycéens seraient concernés par l'usage, régulier ou non, de la drogue. On estime que 80 % des personnes interpellées pour toxicomanie ont moins de 25 ans (plus de 80 % sont des hommes). Les jeunes commencent souvent avec des drogues « douces » : colles, solvants, cannabis. Certains se dirigent ensuite vers des produits plus dangereux et irréversibles comme l'héroïne ou les mélanges de médicaments.

Des études ont montré qu'il existe une forte corrélation entre l'usage de la drogue et la nature des relations au sein du milieu familial. Plus la vie familiale apparaît peu attractive à l'enfant, plus il a tendance à lui trouver des substituts. La drogue est souvent l'un d'entre eux.

L'harmonie familiale ne règne pas toujours

*10 % des suicides
concernent des moins de 25 ans.*

819 jeunes, âgés de 15 à 24 ans, se sont donné la mort en 1989. Le nombre de suicides a triplé chez les jeunes depuis les années 60 ; en dix ans, il a augmenté de 80 % pour les garçons et 20 % pour les filles. Comme dans le cas de la drogue, les garçons sont plus touchés que les filles (environ quatre fois).

Les jeunes sont beaucoup plus nombreux que les adultes (et surtout les personnes âgées) à tenter, sans succès, de se donner la mort, afin d'attirer l'attention sur leur détresse. On estime qu'une tentative sur cinquante seulement « réussit ». Comme dans le cas de la drogue, cette détresse est souvent liée à des difficultés de communication dans le cadre de la vie familiale.

*E • Il y a en France 50 000 enfants battus,
dont 80 % ont moins de 3 ans.
E • 700 meurent chaque année
de mauvais traitements.*

Des faits divers dramatiques replacent périodiquement dans l'actualité (pour un temps trop court) le problème des enfants martyrs. Sur les dizaines de milliers de cas existants, 2 000 seulement sont signalés chaque année à la justice et le nombre d'enquêtes judiciaires reste très limité. Les victimes sont souvent des bébés non dé-sirés ou des prématurés séparés de leur mère dès la naissance.

Les responsables sont dans la plupart des cas les pères ou des hommes qui en tiennent lieu. Contrairement à ce que l'on pourrait croire, ce ne sont pas en général des malades mentaux : beaucoup sont alcooliques, mais on trouve aussi des personnes apparemment normales. En dehors de cas sociaux notoires, tous les milieux sont concernés. On trouve fréquemment parmi les maltraitants des parents qui ont été battus eux-mêmes, ainsi que des couples qui ne s'entendent pas et reportent leur agressivité sur leurs enfants.

Le monde du silence

Le silence qui pèse sur les enfants maltraités s'explique par la réticence (ou la peur) de beaucoup de Français à se mêler de la vie privée de leurs voisins. Elle s'explique aussi par le fait que les parents concernés sont souvent d'habiles dissimulateurs. Elle s'explique enfin par la difficulté qu'éprouvent les enfants battus à avouer leur détresse à leurs amis ou aux enseignants. Quels que soient les drames dont ils sont victimes, il est important pour eux de garder une bonne image de leurs parents.
Les médias ont fait depuis quelques années un effort d'information sur ce douloureux sujet. Une campagne d'affichage a été réalisée en 1990 pour inciter chaque Français à réagir et à parler lorsqu'il a connaissance de cas d'enfants maltraités. C'est à cette condition que l'on pourra dans certains cas sauver des vies humaines.

S ➤ 75 % des 13-18 ans considèrent que la chose que leurs parents leur ont vraiment apprise est qu'il faut bien travailler pour avoir un métier, 45 % qu'il faut savoir se débrouiller seul dans la vie, 40 % qu'il faut être poli, bien se tenir, 25 % qu'il faut respecter certains principes moraux comme l'honnêteté, la loyauté, etc.
S ➤ 43 % des 13-18 ans envisagent d'habiter chez leurs parents jusqu'à ce qu'ils aient un travail, 27 % tant qu'ils voudront, 10 % jusqu'à leur mariage, 9 % jusqu'à leur majorité.
S ➤ 28 % des Français considèrent les grands-mères comme des confidentes pour leurs petits-enfants, 27 % comme des personnes encore jeunes qui vivent leur propre vie, 10 % comme une aide matérielle pour les parents lorsqu'ils ont un problème, 7 % comme une personne qu'il faut prendre en charge.

CONSOMMATION

Dépenses d'alimentation et d'habillement en baisse ● Santé, loisirs, logement, transport en hausse ● Consommation à nouveau plus inégale ● Importance de l'économie domestique et parallèle ● Développement du bas de gamme et du luxe ● Moindre fidélité des acheteurs

Toujours plus

La boulimie de consommation apparue dans les années 60 n'a pas été stoppée par l'arrivée de la crise économique de 1973, pas plus que par le krach financier de fin 1987. La baisse de l'épargne (17,5 % du revenu disponible en 1978, 12 % en 1989) a d'abord permis de maintenir le pouvoir d'achat. Le recours croissant au crédit a permis d'accroître les dépenses et surtout de les avancer dans le temps en anticipant sur les revenus.

En quarante ans, le pouvoir d'achat des ménages a été multiplié par cinq.

Les dépenses de consommation ont augmenté dans des proportions semblables à celles des revenus disponibles. Mais les motivations et les besoins ont changé en même temps que les produits et services offerts se diversifiaient. Entre 1949 et 1973, la croissance de la consommation avait été alimentée par celle des revenus, du développement de l'habitat et des achats de biens durables (en particulier l'électro-ménager). Entre 1973 et 1987, l'évolution moins favorable du pouvoir d'achat a beaucoup plus affecté l'épargne que les dépenses. 1988 et 1989 ont été de bonnes années pour le pouvoir d'achat des ménages, ce qui a relancé une nouvelle fois la consommation.

Consommation et pouvoir d'achat : la course poursuite

Evolution du pouvoir d'achat et de la consommation (en % par an) :

Année	Pouvoir d'achat du revenu disponible par habitant	Consommation en volume par habitant
1978	5,7	3,4
1979	0,7	2,7
1980	- 0,6	0,9
1981	2,0	1,5
1982	1,9	2,8
1983	- 1,2	0,4
1984	-1,1	0,6
1985	1,3	1,9
1986	2,1	3,0
1987	0,1	2,2
1988	3,1	2,2

INSEE

➤ Le petit commerce ne représente plus que 29 % des achats de produits alimentaires, les magasins spécialisés 57 % et les grandes surfaces 20 %.
E ➤ Fin 1990, il y aura en France environ 800 hypermarchés (2 500 m² et plus), 7 000 supermarchés (400 à 2 500 m²) et 6 000 supérettes.
➤ Les hypermarchés représentent 18 % du chiffre d'affaires du commerce de détail et 24 % de celui des produits alimentaires.
➤ La moitié des hypermarchés sont équipés en lecture optique.
➤ Les marques de distributeurs représentent 15 % des achats d'alimentation (volume), 5 % de ceux de produits de lavage et d'entretien, 4 % de ceux de parfumerie.
S ➤ 7 % des Français aiment beaucoup la publicité, 47 % peu, 32 % assez, 15 % pas du tout. 50 % la trouvent trompeuse, 45 % amusante, 34 % ennuyeuse, 32 % provocante, 26 % séduisante, 11 % belle.

6 000 F par mois

Dépenses moyennes annuelles par unité de consommation* et coefficient budgétaire, en 1989 :

	Dépenses	Coefficient
• **Alimentation**	**15 200**	**20,3**
Alimentation à domicile	12 600	16,8
• **Habitation**	**21 950**	**29,4**
- *Occupation du logement*	*15 550*	*20,7*
Loyers et charges	4 050	5,3
Remboursement de prêts	4 150	5,6
Gros travaux	2 400	3,2
Energie (chauffage, éclairage)	3 100	4,1
Impôts et assurance logement	1 850	2,5
- *Equipement du logement*	*6 400*	*8,7*
• **Transports**	**11 050**	**14,7**
Achats d'automobiles et 2 roues	4 850	6,5
Frais courants d'utilisation	3 900	5,2
Assurances, taxes	1 650	2,2
• **Habillement**	**6 100**	**8,0**
Vêtements et chaussures	4 050	5,4
• **Santé****	**3 900**	**5,3**
Consultations, hôpital	2 250	3,0
Pharmacie	1 650	2,3
• **Culture, loisirs, éducation**	**5 800**	**7,9**
• **Vacances**	**2 400**	**3,1**
• **Divers**	**8 600**	**11,3**
Impôts sur le revenu	4 450	5,9
TOTAL	**75 000**	**100,0**

* Le « nombre d'unités de consommation » d'un ménage est, selon l'échelle d'Oxford, la somme des coefficients suivants :
- 1 pour le chef de famille ;
- 0,7 pour chaque autre adulte du ménage (14 ans et plus) ;
- 0,5 pour chaque enfant (moins de 14 ans) vivant dans le ménage.
** Ne tient compte que du coût pour le ménage.

INSEE

Budgets « bourgeois » 1873-1913

D'après Marguerite Perrot (*Le mode de vie des familles bourgeoises*, PFNSC, 1961), les dépenses des « familles bourgeoises » (celles qui tenaient leur comptabilité), se répartissaient comme suit : 24 % pour l'alimentation (y compris vins et liqueurs) ; 6 % pour la maison (entretien, réparations, linge) ; 6 % pour les gages (personnel) ; 14 % pour le loyer et les charges ; 3 % pour les impôts et assurances ; 2 % pour la santé ; 10 % pour la « toilette » (vêtements, accessoires hors bijoux, vêtements d'enfants, linge) ; 8 % pour les enfants. Le plus gros poste était celui des frais divers (cadeaux et charités, timbres, journaux, tabac, café, transports, loisirs, mobilier, automobile).

Les dépenses d'alimentation représentent une part de plus en plus faible du budget des ménages.

Le poste alimentation comprend les produits alimentaires, les boissons et le tabac. En 1959, les Français lui consacraient 36 % de leur budget ; sa part n'était plus que de 27 % en 1970. Elle est un peu inférieure à 20 % aujourd'hui. Cette baisse n'est que relative ; les dépenses alimentaires continuent d'augmenter, mais moins que le revenu disponible des ménages.

Cette diminution s'explique par la concurrence accrue entre les entreprises du secteur agro-alimentaire, le développement des grandes surfaces et l'évolution des modes de vie. L'alimentation n'est plus aujourd'hui aussi prioritaire que par le passé. De plus, la façon de s'alimenter a changé (voir chapitre *Alimentation*).

La part des dépenses d'habillement est passée de 10 % en 1959 à 6 % aujourd'hui.

La baisse relative des dépenses d'habillement est encore plus marquée que celle de l'alimentation, malgré une certaine reprise en 1989. Elle est liée à des raisons d'ordre psychologique (préférence pour des vêtements moins formels et moins coûteux), à la diminution des pressions sociales, en particulier pour les femmes, en faveur d'un renouvellement rapide de la garde-robe. Elle est aussi la conséquence de comportements d'achat orientés vers la recherche du meilleur prix : utilisation massive des périodes de soldes, recours aux circuits de distribution. On constate d'ailleurs une baisse relative des prix depuis 1986.

Les postes santé et loisirs ont connu une forte progression en volume.

L'augmentation (en volume plus qu'en dépense effective) des dépenses de santé a été très forte, à l'exception de la baisse exceptionnelle de 1987 due au plan de rationalisation des dépenses mis en place par les pouvoirs publics. Elle a été en partie masquée depuis quelques années par la diminution des prix relatifs (augmentation inférieure à l'inflation), liée à la compression des marges de l'industrie pharmaceutique et des pharmaciens.

Les dépenses consacrées aux loisirs regroupent à la fois les biens d'équipement (télévision, radio, hi-fi, photo, sport, etc.) et les dépenses de spectacles, livres et journaux. Elles sont en progression depuis 20 ans, en particulier dans le domaine des biens d'équipement, favorisé par la baisse des prix relatifs. Leur croissance est aujourd'hui entretenue par la place prépondérante du temps libre dans la vie des Français et par l'apparition de nouveaux produits : lecteurs de disques laser, Caméscopes, nouveaux types de téléviseurs, ordinateurs familiaux, etc.

Les dépenses liées au logement continuent de s'accroître.

Les Français consacrent plus du quart de leurs revenus aux dépenses d'habitation (logement, équipement et entretien). Cette évolution tient d'abord à l'augmentation du nombre d'accédants à la propriété, en particulier en maisons individuelles, plus coûteuses à acheter et à entretenir que les appartements. Le poids des remboursements d'emprunts s'est fait aussi de plus en plus lourd, du fait des taux réels pratiqués.

La taille moyenne des logements a augmenté, en même temps que le souci d'en accroître le confort (cuisine, salle de bains...), ce qui entraîne des charges et des dépenses plus élevées. Les nouveaux équipements d'électro-ménager comme le sèche-linge, le four à micro-ondes ou les plaques de cuisson en vitrocéramique entretiennent la demande des ménages. De leur côté, les dépenses d'ameublement ont repris, après quelques années de stagnation.

— Les investissements publicitaires ont représenté 46 milliards de francs en 1989, dont 51 % en presse, 25 % en télévision, 12 % en radio, 11 % en affichage, 1 % en cinéma.
➤ L'inflation a connu en France un maximum en 1948 : 58,7 %. Les autres années de forte inflation ont été 1917 (29,6 %), 1926 (23,7), 1937 (24,2), 1951 (16,2), 1958 (15,1), 1974 (13,8), 1980 (13,5).
➤ La contrefaçon de produits et de marques internationalement réputées représente un chiffre d'affaires de 900 milliards de francs par an dans le monde (multiplié par cinq en trois ans). Les marques françaises sont les plus copiées.

"Aucun être humain ne résiste à -40%..."

Le prix, argument de vente déterminant

Alice

Les dépenses de transport et communication évoluent de façon contrastée.

La proportion de ménages disposant d'au moins deux automobiles est passée de 16,7 % en 1979 à environ 25 % aujourd'hui. Cette croissance a entraîné celle des dépenses d'acquisition, d'entretien et d'utilisation. Les achats de voitures ont connu une moindre progression en 1988 et 1989, après deux années particulièrement bonnes. Dans le cas d'acquisition de véhicules neufs, les ménages recourent de plus en plus au leasing (location avec option d'achat) qui représente aujourd'hui environ un quart des achats. Les dépenses de transport collectifs (train, avion, transports urbains) se sont aussi beaucoup accrues au cours des deux dernières années.

Les dépenses de télécommunications ont connu depuis quelques années une forte augmentation, due à l'accroissement de la proportion de ménages équipés du téléphone (90 % aujourd'hui contre 53 % en 1979) ainsi que de la mise à disposition du Minitel aux particuliers. L'impact des dépenses de téléphone a été plus sensible en 1988 et 1989 qu'au cours des deux années précédentes, marquées par la stabilité des prix. Les dépenses postales s'accroissent plus fortement depuis 1987, du fait des augmentations de tarifs et de l'obligation d'affranchir les lettres adressées aux caisses de Sécurité sociale.

58 millions de consommateurs

Les Français se distinguent autant par ce qu'ils achètent que par ce qu'ils disent ou ce qu'ils font. Dans la société de « l'hyperchoix », la façon de dépenser devient le reflet fidèle de ce que l'on est. Pour beaucoup, consommer, c'est vivre.

Les modes de consommation varient largement en fonction des catégories sociales.

Dis-moi comment tu dépenses, je te dirai ce que tu gagnes... Le revenu des ménages joue un rôle prépondérant dans leur façon de consommer et de dépenser. L'alimentation pèse deux fois plus lourd dans le budget des manœuvres que dans celui des professions libérales ; la part consacrée aux vacances y est cinq fois moins importante. Le budget habillement d'un cadre moyen est près de deux fois supérieur à celui d'un agriculteur, son budget loisirs près de trois fois.

Le statut professionnel a aussi une incidence sur la nature des dépenses. Les « petits indépendants » (agriculteurs, artisans, commerçants) consacrent une part importante de leur budget à entretenir ou maintenir leur outil de travail afin d'assurer leur avenir. Les salariés des catégories moyennes et supérieures (enseignants, employés, cadres) privilégient plutôt les achats de type culturel (livres, disques, journaux, sport) auxquels ils consacrent plus d'argent que la moyenne.

Après s'être réduits jusqu'à 1979, les écarts tendent de nouveau à s'accroître.

Les ménages de cadres supérieurs dépensent en moyenne 40 % de plus que ceux d'ouvriers pour leur alimentation, 49 % de plus pour leur santé, 65 % pour leur logement, 87 % pour leurs transports, 104 % pour l'équipement de leur logement, 113 % pour leur habillement, 199 % pour leurs loisirs. Ces chiffres sont calculés par unité de consommation : le premier adulte est compté pour une unité, les suivants et les jeunes de 14 ans et plus pour 0,7, les enfants jusqu'à l'âge de 14 ans pour 0,5. Les écarts sont encore beaucoup plus élevés si l'on compare les dépenses des ouvriers les plus aisés aux cadres supérieurs les plus aisés.

Les disparités entre ces deux catégories s'étaient réduites pendant les années 60 et surtout 70, dans presque tous les domaines de

Les comptes des ménages

Structure du budget selon la catégorie socioprofessionnelle du chef de ménage en 1986 (en %) :

	Agriculteurs	Artisans et petits commer.	Gros commer. prof. lib.	Cadres supérieurs	Cadres moyens	Employés	Ouvriers qualifiés	Retraités	Autres inactifs	Ensemble
• Alimentation à domicile	26,1	18,9	11,5	12,8	15,8	17,7	20,9	22,5	23,6	19,1
• Cantine, restaurant	2,0	3,0	3,5	4,3	4,2	4,0	3,2	1,9	2,0	3,3
• Occupation du logement	19,8	20,6	18,4	19,4	19,7	21,2	21,9	20,4	25,3	20,6
• Équipement du logement	7,1	5,9	7,6	7,5	7,9	8,1	7,6	8,8	9,0	7,8
• Automobile	14,7	15,6	13,7	13,7	16,5	15,2	15,8	10,2	9,5	14,2
• Transports en commun	0,3	0,5	0,9	1,2	1,0	1,1	0,8	1,1	1,3	0,9
• Habillement	7,4	7,0	8,0	8,8	8,9	9,2	8,3	7,0	8,1	8,3
• Santé	5,3	3,4	2,2	3,4	3,9	4,4	4,4	7,1	5,0	4,8
• Culture, loisirs	5,9	5,8	5,9	8,0	8,0	7,9	7,6	5,1	5,2	6,9
• Vacances	0,9	2,5	4,8	4,8	3,4	2,5	1,9	3,6	2,2	2,9
• Divers	10,5	16,8	23,5	16,1	10,7	8,7	7,6	12,3	8,8	11,2
TOTAL	100,0	100,0	100,0	100,0	100,0	100,0	100,0	100,0	100,0	100,0

INSEE

dépenses. Elles se sont au contraire accrues depuis 1979, sauf en ce qui concerne les dépenses de logement et de transport.

La présence d'enfants a une grande influence sur la structure des dépenses.

Un ménage avec deux enfants consomme trois fois plus de certains produits alimentaires comme le lait frais ou les yaourts et deux fois plus de biscuits, jambon, volaille, œufs, beurre, sucre, chocolat, confiserie, etc., qu'un ménage sans enfant. La présence d'enfants fait en revanche baisser la consommation de vins fins, de whisky ou les dépenses de restaurant.

C'est surtout le passage de deux à trois enfants qui entraîne un surcroît de charges. Depuis le milieu des années 60, les disparités entre les types de familles sont globalement stables. Les seules différences sensibles concernent les soins de santé, le logement et les dépenses de loisirs et culture.

De nouveaux types de ménages sont apparus, avec des comportements de consommation particuliers.

Le ménage type fut pendant longtemps le couple monoactif dans lequel un seul membre exerce une activité professionnelle. Il n'est plus majoritaire ; les ménages *biactifs* sont en effet aujourd'hui plus nombreux. Les ménages biactifs de moins de 40 ans sont en particulier très bien pourvus en biens durables, mais continuent d'investir dans les achats d'équipement. Ils sont largement responsables de l'accroissement du taux de multiéquipement automobile : 32 % ont au moins deux voitures, contre 15 % pour les couples monoactifs.

Parmi les nouveaux types de ménages à forte consommation, il faut citer aussi les *mono-ménages actifs*, constitués d'une seule personne, qui représentent 25 % des foyers français (et 33 % des foyers parisiens). Ils dépensent davantage pour la vie extérieure et pour les biens et services attachés à la personne que pour l'équipement du logement. Leur dépense vestimentaire est de 4 500 francs par an, contre 2 700 en moyenne.

Les *55-64 ans* constituent enfin une catégorie de plus en plus consommatrice. Mieux armés culturellement, physiquement et financièrement que ceux de la génération précédente, ils s'intéressent aux produits utilitaires ou durables et sont mieux équipés en électroménager que la moyenne, bien qu'ils soient aussi assez tentés par l'épargne.

Ces trois groupes représentent au total 65 % des foyers. Leur nombre est en augmentation rapide et ils anticipent un mode de vie et de consommation qui pourrait s'étendre aux autres catégories.

L'économie domestique représente plus de 10 000 F par ménage et par mois.

L'économie « parallèle » concerne toutes les activités qui ne sont pas prises en compte dans les statistiques officielles. Une partie de ces activités sont légales. Ce sont les activités domestiques d'autoproduction : bricolage, jardinage, etc. D'autres sont illégales : travail noir, troc, dissimulations fiscales, etc. Par définition, les sommes en jeu ne sont pas mesurables avec précision, mais elles sont considérables.

La fabrication à la maison des confitures, des vêtements des enfants, d'un meuble, etc., ou les services que l'on se rend à soi-même (réparation d'une fuite d'eau, montage d'un meuble en kit, déménagement...) ont une valeur estimée entre 35 et 75 % de la production intérieure brute marchande.

Le travail noir représenterait, lui, environ 5 % de la production intérieure brute. On estime que 800 000 personnes exercent en France une activité clandestine et perçoivent chaque année, de la main à la main, plus de 10 milliards de francs, sur lesquels, bien sûr, aucun impôt, TVA ou cotisation sociale, n'est prélevé. Une perte de quelque 30 milliards de francs pour la collectivité.

➤ Les marques de distributeurs représentent 18 % des achats de produits alimentaires (en volume), 9 % des produits de lavage et d'entretien ménager, 5 % des produits d'hygiène-beauté.
➤ En 1989, le prix TTC du mètre cube d'eau (hors assainissement) variait entre 2,30 F à Tarbes et 8,03 F à Boulogne. Il était de 5,05 F à Paris.
S ➤ 45 % des Français pensent que le marché unique de 1993 sera un facteur d'amélioration de la qualité des produits alimentaires, 13 % un facteur de détérioration, 38 % que cela ne changera rien.

*L'accroissement des contraintes
économiques est favorable
à celui des activités clandestines.*

Les causes de l'existence du travail clandestin sont multiples. L'évolution de ces dix dernières années va dans le sens d'un accroissement de la demande en même temps que de l'offre, même si celle-ci est mal cernée.

Le temps libre a généralement augmenté, en particulier, bien sûr, pour les chômeurs, les retraités et préretraités, qui peuvent ainsi en consacrer une partie au travail noir. Par ailleurs, les soucis d'ordre financier se sont accrus avec la crise : le risque de perdre son emploi ou de voir son pouvoir d'achat diminuer amène des particuliers à rechercher des revenus complémentaires. La pression fiscale joue aussi un rôle déterminant, surtout dans certaines entreprises mises en difficulté par l'augmentation de leurs charges.

Au-delà de son aspect illégal et du manque à gagner qu'il représente pour la collectivité, le travail noir permet à un certain nombre de personnes aux prises avec des difficultés d'insertion (ou de réinsertion) dans les circuits économiques officiels de survivre. Il autorise un nombre encore plus grand d'individus à maintenir ou améliorer leur niveau de vie. Il a donc joué depuis le début de la crise un rôle d'amortisseur. Qui sait comment se serait traduit le mécontentement des plus défavorisés s'ils n'avaient pu recourir au travail noir ?

La double consommation

Les comportements des consommateurs sont dictés par deux types de préoccupations apparemment contradictoires. La première est l'attention croissante portée au rapport qualité-prix par des acheteurs de mieux en mieux informés et de plus en plus rationnels dans leurs choix. La seconde est l'attirance pour le luxe ; l'objet de rêve n'a pas de prix dans la mesure où il donne à celui qui l'achète la sensation d'être riche et la possibilité de le faire savoir aux autres.

*Les consommateurs sont de plus en plus
attentifs au rapport qualité-prix.*

La stagnation du pouvoir d'achat au cours des années 80 a eu pour effet d'inciter les Fran-çais à acheter mieux. Beaucoup se livrent aujourd'hui à une recherche patiente de la « bonne affaire » ; celle qui leur permettra de trouver le bon produit au meilleur prix. Les soldes et promotions diverses, qui n'attiraient autrefois qu'une minorité d'acheteurs souvent modestes, font courir aujourd'hui les représentants de toutes les catégories sociales, y compris les plus aisées. 59 % des femmes déclarent attendre les périodes de soldes pour acheter quelque chose dont elles ont envie.

La perception du rapport qualité-prix est très personnelle. Il ne s'agit pas, le plus souvent, de la qualité intrinsèque des produits, mais de la « satisfaction » qu'ils apportent à l'acheteur. Celle-ci passe souvent par la marque, qui exerce une double fonction de garantie et d'évocation. Elle peut aussi être liée à la provenance du produit (l'exotisme est souvent une valeur ajoutée), à son esthétique (le design est une dimension d'importance croissante), à sa facilité d'utilisation (gain de temps) ou à l'image que lui a conférée la publicité.

*Les acheteurs sont moins fidèles
aux lieux d'achat.*

Les Français ont réagi favorablement au développement récent de nouveaux circuits de distribution : dépôts-vente, entrepôts, magasins d'usine, soldeurs, etc. De sorte que les circuits traditionnels (petits commerçants, grands magasins, super- et hypermarchés) connaissent une

Le luxe de plus en plus recherché

concurrence croissante, qui a déjà causé la disparition d'un grand nombre d'entre eux.

Les achats par correspondance, téléphone ou Minitel se sont aussi développés, mais plutôt pour des types de produits peu impliquants, qu'il n'est pas nécessaire de toucher pour juger. L'absence de disponibilité immédiate est un frein à l'achat dans une société où le court terme est important et les achats d'impulsion fréquents.

Des biens « inférieurs »
aux biens de « différenciation »

Les enquêtes de consommation réalisées par l'INSEE montrent que les dépenses des ménages sont largement déterminées par deux critères essentiels, déjà mis en évidence par Pierre Bourdieu, qui sont le revenu et la position sociale. On peut alors regrouper les différents postes selon quatre catégories :
• Les biens inférieurs : produits alimentaires de base (pain, pâtes, huile, sucre...) ; produits associés au mode de vie rural (volailles, lait frais...) ; produits pour lesquels existent des substituts de meilleure qualité, plus pratiques ou présentant des prix relatifs plus avantageux (bois, charbon, téléviseur noir et blanc...). Leur part dans la consommation totale décroît lorsque le revenu et la position sociale s'améliorent.
• Les dépenses associées au goût populaire : charcuterie ; apéritifs anisés ; limonade ; Loto et jeux ; spectacles sportifs ; cérémonies familiales. Elles procèdent de motivations contraires aux précédentes.
• La consommation de masse : biens durables fortement diffusés (téléviseur, lave-linge, radio...) ; mobilier « complet » de salle à manger, chambre à coucher, cuisine ; assurances, produits et équipements automobiles ; accession à la propriété. L'influence du revenu est ici plus forte que celle du milieu social.
• Les biens et services à forte différenciation socio-économique : accumulation patrimoniale ; aménagement du cadre de vie ; apparence physique et vestimentaire ; recours aux services ; consommation culturelle ; aliments sains, naturels, raffinés. Ces types de dépenses sont plus influencés par la position sociale que par le revenu.

Les produits de luxe
sont de plus en plus recherchés.

Après avoir acquis le nécessaire, beaucoup de Français s'intéressent aujourd'hui au superflu. Les achats de voitures de grosse cylindrée, les produits alimentaires de haut-de-gamme, les vêtements griffés font de plus en plus d'adeptes.

En 1989, les ventes de caviar, de foie gras et de grands crus ont battu des records au moment des fêtes. L'industrie du luxe se porte bien.

Toutes les catégories sociales sont concernées par ce phénomène. Certaines sont obligées de recourir au crédit à la consommation ; celui-ci a augmenté en moyenne de 20 % par an depuis 1986 (11 % seulement en 1989). D'autres préfèrent réaliser des économies sur les achats courants, ce qui explique le laminage des gammes moyennes au profit des deux extrêmes.

Le télé-achat sur orbite

En deux années d'existence, le télé-achat a séduit beaucoup de Français. Toutes les chaînes de télévision privées ont leur émission de vente de produits et enregistrent des ventes supérieures aux prévisions : environ 800 millions de francs en 1990. Les commandes par Minitel connaissent aussi un rapide développement, avec un chiffre d'affaires estimé à environ 30 milliards de francs en 1990.

Cette ruée vers le luxe s'explique sans doute par l'accroissement du pouvoir d'achat, après la stagnation du début des années 80. Elle s'explique surtout par la place accordée par la société aux choses matérielles. Une tendance largement favorisée par l'environnement commercial, qui ne cesse de développer l'offre de produits nouveaux. Une tendance renforcée aussi par les médias ; la publicité, les magazines ou les films montrent des personnages qui dépensent sans compter, roulent en voiture de luxe, s'habillent chez les grands couturiers, fréquentent les grands restaurants, habitent des logements de rêve.

Le luxe démocratisé

En 1989, les immatriculations de voitures de luxe ont augmenté de 30 %. Les Français ont acheté 9 529 véhicules de 17 CV et plus, contre 7 335 en 1988 et... 1 378 en 1984. Si la clientèle de Jaguar, Roll-Royce ou Ferrari reste très fortunée, ce n'est pas le cas de celle des magasins d'alimentation ou de vêtements de luxe, qui voient arriver des acheteurs plus modestes. Ceux-là sont prêts à quelques sacrifices pour se donner l'illusion de vivre, au moins occasionnellement, comme des riches. Les vrais riches qui veulent le faire savoir sont donc obligés de placer la barre toujours plus haut pour maintenir la différence.

Les Français sont de plus en plus exigeants.

Les Français considèrent le droit à la consommation comme l'un des droits fondamentaux et inaliénables du citoyen moderne. Droit d'acquérir ce que l'on souhaite, droit de regard sur ceux qui fabriquent ou qui vendent, droit de choisir parmi une large variété de produits, de marques et de points de vente. Ils acceptent donc mal les ruptures de stocks dans les magasins, la queue aux caisses des hypermarchés, les dates de livraison non respectées. Ils sont de plus en plus infidèles aux produits, aux marques (en dehors des plus prestigieuses) et aux magasins. S'ils souhaitent être conseillés, ils entendent rester maîtres de leurs décisions d'achat.

La querelle du dimanche

55 % des Français sont favorables à l'ouverture des magasins le dimanche, 36 % y sont opposés. La proportion de personnes favorables varie selon le type de commerce : 67 % pour les boulangeries, 55 % pour les petits commerces d'alimentation, 52 % pour les points de vente de la presse, 48 % pour les grands magasins, 46 % pour les magasins de meubles et d'habillement. Le manque de temps pour faire ses courses pendant la semaine, la possibilité de venir en famille le dimanche et la distraction du shopping sont les raisons principales évoquées.
En Europe, les magasins sont fermés le dimanche en RFA, en Grande-Bretagne, Italie, Grèce et Pays-Bas. Ils sont ouverts en Belgique, Suède, Espagne et Portugal.

ALIMENTATION

Budget en baisse ● Plus d'un repas sur trois à l'extérieur ● Moins de pain et de viande, plus de charcuterie, de volaille et de surgelés ● Record du monde de consommation de vin et d'eau ● Achats de produits de meilleure qualité ● Séparation entre repas quotidiens et repas de fête ● Préoccupations diététiques ● Rapprochement des habitudes alimentaires

Manger pour vivre

Bien qu'ils aient de plus en plus de temps libre, les Français en consacrent de moins en moins à leur alimentation. Cela est surtout vrai pour les repas quotidiens, où les conserves, surgelés et autres produits instantanés leur ont permis de gagner un temps qu'ils peuvent réinvestir dans les loisirs. La part du budget qu'ils consacrent à la nourriture est en baisse régulière depuis plus de 30 ans.

La part du budget consacrée à l'alimentation est passée de 36 % en 1959 à 19,7 % % en 1989.

Le budget alimentation, tel qu'il est pris en compte par l'INSEE, comprend les dépenses alimentaires (nourriture et boissons) ainsi que les dépenses de tabac. Il inclut la production « autoconsommée » par les ménages d'agriculteurs et ceux qui détiennent des jardins, mais il ne prend pas en compte les dépenses des repas pris hors du domicile (restaurant, cantine d'entreprise...).

La régularité de la baisse (en valeur relative) est à la fois la conséquence de l'accroissement du pouvoir d'achat, de l'intérêt pour d'autres types de dépenses et de la baisse des prix relatifs d'un certain nombre de produits alimentaires. On constate un phénomène de même nature dans la plupart des pays industrialisés (en particulier aux Etats-Unis).

La durée moyenne des repas pris à domicile tend à diminuer.

Le temps que l'on met pour déjeuner ou dîner varie selon qu'on est actif ou inactif, homme ou femme, citadin ou rural, jeune ou vieux, seul ou en famille. Les repas pris à domicile durent en moyenne 1 h 30 par jour pour les adultes citadins, contre 1 h 42 en 1975. La durée maximale est de 2 h 06 pour les hommes de plus de 65 ans vivant seuls dans une commune rurale ; la durée minimale est de 1 h 16 pour les jeunes hommes actifs de 18 à 24 ans.

Le temps consacré aux repas pris à l'extérieur est beaucoup plus réduit : 27 minutes par jour en moyenne pour l'ensemble des Français, dont plus des trois quarts continuent de déjeuner chez eux.

---

50 000 repas dans une vie

Qu'il soit fin gastronome ou indifférent aux choses de l'assiette, chaque Français se met à table environ 50 000 fois au cours de sa vie. A raison de deux heures par jour en moyenne, cela représente près de 12 années, soit plus du cinquième du temps éveillé. Il consomme plus de 50 tonnes de nourriture (boissons comprises). C'est dire toute l'importance de l'alimentation dans une vie.

Plus d'un repas sur trois est pris à l'extérieur, contre un sur deux en 1970.

Le développement de la journée continue et l'accroissement du nombre de femmes actives expliquent que les Français déjeunent de plus en plus souvent à l'extérieur. Après la forte croissance du début des années soixante-dix, la restauration collective se développe moins vite depuis quelques années (environ 1 % par an en

volume), du fait de l'importance du chômage et de l'abandon de la formule de l'internat dans un certain nombre d'établissements scolaires.

Les habitudes alimentaires changent

Lowe Quadrillage et Associés

Sur les quelque 5 milliards de repas pris à l'extérieur, les deux tiers environ sont pris en restauration collective (restaurants d'entreprise, cantines d'écoles, etc.), un tiers en restauration commerciale.

Fast-food : 6 % des repas extérieurs

On comptait environ 1 700 établissements spécialisés dans la restauration rapide début 1990, dont 35 % à Paris et dans les départements limitrophes. Le nombre de repas servis est proche de 300 millions contre 115 en 1984. La restauration rapide représente en France 5 % du chiffre d'affaires de la restauration contre 30 % aux Etats-Unis et 7 % en Grande-Bretagne. La moitié de la clientèle est composée de jeunes de moins de 25 ans, qui mangent seuls ou avec des amis (8 % seulement en famille). Le prix moyen d'un repas est de 23 francs, sa durée moyenne varie de 20 minutes (viennoiseries) à 34 minutes (hamburgers).

Les restaurants de hamburgers représente 48 % des points de vente et 76 % du chiffre d'affaires. La viennoiserie arrive en seconde position avec 29 % du nombre des restaurants et 15 % du chiffre d'affaires, devant les formules de sandwiches et les pizzas. De nouvelles formules voient le jour avec les spécialités iraniennes, chinoises, mexicaines ou les cookies. Un nombre croissant de restaurants proposent aujourd'hui plusieurs types de produits.

En vingt ans, les Français ont transformé leurs habitudes alimentaires.

Ils ont délaissé les produits énergétiques de base (pain, pomme de terre, sucre, corps gras) et ceux qui demandaient une longue préparation au profit des protéines animales et des produits élaborés. La part des produits laitiers a augmenté de 20 % en vingt ans, du fait de la consommation de produits laitiers frais (en particulier les yaourts), des fromages et des laits liquides. Les Français achètent aussi moins de viande de boucherie, mais plus de charcuterie, de conserves de viande et de volaille découpée. Les légumes frais tendent à être remplacés par des plats cuisinés prêts à l'emploi, les fruits frais par d'autres types de desserts : produits laitiers ou crèmes glacées.

En 1989, les produits qui ont connu la plus forte progression sont les surgelés et glaces, les produits laitiers ultrafrais et les boissons non alcoolisées. Les produits en régression sont les viandes de boucherie, les boissons alcoolisées, les corps gras et les produits de la mer frais.

La nouvelle cuisine des Français

Les Français gèrent différemment leur budget alimentaire, sous l'effet conjugué des prix, des modes de vie et de l'apparition de nouveaux produits alimentaires. Ils sont aussi plus attentifs à l'aspect diététique de leur alimentation, à la qualité des produits et à leur facilité d'emploi, qu'il s'agisse de la nourriture ou de la boisson.

La consommation de pain diminue régulièrement.

En 1920, chaque Français consommait en moyenne 630 g de pain par jour, 290 g en 1960. Il n'en consomme plus que 170 g aujourd'hui. Pourtant, le pain constitue toujours un ingrédient indispensable, puisque plus de 80 % en consomment tous les jours ou presque et 4 % seulement n'en consomment jamais.

Les Français considèrent le pain comme un élément essentiel de l'équilibre alimentaire (85 %) parce que particulièrement nutritif (71 %) ; ils ne sont que 36 % à penser qu'il fait grossir. 60 % en consomment pratiquement tous les jours au petit déjeuner, 81 % au déjeuner et au dîner. Ils attendent du pain qu'il soit d'abord frais, croustillant, qu'il se conserve bien et soit facile à digérer.

Un an de nourriture

Quantités consommées par an et personne en 1970 et 1987 (en kg) :

	1970	1987
• Pain	80,6	63,9
• Pâtes	6,1	6,7
• Riz	2,2	3,7
• Pommes de terre	95,6	77,7
• Légumes frais et surgelés	70,4	99,4
• Agrumes et fruits	13,5	48,5
• Bœuf	15,6	18,4
• Veau	5,8	5,2
• Porc frais	7,9	9,6
• Volailles	14,2	21,3
• Poissons, crustacés	10,8	14,7
• Fromages	13,8	16,0
• Yaourts	8,6	13,4
• Beurre	9,9	9,0
• Sucre	20,4	12,1

INSEE

La consommation de viande diminue au profit de la charcuterie et de la volaille.

La consommation de viande de boucherie est en régression depuis une vingtaine d'années. C'est le cas en particulier de celle du veau, dont la part dans la consommation totale de viande a baissé de moitié depuis 1970 (elle était de 5,8 % en 1989). La charcuterie et les conserves de viande ont connu en revanche une forte croissance. Il en est de même de la volaille (surtout le poulet) et, dans une moindre mesure, de certains produits de la mer.

S ➤ 51 % des Français mangent des viandes en sauce moins d'un jour par semaine ou jamais, 39 % un ou deux jours par semaine, 7 % trois à cinq jours par semaine, 1 % tous les jours ou presque.
S ➤ 41 % des Français mangent des gâteaux ou sucreries un ou deux jours par semaine, 26 % moins d'un jour par semaine ou jamais, 18 % trois à cinq jours par semaine, 14 % tous les jours ou presque.
S ➤ A la fin d'un repas, 51 % des femmes et 44 % des hommes préfèrent un fromage ; 44 % des hommes et 38 % des femmes préfèrent un dessert.

En 1989, les Français ont consommé
25 kg de surgelés par personne.

90 % des ménages achètent au moins une fois par an des surgelés. Leur usage a doublé depuis 1976 ; il a augmenté de 72 % au cours des cinq dernières années. La consommation est plus élevée à Paris qu'en province.

Ce développement s'est effectué parallèlement à l'équipement des foyers : plus de 80 % des foyers disposent d'au moins un département congélateur au-dessus de leur réfrigérateur, 40 % d'un congélateur séparé. L'arrivée du four à micro-ondes, complément naturel du congélateur, accélère encore ce mouvement. Un peu plus de 20 % des ménages étaient équipés à fin 1989, une proportion encore faible par rapport à d'autres pays comme la Grande-Bretagne ou les Etats-Unis.

Les achats concernent surtout des plats préparés à base de viande ou de poisson, des légumes cuisinés, des salades mélangées, des entrées (pizzas, tartes). Les recettes allégées font de plus en plus d'adeptes.

62 % des volumes sont achetés dans les magasins d'alimentation générale (hypermarchés, supermarchés, supérettes), 17 % dans les magasins spécialisés (freezer-centers). La vente à domicile représente 21 % des quantités ; elle est surtout importante en milieu rural où les gros congélateurs sont plus répandus.

La glace en toute saison

En 1989, les Français ont consommé 300 millions de litres de glace, contre 200 millions en 1984. Les conditions météorologiques (un été chaud) et surtout l'habitude croissante d'acheter de la glace en toute saison expliquent cette augmentation de la consommation à domicile (+ 25 % par rapport à 1988, + 13 % seulement hors foyer). Les glaces en vrac représentent la majorité des achats, devant les bâtonnets et les cônes (dont la croissance est très forte). Le principal fournisseur de la France est la Belgique, qui assure 90 % des importations.

Les Français sont les plus grands buveurs
de vin... et d'eau du monde.

Le vin ordinaire dit « de table » est de plus en plus délaissé ; sa consommation a presque diminué de moitié depuis 1970. Dans le même temps, celle des vins fins a presque triplé. Au total, la consommation de vin a diminué d'un quart en vingt ans.

Le vin est aujourd'hui concurrencé par d'autres produits, comme les boissons gazeuses et, surtout... l'eau. Si les Français restent en effet les plus gros consommateurs de vin, on sait moins qu'ils détiennent aussi le record mondial de la consommation d'eau minérale. Heureux pays que celui où l'on dispose à la fois de vignes et de sources pour étancher sa soif !

Moins de vin, mais du meilleur

Quantités de boissons consommées par an et par personne en 1970 et 1987 (en litres) :

	1970	1987
• Vins courants	95,6	53,5
• Vins AOC	8,0	20,5
• Bière	41,4	37,6
• Eaux minérales	39,9	73,6
• Boissons gazeuses	19,1	27,5
• Café, thé, infusions (kg)	3,7	4,0

INSEE

Le consensus alimentaire

Les Français consacrent proportionnellement moins d'argent à leur nourriture, mais ils recherchent des produits de meilleure qualité. Les repas quotidiens sont moins longs, moins formels et font une plus large place aux préoccupations diététiques.

On observe un certain rapprochement des comportements alimentaires entre les régions, les catégories sociales et les pays.

Les Français recherchent
de plus en plus les produits de qualité.

On constate un déplacement très net des achats vers des produits de qualité croissante. Ils sont de plus en plus nombreux à préférer des pâtes « aux œufs frais », des poulets « de ferme », des œufs « extra-frais », du riz « non collant », des vins « VDQS » ou « d'appellation contrôlée », des produits « allégés » (beurre, charcuterie...).

Cette recherche de la qualité, que l'on retrouve dans bien d'autres domaines, est la conséquence d'une meilleure information des consommateurs et de comportements d'achat plus rationnels. Elle a été favorisée par la politique de nouveaux produits (ou de nouveaux positionnements) mise en place par les industriels et relayée par les distributeurs.

La diététique, une nouvelle dimension

Les repas sont moins formels.

Les repas quotidiens, surtout le déjeuner, tendent à se limiter à un plat principal, éventuellement complété d'un fromage ou d'un dessert. Cette tendance à manger moins à chaque repas fait qu'on mange plus souvent au cours de la journée. Le « grignotage » se développe, au bureau, en regardant la télévision, en voiture ou en marchant.

Les horaires variables, fréquents au travail, s'étendent peu à peu à l'alimentation. Chacun adapte son emploi du temps alimentaire à ses propres contraintes, regardant moins la pendule, écoutant plus son estomac. En famille, les heures de repas et les menus sont de plus en plus personnalisés. Comme dans d'autres domaines, c'est le souci d'une plus grande liberté individuelle qui explique l'évolution des mœurs alimentaires.

La séparation est plus nette entre repas quotidien et repas de fête.

Le repas de midi est généralement rapide, parfois frugal. Celui du soir obéit aux mêmes contraintes de temps, même s'il est plus consistant.

L'attitude vis-à-vis des repas de fête est tout à fait différente. Les Français y voient l'occasion de passer un moment agréable en famille ou avec des amis, en profitant de l'ambiance créée par un bon repas. Ils consacrent donc le temps et l'argent nécessaires pour que la fête soit réussie. C'est l'occasion pour certains hommes de faire la démonstration de leurs talents culinaires, tandis que les femmes s'efforcent de mettre une note d'originalité, voire d'exotisme, dans les menus et la décoration de la table.

Les préoccupations diététiques sont de plus en plus répandues.

La ration calorique quotidienne des Français reste stable depuis quelques années, mais sa composition varie : plus de calories d'origine animale (viande, lait et produits laitiers) ; moins de produits à base de féculents et de céréales ; déclin ou stabilisation de l'apport en matières grasses ; recul des légumes.

Le mouvement actuel vers une alimentation plus diététique touche surtout les catégories les plus jeunes et les plus urbaines de la population. Il se traduit par une amélioration sensible du contenu de l'alimentation quotidienne.

S ➤ 42 % des Français mangent de la charcuterie un ou deux jours par semaine, 42 % moins d'un jour par semaine ou jamais, 11 % trois à cinq jours par semaine, 3 % tous les jours ou presque.
S ➤ 43 % des Français mangent des farineux (pâtes, pommes de terre...) un ou deux jours par semaine, 34 % trois à cinq jours par semaine, 12 % tous les jours ou presque, 9 % moins d'un jour par semaine ou jamais.
S ➤ 77 % des Français préfèrent recevoir leurs amis chez eux, 14 % aller au restaurant.
S ➤ 83 % des Français déclarent utiliser plutôt des produits frais pour leur alimentation quotidienne, 11 % des produits surgelés, des produits basses calories.
S ➤ 50 % se servent souvent d'un livre de cuisine ou de fiches de recettes, 6 % toujours, 17 % presque jamais, 26 % jamais.

Le poids croissant de l'allégé

Les beurres à faible teneur en matières grasses, la charcuterie « maigre », les édulcorants, les sauces, yaourts et boissons à basses calories font en France de plus en plus d'adeptes : un ménage sur deux en a déjà utilisé. Les plus favorables sont les personnes âgées de 35 à 55 ans, habitant des villes de plus de 50 000 habitants, ayant un bon niveau d'instruction. Les produits allégés ou nutritionnels représentent respectivement 8 % et 14 % des ventes en volume des marchés sur lesquels ils se situent. Les achats de beurres allégés ont été multipliés par trois entre 1984 et 1988. Les boissons basses calories n'ont été autorisées en France qu'en mars 1988. En 1989, elles représentaient déjà 6 % des achats de « soft-drinks » (colas, boissons aux fruits...). La proportion devrait atteindre de 15 à 20 % en 1991.

Les habitudes alimentaires des catégories sociales tendent à se rapprocher lentement.

Les ouvriers et les paysans consomment davantage certains aliments d'image populaire (pain, pommes de terre, pâtes, vin ordinaire, etc.), tandis que les produits « de luxe » (crustacés, pâtisserie, confiserie, vins fins, plats préparés, produits surgelés) sont principalement consommés par les catégories les plus aisées.

On constate cependant chez les agriculteurs et les ouvriers la disparition de certaines habitudes, comme la soupe quotidienne ou l'influence des saisons sur le choix des menus. Les employés sont plus proches des cadres que des ouvriers, bien qu'ils soient moins consommateurs de produits à forte valeur ajoutée (plats préparés, surgelés...) ou fortement liés au statut social (légumes et fruits exotiques, crustacés, whisky...).

L'autoconsommation

95 % des ménages d'agriculteurs disposent d'un jardin potager, d'un verger ou d'un élevage (seulement 12 % dans la région parisienne). On estime que la production autoconsommée représente 8 % de la consommation alimentaire totale des ménages : 37 % pour les agriculteurs, 7 % dans les petites villes et 1,5 % dans la région parisienne. L'autoconsommation des ruraux explique en partie la présence plus fréquente dans leur alimentation de certains produits : légumes frais ou surgelés, volailles, charcuterie et viande de porc.

Les différences entre les pays s'estompent...

On constate un rapprochement des menus types et des produits consommés dans les différents pays industrialisés. Ce phénomène d'uniformisation est particulièrement sensible dans les pays européens. Le ketchup, les céréales du petit déjeuner, l'eau minérale, le vin de table, etc., sont des produits dont la consommation déborde largement les frontières d'origine. Les grandes sociétés alimentaires internationales constatent de moins en moins de différences dans les comportements nationaux. C'est d'ailleurs pourquoi elles réalisent souvent des campagnes publicitaires semblables dans les différents pays.

...mais les habitudes alimentaires restent imprégnées des traditions nationales et régionales.

Ainsi, les corps gras solides (beurre, margarine, saindoux) sont utilisés pour la cuisson dans les pays du Nord. C'est la margarine qui est la plus employée au Danemark (12 kg par personne et par an) et en Belgique (11 kg). La cuisine au beurre est majoritaire en Irlande (10 kg) et en France (8 kg). Les Français appartiennent cependant aux deux cultures gastronomiques : ils utilisent le beurre au nord de la Loire et l'huile au sud. Les pays méditerranéens sont utilisateurs d'huile d'olive : 23 litres par an en Italie, 22 litres en Espagne et en Grèce, 19 au Portugal.

S ➤ Pour 79 % de Français, la France reste le pays de la « grande bouffe » (pour 15 % non).
S ➤ 10 % des Français vont au café au moins une fois par jour (19 % des jeunes de moins de 18 ans).
S ➤ 2 % des Français vont au restaurant tous les jours, 9 % une à trois fois par semaine, 13 % deux à trois fois par mois, 19 % une fois par mois, 37 % moins souvent.
S ➤ 75 % des Français déjeunent habituellement chez eux, 16 % en restauration collective (6 % dans un restaurant traditionnel, 6 % dans un café, 2 % dans un fast-food, 2 % dans une cafétéria) et 9 % sur le lieu de leur travail.
S ➤ Les régions où l'on mange le mieux sont, pour les Français : le Périgord (44 %), la région lyonnaise (33 %), l'Alsace (32 %), la Bourgogne (29 %), l'Auvergne (23 %), la Bretagne (18 %), les Landes (16 %), la Provence (13 %), la Pays basque (9 %), le Nord (8 %), la Lorraine (6 %), la Sologne (6 %), les Alpes (6 %).

LA MAISON

LOGEMENT

Grandes villes moins peuplées ● Volonté de retour vers le centre-ville ● Redémarrage de la construction ● Flambée des prix à Paris ● 55 % des ménages en maison individuelle ● 52 % de propriétaires ● 3 millions de ménages en HLM ● Amélioration sensible du confort ● Résidences secondaires moins appréciées

Le va-et-vient des citadins

L'exode rural, poursuivi depuis deux siècles, est aujourd'hui achevé. Mais les Français hésitent entre les centres-villes et les périphéries plus ou moins éloignées. Après avoir goûté à la vie des banlieues, ceux qui en ont les moyens souhaitent aujourd'hui se rapprocher du centre.

L'exode rural est achevé.

L'urbanisation de la France, amorcée vers la fin du XVIIIe siècle, a été particulièrement forte après la Seconde Guerre mondiale. Les chiffres du recensement de 1982 avaient cependant montré un arrêt de la croissance urbaine et l'attirance croissante des communes rurales, pour la première fois depuis la fin du XIXe siècle. Les villes de moins de 10 000 habitants continuaient de croître à un rythme supérieur à la moyenne. Aujourd'hui, près de la moitié des Français habitent dans une ville de plus de 50 000 habitants.

La population des grandes villes ou agglomérations stagne ou régresse.

Sur une centaine d'unités urbaines de plus de 50 000 habitants (villes isolées et agglomérations comprenant plusieurs communes), près de la moitié ont vu leur population décroître au cours des dernières années.

Entre 1975 et 1982, la population de l'Ile-de-France n'a augmenté que de 2 % tandis que la population française augmentait de 3,2 %. La croissance de l'agglomération parisienne s'est ralentie régulièrement depuis une trentaine d'années ; elle est négative depuis 1962. Le phénomène inverse s'est produit dans les communes rurales, qui ont vu leur population s'accroître à partir du milieu des années soixante.

1789-1989 : deux siècles d'urbanisation

En 200 ans, les campagnes françaises ont perdu 10 millions d'habitants, tandis que la population urbaine en gagnait 35 millions. En 1806, 37 communes dépassaient 20 000 habitants et représentaient 6,7 % de la population française. On en comptait 228 en 1982, qui représentaient 57 % de l'ensemble.
En 1790, la population était concentrée dans les régions voisines de la Manche. En 1989, les régions les plus urbanisées sont situées à l'est d'une ligne Le Havre-Marseille. 22 départements ont moins d'habitants en 1989 qu'en 1789 ; ils sont situés dans le centre méridional, la Basse-Normandie, le Centre-Est et les Alpes du Sud.

Après avoir été séduits par les banlieues et leur périphérie...

Dans les années 60, les grandes villes s'étaient vues délaissées au profit des banlieues. Cette situation résultait d'un double mouvement : d'un côté, l'arrivée aux abords des villes

Jacques Dupâquier, Bertrand Oddo, INSEE

L'exode rural

Part de la population rurale et de la population urbaine dans la population totale (en %) :

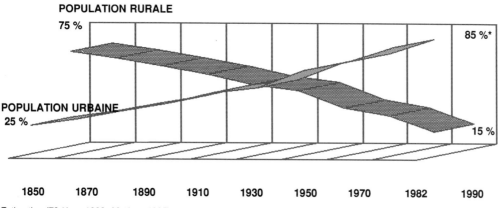

POPULATION RURALE
75 %
85 %*

POPULATION URBAINE
25 %
15 %

1850   1870   1890   1910   1930   1950   1970   1982   1990

INSEE

* Estimation (73 % en 1982, 82 % en 1985)

de personnes en provenance des campagnes, peu créatrices d'emploi et offrant une vie sociale et culturelle peu animée ; de l'autre, l'éloignement des habitants des centres-villes vers les banlieues, à la recherche d'un jardin et de conditions de vie plus calmes.

...les Français se sont éloignés davantage des villes...

Les banlieues se sont ensuite dépeuplées au profit des petites villes et des communes rurales. Ce phénomène, appelé périurbanisation, concernait près de 20 % de la population totale au recensement de 1982. Les candidats à cet exode étaient surtout les ouvriers et les membres des catégories moyennes, principaux déçus de la vie urbaine. Le mouvement d'éloignement par rapport aux centres des grandes villes n'était pas toujours la conséquence d'un choix ; il était souvent dû à des contraintes économiques.

... avant d'être de nouveau attirés par les centres-villes.

Ceux qui n'ont pas trouvé dans les banlieues ou petites communes plus éloignées la qualité de vie qu'ils souhaitaient (emploi, écoles, transports en commun, vie culturelle...) souhaitent aujourd'hui s'installer ou retourner dans les cen-

tres des villes. Mais le prix actuel des appartements des grandes villes (surtout Paris), tant à la location qu'à la vente, est souvent dissuasif.

Un nouvel équilibre n'est pas encore défini.

La mise en place de la décentralisation administrative et économique vers les régions, l'augmentation des prix de l'immobilier dans les grandes villes, le développement des moyens de communication (routes, autoroutes, transports en commun, télématique) devraient logiquement favoriser le mouvement de repeuplement des zones périphériques ou rurales.

➤ Entre 1975 et 1982, les agglomérations de plus de 200 000 habitants ont perdu 5 % de leur population ; Paris intra-muros a perdu pendant la même période 600 000 habitants, soit près du cinquième de sa population antérieure.
E ➤ La France compte environ deux millions de personnes mal logées et 400 000 sans-abri.
S ➤ Plus de 80 % des habitants de l'Ile-de-France sont satisfaits de leur logement (quartier, proximité des transports en commun, superficie, nombre de pièces, loyer ou prix d'achat, apparence de l'immeuble, ensoleillement). 20 % se plaignent du voisinage, 25 % du bruit et du stationnement, 30 % de l'éloignement de leur travail et des écoles, 33 % de l'insécurité.

A l'inverse, l'effort de réhabilitation des centres des villes, la construction de logements mieux adaptés, l'animation des quartiers peuvent ramener vers les plus grandes villes des ménages qui supportent mal les contraintes de la vie dans les petites communes. On constate d'ailleurs un phénomène de cette nature en Scandinavie, en Allemagne ou en Grande-Bretagne.

La construction de logements a repris depuis 1986, après quinze années de baisse.

Une véritable crise du logement s'était produite à partir du début des années 70. Le secteur locatif s'était effondré (en particulier celui qui ne bénéficiait pas d'aides de l'Etat), ainsi que l'accession à la propriété en immeuble collectif. On avait surtout construit des maisons individuelles et des HLM, ainsi que des résidences secondaires, principalement en bord de mer ou en montagne).

La conséquence a été une explosion des prix à Paris et dans certaines régions, ainsi qu'un vieillissement du parc : la part des logements de plus de 20 ans est passée de 27 % en 1980 à 48 % en 1986. La tendance s'est inversée depuis 1986, avec un nombre de mises en chantier plus élevé et une volonté des pouvoirs publics de relancer le secteur.

Paris : la pierre précieuse

Entre 1979 et 1989, les prix des appartements à Paris ont été multipliés en moyenne par 3,5 en francs courants et 1,7 en francs constants. L'accroissement a été de 20 % en 1988 et de 24 % en 1989 du fait d'une demande, à la fois française et étrangère, très largement supérieure à l'offre. Celle-ci est d'ailleurs limitée par le manque de terrains disponibles pour construire des logements neufs.
Sur les 120 360 immeubles de Paris intra-muros (répartis sur 10 000 hectares), près de la moitié sont en copropriété. Les principaux détenteurs des immeubles en toute propriété sont la municipalité (12 400 immeubles), les sociétés commerciales (9 550), les compagnies d'assurances, caisses de retraite et mutuelles (2 670), l'Etat (638), les banques et organismes de crédit (570), la RATP (571), la SNCF (426), l'Eglise (320), l'Assistance publique (175).

Quand le bâtiment va (mieux)

Nombre de logements terminés chaque année (en milliers) :

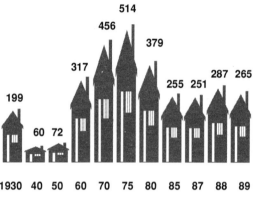

Comparaison internationale (logements terminés pour 1 000 habitants) en 1987 :

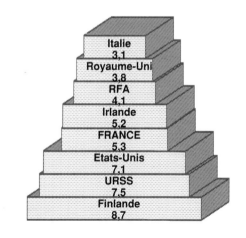

Ministère de l'Equipement

➤ Cinq villes nouvelles ont été construites autour de Paris : Evry, Cergy-Pontoise, Marne-la-Vallée, Saint-Quentin-en-Yvelines, Melun-Sénart. Chacune d'elles devrait compter environ 200 000 habitants en 1990.
E ➤ Sur mille personnes assurées, environ 40 subissent un dégât des eaux dans une année (700 000 par an, coût moyen : environ 4 000 F).

La chaleur du foyer

Plus de la moitié des Français sont propriétaires de leur logement, le plus souvent une maison. Ils y vivent de plus en plus confortablement.

55 % des Français habitent une maison individuelle, 45 % un appartement.

La proportion de maisons individuelles s'est accrue ; elle n'était que de 48 % en 1962. L'augmentation est encore plus sensible si l'on exclut les fermes, dont le nombre tend au contraire à diminuer.

Dans le même temps, la part des immeubles collectifs de dix logements ou plus a elle aussi augmenté : elle est passée de 19 % en 1962 à environ 30 % aujourd'hui. C'est donc la part des petits logements collectifs, de moins de dix appartements, qui a baissé.

Dans la construction neuve, la proportion de trois quarts pour l'individuel et un quart pour le collectif, qui prévalait en 1980, a fortement diminué, pour passer à deux tiers/un tiers.

52 % des ménages sont propriétaires de leur résidence principale :
67 % dans les communes rurales,
34 % à Paris.
8 % des Français sont logés par leur employeur et 4 % à titre gracieux.

La proportion de propriétaires est très variable selon les professions (voir tableau). Elle varie également selon l'âge. On compte 17 % de propriétaires parmi les couples de moins de 40 ans sans enfant (48 % s'ils ont des enfants) et 70 % parmi ceux de plus de 40 ans sans enfants (65 % s'ils ont des enfants).

Environ la moitié des propriétaires (48 %) sont accédants (ils ont encore des prêts à rembourser). Ils ont emprunté en moyenne 62 % du prix d'achat de leur logement, contre seulement 53 % en 1978.

L'augmentation de la proportion de propriétaires a été ralentie par la crise en 1973, puis relancée en 1978 par la mise en place de nouvelles formules d'aide (prêts conventionnés, prêts d'accession à la propriété).

MOBILIER DE FRANCE

Le bonheur est à l'intérieur.

La maison est un cocon

Publicis Etoiles

70 % des logements disposent d'une salle d'eau, de W.-C. intérieurs et d'un chauffage central :
deux tiers des maisons individuelles, trois quarts des appartements.

Ceux qui ne disposent pas du confort minimum sont principalement des agriculteurs et des personnes âgées habitant des logements anciens dans des communes rurales. 76 % des résidences d'agriculteurs et 57 % de celles des retraités ont été construites avant 1949. On compte environ 10 % de résidences principales non équipées de W.-C., salle d'eau, chauffage central) contre 49 % en 1970.

Le confort des résidences principales s'est considérablement amélioré depuis une quinzaine d'années : il n'existe aujourd'hui pratiquement plus de logements sans eau courante ; la proportion de logements disposant de l'eau chaude ou des W.-C. a augmenté d'environ 60 %. En 1970, 24 % des ménages seulement étaient pourvus d'une baignoire (hors modèle « sabot ») ; ils sont près de 60 % aujourd'hui.

Seule l'existence d'un ascenseur n'est toujours pas généralisée dans les immeubles. Si la quasi-totalité de ceux de huit étages ou plus en possèdent, c'est le cas de seulement 11 % de ceux de trois étages, 19 % pour quatre étages, 50 % pour cinq étages, 60 % pour six étages, 87 % pour sept étages (chiffres 1984).

Logement et profession

Caractéristiques de la résidence principale selon la profession :

	Ménages habitant :		Ménages logés :			Ménages occupant leur logement à titre de :	
	Agglomé-rations 100 000 ha et +	Commu-nes rurales	En maison indivi-duelle	Dans des immeubles construits		Proprié-taire	Dont accédant
				Avant 1949	Après 1974		
• Agriculteurs	3,9	83,3	94,9	75,9	8,5	74,0	29,0
• Artisans, commerçants	36,5	30,7	69,6	47,2	17,5	63,9	53,2
• Chefs d'entreprises et professions libérales	51,2	16,8	58,0	45,1	19,6	69,8	61,8
• Cadres supérieurs	67,2	11,7	49,0	31,4	26,1	54,7	76,2
• Cadres moyens	55,6	17,4	52,5	28,3	27,4	53,7	80,4
• Employés	58,5	13,8	35,2	32,2	22,9	34,0	66,2
• Ouvriers qualifiés	43,6	23,6	52,6	33,6	24,8	45,1	75,3
• Ouvriers non qualifiés	35,4	30,8	50,1	45,7	15,4	32,1	60,1
• Retraités	40,7	29,6	62,8	57,2	7,9	61,3	14,2
• Autres inactifs	55,1	17,9	41,3	52,2	9,1	36,9	13,3
Ensemble	**46,4**	**24,9**	**54,4**	**-**	**-**	**51,2**	**24,4**

INSEE

S ➤ 65 % des propriétaires, 53 % des locataires et 45 % des accédants à la propriété considèrent que leurs dépenses de logement sont négligeables ou ne posent pas de gros problème. 52 % des accédants, 43 % des locataires et 30 % des propriétaires estiment au contraire qu'elles représentent un charge lourde ou très lourde. 2 % des locataires et 1 %des propriétaires et accédants déclarent qu'ils ne peuvent y faire face.
S ➤ Les principaux critères de choix d'un logement sont, par ordre décroissant : le calme (27 %), la proximité du lieu de travail (26 %), le prix (22 %), la proximité des commerces (18 %), la proximité des écoles (17 %), la proximité de la famille (15 %), les espaces verts et le cadre de vie (13 %), le voisinage (8 %), la réputation du quartier (7 %), la qualité et le bon entretien du logement (6 %), la proximité des services de santé (5 %), la qualité des écoles (4 %), la proximité des crèches (3 %).
S ➤ 74 % des habitants de la région parisienne n'iraient pas s'installer dans une autre commune, même s'ils avaient un niveau de vie plus élevé. 60 % souhaitent rester dans leur quartier quoi qu'il arrive.

86 % des Français satisfaits de leur logement

86 % se disent très ou assez satisfaits de la manière dont ils sont logés. Les propriétaires sont plus satisfaits que les locataires : 96 % contre 74 %.
Les habitants de maisons individuelles se sentent mieux logés que ceux qui habitent un appartement (94 % contre 75 %).
Les Parisiens sont moins satisfaits que les provinciaux (76 % contre 88 %).

13 % des logements sont surpeuplés, contre 17 % en 1978.
61 % sont sous-peuplés (54 % en 1978).

La norme d'occupation est calculée de la façon suivante :
• Une pièce de séjour pour le ménage ;
• Une pièce pour chaque chef de famille ;

Confort pour tous

Proportion de résidences principales disposant de certains éléments de confort (en %) :

	1970	1973	1978	1984
• **Sans confort :**				
- sans eau	5,7	3,4	1,3	0,4
- eau seulement	27,9	22,9	15,6	7,5
- eau, w.c., sans installations sanitaires*	10,5	8,7	6,0	4,4
- installations sanitaires* sans w.c.	4,5	4,0	4,0	2,8
• **Confort :**				
- w.c., installations sanitaires* sans chauffage central	11,8	11,6	11,0	8,7
- w.c., grande baignoire sans chauffage central	5,3	5,3	5,7	6,6
• **Tout le confort :**				
- w.c., installations sanitaires* et chauffage central	15,3	16,6	17,8	18,5
- w.c., grande baignoire avec chauffage central	19,0	27,5	38,6	51,1
• **Ensemble**	100,0	100,0	100,0	100,0
• **Total** (en milliers)	**16 407**	**17 124**	**18 641**	**20 093**

INSEE

* Douche ou petite baignoire

• Une pièce pour chaque personne hors famille non célibataire ;
• Une pièce par célibataire de 19 ans et plus ;
• Une pièce pour 2 enfants de moins de 19 ans, à condition qu'ils soient de même sexe (sauf s'ils ont tous les deux moins de 7 ans) ;
• une pièce pour l'ensemble des domestiques et salariés logés éventuellement.

Il y a surpeuplement si le logement a au moins une pièce de moins que la norme. Il y a sous-peuplement si le logement compte au moins une pièce de plus que la norme.

D'une manière générale, ce sont les cadres supérieurs et professions libérales qui bénéficient des meilleures conditions de logement. Le surpeuplement concerne 39 % des ménages ayant plus de 3 enfants. Ce sont les ménages les plus modestes et ceux habitant les grandes villes qui sont les plus concernés.

La diminution du surpeuplement au cours des dernières années est liée d'abord à la réduction de la taille moyenne des ménages : le nombre de personnes par ménage a pratiquement diminué d'une personne en trente ans. Elle est liée aussi à l'accroissement de la taille des logements : la surface moyenne est passée de 68 m^2 en 1970 à 82 m^2 en 1984.

3 millions de ménages sont logés en HLM.

En vingt ans, le parc de HLM (habitations à loyer modéré) est passé de 700 000 à 2 900 000. Il représente un peu plus de 14 % des résidences principales et 37 % des logements loués vides. 94 % des HLM ont été construites après 1948. La plupart sont situées dans des immeubles collectifs, mais 24 % de celles construites depuis 1981 l'ont été dans le secteur individuel. 90 % disposent des principaux éléments de confort. Le parc locatif privé a diminué de plus de 300 000 logements depuis 1978, ce qui accroît la demande de logements sociaux.

La proportion de familles d'immigrés est forte, ainsi que celle des ménages avec enfants (43 %). Plus de 50 % des personnes de référence ont moins de 40 ans. On constate une plus faible mobilité parmi les ménages bénéficiant d'une HLM que parmi les autres.

➤ La taxe d'habitation est en moyenne de 17,5 %. Elle varie de 9,2 % à Paris à 29 % dans le département du Nord.
S ➤ 35 % des propriétaires et 17 % des locataires envisagent de faire des travaux dans les deux ans.

Les logements et leur usage

• Les logements comportent en moyenne
2,4 chambres et 1,0 salle d'eau.
• 10 % comportent au moins un bureau ou une
bibliothèque (30 % des logements de cadres, 2 % de
ceux d'ouvriers).
• 24 % comportent une cuisine intégrée.
• 2,5 % ont une salle de jeu.
• Dans 81 % des logements, les petits déjeuners
sont pris à la cuisine. C'est le cas des repas de midi
dans 72 % des logements, des repas du soir dans
63 % (en semaine), des repas dominicaux dans 54 %,
des repas avec des invités dans 14 % (29 % des
ménages d'agriculteurs, 6 % des ménages de cadres).
• 41 % des ménages d'au moins deux personnes
prennent habituellement leur petit déjeuner ensemble,
86 % les repas du soir.
• Dans 40 % des ménages, la télévision est toujours
allumée pendant les repas du soir, dans 12 % parfois.
• On regarde la télévision en général dans la cuisine
dans 12 % des ménages, dans la chambre dans
3 % des cas.
• Dans 58 % des logements, les enfants dorment
seuls dans leur chambre, dans 30 % ils dorment à
deux, dans 9 % à trois, dans 2 % à quatre, dans 1 %
à cinq ou plus.
• 48 % des chefs de ménage pratiquent la
gymnastique ou la relaxation chez eux (1 % dans un
endroit spécialement aménagé).
• 49 % des ménages hébergent de la famille ou des
amis dans une chambre d'amis, 40 % dans un lit ou
une banquette d'une autre pièce. Dans 25 % des cas,
une personne du ménage prête son lit.

La France détient le record du monde
des résidences secondaires
(12,7 % des ménages).

Plus d'un ménage sur dix dispose d'une résidence secondaire. La plupart sont propriétaires,
à la suite d'un héritage ou d'une acquisition.
D'autres bénéficient du prêt d'une résidence ou
la partagent avec d'autres. Les cadres supérieurs
et professions libérales sont les plus nombreux
(23 %) à en posséder. Les moins nombreux sont
les agriculteurs (3 %), les ouvriers et employés
(5 %). Il s'agit dans 80 % des cas d'une maison,
presque toujours pourvue d'un jardin. 56 % de
ces habitations sont situées à la campagne, 32 %
à la mer et 16 % à la montagne.

On constate depuis quelques années une désaffection vis-à-vis de la résidence secondaire
traditionnelle, du fait des charges d'entretien et

du temps nécessaire pour s'y rendre. Les Parisiens, qui étaient traditionnellement de grands
amateurs de résidences de week-end, renoncent
de plus en plus, devant les embouteillages du
dimanche soir. Les diverses formules de multipropriété constituent depuis quelques années
une alternative permettant de disposer au moins
à temps partiel d'une résidence secondaire.

Quand les ménages déménagent

Sur cinq ans (entre 1979 et 1984) 29 % des ménages
permanents (dans lesquels il n'y a pas eu de
changements de statut familial) ont déménagé. Parmi
eux, 18 % ont déménagé plusieurs fois. La proportion
de déménagements diminue régulièrement avec
l'âge : 79 % parmi les personnes de moins de 30 ans ;
11 % parmi celles de 70 ans et plus. Les personnes
qui exercent une profession indépendante (surtout les
agriculteurs) sont deux fois moins mobiles que les
salariés.

S ➤ 72 % des Français considèrent que
l'architecture s'améliore dans les équipements
sportifs, 68 % dans les bâtiments publics, 65 %
dans les bureaux, 58 % dans les immeubles et
maisons d'habitation.
S ➤ 63 % des personnes proches de la droite
sont propriétaires, 47 % de celles proches de la
gauche.
S ➤ 37 % des Français habitent leur logement
depuis moins de 5 ans, 26 % depuis 5 à 10 ans,
19 % depuis 11 à 21 ans, 17 % depuis 21 ans et
plus.
➤ 3,8 millions de logements (résidences
principales) ont été construits avant 1914 ;
1,7 million entre 1915 et 1948 ; 3,1 millions entre
1949 et 1974 ; 2,3 millions entre 1975 et 1984.
➤ La proportion de personnes âgées (personne de
référence retraitée ou inactive de plus de 60 ans)
vivant dans des logements sans confort est passée
de 45 % en 1978 à 26 % en 1984.
➤ La ville de Paris gère 4 000 logements de
fonction, attribués au personnel, aux directeurs
d'écoles ou de crèches et à un certain nombre de
personnalités.
E ➤ Les Français consacrent en moyenne
5 000 F par an aux travaux d'amélioration et
d'équipement de leur logement.
E ➤ Les pompiers effectuent chaque année
environ 50 000 interventions dues à des inondations
d'habitations ou de bureaux.
E ➤ Plus de 500 maisons ou appartements sont
cambriolés chaque jour en France.

INSEE

INSEE

ÉQUIPEMENT

Saturation de certains équipements (réfrigéra-teur, lave-linge, radio, télé, téléphone...) ●
Développement du four micro-ondes, congé-lateur, équipements de loisir électroniques ●
5 millions de Minitel ● *Mobilier contempo-rain en hausse*

La maison électronique

L'équipement ménager, de loisir et de communication continue de se développer dans les logements. Certains équipements de base (réfrigérateur, aspirateur, lave-linge, téléphone, téléviseur) sont arrivés à saturation. D'autres poursuivent leur pénétration : lave-vaisselle, congélateur, Minitel.

Une nouvelle vague d'appareils électroni-ques a fait son apparition : sèche-linge, four à micro-ondes, tables de cuisson en vitrocérami-que, micro-ordinateur, lecteur de disques compacts. C'est dans cette catégorie que l'on trouve encore des différences marquées entre catégories sociales.

Les achats d'équipement électroménager sont relancés par le couple congélateur-four à micro-ondes.

Plus de 80 % des ménages sont aujourd'hui équipés d'un aspirateur, d'un réfrigérateur ou d'une cuisinière. En 1990, quatre ménages sur cinq possèdent au moins trois gros appareils mé-nagers de base. Leurs achats dans ce domaine sont donc principalement des achats de renou-vellement.

Le lave-vaisselle et le congélateur ne sont pas encore présents dans la majorité des foyers et progressent relativement lentement. Les dis-parités sont ici très marquées entre les catégories sociales. Le lave-vaisselle est beaucoup plus présent dans les ménages aisés et dans les fa-milles avec des enfants, où il est évidemment plus nécessaire. Le congélateur est moins fré-quent dans les grandes villes, où les ménages sont moins nombreux et les logements plus exi-gus. Il est souvent remplacé par un combiné réfrigérateur-congélateur.

Le four à micro-ondes, complément naturel du congélateur, connaît un fort engouement de la part des jeunes, attirés par le gain de temps qu'il autorise. Un ménage sur quatre en sera équipé à fin 1990.

Les petits appareils électriques de cuisine sont très répandus.

Près de 90 % des ménages possèdent au moins trois petits appareils électroménagers ; un sur deux en a huit ou plus, un sur quatre au moins douze. Le robot-mixer (plus de 80 % des ménages équipés, contre 72 % en 1979), la cafe-tière électrique (70 % contre 49 %), le grille-

La cuisine, lieu de vie

La « nouvelle cuisine »

Evolution du taux d'équipement des ménages (%) :

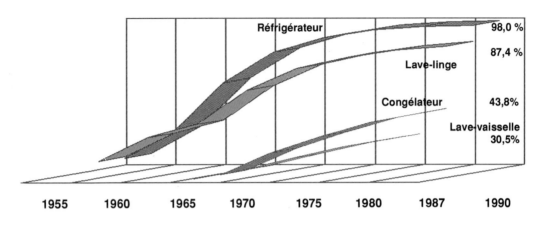

pain (51 % contre 34 %), la hotte aspirante (35 % contre 17 %), la friteuse électrique (23 % contre 15 % et le grille-viande (18 % contre 11 %) sont ceux qui se sont le plus développés.

La rôtissoire électrique et surtout le moulin à café (passé de 80 % à 64 %) sont au contraire en régression. 43 % des ménages déclarent ne plus se servir de leur moulin à café, préférant acheter du café moulu. Près de la moitié des petits appareils de cuisine sont offerts en cadeau, à l'occasion des mariages, fêtes des mères, etc.

Les outils de la ménagère

Taux d'équipement début 1989 (en %) :

• Fer à repasser	96
• Aspirateur	82
• Robot-mixer	81
• Cafetière électrique	70
• Moulin à café électrique	63
• Grille-pain électrique	49
• Couteau électrique	47
• Hotte aspirante	35
• Ouvre-boîte électrique	26
• Friteuse électrique	23
• Grille-viande	18
• Yaourtière électrique	17
• Presse-fruits électrique	14

Les achats d'équipement audiovisuel se portent sur le magnétoscope et le lecteur de disques compacts.

L'équipement des foyers en radio est arrivé depuis longtemps à saturation. C'est aujourd'hui le cas de la télévision, présente dans 94 % des foyers, dont 86 % ont la couleur (10 % en 1974). Les achats de téléviseurs concernent à la fois le haut de gamme (écrans à coins carrés, écrans géants, son stéréo...) et le bas, dans le cas de l'achat d'un second téléviseur. La chaîne hi-fi est moins répandue (une fraction importante des adultes n'écoute pas de disques ni de cassettes), mais la presque totalité de ceux qui n'en possèdent pas ont un électrophone. Les autoradios, radiocassettes, radioréveils et baladeurs ont eux aussi atteint la quasi-totalité de leur clientèle potentielle.

Une nouvelle génération d'équipements audiovisuels est en train de pénétrer dans les foyers. Le magnétoscope s'est rapidement implanté, du fait de la baisse des prix qui s'est produite depuis quelques années. Les caméscopes, lecteurs de disques compacts, micro-ordinateurs se trouvent surtout chez les ménages aisés et attirés par les produits technologiques. L'évolution des prix et la stabilisation des standards devraient accroître leur diffusion au cours des prochaines années.

Loisirs électroniques

Evolution du taux d'équipement des ménages (%) :

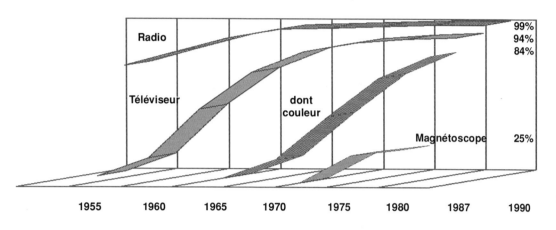

Les différences entre catégories sociales sont plus ou moins marquées selon les biens d'équipement.

Les ménages les moins bien équipés sont les ménages jeunes, à très faible revenu ou composés d'une seule personne et, dans une moindre mesure, les ménages âgés et ceux habitant Paris. La télévision couleur est moins présente chez les agriculteurs et à Paris.

A l'inverse, l'équipement en lave-vaisselle progresse lentement. Moins d'un quart des foyers en dispose et les disparités sont grandes entre catégories sociales : les moins équipés sont les ménages aux revenus les plus modestes et comptant peu de personnes.

Les différences entre les ménages sont plus sensibles en matière de multiéquipement, de conservation moyenne, de substitution d'équipements anciens par d'autres plus modernes.

91 % des foyers disposent du téléphone.

Au début des années soixante-dix, le téléphone était en France un sujet de moquerie (on se souvient du sketch de Fernand Reynaud sur le « 22 à Asnières »...). Aujourd'hui, le téléphone est présent dans 9 foyers sur 10 et la France a fait mieux que combler son retard. Les moins équipés sont paradoxalement les personnes seules, souvent âgées, ainsi que les jeunes. Cependant, le taux d'équipement ne descend pratiquement pas en dessous de 80 % pour les inactifs, les salariés agricoles, ouvriers non qualifiés.

5 millions de ménages sont équipés du Minitel (fin 1989).

Spécificité française, le Minitel fait aujourd'hui partie de l'équipement d'environ un ménage sur quatre, après seulement quelques années d'existence ; les premiers essais datent de juillet 1980 et les premiers appareils ont été livrés en 1983. Ce développement spectaculaire est bien entendu lié à la gratuité de l'appareil, distribué aux usagers du téléphone en lieu et place de l'annuaire. Il a permis à la France de passer de l'ère du téléphone à celle de la télécommunication.

S ➤ 15 % des ménages déclarent avoir rencontré des difficultés pour loger leurs meubles lors de leur dernier emménagement.
➤ 50 % des équipements de gros électroménager sont achetés dans des magasins spécialisés, 23 % dans des magasins traditionnels, 21 % dans des hypermarchés, 6 % dans des grands magasins.

La France du confort

Taux d'équipement des ménages selon la catégorie socio-professionnelle en 1988 (en %) :

	Réfrigé-rateur	Congé-lateur	Lave-linge	Lave-vaisselle	Téléviseur	dont couleur
• Agriculteurs	96,6	80,2	93,0	35,4	93,9	64,3
• Salariés agricoles	95,9	48,6	85,1	12,2	91,9	66,2
• Patrons de l'industrie et du commerce	97,0	51,5	93,6	51,0	96,0	87,2
• Professions libérales et cadres supérieurs	99,6	41,2	93,2	61,1	93,4	86,0
• Cadres moyens	98,1	39,3	89,6	41,3	91,3	82,6
• Employés	98,7	31,7	84,7	27,0	92,5	79,7
• Ouvriers	97,8	46,0	90,8	23,7	95,7	84,3
• Personnels de service	95,7	23,5	82,4	18,2	96,8	84,0
• Autres actifs	98,3	44,7	90,1	33,4	91,4	82,1
• Non actifs	96,6	32,1	79,6	15,1	94,8	79,9
• Ensemble	**97,5**	**39,7**	**86,5**	**27,9**	**94,3**	**81,7**

INSEE

Plus d'un milliard d'appels par an

Les minitélistes ont effectué 1,2 milliard d'appels en 1989 et 86,5 millions d'heures de connexion. La consultation de l'annuaire électronique représentait 500 millions d'appels, ce qui en fait la base de données la plus consultée au monde. Le reste des appels était destiné aux 12 500 services proposés aux usagers : messageries, jeux, services pratiques, informations générales, kiosque, services bancaires et financiers, applications professionnelles spécialisées, etc.
Sur les 5 millions d'appareils en service, 400 000 sont loués par des entreprises. L'utilisation des services professionnels représente 52 % du trafic. En moyenne, chaque Minitel est utilisé 90 minutes par mois.

Mobilier : la découverte du contemporain

Les Français portent un intérêt croissant au foyer et à son confort et investissent à nouveau dans le mobilier. Après les meubles de loisirs, la cuisine et plus récemment la salle de bains sont l'objet principal de leur attention.

Après plusieurs années de stagnation, les dépenses d'ameublement augmentent.

Entre 1979 et 1985, les Français avaient réduit leurs dépenses de mobilier. A la crise économique et ses conséquences sur le pouvoir d'achat s'étaient ajoutées celles de la distribution et, surtout, de la création. L'attrait du « kit », pratique et moins coûteux, expliquait aussi la stagnation des achats en valeur.

Cette période de transition semble aujourd'hui terminée. L'exigence de confort, le désir de personnalisation du logement et l'émergence d'un véritable style contemporain sont à l'origine de cette évolution.

Le moderne et le contemporain se vendent mieux.

Le style moderne et contemporain représentait en 1989 un peu plus de la moitié des achats. Mais beaucoup de Français restent fidèles au mobilier ancien (de préférence authentique, avec une influence anglo-saxonne plus marquée) qui représente un peu moins du tiers des achats. D'autres se tournent vers des rééditions de meubles des années 40 et 50. Les plus modernes s'intéressent aux créations « high tech » et aux séries limitées des grands designers.

Les chambres d'enfants, les meubles de loisir (séjour-bureau-bibliothèque) et ceux de cuisine connaissent la plus forte croissance. Les achats de salles à manger amorcent également une reprise. Les solutions permettant de gagner de la place (lit d'enfant en mezzanine, avec bureau et armoire intégrée, vérandas vitrées...) font également de plus en plus d'adeptes.

---

36 meubles par logement

Nombre moyen de meubles par logement (résidences principales) :

Types de meubles	En %	Nombre par ménage
• Armoires à linge	6,1	2,2
• Meubles de living, étagères	3,2	1,1
• Meubles à livres et papiers	4,1	1,5
• Buffets, commodes et meubles voisins	8,2	2,9
• Lits	7,7	2,8
• Chaises	30,0	10,8
• Fauteuils, canapés	9,5	3,4
• Tables, guéridons	16,7	6,0
• Meubles de cuisine et de salle de bains	9,5	3,4
• Divers	4,9	1,8
• **Ensemble**	**100,0**	**35,9**

Les ensembles (salon, chambre à coucher, salle à manger) vendus comme un tout représentent une part importante des achats. Près de la moitié des meubles ont été acquis sous cette forme : trois lits sur quatre achetés avec une chambre à coucher ; trois buffets sur quatre avec une salle à manger. Enfin, les meubles à monter soi-même ne représentent que 6 % des achats de mobilier neuf au cours des cinq dernières années, les meubles d'occasion moins de 10 %.

> **S ➤** Les logements des ménages de moins de 25 ans comportent en moyenne 20 meubles de toute nature, ceux de ménages de 40 à 49 ans en ont 40.

Le contemporain redécouvert

Rio

Des meubles pour la vie

Les Français remplacent assez peu leurs meubles (moins que leurs équipements électroménagers) et ils s'en débarrassent encore plus rarement. L'ancienneté d'acquisition des meubles est en moyenne de 13 ans ; elle atteint 20 ans pour les ménages de 60 ans et plus. Moins d'un meuble sur cinq est acquis en remplacement d'un autre. Pour les ménages de 40 ans ou plus, un quart seulement des lits des couples ont été acquis en remplacement d'un précédent. Un meuble sur dix a été reçu en cadeau ; un sur quatre dans le mobilier des jeunes ménages (avant 25 ans). 8 % ont été hérités, dans les deux tiers des cas après 40 ans.

Après la cuisine, la salle de bains est à la mode.

La cuisine équipée, qui avait connu un fort développement dès les années 70, est aujourd'hui entrée dans les habitudes. Plus récemment, c'est la salle de bains qui a fait l'objet d'une attention particulière. Considérée de plus en plus comme une véritable pièce à vivre, elle intègre à la fois la fonction traditionnelle d'hygiène et d'autres fonctions plus nouvelles, liées à la forme et au bien-être. Elle est le lieu privilégié dans lequel on peut s'occuper de soi. L'offre de nouveaux équipements (baignoire à remous, jacousi, sauna), bien que non accessibles aux ménages moyens, favorise cet intérêt récent pour la salle de bains.

De plus en plus de fleurs dans la maison

87 % des ménages possèdent au moins une plante ; la moyenne est de 7 plantes par foyer. Le goût des Français pour les fleurs se développe, mais il reste encore largement inférieur à celui des Allemands (23 plantes en moyenne par ménage) ou des Autrichiens (16). Il faut dire que les fleurs sont également très présentes en France à l'extérieur des maisons ; il existe 12 millions de jardins privatifs pour 20 millions de foyers.
Les fleurs coupées restent majoritaires dans les dépenses (54 % des actes d'achat), devant les plantes fleuries (39 %) et les plantes vertes (7 %). La majorité des achats (62 %) se font dans les boutiques spécialisées, les fleuristes présents sur les marchés et les grands surfaces représentant chacun 14 %. La part des horticulteurs est de 7 %. Le montant moyen d'un achat est un peu supérieur à 50 francs.

➤ Près de 90 % des foyers sont équipés du confort sanitaire (une baignoire ou une douche), environ 20 % disposent d'une douche indépendante de la baignoire (2 % ont même 2 douches indépendantes).

VOITURE

Trois ménages sur quatre équipés ● *Puissance moyenne en baisse* ● *Plus de petites voitures et de très grosses* ● *Diesel en hausse* ● *Budget : 32 000 F par an et par ménage* ● *Une voiture sur trois étrangère* ● *Regain d'intérêt pour les deux-roues*

Le retour de la passion

Objet de culte jusqu'au début des années 70, la voiture était devenue avec la crise un accessoire coûteux, bien qu'indispensable. Le redémarrage de la croissance et les efforts des constructeurs sont en train de faire renaître la passion automobile.

76 % des ménages ont une voiture (1989).
Ils n'étaient que 30 % en 1960 (58 % en 1970).
25 % ont au moins 2 voitures.

La France compte environ 400 voitures pour 1 000 habitants. Un chiffre supérieur à celui de la Grande-Bretagne (330) et du Japon (250) mais inférieur à celui de l'Allemagne fédérale (440) ou des Etats-Unis (560). Il faut ajouter aux 23 millions de voitures particulières (début 1990) les véhicules dits utilitaires : 4 520 000, dont 3 100 000 de moins de 2,5 T, 375 000 de plus de 5 T, 160 000 tracteurs et 65 000 autocars et autobus.

*Les taux d'équipements dépendent
des caractéristiques des ménages
et de leur pouvoir d'achat.*

Ceux qui n'ont pas de voitures sont surtout des ménages âgés ou sans enfants pour lesquels l'usage d'une voiture est moins nécessaire. Si les taux d'équipement en automobile sont assez proches de haut en bas de l'échelle sociale (de 80 % chez les employés à près de 100 % chez les cadres supérieurs), les taux de multiéquipement (au moins deux voitures) restent très variables : 50 % chez les cadres supérieurs, mais seulement 18 % chez les employés.

Le 4 x 4 : liberté et standing

Duo

23 millions de voitures

Evolution du nombre de voitures particulières selon la puissance (en %) :

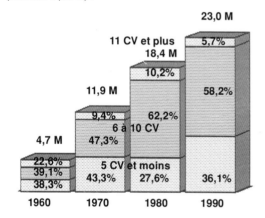

*La puissance moyenne des véhicules
continue de baisser, malgré l'attrait récent
pour les voitures de luxe.*

Après avoir augmenté jusqu'en 1981, la cylindrée moyenne des voitures a depuis diminué régulièrement. Le nombre des voitures de 11 CV et plus est passé de 1 930 000 en 1981 à 1 313 000 en 1990. Le nombre des moyennes cylindrées (de 6 à 10 CV) a moins augmenté pendant cette période que celui des petites (5 CV et moins).

Les années 1988 et 1989 ont cependant été marquées par un regain d'intérêt pour les voitures de très grosse cylindrée. En 1989, les immatriculations de voitures de prestige ont augmenté de 30 % par rapport à l'année précédente. Elles ont été multipliées par près de six en 5 ans : 9 529 voitures de 17 CV et plus, contre 1 378 en 1984. Les commandes de modèles à plus de 600 000 F sont très largement supérieures aux stocks disponibles chez les constructeurs. Mais cette explosion du très haut-de-gamme n'a que peu d'incidence sur le nombre total de voitures de 11 CV et plus.

Les 4 x 4 à la mode

Le marché des voitures « tous chemins » à quatre roues motrices est en plein développement depuis plusieurs années. Les Français en ont acheté 45 000 en 1989 (en hausse de 10 %), dont les trois quarts sont des « gros 4 x 4 ».
Ces véhicules correspondent à des types particuliers de clientèle : familles nombreuses ; jeunes utilisant effectivement leur voiture en tout terrain ; clientèle urbaine aisée sensible à l'image moderne et « aventurière » de ce type de véhicule.

➤ La France compte 7 215 km d'autoroutes, dont 5 215 à péage. Il existe 57 péages, 441 aires de repos, 274 aires de services, 144 restaurants, 14 hôtels.

*Les modèles Diesel représentent
14 % du parc des voitures particulières
(1 % en 1970).*

La proportion continue de s'accroître, puisque 30 % des véhicules achetés en 1989 étaient des modèles Diesel, contre 24 % en 1988, 18 % en 1987 et 16 % en 1986. Longtemps réservé aux camions et aux taxis, le moteur Diesel intéresse de plus en plus les particuliers. L'avantage de sa moindre consommation a pris de l'importance au fur et à mesure que l'écart entre le super et le gazole augmentait. La durée de vie plus longue du diesel n'est pas non plus pour déplaire aux Français qui gardent leurs voitures assez longtemps. Enfin, la baisse des marchés allemand (où la pollution du moteur Diesel est mise en accusation) et italien (où une taxe spécifique a été instituée) a accru l'offre étrangère sur le marché français.

Le parc de voitures vieillit.

La durée moyenne d'acquisition des voitures est de 6,3 ans. Depuis 1982, le nombre des véhicules âgés de 5 à 20 ans est supérieur à celui des véhicules de moins de 5 ans. Avec la crise, les acheteurs ont été amenés à garder leur voiture plus longtemps, quitte à mieux l'entretenir. Ils préfèrent aussi les voitures d'occasion : ils en achètent aujourd'hui environ trois fois plus que de neuves.

Pourtant, les immatriculations ont progressé depuis 1985, bénéficiant de l'arrivée de nouveaux modèles, de la stabilisation du prix de l'essence (sous l'effet conjugué de celle du pétrole et du dollar) et de la baisse de la TVA sur les voitures. L'année 1990 s'annonce cependant moins bonne pour les constructeurs.

*Le parcours annuel moyen
est de 13 800 km par voiture (1989).*

Le kilométrage annuel moyen parcouru par les ménages oscille depuis une dizaine d'années autour de 13 000 km ; il a retrouvé en 1989 son niveau de 1985. L'évolution du prix du carburant (multiplié par trois en francs courants entre 1975 et 1985) ne semble pas avoir eu d'incidence mesurable. Il faut dire que la consommation d'essence moyenne par voiture a diminué depuis 1973, date du premier choc pétrolier, du

fait des efforts des constructeurs et de la diminution de la puissance moyenne.

---

32 000 F par an et par ménage

Fin 1989, le budget annuel de l'automobiliste français se montait à 32 800 F, soit environ le quart de son revenu (25,7 % contre 21 % en Grande-Bretagne et 16,2 % en RFA). Il était réparti de la façon suivante :

• Achat	9 637 F
• Frais financiers	4 771 F
• Assurance	2 457 F
• Carburant	5 053 F
• Entretien, pneus, huile	4 333 F
• Garage	5 571 F
• Vignette	429 F
• Péages	552 F

Les taxes représentent 9 640 F, près du tiers du budget total. Sur l'ensemble de ses dépenses, l'automobiliste français est taxé à 41,6 %, contre 32,3 % en Grande-Bretagne et 29,3 % en RFA.
Par rapport à 1980, le budget automobile a augmenté à peu près parallèlement à l'inflation : 74,8 %, contre 78 %.

---

*La part des voitures étrangères
était de 36,4 % en 1989, contre 23 % en 1980.*

Les marques étrangères avaient atteint en 1983 le tiers des immatriculations, après avoir gagné dix points de part de marché en trois ans. Leur pénétration semble stabilisée depuis 1986 à un niveau élevé. Les deux principales marques étrangères implantées en France sont allemandes : Mercedes et Volkswagen. Fiat arrive en troisième position. Les voitures japonaises ne représentaient en 1989 que 2,8 % des immatriculations de voitures neuves, contre 2,9 % en 1988.

*Le rêve automobile a survécu
à la crise économique.*

La société automobile a commencé avec le siècle. Après avoir alimenté les rêves et les conversations des Français pendant des décennies, la voiture s'est peu à peu intégrée à leur mode de vie, au même titre que le réfrigérateur ou le poste de télévision. La crise pétrolière avait modifié les attitudes. Avec elle s'envo-

laient les rêves de puissance (fiscale) et de grandeur (celle de la carrosserie). Les voitures
moyennes s'imposaient.

Plus d'un tiers d'étrangères

Immatriculations de voitures étrangères en France en
1989 (en % des immatriculations totales) :

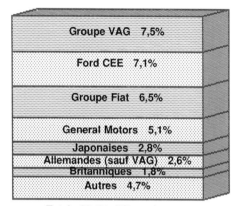

Groupe VAG	7,5%
Ford CEE	7,1%
Groupe Fiat	6,5%
General Motors	5,1%
Japonaises	2,8%
Allemandes (sauf VAG)	2,6%
Britanniques	1,8%
Autres	4,7%

Total : 38,1% d'étrangères

A partir de 1986, la baisse du pétrole puis
celle du dollar et de la TVA allaient renverser à
nouveau la situation. Les nostalgiques de la voi-
ture-symbole retrouvaient des raisons d'espérer.
Aujourd'hui, les Français n'hésitent plus à
afficher leur goût pour les voitures, à la fois
instruments de liberté, d'évasion et de personnalisation.

> ➤ Les accidents sont proportionnellement quatre
> fois plus nombreux sur les routes nationales que sur
> les autoroutes.
> ➤ C'est en Corse que l'on compte le plus de
> voitures : 725 pour mille habitants. Le Pas-de-Calais
> est le département où il y en a le moins : 393.
> **E** ➤ Sur les 25 millions d'automobilistes et
> motocyclistes circulant en France, environ 2 millions
> ne sont pas assurés en cas d'accident. Parmi eux,
> 800 000 conduisent sans avoir souscrit la moindre
> assurance et plus d'un million ne sont pas couverts
> pour des raisons diverses : non-paiement des
> primes, défaut de permis, fausse déclaration, etc.
> **S** ➤ 54 % des Français affirment s'être faits
> rouler au moins une fois par un garagiste (63 % des
> Parisiens).

Les deux roues
changent de vitesse

Le destin de la moto apparaît semblable à
celui de la voiture. Après plusieurs très mauvaises années, l'intérêt des Français pour la moto se manifeste à nouveau depuis 1986.

Entre 1981 et 1985, les achats de motos
neuves avaient diminué de moitié.

Les belles images en provenance du Paris-
Dakar, la popularité d'Hubert Auriol ou de Cyril
Neveu n'avaient pas empêché les achats de motos neuves de chuter de façon spectaculaire.
Seule la légère augmentation des achats d'occasion expliquait la relative stagnation du nombre
des motos en circulation. Dans les plus petites
cylindrées, le cyclomoteur était également en
chute régulière depuis 10 ans : un million vendus en 1974, la moitié en 1985.

L'évolution du pouvoir d'achat des jeunes,
ainsi que leur taux de chômage élevé expliquaient leur hésitation à s'endetter pour acquérir
des engins dont les prix (d'achat, d'entretien et
de réparation) avaient beaucoup augmenté.
Enfin, la création de nouveaux permis entraînant
de nouvelles classifications administratives
avait porté un coup très dur à la catégorie des
125 cm^3.

Attention danger

Les petites motos ont plus d'accidents que les
grosses. Sur 1 000 pilotes de petites motos (50 à
80 cm^3), 80 causent chaque année un accident
matériel ou corporel, contre 33 parmi les pilotes de
125 cm^3 et 78 parmi ceux de plus de 400 cm^3. Toutes
cylindrées confondues, les accidents de moto coûtent
deux fois plus cher que les accidents de voiture : près
de 23 000 F en moyenne, contre 11 000 F.

Les immatriculations se sont redressées
depuis 1986.

La moto a retrouvé une partie du public
qu'elle avait perdu au cours des années précédentes. 111 000 deux-roues ont été achetés en
1989, contre 102 000 en 1988. Ce sont les mar-

Chambre syndicale des importateurs
d'automobiles et de motocycles

Le redémarrage

Evolution des immatriculations et du parc de motos :

	1980	1982	1984	1986	1987	1988	1989
• Immatriculations :							
- neuves	135 000	119 681	80 283	84 692	91 789	102 413	111 092
- occasion	-	221 325	231 319	227 271	-	-	-
• Part des marques étrangères	-	95,7%	95,8%	96,6%	97,0%	96,8%	95,8%
• Motos en circulation (au 31 décembre)	715 000	740 000	725 000	680 000	-	-	-

ques étrangères (en particulier japonaises) qui ont profité de ce regain d'intérêt. Les quatre constructeurs japonais (par ordre décroissant d'importance : Yamaha, Honda, Suzuki, Kawasaki) occupent les quatre premières places. Ils ont représenté 82 % des importations en 1989. Vespa Piaggio arrive en cinquième position, avec un peu plus de 4 000 machines vendues. Les marques françaises (essentiellement Peugeot) se partagent 4 % des immatriculations totales.

Les 125 cm^3 ont confirmé leur retour en force, puisqu'elles représentent un tiers des immatriculations nouvelles, devant la catégorie des 500-600 cm^3 (un peu moins du quart).

La moto, un mode de vie

Amazonie

Le boom des petits cubes

Après avoir été sauvage et marginale, la moto devient BC-BG. Le scooter, vieux souvenir des années 50 relancé depuis 1982 par des constructeurs, n'a pas immédiatement réalisé la percée attendue, malgré une augmentation sensible des ventes. Il retrouve aujourd'hui des adeptes, séduits par la possibilité de circuler en costume cravate et en chaussures de ville. Les achats sont passés de 2 000 en 1982 à 50 000 en 1989, dont 40 000 machines non immatriculées (50 cm^3). 85 % des utilisateurs sont des hommes, souvent des cadres de 25 à 40 ans plutôt citadins. Un tiers des acheteurs habitent en Ile-de-France.

E ➤ En quinze ans, le temps perdu dans les bouchons a quintuplé en région parisienne. En 1988, elles ont représenté 100 millions d'heures perdues. 60 % des déplacements professionnels se font en voiture, 21 % en taxi ou deux-roues, 20 % par les transports en commun.
➤ La ligne A du RER parisien détient le record du monde de fréquentation pour les transports en commun avec 44 000 voyageurs par heure. Elle devrait passer à 70 000 en 1995.
S ➤ 87 % des automobilistes bouclent leur ceinture dès qu'ils montent dans leur voiture. 20 % des ouvriers, 18 % des cadres et professions libérales (6 % seulement des agriculteurs) et 20 % des personnes proches du Front national ne la bouclent pas.
S ➤ 12 % des hommes et 14 % des femmes injurient souvent les autres automobilistes lorsqu'ils sont en voiture.
S ➤ 39 % des automobilistes avouent dépasser souvent ou très souvent les limitations de vitesse sur autoroute par temps sec (12 % par temps humide).
➤ Les femmes ont 4 % d'accidents de plus que les hommes, mais ils coûtent en moyenne 5 % de moins. La différence est beaucoup plus sensible chez les jeunes.

restent fortes. Avec elles se sont maintenues les traditions d'amitié entre deux espèces liées par une longue histoire commune. Le cheval et le chien ont été de tout temps des auxiliaires de l'homme en même temps que des amis.

ANIMAUX

55 % des foyers concernés ● 10 millions de chiens ● 7 millions de chats ● Répartition inégale ● Rôle affectif et sécuritaire ● Plus de 30 milliards de francs par an ● Nuisances surtout concentrées dans les villes ● Nouveaux rapports entre hommes et animaux

---

Des millions d'amis

Les animaux de compagnie sont présents dans la moitié des foyers français. Leur importance ne se limite pas à la cellule familiale ; elle est considérable aussi sur le plan économique et sur celui de l'environnement.

55 % des foyers possèdent
un animal familier (record d'Europe) :
●   10 millions de chiens (un foyer sur trois) ;
●   7 millions de chats (un foyer sur quatre) ;
●   9 millions d'oiseaux (un foyer sur dix) ;
●   8 millions de poissons, 2 millions de lapins, hamsters, singes, tortues, etc.

Le nombre d'animaux familiers s'est surtout accru pendant les années 70 : on comptait 16 millions de chiens, chats et oiseaux en 1971 et 24,3 en 1979. Il est depuis resté stable aux environs de 25 millions.

Bien que la majorité des Français habitent aujourd'hui dans les villes, leurs racines rurales

Chiens et chats en Europe

Population animale (en millions) et taux de possession des ménages (en %) :

	Chiens		Chats	
	Nombre	%	Nombre	%
● Belgique	1,6	35	1,6	25
● Danemark	0,7	27	0,7	18
● Espagne	2,6	22	2,0	16
● FRANCE	9,6	36	6,5	22
● Grèce	0,4	9	0,4	7
● Irlande	0,5	40	0,3	20
● Italie	5,7	22	6,9	21
● Pays-Bas	1,6	22	2,0	22
● RFA	3,8	13	4,2	12
● Royaume-Uni	7,1	28	6,8	22

Afirac

La répartition des animaux
est inégale selon les catégories sociales.

La possession d'animaux domestiques est plus fréquente en zone rurale, qui compte plus de maisons individuelles et des logements de plus grande taille. 76 % des chiens et 71 % des chats vivent dans une maison. Ceux qui en ont le plus sont les agriculteurs (84 % des foyers), les artisans et les commerçants (58 %). Les ouvriers (37 %), les cadres et les employés (43 %) sont ceux qui en ont le moins.

Les régions comptant la plus forte densité se situent au Nord-Ouest et au Sud-Ouest. La région parisienne en compte relativement moins ; 1,7 % des chiens et 3,4 % des chats vivent à Paris, une proportion en diminution (2,9 % des chiens en 1985). Environ 80 % des chiens et des chats vivent dans des maisons individuelles, 20 % en appartement.

E ➤ Chaque année, environ 50 000 chiens sont abandonnés par leurs maîtres avant de partir en vacances.

*Les personnes âgées ont moins
d'animaux familiers que les autres.*

Contrairement à l'idée générale, les inactifs habitant en ville, retraités ou non, sont ceux qui possèdent le moins d'animaux de compagnie (un foyer sur quatre seulement) ainsi que les couples sans enfant. C'est au contraire dans les familles nombreuses que l'on trouve le plus d'animaux : plus de la moitié des ménages de cinq personnes ont un chien ; la proportion atteint deux tiers dans les familles plus nombreuses.

Affection et sécurité

Les animaux domestiques jouent un rôle important dans la vie des Français. Dans une société souvent dure et angoissante, ils leur apportent un réconfort et un moyen de lutter contre l'isolement.

*Les animaux jouent un rôle affectif
auprès des enfants et des adultes.*

Chez les enfants, les chiens, chats, hamsters ou tortues sont le moyen de faire éclore des sentiments de tendresse qui pourraient autrement être refoulés.

Pour les adultes, les animaux sont des compagnons avec lesquels ils peuvent communiquer sans crainte et partager parfois leur solitude. Les chiens jouent aussi un rôle de sécurité ; ils sont de plus en plus utilisés comme moyen de défense ou de dissuasion contre la délinquance.

Dans une période où la décision d'avoir des enfants est difficile à prendre, celle d'avoir un animal la précède souvent ; elle peut même dans des cas particuliers en tenir lieu. Ainsi, beaucoup de jeunes couples commencent par adopter un chien, moins exigeant qu'un enfant, moins coûteux à entretenir, plus facile à faire garder lorsqu'ils veulent sortir. Bien que les deux phénomènes ne soient évidemment pas comparables, on constate qu'il y a en France deux fois plus d'animaux familiers que d'enfants.

S ➤ 74 % des non-possesseurs d'animaux pensent que le comportement non civique d'une minorité de possesseurs pénalise l'ensemble des maîtres.

Chien ou chat ?

Le choix du chat ou du chien comme animal de compagnie n'est pas neutre. Il n'est peut-être pas lié seulement à des considérations de place ou de coût. Utilisant la dichotomie proposée par Bourdieu entre les groupes sociaux caractérisés par la préservation d'un « capital économique » (commerçants, artisans, policiers, militaires, contremaîtres...) et ceux motivés par la constitution d'un « capital culturel » (intellectuels, artistes, instituteurs, fonctionnaires...), François Héran montre dans une étude réalisée pour l'INSEE que les premiers sont plutôt des propriétaires de chiens, les seconds des possesseurs de chats. L'image sociale de ces deux animaux explique en partie cette répartition. Le chat est le symbole de la liberté et de l'indépendance, chères aux intellectuels. Le chien est plutôt celui de la défense des biens et des personnes ainsi que de l'ordre, valeurs souvent prioritaires dans les autres catégories.

Les meilleurs amis

Les Français dépensent plus de 30 milliards de francs par an pour leurs animaux. L'alimentation d'un chien coûte plus de 2 000 F par an (aliments industriels), celle d'un chat revient à 800 francs.

Les achats d'aliments pour animaux représentaient moins de 200 millions de francs en 1970. Ils atteignent près de 7 milliards de francs aujourd'hui (700 000 tonnes de produits, plus d'un milliard de boîtes de conserves). Pour nourrir leurs chiens, les Français dépensent quelque 20 milliards de francs. 70 % achètent régulièrement, mais pas exclusivement, des aliments préparés ; les autres préparent une alimentation fraîche ou utilisent les restes des repas familiaux.

Les sommes énormes qui sont dépensées chaque année pour les animaux représentent sur le plan économique des ressources et des emplois utiles à la collectivité. Mais elles constituent aussi une charge, parfois lourde, pour les possesseurs. Les dépenses de nourriture, déjà relativement élevées pour des ménages modestes, ne représentent qu'une partie du budget consacré aux animaux.

Un milliard de francs par an
pour les achats de chiens et chats.
Un milliard de francs
pour leur toilettage et les accessoires.
Un milliard de francs pour leur santé.
500 millions de francs d'assurance.

Il faut ajouter à ces sommes environ 6 milliards de francs pour les autres animaux, sans oublier les achats d'accessoires (niches, cages, aquariums, laisses, etc.) et les produits d'entretien. Ainsi, les Français achètent chaque année environ 150 000 tonnes de litière pour leurs chats.

Au total, ils consacrent 1 % de leur budget disponible aux animaux ; leurs dépenses ont été multipliées par cinq depuis 1980. Il est vrai que, quand on aime, on ne compte pas...

Des animaux et des hommes

L'accroissement du nombre d'animaux familiers ne présente pas que des avantages pour la collectivité. Ce sont les chiens qui posent le plus de problèmes : pollution, bruit, agressivité, dégradations.

De façon plus générale, l'évolution des rapports entre les hommes et les animaux traduit aussi les problèmes qu'ont les hommes entre eux, leurs inquiétudes face à l'avenir.

S ➤ 69 % des non-possesseurs d'animaux déclarent aimer les animaux. 68 % en ont déjà possédé un.

E · Chaque année, 500 000 personnes sont mordues par des chiens.
E · Les chiens produisent 20 tonnes d'excréments par jour à Paris.

D'après le CDIA (Centre de documentation et d'information de l'assurance), près de 500 000 personnes sont mordues chaque année. La plupart sont des enfants de 2 à 4 ans mordus par leur propre animal ; certains meurent des suites de morsures. La moitié des victimes gardent une cicatrice, plus de 60 000 doivent être hospitalisées. On estime que 4 000 facteurs sont mordus au cours de leur tournée.

A Paris, les quelque 300 000 chiens seraient à l'origine de 650 chutes par glissade chaque année. La plupart des communes prennent des dispositions pour réduire ces nuisances : réglementations, construction de « vespachiens », contrôle plus strict de la reproduction, etc. Le budget annuel des machines et employés luttant contre la pollution canine se monte à 42 millions de francs. Mais, autant et parfois plus que les animaux, ce sont probablement les maîtres qu'il faudrait éduquer.

Micro-entretien

RÉMY CHAUVIN *

G.M.- *Comment peut-on expliquer l'intérêt croissant des humains pour les animaux ?*

R.C. - Ce phénomène est tout à fait frappant. S'il m'est difficile de l'interpréter en tant qu'homme de science, je peux proposer une explication en tant qu'homme. J'ai l'impression que beaucoup de gens se sentent terriblement seuls dans la société moderne. La plupart d'entre eux ne comprennent absolument rien aux mécanismes qui les entourent. Alors, ils se réfugient du côté des animaux, avec lesquels le dialogue est possible, au moins une ombre de dialogue et en tout cas une amitié, tandis que la communication avec leurs congénères devient de plus en plus difficile, surtout dans les grandes villes. Il s'agit peut-être d'un phénomène de substitution.

* Chercheur, spécialiste du comportement des insectes sociaux, auteur de nombreux ouvrages, dont, parmi les plus récents : *Des animaux et des hommes* (Seghers) ; *Dieu des fourmis, Dieu des étoiles* (Le Pré aux Clercs).

*La frontière entre les hommes et les animaux
est de moins en moins nette.*

Les chats et les chiens sont parfois mieux
traités et mieux soignés que les enfants. En Ile-
de-France, le nombre de cabinets vétérinaires a
triplé en vingt ans. On compte 40 cliniques pour
animaux (certaines équipées de scanners à 1 000
ou 2 000 F l'examen), ouvertes nuit et jour,
contre une en 1975. Des ambulances anima-
lières équipées d'oxygène, des taxis canins,
des centres de kinésithérapie proposant des
bains et des exercices pour chiens obèses, des
« dog-sitters », des cimetières pour chiens ont
fait récemment leur apparition. Ce phénomène, sensible en France, concerne aussi la
plupart des pays développés.

Il semble que certains possesseurs d'animaux tentent d'établir avec leurs compagnons
des relations qu'ils ne peuvent avoir avec leurs
semblables ou même leurs enfants. Tout se
passe en fait comme si l'homme, reconnu aujourd'hui coupable de détruire la nature, tentait
de se racheter en retrouvant sa place parmi les
mammifères. Le succès récent des films d'animaux *(l'Ours, le Grand Bleu...)* témoigne de cette
crainte de l'avenir et de la volonté de régression
qui en résulte.

S ➤ 60 % des hommes et 50 % des femmes
préfèrent les chiens. 30 % des femmes et 21 % des
hommes préfèrent les chats.
➤ La première domestication des animaux
remonte à 12 000 ans.
S ➤ Pour 67 % des maîtres, le chien est un
copain, un ami, pour 34 % un gardien, un
protecteur, pour 24 % un ami pour les enfants, pour
18 % il est un peu comme un enfant, pour 14 %
c'est un compagnon de chasse.
➤ Le simple fait de caresser un animal réduit la
pression artérielle et abaisse le rythme cardiaque.

SOCIÉTÉ

LE BAROMÈTRE DE LA SOCIÉTÉ

Les pourcentages indiqués représentent les réponses positives aux affirmations proposées.

« Il faut respecter les convenances » (%) :

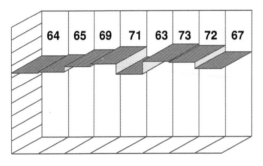

1982 83 84 85 86 87 88 89

Agoramétrie

« Il y a trop de travailleurs immigrés » (%) :

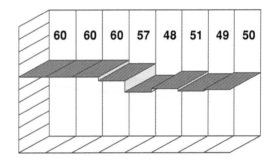

1982 83 84 85 86 87 88 89

Agoramétrie

« On ne se sent plus en sécurité » (%) :

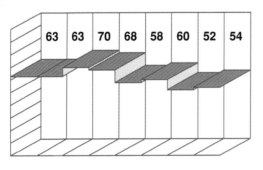

1982 83 84 85 86 87 88 89

Agoramétrie

« On peut avoir confiance en la justice » (%) :

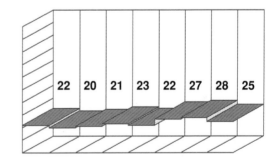

1982 83 84 85 86 87 88 89

Agoramétrie

LA VIE EN SOCIÉTÉ

CLIMAT SOCIAL

Communication et excommunication ● *Chasse aux privilégiés, course aux privilèges* ● *6 millions de solitaires* ● *Vie associative en hausse mais nouvelles motivations* ● *4,5 millions d'étrangers* ● *Radicalisation des attitudes vis-à-vis des immigrés* ● *Normes sociales implicites*

Communication et excommunication

Le progrès technologique a permis l'avènement de la « société de communication ». Mais il n'a pas pour autant accru la qualité des échanges entre les individus. Les médias, les transports, le stress, l'insécurité, le repli sur soi ont à la fois réduit le temps disponible pour se parler et la volonté de le faire.

Les circonstances de la vie quotidienne favorisent moins le dialogue.

Comme le héros de Paul Morand, les Français sont devenus pour la plupart des gens pressés. Ils traversent la vie sans s'arrêter et ils ont moins l'occasion (ou l'envie) de parler à leurs semblables. Les discussions du café du Commerce ne concernent plus que les retraités ou les chômeurs. Les petits commerçants disparaissent et les acheteurs n'ont guère le loisir de bavarder avec les caissières des hypermarchés. Les stations-service deviennent des *selfs* où la présence humaine est réduite au strict minimum. Dans la rue, les piétons se déplacent au pas de charge, parfois équipés d'un baladeur, symbole de leur volonté d'isolement. Le téléphone remplace bien souvent une visite de trois heures par une conversation utilitaire de trois minutes...

17 interlocuteurs par semaine

En dehors des personnes du même ménage, des contacts de nature professionnelle et des communications à distance (lettre, téléphone), chaque Français adulte a en moyenne 17 interlocuteurs différents par semaine. Un quart d'entre eux sont des parents, un quart des amis, un quart des collègues (pour les actifs) avec qui on parle d'autre chose que de travail. Le reste se partage entre voisins, commerçants, membres d'une même association et des relations plus lointaines.

Avec l'âge, les interlocuteurs deviennent moins nombreux, mais ils tendent à « rajeunir ». Chaque âge a ses relations privilégiées : les amis pour la jeunesse ; les collègues pour l'âge mûr ; les parents pour les plus âgés.

Deux fois sur trois, on a des relations avec une personne de même sexe et de même tranche d'âge. Contrairement aux idées reçues, les conversations entre hommes sont plus nombreuses qu'entre femmes. Les classes favorisées ont plus de contacts que les autres ; les ouvriers sont ceux qui communiquent le moins.

François Héran, INED

Les rapports entre les individus sont plus tendus.

Les Français se plaignent en général d'un recul de la courtoisie, du respect d'autrui et de la parole donnée. La détérioration du climat social est surtout sensible dans les grandes villes. Les automobilistes y sont souvent agressifs, les vendeurs des magasins peu motivés, les employés de l'administration arrogants. Ces comportements ont des répercussions sur la vie personnelle, mais aussi professionnelle de chacun. Ils en ont aussi sur l'image de la France et des Français à l'étranger.

L'individualisme, le stress, le souci d'apparaître « moderne », le refus des rapports de hiérarchie entre les catégories sociales, entre les âges et entre les sexes expliquent ces nouveaux comportements. Tout ce qui ressemble à un code social de dépendance ou d'effacement d'un individu par rapport à un autre est perçu comme contraire à la liberté. Mais il y a derrière ces raisons une profonde angoisse existentielle qui se manifeste par l'agressivité.

La fin des bonnes manières

• 86 % des Français attachent de l'importance aux bonnes manières (dont 32 % beaucoup), 11 % peu, 2 % pas du tout.
• 66 % ont l'impression qu'on n'y attache pas assez d'importance aujourd'hui, 2 % trop (29 % juste ce qu'il faut).
• 83 % estiment que le respect des bons usages a reculé par rapport à la génération de leurs parents, 11 % qu'il s'est maintenu (4 % pas de changement).
• 95 % sont choqués que l'on ne cède pas sa place à une personne âgée dans les transports en commun, 86 % que l'on téléphone après 10 heures du soir à des gens que l'on ne connaît pas très bien. 82 % que l'on double une file à la caisse d'un grand magasin, 82 % que l'on coupe la parole à quelqu'un, 73 % que l'on utilise des mots grossiers, 67 % qu'un homme ne s'efface pas pour laisser passer une femme, 59 % que l'on fume à table, 52 % que l'on parle en mangeant.

Les Français sont à la fois des compatriotes et des concurrents.

La difficulté des Français à communiquer entre eux ne saurait être assimilée à une animosité réelle entre des individus qui ne se supportent plus. Certes, les conditions de la vie en société ne sont pas facilitées par les menaces qui pèsent sur les individus : délinquance, chômage, pollution, bruit, risques technologiques, etc.

Mais c'est surtout l'évolution du système social qui explique l'accroissement récent des inégalités. En s'inscrivant dans la compétition à la fois européenne et mondiale, l'économie française s'est contrainte à une productivité toujours plus forte. Ceux qui ne peuvent, pour des raisons

diverses, satisfaire à des exigences croissantes, sont progressivement écartés de la compétition. Leurs conditions de vie s'éloignent alors progressivement de celles des autres. Les mécanismes régulateurs de l'Etat sont aujourd'hui impuissants à empêcher ou compenser cette dérive.

Micro-entretien

JACQUES ATTALI *

G.M. - *La violence est le ressort du fonctionnement des sociétés. Comment naît-elle ?*

J.A. - Dès que deux individus sont face à un troisième ou à un objet, il y a rivalité dans le désir. Et la rivalité crée la violence. Les hommes n'ont jamais trouvé d'autre façon de réduire cette violence que de différencier les individus pour que les désirs ne soient pas identiques, et de canaliser toute la violence résiduelle dans un bouc émissaire qui est mis à mort pour permettre à la société de fonctionner sans violence. En cela, sa mort est condition d'ordre social. C'est pourquoi le bouc émissaire est souvent un instrument de relation avec Dieu. C'est pourquoi aussi la gestion de la violence par le bouc émissaire est souvent la métaphore majeure des mythologies religieuses.

* Conseiller spécial du président de la République, auteur notamment de *Lignes d'horizon* (Fayard).

Peur et instruction

La proportion de personnes exprimant spontanément au moins huit motifs de crainte (drogue, sida, terrorisme, pollution, nucléaire, agressions, circulation, immigrés...) varie fortement et de façon linéaire selon le degré d'instruction : 65 % des personnes ayant le niveau d'études primaires ; 51 % des titulaires du BEPC ; 54 % de ceux du CAP ; 41 % des bacheliers ; 35 % de ceux qui ont quitté l'école au niveau bac + 2 années ; 28 % de ceux qui ont fait des études supérieures.
Les écarts sont inversés lorsqu'on demande aux Français s'ils ont été victimes au moins une fois dans leur vie de ces problèmes : la proportion varie de 48 % pour ceux qui ont le niveau d'études primaires à 75 % pour ceux qui ont suivi des études supérieures.

TANT
QU'IL Y AURA
UN AMI
AU LOIN

FRANCE-ALLEMAGNE:
4,50 F LA MINUTE

Téléphone, le fil de la vie

FRANCE
TELECOM

La communication n'exclut pas la solitude

---

*La chasse aux privilégiés
s'accompagne d'une course aux privilèges.*

Bien que dénoncés par tous les Français, les privilèges font partie de la vie professionnelle de la plupart d'entre eux. On estime que 40 % de la population active bénéficient d'une protection sociale renforcée (remboursements supplémentaires en cas de maladie, allongement des congés de maternité...). 30 % peuvent prendre leur retraite avant l'âge de 60 ans. 25 % ont un avancement garanti dans leur entreprise, autant disposent d'au moins 6 semaines de congés par an. 15 % perçoivent des avantages en nature : remboursement de notes de frais, voiture ou logement de fonction, etc.

Ces avantages sont insignifiants en comparaison des monopoles accordés aux huissiers, notaires, commissaires-priseurs, agents de change, trésoriers-payeurs, etc., ou des sinécures attribuées à des hauts fonctionnaires, anciens ministres ou autres personnalités en récompense des services rendus.

Certains avantages, auparavant sans importance, sont devenus des privilèges que chacun dénonce et envie tout à la fois : garantie de l'emploi, retraite anticipée, abattements fiscaux particuliers, primes, réductions, notes de frais, etc. Même le statut de salarié est parfois considéré par ceux qui ne le sont pas comme un privilège.

Six millions de solitaires

Le nombre des personnes seules augmente plus vite que la population. La plupart n'ont pas choisi cette situation et la vivent assez mal. L'adhésion à des associations est l'un des moyens d'échapper à la solitude, mais elle sert aussi à d'autres fins.

*E • 6 millions de Français vivent seuls.
A Paris, 48 % des ménages
ne comptent qu'une seule personne,
contre 32 % en 1954.*

« L'enfer est tout entier contenu dans ce mot : solitude », écrivait Victor Hugo, qui l'avait bien connue pendant les longues années d'exil... Près de la moitié (44 %) des Français âgés de 20 ans et plus ne vivent pas en couple (célibataires, veufs, divorcés). Tous ne sont pas pour autant solitaires. A 25 ans, 35 % des jeunes vivent toujours chez leurs parents ; ils sont encore 15 % à 30 ans. Les familles monoparentales (un parent vivant avec un ou plusieurs enfants) sont de plus en plus nombreuses (plus d'un million). D'autres personnes habitent avec des amis, en hospice, etc. Au total, 27 % des ménages sont constitués d'une seule personne, soit 5,7 millions de personnes.

*Le nombre des solitaires a augmenté
beaucoup plus vite que la population.*

La proportion de personnes vivant seules était de 6,3 % en 1962, elle a atteint 10 % en 1986 et devrait passer à 12 % en l'an 2000. Les femmes sont les plus nombreuses ; du fait de leur espérance de vie plus longue, elles sont plus souvent veuves. De plus, les femmes divorcées se remarient deux fois moins fréquemment que les hommes.

L'intégration des personnes seules est un problème non résolu. Si les entreprises commencent timidement à leur proposer des produits spécifiques (aliments en conditionnement individuel, voyages, résidences pour célibataires, clubs de rencontres...), l'image collective du foyer, cellule de base de la vie sociale, reste forte : un homme, une femme, des enfants. Pour la foule des solitaires, dont la plupart n'ont pas choisi de l'être, la vie n'est pas facile.

6,5 millions de jeunes célibataires

L'individualisme ambiant et son corollaire, le souci d'autonomie, l'exigence croissante vis-à-vis de la vie en couple ont favorisé l'augmentation du nombre des célibataires, en particulier en milieu urbain. On compte en France plus de 6,5 millions de célibataires de moins de 35 ans habitant dans des villes (plus de 50 000 habitants) et ne vivant pas en union libre. Un sur trois habite Paris, un sur cinq est cadre supérieur, un sur cinq exerce une profession libérale.
Surconsommateurs de culture, ils achètent 3 fois plus de livres et de journaux et vont 9 fois plus au cinéma que les couples, consacrent un tiers de leur budget à l'habillement (contre 7 % en moyenne). Mais seulement 34 % d'entre eux disposent d'un lave-linge (contre 74 %).
Beaucoup considèrent le célibat comme un mode de vie, une sorte d'assurance-liberté. Mais d'autres supportent très mal la solitude, les pressions de l'entourage familial et la crainte qu'il soit un jour trop tard pour trouver l'âme sœur.

La vie associative se développe
mais répond à des motivations nouvelles.

L'une des conséquences de la solitude des Français est leur participation croissante à la vie associative. Les activités sportives, culturelles, créatives, etc., sont autant de prétextes pour ne plus se sentir exclu de la vie sociale. Le développement spectaculaire des clubs du troisième âge montre la volonté des personnes âgées de lutter contre la marginalisation qui les guette au soir de leur vie.

S ➤ Parmi les personnes qui vivent seules, 38 % ont choisi cette situation, 45 % l'ont subie. 71 % trouvent que la solitude est difficile à vivre (22 % non). Les principaux problèmes sont le manque affectif (39 %), l'ennui (35 %), le fait de ne pas avoir d'enfants (16 %), le manque sexuel (6 %).
S ➤ 33 % des Français pensent que ce sont les associations qui participent le mieux à l'expression démocratique de la société, 18 % pensent que ce sont les pouvoirs publics, 12 % les syndicats, 11 % les partis politiques, 4 % les Eglises.
S ➤ 56 % des Français disent avoir de la sympathie pour les immigrés originaires d'Afrique du Nord, 27 % de l'antipathie. Les chiffres respectifs sont de 77 % et 9 % pour les immigrés originaires d'autres pays européens (Italiens, Portugais, Espagnols...), 67 % et 13 % pour ceux qui viennent de pays asiatiques.

La participation à la vie associative répond aussi à un fort désir de protection. Pour faire contrepoids aux institutions et défendre leurs intérêts particuliers, les Français ressentent le besoin de créer des réseaux parallèles, avec des objectifs précis et d'une durée de vie souvent courte. Mais la défense des causes générales est en recul.

Les Français peu militants

49 % des Français sont membres d'une ou plusieurs associations. Les adhérents sont plus souvent des hommes, actifs, diplômés, habitant en province. L'écart avec les autres catégories est surtout sensible en ce qui concerne les adhérents de plusieurs associations.
Les taux d'adhésion varient selon les types d'associations. Les plus fréquentées sont celles qui ont une vocation de loisirs (sport, culture...). Les associations militantes (syndicats, partis politiques, consumérisme, féminisme...) rassemblent assez peu d'adhérents et sont souvent en déclin. Même les associations écologistes intéressent peu les Français, y compris les jeunes, pourtant concernés par les questions d'environnement. 6 % des hommes de moins de 25 ans participaient à une association de défense de la nature en 1978 ; ils n'étaient plus que 1 % en 1986.

Les Français associés

Proportion de Français adhérents aux associations (en %) :

	1984/86	1978/80
• Sportives	18,9	15,3
• Culturelles, loisirs	11,6	12,2
• Troisième âge	8,5	-
• Parents d'élèves	8,2	10
• Professionnelle	7,1	6,8
• Syndicat	6,8	9,7
• Bienfaisance, entraide	6,6	5,6
• Quartier, locale	6	5,3
• Confessionnelle	4,7	5,1
• Parti politique	3,1	2,5
• Jeunes	2,8	2,8
• Familiale	2,6	3,1
• Consommateurs	2,4	2,6
• Défense de la nature	2,0	3,4
• Etudiants	1,7	1,9
• Femmes	1,1	1,8

Immigration : le grand débat

Le débat sur l'immigration n'est plus limité à sa dimension conjoncturelle et économique. Il devient un problème culturel qui engage l'avenir de la société. Entre partisans de l'intégration et adeptes de la manière forte, les positions se radicalisent. Avec, en toile de fond, la montée du racisme et de la xénophobie.

Les étrangers représentent
8 % de la population totale.
La proportion a peu varié
depuis une dizaine d'années.
Elle est la même qu'en 1931.

Il y aurait, selon le ministère de l'Intérieur 4,5 millions d'étrangers résidant en France, soit 8 % de la population totale. La moitié d'entre eux sont d'origine européenne : 845 000 Portugais, 370 000 Italiens, 340 000 Espagnols. Un tiers sont d'origine maghrébine : 710 000 Algériens, 575 000 Marocains, 230 000 Tunisiens. Les chiffres établis par le ministère sont sensiblement plus élevés que ceux émanant de l'INSEE à l'occasion des recensements.

L'évolution de la population étrangère en France a connu des évolutions contrastées. Les principales vagues d'immigration ont eu lieu en 1931, 1946 et 1962. La proportion des différentes nationalités s'est beaucoup modifiée. Depuis 1954, ce sont les Maghrébins qui ont fourni l'essentiel des nouveaux arrivants, alors que le nombre d'étrangers en provenance des pays d'Europe diminuait.

La stagnation apparente du nombre d'étrangers (en particulier par rapport aux années trente) ne signifie pas que les flux d'immigration ont cessé, mais que beaucoup d'étrangers sont devenus Français, par naturalisation ou, à la deuxième génération, par intégration automatique.

Les attitudes vis-à vis de l'immigration
tendent à se radicaliser.

Le véritable débat sur l'immigration a été pendant longtemps esquivé par les partis et les hommes politiques, à l'exception du Front national, qui en a fait son fonds de commerce. Il s'est véritablement amorcé en 1990, sous l'impulsion des partis d'opposition et des médias, et sur fond d'actes racistes. On a pu constater à cette occasion une radicalisation des positions des Français, face aux deux pôles de référence en ce domaine : celui de l'exclusion proposé par l'extrême droite ; celui de l'intégration proposé par Sos-Racisme.

Plus d'Africains, moins d'Européens

Nombre d'étrangers résidant en France et répartition par grandes nationalités aux recensements (en %) :

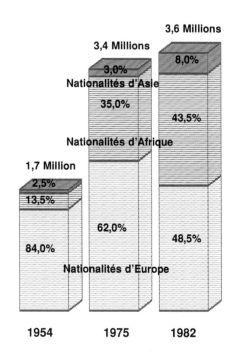

S ➤ 71 % des Français pensent que c'est aux immigrés qui vivent en France de faire des efforts pour s'adapter à la société française, même s'ils ne peuvent pas pratiquer leur religion dans les mêmes conditions que dans leur pays d'origine. 22 % pensent qu'il faut respecter les coutumes religieuses des immigrés qui vivent en France et pour cela leur faciliter dans la mesure du possible la pratique de leur religion.
S ➤ En novembre 1989, 75 % des Français étaient opposés au droit de vote aux élections municipales des étrangers vivant depuis un certain temps en France (55 % en 1985). 20 % y étaient favorables (35 % en 1985).

*Une large majorité des Français sont
favorables à l'arrêt de l'immigration.*

Plus des deux tiers des Français se prononcent en faveur d'une fermeture des frontières destinée à empêcher l'entrée de nouveaux immigrés. Ce front de refus se retrouve aussi contre l'affirmation des convictions religieuses à l'école (port du foulard islamique) et contre le droit de vote des étrangers aux élections municipales.

Persuadés que les différences de coutumes, de religion, et à un moindre degré de langue, rendront la cohabitation difficile, les Français sont à peu près également partagés entre la possibilité d'intégrer les immigrés et le souhait de voir partir un grand nombre d'entre eux au cours des prochaines années. Mais beaucoup mettent en doute la possibilité de faire coexister des modes de vie dérivés des préceptes de l'Islam dans une société qui se veut fondamentalement laïque.

*Beaucoup de Français ont peur de perdre
leur identité dans une société pluriculturelle.*

Au cours des années de crise économique, les Français avaient surtout accusé les immigrés de porter une part de responsabilité dans la montée du chômage et dans celle de la délinquance. Ces deux menaces ont reculé au cours des der-

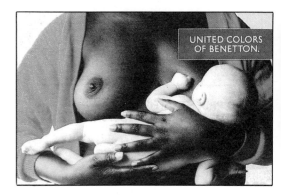

La cohabitation difficile

nières années : le chômage apparaît stabilisé ; l'insécurité a décliné jusqu'en 1988. Pourtant l'attitude vis-à-vis des étrangers n'a guère évolué.

C'est que les craintes ont changé de nature. Elles ne sont plus conjoncturelles mais portent sur l'avenir. Certains Français s'inquiètent d'un

S ➤ 75 % des Français seraient hostiles à l'élection d'un président de la République d'origine musulmane (18 % non).
S ➤ 71 % des Français pensent que le mot fanatisme s'applique à l'Islam (15 % le mot tolérance).
S ➤ 68 % des Français pensent que le seuil de tolérance a été atteint en ce qui concerne l'immigration (24 % non).
S ➤ 53 % des Français trouvent anormal le fait que des jeunes-filles musulmanes portent le voile ou le tchador dans les éoles publiques françaises (34 % trouvent cela normal).
S ➤ 49 % des Français ne seraient pas hostiles à ce qu'un de leurs proches parents (frère, sœur, enfant) épouse une personne d'origine musulmane. 37 % y seraient hostiles.
S ➤ 42 % des Français seraient favorables à la construction d'une mosquée dans la commune ou la région où ils habitent (50 % opposés).
S ➤ 35 % des Français changeraient leur enfant d'école s'ils apprenaient qu'il y a dans sa classe plus de 50 % d'immigrés (55 % non).

Micro-entretien

HARLEM DÉSIR*

G.M. - *Les immigrés sont-ils les boucs émissaires d'une crise de l'identité française ?*

H.D. - Lors de chaque crise brutale dans un pays, on cherche un responsable. Dans les années 30, en Europe, ce furent les Juifs. Aujourd'hui ce sont les étrangers dont l'origine et la culture sont les plus éloignées de la culture française, les Arabes essentiellement. Les Français ont peur pour l'avenir de leurs enfants, peur de l'échec scolaire que ceux-ci subissent parfois. Ils ont également un sentiment diffus d'incertitude quant à l'avenir même du pays. Ils ont peur que la France ne soit pas à la hauteur du défi européen, ne soit plus une grande puissance. Ils rejettent toutes ces peurs sur un bouc émissaire : l'étranger. Et ce faisant, ils ont l'impression de reconquérir une certaine supériorité. Trouver quelqu'un sur qui « cracher » signifie être un peu au-dessus de lui.

* Fondateur et président de S.O.S. Racisme.

déséquilibre démographique croissant de la France, compte tenu de la natalité plus forte des étrangers. Surtout, ils craignent que l'identité culturelle française, déjà menacée par l'Europe, ne se dissolve progressivement dans la mise en place d'une société pluriculturelle. A travers ce grand débat sur l'immigration, ce sont toutes les peurs et les contradictions d'un peuple qui surgissent.

Liberté individuelle et normes sociales

Qu'il s'agisse des immigrés, des personnes seules, des pauvres ou des handicapés, la société actuelle n'est pas prête à intégrer tous ceux qui ne sont pas conformes à la « normale », c'est à dire actifs, en bonne santé, autonomes sur le plan financier, intellectuel et moral. C'est pourquoi elle cherche inconsciemment à unifier les attitudes et les comportements, cherchant à imposer de façon diffuse des modèles et s'efforçant de réduire les « déviances ».

*Le malaise social est dû à des causes
à la fois universelles et nationales.*

Plusieurs indicateurs montrent la difficulté de vivre aujourd'hui dans la société française : augmentation du taux de suicide, en particulier chez les jeunes ; troubles du sommeil attestés par la consommation de tranquillisants et de somnifères ; perception d'un déclin de la qualité des relations entre les Français ; montée du racisme et de la xénophobie ; inquiétude croissante vis-à-vis de l'avenir...

Quelques-unes des causes de ce malaise croissant ont un caractère universel : pollution ; risque de réchauffement climatique et ses conséquences ; peur d'un nouveau krach financier ; évolution politique dans le monde et en Europe, etc. D'autres ont une dimension principalement nationale.

S ➤ Pour les Français, les catégories qui détiennent le plus de pouvoir en France sont les hommes politiques (64 %), les banquiers et financiers (59 %), les hauts fonctionnaires (25 %), les chefs des grandes entreprises (20 %), les hommes de communication (17 %), les intellectuels et les artistes (1 %).

*L'individualisme s'accompagne
de la mise en place progressive
de normes sociales implicites.*

L'individualisme et le libéralisme (au sens apolitique du terme) apparaissent comme les deux idéologies dominantes de l'époque. La première prône l'épanouissement de chaque personne, sa préséance sur la collectivité et la tolérance aux autres. La seconde proclame la liberté de penser et d'agir et entend limiter au minimum les contraintes de l'environnement (Etat, règles de fonctionnement, etc.).

Pourtant, les Français sont de plus en plus soumis à des pressions sociales peu compatibles avec ces idéologies. Ces pressions sont d'autant plus fortes qu'elles ne participent pas d'une stratégie autoritaire et coercitive. Sans en être vraiment conscients, les pouvoirs publics, les médias et les institutions tendent à imposer des « normes sociales ».

*Les médias donnent en exemple
des personnages et des comportements
qui deviennent peu à peu des modèles.*

La publicité, les magazines, les livres de « développement personnel », les films ou les séries télévisées mettent en scène des personnages dotés de tous les canons actuels de la perfection : beauté, richesse, efficacité, force de caractère, célébrité... Pour être à la hauteur des modèles qui leur sont proposés, les Français doivent être dotés d'un physique irréprochable, être de bons parents, de parfaits amants, tout en menant une carrière professionnelle en perpétuelle ascension et en trouvant le temps de pratiquer les loisirs à la mode (golf, sports de glisse, 4 x 4, voyages lointains...).

Etre petit, obèse, chauve, fumeur ou malade représente donc un handicap, tant à ses propres yeux qu'à ceux des autres. Avoir un emploi non gratifiant, un salaire modeste, une petite voiture, des enfants qui connaissent des difficultés scolaires peut être ressenti comme une déchéance par rapport aux normes d'« excellence » et de réussite qui prévalent. Même la vie sexuelle n'échappe pas à cette dictature rampante du « toujours plus » et du « toujours mieux ».

C'est pourquoi certains s'usent le corps et l'esprit à vouloir améliorer leurs « performances » dans tous ces domaines. La conséquence est la montée d'un stress qui peut conduire à la tristesse, à la maladie, voire au suicide.

Les pouvoirs publics participent largement à cette normalisation des comportements.

Des campagnes se succèdent pour expliquer aux Français qu'ils ne doivent plus fumer, plus boire, surveiller leur tension artérielle, leur poids, prendre des préservatifs lorsqu'ils font l'amour sous peine de mettre leurs jours en danger.

Non contents de fournir des arguments pour alimenter ces campagnes, les scientifiques travaillent aussi à accroître la dictature de la norme : les biologistes seront demain capables d'intervenir sur le capital génétique de chaque individu, sans doute pour éviter ou réparer les erreurs existantes, mais aussi pour le faire ressembler à l'idéal du moment. Toute « déviance » par rapport à la norme sera alors d'autant plus suspecte qu'elle pourra être évitée dès la naissance.

S ➤ En novembre 1989, 51 % des Français pensaient que la plupart des immigrés ne pourront pas être intégrés dans la société française car ils sont trop différents (42 % en novembre 1985). 42 % pensent qu'ils pourront l'être et que c'est une question de temps (50 % en 1985).
S ➤ 24 % des Français considèrent que les juifs sont trop nombreux en France, 18 % les trouvent antipathiques.
S ➤ Après la profanation des tombes juives de Carpentras, 96 % des Français se disaient choqués (3 % peu ou pas choqués).
S ➤ Les catégories de personnes que les Français trouvent les plus insupportables dans la vie de tous les jours sont : les démarcheurs et représentants (58 %), les automobilistes (54 %), les hommes politiques (51 %), les fumeurs (47 %), les intégristes (43 %), les contrôleurs du fisc (38 %), les journalistes (37 %), les Parisiens (31 %), les garagistes (26 %), les Corses (23 %), les fonctionnaires (21 %), les piétons (19 %), les policiers (18 %), les militaires (17 %), les cadres et contremaîtres (15 %).
S ➤ 45 % des Français estiment que le nombre d'immigrés en France est excessif, 34 % élevé mais supportable, 18 % normal pour un pays comme la France.
S ➤ 57 % des Français pensent que la France est devenue plus raciste qu'il y a quelques années, 7 % moins, 30 % autant.

INSÉCURITÉ

Reprise de la délinquance en 1989 ● Beaucoup plus de délits en zones urbaines ● Hausse des vols, agressions, infractions sur les stupéfiants ● Attentats en baisse ● Développement du piratage informatique

Délinquance : la reprise ?

Après avoir considérablement augmenté à partir du début des années 70, la délinquance avait reculé entre 1985 et 1988, en même temps que le sentiment d'insécurité. Mais les chiffres enregistrés en 1989 font apparaître une reprise de la criminalité, qui traduit une détérioration du climat social.

Après quatre années de baisse, on a enregistré une reprise en 1989.

Le nombre total des délits avait doublé entre 1973 et 1983 : 3 564 000 délits en 1983, contre 1 763 000 en 1973. On avait ensuite assisté à une réduction de l'accroissement en 1984, puis à une diminution véritable entre 1985 et 1988 : baisses respectives de 2,8 %, 8,0 %, 3,7 %, 1,2 %.

La situation s'est à nouveau dégradée en 1989, avec une hausse de 4,3 % par rapport à l'année précédente. Au total, 769 000 personnes ont été mises en cause. 338 000 ont été placées en garde à vue (dont 60 000 pendant plus de 24 heures), 82 000 ont été écrouées.

Mais il faut préciser que le chiffre global de la délinquance (3 266 442 délits en 1989) est l'addition de délits aussi différents que les meurtres, l'usage de drogues ou les vols à l'étalage, dont les évolutions sont diverses.

Les chiffres ne disent pas tout

L'éternel débat sur la validité des statistiques n'épargne pas celles concernant la criminalité. On peut contester les chiffres bruts fournis par les pouvoirs publics, pour la simple raison qu'ils ne mesurent pas la délinquance proprement dite, mais les résultats obtenus par ceux qui la combattent (arrestation de trafiquants, saisies de drogue...) ou les déclarations des victimes (vols, agressions...). Il semble qu'un nombre croissant de victimes ne déclarent plus les petits vols ou délits, par crainte qu'aucune suite ne soit donnée.
On peut aussi reprocher à ces chiffres de faire l'impasse sur un certain nombre de dossiers qui aboutissent directement aux parquets des tribunaux (plaintes émanant d'administrations ou de sociétés), sans transiter par la police. Il arrive, à l'inverse, que des affaires soient comptabilisées deux fois, du fait de la dispersion des services ou de la concurrence qu'ils se livrent. Par ailleurs, les catégories regroupant les différents types de délits se fondent sur des critères de gravité parfois fantaisistes. Ainsi, arracher le sac à main d'une dame est considéré comme un acte de grande criminalité. Mais la tuer ou la violer rentre dans la moyenne criminalité, si elle n'a pas été volée en même temps !
Comme toujours, la réalité se prête difficilement à une description par les chiffres. Force est pourtant de constater qu'elle est encore plus difficile à comprendre sans eux.

Les deux tiers des délits concernent les zones fortement urbanisées.

L'évolution de la délinquance est très contrastée selon le degré d'urbanisation. Ainsi, la Gendarmerie nationale, principalement implantée dans les zones rurales ou peu urbanisées a enregistré une baisse de la criminalité, alors que la Police nationale, qui couvre surtout les zones fortement urbanisées, constatait une hausse de 7,2 %. On constate que le taux de criminalité augmente proportionnellement à la

Vols : encore plus haut

Nombre de délits et évolution :

	1989	Evolution 1989/88	Evolution depuis 1979
• Vols à main armée	7 523	+10,5%	+50,7%
• Autres vols avec violence dont :	45 469	+ 4,3%	+68,1%
- contre des femmes sur la voie publique	22 679	+ 1,1%	-
• Cambriolages dont :	370 606	+ 2,6%	+65,9%
- lieux d'habitation	187 427	+ 4,8%	+69,6%
- résidences secondaires	20 217	- 5,3%	+57,3%
• Autres vols dont :	1 674 195	+ 6,1%	+39,5%
- vols d'automobiles	243 593	+ 5,1%	+20,2%
- vols à la roulotte	632 119	+ 4,4%	+79,3%
- vols à l'étalage	62 318	- 1,6%	- 3,6%
• Recels	29 180	+ 8,2%	+178,6%
Total des vols	**2 126 973**	**+ 5,5%**	+44,5%

Ministère de l'Intérieur

taille des agglomérations : il varie de 49,2 pour 1000 habitants dans les circonscriptions de police de moins de 25 000 habitants à 90,7 dans celles de plus de 250 000 habitants.

La criminalité constatée en Ile-de-France représentait 26 % de celle mesurée au niveau national. Elle a augmenté de 6,3 % en 1989, contre 3,6 % en province.

La hausse de 1989 est due principalement à celle des vols.

C'était l'évolution de la petite délinquance qui expliquait l'accroissement général constaté entre 1973 et 1984, puis son ralentissement. C'est celle de la moyenne délinquance (vols, cambriolages) qui est la cause principale de la hausse de 1989.

Les vols ont représenté les deux tiers de l'ensemble des infractions constatées (65 %). Ils sont intervenus pour 82 % dans l'accroissement de 1989. Les vols simples et ceux de véhicules (voitures et deux-roues) sont ceux qui ont le plus

Le bric à brac des délits

Nombre de délits et évolution :

	1989	Evolution 1989/88	1979	Evolution 1989/79
• Vols	2 126 973	+ 5,5 %	1 592 437	+ 33,6 %
• Escroqueries et infractions économiques et financières	548 354	- 3,6 %	79 780	+ 58,7 %
dont :				
- *chèques sans provision*	*181 287*	*- 3,0 %*	*212 721*	*- 14,8 %*
- *fausse monnaie*	*1 167*	*- 46,2 %*		*-*
- *fraude fiscale*	*2 142*	*+ 38,9 %*	*856*	*+ 150,2 %*
- *falsifications, usage cartes crédit*	*39 818*	*+ 23,1 %*	*-*	*-*
- *délinquance économique et financière*	*45 847*	*- 9,6 %*	*-*	*-*
• Crimes et délits contre les personnes	132 321	+ 7,9 %	94 607	+ 39,9 %
• Stupéfiants, paix publique et réglementation	458 794	+ 8,1 %	79 780	+ 475,1 %
dont :				
- *infractions à la législation sur les stupéfiants*	*50 680*	*+ 6,0 %*	*10 430*	*+ 385,9 %*
- *délits à la police des étrangers*	*39 223*	*+ 12,2 %*	*11 055*	*+ 254,8 %*
- *ports et détentions d'armes prohibés*	*14 653*	*+ 1,9 %*	*9 286*	*- 57,8 %*
• Autres	-	-	117 252	-
TOTAL	**3 266 442**	**+ 4,3 %**	**2 330 566**	**+ 40,2 %**

Ministère de l'Intérieur

progressé. Les vols liés aux véhicules représentent d'ailleurs la moitié des vols et le tiers de la criminalité totale.

Les vols tendent à être plus nombreux dans les entreprises industrielles et commerciales et chez les particuliers, moins nombreux dans les établissements financiers, sans doute mieux protégés. Les agressions sur la voie publique ont augmenté de 5,3 % alors que celles à domicile ont diminué de 9,6 %. Enfin, les cambriolages des résidences principales et des entreprises se sont accrus, tandis que ceux des résidences secondaires diminuaient.

Les infractions économiques et financières sont en baisse.

Le nombre des délits perpétrés par des commerçants (achats et ventes sans factures, infractions aux prix, à la publicité et à la concurrence, autres délits de société) a diminué de façon sensible en 1989 : environ 10 %. Il en est

de même des infractions à la législation sur les chèques (surtout les interdictions d'émettre des chèques), qui sont en baisse de 8 %.

Les escroqueries, faux et contrefaçons sont stables, à l'exception des falsifications et usages de cartes de crédit, en hausse de 23 %.

S ➤ 96 % des Français dénonceraient un voisin qui martyrise son enfant (2 % non), 87 % un revendeur de drogue 8 % non), 59 % un voisin qui bat régulièrement sa femme (32 % non), 58 % un détenu en cavale qui se réfugie chez eux (24 % non), 36 % un patron qui fait travailler les gens sans les déclarer (53 % non), 14 % un immigré en situation irrégulière (78 % non), 12 % quelqu'un qui fraude le fisc (78 % non).
S ➤ 17 % des Français considèrent que c'est un devoir civique de dénoncer une personne soupçonnée d'avoir commis un délit, 21 % que c'est nécessaire pour lutter contre la criminalité, 41 % que cela ne se justifie que dans des cas exceptionnels, 17 % que c'est moralement inacceptable.

Criminalité en Europe

La comparaison des statistiques de la criminalité dans les pays de la Communauté européenne n'est guère significative, dans la mesure où les législations, les règles de comptabilisation des délits et les conditions de vie sont différentes. La comparaison des taux de variation sur cinq ans (1984-1988) permet cependant de constater que la criminalité est presque partout en augmentation. La Belgique et le Luxembourg sont les pays où l'augmentation a été la plus forte et continue. Le Danemark, la RFA, l'Espagne et le Royaume-Uni (surtout Angleterre et pays de Galles) ont connu un fléchissement en 1988. Les Pays-Bas, la Grèce (après une forte chute entre 1983 et 1985) et l'Italie connaissent des niveaux stables. Seules l'Irlande et la France ont connu une décroissance pendant cette période.

La sécurité n'a pas de prix

Les Français prennent de l'assurance

Les Français ont dépensé en 1989 environ 7 000 F chacun pour assurer leurs biens et leur personne. La plus grande part était consacrée à l'assurance automobile (40 %), devant les assurances complémentaires maladie-accident (23 %), les assurances vie et retraite complémentaire (20 %) et les multirisques habitation (14 %). Il faut ajouter à ces sommes les actions de gardiennage (un peu plus de 4 milliards de francs), les honoraires d'avocats (4 milliards) et plus de 3 milliards pour les systèmes de protection individuelle contre le vol (blindages, coffres-forts, systèmes d'alarme...). L'acquisition de biens de plus en plus nombreux entraîne des dépenses croissantes pour leur protection.

Les crimes et délits contre les personnes ont augmenté de 7 % en 1989.

Les infractions commises contre les personnes en recourant à la violence tendent à s'accroître. Les coups et blessures volontaires se sont accrus de près de 11 %, mais ils ont été moins nombreux à entraîner la mort. Les homicides et tentatives d'homicide sont restées stables en 1989, avec 2 562 faits constatés.

Les atteintes aux mœurs ont augmenté de 8 % (15 % pour les viols et attentats à la pudeur) mais cette hausse peut s'expliquer en partie par le fait que les victimes hésitent moins à les déclarer. Il en est peut-être de même des mauvais traitements d'enfants, en hausse de 6 % ; les campagnes pour la protection de l'enfance ont sans doute permis de connaître des faits qui, jusqu'alors, ne franchissaient pas les limites de la cellule familiale.

La violence en hausse

Nombre de crimes et délits contre les personnes et évolution :

	1989	Evolution	
		1989/88	1989/79
• Homicides	1 331	+5,5%	-26,7%
• Coups et blessures volontaires	47 037	+10,6%	+52,6%
• Prises d'otages, séquestrations de personnes	1 107	-35,0%	+275%
• Menaces de mort, chantage	14 991	+7,1%	+247%
• Violations de domicile	7 092	+1,8%	+8,0%
• Proxénétisme	1 033	-13,8%	+22,4%
• Viols	4 342	+15,0%	+156%
• Infractions contre la famille et l'enfant	29 192	+6,2%	-7,7%
• Autres	26 196	-	-
TOTAL	**132 321**	**+7,4%**	**+39,9%**

Ministère de l'Intérieur

➤ Le nombre d'agressions est maximum chaque jour entre 17 et 20 h, avec une pointe entre 18 et 19 h. Il est environ cinq fois plus faible entre 2 h et 9 h du matin.

La grande criminalité ne progresse pas

Les homicides crapuleux sont ceux qui frappent le plus l'opinion. Pourtant, le nombre des meurtres n'a guère varié en France depuis... 1825, époque où la population française était inférieure de moitié à celle d'aujourd'hui. De la même façon, on comptait déjà 38 000 procès-verbaux pour coups et blessures en 1949, contre 42 000 en 1989.

Le sentiment d'insécurité

« On ne se sent plus en sécurité » (en %)* :

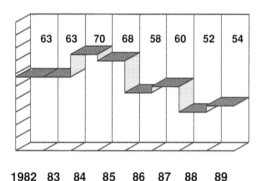

	63	63	70	68	58	60	52	54
1982	83	84	85	86	87	88	89	

Agoramétrie

(*) Cumul des réponses « bien d'accord » et « entièrement d'accord » à l'affirmation proposée.

Les formes nouvelles de la délinquance

A côté des formes traditionnelles de la délinquance (vols, cambriolages, homicides, etc.) se sont développées depuis quelques années des pratiques plus modernes. Trois d'entre elles font régulièrement la une de l'actualité, et représentent des dangers considérables pour l'avenir des nations développées : le terrorisme ; le piratage informatique ; le trafic et l'usage de stupéfiants. Il faut y ajouter le vandalisme et la fraude fiscale qui, s'ils constituent une moindre menace, coûtent cher à la collectivité.

Il y a eu 424 attentats par explosifs en 1989 et 218 000 destructions et dégradations de biens privés.

Les actes de terrorisme sont, avec les meurtres, ceux qui impressionnent le plus les Français. Leur nombre peut varier considérablement d'une année à l'autre, en fonction de la situation politique internationale (les deux tiers des attentats ont des mobiles politiques). On a ainsi assisté à des vagues d'attentats en 1980, 1982 et 1986.

Le répit constaté depuis 1987 est sans doute dû en partie à la multiplication des contrôles de police. En 1989, les attentats par explosifs ont atteint leur plus bas niveau depuis dix ans ; la baisse a été proche de 50 % sur deux ans.

Les infractions à la législation sur les stupéfiants se sont accrues de 6 % en 1989.

32 000 infractions à la consommation ont été constatées en 1989, soit une hausse de 10 %. L'accroissement a d'ailleurs été plus fort en zone rurale qu'en zone urbaine, ce qui pourrait laisser penser que la drogue n'est plus un phénomène limité aux villes. Le trafic a augmenté, lui, de 11 %, avec un peu plus de 7 000 faits constatés, tandis que les infractions d'usage-revente (nouvelle rubrique créée en 1988) diminuaient de 8 %.

Le vandalisme continue de se développer.

Le malaise social, en particulier celui ressenti par les jeunes, se traduit par une véritable explosion du vandalisme. Parcmètres, cabines téléphoniques, voitures de métro ou de chemin de fer, tout est bon pour montrer son mépris du patrimoine public et donc de la société. Dans sa forme primaire, le vandalisme consiste à casser, abîmer, enlaidir, salir. Dans sa forme culturelle, il se manifeste par les graffitis et autres moyens d'expression s'appropriant les surfaces publiques pour communiquer clandestinement son mal de vivre.

E ➤ Il se produit en France un cambriolage toutes les 85 secondes, deux incendies par minute, un accident de la circulation toutes les cinq secondes.

La guérilla urbaine

Chaque mois, 15 % des parcmètres de Paris reçoivent une dose d'acide ou de mastic, symbole de la guerre entre les usagers et l'Administration ; leur coût d'entretien s'élève à quelque 30 millions de francs par an. Le remplacement du parc de cabines téléphoniques à pièces par des cabines à carte a permis de réduire considérablement le nombre des sabotages (plus de 200 000 étaient cassées chaque année). La Ville de Paris nettoie annuellement environ 50 000 m^2 de murs recouverts de graffitis de toutes sortes.
Les transports en commun sont aussi des cibles privilégiées. Dans le métro parisien, environ 35 000 sièges lacérés chaque année. A la SNCF, la dégradation du matériel et les vols (draps, couvertures, échelles, etc.) occasionnent un coût annuel supérieur à 30 millions de francs.
Sur les 15 000 abribus et « sucettes » (poubelles-supports publicitaires) installés en région parisienne, 40 % sont détériorés chaque année. Enfin, on estime que le vandalisme coûte aux grandes surfaces de certaines banlieues 1 % de leur chiffre d'affaires, soit environ la moitié de leur marge nette.

Le piratage informatique constitue un fléau très préoccupant pour l'avenir de la société.

Le vandalisme n'est pas toujours un acte gratuit. Avec les nouvelles technologies se développe le piratage à but lucratif. Les ordinateurs sont la cible favorite de cette forme récente de délinquance. Sur 100 pannes survenant à des ordinateurs, 20 seraient dues à des fraudeurs, qui détournent des programmes dans un but de profit. En 1988, le « vandalisme en col blanc » (détournements de fichiers, vols de matériels, sabotages, indiscrétions, copies de logiciels...) a coûté plus de 5 milliards de francs aux entreprises.

Les jeunes bricoleurs des années passées qui voulaient simplement s'amuser et montrer leur compétence en pénétrant dans les systèmes informatiques ont fait place aujourd'hui à de véritables gangsters, dont le but est de gagner de l'argent ou de mettre en difficulté une entreprise. Les « virus informatiques » propagés par les disquettes sont à l'origine de nombreuses pannes ou destructions de fichiers. Le piratage informatique constitue une arme efficace pour les terroristes internationaux décidés à déstabiliser les démocraties...

L'assistance, un besoin croissant

Young & Rubicam

La fraude fiscale coûte au moins 100 milliards de francs par an.

La fraude fiscale est bien un délit, même si beaucoup de Français n'en sont pas convaincus. C'est même, de très loin, celui qui coûte le plus à la collectivité : plus de 20 % du PIB, un dixième du budget de l'Etat ! Il faut préciser que la chasse aux fraudeurs est payante, puisqu'elle rapporte chaque année plus de 20 milliards de francs sous forme de redressements fiscaux.

Des études montrent que le contribuable français, contrairement à une légende tenace, n'est en fait pas plus mauvais citoyen que son homologue anglais, allemand, américain ou surtout italien (le montant d'impôts payé est là-bas quatre fois inférieur à ce qu'il devrait être).

S ➤ 23 % des foyers possèdent au moins une arme à feu ; 9 % en ont plusieurs. Il s'agit dans 74 % des cas d'un fusil ou d'une carabine de chasse, dans 18 % d'une carabine 22 long rifle, dans 17 % d'un revolver ou pistolet, dans 6 % d'une arme ancienne ou de collection (avant 1870) et dans 6 % d'une arme de guerre ou de police autre qu'un revolver ou pistolet.
S ➤ 54 % des Français ont une bonne opinion des juges, 26 % une mauvaise. Mais 68 % considèrent que le fonctionnement de la justice est plutôt dépendant du pouvoir politique (21 % plutôt indépendant).

La répression

Contrairement à une idée largement répandue, les peines prononcées par la Justice tendent à être de plus en plus lourdes : en cinq ans, le nombre des condamnations à des peines de 10 ans ou plus a augmenté de 50 % ; la proportion de condamnés à cinq ans et plus est passée de 27 % en 1988 à 34 % en 1990. Le nombre des libérations conditionnelles a diminué depuis 1980, ainsi que celui des permissions de sortir. Enfin, les cas de délits commis par des détenus bénéficiant de permis de sortir sont peu nombreux : 53 (dont 4 crimes) sur 29 000 permissions en 1989.

Peine de mort : un Français sur deux favorable

« Il faut rétablir la peine de mort » (en %)* :

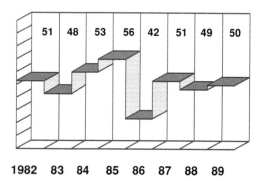

| 51 | 48 | 53 | 56 | 42 | 51 | 49 | 50 |

1982 83 84 85 86 87 88 89

(*) Cumul des réponses « bien d'accord » et « entièrement d'accord » à l'affirmation proposée.

Il y avait 44 000 détenus au 1er janvier 1990, contre 45 000 deux ans auparavant.

Entre 1982 et 1988, la population carcérale avait augmenté de 63 %. Cette très forte croissance s'expliquait d'abord par les mesures de grâce collective qui avaient suivi l'élection présidentielle de mai 1981 et l'amnistie qui avait

suivi (9 000 détenus avaient été libérés). Ils retrouvaient un an après leur niveau antérieur, pour progresser ensuite. Le nombre de 40 000 détenus était atteint en février 1984.

La diminution des effectifs depuis 1988 est liée aux mesures prises pour éviter la surcharge des prisons (3 000 détenus ont été libérés en 1989, à l'occasion des fêtes du bicentenaire). Celle-ci est d'ailleurs à l'origine de manifestations et de mutineries destinées à attirer l'attention de l'opinion sur les conditions de détention. Le rapport remis en 1990 au gouvernement confirmait la réalité de ce problème.

Les Français restent plutôt favorables au rétablissement de la peine de mort.

Beaucoup de Français ont vu dans l'abolition du châtiment suprême la menace d'un nouvel accroissement de la criminalité. Pourtant, cinq ans après la suppression de la peine capitale, le nombre des crimes de sang n'a pas augmenté. La même constatation avait déjà pu être faite dans d'autres pays où la peine de mort avait été abolie.

Les drames de l'autodéfense sont moins fréquents.

L'une des conséquences les plus évidentes du sentiment d'insécurité qui avait prévalu jusqu'en 1985 avait été le développement de l'autodéfense. L'idée que l'on pouvait se substituer à une police jugée trop peu présente et à une justice considérée comme trop accommodante s'était répandue dans l'opinion. Cette psychose semble retombée aujourd'hui. Même si la délinquance reste élevée, il faut savoir que la route, la maison, le travail restent infiniment plus dangereux pour chaque individu.

▶ La proportion de femmes détenues augmente : 2,8 % en 1977 ; 4,5 % en 1990.
▶ Le taux de détention pour 100 000 habitants à fin 1986 était de 84 en France, contre 116 en Irlande du Nord, 109 en Ecosse, 93 en Angleterre, 88 en RFA, 82 au Portugal, 76 en Italie, 67 en Suisse, 65 en Espagne et au Danemark, 62 en Belgique, 48 en Norvège, 34 aux Pays-bas et en Islande.
S ▶ 56 % des Français sont pour le rétablissement de la peine de mort.

Agoramétrie

44 000 détenus en France

- **Effectifs au 1er janvier 1990 :**

	Total	Hommes	Femmes
- Prévenus	19 909	18 717	1 192
- Condamnés	24 004	23 227	777
TOTAL	**43 913**	**41 944**	**1 969**

(30 340 au 1/1/1982, 38 634 en 1984, 42 617 au 1/1/1986 et 49 328 au 1/1/1988)

- **Proportion de femmes :** 4,5 %

- **Répartition selon la peine prononcée** (condamnés hommes) :

- Contrainte par corps	0,8 %
- Moins d'un an	23,1 %
- Un à trois ans	28,0 %
- Trois à cinq ans	13,7 %
- Cinq ans et plus	34,4 %
TOTAL	100,0 %

- **Répartition selon la nature de l'infraction** (condamnés hommes) :

- Crimes de sang	11,5 %
- Coups et blessures volontaires, coups à enfant	5,4 %
- Viol, attentat aux mœurs	10,3 %
- Proxénétisme	2,1 %
- Homicide, blessures involontaires	1,4 %
- Vol qualifié	9,7 %
- Escroquerie, abus de confiance, recel, faux et usage de faux	6,4 %
- Vol simple	22,2 %
- Infraction à la législation sur les stupéfiants	17,2 %
- Autres	13,8 %
TOTAL	100,0 %

- **Répartition selon le niveau d'instruction** (condamnés hommes) :

- Illettrés	12,2 %
- Instruction primaire	68,2 %
- Instruction secondaire ou supérieure	19,7 %
TOTAL	100,0 %

- **Répartition selon l'âge** (condamnés hommes) :

- Moins de 18 ans	1,2 %
- 18 - 21 ans	10,2 %
- 21 - 25 ans	20,4 %
- 25 - 30 ans	23,7 %
- 30 - 50 ans	39,6 %
- 50 ans et plus	4,9 %
TOTAL	100,0 %

- **Répartition selon la nationalité** (condamnés hommes) :

- Français	70,2 %
- Etrangers	29,8 %
(dont Afrique 70,9 %, Europe 17,9 %, Asie 8,2 % et Amérique 2,9 %)	
TOTAL	100,0 %

Ministère de la Justice

Les risques du métier

Membres des forces de l'ordre tués et blessés en opérations de police (par armes à feu en maintien de l'ordre et lutte contre la criminalité) :

	1986	1987	1988	1989
• Policiers tués	5	3	3	4
• Policiers blessés	266	282	297	333
• Gendarmes tués	4	8	7	2
• Gendarmes blessés	273	219	219	201

S ➤ 65 % des Français sont favorables à la légalisation de l'euthanasie (26 % non). 63 % sont favorables à la fécondation *in vitro* (en laboratoire), 30 % non. 42 % sont favorables à l'autorisation de féconder une femme après la mort du père (48 % non).

S ➤ 81 % des jeunes de 15 à 25 ans estiment que les faire des graffitis ou des « tags » dans le métro est plutôt grave, plus grave en tout cas que de ne pas payer son ticket (71 %).

S ➤ Pour assurer la sécurité, les Français font en priorité confiance aux pompiers (98 %), devant les gendarmes (85 %) et les policiers (82 %).

SCIENCE ET TECHNOLOGIE

La science reconnue mais contestée ● Inquiétude éthique ● L'ordinateur de mieux en mieux accepté ● Montée du sentiment écologiste ● Amélioration de la qualité de l'air ● Qualité de l'eau non homogène ● Stockage des déchets inquiétant ● Plaintes concernant le bruit

La science contestée

Les Français reconnaissent l'importance du progrès technique dans l'amélioration de leur vie quotidienne, mais ils redoutent ses effets sur l'avenir. Les promesses technologiques qui ont leurs faveurs sont celles dont les applications pratiques leur paraissent les plus utiles et les moins susceptibles de détournement : recherche médicale, communication et loisirs. Les limites concernent les manipulations génétiques et l'utilisation de l'ordinateur comme substitut de l'homme dans son travail.

La confiance en la science est en diminution.

On pourrait croire que les grandes inventions françaises (photographie, cinéma, bicyclette...), la mise au point du vaccin contre la rage ou du test de dépistage du sida pèsent aussi lourd dans le patrimoine national que les œuvres de Molière ou de Montaigne. Pourtant, une enquête réalisée pour le ministère de la Recherche et de la Technologie montre que les Français ne considèrent plus aujourd'hui la science comme partie intégrante de la culture générale : 73 % estiment que, pour être cultivé, il n'est pas nécessaire d'avoir des connaissances scientifiques.

Une attitude paradoxale à une époque où la technologie touche tous les aspects de la vie. Surtout, la confiance des Français dans la science est aujourd'hui moins forte (voir encadré) que par le passé, en particulier parmi les catégories les moins instruites de la population.

Le bien et le mal

- 52 % des Français pensent que, d'une manière générale, la science apporte à l'homme autant de bien que de mal. Ils n'étaient que 38 % en 1972 et 44 % en 1982.
- 41 % pensent qu'elle apporte plus de bien que de mal (56 % en 1972, 47 % en 1982).
- 4 % pensent qu'elle apporte plus de mal que de bien (5 % en 1972, 6 % en 1982).
- 78 % souhaitent que la part du budget de l'Etat consacrée à la recherche scientifique augmente au cours des prochaines années.

Les Français considèrent que la science ne peut plus être laissée aux seuls scientifiques.

L'autre grande nouveauté dans les rapports que les Français entretiennent avec la science est qu'ils ne la considèrent plus comme un objet en soi mais comme un outil, dont l'utilisation pourra aboutir à des résultats positifs ou négatifs selon la façon dont on s'en sert.

C'est pourquoi il leur paraît de plus en plus nécessaire de contrôler les recherches et l'utilisation qui en est faite. Dans un pays démocratique et un monde complexe, la société civile souhaite être informée des enjeux et prendre part aux décisions. Les expériences récentes de Tchernobyl ou Seveso, l'influence de l'activité industrielle sur l'état de la nature, les problèmes d'éthique posés par les progrès de la biologie sont autant de raisons qui expliquent les changements intervenus dans l'opinion.

Micro-entretien

JOËL DE ROSNAY *

G.M. - *Pourquoi le mot technologie est-il souvent aujourd'hui associé à la notion de risque technologique. Pourquoi ?*

J. de R. - Quand on considère le feu ou la foudre, on s'aperçoit que le feu brûle, que la foudre ou l'électricité tue. Pourtant, le feu dans un moteur à explosion fait marcher les voitures ; l'électricité dans un moteur électrique fait tourner le rasoir ou le mixeur. Lorsque les technologies apparaissent, la première réaction est souvent une réaction de peur ; souvenez-vous de la locomotive... C'est vrai qu'il y a aujourd'hui une crainte collective vis-à-vis des technologies et de la science considérée globalement. Beaucoup de gens éprouvent un sentiment d'impuissance et de fragilité devant des systèmes technologiques de plus en plus complexes et aussi, souvent, de plus en plus fragiles. Ils ressentent une impression de désarroi, de dépersonnalisation et de dématérialisation des échanges devant les appareils électroniques qui les entourent : Minitel, télévision, vidéodisque, câble, satellite.

---

* Directeur à la Cité des Sciences et de l'Industrie de la Villette, auteur de nombreux ouvrages scientifiques, dont *le Macroscope* et *l'Aventure du vivant* (Seuil).

RFI, 17 février 1988

Les progrès les plus attendus sont ceux qui concernent la santé...

Les Français ont toujours été intéressés par la recherche médicale, dont la tradition reste fortement ancrée. Aujourd'hui plus que jamais, l'idée de la maladie est mal supportée socialement, surtout lorsqu'elle est associée aux souffrances et à la déchéance physique. L'idée de la mort est tellement insupportable qu'elle est pratiquement occultée dans la vie quotidienne et dans les médias. C'est pourquoi les Français plébiscitent si volontiers les recherches dans le domaine médical.

S ➤ 57 % des Français disent avoir peur des progrès de la génétique (40 % non).

... mais les progrès de la génétique apparaissent les plus inquiétants.

L'insémination artificielle, les transferts d'embryon, la fécondation *in vitro*, les retouches effectuées sur le patrimoine génétique, etc., sont ressenties comme les conséquences dangereuses des progrès de la médecine. L'amélioration de la race humaine, si elle peut sembler souhaitable dans l'absolu, pose d'autres problèmes que celle des races animales. La bioéthique concerne aujourd'hui aussi bien les médecins que les prêtres ou les juristes. Au fur et à mesure que s'accroît leur information dans ce domaine, les Français sont de plus en plus sensibles aux risques qu'ils y voient.

La bioéthique nécessaire

• 48 % des Français sont favorables au principe de la procréation artificielle, 46 % opposés.
• 36 % auraient recours à un donneur qu'ils ne connaissent pas s'ils ne pouvaient pas avoir d'enfant, 36 % non.
• 88 % pensent que la procréation artificielle doit être réglementée (8 % non). Pour 35 % d'entre eux, la réglementation doit être édictée par un comité national d'éthique composé de personnalités scientifiques, morales ou religieuses. 24 % préféreraient que cela soit confié aux citoyens eux-mêmes, par voie de référendum, 22 % par les médecins, 15 % par une loi votée au Parlement.
• 81 % sont favorables à des interventions génétiques sur un embryon humain pour prévenir certaines maladies héréditaires graves (16 % non).
• 87 % sont opposés à ces interventions pour changer la personnalité du futur bébé (9 % favorables).

L'ordinateur est de mieux en mieux accepté.

L'ordinateur (et sa version moderne, le micro-ordinateur) était jusqu'à récemment considéré avec suspicion par les adultes. Il est aujourd'hui en passe d'entrer dans les mœurs, comme dans les foyers.

Certains continuent pourtant de voir en lui un rival. L'arrivée dans les usines des robots, qui en sont l'émanation directe, est souvent ressentie par les ouvriers comme une menace. Les employés, et même des cadres, sont parfois rebelles à l'utilisation d'un micro-ordinateur, jugé trop impersonnel, dans leur activité quotidienne.

Informatique et liberté

« Les ordinateurs menacent nos libertés » (en %)* :

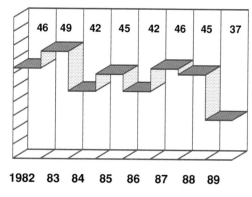

46 49 42 45 42 46 45 37

1982 83 84 85 86 87 88 89

(*) Cumul des réponses « bien d'accord » et « entièrement d'accord » à l'affirmation proposée.

S ➤ 88 % des Français accepteraient d'effectuer un test de dépistage génétique sur leur enfant s'ils en attendaient un. Mais 62 % estiment que ces tests risquent de conduire à des abus de recours à l'interruption volontaire de grossesse (31 % non).
S ➤ 45 % des Français se disent prêts à payer avec leurs impôts une expédition vers la planète Mars, même si elle n'a pas d'utilité pratique ou de motivation économique (53 % non).
S ➤ Les actions prioritaires pour lutter contre la dégradation de l'environnement sont pour les Français : la lutte contre les pollutions de l'air et de l'eau (53 %), la protection du patrimoine écologique (faune et flore, 38 %), la gestion des déchets dangereux (30 %), la prévention des risques industriels ou nucléaires (28 %), la lutte contre le gaspillage des ressources naturelles (20 %), l'amélioration du cadre de vie quotidien (12 %), la lutte contre le bruit (10 %), la mise au point et le développement de « technologies propres » (8 %).
➤ Les Français consomment en une année 5,7 milliards de mètres cubes d'eau, les industries 5,2, les centrales thermoélectriques 17, l'agriculture 4,5.

L'Express/Louis Harris, janvier 1990

Le futur est-il pour après-demain ?

La science tend aujourd'hui à se confondre avec la science-fiction. La tentation est forte, devant l'avalanche des produits nouveaux qui arrivent sur le marché, de prédire un bouleversement complet des modes de vie. Les médias, qui s'en voudraient de manquer une révolution, ont déjà largement raconté celle qui doit avoir lieu demain. La maison électronique, le télé-travail, l'information globale de la société y apparaissent déjà comme des faits plutôt que comme des hypothèses plus ou moins probables et plus ou moins proches. Devant tant d'assurance, il est nécessaire de s'interroger. La question fondamentale est de savoir quel sera le degré d'adaptation de l'offre à la demande, qui est moins extensible qu'on ne l'imagine souvent.

Tous écologistes

Les accidents liés au développement technologique se sont multipliés au cours des dernières années. Ils ont provoqué en France, comme dans d'autres pays industrialisés, une forte croissance des inquiétudes concernant l'environnement.

Les risques les plus préoccupants concernent les changements climatiques, la disparition des forêts et de certaines espèces animales, le manque d'eau, les déchets industriels. Pourtant, la situation s'est plutôt améliorée dans certains domaines comme la pollution de l'air et des rivières. L'écologie est en tout cas devenue une dimension incontournable de la vie sociale, politique, industrielle et philosophique.

La qualité de l'air s'améliore
mais reste soumise à de fortes variations.

La pollution atmosphérique a en moyenne fortement diminué dans la majorité des grandes villes françaises. Après avoir atteint un maximum en 1979 (3,9 millions de tonnes), la production de dioxyde de soufre a été divisée par trois : 1,2 million de tonnes en 1988. 56 % des émissions proviennent des activités industrielles, 22 % des centrales électrothermiques, 14 % des raffineries, 7 % des transports. Elles sont responsables des deux tiers de la pollution acide.

La production d'oxydes d'azote est également inférieure à celle du début de la décennie : 1,7 million de tonnes contre 2,5, dont 70 % sont dus aux transports, 15 % aux activités industrielles, 8 % au raffinage pétrolier, 7 % aux centrales électrothermiques. L'émission de poussières a baissé considérablement pendant cette période, passant de 483 000 tonnes à 160 000.

Ces résultats n'empêchent pas de brusques élévations du taux de dioxyde de soufre, d'azote ou de carbone lorsque les conditions météorologiques sont défavorables. En période de froid, la consommation de produits de chauffage polluants augmente ; dans le cas d'une situation anticyclonique, les températures en altitude peuvent empêcher l'air pollué du sol de s'échapper. Ce phénomène est renforcé par le fameux « effet de serre » lié à l'activité industrielle et humaine (couche gazeuse arrêtant le rayonnement de la terre).

La qualité de l'eau de consommation
n'est pas homogène
dans l'ensemble des régions.

On estime qu'environ 1,4 million de Français boivent une eau à teneur anormalement élevée en nitrates (plus de 50 mg par litre, norme européenne). C'est le cas en particulier dans l'Ouest, du fait d'un élevage intensif, de pluies abondantes et de nappes phréatiques à faible profondeur.

D'une manière générale, la teneur en nitrates des nappes souterraines augmente régulièrement. Selon les spécialistes, cette dégradation ne pourra pas se ralentir avant au moins une quinzaine d'années. La complexité de l'agriculture moderne et les contraintes économiques qui pèsent sur elle font en effet que l'évolution des pratiques, et notamment de l'emploi des engrais, ne peut être que lente.

S ➤ S'ils étaient ministre de l'Environnement, 29 % des Français s'attaqueraient en priorité à la maladie et à la disparition des forêts, 28 % à la détérioration de la couche d'ozone, 18 % à la pollution de l'air dans les villes, 18 % à la pollution des mers et rivières.

L'eau va-t-elle manquer ?

La sécheresse constatée en France en 1989 et 1990 a montré que l'eau n'était pas un bien abondant, gratuit et à l'abri de la pollution. Certaines régions (en particulier le Sud-Ouest) ont connu des problèmes d'approvisionnement, d'autres des taux de nitrates élevés. L'eau minérale elle-même a été touchée, entraînant au passage des retraits massifs de bouteilles des magasins et quelques dépôts de bilan. 51 % de la pollution due aux usages domestiques et industriels sont acheminés vers les stations d'épuration ; 70 % de la pollution collectée sont éliminés. Le taux de dépollution global de l'eau n'est que de 36 %. Les agriculteurs et les industriels devront répondre aux accusations des écologistes. Quant aux consommateurs, ils savent aujourd'hui que l'eau sera de plus en plus un bien précieux et rare, donc cher.

L'eau bientôt rare et chère

Concurrence Moderne

E • La salubrité des plages s'est récemment améliorée, mais 30 % d'entre elles restent polluées.

La pollution des plages (et du milieu marin en général) provient de plusieurs sources : déversements accidentels des navires ; produits transportés par les fleuves ; pollutions domestiques et industrielles. Après s'être détériorée jusqu'en 1978, la situation est un peu plus favorable depuis quelques années.

Il n'en est pas de même pour les autres lieux de baignade. Plus de la moitié des rivières ont une eau de mauvaise qualité ou momentanément polluée. Contrairement à ce qu'affirmait la campagne publicitaire de Rhône-Poulenc, une étude réalisée pour le secrétariat d'Etat à l'Environnement a mis en évidence la responsabilité des phosphates contenus dans les lessives.

On observe cependant des améliorations dans certaines rivières. C'est le cas par exemple de la Seine, qui devrait être totalement dépolluée en 1994. Pour les baigneurs qui ne vont pas à la mer, mieux vaut en tout cas choisir les étangs ou les lacs, qui sont moins fréquemment pollués que les rivières.

Le stockage des déchets devient de plus en plus difficile et dangereux.

La France produit chaque année quelque 150 millions de tonnes de déchets industriels : environ 100 millions de tonnes de gravats et déblais mis en décharge ; 32 millions de tonnes de bois, carton et matières plastiques traités comme les ordures ménagères ; 18 millions de tonnes de déchets industriels contenant des éléments nocifs. Ces derniers sont stockés dans des décharges spéciales, à l'exception de 2 millions de tonnes de déchets « dangereux » qui partent en RFA. Ces décharges spéciales, au nombre de douze, seront saturées en l'an 2000 et les déchets industriels ne pourront être traités si de nouveaux sites ne sont pas créés.

Les ordures ménagères représentent 19 millions de tonnes par an, dont un tiers de papiers, un tiers de matières putrescibles (épluchures, herbe de tonte des pelouses...), 10 % de verre, 5 % de plastiques et 5 % de métaux auxquels s'ajoutent les matériels mis au rebus (voitures, appareils électro-ménagers...). On compte 6 000 décharges domestiques exploitées en dépit de la réglementation et 25 à 30 000 décharges « sauvages ».

S ➤ Pour 33 % des Français, la principale responsabilité de la dégradation de l'environnement incombe aux gouvernements qui laissent faire, pour 30 % aux consommateurs, pour 28 % aux industriels.
S ➤ 58 % des Français se sentent personnellement responsables d'une partie de la pollution de la planète, 40 % non.

Les Français se plaignent plus du bruit
que des autres nuisances.
Environ 20 000 plaintes sont enregistrées
chaque année, dont plus de la moitié à Paris.
Le coût annuel des dommages
dus aux véhicules est évalué
à 110 milliards de francs.

Considéré par les Français comme la principale nuisance, le bruit serait à l'origine de nombreuses maladies. Selon le CDIA, il est responsable de 15 % des journées de travail perdues chaque année et 20 % des internements psychiatriques, sans oublier la consommation de certains médicaments (somnifères, hypnotiques...).

On estime que deux millions de personnes travaillent dans un environnement où le niveau sonore est dangereux pour la santé (ouvriers de la sidérurgie, personnel de certains magasins, etc.). Une grande partie de la population est exposée aux agressions du bruit et à ses répercussions sur l'organisme : accélération du pouls, de la tension artérielle, fatigue, nervosité, etc., qui sont parfois la cause de drames.

Les griefs le plus souvent évoqués sont les aboiements de chiens. Plus fréquemment dans les villes qu'à la campagne, où ils sont pourtant plus nombreux. Les chaînes hi-fi, les outils utilisés après 22 heures, les disputes, les pianos et autres instruments de musique arrivent immédiatement après. Dans les villes, les sirènes des voitures de police, la multiplication des systèmes d'alarme des logements et des voitures (dont beaucoup se déclenchent de façon intempestive) ont accru le niveau, déjà élevé, du bruit ambiant.

La technologie devra réparer les dégâts
qu'elle a elle-même provoqués.

Les accidents nucléaires, la pollution de l'air et de l'eau, les modifications climatiques, le bruit ou les difficultés de circulation sont la rançon de plusieurs décennies d'un développement sans précédent dont les effets ont été mal contrôlés. Les Français sont aujourd'hui conscients que les problèmes d'environnement sont graves et qu'ils sont universels. Ils souhaitent que la pression écologique internationale ne se relâche pas. Mais, s'ils accusent volontiers les industriels, les politiques et les scientifiques de ne pas avoir suffisamment protégé la nature, ils

n'ont pas encore le réflexe, à l'échelon individuel, de participer à cet effort.

La technologie peut être la meilleure amie de l'homme ou le mener à sa perte. Mais c'est encore à elle que l'homme doit faire appel lorsqu'il veut s'attaquer aux nuisances dont elle est la cause...

Le retour de l'écologie

L'écologie était apparue en France au début des années 70, comme une suite logique de l'esprit de Mai 68, dont elle fut peut-être le dernier sursaut. Mais la crise économique allait mettre en évidence d'autres préoccupations, plus immédiates, comme le chômage. L'écologie fut alors considérée comme un luxe hors de saison.
Il aura fallu l'accident de Tchernobyl et les grandes campagnes de sensibilisation médiatique sur la fissure de couche d'ozone, l'effet de serre ou la disparition de la forêt amazonienne pour que l'écologie fasse un retour remarqué, dans les mentalités comme dans les urnes. Environ 15 % des Français se disent prêts à voter écologiste aux prochaines élections et une large majorité se déclare favorable aux thèses écologistes.

S ➤ 72 % des Français déclarent boire l'eau du robinet chez eux habituellement, 28 % non.
S ➤ 32 % des chefs d'entreprises d'au moins 10 salariés estiment que la défense de l'environnement est pour eux un objectif prioritaire, 62 % que c'est très important mais pas prioritaire, 5 % que ce n'est pas très important.
S ➤ 70 % des Français seraient d'accord pour avoir deux degrés de moins dans leur logement en hiver afin de participer à la lutte contre la pollution (25 % non).
E ➤ Une baignoire utilise à chaque utilisation 250 litres d'eau, un lavage de voiture 190, un lave-linge 120, un lave-vaisselle 80, y-une chasse d'eau 11.
E ➤ Chaque Français produit en moyenne 1 kg de déchets ménagers et, indirectement, 3 kg de déchets industriels par jour.
S ➤ Pour réduire les pollutions, 91 % des Français seraient prêts à trier leurs ordures pour mettre de côté les matières recyclables (papier, verre), 79 % accepteraient l'obligation d'équiper leur voiture d'un pot catalytique (11 % non), 76 % accepteraient un plafond de consommation d'eau par foyer (17 % non), 67 % de ne pas utiliser leur voiture au moins une fois par semaine (23 % non).

L'IMAGE DE LA FRANCE

ÉTAT

4,5 millions de fonctionnaires, 6 millions d'actifs dépendant de l'Etat ● Fin de l'Etat-providence ● Rejet des hommes politiques et des institutions ● Services publics plutôt appréciés

Après avoir beaucoup augmenté, le nombre des fonctionnaires se stabilise. 6 millions d'actifs dépendent de l'Etat (4,5 millions sont fonctionnaires).

C'est Bonaparte qui, le 17 février 1800, inventa l'Administration, installant dans chaque région un préfet chargé de veiller à une meilleure égalité des citoyens devant l'Etat. Depuis, le secteur public a connu une croissance impressionnante : il représente aujourd'hui plus de 30 % de la population active (en incluant les collectivités territoriales), contre 12 % en 1970, 6 % en 1936, un peu plus de 5 % en 1870. On compte 2,7 millions agents de l'Etat contre 1 500 000 en 1969.

La phase de croissance de l'Etat s'explique d'abord par la guerre et la période de reconstruction qui a suivi. Elle a été ensuite entretenue par le progrès social et le développement écono-

L'Etat d'exception

Les Français avaient imaginé au cours des années 70 que l'Etat-providence pourrait les protéger des conséquences d'une crise qu'ils voulaient ignorer. Les dix années qui ont suivi les ont contraints à faire l'apprentissage du réalisme et à prendre conscience de la dépendance internationale.

L'image d'un Etat tout-puissant, fabriquant et distribuant les richesses, est donc en voie de disparition. Elle fait place à celle d'un Etat plus modeste, déléguant une partie de ses pouvoirs aux autres échelons administratifs (régions, départements, communes), coordonnant l'activité de production dans une perspective à long terme et s'efforçant de la répartir de la façon la plus équitable possible. S'occupant enfin des intérêts de la France dans la Communauté européenne et dans le monde.

Le gouvernement moins inefficace

« Le gouvernement manque d'efficacité » (en %)* :

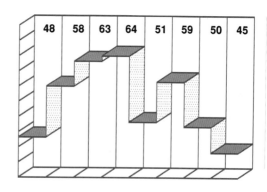

48	58	63	64	51	59	50	45
1982	83	84	85	86	87	88	89

(*) Cumul des réponses « bien d'accord » et « entièrement d'accord » à l'affirmation proposée.

Agramétrie

mique, qui ont accru le nombre des tâches non productives ; qui d'autre que l'Etat pouvait prendre en charge des activités considérées a priori comme non rentables ? La phase de stabilisation actuelle est due à l'évolution du rôle de l'Etat et à un meilleur souci d'efficacité.

2,7 millions d'agents de l'Etat

Répartition des agents de l'Etat par ministère, au 1/1/1987 (en milliers) :

• Education nationale	956,7
• Universités	92,1
• Jeunesse, Sports et Loisirs	10,7
• Postes et télécommunications, télédiffusion	508,4
• Economie, Finances et Budget	207,4
• Intérieur et Décentralisation, DOM-TOM	151,4
• Urbanisme et Logement, Environnement, Transports, Mer	112,5
• Justice	49,4
• Agriculture	34,5
• Relations extérieures et coopération	27,6
• Affaires sociales	26,1
• Culture	12,5
• Industrie, Recherche, Commerce et Artisanat	10,3
• Anciens combattants	4,8
• Services du Premier ministre, Plan et aménagement du territoire	3,9
Ensemble des services civils	**2 208,3**
• Défense	446,5
ENSEMBLE TOUS MINISTERES	**2 656,7**

➤ Les fonctionnaires coûtent à la collectivité plus de 500 milliards de francs, soit 40 % du budget de l'Etat.
S ➤ 94 % des Français ont le sentiment, en tant que citoyen, d'exercer une influence faible ou très faible sur ceux qui gouvernent (5 % une influence grande ou très grande).
S ➤ 38 % des Français souhaitent que la société française change beaucoup, 54 % un peu, 8 % pas du tout. 35 % de ceux qui sont favorables au changement souhaitent plus de solidarité, 34 % plus d'égalité, 18 % plus d'ordre, 9 % plus de liberté, 4 % plus d'individualisme.

4,5 millions de fonctionnaires

Le terme de fonction publique recouvre trois catégories distinctes. La Fonction publique d'Etat regroupe les services de l'Etat et les établissements publics nationaux à caractère administratif. Elle concerne environ 2,2 millions de salariés, dont la moitié dépendent du ministère de l'Education nationale. Il faut y ajouter le personnel du ministère de la Défense (450 000 personnes dont 300 000 militaires), les établissements publics comme les universités, le CNRS, la Caisse des dépôts, l'Office national des forêts (200 000 salariés) et les organismes constitutionnels (3 000 personnes).
La Fonction publique territoriale emploie 1,2 million de personnes en métropole et dans les départements d'outre-mer. Elle comporte des organismes départementaux et régionaux et des organismes communaux et intercommunaux. Enfin, la Fonction publique hospitalière comprend environ 650 000 employés.
Au total, on peut donc considérer qu'un peu plus de 4,5 millions de personnes en France ont un emploi qui dépend de l'Etat. Toutes ne sont pas de vrais fonctionnaires, car les administrations emploient également des « non-titulaires » (contractuels, auxiliaires, vacataires...) qui ne bénéficient pas de la même garantie d'emploi. Ainsi, 175 000 salariés de l'enseignement privé sous contrat (dont 120 000 enseignants directement payés par l'Etat) et les 35 000 salariés d'autres organismes de droit privé financés à plus de 50 % par l'Etat ne font pas partie de la Fonction publique.

Les Français sont beaucoup moins attachés à l'Etat-providence.

Le développement de la pieuvre étatique pendant plusieurs décennies s'est accompagné de celui de différentes formes d'assistance : sécurité sociale, retraite, chômage, allocations familiales, etc. Toutes ces prestations ont sans aucun doute largement contribué au progrès social de ces quarante dernières années. Elles ont aussi agi comme un amortisseur (retardateur ?) des effets de la crise sur ceux qui en étaient victimes, en particulier les chômeurs. Mais les Français savent aujourd'hui que le financement de nouvelles interventions de l'Etat ou le simple maintien des prestations existantes viendra s'ajouter au poids, déjà élevé, des impôts et prélèvements sociaux.

*Ils souhaitent aujourd'hui un Etat modeste
et efficace.*

Depuis quelques années, la « société civile »
a pris conscience de son existence et de sa force.
Les citoyens entendent exercer un droit de
contrôle sur l'action des pouvoirs publics et
n'hésitent pas à utiliser dans ce but tous les
moyens de pression : associations, corpora-
tisme, utilisation des médias, manifestations.
Les gouvernements récents ont tous dû reculer
devant des mouvements de protestation sponta-
nés concernant par exemple l'école privée, les
chèques payants, la création de prisons privées,
la réforme de l'université ou celle du code de la
nationalité.

Le service public en question

*De nouveaux rapports sont en train
de se créer entre les Français et l'Etat.*

Les revendications de liberté, assez bien satisfaites au cours des années passées, sont aujourd'hui moins prioritaires. Elles cèdent le pas
à celles d'égalité et de solidarité, qui apparaissent de plus en plus nécessaires dans un contexte
international d'économie de marché et de
compétition implacable.

Ce n'est plus d'un Etat-permanent, à la fois
sécurisant et stérilisant, que veulent les Français.
Leurs souhaits vont davantage vers une sorte

« d'Etat-d'exception » dont le rôle essentiel serait de veiller à la justice sociale, en intervenant
en faveur des plus défavorisés (malades, chômeurs, retraités, handicapés, etc.), tout en gérant
au mieux les intérêts de la France dans le monde.

Cela implique un nouveau type de rapport
avec les pouvoirs publics et les institutions, caractérisé par une double délégation : le citoyen
confie à l'Etat la responsabilité d'assurer la justice sociale par les mécanismes de répartition de
la richesse nationale ; l'Etat consulte le citoyen
sur tous les grands sujets et lui permet de participer à la gestion de son environnement immédiat
(quartier, commune, région).

Vices d'Etat

La vertu n'est pas la qualité première de l'Etat, qui
pour s'enrichir est parfois amené à composer avec les
principes de la morale. La prostitution, sanctionnée
sans être illégale, est taxée par le fisc comme une
profession libérale. Les jeux de hasard, interdits par la
loi, bénéficient de dérogations dans les casinos et
rapportent, avec les courses de chevaux, la Loterie
nationale et le Loto quelque 12 milliards de francs par
an à l'Etat. Les droits et taxes sur l'alcool, seconde
cause de mortalité en France, représentent un
montant du même ordre. Quant au tabac, qui fait
l'objet de campagnes gouvernementales de
prévention, il rapporte au moins le double. Les
« messageries roses » du Minitel contribuent pour
environ 400 millions de francs au chiffre d'affaires des
PTT. Au total, les revenus tirés d'activités moralement
douteuses représentent plus de 4 % du budget de
l'Etat, soit quatre fois celui de la culture.

Institutions : l'amour déçu

Les Français sont déçus par leurs institutions. S'ils ne mettent pas en cause leur existence, ils sont de plus en plus critiques quant à
leur fonctionnement.

*La perception des diverses institutions
varie selon leur degré d'adaptation
au monde actuel.*

Les Français restent attachés à l'école, mais
les réserves qu'ils émettent sont de plus en plus
vives. Elles portent sur sa capacité à former les

jeunes à un emploi et à développer les qualités aujourd'hui nécessaires pour réussir dans un contexte de concurrence croissante, nationale et internationale.

L'Eglise subit les mêmes critiques, en particulier lorsqu'elle s'exprime sur les « questions de société » les plus sensibles : avortement, contraception, sida, etc.

La police a retrouvé au contraire depuis quelques années une image favorable (moins bonne toutefois que celle des gendarmes) ; les succès remportés dans la lutte contre la délinquance ou le terrorisme font oublier les inévitables incidents ou « bavures » qui défrayent parfois la chronique.

La justice est l'institution la plus critiquée.

L'image de la justice varie en fonction des procès qui lui sont faits régulièrement par l'opposition et les médias. L'abolition de la peine de mort, votée en 1982, a été mal acceptée par une majorité de Français, qui y ont vu une forme de laxisme préjudiciable à la sécurité. Une majorité reste d'ailleurs favorable à son rétablissement.

Un sondage réalisé fin 1989 montrait que 95 % des Français trouvaient la justice lente, 81 % compliquée, 76 % chère. 75 % considéraient que les pauvres étaient plus sévèrement jugés que les riches. Certains événements survenus en 1990 (amnistie des hommes politiques impliqués dans des affaires liées au financement des partis, classement de l'affaire du Carrefour du développement, etc.) n'ont pu que les renforcer dans le sentiment d'une justice à plusieurs vitesses.

> ➤ Les cabines téléphoniques tombent dix fois moins en panne qu'il y a quatre ans. Sur les 170 000 cabines, moins d'une sur cent est en panne à un moment donné.
> S ➤ Parmi les symboles de la France, celui dont les Français sont les plus fiers est la devise « Liberté, Egalité, Fraternité » (50 %), devant le drapeau tricolore (19 %), la Marseillaise (9 %), le 14-Juillet (6 %), Marianne (2 %). 15 % ne sont fiers d'aucun de ces symboles.
> S ➤ 58 % des Français considèrent que les salariés de la fonction publique offrent un service de qualité (37 % non). 53 % pensent qu'ils sont privilégiés par rapport aux salariés du secteur privé (40 %non).

Justice, médias et démocratie

Le malaise des citoyens devant la justice se double de celui des magistrats, qui se plaignent de subir des pressions à la fois politiques et médiatiques. Les premières sont liées à la structure même de l'appareil judiciaire, étroitement dépendante du pouvoir. Les secondes sont beaucoup plus récentes. Les médias se mêlent de plus en plus des affaires judiciaires, mènent leurs propres enquêtes, instruisent les procès devant l'opinion avant ou en même temps qu'ils ont lieu devant les juges. Si leurs investigations permettent parfois de faire progresser la vérité, il arrive aussi qu'elles perturbent la sérénité nécessaire au fonctionnement de la justice. Une pièce à verser, parmi d'autres, au dossier difficile des rapports des médias avec la démocratie.

Les institutions politiques
ne sont guère appréciées.

Les sondages montrent depuis plusieurs années une méfiance réelle et croissante des Français à l'égard des hommes politiques, qu'ils accusent volontiers de ne pas dire la vérité, ou même d'être malhonnêtes. A part celle du Conseil constitutionnel ou du Sénat, dont les Français entendent peu parler, l'image des institutions à caractère politique (Assemblée nationale, partis politiques...) s'est considérablement dégradée. Elle a souffert de la multiplication des « affaires » (Greenpeace, Carrefour du développement, Luchaire, financement des partis...) et de l'attitude parfois peu tolérante et peu digne de certains députés à l'Assemblée nationale.

L'image des syndicats a évolué
en sens inverse de celle des entreprises.

La désaffection vis-à-vis des syndicats est apparue vers le milieu des années 70 ; elle s'est largement confirmée depuis. La politisation, le décalage entre les revendications et les réalités économiques, les grèves déclenchées dans le secteur public (SNCF, enseignement, Banque de France...) ou dans des professions protégées (transport aérien...) sont les causes essentielles de ce rejet.

L'image de l'entreprise a connu une évolution inverse. Sa réhabilitation est apparue dans les enquêtes à partir de 1983. En novembre

1980, 38 % seulement des Français pensaient qu'il fallait faire confiance aux entreprises pour faire face aux difficultés économiques ; ils étaient 58 % en décembre 1982 et 63 % en avril 1990. C'est paradoxalement l'arrivée au pouvoir de la gauche et sa cure de réalisme après le plan de relance manqué de 1982 qui sont à l'origine de ce retournement de l'opinion.

RFI, 13 novembre 1989

Micro-entretien

FRANÇOIS DE CLOSETS *

G.M. - *Les Français respectent les institutions, mais ils dénoncent leur fonctionnement. A qui la faute ?*

F. de C. - On a le sentiment qu'il y a une adhésion de plus en plus profonde des Français aux principes vrais de notre société, aux principes républicains essentiels. Mais plus on s'approche de ce qu'est devenue la sphère politicienne, plus on voit la méfiance se développer vis-à-vis des hommes politiques et des idéologies. Qu'est-ce que l'idéologie ? C'est l'idée au service d'un pouvoir. C'est le système de pensée qui fonctionne toujours en faveur de celui qui le met en avant. Les Français, peu à peu, ont appris à flairer l'idéologie. Lorsque l'homme politique manie des idées à des fins de pouvoir personnel, il y a maintenant un blocage complet. Les institutions, qui sont faites pour faire cela, et qui sont les partis politiques, souffrent donc d'un grand discrédit.

---
* Journaliste et écrivain, auteur notamment de *la Grande Manip* (Fayard).

La confiance dans les médias s'effrite.

La crédibilité des médias semble être inversement proportionnelle à leur poids dans la société. Ce phénomène, sensible dans l'ensemble des pays développés, s'explique par la concurrence accrue entre les journaux, radios et télévisions, et la course effrénée à l'audience qu'elle implique. Les aspects spectaculaires de l'information sont souvent privilégiés par rapport à l'analyse ; les scandales font la une de l'actualité au détriment d'autres événements plus importants mais moins « vendeurs ».

La mise en œuvre du nouveau paysage audiovisuel n'est évidemment pas étrangère à cette

perte de crédibilité. Les conditions d'attribution de la cinquième chaîne, le changement de vocation de la sixième, la privatisation de TF1, les tribulations successives de la Haute Autorité, de la CNCL et du CSA ont montré que les préoccupations politiques n'avaient pas disparu, malgré les promesses renouvelées. Enfin, le travail d'information réalisé à l'occasion des événements de fin 1989 à l'Est (en particulier en Roumanie), d'abord salué par les Français, a été mal perçu lorsqu'il est apparu que les choses ne s'étaient pas tout à fait passées comme il avait été dit.

Les usagers sont plutôt satisfaits des services publics.

Les Français portent sur les administrations et les services publics un jugement plus favorable que sur les institutions. Dans une enquête réalisée en janvier 1989 (le Figaro/Sofres), 60 % estimaient que le service public fonctionnait bien. Le téléphone, EDF et GDF arrivaient largement en tête, avec au moins 80 % d'avis favorables. La poste n'en recueillait que 74 % contre 83 % l'année précédente, écart qui peut s'expliquer par les grèves de fin d'année. La SNCF subissait aussi le contrecoup des grèves, avec 54 % de satisfaits contre 58 % en 1988 (et 76 % en 1980), de même que la RATP et Air France. La radio publique enregistrait également une légère baisse : 74 % contre 76 %. La cote de

---

Les Français fiers de leurs trains

la télévision de service public se redressait au contraire, mais restait négative : 45 % contre 40 %.

Dans leur majorité, les usagers restent favorables à un maintien du monopole.

58 % des Français souhaitent que France Télécom conserve son statut de monopole (28 % sont favorables à une privatisation). Les chiffres sont comparables pour la Poste et EDF. Ils sont très différents en ce qui concerne le transport aérien : 34 % des usagers sont favorables à une privatisation d'Air France, 35 % d'Air Inter.

A l'autre bout de la chaîne administrative, la Sécurité sociale reste le symbole incontesté de la bureaucratie française et le lieu privilégié du mécontentement. Même l'administration fiscale, traditionnellement peu appréciée des Français, est mieux notée que la « Sécu ». Mais beaucoup sont sensibles aux tracasseries dont ils font (ou craignent de faire) l'objet.

On constate aussi que les hôpitaux obtiennent un taux de satisfaction élevé, même si les malades hésitent moins que par le passé à se plaindre, voire à engager des actions judiciaires en cas d'erreur médicale. Il faut noter enfin le record de popularité régulièrement atteint par les pompiers.

Maire en hausse, député en baisse

« Parmi les élus suivants, quel est celui qui, à vos yeux, joue le rôle le plus utile ? » (en %) :

	Février 1989	Janvier 1983*	Janvier 1977**
• Député	26	42	35
• Sénateur	3	5	4
• Maire	51	28	37
• Conseiller général	9	9	8
• Conseiller régional	4	3	4
• Aucun en particulier	3	2	6
• Sans opinion	4	11	6
Total	100	100	100

* Rappel de l'enquête Nouvel Observateur/Sofres
** Rappel de l'enquête La Croix/l'Evénement/Sofres

Les comptes ne sont pas bons

Chaque année, la Cour des comptes dénonce les erreurs ou malversations commises par l'administration. Le rapport 1989 révélait entre autres les dépassements de coût du Palais omnisports de Paris-Bercy, l'échec du plan Câble (10 milliards de francs dépensés pour la fibre optique avant son abandon), les difficultés des Charbonnages de France, le gaspillage du Centre de formation des personnels communaux (des salles de cours louées 4,8 millions de francs sur deux ans) ou les 269 millions de pertes de la Cogema en bourse. Les critiques de la Cour des comptes, dont les médias se repaissent chaque année, n'ont pas toujours d'effets décisifs sur les administrations épinglées. Elles ont au moins le mérite de mettre en lumière des pratiques douteuses, des privilèges exorbitants, des méthodes de gestion inefficaces. Elles ont aussi sans doute un effet de dissuasion sur ceux qui pourraient être tentés de profiter de l'Etat plutôt que de le servir.

S ➤ 80 % des Français trouvent les gendarmes plutôt sympathiques, 20 % plutôt antipathiques.
S ➤ Pour l'organisation de la défense de la France, 62 % des Français préféreraient une armée de métier, 31 % le service militaire.
S ➤ 68 % des Français sont favorables à un service minimum dans les services publics en cas de grève, afin de diminuer la gêne des usagers, 24 % pensent que cela serait en fait une restriction du droit de grève.
➤ Entre 1962 et 1986, le nombre des fonctionnaires avait augmenté de 170 % à la Justice, de 160 % à la Culture, de 120 % aux Affaires sociales, 110 % à l'Industrie et la Recherche et à l'Education nationale, 90 % aux PTT, 85 % à l'Intérieur, 70 % à l'Equipement, 60 % à l'Economie et à l'Agriculture. Il avait diminué de 20 % aux Anciens Combattants.
➤ La fonction publique consomme chaque année en papier l'équivalent d'une forêt de 3 500 hectares.
S ➤ A fin 1989, 24 % des Français pensaient que la situation de l'économie s'était détériorée depuis un an, 20 % qu'elle s'était améliorée, 53 % qu'elle était restée la même. Mais 52 % estimaient que l'on pouvait assouplir la politique salariale car la situation économique s'était améliorée et 38 % que la rigueur salariale était toujours nécessaire pour poursuivre le redressement économique.
S ➤ S'ils avaient un problème dans leur travail, 51 % des Français feraient plutôt confiance à un mouvement spontané, comme la coordination des infirmières ou des salariés de la SNCF, 29 % à un syndicat.

POLITIQUE

Alternance, cohabitation, ouverture, rénovation ● Dégradation de l'image des partis ● Montée de l'extrême droite et des Verts ● Débat central sur l'immigration ● Le centre introuvable ● Clivage gauche-droite dépassé ● Tentative de création d'une société d'économie mixte

De l'alternance à la rénovation

On peut analyser les quinze dernières années comme celles du divorce progressif des Français et de la politique. On peut aussi les voir comme celles de la transition et du cheminement vers une nouvelle forme de démocratie.

Tout s'est passé comme si le corps électoral avait inconsciemment défini et appliqué une stratégie destinée à casser des structures et des habitudes qu'il jugeait périmées et inefficaces. Les électeurs ont successivement contraint les politiques à l'alternance, la cohabitation, l'ouverture. Ils veulent les forcer aujourd'hui à la rénovation.

L'alternance est la première étape de la « stratégie du corps électoral ».

La droite a été désavouée en 1981 pour n'avoir pas su expliquer et encore moins éviter l'existence de la crise économique et ses effets sur la vie quotidienne des citoyens. Depuis plus de vingt ans, une majorité de Français, par conviction ou par habitude, se réclamaient de la droite, garante selon eux de la prospérité économique ainsi que de la liberté individuelle. Les premiers symptômes d'une crise économique, dès 1973, ne les avait pas inquiétés. Il ne faisait pas de doute pour eux que le pouvoir, après avoir identifié le virus, allait bientôt fabriquer le vaccin. 1981 les trouva donc fort étonnés d'être toujours malades. Un certain nombre d'entre eux décidèrent alors de changer de médecin ; ils joignirent leurs voix à celles qui appelaient depuis longtemps une thérapeutique socialiste.

La cohabitation est apparue comme la possibilité de créer un véritable gouvernement d'union nationale.

Ceux qui, par idéalisme ou par tradition, se réclamaient de la gauche, seule capable à leurs yeux de mettre en œuvre une politique de justice sociale, donnèrent libre cours à leur joie du printemps 1981, après 23 ans de frustration. Cinq ans plus tard, en 1986, le chômage avait augmenté, les impôts étaient plus lourds, le franc dévalué. Malgré sa remise en cause de 1982, la gauche n'avait pu résoudre les problèmes économiques et empêcher les inégalités de s'accroître.

Pour beaucoup, le rêve était fini... Après avoir provoqué l'alternance, le corps électoral inventait la cohabitation, dont il imaginait qu'elle serait une sorte de réconciliation nationale, d'union sacrée entre la droite et la gauche.

L'ouverture fut une autre tentative de réponse à la cohabitation manquée.

Loin de permettre l'union nationale dont rêvaient les Français, la cohabitation (1986-1988) se traduisit au contraire par un certain immobilisme et une radicalisation des positions : le libéralisme s'opposait au socialisme. En 1988, les électeurs écrivirent donc un nouveau chapitre de l'histoire politique.

S ➤ 69 % des Français déclarent s'intéresser peu ou pas du tout à la politique (31 % assez ou beaucoup).

Les septennats se suivent et se ressemblent

Evolution de la cote de confiance de François Mitterrand (juin de chaque année, en %) :

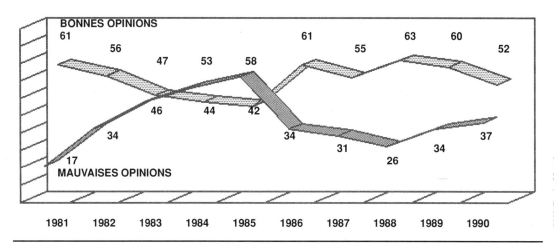

BVA/Paris Match

Pour la première fois dans l'histoire de la Vᵉ République, un président (de gauche, qui plus est) était réélu. Moins à cause du bilan de son premier septennat que parce qu'il paraissait le mieux placé pour réaliser « l'ouverture » vers le centre, lieu de convergence naturel des attentes des citoyens, dans une période où le pragmatisme leur paraissait plus souhaitable que l'idéologie.

La rénovation est le nouveau mot-clé de la vie politique française.

Quinze années de mutations sociales et économiques ont mis en évidence les défauts ou les insuffisances des partis politiques, tels qu'ils apparaissent aux Français : des appareils souvent sclérosés ; des idées courtes ou inexistantes ; des discours déconnectés de la réalité ; des hommes usés. C'est alors que les « rénovateurs » sont apparus, à droite comme à gauche, convaincus que la reconquête de l'électorat passe par une remise en question en profondeur et sans complaisance.

Au cours de ces années agitées, les Français se sont donc enrichis d'une expérience nécessaire. Mais ils se sont appauvris d'une espérance qui ne l'était pas moins. Entre une gauche qui a perdu ses idées et une droite qui a perdu son âme, le doute s'est installé dans leur esprit. C'est tout le système politique qui a perdu à leurs yeux sa crédibilité.

Micro-entretien

ALAIN DUHAMEL *

G.M. - *La société française a-t-elle encore des idées politiques ?*

A.D. - Il y a des moments où les idéologies sont implicites et d'autres où elles sont explicites, des moments où elles sont vieilles et des moments où elles se renouvellent. Actuellement, on est dans une période d'implicite et de renouvellement et c'est cela qui est intéressant. A mon avis, on commence à percevoir les nouvelles pistes autour desquelles s'organiseront et se structureront les idéologies. Je crois qu'il y en a en tout cas deux. La première, c'est l'idée d'économie mixte propre à la France. L'autre idée, c'est l'apparition d'un horizon européen. Je crois que c'est autour de ces deux thèmes qu'on verra se déterminer les prochaines idéologies.

* Journaliste, auteur notamment de *les Habits neufs de la politique* (Flammarion).

RFI, 24 mars 1989

Les partis en question

Le parti socialiste sort affaibli de ses divisions internes et de son changement d'image. Le Parti communiste paye d'une érosion spectaculaire ses erreurs stratégiques et sa vision dogmatique du monde. De son côté, la droite modérée (RPR, UDF) est enfermée dans ses contradictions et n'a pas su proposer de réponse nouvelle aux inquiétudes des Français. Le Front national profite de la situation, se faisant le porte-parole de tous les mécontents. Le parti des Verts est dans une situation semblable, mais son succès s'appuie évidemment sur d'autres motivations.

L'affichage politique va être interdit en France.
Dorénavant avec l'affichage sauvage c'est le parti le plus salissant qui gagne.

Les Français pour une politique propre

BDDP

L'image du parti socialiste s'est dégradée, du fait de l'affrontement des hommes et de l'absence d'idées.

Entre 1984 et 1986, la gauche socialiste avait déjà perdu sur le plan social une partie de la crédibilité qu'elle avait acquise sur le plan économique. Mais elle avait réussi en 1988 à reconquérir son électorat en se posant comme la seule force capable de rassembler les Français et de faire reculer l'injustice sociale, sous-produit habituel des crises économiques.

Elle est aujourd'hui à la recherche de résultats dans le domaine social, susceptibles de corriger un accroissement des inégalités dû en partie à la bonne tenue de l'économie. La querelle des chefs (Mauroy, Jospin, Fabius, Chevènement), d'abord engagée de façon souterraine, est apparue au grand jour lors du Congrès de Rennes de mars 1990. L'image du parti s'en est trouvée considérablement, et peut-être durablement, dégradée.

L'inversion idéologique

La force de François Mitterrand est d'avoir compris que les Français préfèrent la promesse du confort à celle de l'effort, l'image de l'oncle protecteur de la nation à celle du chef de commando qui mène ses troupes à la bataille économique. Principal bénéficiaire des deux années de cohabitation, il a réussi en 1988 à faire apparaître le parti socialiste comme un parti « conservateur », alors que Jacques Chirac donnait une vision « progressiste » de la droite.

Cette inversion des images traditionnelles de la droite et de la gauche est sans doute une cause essentielle de la réélection de François Mitterrand. Mais elle a aussi profité au Front national, qui a beau jeu de dénoncer l'incapacité des partis à prendre position sur les grands problèmes comme l'immigration ou la place de la France dans l'Europe communautaire.

Poussé par la faillite du communisme à l'Est, le PC est condamné à faire sa révolution.

La montée en puissance du parti socialiste, entre 1974 et 1981, s'était faite en grande partie au détriment de son difficile partenaire de l'Union de la gauche, le parti communiste. Le déclin du PC n'a cessé de se poursuivre depuis (voir encadré). Les dirigeants communistes n'ont voulu y voir qu'une suite d'accidents de parcours, liés selon les cas au mode de scrutin, à la trahison du PS ou aux médias, plutôt qu'à ses propres erreurs.

La vérité est que les Français se sont lassés de la dialectique usée de la lutte des classes et ne rient plus aux facéties médiatiques de Georges Marchais. Dans le même temps, les militants s'accommodaient de plus en plus mal du centralisme démocratique et de la difficulté d'expression qui en résulte. Les événements de fin 1989 dans les pays de l'Est allaient infliger au parti un nouveau et formidable camouflet. Le débat interne a fini par s'ouvrir. C'est de la survie du PC français qu'il est question.

L'implacable érosion

L'érosion du PC se traduisit dès l'élection présidentielle de 1981 par le mauvais score de Georges Marchais : 15,5 % des voix. Elle fut confirmée par les scrutins qui suivirent : législatives de juin 1981, cantonales de mars 1982, européennes de juin 1984, législatives de mars 1986. Le coup de grâce était donné par l'élection présidentielle de 1988, au cours de laquelle André Lajoinie n'obtenait que 6,7 % des voix.

Entre les deux élections présidentielles, le PC avait ainsi perdu plus de la moitié de ses voix. Un déclin encore plus marqué que celui de 1958, au moment du retour du général de Gaulle (le parti communiste était alors brusquement tombé de 26 à 19 % des voix). Le résultat des législatives de juin 1988 donnait cependant une mesure plus conforme de l'influence du PC dans le pays. Avec 11,3 % des voix au premier tour, il dépassait le score obtenu par le Front national (9,6 %), profitant d'une implantation locale beaucoup plus ancienne et efficace. Mais les sondages, au premier semestre 1990, le situent au-dessous de la barre des 10 %.

S ➤ 63 % des Français ont le sentiment que les problèmes qui les concernent ne sont pas pris en compte dans la vie politique (31 % oui).
S ➤ 54 % des Français ont l'impression que l'on voit toujours les mêmes hommes sur la scène politique, 44 % que des hommes nouveaux sont apparus.
S ➤ 85 % des Français pensent que les hommes politiques ne disent pas la vérité (10 % de l'avis contraire).
S ➤ 65 % des Français estiment que le Front national et Jean-Marie Le Pen représentent un danger pour la démocratie (28 % non).
S ➤ 44 % des Français sont hostiles à l'amnistie des délits politico-financiers votée par l'Assemblée en décembre 1989, 14 % les approuvent.
S ➤ 57 % des Français estiment que le consensus qui a rapproché la droite et la gauche sur d'importantes questions comme l'économie et la défense est négatif, car tous les hommes politiques finissent par dire la même chose, 43 % le jugent positif, car c'est la fin des affrontements idéologiques.

Le fléau de la balance

Evolution des rapports droite/gauche depuis 1974 (%) :

	Gauche	Ecolo-gistes et inclas-sables	Droite
• Election présidentielle de 1974 (2e tour)	49,4	-	50,6
• Elections cantonales de 1978 (1er tour)	52,5	-	47,5
• Elections municipales de 1977* (1er tour)	50,8	2,9	46,3
• Elections législatives de 1978 (1er tour)	49,4	2,7	47,9
• Elections européennes de 1979	47,4	4,5	48,1
• Election présidentielle de 1981 (1er tour)	47,3	3,9	48,8
(2e tour)	52,2	-	47,8
• Elections législatives de 1981 (1er tour)	55,8	1,1	43,1
• Elections contonales de 1982 (1er tour)	48,1	2,0	49,9
• Elections municipales de 1983* (1er tour)	44,2	2,2	53,6
• Elections législatives de 1986	42,5	3,0	54,5
• Election présidentielle de 1988 (1er tour)	44,9	4,2	50,9
(2e tour)	54,0	-	46,0
• Elections législatives de 1988 (1er tour)	49,3	0,4	50,3
• Elections municipales de 1989	39,5	0,4	60,1
• Elections européennes de 1989	33,8	15,9	50,3

(*) Villes de plus de 30 000 habitants.

La droite modérée cherche à se repositionner.

Le principal problème de la droite est d'avoir perdu sa spécificité par rapport à la gauche, c'est-à-dire sa capacité naturelle à diriger l'économie. Depuis 1983, la gauche a en effet démontré qu'elle était capable de gérer, en maîtrisant l'inflation, équilibrant les comptes de la Sécurité sociale, accompagnant ou favorisant la croissance, assurant la solidité du franc.

En 1986, la droite avait cru pouvoir reconquérir sa suprématie en se faisant le chantre du libéralisme. Mais celui-ci est vite apparu aux Français comme une source d'inconfort (celui de se heurter sans cesse aux dures lois du marché) et un générateur d'inégalités envers ceux qui sont vulnérables.

Il lui faudra beaucoup d'imagination pour trouver un nouveau positionnement idéologique, entre l'économique et le social, entre l'efficacité et la solidarité, entre la dictature du marché et le rôle modérateur et redistributeur de l'Etat. D'autant que les socialistes pourraient bientôt occuper le terrain. Ils ont inventé (à défaut de l'avoir encore réalisé) un compromis acceptable pour les Français, avec le concept de la « société d'économie mixte ». D'autant que le Front national dispose lui aussi d'une idéologie, simple et claire, qui séduit un nombre croissant de citoyens.

Les différences droite-gauche

* 59 % des Français proches de la gauche jugent positif le mot *égalité*, contre 37 % à droite.
* 59 % des personnes de gauche jugent positive l'expression *Droits de l'Homme*, 36 % à droite.
* 25 % des personnes de droite jugent positif le mot *effort*, 15 % à gauche.
* 19 % des personnes de droite jugent positif le mot *rigueur*, 15 % à gauche.
* 43 % des personnes de droite estiment que le moyen le plus efficace pour réduire le chômage serait de renvoyer les travailleurs immigrés dans leur pays (24 % à gauche). 25 % des personnes de gauche estiment qu'il faudrait plutôt réduire à 35 heures la durée de travail hebdomadaire.
* 45 % des personnes de gauche sont plutôt favorables à la construction de mosquées dans les grandes villes pour les immigrés musulmans, 21 % à droite.
* 79 % des personnes de droite pensent que pour faire face aux difficultés économiques, il faut faire confiance aux entreprises et leur donner plus de liberté, 53 % à gauche. 37 % des personnes de gauche pensent qu'il faut au contraire que l'Etat les contrôle et les réglemente plus étroitement, contre 14 % à droite.

Le Figaro-RTL/Sofres, avril 1990

Le Front national a exploité le mécontentement de certaines catégories et profité de l'absence de vrai débat sur l'immigration.

Les périodes difficiles sont souvent propices aux discours « musclés » qui mettent en exergue l'ordre et l'autorité. Le langage du Front national n'a donc pas laissé insensibles un grand nombre de Français vulnérables à la crise économique ou qui subissent les inconvénients d'une cohabitation difficile avec les immigrés. Le slogan de Jean-Marie Le Pen inauguré pour les élections européennes de 1979 (« les Français d'abord ») a fait mouche auprès de tous ceux qui sont naturellement tentés par le repli sur soi, le protectionnisme et le rejet des « autres ».

Outre l'immigration, la droite traditionnelle et modérée a laissé à Jean-Marie Le Pen le champ libre sur des thèmes auxquels beaucoup de Français sont sensibles : le sida, l'absentéisme des députés, le remboursement de l'IVG, le rétablissement de la peine de mort, etc.

Le débat sur l'immigration ne concerne plus le chômage mais l'avenir de l'identité culturelle de la France.

Contrairement à ce que l'on aurait pu imaginer, le recul de la crise économique n'a pas entraîné celui de la xénophobie et du racisme, essentiellement dirigés contre les Maghrébins et, plus récemment, les Juifs. Car le débat sur l'immigration prend aujourd'hui une nouvelle dimension ; les Français ne craignent plus seulement l'influence des immigrés sur l'emploi, mais à plus long terme sur l'identité culturelle de la France. Une inquiétude plus profonde, à laquelle les partis devront tenter de donner une réponse satisfaisante, sous peine de laisser l'initiative à l'extrême droite.

S ➤ 44 % des Français estiment que, pour sa sécurité, la France ne doit pas réduire les moyens qu'elle consacre à sa force de dissuasion nucléaire, 33 % qu'elle pourra bientôt les réduire sans nuire à sa sécurité, 16 % qu'elle n'en a d'ores et déjà plus besoin (avril 1990).

S ➤ 61 % des Français estiment que le général de Gaulle était plutôt un homme de droite, 9 % plutôt un homme de gauche, ni l'un ni l'autre. 77 % pensent qu'il a été le plus grand homme politique du siècle.

L'analyse des élections récentes montre que le Front national est désormais intégré dans la vie politique. C'est sur ses « bonnes questions auxquelles il amène de mauvaises réponses » (Laurent Fabius) qu'il a bâti son fonds de commerce. Il reste aux partis traditionnels à trouver les bonnes réponses et à les mettre en application sans tarder.

L'effet Le Pen

Il aura suffi de quelques années au Front national pour passer de la marginalité à la notoriété : 0,75 % des voix à l'élection présidentielle de 1981 ; 11 % aux élections européennes de juin 1984, 9,8 % aux législatives de 1986, 14,4 % aux élections présidentielles de 1988. Son poids dans l'opinion était proche de 15 % d'après certains sondages effectués au premier semestre 1990.

Son électorat, plutôt diversifié, est plutôt situé dans les régions à problème, qu'il s'agisse de l'immigration, du chômage ou de l'insécurité. Le Front national fait ses meilleurs scores dans les communes où la rotation de la population est la plus élevée, dans celles où les traditions d'antisémitisme sont les plus fortes, autant que dans celles qui comptent le plus d'immigrés. Le vote Le Pen est à la fois un vote d'exclusion et un vote d'appel au secours. Ses motivations et son implantation géographiques ne ressemblent pas à celles du poujadisme. Il ne disparaîtra donc pas de la même façon.

Malgré le nombre élevé de ses sympathisants, le centre reste introuvable.

Dans une enquête réalisée en novembre 1989 (L'Express/Louis Harris), 28 % des Français se situaient politiquement au centre, 25 % au centre gauche, 14 % au centre droit, 9 % à gauche, 7 % à droite, 2 % à l'extrême gauche, 2 % à l'extrême droite (15 % ne se situaient pas).

La proportion considérable de citoyens se réclamant du centre (67 % !) ne se reflète absolument pas dans les élections. Elle traduit à la fois leur refus croissant de se classer à droite ou à gauche et le fait qu'ils observent une convergence entre les partis modérés de droite et de gauche.

Le centre n'apparaît donc plus aujourd'hui comme un lieu idéologique distinct, mais comme le point de rencontre du socialisme et du libéralisme. L'avenir dira s'il est le point Oméga de la politique, auquel tout aboutit, ou une position d'attente en période de « soft-idéologie ».

L'écologie est une attitude générale plus qu'une opinion politique.

L'écologie avait connu son heure de gloire au début des années 70. Puis elle avait été chassée des préoccupations des Français et des partis politiques par les contraintes de la crise économique. La réhabilitation de l'entreprise allait entraîner dans les années 80 un regain de confiance dans les produits industriels ; les risques technologiques passaient alors au second plan, derrière la reconquête de la croissance et des parts de marché. Il aura fallu Tchernobyl, la découverte d'une fissure dans la couche d'ozone, celle des effets des pluies acides sur les forêts et les variations climatiques de ces dernières années pour que l'écologie devienne en France (avec retard par rapport aux autres pays européens) une préoccupation majeure.

L'environnement au centre des préoccupations

Rio

On peut penser aujourd'hui qu'elle sera durable. Les Français ont en effet compris qu'il ne s'agit plus seulement de protéger des animaux menacés ou des forêts, mais d'assurer la survie de l'espèce humaine et de léguer aux prochaines générations un monde encore habitable. C'est pourquoi l'écologie est devenue une préoccupation « transversale » ; longtemps marquée à gauche, elle traverse aujourd'hui tous les partis politiques. Les bons résultats des Verts aux dernières élections ont attiré l'attention des autres partis sur la nécessité d'intégrer la dimension écologique dans leurs programmes.

Société politique, société civile

S'ils respectent l'Etat, les citoyens portent sur le monde politique un regard de plus en plus critique. L'image des partis souffre de leur manque d'idées pour résoudre les grands problèmes du moment et préparer l'avenir. Celle des hommes a été ternie par la longue succession des « affaires » au cours des dernières années.

Le divorce entre les Français et la politique s'explique par l'importance des enjeux et les pesanteurs du système des partis.

La société civile cherche à se rassembler aujourd'hui autour de quelques consensus, alors que les partis tentent de fonder leur dynamique sur l'affrontement et la division. L'attitude des

Les politiciens mal-aimés

« En général, les hommes politiques sont des gens biens » (en %)* :

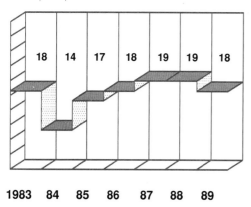

| 1983 | 84 | 85 | 86 | 87 | 88 | 89 |

18 14 17 18 19 19 18

(*) Cumul des réponses « bien d'accord » et « entièrement d'accord » à l'affirmation proposée.

Agorametrie

hommes politiques est d'autant plus mal perçue par les électeurs qu'elle n'est plus justifiée par des différences radicales entre les idées des principaux partis (PS, RPR, UDF).

La rénovation apparaît donc nécessaire aux Français, à condition qu'elle se réalise sur des idées plutôt que sur des querelles de personnes.

Les hommes d'affaires

« L'affaire des diamants » avait eu en son temps un certain retentissement sur l'image de Valéry Giscard d'Estaing. La fin 1983 et le début 1984 avaient été marqués par l'affaire Elf-Erap, dite des « avions renifleurs ». 1985 fut l'année de Greenpeace, affaire d'espionnage tragi-comique jouée par des agents bien peu secrets. En 1986, la libération des otages français au Liban fut retardée et assombrie par quelques « bavures » diplomatiques. 1987 vit se développer plusieurs épisodes dans l'affaire du Carrefour du développement : le « vrai-faux passeport » d'Yves Chalier, la traduction en Haute Cour de justice de Christian Nucci, etc. Albin Chalandon fut associé à l'affaire Chaumet, Christian Prouteau à celle des Irlandais de Vincennes, tandis que Michel Droit était inculpé de forfaiture et que l'affaire Luchaire de ventes d'armes à l'Iran faisait la une des médias. En 1988, l'entre deux tours de l'élection présidentielle fut marqué par la libération des otages d'Ouvéa (Nouvelle-Calédonie) et la mort suspecte de certains de leurs détenteurs. 1989 fut l'année des « délits d'initiés » (Pechiney, Société générale), tandis que 1990 voyait l'amnistie des délits liés au financement des partis.

Cette liste, non exhaustive, explique l'attitude très réservée des Français à l'égard des hommes politiques, dont certains méritent plutôt l'appellation d'« hommes d'affaires ».

Le clivage gauche-droite ne sépare plus deux visions différentes de la société.

Les causes sociologiques du clivage gauche-droite se sont progressivement estompées, du fait du brassage des professions et des idées, de l'accroissement du pouvoir d'achat moyen, de la meilleure culture économique et internationale des Français. Seule la religion reste encore un fort déterminant : 66 % des catholiques pratiquants ont voté pour Jacques Chirac ou Raymond Barre à l'élection présidentielle de 1988 ;

ils n'étaient que 18 % à voter pour François Mitterrand. Mais les catholiques pratiquants sont de moins en moins nombreux ; ils ne représentent plus aujourd'hui que 15 % de la population.

Les causes idéologiques du clivage sont également en voie de disparition. Les dernières années ont démontré avec éclat combien la marge de manœuvre idéologique était réduite dans un environnement international de plus en plus contraignant.

La société d'économie mixte
est la dernière tentative en date
dans la recherche de la « troisième voie ».

La volonté d'union nationale des Français n'est pas récente. Mais les tentatives déjà faites dans ce sens n'ont guère été couronnées de succès : la *Troisième Voie* chère au général de Gaulle ; la *Nouvelle Société* de Jacques Chaban-Delmas en 1969 ; le *Nouveau Contrat social* d'Edgar Faure en 1973 ; la *Société d'économie mixte* proposée plus récemment par François Mitterrand.

Mais ces diverses formes de compromis entre l'efficacité économique et la justice sociale étaient arrivées trop tôt. La situation a changé. Jamais sans doute le moment n'a été aussi propice pour réconcilier la société civile et la société politique.

S ➤ 60 % des Français considèrent que la démocratie fonctionne plutôt bien en France, 36 % non.
S ➤ 77 % des Français se sentent en accord avec les thèses défendues par le mouvement écologiste. Seuls 23 % estiment que les écologistes présentent un projet de société, 65 % pensent que leur programme est limité à l'environnement.
S ➤ 66 % des Français voteraient pour un candidat à la présidence de la République s'ils savaient qu'il a des maîtresses (19 % non).
S ➤ 16 % des Français croient que, d'ici l'an 2000, une femme aura été élue à la présidence de la République (69 % non).
S ➤ 44 % des patrons et cadres estiment que la mise en œuvre concrète du concept d'économie mixte par le gouvernement aura un effet de croissance, 25 % un effet paralysant, 28 % aucun effet.

L'IMAGE DU MONDE

EUROPE

Marché unique mieux perçu que Marché commun ● Croissance en hausse, chômage et démographie en baisse ● Culture multiple mais convergente ● Dérive économique et géopolitique

La découverte de l'Europe

Après une longue période d'indifférence, les Français s'intéressent à l'Europe. La perspective du marché unique de 1992 et les transformations qui se sont produites dans l'Europe de l'Est ont servi de catalyseurs à ce changement d'attitude. Curieusement, la découverte de l'Europe se fait après son invention.

Pour une large part, l'Europe s'est faite sans les Européens.

L'image de l'Europe s'est longtemps limitée à celle d'un vaste groupement d'intérêt économique. Pour la plupart des Européens, elle n'était qu'une construction artificielle dont le fonctionnement n'était assuré qu'à coups de lois compliquées, de compromis et de montants compensatoires. Une construction utile, mais sans âme.

La Communauté a connu ses difficultés les plus graves au moment où ses membres étaient touchés individuellement par la crise. Une crise à plusieurs facettes : baisse de la croissance, baisse de l'emploi, déséquilibre démographique, flou des valeurs. Ces difficultés expliquent en partie l'absence de volonté supranationale.

Aujourd'hui, la majorité des Français considèrent que la France a bénéficié de son appartenance au Marché commun. Ils sont favorables à la création des Etats-Unis d'Europe, même si certains, attachés aux particularismes nationaux et régionaux, sont réticents à l'égard d'une Europe renforcée sur les plans politique, militaire ou culturel.

Pour un gouvernement européen

Etes-vous pour ou contre la formation d'un gouvernement européen responsable devant le Parlement européen ? (en %) :

	Pour	Contre	NSP
• Belgique	60	9	31
• Danemark	18	53	29
• Espagne	56	5	39
• FRANCE	66	13	21
• Grèce	53	11	36
• Irlande	54	12	35
• Italie	77	5	18
• Luxembourg	45	22	33
• Pays-Bas	66	17	17
• Portugal	61	5	35
• RFA	45	23	32
• Royaume-Uni	36	33	31
EUROPE DES 12	**56**	**17**	**28**

Le Marché unique intéresse plus les Français que le Marché commun.

Le rêve européen, né avec le traité de Rome de 1957, n'avait guère excité l'imagination des citoyens. La crise économique avait parfois fait oublier les solidarités nécessaires pour mettre en

Le poids de l'Europe

	Europe des 12	Etats-Unis	Japon	URSS*
• **Population** (en millions, 1988)	325	246	123	284
• **Densité** (habitants/km^2, 1988)	145	26	325	13
• **PIB par habitant** (en dollars, 1988)	13 100	19 558	14 288	6 000
• **Chômage** (en % de la population active, 1989)	8,9	5,2	2,3	nd
• **Inflation** (1989)	5,3	4,8	2,3	nd
• **Automobiles en circulation** (pour 1 000 habitants, 1986)	345	560	226	70
• **Postes de télévision** (pour 1 000 habitants, 1987)	333	800	580	308
• **Téléphones** (pour 1 000 habitants, 1985)	480	420	530	90

* Estimations les plus récentes

OCDE - CEE

relief les difficultés de s'entendre à dix, puis à douze, sur les grands dossiers tels que l'agriculture, les contributions financières des Etats membres ou l'harmonisation des politiques économiques.

Après une apathie de quelque trente ans, les Français, comme les autres Européens, se sentent aujourd'hui concernés par la construction d'une véritable Europe des nations, réponse du vieux continent aux défis du troisième millénaire. La création du Marché unique leur apparaît comme la première étape du processus.

Les nouveaux déséquilibres dans le monde ont favorisé la découverte de l'Europe.

Les Français, à l'exception peut-être des plus jeunes, ne sont pas devenus européens par romantisme. Leur attitude nouvelle est le fruit d'une double prise de conscience : celle de la dépendance vis-à-vis de l'économie mondiale, apparue de façon éclatante lors du krach financier d'octobre 1987 ; celle du poids croissant du Japon et du Sud-est asiatique et de ses effets sur l'emploi dans les pays européens.

Les événements récents ont accéléré cette prise de conscience européenne. Les accords de désarmement signés par les Etats-Unis et l'URSS ont à la fois fait reculer la crainte d'un grand conflit et montré la nécessité pour l'Europe de prendre en charge sa propre sécurité. Les bouleversements à l'Est ont montré que l'équilibre établi depuis Yalta était rompu. Si elle veut exister, l'Europe ne doit plus seulement se définir sur le plan économique mais aussi sur le plan géopolitique.

Le match Europe-Etats-Unis

• Pour 50 % des Français, la Communauté européenne est avant tout un ensemble économique, pour 20 % un ensemble géographique.
• 38 % d'entre eux estiment que les Etats-Unis sont l'ensemble le plus puissant sur le plan économique, 17 % pensent que c'est l'Europe des Douze. Les proportions sont pratiquement inversées à l'échéance de vingt ans (37 % pour la CE, 14 % pour les Etats-Unis).
• 48 % estiment que l'Europe des Douze est l'ensemble le plus en avance sur le plan des sciences et de la culture, (27 % pour les Etats-Unis).
• 81 % estiment que l'Europe des Douze est l'ensemble où l'on est le plus heureux, (9 % pour les Etats-Unis).
• Au total, en prenant en compte tous les facteurs (militaire, économique, scientifique), 55 % des Français pensent que les Etats-Unis sont actuellement la première puissance mondiale (16 % pour l'Europe), mais 40 % estiment que dans vingt ans, ce sera l'Europe des Douze (21 % pour les Etats-Unis).

Le Figaro/Louis Harris, mars 1989

Les trois défis européens

Le chômage, le déséquilibre démographique, l'absence d'un véritable système de valeurs sont des problèmes communs à la plupart des pays de la Communauté. Ils représentent les trois principaux défis qui devront être relevés au cours des prochaines années si l'Europe veut s'affirmer comme le centre de gravité économique, politique et culturel du monde. Le déclin américain, les préoccupations internes du Japon et les transformations qui se produisent dans les pays de l'Est rendent cette ambition légitime.

L'emploi est en voie d'amélioration, grâce au retour de la croissance.

Début 1990, l'Europe des douze comptait quelque 15 millions de chômeurs, après avoir atteint un maximum de 16,1 millions en 1986. La reprise du commerce mondial, les efforts d'investissement et de productivité réalisés dans la plupart des pays expliquent ce début d'amélioration de la situation globale de l'emploi.

Un actif sur dix au chômage

Proportion de chômeurs dans la population active des pays de la CEE (en février 1990, en %) :

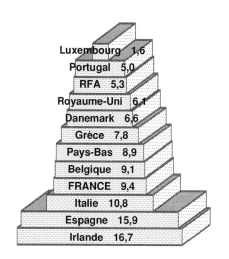

Luxembourg	1,6
Portugal	5,0
RFA	5,3
Royaume-Uni	6,1
Danemark	6,6
Grèce	7,8
Pays-Bas	8,9
Belgique	9,1
FRANCE	9,4
Italie	10,8
Espagne	15,9
Irlande	16,7

Eurostat

Mais la croissance devra conserver un rythme élevé pour que le chômage puisse se résorber : le seuil à partir duquel la France crée des emplois est d'environ 3 %, contre 1 % aux Etats-Unis.

Un système de valeurs européen se dessine peu à peu.

Depuis une quinzaine d'années, chacun des Etats membres a dû faire face aux mêmes types de difficultés. Il n'est donc pas étonnant que les systèmes de valeurs aient évolué de façon similaire. Ils sont largement déterminés par la peur de l'avenir et les formes diverses de l'individualisme.

Au hit-parade des valeurs européennes, la famille arrive toujours largement en tête. Mais on se marie moins, on divorce plus, on fait moins d'enfants. Les femmes revendiquent une plus grande autonomie et un partage des tâches plus équitable.

Le travail, lui, est de plus en plus considéré comme une nécessité économique et psychologique, plutôt que comme un devoir moral ou une malédiction. On attend de lui à la fois un épanouissement professionnel et les revenus nécessaires à la satisfaction des besoins grandissants de consommation.

Les rapports des Européens avec leurs institutions nationales ont également suivi des cheminements semblables. Beaucoup leur reprochent de ne pas être en mesure d'apporter des réponses aux questions nouvelles posées par le monde. C'est ce qui explique que l'engagement politique, syndical ou même religieux soit partout en forte baisse.

Pourtant, la baisse de la pratique religieuse ne saurait être confondue avec celle de la religiosité : s'ils vont moins souvent à l'église, les Européens sont toujours aussi nombreux à croire en Dieu.

Le défi démographique est sans doute le plus difficile à relever.

Avec ses 325 millions d'habitants, l'Europe des douze représente aujourd'hui moins de 7 % de la population mondiale ; beaucoup moins qu'il y a trente ans ou un siècle. Son vieillissement s'accélère et fait peser sur l'avenir des menaces considérables : coût social et économique de la prise en charge des inactifs ; risque de

British Telecom France

Plus proche de vous pour gagner l'Europe.

L'Europe à portée de la main

déséquilibre avec les populations immigrées, plus jeunes et plus fécondes ; perte de compétitivité par rapport aux autres pays, etc.

La culture européenne, multiple et commune

Les pays de la Communauté ont en commun la religion chrétienne, une longue histoire et un certain nombre de pratiques ou d'attitudes culturelles. Bien qu'elles restent diversifiées, les cultures nationales se sont rapprochées. Le mouvement devrait être amplifié par la multiplication des échanges et les réalisations communes.
Ces points communs n'empêchent pas des particularismes nationaux importants. Les pays du nord de la Communauté incarnent les valeurs de travail, d'effort, de sérieux, de sens de l'organisation. Ceux du Sud représentent la spontanéité, la chaleur, la convivialité, l'affectivité. On observe que dans tous les pays s'exprime un sentiment de confiance majoritaire, mais qu'il est plus élevé dans les pays du Nord que dans ceux du Sud. Le principal obstacle à l'unité européenne est linguistique.
Mais les différences culturelles sont également marquées entre les divers groupes sociaux à l'intérieur d'un même pays. Il y a souvent plus de ressemblance entre des individus de divers pays partageant un système de valeurs proche, qui entraîne des modes de vie similaires, qu'entre les habitants d'une même nation séparés par des conceptions qui peuvent être très éloignées.

Une majorité de réformistes

« Voulez-vous choisir l'attitude qui correspond le mieux à vos idées personnelles ? » (en %) :

	Il faut changer (1)	Il faut améliorer (2)	Il faut défendre (3)	Sans réponse
• Belgique	5	68	20	7
• Danemark	1	67	27	5
• Espagne	3	84	6	7
• FRANCE	4	70	21	5
• Grèce	11	66	14	9
• Irlande	5	68	19	8
• Italie	4	78	13	5
• Luxembourg	2	69	19	10
• Pays-Bas	2	67	26	5
• Portugal	10	59	6	25
• RFA	1	63	29	7
• Royaume-Uni	5	71	18	6
EUROPE DES 12	**4**	**71**	**19**	**6**

(1) « Il faut changer radicalement toute l'organisation de notre société par une action révolutionnaire »
(2) « Il faut améliorer petit à petit notre société par des réformes »
(3) « Il faut défendre courageusement notre société actuelle contre toutes les forces subversives »

L'Europe, illusion ou opportunité

L'Europe est aux Français ce que la religion est aux humains. Garantie de salut pour les croyants, supercherie pour les athées. Les uns croient en 1993 comme en la vie éternelle ou la rémission des péchés ; les autres imaginent des lendemains qui déchantent. Les mouvements qui se sont produits dans les pays d'Europe de l'Est ont relancé en France le débat quant à la poursuite du processus communautaire et à la définition de ce que sera demain l'Europe, dans ses dimensions géographique, économique, politique et culturelle.

S ➤ 59 % des Français pensent que l'on pourra un jour aller de l'Ouest à l'Est, par exemple de l'Atlantique à l'Oural sans passer une seule frontière (36 % non).

Eurobaromètre, mars-avril 1989

La vieille Europe

Données démographiques (en 1988) :

OCDE - CEE

	Popu-lation (milliers)	Densité	Taux Natalité (1989, en ‰)	Taux mortalité (1989, en ‰)	Structure de la population (1987, en %)					
					H	F	H	F	H	F
					- 15 ans		15 à 64 ans		65 ans et +	
• Belgique	9 879	324	12,2	10,8	19,3	17,5	69,3	65,6	11,4	16,9
• Danemark	5 130	119	12,0	11,6	18,6	17,3	68,5	65,0	12,9	17,7
• Espagne	38 996	77	10,5	8,3	23,4	21,3	66,4	62,4	10,2	14,3
• FRANCE	55 873	102	13,6	9,4	21,9	19,8	67,5	64,3	10,6	15,9
• Grèce	10 010	76	10,1	9,2	21,7	19,7	66,4	65,5	11,9	14,8
• Irlande	3 538	50	14,6	8,8	29,8	28,3	70,7	59,5	9,5	12,2
• Italie	57 441	191	9,7	9,1	19,4	17,4	69,5	67,0	11,1	15,6
• Luxembourg	375	144	12,4	10,6	18,3	16,4	71,1	67,9	10,6	15,7
• Pays-Bas	14 765	362	12,7	8,7	19,4	14,0	70,6	67,2	10,0	14,6
• Portugal	10 304	111	11,5	9,3	24,1	21,4	65,4	64,5	10,4	14,2
• RFA	61 451	247	10,9	11,2	15,7	13,8	73,5	67,0	10,8	19,2
• Royaume-Uni	57 065	233	13,6	11,5	20,2	18,2	67,5	63,9	12,3	18,0

Les « europessimistes » pensent que le manque d'unité européenne ne pourra être surmonté.

L'ambiguïté de 1993, prochain rendez-vous des Français avec l'Histoire, est qu'il peut aussi bien entretenir l'espoir que l'illusion. C'est cette dernière occurrence qu'a choisie par exemple Alain Minc (voir encadré). Pour lui, le grand marché est un « mythe vertueux », une bombe à retardement dont l'explosion provoquera inéluctablement une montée du chômage, une généralisation de la fraude fiscale, un accroissement des injustices sociales, une balkanisation de la CEE.

La thèse ne manque pas d'arguments. Ainsi, la mise en place du « grand marché » est bien l'aboutissement d'une ambition essentiellement économique. Le découplage stratégique des Etats-Unis vis-à-vis de l'Europe de l'Ouest est manifeste ; la dérive de la RFA à l'Est et la pression soviétique ne le sont pas moins. Vraie aussi l'existence de trois cercles européens qui coexistent sans se confondre : occidental, communautaire, continental.

Vrai, enfin, l'argument selon lequel l'Europe des douze ne dispose pas aujourd'hui d'une identité sociale, politique, monétaire et cultu-relle susceptible de servir de socle, et surtout d'amortisseur aux difficultés liées à la dérégulation économique en marche. Le « cauchemar darwinien » de l'Europe est sans doute l'un des scénarios possibles de l'après-1993. Mais il en est d'autres, beaucoup plus favorables, qui s'ancrent dans une approche différente de la prospective.

L'image que l'on se fait de l'Europe dépend de la façon dont on la regarde.

Les méthodes projectives conduisent presque par construction à l'europessimisme ; on observe un glissement ou un écart par rapport à la trajectoire idéale de l'Europe et on le prolonge dans le temps, sans se demander s'il est erratique ou compensé par d'autres mouvements de sens contraire ou simplement browniens. C'est donc ce mouvement-là, et pas un autre, qui va « tordre » la carte future de l'Europe, alors qu'il n'affecte pas le barycentre des forces en présence. L'observateur qui a le regard fixé sur l'Allemagne voit effectivement la Communauté dériver vers l'Est. Mais celui qui le braque sur l'Espagne ou l'Italie la voit glisser vers le Sud. Illusion d'optique liée au système de référence.

Micro-entretien

ALAIN MINC *

G.M. - *Le marché unique de 1993 est-il une étape décisive de la construction européenne ou une bombe à retardement ?*

A.M. - 1993 est certes une étape importante. Mais les Français se sont fabriqué une illusion. Elle consiste à dire que le 1er janvier 93, date officielle de la création du « grand marché », verra l'unité économique de l'Europe. Certes le grand marché se réalisera. Comme dans tout phénomène de marché, quelques effets négatifs à court terme se feront sentir, mais les effets positifs à moyen et long termes seront largement plus nombreux. Mais rien ne dit qu'une Europe économique et, a fortiori, une véritable Europe se créera... Il faut aider les Français à sortir du transfert psychanalytique qu'ils font, selon leur habitude : ils imaginent que la manne européenne est la solution à leurs problèmes. C'est une coûteuse illusion, exclusivement française de surcroît.

---

* Industriel et essayiste, auteur de *la Grande Illusion*, (Grasset).

*L'europtimisme s'appuie
sur la dynamique liée à « l'effet-1993 ».*

Cet effet n'est pas seulement psychologique, en France comme dans les autres pays membres de la Communauté. Le recentrage de l'Allemagne, ou plutôt son glissement vers l'Est lié à l'unification, ne peut être interprété comme un risque de résurgence de la *Mitteleuropa*. En 1989, le volume des échanges de la seule RFA avec les pays de l'Est ne dépassait pas 4 % de son commerce total. La volonté européenne de l'Allemagne, même si elle est un peu moins bruyante que celle de la France, ne peut guère être mise en doute. Pas plus que sa vigilance vis-à-vis d'un éventuel risque de « finlandisation ». De plus, le processus communautaire paraît peu réversible ; il faudrait une résistance considérable pour le freiner, gigantesque pour l'arrêter.

Quant au danger d'une « balkanisation » de l'Europe de l'Ouest au profit de l'Union soviétique, elle n'est pas non plus inscrite dans les tendances récentes. On peut penser au contraire que l'ouverture économique de l'Est, jusqu'en Union soviétique, aura des effets rigoureusement inverses : l'influence du modèle occidental sur les populations de l'Est devrait être sans commune mesure avec l'influence contraire. Le mode de vie des pays de la CE, caractérisé par la démocratie, la volonté de paix, le pouvoir d'achat et la consommation, est aujourd'hui une espérance et un but pour la plupart des nations moins développées. Qui, à l'inverse, rêve encore d'un « modèle » soviétique dans un Occident déserté par le marxisme ? Le vrai danger ne serait-il pas au contraire que l'URSS reste fermée au progrès économique et accroisse le fossé qui le sépare de ses voisins de la « maison commune » dont parle Gorbatchev ?

*La dérive du continent européen est autant
économique et culturelle que géopolitique ;
c'est pourquoi elle n'est pas inquiétante.*

Elle participe à un rééquilibrage du monde qui lui permet de poursuivre sa navigation et de maintenir son cap, en tenant compte des vents dominants. L'Amérique se déplace vers le Pacifique, l'Europe à la fois vers l'Oural et la Méditerranée. En même temps qu'ils s'imprègnent des valeurs nordiques et protestantes (éthique, goût de l'efficacité, sérieux), les pays latins de la Communauté (Italie, Espagne, France) commencent à exporter vers le Nord leurs modes de vie et leurs valeurs : goût du loisir, consommation, imagination, exubérance.

L'Europe sociale et culturelle, socle et ciment indispensable de la CEE, n'est donc pas une vue de l'esprit. Le déclin amorcé de l'influence des Etats-Unis devrait y aider. L'« american way of life », avec ses inégalités croissantes, son retour à un conservatisme marqué, son nationalisme retrouvé, ne séduit plus aujourd'hui les Européens. Le modèle japonais a lui aussi vécu, car il fait peu de place à la qualité de la vie et reste de toutes façons intransportable.

S ➤ 46 % des Français sont plutôt favorables à la création d'une armée franco-allemande, 42 % y sont hostiles.
S ➤ 58 % des Français sont favorables à la création d'un gouvernement européen.

*Aujourd'hui, l'Europe occidentale
se retrouve face à elle-même et à son destin.*

L'absence de point de mire, après la période de doute de cette décennie, devrait accroître son unité et lui donner des spécificités. Dans une étude portant sur les années soixante-dix et quatre-vingt (*L'Europe des modes de vie*, éditions du CNRS), Victor Scardigli conclut que « le fait majeur de ces dix à quinze dernières années est la convergence marquée des sociétés européennes ». L'histoire a montré la forte corrélation entre culture et économie, sans qu'il soit possible de dire à coup sûr laquelle précède l'autre. Il est donc permis de penser que l'unité économique croissante de la Communauté européenne s'accompagnera d'une plus grande identité sociale et culturelle.

*Les jeunes Français sont
massivement favorables à l'Europe.*

Ceux qui déplorent l'absence de citoyenneté, d'éducation ou d'élite européenne sous-estiment la portée des projets en cours (Erasmus, Eurêka, etc.) et l'attitude des jeunes générations. Les sondages montrent que le sentiment d'appartenance à une supranationalité européenne (bien plus qu'occidentale) est très fort chez ceux qui seront demain les acteurs de la vie économique, sociale, politique, scientifique, ou artistique.

La mobilité, celle de l'esprit comme celle du corps, est déjà inscrite dans leurs projets personnels et professionnels des jeunes. La situation de l'emploi ne pourra que renforcer cette disposition nouvelle. Pour les futures élites, comme pour les futurs employés, l'appartenance à l'Europe ne sera pas cette idée vague qu'elle est aujourd'hui pour leurs parents. Même si, bien sûr, elle n'est pas exclusive d'une appartenance nationale.

*Le Marché unique de 1993
devrait permettre à la France
d'engager des réformes
qu'elle n'a pu ou osé jusqu'ici entreprendre.*

La date magique du 1er janvier 1993 constitue une formidable réponse à tous ceux qui déploraient l'absence d'un « grand dessein » pour la France. Car c'est bien ainsi, de toute évi-

dence, que le projet a été reçu par la majorité des citoyens, même si ce consensus est aussi le fruit d'un excès de naïveté et d'un manque d'information.

L'autre intérêt de cette échéance pour la France est moins avouable, mais essentiel. Dans un pays perclus de rhumatismes institutionnels, elle constitue une formidable chance. Celle de moderniser des structures trop rigides, de dépoussiérer des administrations trop vieilles, de bousculer des privilèges trop flagrants, d'adapter des mentalités trop frileuses.

L'Europe, un grand marché

Quel gouvernement peut aujourd'hui en France réformer de sa seule initiative la fiscalité, redonner à l'enseignement son lustre et son efficacité, favoriser l'insertion sociale des minorités, abolir les avantages injustifiés, redonner le goût de l'effort aux fonctionnaires ? Les tentatives avortées de ces dernières années montrent assez que toute intervention de ce type s'apparente à un suicide politique.

Pour toutes ces réformes rentrées, 1993 constituera un formidable alibi, un moyen pour les politiques de gagner du temps sans risquer leur vie. Les réformes nationales nécessaires s'accompliront plus facilement si elles sont justifiées par des raisons supranationales.

1992 : le grand rendez-vous

Attitudes à l'égard du grand marché européen de 1992 (en %) :

	Bonne chose	Ni bonne ni mauvaise	Mauvaise	NSP
• Belgique	58	29	4	8
• Danemark	36	26	22	15
• Espagne	69	15	5	11
• FRANCE	45	43	8	5
• Grèce	58	22	6	15
• Irlande	69	15	4	12
• Italie	74	19	2	5
• Luxembourg	38	36	18	8
• Pays-Bas	52	35	6	7
• Portugal	64	18	3	16
• RFA	46	35	9	11
• Royaume-Uni	45	29	16	10
EUROPE DES 12	55	29	8	9

Les risques ne sont pas absents de l'aventure européenne.

L'Europe de l'après-1992 distinguera davantage ses bons et ses mauvais élèves. L'inconscience consisterait à laisser faire le marché, au nom d'une idéologie néolibérale pure et dure, sans prendre les mesures d'accompagnement social nécessaires pour amortir le choc de la dérégulation. Certaines sont déjà prévues : harmonisation « dans le progrès » des conditions de travail, charte européenne destinée à éviter le « dumping social », respect de certaines situations nationales antérieures. D'autres se mettront en place, selon le principe éternel des essais et erreurs.

A ce prix, 1993 ne sera pas, comme le dit Alain Minc, « une bonne réponse à une question qui n'est pas posée », mais un début de réponse à une question que Jacques Delors, après d'autres grands Européens, aura eu l'immense mérite de poser.

S ➤ 57 % des Français pensent que les Etats-Unis d'Europe seront constitués en l'an 2000 (35 % en avril 1985). 31 % sont de l'avis contraire (36 % en avril 1985).

Micro-entretien

EDOUARD LECLERC *

G.M. - *Quel rôle doit jouer l'Europe et quelle doit être sa dimension ?*

E.L. - Bien des mesures qui ont été prises sont des mesures égoïstes. On parle de gel des terres pour limiter la production, de quotas laitiers, de quotas de pêche, etc. Je dis tout simplement que c'est scandaleux. Il faut se donner les moyens d'un réel partage. Non seulement en apportant de la nourriture, mais en envoyant des ingénieurs, du matériel. Il faut mettre en place un grand plan Marshall international. C'est la seule façon de sauver le monde d'une conflagration. Au lieu de cela, la Communauté européenne est un club de privilégiés. Je ne vois d'ailleurs pas l'Europe sans les Russes. A terme, et même à court terme, l'Europe devra se faire de l'Atlantique à l'Oural. Par ailleurs, l'Angleterre n'est pas partie intégrante de l'Europe ; elle est américanisée. C'est un dominion des Etats-Unis. Tandis que l'URSS, la Bulgarie, la Hongrie, la Roumanie, la Tchécoslovaquie, la Pologne, c'est l'Europe.

* Fondateur et directeur des Centres Leclerc.

RFI, 13 mai 1989

S ➤ 70 % des Français pensent que la réunification de l'Allemagne n'est pas un obstacle à la construction européenne (18 % de l'avis contraire).
S ➤ 61 % des Français pensent que, d'ici à quelques années, les pays de l'Europe de l'Est ressembleront aux pays occidentaux comme la France, la RFA ou la Grande-Bretagne, en ce qui concerne la liberté d'opinion (29 % non), 82 % en ce qui concerne la liberté de circulation (12 % non), 72 % en ce qui concerne la liberté de manifester (22 % non), 63 % en ce qui concerne l'organisation de la vie économique (22 % non).
S ➤ 75 % des Français seraient plutôt favorables à l'entrée de l'Autriche dans la Communauté européenne (14 % plutôt opposés), 67 % à celle de la Pologne (22 % opposés), 60 % à celle de la Hongrie (25 % opposés), 41 % à celle du Maroc (45 % opposés), 37 % à celle de la Turquie (48 % opposés), [octobre 1989.]
S ➤ 31 % des Français se considèrent très souvent ou souvent comme citoyens de l'Europe, 35 % pas très souvent, 33 % jamais.

plupart des Européens, les Français avaient modifié leur image de l'URSS et largement plébiscité l'ambition de son leader charismatique.

Mais les difficultés se sont accumulées à l'intérieur de l'empire soviétique. Les pays satellites ont fait sécession, bientôt suivis par plusieurs républiques avides d'indépendance. Malade de son centralisme politique et administratif, de son manque d'ouverture et du poids de ses dépenses militaires, l'URSS est à la croisée des chemins. Les Français accordent à Gorbatchev une confiance de plus en plus vigilante, et craignent qu'il ne soit bientôt plus en mesure de poursuivre une action qui ne bénéficie pas du soutien de l'opinion publique soviétique.

MONDE

Nouvelle perception du monde ● Déclin de l'influence politique et économique des Etats-Unis ● Nouveaux déséquilibres et nouvelles inquiétudes ● Culture planétaire et uniformisation des modes de vie

Le nouveau monde

Le monde a plus changé en deux ans qu'en plusieurs décennies et les Français en ont profité pour élargir et modifier la connaissance limitée qu'ils en avaient.

L'analyse des nombreuses enquêtes et sondages réalisés en 1989 et 1990 permet de décrire la perception que les Français ont aujourd'hui d'un monde qui se transforme sous leurs yeux. L'analyse du contenu des médias pendant cette période permet de mieux comprendre l'évolution de l'opinion.

Ce sont les changements à l'Est qui concernent le plus les Français.

La proximité géographique et la mémoire d'une histoire souvent commune expliquent l'intérêt que les Français portent aux pays de l'Est et à l'Union soviétique. Les efforts entrepris par Gorbatchev dans le cadre de la « Perestroïka » et son désir de désarmement avaient d'abord suscité beaucoup d'espoirs. Comme la

Les Français sous le charme de Gorbatchev

En mai 1984, 5 % seulement des Français déclaraient éprouver de la sympathie pour Mikhaïl Gorbatchev, 47 % de l'antipathie. Sa cote montait à 23 % en juin 1986 (contre 14 %) et à 31 % en juin 1987 (contre 22 %). Elle atteignait 51 % en mai 1989, avec 10 % seulement de personnes le trouvant antipathique. Il arrivait ainsi en seconde position parmi
19 personnalités internationales, juste derrière le pape Jean-Paul II.
Au baromètre de la confiance accordée aux chefs d'Etat, le leader soviétique se situait en troisième position, après le chancelier Kohl (60 % contre 61 %) et le président Mitterrand (65 %).

L'image de l'Asie est dominée par les mouvements qui affectent la Chine et le Japon.

La perception que les Français avaient des pays d'Asie était en partie conditionnée par le spectaculaire développement économique du Japon et des « quatre dragons » (Corée du Sud, Hongkong, Taiwan, Singapour). Deux faits nouveaux sont venus modifier cette image et élargir leur champ de vision.

La révolution manquée des étudiants en mai 1989 et la sanglante répression qui a suivi ont replacé la Chine au centre de l'actualité. Ils ont aussi montré aux Français que la « démocratisation » dont les médias s'étaient fait l'écho depuis quelque temps n'était qu'une illusion, au mieux une façade destinée à cacher une réalité beaucoup plus sombre.

L'autre grande surprise a été de constater, dès le début 1990, les difficultés d'ordre économique et social qui affectaient le Japon. La chute du yen, celle de la bourse, les revendications des Japonais pour une meilleure qualité de vie ont surpris de la part d'un pays que les Français pensaient à l'abri de tels soubresauts.

Le monde tourne de plus en plus vite

Le Moyen-Orient est devenu la principale menace pour l'avenir de l'Occident.

Après les changements intervenus en URSS, c'est le Moyen-Orient qui représente aujourd'hui pour les Français la plus grande menace pour la paix du monde. Les années de fortune facile sont terminées pour les pays du golfe Persique, qui exploitent plus difficilement leur manne pétrolière. Les pays arabes sont divisés par leurs conceptions et leurs pratiques différentes de l'islam. Israël a perdu son capital de sympathie dans l'opinion française et internationale, tandis que les Palestiniens, longtemps considérés comme des terroristes, bénéficient de leur image, nouvelle, de victimes. L'interminable guerre du Liban, les comportements agressifs et imprévisibles de l'Iran, de la Syrie et de l'Irak sont autant de signes qui montrent que

tout peut arriver dans des pays dont les Français ne comprennent ni la culture ni les comportements.

Israël-OLP : changements d'images

En mai 1976, 39 % des Français déclaraient que, dans le conflit qui opposait Israël et l'OLP, leurs sympathies allaient à Israël (5 % à l'OLP). Treize ans plus tard, en avril 1989, 25 % seulement restaient favorables à Israël et 12 % à l'OLP. Les plus proches d'Israël étaient les personnes qui se réclamaient de l'UDF et du RPR (41 %). Les plus proches de l'OLP étaient les sympathisants du PC (36 % contre 19 % à Israël) et ceux du Front national (17 % contre 25 %).

Le Nouvel Observateur/Sofres, avril 1989

L'Afrique apparaît comme la région la plus en retard, malgré l'aide dont elle a bénéficié.

L'Afrique n'a pas encore réussi à inventer l'après-colonialisme, ni à vaincre ses divisions. Les Français ont aujourd'hui l'impression que l'aide internationale n'a pas permis le développement espéré et qu'elle a été en partie détournée de son objet par les pouvoirs en place.

L'écart, déjà important, avec les autres régions du monde en train de se creuser. Les Français regardent avec inquiétude l'évolution de l'Algérie, aux prises avec la montée de l'intégrisme musulman. Ils observent avec espoir la situation de l'Afrique du Sud, qui tente de retrouver un peu d'humanité dans la façon dont elle considère la majorité, noire, de ses habitants.

S ➤ Dans le conflit qui oppose Israël à l'OLP, 25 % des Français ont plus de sympathie pour Israël, 12 % pour l'OLP, 25 % pour aucun des deux, 6 % pour les deux à la fois.
S ➤ Interrogés sur les pays dont l'histoire et la culture leur paraissent les plus intéressantes, les Moscovites citent la France en premier, devant les Etats-Unis, la Grande-Bretagne, le Japon, l'Italie et l'Allemagne. 58 % des personnes interrogées trouvent les Français « bons vivants », 41 % « sociables », 40 % « spirituels », 25 % « légers », 24 % « travailleurs ». 59 % associent la France aux femmes, 48 % à la Révolution, 30 % au vin, 16 % au Concorde.

Dans un pays historiquement attaché à l'Afrique et à son devenir, on constate depuis deux ans un net changement de priorité. C'est aujourd'hui l'Europe de l'Est, plus proche géographiquement et culturellement, qui monopolise l'intérêt des hommes politiques, des chefs d'entreprise et des citoyens.

Aide-toi, les riches t'aideront

« On doit augmenter fortement l'aide aux pays sous-développés » (en %)* :

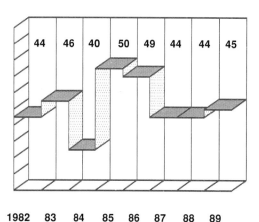

44	46	40	50	49	44	44	45
1982	83	84	85	86	87	88	89

(*) Cumul des réponses « bien d'accord » et « entièrement d'accord » à l'affirmation proposée.

Agoramétrie

L'Amérique latine est perçue
de façon assez floue par les Français.

L'Amérique du Sud a bien vite oublié les années du miracle économique de certains de ses membres (Brésil, Mexique, Venezuela) pour retrouver la misère et la dépendance vis-à-vis de pays à qui elle doit des sommes considérables. Les progrès de la démocratie dans certains pays (Brésil, Argentine, Pérou) ne parviennent pas à cacher le développement de la pauvreté, de l'injustice, voire de la terreur.

A travers l'exemple de la Colombie, dont l'activité est centrée sur la culture de la drogue,

les Français ont reçu une double leçon d'économie et de morale. Ils ont commencé à comprendre la responsabilité des pays riches dans les difficultés des pays pauvres. Car il n'y a pas d'offre durable sans une demande importante et solvable.

La dérive des continents

L'équilibre issu de la Seconde Guerre mondiale est mis en cause depuis 1989 par les événements qui se sont produits dans les pays d'Europe de l'Est, mais aussi d'Amérique latine, d'Afrique ou d'Asie.

Après avoir salué, comme il se doit, les progrès, réels ou potentiels, de la démocratie, les Français se demandent aujourd'hui avec une certaine angoisse quel sera le nouvel équilibre des forces et quelle place la France pourra y jouer.

Les Français ont aujourd'hui
une vision plus globale du monde.

L'accélération de l'histoire a constitué pour les Français une véritable leçon de géographie. Elle les a contraints à élargir leur champ de vision, qui était pour beaucoup hexagonal. Ils ont ainsi découvert que le monde était devenu « interdépendant » et les problèmes universels.

Beaucoup avaient été surpris de voir apparaître, il y a quelques années, des cartes où le centre du monde n'était plus l'Europe mais l'océan Pacifique, aux enjeux stratégiques et économiques considérables. De même, les cartes établies à partir de photos-satellite prises au-dessus du pôle Nord leur ont montré que les côtes de l'Alaska et du Grand Nord Canadien font face à la Sibérie du Nord sur plusieurs milliers de kilomètres, et que la Chine est proche de l'Union soviétique tout au long de sa frontière sud-est.

S ➤ 36 % des Français pensent que Mickhaïl Gorbatchev a l'intention de faire de l'Union soviétique une société démocratique comme celle des pays occidentaux, 45 % pensent qu'il veut rendre le système plus efficace.
S ➤ 31 % des Français pensent que l'URSS peut devenir d'ici la fin du siècle une démocratie comme les autres, 48 % non (juillet 1989).

Ces nouvelles visions du monde illustrent les grands changements intervenus au cours des dernières années. Elles montrent aussi que les relations entre les nations dépendent pour une large part des rapports de force qu'elles entretiennent.

Les Etats-Unis ne constituent plus un modèle économique.

Le principal changement dans le rapport de forces mondial est le déclin récent des Etats-Unis. Le pays du libéralisme a abandonné sa suprématie économique et technologique au Japon et son déficit budgétaire fait peser sur le reste du monde une menace dont on a vu les premiers effets lors du krach de 1987.

Les accords sur le désarmement conclus avec l'URSS ont eu pour conséquence un découplage de l'Europe vis-à-vis de son ancien protecteur. Les difficultés intérieures de la société américaine (drogue, misère des minorités, protection sociale insuffisante, mise en question du droit à l'avortement...) font que l'Amérique n'apparaît plus comme le gendarme du monde ni comme un modèle.

La rupture des anciens équilibres entraîne de nouvelles inquiétudes.

Les Français ont d'abord observé la « dérive des continents » avec des yeux ravis. La perspective de l'accession à la démocratie de pays qui ont connu longtemps le joug de la dictature est toujours un événement émouvant. Mais la joie fit rapidement place à l'interrogation, voire à l'inquiétude, lorsque apparurent les problèmes concrets.

S ➤ 68 % des Français craignent que la poussée islamique dans les pays arabes provoque des tensions entre l'Europe et les pays du bassin méditerranéen (17 % non).
S ➤ 59 % des Français considèrent que l'aide fournie par la France aux pays africains est mal employée (19 % bien). 44 % approuvent la décision du président de la République d'annuler la dette de trente-cinq des pays les plus pauvres d'Afrique (42 % non).
S ➤ 50 % des Français considèrent que la politique que la France a menée en Afrique noire depuis trente ans est plutôt un échec (20 % plutôt une réussite).

Surtout, les événements de ces deux dernières années ont mis en cause le partage du monde inauguré il y a plus de 40 ans par les accords de Yalta. Un équilibre imparfait, auquel les peuples s'étaient habitués pendant des décennies. Si la rupture de cet équilibre constitue potentiellement un facteur de progrès, elle est aussi la source d'incertitude, donc d'inconfort parmi les habitants et les dirigeants des vieilles démocraties.

Micro-entretien

SERGE JULY *

G.M. - *Sommes-nous, comme le prétend Fukuyama, en train de vivre la fin de l'Histoire ?*

S.J. - La formule fait fantasmer. Mais nous ne sommes pas à la fin de l'Histoire. C'est précisément l'inverse et c'est cela qui fait peur, car on s'aperçoit que l'Histoire sort du congélateur. Finalement, on va regretter la période de confrontation Est-Ouest. La sortie effective de la guerre froide va être une période de déstabilisation. Les gens vont se dire que c'était plus rassurant avant. Le défi, aujourd'hui, c'est l'Europe. Ce n'est pas la réunification de l'Allemagne, c'est celle de l'Europe. 1989 n'aura pas été la fin de l'Histoire, mais d'une certaine façon la fin du xxe siècle.

* Directeur de *Libération*.

RFI, 16 décembre 1989

Les peurs écologiques sont aujourd'hui plus fortes que celle de la guerre.

Les Français restent assez pessimistes quant à l'avenir du monde mais la hiérarchie de leurs craintes a changé. La peur de la guerre, qui occupait jusqu'ici le premier rang, s'est éloignée avec la volonté de désarmement de l'URSS. Elle a été remplacée par la peur écologique, provoquée par les scientifiques et entretenue par les médias : le trou de la couche d'ozone ; la destruction des forêts, des espèces animales et végétales ; la dégradation des sols. Il est probable que cette crainte restera prioritaire tant qu'on ne pourra prévoir l'échéance et l'ampleur des bouleversements climatiques attendus.

La culture planétaire

On assiste à une internationalisation croissante des modes de vie et des références culturelles. Malgré son déclin, l'influence anglo-saxonne y tient toujours une large place. Les médias et les entreprises en sont les principaux vecteurs.

Malgré son déclin économique, l'influence culturelle des Etats-Unis reste forte.

En octobre 1984, 42 % des Français considéraient que la politique économique de la France était totalement ou en grande partie déterminée par celle des Etats-Unis. Ils n'étaient plus que 33 % en octobre 1988 (sondage Figaro-Europe 1/Sofres, octobre 1988). De même, 25 % estimaient en 1988 que la politique extérieure de la France était déterminée par celle des Etats-Unis, contre 29 % en 1984.

En revanche, l'influence de la culture américaine est jugée excessive par les Français : 67 % en ce qui concerne les programmes de télévision (45 % en octobre 1984) ; 53 % pour le cinéma (contre 36 %) ; 47 % pour la musique (contre 42 %) ; 42 % pour la publicité (contre 34 %) ; 32 % pour le langage (contre 28 %).

Francophonie

Sur les 120 millions de francophones dans le monde, 70 millions l'ont appris comme langue maternelle, dont 8 millions en Amérique du Nord (surtout Canada). Les principaux pays non francophones pour l'enseignement du français sont : la Grande-Bretagne (3 millions d'élèves), l'URSS (2,5), l'Italie (2,1), la RFA (1,7), l'Egypte (1,5), l'Espagne (1,5), les Etats-Unis (1,1), le Nigeria (1).
Le gouvernement français a nommé en 1988 un secrétaire d'Etat chargé de la francophonie. Plusieurs « sommets de la francophonie » ont eu lieu, notamment au Québec et au Sénégal.

Les modes de vie tendent à s'uniformiser entre les différents pays.

Comme le dit justement le proverbe, « le monde est petit ». Il est même de plus en plus petit lorsqu'on considère la facilité avec laquelle

on peut en faire le tour. Les 80 jours de Phileas Fogg, une belle performance à l'époque, font sourire aujourd'hui, alors que la navette spatiale fait une révolution complète en une heure et demie. En quelques dizaines d'années, le monde s'est largement ouvert aux idées et aux produits des autres. Même des pays très autarciques comme l'URSS ou la Chine laissent pénétrer quelques-uns des symboles de cette culture universelle que sont les produits de consommation courante : alimentation, loisirs (musique, télévision, cinéma...), etc.

Le monde, une somme de différences

Les entreprises multinationales et les médias sont les principaux artisans de cette uniformisation.

Les produits, les campagnes de publicité, les méthodes de travail, les modes de vie se ressemblent dans la plupart des pays. Le visiteur qui se rend à New York, Amsterdam, Francfort ou Mexico retrouve beaucoup d'images qui lui sont familières : affiches publicitaires, boutiques et hôtels d'implantation internationale, produits courants, etc. De sorte qu'il faut aller de plus en plus loin pour trouver l'exotisme, ou au moins le dépaysement culturel.

A l'heure où les modes de vie tendent à devenir de plus en plus individuels, les cadres de vie tendent au contraire à s'uniformiser. Le para-

Les Français vus par les autres

Il y a ceux qui pensent que les Français sont des gens cultivés, imaginatifs, bons vivants et qui affirment que Dieu habite en France. Et puis, il y a ceux qui considèrent que les Français sont des gens froids, peu accueillants, arrogants... L'image est multiple et contradictoire mais certains stéréotypes demeurent en bonne place : la tradition culturelle ; le goût du luxe et du « bien-vivre » ; le complexe de supériorité ; la résistance au changement.

Pourtant, ces jugements n'intègrent pas toujours les évolutions qui se sont produites depuis quelques années. Ainsi, il apparaît que le poids culturel de la France est plutôt en diminution dans certains pays (moins de livres traduits, moins de librairies françaises, moins d'artistes et de créateurs qui comptent à l'étranger). De même, les sondages montrent que les Français considèrent leur pays comme une « moyenne puissance » et ne se sentent plus vraiment une âme de conquérant ou de colonisateur. Il reste que certains attributs de l'image appartiennent véritablement à la mentalité collective : le goût du confort ; l'élitisme et le mythe de l'intelligence, largement encouragés par le système éducatif ; la fibre « monarchiste », qui se manifeste dans le faste d'Etat et la centralisation administrative. Ce mélange d'attirance et de répulsion qu'inspire la France à l'étranger s'explique par le caractère contrasté d'un pays à cheval entre le passé et le présent, entre la tradition et la haute technologie, entre la volonté de grandeur et le souci du confort. L'étrange dialectique des médias et des conversations de salon entre le « déclin » et la « renaissance » française en est une illustration.

doxe n'est qu'apparent. Ce ne sont pas, en effet, les éléments communs de l'environnement qui déterminent la façon de vivre des individus. Ils n'en sont que les accessoires, dont l'utilisation peut être aisément personnalisée, car la plupart des produits existent aujourd'hui en un grand nombre de versions. C'est d'ailleurs très souvent pour lutter contre la standardisation de leur cadre de vie que les individus cherchent à s'inventer des façons de vivre qui leur sont personnelles.

S ➤ 60 % des Français estiment que la réunification de l'Allemagne est une bonne chose pour la France, 19 % une mauvaise chose.

S ➤ 65 % des Français sont opposés à la création d'un Etat palestinien dans les territoires occupés, 26 % y sont favorables. 47 % sont favorables à la création d'une fédération jordano-palestinienne comprenant la Jordanie et les territoires occupés, 37 % y sont opposés (avril 1989).

S ➤ 48 % des Français pensent que l'URSS ne sera plus un pays communiste en l'an 2000 (8 % en septembre 1979). 42 % pensent qu'elle le sera toujours (78 % en septembre 1979).

S ➤ 63 % des patrons (entreprises de plus de 100 personnes) estiment que les chances de libéralisation de l'économie soviétique sont faibles ou très faibles, 36 % qu'elles sont assez grandes, 1 % qu'elles sont très grandes.

S ➤ 67 % des Français seraient favorables à ce que la France augmente son aide économique et financière aux pays de l'Est qui progressent dans la voie de la démocratie, 25 % y seraient opposés.

TRAVAIL

LE BAROMÈTRE DU TRAVAIL

Les pourcentages indiqués représentent les réponses positives aux affirmations proposées.

« Il faut chercher à travailler le moins possible » (%) :

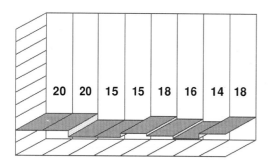

| 20 | 20 | 15 | 15 | 18 | 16 | 14 | 18 |

1982 83 84 85 86 87 88 89

Agoramétrie

« Il y a trop de fonctionnaires » (%) :

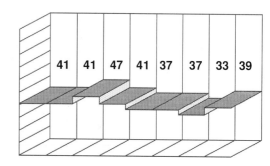

| 41 | 41 | 47 | 41 | 37 | 37 | 33 | 39 |

1982 83 84 85 86 87 88 89

Agoramétrie

« Les syndicats sont indispensables » (%) :

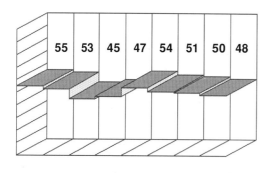

| 55 | 53 | 45 | 47 | 54 | 51 | 50 | 48 |

1982 83 84 85 86 87 88 89

Agoramétrie

« Il faut adopter la semaine de 35 heures » (%) :

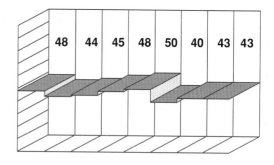

| 48 | 44 | 45 | 48 | 50 | 40 | 43 | 43 |

1982 83 84 85 86 87 88 89

Agoramétrie

LA POPULATION ACTIVE

ACTIVITÉ

Taux d'activité en hausse ● *Reprise de la création d'emplois depuis 1985* ● *1,6 million de travailleurs étrangers* ● *Développement du travail précaire pour les jeunes, les femmes, les personnes peu qualifiées* ● *Un salarié sur dix intérimaire* ● *Une femme sur deux active*

24 millions d'actifs

La proportion de personnes actives dans la population française avait diminué régulièrement jusqu'au début des années 70. Depuis 1970, elle tend au contraire à augmenter, sans pour autant retrouver le niveau qu'elle avait au début du siècle.

Les effets de la crise économique sur l'emploi ont été très sensibles entre 1974 et 1984. Depuis 1985, on observe une reprise de l'embauche dans les grands secteurs d'activité. Environ 250 000 postes ont été créés en 1988 et en 1989.

Entre 1900 et 1968, la proportion d'actifs dans la population totale a baissé de 20 %.

Cette réduction importante est liée à l'évolution démographique entre les années 1930 et 1945 : allongement de la durée de vie moyenne ; classes actives décimées par la guerre. Elle est aussi la conséquence de l'allongement de la scolarité, de la réduction de l'âge moyen de la retraite et de la diminution de l'activité féminine jusqu'à l'aube des années 70.

Depuis la fin des années 60, le taux d'activité remonte régulièrement.

Les années 70 ont été marquées par une diminution de la fécondité et par un ralentissement de la progression de l'espérance de vie. Il faut y ajouter l'arrivée sur le marché du travail des générations nombreuses de l'après-guerre, les départs en retraite des générations creuses de la guerre de 1914-1918. Sans oublier les flux d'immigration, en provenance principalement des pays du Maghreb, importants jusqu'en 1974.

Mais c'est le redémarrage de l'activité féminine, particulièrement sensible depuis 1968, qui explique le mieux l'accroissement de l'activité globale. Elle atteint aujourd'hui 44 % (très inférieur cependant du maximum de 52 % observé en 1921). Dans un contexte économique défavorable, cet accroissement de la demande de travail s'est accompagné d'une très forte croissance du chômage.

La création d'emplois a repris à partir de 1985. Elle s'est accentuée en 1988 et 1989.

La meilleure conjoncture économique, la création des TUC (Travaux d'utilité collective) et des SIVP (Stages d'initiation à la vie professionnelle) ont permis à l'emploi de se redresser en 1985. Près de 400 000 emplois étaient créés entre 1985 et 1988 ; la population active occupée retrouvait son niveau du début des années 80, autour de 21,5 millions. 240 000 emplois ont été créés en 1989. Cette situation devrait se poursuivre en 1990, du fait des perspectives de croissance et des intentions d'embauche des entreprises.

La population active devrait moins augmenter au cours des prochaines années, du fait de

44 % d'actifs

Proportion d'actifs, en pourcentage de la population totale (chômeurs inclus) :

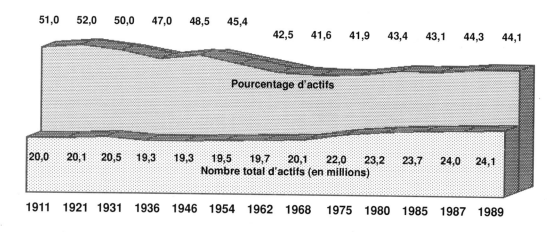

| | 51,0 | 52,0 | 50,0 | 47,0 | 48,5 | 45,4 | 42,5 | 41,6 | 41,9 | 43,4 | 43,1 | 44,3 | 44,1 |

Pourcentage d'actifs

| 20,0 | 20,1 | 20,5 | 19,3 | 19,3 | 19,5 | 19,7 | 20,1 | 22,0 | 23,2 | 23,7 | 24,0 | 24,1 |

Nombre total d'actifs (en millions)

| 1911 | 1921 | 1931 | 1936 | 1946 | 1954 | 1962 | 1968 | 1975 | 1980 | 1985 | 1987 | 1989 |

INSEE, enquêtes sur l'emploi

l'évolution de la structure démographique (les personnes partant à la retraite seront plus nombreuses qu'au début des années 80) et d'une augmentation plus lente de la population active féminine.

Deux Français sur trois « inactifs »

Il faut ramener à sa juste proportion la notion d'activité au sens où l'entendent les statisticiens. Au total, 21,5 millions de Français occupaient officiellement et effectivement un emploi au début 1990, soit 38 % seulement de la population totale. Ce qui veut dire que près de deux Français sur trois ne « travaillent » pas : enfants, étudiants, adultes inactifs, chômeurs, retraités.

Le nombre des travailleurs étrangers est à peu près stable depuis 1975.

Beaucoup d'étrangers sont arrivés en France pendant les années 60, attirés par la perspective de trouver un emploi dans des postes généralement délaissés par les Français. Leur nombre a augmenté depuis, sous l'effet des nouvelles vagues d'immigration. Il s'est stabilisé depuis quelques années à environ 1,5 million, soit environ 7 % de la population active totale, niveau comparable à celui du début des années 30.

Ils occupent les postes les moins qualifiés et les moins bien rémunérés (57 % sont ouvriers) et sont plus touchés par le chômage. On les trouve surtout concentrés en Ile-de-France, en Corse, dans la vallée du Rhône et la région Provence-Côte d'Azur.

1 600 000 travailleurs étrangers

Répartition des étrangers de 15 ans et plus par nationalité et taux d'activité (1989) :

	Nombre	Taux (1)
• Algériens	494 459	52,3 %
• Tunisiens	132 307	57,6 %
• Marocains	352 497	53,1 %
• Ressortissants des pays d'Afrique noire	119 197	57,4 %
• Italiens	241 192	43,0 %
• Espagnols	213 094	47,6 %
• Portugais	571 340	72,3 %
• Ressortissants des autres pays de la CEE	158 114	56,1 %
• Polonais	53 104	31,4 %
• Yougoslaves	47 481	64,6 %
• Turcs	131 632	49,4 %
• Autres étrangers	333 148	55,2 %
TOTAL	**2 847 565**	**56,0 %**

(1) Proportion d'actifs (actifs occupés + chômeurs) dans l'effectif total de chaque nationalité.

INSEE, enquête sur l'emploi 1989

Le nombre des salariés étrangers a diminué d'un tiers en neuf ans.

Fin 1989, le nombre des travailleurs étrangers salariés dans des entreprises employant plus de dix personnes était de 700 000, contre 1 074 000 en 1979. Leur part dans l'ensemble des salariés est passée de 11,9 % en 1973 à 7,3 %. Plus des trois quarts sont des ouvriers (79 %, contre 85 % en 1982). On constate que les entreprises qui utilisaient de la main-d'œuvre étrangère sont de moins en moins nombreuses. 46 % des salariés étrangers sont des ressortissants de la CEE ; les plus nombreux sont les Portugais (29 %). Les Algériens arrivent en seconde position (19 %).

L'activité plus précaire

Sous l'influence de la crise économique, le modèle traditionnel de l'activité professionnelle (un emploi stable et à plein temps) a changé. Il laisse place aujourd'hui à des formes plus complexes, plus souples et souvent moins stables. Un peu plus de 3 millions de salariés occupent des emplois de ce type. Parmi eux, 1,3 million d'actifs sont en situation d'emploi précaire, dont 165 000 intérimaires, 540 000 titulaires de contrats à durée déterminée et 370 000 stagiaires. Il faut y ajouter 1,9 million

Les femmes de plus en plus actives

de personnes travaillant à temps partiel. Si ces formes nouvelles ont permis la croissance de l'emploi, elles ne sont pas toujours satisfaisantes pour ceux qui les occupent.

Le travail plus tard, la retraite plus tôt

Taux d'activité (y compris militaires et chômeurs) selon l'âge (en %) :

	Hommes		Femmes	
	1968	1989	1968	1987
• 15 à 19 ans	43,0	14,9	32,5	9,4
• 20 à 24 ans	81,7	69,4	63,6	59,7
• 25 à 29 ans	96,5	94,5	52,2	76,2
• 30 à 34 ans	98,7	97,2	44,6	73,3
• 35 à 39 ans	98,5	97,3	45,2	73,3
• 40 à 44 ans	97,7	97,2	47,1	74,0
• 45 à 49 ans	96,4	95,6	48,8	69,0
• 50 à 54 ans	93,2	90,1	48,4	62,2
• 55 à 59 ans	83,9	68,1	45,7	44,7
• 60 à 64 ans	65,9	24,0	35,3	17,7
• 65 à 69 ans	28,9	7,4	14,8	4,2
• 70 à 74 ans	14,2	3,2	6,8	1,5
• 75 ans et plus	6,8	2,1	2,8	0,6
15 ans et plus	**75,0**	**65,5**	**38,6**	**45,8**

INSEE

Les femmes, les jeunes et les personnes peu qualifiées sont les plus concernés.

Sur les quelque 700 000 personnes qui pratiquent des horaires réduits, plus de 80 % sont des femmes ; beaucoup sont assistantes maternelles ou employées de maison. Près de la moitié des contrats de travail temporaire courts mais à horaires longs sont détenus par des jeunes ayant moins de 25 ans ; 60 % d'entre eux sont des hommes.

> ➤ 90 % des emplois créés en France le sont dans des entreprises de moins de 200 personnes, un sur deux dans une entreprise de moins de 50 personnes.
> S ➤ 82 % des intérimaires étaient au chômage avant d'accepter une mission, dont 70 % inscrits à l'ANPE.
> ➤ 47 % des entreprises de plus de 200 salariés sont implantées à l'étranger. 52 % envisagent d'envoyer certains de leurs cadres travailler à l'étranger, 46 % non.

La moitié des « petits boulots » sont exercés par des personnes sans diplôme ou ayant au mieux le certificat d'études. Moins de 10 % ont un diplôme de l'enseignement supérieur. Le commerce et les services sont les secteurs qui ont le plus contribué au développement de ces formes d'emploi.

---

400 000 travailleurs handicapés

Début 1990, on estimait que 400 000 handicapés occupaient un emploi. Dans le secteur privé, les deux tiers environ occupent des postes d'ouvriers, et 58 % sont d'anciens accidentés du travail.
La loi de juillet 1987 impose aux entreprises publiques ou privées de plus de 20 salariés d'intégrer dans leur personnel au moins 6 % de handicapés, à partir de fin 1991 (5 % en 1990). Les employeurs peuvent faire face à cette obligation en embauchant des personnes invalides, en faisant travailler en sous-traitance les handicapés des centres d'aide par le travail (CAT) ou en versant de l'argent à un organisme chargé de financer leur insertion professionnelle.

Le nombre des contrats à durée déterminée est en augmentation constante.

Il s'était accru de plus de 20 % par an entre 1985 et 1987, mais seulement de 12 % en 1988. Les contrats à durée déterminée représentent les trois quarts des embauches dans les établissements de plus de 50 salariés ; un peu moins d'une sur quatre seulement se transforme en emploi à durée indéterminée. Les principaux secteurs d'activité concernés sont le commerce et le bâtiment génie civile et agricole. La durée moyenne des contrats est de deux à trois mois. Elle tend à s'allonger depuis 1986.

Les stages organisés par l'Etat (TUC, SIVP, etc.) peuvent être assimilés à cette catégorie. Ils concernent 400 000 personnes, essentiellement des jeunes sans qualification et des chômeurs de longue durée

2,2 millions de personnes travaillent à temps partiel, soit 12 % de la population active (une femme active sur quatre).

Il y a travail à temps partiel lorsqu'une personne « occupe de façon régulière, volontaire et unique un poste pendant une durée sensiblement plus courte que la durée normale » (BIT). On considère en pratique que le temps partiel commence en dessous de 30 heures hebdomadaires.

Ce type de travail intéresse surtout les femmes, qui peuvent ainsi concilier le travail et les contraintes familiales. 24 % des actives (29 % des salariées) sont employées à temps partiel ; le taux atteint 68 % dans les services domestiques, 36 % chez les aides familiales.

Les postes occupés sont le plus souvent à faible qualification : personnels de service, aides familiales, etc. Le nombre des travailleurs employés à temps partiel augmente régulièrement. La loi de janvier 1981, qui prévoyait des mesures d'incitation pour les entreprises, répondait aux besoins de certaines catégories de travailleurs. Elle répondait aussi à ceux des entreprises (surtout petites) qui ne peuvent pas toujours se permettre l'embauche d'une personne à temps plein. La France reste néanmoins en retard par rapport à des pays comme les Etats-Unis ou la Suède, où un actif sur cinq environ travaille à temps partiel.

Le temps partiel, une spécialité nordique

Taux d'activité des femmes (15 ans et plus) dans certains pays et importance du temps partiel (1988) :

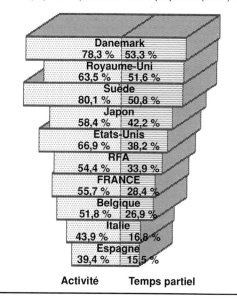

	Activité	Temps partiel
Danemark	78,3 %	53,3 %
Royaume-Uni	63,5 %	51,6 %
Suède	80,1 %	50,8 %
Japon	58,4 %	42,2 %
Etats-Unis	66,9 %	38,2 %
RFA	54,4 %	33,9 %
FRANCE	55,7 %	28,4 %
Belgique	51,8 %	26,9 %
Italie	43,9 %	16,8 %
Espagne	39,4 %	15,5 %

OCDE

Mais le travail à temps partiel ne correspond pas toujours à un choix : 20 % des femmes et 35 % des hommes concernés sont à la recherche d'un autre emploi, contre 5 % des personnes travaillant à temps complet.

Les aides-familiaux en déclin

Parmi les non-salariés, 720 000 sont employés comme aides-familiaux, contre 900 000 en 1982. 600 000 (soit 83 %) sont des femmes. La baisse du nombre d'emplois dans l'agriculture, qui occupe plus de la moitié des aides-familiaux, est la principale cause de cette baisse. Un aide-familial sur trois travaille à temps partiel, le plus souvent entre 15 et 29 heures par semaine.

Le travail intérimaire concerne un salarié sur dix.

Les entreprises de travail intérimaire avaient connu un essor considérable dans les années 60 et 70. En 1972, un dispositif légal prévoyait la protection des salariés intérimaires : conditions d'emploi, durée, indemnités d'emploi précaire, etc. Il fut complété en février 1982 par la mise en place d'un statut du salarié temporaire proche de celui des autres salariés.

Ces mesures, ajoutées au recul de l'activité économique, se traduisirent rapidement par une réduction d'environ 30 % des effectifs concernés et par la disparition de quelque 600 établissements spécialisés. Mais la diminution du travail temporaire n'a pas entraîné la création d'un nombre équivalent d'emplois permanents.

On assiste depuis 1985 à une reprise de l'intérim, avec des taux de croissance annuels supérieurs à 30 % entre 1987 et 1989.

E ➤ 800 000 Français travailleraient au noir. Les secteurs les plus concernés sont le bâtiment et les travaux publics (8 % des logements sont construits au noir), l'agriculture, le textile et le commerce de détail. L'Ile-de-France et la région méditerranéenne sont les régions les plus touchées.
➤ Les trois quarts des employés sont des femmes alors que celles-ci n'occupent qu'un peu plus du quart des emplois de cadres supérieurs, 19 % de ceux d'ouvriers (8 % seulement de ceux d'ouvriers qualifiés).

L'intérim, un travail d'hommes

• 70 % des travailleurs intérimaires sont des hommes. Près de la moitié ont moins de 25 ans.
• Ils sont surtout employés dans l'industrie manufacturière (biens intermédiaires ou biens d'équipement), notamment l'automobile, le bâtiment.
• Un intérimaire sur trois a choisi l'intérim par goût personnel (18 % le choisissent pour la liberté qu'il autorise).
• La période de travail en intérim a une durée moyenne de 7 mois.
• La moitié des missions d'intérim se terminent par un contrat à durée déterminée.
• 62 % des intérimaires qui ont un emploi permanent l'ont trouvé dans l'entreprise où ils occupaient un poste intérimaire.
• 74 % des intérimaires se déclaraient satisfaits de leur niveau de rémunération en 1989, contre 38 % en 1981.

PROMATT/IFOP, octobre 1989

Les femmes au travail

L'accroissement du travail féminin est l'une des données majeures de l'évolution sociale de ces dernières années. En vingt-cinq ans, on a dénombré trois millions de femmes actives supplémentaires, contre moins d'un million d'hommes. Pourtant, ce phénomène n'est pas nouveau, lorsqu'on élargit le champ de la mémoire ; les femmes actives étaient proportionnellement aussi nombreuses au début du siècle.

46 % des femmes de 15 ans ou plus sont en activité.

Après avoir atteint un maximum vers 1900, le taux d'activité des femmes avait fortement baissé jusqu'à la fin des années 60, sous l'effet de l'évolution démographique.

Depuis la fin des années 60, la proportion des femmes actives a augmenté, alors que celle des hommes diminuait. Si les femmes ont, depuis 1968, « repris le travail », c'est en partie sous l'impulsion du grand mouvement féministe des années 70, dont l'une des revendications majeures était le droit au travail rémunéré, condition première de l'émancipation.

Les femmes ont « repris le travail »

Evolution du taux d'activité des hommes et des femmes (en pourcentage de la population totale de chaque sexe) :

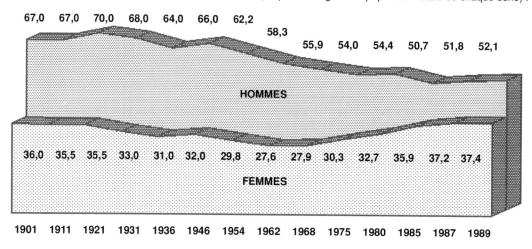

INSEE

Les deux tiers des femmes de 25 à 54 ans occupent un emploi, contre moins de la moitié en 1968.

Le taux d'activité des femmes augmente avec leur niveau de formation. Ce sont les femmes d'ouvriers, mais aussi de cadres ou de « professions intellectuelles supérieures » (enseignants, professions scientifiques, etc.) qui ont les taux d'activités les plus faibles. Les femmes non mariées (célibataires, veuves ou divorcées) travaillent plus fréquemment que les autres (70 % sont actives).

C'est entre 25 et 29 ans que l'activité féminine atteint son maximum : près de quatre femmes sur cinq ; neuf sur dix lorsqu'elles n'ont pas d'enfants. Les taux décroissent ensuite avec l'âge, du fait des contraintes familiales (maternités, éducation des enfants) et d'une volonté d'exercer une activité rémunérée plus fréquente parmi les jeunes générations.

On constate depuis quelques années une féminisation accrue de certains secteurs, notamment dans le tertiaire, où existe d'ailleurs une forte rotation de l'emploi et un niveau de rémunération souvent peu élevé.

Le taux d'activité des femmes progresse moins vite depuis 1984.

Après une dizaine d'années de forte croissance, l'activité des femmes âgées de 25 à 49 ans tend à progresser moins rapidement. Il semble que la difficulté de trouver ou retrouver un emploi décourage certaines femmes, qui préfèrent rester au foyer.

Dans le même temps, on constate que l'arrêt de l'activité est moins fréquent dans le cas de l'arrivée d'un second enfant : plus des deux tiers des femmes ayant deux enfants travaillent. Leurs carrières sont moins souvent interrompues que par le passé. La vie professionnelle des femmes tend à se rapprocher aujourd'hui de celle des hommes.

L'évolution de la nature des emplois a été favorable à l'insertion des femmes.

Le très fort développement des activités de service et la diminution du nombre d'emplois nécessitant la force masculine ont beaucoup favorisé l'arrivée des femmes sur le marché du travail. Les femmes occupent plus de la moitié des emplois du secteur tertiaire. A ces deux raisons liées au progrès économique et technique s'en sont ajoutées d'autres, moins avouables. A travail égal, les femmes étaient le plus souvent moins bien payées que les hommes ; une bonne aubaine pour un certain nombre d'employeurs...

L'informatique, menace et opportunité pour les femmes

BDDP

salaires sont autant de raisons qui expliquent le regain de faveur du travail féminin.

La crainte du chômage, la difficulté de trouver un travail conforme à ses aspirations, la fatigue représentée par la « double journée de travail » et les mesures d'incitation prises par le gouvernement pourront amener certaines femmes à rester au foyer. Mais elles ne semblent guère susceptibles de compenser les facteurs favorables au travail féminin.

> S ➤ Les femmes sont plus nombreuses que les hommes à occuper des emplois précaires ou à temps partiel et leur taux de chômage est plus élevé, surtout depuis 1975.
> S ➤ S'ils avaient le choix, 56 % des Français préféreraient être fonctionnaires, 36 % être salarié d'une entreprises privée.

Mais c'est peut-être le développement du travail à temps partiel qui a le plus contribué à celui du travail féminin. On constate d'ailleurs que c'est dans les pays où les possibilités de travail à temps partiel sont les plus développées que les femmes sont les plus nombreuses à travailler. Il ne faudrait cependant pas en déduire que les femmes préfèrent massivement travailler à temps partiel.

La norme de la femme au foyer a été remplacée par celle de la femme au travail.

Pour un nombre croissant de femmes, travailler est la condition de l'autonomie et de l'épanouissement personnel. Les femmes qui n'ont jamais travaillé sont d'ailleurs trois fois moins nombreuses parmi les moins de 30 ans (moins de 4 %) que parmi les plus âgées (12 %). La diminution du nombre des mariages, l'accroissement du nombre des femmes seules, avec ou sans enfants, la sécurité (parfois la nécessité) pour un couple de disposer de deux

million était dépassé. Le mal gagnait encore pour toucher 1,5 million de travailleurs au début de 1981, puis 2 millions en 1983.

Beaucoup d'observateurs considéraient alors ce chiffre de 2 millions comme la limite au-delà de laquelle l'équilibre social était menacé. Pourtant, le cap des 3 millions de chômeurs est atteint depuis plusieurs années, si l'on tient compte de toutes les personnes en « formation-parking » (stages ne débouchant pas sur un emploi), de celles qui sont dans une situation de grande précarité et qui ne sont pas ou plus inscrites dans les statistiques officielles.

Le terme de chômage recouvre cependant des situations fort diverses : licenciement, départ volontaire, fin d'une période d'essai, fin d'un contrat à durée déterminée, retraite anticipée, impossibilité de trouver un premier emploi...

Le chômage s'est stabilisé à partir de 1985. Il devrait toucher 9 % de la population active à fin 1990.

La progression plus modérée de la population active et la reprise économique ont eu pour effet de stabiliser le chômage à un niveau proche de 2,5 millions, soit un actif sur dix. Les créations d'emplois enregistrées depuis 1987 ont permis d'amorcer une légère diminution en valeur absolue, avec un taux de chômage qui devrait être voisin de 9 % à fin 1990, contre 9,4 % à fin 1989.

La meilleure santé de l'économie française en 1989 a eu pourtant des effets limités sur le chômage. Les 300 000 emplois nets créés n'ont permis de réduire que de 60 000 le nombre des demandeurs d'emploi, car elle a davantage profité aux nouveaux arrivants sur le marché de l'emploi qu'aux chômeurs, en particulier de longue durée.

CHÔMAGE

9 % de la population active ● Stabilisation à partir de 1985 ● Jeunes deux fois plus touchés que la moyenne ● Femmes deux fois plus touchées que les hommes ● Travailleurs immigrés deux fois plus touchés que les Français ● Chômage plus long ; un chômeur sur deux au chômage depuis au moins un an

Le bout du tunnel

Après avoir augmenté de façon régulière depuis le début des années 70, le chômage a commencé à se stabiliser à partir de 1985, sous l'effet d'une croissance plus modérée de la population active et, surtout, d'une reprise de la création d'emplois. Il est passé en dessous de la barre des 2,5 millions au début de 1990.

Les risques de perdre son emploi et la chance d'en retrouver un varient beaucoup en fonction de l'âge, du sexe, du niveau de formation, de la région d'habitation. Les jeunes, les femmes et les immigrés sont les plus touchés.

Entre 1974 et 1984, le nombre des chômeurs a été multiplié par 4.

Le cap des 500 000 chômeurs, atteint au début des années 70, fut considéré à l'époque comme un seuil alarmant ; en 1976, celui du

> ► Le taux de chômage des actifs ayant au maximum le certificat d'études était de 12,6 % en mars 1989, contre 2,5 % chez les diplômés du 2e ou 3e cycle (universités ou grandes écoles). Il était de 6 % chez les titulaires du baccalauréat ou brevet professionnel ou d'un diplôme équivalent.
> S ► 60 % des Français estiment que les chefs d'entreprise font de plus en plus d'efforts pour informer leur salariés (31 % non), 54 % qu'ils donnent davantage de responsabilités, délèguent leurs pouvoirs (33 % non).

Le début de la fin ?

Evolution du nombre des chômeurs au sens du BIT (en milliers) et part dans la population active (en %) :

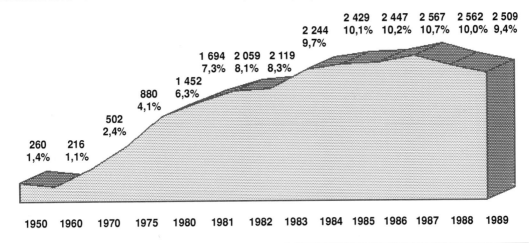

INSEE

Un travailleur sur trois a connu le chômage

On peut estimer qu'environ un tiers des travailleurs ont fait l'expérience du chômage depuis le début de la crise. La proportion est évidemment encore plus élevée si l'on exclut du nombre total d'actifs ceux qui bénéficient de la garantie de l'emploi. Au total, environ 40 % des foyers comportent une personne au chômage, une personne qui cherche un emploi sans le trouver ou une personne dont l'emploi est menacé (une de ces trois situations).

Tous les pays industrialisés ont été touchés. Début 1990, les douze pays de la CEE comptaient environ 16 millions de chômeurs.

Entre 1976 et 1986, le nombre de chômeurs a triplé dans la Communauté européenne. Les niveaux atteints un peu partout étaient comparables à ceux enregistrés au cours des deux guerres mondiales. Certains pays ont réussi depuis 1985 à stabiliser, voire même à réduire, le nombre des chômeurs. C'est le cas de la RFA, de la France, du Royaume-Uni, de la Belgique et de l'Espagne, mais à des niveaux élevés ailleurs qu'en RFA.

Les créations d'emploi dans le secteur des services (13,4 millions entre 1975 et 1987) ont permis de compenser les pertes survenues dans l'industrie et l'agriculture (au total 12 millions d'emplois). Mais dans le même temps, 26 millions d'emplois étaient créés aux Etats-Unis et 7 millions au Japon.

Les jeunes sont deux fois plus touchés que la moyenne.
20 % des jeunes de 15 à 24 ans sont à la recherche d'un emploi.

Le chômage des jeunes a un peu régressé depuis deux ans, car les créations d'emplois leur ont davantage profité qu'aux adultes. Mais les chiffres ne prennent pas en compte les emplois de type particulier que représentent les TUC, les SIVP, les stages d'apprentissage. Ils ne disent rien non plus du statut d'embauche réel des jeunes, dont plus du tiers ont des contrats à durée limitée ou assurent des missions d'intérim. On constate d'ailleurs une diminution inquiétante du nombre des postes « normaux » (à plein temps et à durée indéterminée) qui sont offerts aux jeunes.

La durée de la période de chômage est cependant très variable selon les individus, leurs caractéristiques personnelles et surtout leur formation. Les diplômés des grandes écoles n'ont que l'embarras du choix pour trouver leur pre-

Le chômage des autres

Proportion de chômeurs dans la population active de quelques pays, en mars 1990 (en %) :

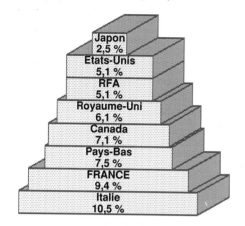

Japon 2,5 %
Etats-Unis 5,1 %
RFA 5,1 %
Royaume-Uni 6,1 %
Canada 7,1 %
Pays-Bas 7,5 %
FRANCE 9,4 %
Italie 10,5 %

OCDE

mier emploi et sont largement favorisés par rapport aux autres diplômés de l'enseignement supérieur. Ceux qui ont arrêté leurs études à la fin du secondaire (y compris les bacheliers) éprouvent beaucoup plus de difficultés à entrer dans la vie professionnelle. Pourtant, la durée du chômage est moins longue chez les jeunes que chez les personnes plus âgées.

Les femmes sont plus touchées que les hommes.
En 1989, 12,6 % des femmes actives étaient au chômage, contre 7,3 % des hommes.

Parmi les jeunes âgés de 15 à 24 ans, les femmes sont plus souvent au chômage que les hommes : 24 % contre 17 %. C'est le cas d'ailleurs à tous les âges, surtout dans la tranche 25-49 ans (11,6 % contre 6,1 %). 60 % des femmes au chômage le sont à la suite d'un licenciement ou de la fin d'un emploi précaire. La part des femmes recherchant un premier emploi diminue.

> ➤ En février 1990, le taux de chômage des jeunes de moins de 25 ans était de 4,7 % en RFA, 9,2 % au Royaume-Uni contre 18,9 % en France et 31,4 % en Italie.

Les travailleurs immigrés sont deux fois plus touchés que les Français.

Entre 1975 et 1982, date du dernier recensement, le nombre des chômeurs étrangers avait triplé. Il a continué à s'accroître depuis. Les taux de chômage sont très différents selon la nationalité : relativement faible chez les Portugais, très élevé chez les Algériens. Les deux tiers des immigrés à la recherche d'un emploi sont des hommes, contre 43 % pour les Français.

A ces différences s'ajoutent celles déjà évoquées concernant le sexe ou l'âge des travailleurs. Le secteur d'activité joue également un rôle important. Les étrangers sont proportionnellement plus nombreux que les Français dans le bâtiment, le génie civil ou l'agriculture, où les taux de chômage sont élevés. Ainsi, 19 % des salariés du bâtiment, génie civil et agricole, sont des étrangers, alors que ceux-ci ne représentent que 6,5 % de l'ensemble des salariés. Ils y occupent en outre des postes particulièrement vulnérables (manœuvres, ouvriers...).

Les femmes et les jeunes d'abord

Evolution du taux de chômage par sexe et par âge en France (au sens du BIT, en %) :

	1975		1989	
	Hommes	Femmes	Hommes	Femmes
• 15-24 ans	6,7	10,1	16,9	24,2
• 25-49 ans	2,0	4,5	6,1	11,6
• 50 ans et plus	2,1	5,4	6,1	7,9
Ensemble	**2,7**	**5,4**	**7,3**	**12,6**

INSEE

Taux de chômage des moins de 25 ans par sexe dans quelques pays (1988, en %) :

	Femmes	Hommes
• Espagne	46,2	30,9
• Italie	41,2	28,7
• Etats-Unis	10,5	10,7
• Royaume-Uni	9,9	13,5
• RFA	7,6	6,4

OCDE

Le piston fait tourner l'emploi

L'existence de relations personnelles ou familiales est, avec le diplôme, un élément déterminant du succès de la recherche d'emploi. L'apparente rationalité du système de recrutement (petites annonces, entretiens, tests, etc.) est la partie immergée d'un dispositif qui l'est beaucoup moins.
Beaucoup de postes à pourvoir ne transitent pas par les petites annonces : près de la moitié des Français trouvent leur emploi par relation. La même constatation s'applique aux chômeurs : le tiers d'entre eux trouvent un emploi grâce à leurs relations personnelles ou à leur famille ; les candidatures spontanées après des entreprises arrivent en seconde position et le recours à l'ANPE s'avère plus efficace que la réponse aux annonces.
D'une manière générale, les relations jouent un rôle croissant dans la société française, qu'il s'agisse d'obtenir un poste ou un privilège. Dans beaucoup de cas, les réseaux ou « tribus » (anciens élèves des grandes écoles, relations mondaines, professionnelles, etc.) complètent ou même remplacent le mérite personnel. Le système commence très tôt dans les familles. Il se perpétue par les enfants, qui utilisent et complètent le réseau de relations des parents, avant d'en faire profiter à leur tour leurs propres enfants.

Le chômage frappe inégalement les régions.

Ce sont les régions Nord-Pas-de-Calais, Languedoc-Roussillon et Haute-Normandie (par ordre décroissant) qui étaient les plus touchées par le chômage en 1989 : plus de 12 %. Les moins touchées étaient l'Alsace, la région Rhône-Alpes, l'Ile-de-France et le Limousin (moins de 9 %).

Les disparités actuelles existaient généralement avant la crise, mais le niveau moyen du chômage s'est fortement accru dans toutes les régions ; depuis 1980, les régions dont la situation s'est la plus dégradée sont celles qui avaient déjà les plus forts taux de chômage initial. On note cependant de fortes différences à l'intérieur d'une même région, entre les départements qui la composent.

Les catégories professionnelles modestes sont les plus vulnérables.

Dans les entreprises, les ouvriers et les employés sont souvent les premières victimes de la crise. Leur nombre est en effet directement pro-portionnel à l'activité de production. La réduction de celle-ci entraîne donc une surabondance de main-d'œuvre.

Les efforts faits depuis quelques années pour améliorer la productivité, par l'introduction de nouvelles machines ou de nouvelles méthodes de travail, ont eu des conséquences sur l'emploi ouvrier.

La hiérarchie du chômage ne ressemble pas à celle des professions

Taux de chômage selon les catégories socio-professionnelles en 1989 (en % de la population active) :

• Agriculteurs exploitants	0,5
• Artisans, commerçants, chefs d'entreprise	2,6
• Cadres et professions intellectuelles supérieures	2,3
Dont	
- *Cadres d'entreprises*	*2,8*
• Professions intermédiaires	3,6
Dont	
- *Professions intermédiaires de l'enseignement, de la santé, de la fonction publique et assimilés*	*2,2*
- *Professions intermédiaires administratives et commerciales des entreprises*	*6,5*
• Techniciens	2,7
• Contremaîtres, agents de maîtrise	3,4
• Employés	10,7
Dont	
- *Employés de la fonction publique*	*5,6*
- *Employés administratifs d'entreprises*	*10,4*
- *Employés de commerce*	*18,4*
• Personnel des services directs aux particuliers	15,5
• Ouvriers	12,2
Dont	
- *Ouvriers qualifiés*	*9,1*
- *Ouvriers non qualifiés*	*16,4*
- *Ouvriers agricoles*	*15,8*

INSEE, enquête sur l'emploi 1989

L'accroissement des emplois précaires a beaucoup contribué à l'augmentation du chômage, en particulier chez les femmes.

L'augmentation du nombre des contrats à durée déterminée est aujourd'hui l'une des principales causes du chômage. Le nombre des cas liés à la fin des missions d'intérim s'est également accru au cours des dernières années. Cette situation explique en partie que les femmes, plus concernées que les hommes par les emplois précaires, sont plus touchées qu'eux par le chômage. C'est donc un véritable « chômage à temps partiel » qui caractérise la vie professionnelle de tous ceux qui n'ont d'autres recours que les contrats de travail à durée déterminée ou les missions d'intérim.

Emplois précaires :
le chômage à temps partiel

Circonstances de la recherche d'emploi (1989, en %) :

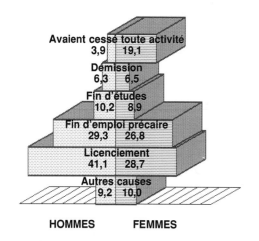

Avaient cessé toute activité
3,9   19,1

Démission
6,3   6,5

Fin d'études
10,2   8,9

Fin d'emploi précaire
29,3   26,8

Licenciement
41,1   28,7

Autres causes
9,2   10,0

HOMMES   **FEMMES**

Le chômage plus long

Dans une société en mutation, un certain taux de chômage est inévitable, estimé par les experts aux environs de 4 %. Ce chômage peut être acceptable s'il est limité dans le temps et s'il correspond à des phases de transition dans la vie professionnelle de chacun. Pourtant, on constate la durée du chômage tend à s'accroître régulièrement, en particulier pour les plus de 50 ans et les femmes.

> **E ➤** 11 % des chômeurs ne sont pas inscrits à l'ANPE.
> **S ➤** 45 % des Français se jugent très travailleurs, 47 % assez , 4 % peu, 1 % pas du tout.

La durée moyenne
de recherche d'emploi augmente.
Un chômeur sur deux est au chômage
depuis au moins un an.

Depuis 1975, l'ancienneté moyenne du chômage a plus que doublé, quel que soit l'âge considéré. C'est chez les femmes que cet allongement de la recherche d'emploi est le plus net ; à âge égal, les femmes ont plus de difficultés à retrouver un emploi.

La profession a aussi une influence sur la durée du chômage. Parmi les hommes, ce sont les cadres, les agents de maîtrise et les techniciens qui mettent le plus de temps à retrouver un emploi. Le phénomène est particulièrement vrai pour ceux qui ne peuvent, ou ne veulent, accepter la mobilité professionnelle. Les ouvrières connaissent le chômage le plus long. Les femmes cadres trouvent par contre plus rapidement du travail que leurs homologues masculins.

Les créations d'emplois ont repris depuis 1987

Rélier

Les plus de 50 ans restent beaucoup plus
longtemps « sur la touche » que les jeunes.

En mars 1989, 63 % des chômeurs de 50 ans et plus étaient sans emploi depuis au moins un an, contre 24 % pour les jeunes de 15 à 24 ans et 42 % pour l'ensemble des chômeurs. L'ancienneté moyenne du chômage était supérieure à deux ans pour les chômeurs âgés d'au moins 50 ans (27 % étaient au chômage depuis au moins 3 ans) contre moins d'un an pour les jeunes de 15 à 24 ans.

L'arrêt-chômage de plus en plus long

Evolution de l'ancienneté moyenne du chômage selon le sexe (en mois) :

	Hommes	Femmes
• 1975	6,7	8,3
• 1980	10,6	12,8
• 1985	13,7	16,2
• 1987	15,9	17,2
• 1989	16,0	16,5

Proportion de personnes au chômage depuis un an et plus selon l'âge et le sexe en 1989 (en %) :

	Hommes	Femmes
• Moins de 25 ans	18,6	28,0
• 25 à 49 ans	41,6	46,4
• 50 ans et plus	64,8	61,4

La vulnérabilité au chômage n'est pas obligatoirement le signe d'une plus grande difficulté à retrouver un emploi. Ainsi, les personnes plus âgées sont moins touchées que les jeunes, mais la durée de leur chômage est plus longue.

Les conséquences psychologiques du chômage sont aussi dramatiques que ses conséquences financières.

L'augmentation de la durée du chômage est à l'origine de situations difficiles, voire dramatiques, sur la vie des personnes concernées. Se sentant exclu, le chômeur tend à se comporter comme tel. Il éprouve de plus en plus de difficultés à se « vendre » à un employeur qui lui préférera souvent un non-chômeur cherchant à changer d'emploi.

La vie familiale en est souvent affectée. La frustration de ne plus pouvoir jouer comme auparavant son rôle de parent ou d'époux (sur le plan matériel autant qu'affectif) tend à rendre certains chômeurs agressifs. Les couples les moins solides n'y résistent pas et les difficultés de communication viennent aggraver une situation personnelle déjà bien mauvaise.

La perte d'un emploi aura donc fait perdre à certains leur famille, leur confiance, leur revenu et la possibilité d'en retrouver un dans des conditions normales. C'est évidemment beaucoup de conséquences pour une cause dont, le plus souvent, ils n'étaient pas responsables.

Pourtant, le système d'indemnisation mis en place en France reste sans doute l'un des plus avantageux du monde, malgré les modifications successives apportées depuis 1983. Mais la moitié environ des chômeurs ne touchent pas ou plus d'indemnités des Assedic.

> ➤ Entre 1975 et 1987, la CEE a perdu près de 8 millions d'emplois dans l'industrie et 4 millions dans l'agriculture.

LA VIE PROFESSIONNELLE

MÉTIERS

5 % d'actifs agriculteurs ● Deux Français sur trois dans les services ● 85 % de salariés ● Un actif sur quatre dépend de l'Etat ● Un travailleur sur trois ouvrier, un homme sur deux ● Moins de commerçants ● Nombre de cadres doublé en 20 ans ● Plus de créations d'entreprises et de faillites

---

De l'agriculture aux services

Le déclin de l'agriculture au profit de l'industrie, puis des services, la prépondérance du statut de salarié, le développement spectaculaire du secteur public, ont progressivement transformé la nature des *métiers* exercés par les Français. Pendant que les paysans quittaient leurs terres, de nouveaux secteurs, de nouveaux métiers voyaient le jour, transformant peu à peu le paysage économique et social de la France.

En 1800, les trois quarts des actifs travaillaient dans l'agriculture.
Ils ne sont plus que 5 % aujourd'hui.

Le déclin de l'activité agricole s'est amorcé dès 1815. Pendant toute la période 1870-1940, les effectifs ont résisté, malgré la baisse régulière de la part de l'agriculture dans la produc-

tion nationale. Dès la fin de la Seconde Guerre mondiale, la mécanisation a précipité l'exode rural.

La part des agriculteurs dans la population active est aujourd'hui trois fois moins élevée qu'en 1950. Le déclin du nombre des paysans est celui de toute une classe sociale, de laquelle la plupart des Français sont issus. Au-delà des difficultés de reconversion, c'est un drame plus profond qui s'est joué au cours de la seconde moitié du XXe siècle pour le peuple français : la perte progressive de ses racines.

Près de deux Français sur trois travaillent aujourd'hui dans une entreprise de services.

Les services marchands sont ceux vendus par des prestataires aux entreprises ou aux particuliers : location immobilière, hôtellerie-restauration ; agences de voyage ; sociétés de conseil ; assurances ; spectacles, etc. Les services non marchands (enseignement public, défense, police, etc.) sont ceux destinés à la collectivité et financés par l'impôt.

Contrairement à ce que l'on pourrait croire, le secteur tertiaire n'est pas une invention récente. La société française a toujours eu besoin de tailleurs, de barbiers, de commerçants, de scribes, de cantonniers et autres allumeurs de réverbères. En 1800, à l'aube de la révolution industrielle, les travailleurs impliqués dans les activités de services représentaient 25 % de la population active et 30 % de la production nationale. Le développement de l'industrie a largement contribué à celui des services connexes (négoce, banques, ingénierie, etc.). Mais c'est l'émergence de la société de consommation des années 50 et 60 qui lui a donné son importance actuelle.

85 % des actifs sont salariés, contre 72 % en 1960.

Une autre conséquence de la révolution industrielle est l'accroissement de la proportion de salariés. Les non-salariés étaient principalement des paysans, des commerçants ou des artisans.

Services : le troisième âge de l'économie

Evolution de la structure de la population active en France (en %) :

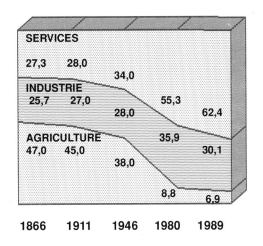

| SERVICES |
| 27,3 | 28,0 | 34,0 | 55,3 | 62,4 |
| INDUSTRIE |
| 25,7 | 27,0 | 28,0 | 35,9 | 30,1 |
| AGRICULTURE |
| 47,0 | 45,0 | 38,0 | 8,8 | 6,9 |
| 1866 | 1911 | 1946 | 1980 | 1989 |

Le nombre des premiers a considérablement diminué depuis un siècle (voir ci-dessus). Celui des artisans et des commerçants a chuté plus récemment.

Le nombre des aides familiaux (femmes de ménage, domestiques, etc.) a lui aussi beaucoup diminué : un million de moins en vingt ans. De plus, un grand nombre de femmes sont venues rejoindre les rangs déjà nombreux des salariés. Mais ce sont les postes créés dans la fonction publique qui ont le plus contribué à l'accroissement des emplois salariés depuis vingt ans.

Un actif sur quatre dépend de l'Etat.
La moitié de l'activité économique reste
sous le contrôle direct ou indirect de l'Etat.

En un siècle, la part du secteur public dans la population active a plus que triplé, du fait des nationalisations qui ont suivi la Seconde Guerre mondiale. Son importance a été accrue par celles de 1982, puis réduite par les privatisations réalisées de 1986 à 1988.

Aujourd'hui, environ 2 000 entreprises sont contrôlées majoritairement par l'Etat et em-ploient 1,5 million de salariés. En ajoutant les salariés de la fonction publique et des collectivités territoriales, on peut considérer qu'un peu plus de 4,5 millions de personnes sont fonctionnaires, mais 6 millions d'actifs dépendent de l'Etat. Celui-ci contrôle directement ou indirectement la moitié de la production intérieure française.

Agriculture au Sud, services au Nord

Structure de la population active dans quelques pays (1988, en %) :

	Agri-culture	Industrie	Services
• Belgique	2,8	28,7	68,5
• Canada	4,9	25,3	69,8
• Danemark	6,5	26,5	67,1
• Espagne	15,1	32,3	52,5
• Etats-Unis	3,0	27,1	69,9
• FRANCE	7,1	30,9	62,1
• Grèce	27,0	28,0	45,0
• Irlande	15,4	28,1	56,5
• Italie	10,5	32,6	56,8
• Japon	8,3	33,8	57,9
• Luxembourg	3,7	32,6	63,8
• Pays-Bas	4,7	27,1	68,2
• Portugal	22,2	34,9	42,9
• RFA	5,2	40,5	54,2
• Royaume-Uni	2,4	30,2	67,4

Eurostat - OCDE

De l'usine au bureau

En même temps que les *métiers*, ce sont les *emplois* eux-mêmes qui ont changé. On trouve de moins en moins de monde dans les ateliers, de plus en plus dans les bureaux, où les postes de cadres se sont multipliés. Les « cols bleus » (manœuvres et ouvriers de toutes qualifications), dont la croissance avait accompagné les deux premières révolutions industrielles (la machine à vapeur et l'électricité), ont été mis à l'écart par la troisième, celle de l'électronique. Ce sont les « cols blancs » (employés, cadres et techniciens) qui prennent aujourd'hui la relève.

INSEE

Plus de salariés, de fonctionnaires... et de chômeurs

Evolution de la population active (en milliers) et de sa répartition (en %) :

	1989				1962			
	Total	% de la population active	Hommes	Femmes	Total	% de la population active	Hommes	Femmes
Population active	24 062	100	13 542	10 520	19 251	100	12 587	6 664
• Chômeurs	2 308	10	982	1 326	196	1	109	87
• Salariés en activité	18 399	76	10 383	8 015	13 763	71	9 177	4 585
- dont salariés de l'Etat et des collectivités locales	*5 099*	*21*	*1 451*	*2 840*	*2 229*	*12*	*1 349*	*879*
• Non-salariés	3 355	14	2 176	1 179	5 293	27	3 301	1 992
- dont agriculteurs	*1 261*	*5*	*795*	*466*	*3 045*	*16*	*1 920*	*1 125*

Le nombre d'ouvriers diminue régulièrement :
* *7,3 millions en 1989 contre 8,1 en 1975 ;*
* *Un travailleur sur trois ;*
* *Un homme sur deux.*

La diminution du poids du secteur industriel dans l'économie s'est traduite par une baisse du nombre d'ouvriers. De plus, l'amélioration de la productivité des entreprises a permis, à activité égale, d'économiser des emplois de production ou de limiter leur accroissement en faisant appel aux machines et aux robots. La part des ouvriers dans la population active reste cependant élevée : 30 %. Celle des ouvriers qualifiés et des contremaîtres continue de s'accroître, alors que celle des manœuvres et des ouvriers spécialisés diminue.

La proportion de travailleurs immigrés est deux fois plus élevée parmi les ouvriers (12,8 %) que dans la population active totale (6,6 %). Disposant généralement d'une moindre formation professionnelle que les Français, ils occupent souvent les postes les moins qualifiés.

Quatre ouvriers sur cinq sont des hommes ; la proportion est encore plus forte parmi les ouvriers qualifiés.

Le nombre des cadres a doublé en 20 ans.

La mission des entreprises, initialement centrée sur la production de masse, s'est peu à peu transformée. Il faut aujourd'hui concevoir des nouveaux produits, gérer, vendre, distribuer, exporter, penser à l'avenir face à une concurrence de plus en plus vive et des marchés de plus en plus segmentés. Le rôle des cadres a donc pris de l'importance, en même temps que se développaient les activités de services, fortes consommatrices de matière grise.

On compte aujourd'hui 2,3 millions de cadres et « professions intellectuelles supérieures » (professions libérales, professeurs, ingénieurs et professions scientifiques, profes-

Le travail se déplace de l'usine au bureau

Le nouveau paysage professionnel

Répartition de la population active selon la catégorie socioprofessionnelle (en %) et proportion de femmes :

	1989		1968	
	Total	dont femmes	Total	dont femmes
• Agriculteurs exploitants	5,3	4,4	11,5	12,8
• Artisans, commerçants et chefs d'entreprise	7,3	5,7	10,7	11,5
• Cadres et professions intellectuelles supérieures	9,6	6,3	5,1	2,5
• Professions intermédiaures	19,1	18,7	10,4	11,4
• Employés	28,1	49,0	21,2	38,8
• Ouvriers	29,6	14,3	39,3	22,5
• Autres catégories	1,0	1,6	1,8	0,5
Total	100,0	100,0	100,0	100,0
Effectifs (en milliers)	**24 062**	**10 521**	**19 916**	**7 208**

INSEE

sions de l'information, des arts et spectacles), contre 892 000 en 1962. La proportion de femmes (29 %) est inférieure à celle des hommes mais croissante ; elle atteint 48 % parmi les professeurs et 50 % dans les professions de l'information, des arts et des spectacles.

Le nombre des cadres supérieurs, en particulier, a fortement augmenté depuis quinze ans sous l'effet d'une part de la demande de cadres administratifs supérieurs et d'autre part de l'accroissement du corps professoral, qui entre dans cette catégorie. L'augmentation du nombre des cadres moyens est, elle, assez étroitement liée à la croissance du secteur médical et social.

Le nombre des commerçants est en forte diminution. 770 000 en 1989 contre un million en 1960.

Le monde du commerce a connu en France un véritable bouleversement, provoqué par l'énorme concentration qui s'est opérée. Les hypermarchés, relativement peu nombreux en 1968 (le premier fut le *Carrefour* ouvert en 1963 à Sainte-Geneviève-des-Bois, près de Paris), sont plus de 700 aujourd'hui et couvrent la totalité des villes, grandes ou moyennes. Ils offrent l'avantage des prix, du choix, du gain de temps, de la liberté de circulation dans les rayons. Ce transfert de clientèle des petites vers les grandes surfaces a eu une incidence sensible sur les emplois du commerce.

Certains commerces de proximité ont pourtant réussi à se maintenir en offrant des services que ne pouvaient pas rendre les géants de la distribution : heures d'ouverture plus étendues ; spécialisation ; conseils ; boutiques « franchisées » bénéficiant de l'expérience et de la notoriété des grandes marques nationales.

Les artisans ont réussi à stopper l'hémorragie des années 60. Ils étaient 842 000 en 1989 contre un million en 1960.

L'artisanat ne fait guère parler de lui, du fait de sa faible représentation syndicale. Il regroupe pourtant un grand nombre d'entreprises, représentant au total 300 corps de métiers différents et employant chacune moins de dix salariés (non compris le patron et, le cas échéant, son conjoint). Un tiers d'entre elles opèrent dans le secteur du bâtiment.

Les plus dynamiques ont su adapter leur service, leur structure et leur façon de travailler aux nouveaux besoins de la clientèle. Beaucoup ont misé, en particulier, sur la rapidité d'intervention. La revalorisation du travail manuel (bien qu'encore limitée), le goût de l'indépendance, mais aussi et peut-être surtout l'accroissement du chômage, ont incité un certain nombre de

Français à s'installer à leur compte au cours des dernières années. La part des femmes dans l'artisanat est deux fois moins importante que dans le commerce (24 %).

Métiers de femmes

Depuis la loi sur l'égalité professionnelle, adoptée le 30 juin 1983, tous les métiers sont ouverts aux femmes, dans des conditions de recrutement, de travail, de rémunération et de sanction éventuelle identiques à celles des hommes (en dehors d'une liste spécifique, définie par décret). Pourtant, le travail des femmes reste concentré dans certaines fonctions : 98 % des secrétaires sont des femmes, 81 % du personnel de services, 75 % des vendeurs et salariés du commerce, 71 % des employés de bureau non qualifiés.

A l'inverse, les femmes sont beaucoup moins nombreuses que les hommes à exercer le métier de contremaître ou d'agent de maîtrise (6 %), d'ingénieur (10 %), de chef d'entreprise (17 %), d'artisans (24 %) ou de cadres administratifs ou commerciaux (25 %). Si le développement du secteur tertiaire a été favorable à leur intégration professionnelle, l'élargissement et l'enrichissement des métiers leur ont jusqu'ici peu profité. Les nouvelles technologies constituent pour elles à la fois une menace et une opportunité. Dégagées des tâches répétitives et automatisables, elles pourront demain accéder à d'autres activités. A condition de pouvoir s'y former.

Entreprises : le retour des créateurs

Le nombre des créations d'entreprises a recommencé à augmenter régulièrement depuis 1984. La volonté d'indépendance et la difficulté de trouver un emploi ne sont pas étrangères à cet intérêt nouveau pour l'entreprise individuelle, de même que les mesures d'encouragement prises par les pouvoirs publics. Mais les nouvelles entreprises créent moins d'emplois et meurent plus tôt.

En 1989, 224 000 entreprises ont été créées, 58 000 ont été reprises.

Les activités industrielles, très en retrait depuis le début de la crise, connaissent un regain d'intérêt. On observe aussi un redémarrage du secteur bâtiment-génie civil depuis mi-1986, après une période de faiblesse.

27 % des Français envisagent de créer leur entreprise et 14 % affirment avoir un projet précis. Le commerce (40 %) et les services (29 %) sont les principaux domaines concernés par les créations d'entreprises, devant l'artisanat (14 %), l'industrie (6 %) et l'agriculture (2 %).

Les reprises sont particulièrement nombreuses dans le commerce (principalement les boutiques) et les services. Mais leur part dans le renouvellement des entreprises est en diminution : 22 % en 1989 contre près de 30 % dix ans plus tôt.

Portrait du créateur

54 % des créateurs d'entreprises habitent des villes de plus de 50 000 habitants. Ils sont de plus en plus diplômés, jeunes et on compte de plus en plus de femmes parmi eux. Le nombre de chômeurs créateurs est en constante augmentation (près de 100 000 en 1989). La mobilité est également plus forte, puisque près de 70 % des créateurs se disent prêts à changer de région.

Une entreprise nouvelle sur deux échoue dans les cinq ans, une sur cinq ne survit pas à la première année, une sur trois à la deuxième, une sur deux à la troisième.

Les services, métiers d'avenir

Vie et mort des entreprises

Nombre d'entreprises créées ou reprises :

	1981	1983	1985	1986	1987	1988	1989
• Créations nouvelles	173 100	156 810	192 200	208 730	212 590	216 580	224 090
• Reprises	68 920	52 520	52 320	57 490	61 890	62 420	57 720
Total	**242 980**	**209 330**	**244 520**	**266 220**	**274 480**	**279 000**	**281 810**
• Faillites	20 300	22 500	26 425	27 802	30 766	35 052	40 042
Solde : créations moins faillites	**+152 800**	**+134 310**	**+165 775**	**+180 928**	**+181 824**	**+243 948**	**+241 768**

INSEE

40 000 entreprises ont fait faillite en 1989, deux fois plus qu'en 1982.

Le taux de défaillance des entreprises est en augmentation. La dégradation est sensible dans les secteurs des services aux entreprises, les transports et le bâtiment-génie civil, qui sont aussi des secteurs à taux de création élevé. Les chiffres suggèrent qu'il existe une corrélation entre le nombre des créations d'entreprises et celui des cessations d'activité.

Le taux de mortalité des entreprises est de 15 % après un an et 50 % après cinq ans. La durée moyenne d'existence des entreprises tend à diminuer : elle n'est plus que de 10 à 15 ans, contre 15 à 20 ans dans les années 60. 37 % des entreprises nées il y a moins de 5 ans ont créé des emplois de salariés, contre 55 % de celles qui ont été reprises.

42 % des entreprises recensées début 1987 ont été créées entre 1981 et 1986.

Sur les 2 461 000 entreprises existantes, un peu plus d'un million ont été créées au cours des six dernières années. Parmi elles, il faut distinguer les créations nouvelles (32 % du nombre total d'entreprises) et les reprises de sociétés qui avaient eu un premier exploitant au moment de leur établissement (10 %).

➤ Le coût de la création d'une entreprise est en moyenne de 206 000 F. Les aides publiques ne représentent que 4,6 % de ce montant.

En 1987, 2,2 millions de personnes travaillaient dans des entreprises créées ou reprises depuis moins de sept ans. Les entreprises créées depuis 1981 sont responsables de 18 % des emplois salariés.

La montée du quaternaire

Le secteur quaternaire rassemble les activités à but non lucratif pratiquées par des organismes divers (fondations, associations...), dont la vocation est de rendre des services de nature humanitaire, culturelle, ou liés à la recherche.
Si la crise a quelque peu ralenti le développement du secteur industriel, les changements qu'elle a entraînés ont été plutôt favorables aux activités quaternaires. Beaucoup de jeunes y voient l'opportunité de s'épanouir dans un travail utile à la collectivité, sans subir les pressions existant dans des entreprises orientées vers le profit. Les personnes âgées y trouvent l'occasion de rendre service tout en s'occupant. C'est bien d'un nouveau type de travail qu'il s'agit dans la mesure où les motivations qui y conduisent (dévouement, générosité) sont d'une autre nature que celles qui régissent le travail traditionnel.

La France a recommencé à créer des emplois depuis 1985.

Le solde positif entre créations et disparitions d'entreprises donne une idée erronée de la situation de l'emploi. Les entreprises qui naissent ont une taille moyenne très inférieure à celles qui meurent : 66 % des sociétés créées entre 1981 et 1987 ne comptaient aucun salarié au 1er janvier 1988. L'effectif moyen par entreprise est passé de 6,1 employés en 1981 à 5,0 en 1987. C'est ce qui explique que le nombre d'emplois créés en France a été, jusqu'en 1984, inférieur à celui des emplois supprimés.

Dans ce domaine, la France a accusé un retard certain par rapport à d'autres pays industrialisés. En Grande-Bretagne, les PME de moins de 20 salariés ont créé un million d'emplois entre 1981 et 1987, alors que les grands groupes en perdaient 250 000. Aux Etats-unis, 80 % des nouveaux emplois ont été créés dans des entreprises de moins de quatre ans d'existence.

Le brassage des emplois

La création de quelque 300 000 emplois en 1989 est la résultante de multiples mouvements qui ont concerné au total près de 4 millions de personnes. D'un côté, les entreprises existantes ont créé des emplois en même temps qu'elles en ont fait disparaître, avec un solde positif. Les variations sont très diverses selon les secteurs d'activité : l'industrie, qui a perdu beaucoup d'emplois au cours des années précédentes, progresse à nouveau, mais moins vite que les services. Par ailleurs, des entreprises nouvelles se sont créées, alors que certaines ont cessé leur activité, avec un solde également positif. Dans chacun de ces quatre mouvements, environ un million d'emplois ont été concernés. C'est l'addition algébrique des deux soldes qui permet de déterminer le nombre d'emplois nets créés.

➤ Près de la moitié des 2,5 millions de fonctionnaires d'Etat (47 %) sont enseignants, 23 % sont postiers.
➤ Les femmes commerçantes sont presque aussi nombreuses que les hommes (48 % des effectifs).
➤ Il existe en France 740 chaînes de franchise. Principaux secteurs concernés : distribution ; bâtiment ; ventes et négoces ; services de voisinage.
S ➤ 75 % des Français estiment qu'à compétences égales les femmes sont moins payées que les hommes (21 % non).
S ➤ 59 % des Français pensent que dans la plupart des métiers une femme a autant de chances de réussir qu'un homme, 38 % non.
S ➤ 42 % des Français pensent qu'en général les enfants sont fiers d'avoir une mère qui travaille, 38 % non.

CONDITIONS DE TRAVAIL

6 heures de travail en moins par semaine en 15 ans ● Léger accroissement en 1989 ● Nuisances dans le travail encore nombreuses ● Absentéisme globalement en baisse ● L'entreprise plus appréciée ● Désaffection vis-à-vis des syndicats, surtout dans le privé

Durée du travail : toujours moins

La réduction de la durée du travail est l'une des évolutions sociales majeures des dernières décennies. Le temps de travail s'est nettement effacé au profit du temps libre. Mais on a constaté récemment une tendance à l'accroissement du nombre d'heures supplémentaires, du fait de l'accroissement de l'activité des entreprises.

Le travail représente 8 années de travail sur 42 années « éveillées » pour les hommes, 6 années sur 45 pour les femmes.

Beaucoup de Français, et surtout de Françaises, rêvent de travailler à mi-temps. Ils ne savent pas que ce souhait est déjà largement réalisé puisque le travail représente en moyenne un peu moins du cinquième du temps éveillé d'une vie.

Le calcul qui conduit à ce résultat est très simple. Si l'on fait l'hypothèse qu'ils dorment 8 heures par jour, les Français disposent d'un capital-temps annuel de 5 844 heures. Le temps que les actifs consacrent en moyenne à une

Le travail à la petite semaine

Evolution de la durée de travail hebdomadaire (en heures) :

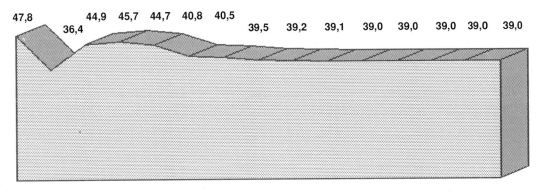

1930	1940	1950	1960	1970	1980	1981	1982	1983	1984	1985	1986	1987	1988	1989
47,8	36,4	44,9	45,7	44,7	40,8	40,5	39,5	39,2	39,1	39,0	39,0	39,0	39,0	39,0

INSEE

activité professionnelle rémunérée est de 1 650 heures par an. C'est-à-dire en fait à peine plus du quart du temps disponible.

Le même calcul réalisé à l'échelle d'une vie humaine moyenne donne des résultats encore plus impressionnants. Si l'on tient compte des années de formation scolaire et de la période de retraite, la vie professionnelle représente 19 % du temps éveillé pour un homme, 14 % pour une femme.

La durée hebdomadaire de travail a diminué de 6 heures en 15 ans.

La loi instituant la semaine de 40 heures date de 1936. Mais les multiples dérogations sectorielles et le recours systématique aux heures supplémentaires avaient empêché son application. De sorte que, jusqu'en 1968, la durée de la semaine de travail resta pratiquement constante, autour de 45 heures.

Mai 1968 allait porter un coup décisif à ces habitudes anciennes. Le protocole d'accord de Grenelle prévoyait la mise en place de mesures conventionnelles de réduction de la durée du travail. Entre 1969 et 1980, la durée du travail passait de 45,2 heures à 40,8. L'arrivée au pouvoir de la gauche donnait un nouveau coup de pouce : 39 heures en 1982 et la perspective de

35 heures à moyen terme. Un projet d'ailleurs remis en cause depuis.

La réduction constatée est due principalement à la réduction des horaires les plus longs, dans le bâtiment par exemple (où la moyenne atteignait près de 50 heures en 1968) ou dans le secteur agroalimentaire (46 heures en 1968). Dans la pratique, la diminution s'est traduite surtout par un resserrement des journées de travail : les horaires de travail commencent plus tard et finissent plus tôt ; l'interruption pour le repas de midi est plus courte.

Les non-salariés travaillent plus que les salariés.

La journée de travail des non-salariés est plus longue que celle des salariés : 8 h 55 contre 7 h 38. De même, ils travaillent un nombre de jours plus élevé dans la semaine : 5,7 jours contre 5,0. 61 % des non-salariés travaillent 6 ou 7 jours par semaine, alors que ce n'est le cas que de 11 % des salariés. On trouve à une extrémité de l'échelle du temps de travail les instituteurs (6,3 heures par jour 4,8 jours par semaine) et à l'autre les commerçants (9,3 heures pendant 6 jours).

Dans tous les cas, la durée de travail professionnel des femmes actives est inférieure à celle des hommes : 8 h 02 contre 9 h 19 chez les non-salariés ; 7 h 06 contre 8 h 01 chez les salariés.

L'écart entre les professions et les secteurs d'activité s'est réduit.

Les ouvriers, qui pendant longtemps ont travaillé plus que les autres, se sont rapprochés de la moyenne au cours des dernières années. L'écart qui les séparait des employés était de 2 heures en 1974 ; il est pratiquement nul aujourd'hui. Les raisons de cette réduction des horaires dans les postes de production ne sont pas seulement légales. Les gains de productivité réalisés par les entreprises leur ont permis une production identique avec un nombre d'heures de travail inférieur.

Les disparités entre les secteurs d'activité se sont aussi considérablement réduites. Une heure de travail hebdomadaire seulement sépare aujourd'hui les transporteurs routiers (40 heures) des ouvriers de l'industrie métallurgique (39 heures).

L'horaire variable

Durée hebdomadaire moyenne selon la profession et le sexe (1989, en heures) :

	Hom.	Fem.	Ens.
• Agriculteurs exploitants	58,8	41,6	52,0
• Artisans, commerçants, chefs d'entreprise	53,9	47,4	51,5
• Cadres et professions intellectuelles supérieures	43,8	35,9	41,4
dont professions libérales	*49,7*	*38,2*	*45,7*
• Professions interméd.	39,8	34,8	37,6
• Employés	40,0	34,8	36,0
• Ouvriers	39,6	35,2	38,7
Ensemble	**41,9**	**35,8**	**39,2**

La France est l'un des pays où l'on travaille le moins.

Jusqu'en 1975, la France était au sein de la CEE le pays où les horaires (secteur industriel) étaient les plus longs. La durée hebdomadaire de travail a tendance à diminuer dans l'ensemble des pays industrialisés et la situation de la France reste moyenne à cet égard. Pourtant, si l'on examine la quantité *annuelle* de travail, la France figure dans le peloton de queue, du fait de la durée des congés payés, dont elle détient le record.

La France paresseuse

Durée de travail annuelle dans quelques pays (1988, en heures) :

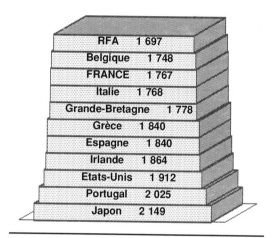

RFA	1 697
Belgique	1 748
FRANCE	1 767
Italie	1 768
Grande-Bretagne	1 778
Grèce	1 840
Espagne	1 840
Irlande	1 864
Etats-Unis	1 912
Portugal	2 025
Japon	2 149

La durée du travail s'est légèrement accrue en 1989.

Cette augmentation est due à l'amélioration de l'activité économiques et à ses effets positifs sur les carnets de commandes des entreprises. Un partie de ce temps de travail a été à l'origine de créations d'emplois. Une autre a été absorbée par les effectifs existants, généralement satisfaits d'accroître leur salaire par des heures supplémentaires.

On observe aussi un accroissement du travail des cadres, dont beaucoup subissent une concurrence interne et externe croissante et doivent, plus que par le passé, démontrer leur efficacité.

> **E ➤** Au moins 300 millions de journées de travail sont perdues chaque année pour causes d'absentéisme. Ce chiffre comprend les absences pour maladie, accident, maternité, autres causes indéterminées.

Durée officielle, durée effective

A l'horaire annuel théorique (47 semaines de 5 jours de 39 heures), il convient d'abord de retrancher les 7 à 10 *jours fériés légaux* (en semaine) et les « ponts ». Les *jours de congé supplémentaires* (ancienneté, congés supplémentaires de branche, congés de fractionnement, repos compensateurs au-delà de 42 heures de travail par semaine...) atteignent fréquemment une semaine par an.
La durée des *pauses* est très variable selon les branches et les entreprises. Dans l'industrie, le personnel travaillant en équipe a droit en général à une demi-heure par jour, soit 15 jours par an, mais les pauses peuvent atteindre plusieurs heures par jour dans certaines entreprises...
L'*absentéisme* (maladie, maternité, accidents du travail, absences autorisées non payées, absences non autorisées, absences autorisées payées, événements familiaux) est estimé entre 8 et 9 % du temps de travail théorique.
Les *grèves* ont également un effet sur la durée de travail réelle : environ 1,5 million de journées sont perdues chaque année. Les *heures de formation* viennent enfin en déduction des heures de travail effectif, même si elles constituent en principe un investissement productif à terme pour l'entreprise.
Au total, la durée annuelle de travail effectif serait en moyenne de 1 410 heures en France, contre 1 763 heures théoriques, un écart de 20 %, soit l'équivalent d'un jour de travail en moins par semaine. Le même calcul appliqué au Japon indique une durée réelle de 1 950 heures, contre 2 166 heures théoriques, soit 38 % de plus que la France.

Libertés et contraintes

Près de 10 millions d'actifs pratiquent des horaires particuliers ou ne bénéficient pas d'un congé continu du samedi et du dimanche.

Le développement du travail dans le secteur industriel est à l'origine de nombreuses contraintes. Le travail à la chaîne est l'une des plus connues, bien qu'en diminution régulière. Dans l'ensemble, un ouvrier sur deux est soumis à des cadences de travail imposées, soit par le rythme des machines, soit par des cadences imposées.

28 % des actifs commencent leur travail avant 7 h 30.
11 % des salariés et 25 % des non-salariés le terminent après 20 h 30.

La journée de travail commence le plus souvent dans la tranche 7 h 30-8 h 30 pour les salariés et après 8 h 30 pour les non-salariés. Parmi les salariés, les ouvriers, personnels de services et employés sont les plus matinaux.

Les personnels de services et les ouvriers sont aussi ceux qui terminent le plus tard, mais ce ne sont pas les mêmes qui commencent tôt et finissent tard, puisque deux ouvriers sur trois terminent leur journée avant 17 h 30.

Au contraire, les cadres et les membres des professions intellectuelles supérieures sont souvent des « travaille-tard » : 15 % d'entre eux quittent leur bureau après 20 h 30. C'est le cas de 25 % des non-salariés.

Travail de nuit

6 % des salariés et 4 % des non-salariés commencent leur travail avant 5 h du matin ou le finissent après 22 h. Les femmes sont moins nombreuses que les hommes. Le travail régulier de nuit concerne surtout les ouvriers (près de 8 %). Il augmente avec la taille des entreprises : 2 % des salariés des entreprises de moins de 10 employés sont concernés ; 11 % dans celles de plus de 500 employés.

➤ Le congé de maternité est de 16 semaines depuis la loi de juillet 1978 et 36 semaines à partir du troisième enfant depuis 1980.

Les nouveaux outils de travail

67 % des non-salariés et 25 % des salariés travaillent en général plus de 4 heures le samedi (24 % et 10 % % travaillent le dimanche).

Plus des trois quarts (78 %) des salariés bénéficient d'un repos hebdomadaire d'au moins 48 heures consécutives, contre moins d'un tiers des non-salariés. Les femmes salariées ont en général un étalement plus marqué de leur repos hebdomadaire ; elles sont quatre fois plus nombreuses que les hommes, parmi les salariées, à ne pas travailler le mercredi.

93 % des non-salariés et 52 % des salariés travaillent, au moins occasionnellement, le samedi. Les proportions sont respectivement de 56 % et 26 % le dimanche. Ce sont les employés de commerce et les agriculteurs qui travaillent le plus souvent pendant les week-ends.

Les horaires particuliers

Horaires de début et de fin de travail selon la catégorie sociale (en %) :

	débutent	finissent	
	avant 7 h 30	avant 17 h 30	après 20 h 30
• Cadres, prof. intel. supérieures	11,0	29,5	14,5
• Professions inter.	18,4	49,4	10,8
• Employés	20,6	54,6	7,6
• Ouvriers	44,0	65,9	9,2

S ➤ 43 % des hommes cadres et 27 % des femmes téléphonent régulièrement à leur conjoint pendant leur travail. C'est le cas de 25 % des ouvriers et 19 % des ouvrières. 72 % des femmes cadres et 58 % des hommes prennent du thé ou du café au travail, 58 % des ouvriers. 37 % des hommes cadres et 24 % des femmes font des photocopies pour eux-mêmes, 15 % des ouvriers. 15 % des hommes cadres et 7 % des femmes écoutent la radio en travaillant, 31 % des ouvriers et 25 % des ouvrières. 29 % des hommes cadres et 15 % des femmes font des courses à l'extérieur, 15 % des ouvriers et 8 % des ouvrières.

Une heure de trajet pour les salariés, 30 min pour les autres

S'ils travaillent moins que les non-salariés, les salariés mettent deux fois plus de temps qu'eux pour se rendre à leur travail : 58 minutes aller et retour chaque jour. Cet écart s'explique par le fait que 36 % des non-salariés travaillent à domicile contre 6 % des salariés. Parmi les autres, 28 % des salariés et 18 % des non-salariés dépassent une heure de trajet. Beaucoup habitent dans la région parisienne.

Malgré les progrès réalisés, les nuisances dans le travail sont encore nombreuses.

Des progrès importants ont été accomplis dans les entreprises (notamment les grandes) sous l'impulsion des revendications syndicales et des propositions des comités d'hygiène et de sécurité. Certaines nuisances comme la chaleur, le bruit, les risques de chute dans les activités à risques (bâtiment, mines, sidérurgie, construction navale...) ont été réduites. Les horaires fixes ont reculé au profit des horaires flexibles, fixés par l'entreprise ou par les salariés eux-mêmes.

Pourtant, on constate que le travail posté, qui avait diminué jusqu'en 1982, connaît depuis une hausse. Les postures pénibles, la respiration de matières toxiques, le port de charges lourdes n'ont guère diminué. Le travail à la chaîne n'a pas disparu : au cours des dernières années, il a un peu diminué chez les hommes, mais progressé chez les femmes.

Il faut ajouter que 17 % des salariés sont astreints au pointage, 55 % ne peuvent choisir le moment des pauses, 40 % ne peuvent interrompre leur travail sans se faire remplacer. 3 % des femmes et 1 % des hommes ont l'interdiction de parler avec leurs collègues. Enfin, le nombre des maladies et des accidents liés à la vie professionnelle reste élevé. Il tend même à s'accroître avec le développement des formes de travail précaire.

La majorité des ouvriers travaillent dans des conditions physiquement pénibles.

4 % des ouvriers et 18 % des ouvrières travaillent encore à la chaîne. Les contraintes du travail en usine (et, à un moindre degré, au bureau) se traduisent souvent par la fatigue

physique, parfois même par des maladies professionnelles.

Les ouvriers sont les plus exposés à ces risques, en particulier dans des secteurs comme le bâtiment et les travaux publics où le bruit, les risques d'accident et les nuisances atmosphériques se cumulent. Chez les employés de commerce, la station debout est une source supplémentaire de fatigue.

L'absentéisme est globalement en baisse. Les salariés sont absents de leur travail environ 20 jours ouvrables par an.

Après avoir atteint des niveaux élevés au cours de l'immédiat après-guerre (du fait de l'état de santé médiocre de la population), l'absentéisme avait diminué jusque vers 1950 en même temps que s'amélioraient les conditions sanitaires. Il avait augmenté au contraire entre 1951 et 1974 ; il tend aujourd'hui à baisser de nouveau, bien qu'il reste élevé par rapport à d'autres pays industrialisés : il est deux fois moins élevé en Italie, au Royaume-Uni, en RFA ou aux Etats-Unis.

La maladie des tours

Des enquêtes ont montré que les salariés étaient plus souvent absents lorsque leur entreprise emménageait dans des bureaux situés dans un immeuble de grande hauteur. Des troubles fonctionnels respiratoires ou sensoriels, une fatigue plus intense, la somnolence, des difficultés de concentration, des maux de tête, etc., ont été observés, sans qu'on puisse les attribuer avec certitude à une cause objective (en particulier la climatisation). Ces troubles s'estompent dans le temps et sont inexistants chez les jeunes et ceux qui commencent leur carrière dans des bureaux situés dans une tour.

L'absentéisme pour maladie est en baisse depuis 1975, du fait d'une réduction du nombre d'heures de travail et d'une meilleure prévention des maladies. Il est possible aussi que la crainte du chômage ait eu une incidence.

L'absentéisme féminin apparaît globalement de moitié plus élevé que celui des hommes, mais l'écart est beaucoup plus réduit (16 %) si l'on exclut l'incidence des maternités.

Quel que soit le secteur d'activité, les cadres sont en moyenne moins souvent absents que les employés, qui le sont moins que les ouvriers. On retrouve d'ailleurs chez ces derniers une hiérarchie semblable, les ouvriers les moins qualifiés étant les plus souvent absents.

Entreprise en hausse, syndicats en baisse

Au cours des dernières années, l'image de l'entreprise a connu une amélioration sensible, tandis que celle des syndicats se détériorait. Les patrons sont aujourd'hui mieux considérés que les leaders syndicaux.

Les Français se sont réconciliés avec l'entreprise depuis le début des années 80.

Jusqu'en 1982, beaucoup de Français croyaient aux vertus du dirigisme étatique et avaient de l'entreprise privée une image plutôt défavorable. La crise économique leur a révélé

Micro-entretien

MICHEL ALBERT *

G.M. - *Pourquoi les Français ont-ils réhabilité l'entreprise ?*

M.A. - D'abord, c'est un paradoxe. C'est la première fois depuis Napoléon III que l'entreprise tient une telle place dans notre société et bénéficie d'une image aussi positive. Et c'est au moment où un gouvernement avait promis de substituer le socialisme au capitalisme que l'entreprise est apparue transformée dans la psychologie des Français. Ils se sont rendus compte qu'on ne crée pas des emplois simplement en décidant de recruter des gens, mais seulement si on est capable d'être compétitif, d'investir, de se développer dans les nouvelles technologies. Un autre élément d'explication a été, au début des années 80, l'extraordinaire redressement des deux grands pays anglo-saxons, avec Ronald Reagan aux Etats-Unis et Mme Thatcher en Grande-Bretagne.

* Président des AGF, auteur notamment de *Crise, krach, boom* (avec Jean Boissonnat, Seuil).

l'existence d'une économie de marché planétaire et le rôle irremplaçable des entreprises dans la création des emplois et des richesses. Ce retournement peut sembler paradoxal, car c'est au moment où les entreprises éprouvaient le plus de difficultés que les Français ont décidé de leur accorder leur confiance. Il l'est d'autant plus que c'est sous un régime socialiste, a priori peu suspect de sympathie à l'égard des patrons, que ceux-ci ont reçu l'approbation des salariés.

Cela ne signifie pas, bien sûr, que les relations au sein de l'entreprise sont exemptes de difficultés et de tensions. L'amélioration du contexte économique, qui s'est traduite par une croissance des bénéfices des sociétés est à l'origine de nouvelles revendications des salariés, qui veulent bénéficier des résultats obtenus.

S • Fin 1989, 14 % des salariés étaient syndiqués, contre 28 % en 1981.
S • 26 % dans le secteur public, 8 % dans le privé.

Après une progression régulière jusqu'en 1975, le taux de syndicalisation a connu en France un déclin spectaculaire. Entre 1981 et 1989, il a baissé de moitié, passant de 29 % à 15 % chez les hommes, de 11 % à 7 % chez les femmes (sondage Espace social/Sofres, février 1990). La chute concerne toutes les catégories professionnelles et tous les âges ; elle est sensible quelle que soit l'appartenance politique.

Le taux de syndicalisation français est très faible par rapport à celui des autres pays occidentaux. Il est le plus faible de la Communauté européenne.

L'entreprise inspire confiance

Pour faire face aux difficultés économiques, pensez-vous que (en %) :

	Sept. 1978	Nov. 1980	Déc. 1982	Avril. 1990
• Il faut faire confiance aux entreprises	33	38	58	63
• Il faut que l'Etat les contrôle et les réglemente plus étroitement	49	46	31	26

Le Figaro Magazine/Sofres

Le syndicalisme connaît une désaffection croissante.

La conception traditionnelle de la lutte des classes entre patrons exploiteurs et salariés exploités est aujourd'hui dépassée au sein de l'entreprise comme dans l'ensemble de la société. Ce sont les syndicats qui en font les frais.

S'ils restent attachés au principe de la représentation des salariés, les Français manifestent une réserve croissante vis-à-vis de l'action syndicale. Les deux tiers d'entre eux considèrent que les syndicats obéissent davantage à des motivations d'ordre politique qu'au souci de défendre les intérêts des salariés. Les moins de 25 ans sont les plus sceptiques ; la moitié trouvent l'action syndicale inefficace et les trois quarts n'ont jamais participé à une action collective.

La CGT en chute libre, les non-syndiqués en hausse

En dix ans, la CGT a perdu un peu plus de la moitié de ses adhérents : 1,1 million en 1989 contre 2,3 millions en 1977 selon les chiffres officiels. Les résultats des élections aux comités d'entreprise confirment cette rapide érosion. En 1980, la CGT recueillait 36,5 % des suffrages, devant la CFDT (21,3 %) et les non-syndiqués (16,8 %). En 1988, elle n'en comptait plus que 26,7 %, alors que les non-syndiqués arrivaient en seconde position avec 23,5 %, devant la CFDT (20,7 %). Dans le même temps, FO augmentait son score de 3 points : 13,7 % contre 11,0 %.

Les revendications des travailleurs prennent de nouvelles formes.

Depuis 1986, beaucoup de conflits du travail se sont déroulés en dehors du cadre syndical ; les infirmières, les chefs de clinique, les cheminots, les étudiants ou les salariés de la fonction publique en grève se sont regroupés en coordinations nationales indépendantes.

Pris de court par la crise, bousculés par les mutations économiques et sociales, gênés par la montée de l'individualisme et des nouveaux modes de vie des Français, les syndicats n'ont pas su se remettre en cause et répondre aux inquiétudes des travailleurs. La tendance générale au repli sur soi, caractéristique des années 80, a

La France en queue du peloton syndical

Pourcentage de personnes syndiquées par rapport aux salariés :

	1987	1981
• Danemark	84	74
• Suède	83	78
• Belgique	74	75
• Norvège	58	58
• Royaume-Uni	43	54
• Italie	36	44
• Suisse	34	37
• RFA	31	33
• Pays-Bas	29	38
• Japon	28	31
• Etats-Unis	18	23
• FRANCE	15	17

rendu plus difficile la mobilisation des travailleurs pour des causes collectives.

La dilution du sentiment d'appartenance à une classe sociale est une autre cause de cette moindre agressivité envers les patrons. Elle s'était traduite par une baisse significative du nombre des conflits du travail depuis quelques années (voir graphique). Mais leur nombre s'est de nouveau accru en 1989, dans le cadre de

Les conflits à la baisse

Evolution du nombre de journées de travail perdues à la suite de conflits (en milliers) :

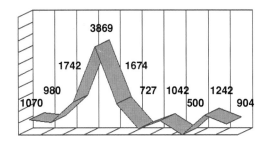

| 1960 | 65 | 70 | 75 | 80 | 85 | 86 | 87 | 88 | 89 |

revendications à la fois matérielles (salaires, conditions de travail) et immatérielles (revalorisation des fonctions et des statuts de certaines catégories en particulier dans le domaine médical).

RFI, 5 novembre 1988

Micro-entretien

ANDRÉ BERGERON *

G.M. - *Pourquoi les salariés choisissent-ils aujourd'hui des formes d'action spontanées, qui échappent au contrôle des syndicats ?*

A.B. - En premier lieu, le chômage pèse très lourd sur la cotisation syndicale, avec un pouvoir d'achat en baisse. En second lieu, peut-être les militants syndicaux n'ont-ils pas suffisamment eu le souci de dire la vérité aux adhérents. J'ai toujours expliqué à mes amis qu'il fallait rejeter la démagogie et le mensonge. Il faut dire ce que l'on croit être la vérité, c'est-à-dire respecter ses interlocuteurs. Je l'ai toujours fait, ce qui m'a d'ailleurs valu un certain nombre d'ennuis. Quant à l'unité syndicale, elle n'a jamais existé en France.

* Ancien secrétaire général de Force ouvrière.

S ➤ 84 % des salariés français vouvoient leur patron, 14 % le tutoient. 61 % l'appellent Monsieur, 16 % par son prénom, 9 % par son nom de famille, 3 % Patron, 2 % Chef, 1 % par son surnom.
S ➤ 28 % des salariés savent combien gagne leur patron (72 % non).
S ➤ 24 % des salariés ont déjà été invités par leur patron (76 % non).
S ➤ 31 % des Français seraient gênés d'avoir un patron homosexuel, 65 % non.
S ➤ 51 % des Français ne font pas confiance aux syndicats pour défendre leurs intérêts, 40 % oui. 53 % considèrent que les syndicats ne traduisent pas bien les aspirations et les revendications des travailleurs, 39 % oui. 73 % ne sont pas favorables à des journées d'action contre la politique gouvernementale.
S ➤ 70 % des Français sont favorables à l'instauration d'un service minimum en cas de grèves dans les services hospitaliers.
S ➤ Pour les Français, un patron devrait être en priorité : un homme de communication (62 %) ; un gestionnaire, un financier (58 %) ; un meneur d'hommes (31 %) ; un négociateur (23 %) ; un vendeur, un commercial (19 %).

L'EMPLOI EN RÉVOLUTION

IMAGE DU TRAVAIL

Conceptions religieuse, sécuritaire, financière, affective ou libertaire ● Enseignants insatisfaits ● Professions libérales en question ● Culture du stress et vie professionnelle codifiée ● Culte de la réussite individuelle et mythe de l'« excellence »

Cinq conceptions du travail

Travail-destin, travail-devoir, travail-punition. Les vieux mythes de la civilisation judéo-chrétienne ne sont pas morts, mais ils sont fatigués. Et les Français avec eux, qui n'ont plus envie d'assumer pendant des siècles encore les conséquences du péché originel.

Vingt ans après Mai 68, l'image du travail a changé, en particulier chez les jeunes. Un mouvement se dessine en faveur d'une *désacralisation* du travail. Si la conception traditionnelle du travail a encore de nombreux adeptes, de nouvelles conceptions sont apparues depuis quelques années : « religieuse » (travail-devoir) ; « sécuritaire » ; « financière » (gagner plus) ; « affective » (épanouissement) ; « libertaire » (aventure professionnelle). Les trois dernières concernent en priorité les jeunes.

La conception « religieuse » reste importante mais elle n'est plus coupée de la modernité.

C'est celle des catégories les plus conservatrices de la population : personnes âgées, mais aussi jeunes néo-conservateurs épris d'ordre. Il s'agit pour eux de sauvegarder le travail en tant que valeur fondamentale. C'est parmi eux que l'on trouve les plus fervents adeptes de la sélection, sous toutes ses formes, du respect de la hiérarchie et de l'autorité.

Le fait nouveau est que beaucoup entrent aujourd'hui dans le jeu de la modernité ; ils acceptent plus de souplesse dans les conditions de travail, une introduction (à dose limitée) des outils les plus récents de la technologie, une plus grande flexibilité dans les méthodes de gestion des effectifs. Mais ils considèrent ces évolutions comme un mal nécessaire plutôt que comme une opportunité.

La conception « sécuritaire » concerne surtout les catégories les plus vulnérables.

Elle est particulièrement forte chez tous ceux qui se sentent menacés dans leur vie professionnelle pour des raisons diverses : manque de formation ; charges de famille ; emploi situé dans une région, une entreprise ou une profession vulnérable. Ils recherchent avant tout la sécurité de l'emploi et du revenu. Leur rêve est d'être fonctionnaire et leur ambition professionnelle est limitée.

Ce groupe a grossi avec la crise économique, mais ne s'est pas éteint avec elle. Dans une économie redevenue compétitive, la vulnérabilité est encore plus forte. Ceux qui ne peuvent faire preuve de l'efficacité professionnelle nécessaire en sont inexorablement exclus.

La conception « financière » est de plus en plus fréquente chez les fanatiques de la consommation.

Leur vision du travail est simple et concrète. Il s'agit avant tout de bien gagner sa vie, afin de pouvoir s'adonner aux joies de la consommation. Leur préférence ne va donc pas à une réduction du temps de travail mais à l'accroissement du revenu, au moyen d'heures supplémentaires ou de « petits boulots » complémentaires.

Le pouvoir d'achat est une motivation importante pour une grande partie de la population. C'est le cas en particulier des jeunes, qui envisagent difficilement de se priver et anticipent souvent sur leurs revenus pour satisfaire leurs besoins de consommation (achats d'équipements, dépenses de loisirs, etc.).

La conception « affective » est répandue chez ceux qui attachent de l'importance aux relations humaines dans le travail.

Beaucoup de jeunes et aussi d'adultes des classes moyennes sont à la recherche d'un métier qui leur permette de s'épanouir, autant par la nature de leur activité que par son environnement (les collègues, la hiérarchie, le cadre de travail...). Lorsqu'ils ont la chance d'exercer une profession qui leur convient, ils sont capables de se passionner ; ils y investissent alors volontiers leur temps et leur énergie. Dans le cas contraire, le travail leur apparaît comme une véritable aliénation (le mot est apparu en Mai 68) qu'ils acceptent très difficilement. Car leur conception du travail est essentiellement philosophique et humaniste.

La conception « libertaire » concerne ceux qui conçoivent le travail comme une aventure professionnelle.

Ses adeptes sont attirés surtout par la liberté, propice à la création et à l'épanouissement personnel. Ils sont ouverts à toutes les formes nouvelles de travail (temps partiel, intérim...) ainsi qu'à l'utilisation des technologies dans l'entreprise. Ils sont par principe très mobiles et considèrent a priori un changement de travail, d'entreprise ou de région, comme une opportunité. Ce sont souvent des jeunes, passionnés par les possibilités offertes par les nouvelles technologies. Souvent individualistes, ils ont du mal à s'intégrer dans les structures lourdes et hiérarchisées. L'existence d'une forte « culture d'entreprise » est pour eux une contrainte qui peut annihiler leur créativité naturelle.

Je l'ai vu tout de suite, ce chien est un bâtard.

GESTETNER. LA BUREAUTIQUE DES GENS TRES TRES EXIGEANTS.

MGTB Ayer

Employeurs et salariés plus exigeants

Les « Japonais » s'opposent aux « Californiens ».

Les plus conservateurs sont attirés par une conception du travail de type libéral proche du modèle japonais, dans lequel la compétence et l'ordre sont prioritaires. La formule « californienne », caractérisée par les petites unités, l'autonomie, la créativité, l'absence de hiérarchie et l'omniprésence de la technologie fascine les plus jeunes.

L'opposition entre ces deux modèles ne recouvre pas l'ensemble des conceptions, mais elle indique les pôles entre lesquels se situe le débat individuel et collectif concernant l'avenir du travail. Elle traduit aussi l'absence d'une réponse spécifiquement française à ce problème majeur.

La fin des notables

Les cadres sont soumis à la contrainte d'efficacité. Les professions libérales s'inquiètent de leur avenir. Les enseignants sont mal dans leur peau. La restructuration économique et sociale entraîne une transformation de la nature et de la hiérarchie des professions. Les notables d'hier sont autant à la recherche de considération que d'argent.

Le statut des cadres a changé.

Les cadres avaient perdu au cours des années de crise une partie des attributs traditionnels de leur fonction : prestige, privilèges, pouvoir, sécurité. La diminution de leur pouvoir d'achat avait précédé celle des autres catégories. La désindexation des salaires, la généralisation des systèmes de rémunération au mérite dans les entreprises ont conféré à la fonction un nouveau statut.

Pour réussir dans leur vie professionnelle, les cadres doivent aujourd'hui avoir moins le sens du confort et plus celui de l'effort, être plus responsables, compétents, imaginatifs. Ils doivent accepter d'être jugés sur leurs résultats plutôt que sur leurs diplômes.

Etre cadre, ce n'est cependant pas un métier (l'appellation n'a d'ailleurs pas vraiment d'équivalent dans les autres pays développés). Cela reste une position hiérarchique, mais dans une pyramide qui tend à s'aplatir. Les cadres ne constituent donc pas une classe sociale homogène, mais un vaste groupe multiforme aux aspirations et aux conditions de travail diverses.

Pour redonner aux cadres le standing perdu pendant les années de crise et leur faire accepter les contraintes nouvelles qui pèsent sur eux, les entreprises ont dû inventer de nouveaux privilèges : actions de l'entreprise ; assurance-vie ; prise en charge de certaines dépenses personnelles (sport, loisirs, associations...) ; mise à disposition d'équipements sophistiqués (ordinateur, téléphone mobile...) ; carte de crédit d'entreprise ; accès au parking réservé ou au restaurant ; stages-récompense, etc. Ce dispositif complète les avantages en nature traditionnels comme la voiture de fonction ou le remboursement des notes de frais.

Les professions libérales commencent à se remettre en question.

Les difficultés des cadres concernent aussi les membres des professions libérales qui, par leur formation, leurs responsabilités et leurs revenus, en sont proches. A la pression fiscale s'est ajoutée pour eux l'augmentation des charges sociales. Même si les revenus moyens restent élevés, leur disparité au sein de chaque catégorie s'est accrue. Certains médecins, avocats ou architectes ont aujourd'hui des difficultés à joindre les deux bouts, du fait d'une concurrence trop vive ou de la rareté de la clientèle.

Une autre raison, plus récente, est venue alimenter leur inquiétude : la perspective du marché unique de 1992 et de son corollaire, la libre circulation des membres de toutes les professions. Le temps de l'adaptation est donc venu pour les professions libérales. Des avocats, des notaires, des agents d'assurance, des conseillers financiers se regroupent pour offrir à leur clientèle de meilleurs services. Beaucoup s'informatisent pour améliorer leur efficacité, donc diminuer leurs charges et leurs prix.

Les notables menacés

Après les paysans, les ouvriers, les petits commerçants ou les cadres, ce sont les membres des professions libérales qui sont menacés par les mutations en cours. La plupart devront devenir de véritables chefs d'entreprises s'ils veulent survivre demain. Seuls les pharmaciens, notaires ou huissiers, qui bénéficient du *numerus clausus*, sont encore à l'abri de la concurrence, nationale ou internationale. Indépendamment des problèmes de revenus, beaucoup de membres des professions libérales souffrent d'un manque de considération. C'est ce qui explique les grèves des infirmières et des hospitaliers (jusqu'aux chefs de clinique) ou même des avocats. Les notables d'hier ne sont pas ceux de demain.

Les enseignants sont insatisfaits.

L'image que les Français ont des enseignants est en partie conditionnée par les privilèges dont ils jouissent : sécurité de l'emploi, horaires de travail réduits, grandes vacances. Ces avantages n'empêchent pas les enseignants d'être mal dans leur peau. Les causes officielles de ce malaise sont l'insuffisance des salaires et les mauvaises conditions de travail dans les établissements scolaires. Ils sont d'ailleurs de plus en plus nombreux, chaque année, à quitter leur poste et à tenter l'aventure de l'entreprise.

Le manque de considération est, là encore, une cause importante d'insatisfaction. Le prestige de l'instituteur et l'autorité du professeur, tant vis-à-vis des élèves que des parents, ont été laminés par le développement des médias, qui concurrencent de plus en plus l'école dans la diffusion de la connaissance. Pour être efficaces et acceptées, les réformes en cours dans l'enseignement devront aboutir à une revalorisation à la fois matérielle et morale de la fonction.

L'ère de l'efficacité

Après quelques années pendant lesquelles il avait été mis entre parenthèses, le culte de la réussite professionnelle a repris de la vigueur. La vie des salariés dans l'entreprise a été transformée par la mise en œuvre d'une personnalisation des promotions et des salaires.

Au nom du principe d'efficacité ou de celui d'« excellence », un nombre croissant d'entreprises cherchent à faire accepter à leurs employés une « culture » et des contraintes nouvelles. Ces méthodes peuvent parfois interférer avec la vie privée ; le stress au travail n'a pas que des aspects positifs.

Le culte de la réussite individuelle s'est développé en contrepoint à la crise.

Pendant quelques années (entre 1974 et 1982), les Français ont eu la désagréable impression que leur pays amorçait une longue phase de déclin. Tous les indicateurs économiques et sociaux étaient au rouge ; les médias se faisaient largement l'écho de la montée du chômage, de l'inflation ou de la perte des parts de marché des entreprises nationales.

Les plus malins prirent alors conscience que la crise générait aussi des opportunités. La réussite d'un Bernard Tapie et les gains financiers dus à l'euphorie boursière donnèrent un relief nouveau aux notions de fortune et de réussite. L'argent devenait le nerf de la société et le centre des conversations. A la une des journaux, la *France des vainqueurs* remplaçait celle du déclin. Les mieux armés pour la compétition (jeunes, diplômés, créateurs d'entreprises, employés et cadres ambitieux, femmes ambitieuses) se lançaient dans l'aventure professionnelle avec l'espoir de gravir rapidement les échelons et de gagner de l'argent.

> **S ➤** 79 % des Français pensent que les femmes ont aujourd'hui plus de chances de se réaliser sur le plan personnel et professionnel qu'il y a 10 ans.

Le retour du carriérisme

Les « jeunes cadres dynamiques » des années 60 avaient disparu avec la crise économique et la montée de réflexes défensifs dans les entreprises et dans la société. On assiste aujourd'hui à leur retour. L'ambition retrouvée des cadres s'explique d'abord par la réhabilitation de l'entreprise depuis quelques années, la volonté de gagner de l'argent (mythe du *golden boy* popularisé par les médias) et d'acquérir du pouvoir.

Les plus jeunes sont les plus décidés à tout mettre en œuvre pour accélérer leur ascension dans l'entreprise et accéder aux niveaux élevés de responsabilité, et surtout de salaires. Ils appliquent dans ce but de véritables stratégies à la *Dallas*, choisissant avec soin les diplômes, les filières, les réseaux de relations et les comportements qui leur permettront d'être remarqués de leurs supérieurs.

Pour encourager l'efficacité, les entreprises ont mis en place des systèmes d'évaluation individuelle.

Les Français n'avaient pas été habitués à ce que leur rémunération et leur situation professionnelle dépendent de leur ardeur au travail et de leurs résultats. Le poids de la fonction publique, avec son système d'avancement à l'ancienneté, l'habitude des « plans de carrière », le goût du confort et l'absence de moyens de contrôle de l'efficacité personnelle expliquaient cette situation particulière à la France.

La crise économique et l'internationalisation de la compétition ont entraîné une transformation brutale de ces habitudes. Les notions de « salaire au mérite », de « rémunération dynamique », les « évaluations de performance » se sont généralisées dans les entreprises en même temps que se produisait une véritable révolution dans la gestion des ressources humaines.

Le mythe de l'« excellence » s'est imposé comme une méthode de gestion des hommes.

La recherche de l'excellence, importée des Etats-Unis, a conduit certaines entreprises à mettre en œuvre un ensemble de moyens destinés à accroître le rendement de leurs employés et cadres. A côté des techniques douces (cercles de qualité, projets d'entreprise, objectifs « zéro défaut ») se sont développées des techniques plus dures, dont le but est d'influer directement sur la personnalité des gens : stages de survie ; sauts à l'élastique ; séminaires de dynamique de groupe. Si certains ont pu apprendre ainsi à se dépasser, d'autres ont « craqué » et se sont sentis menacés dans leur intégrité.

Les cadres « intéressés »

55 % des cadres reçoivent un intéressement aux résultats généraux de leur entreprise (43 % non), 45 % des primes individuelles (53 % non), 28 % un intéressement aux résultats de leur secteur (68 % non), 27 % des avantages en nature (70 % non), 23 % des parts de fonds commun de placement (73 % non), 15 % un plan d'épargne-retraite (80 % non), 10 % d'autres rémunérations (83 % non), 3 % des stock-options (88 % non).

La « culture du stress » produit autant de frustration que d'efficacité.

Découvert chez les cadres dans les années 60, le stress était alors considéré alors comme une maladie. Mais les entreprises s'aperçurent qu'il pouvait aussi avoir des effets positifs dans le cadre professionnel : accroissement de l'énergie ; volonté de conquête ; souci de se dépasser. Certaines l'ont donc utilisé comme une véritable

Coincé dans vos bureaux...

PRIMM

La vie des cadres a changé

méthode de management. En créant ou entretenant le stress chez les employés ou les cadres, elles pouvaient les faire travailler plus vite, canaliser leur agressivité au profit de l'entreprise et entraîner l'ensemble des employés dans un climat de concurrence acharnée.

Mais le stress développe aussi chez ceux qui en sont atteints un sentiment d'angoisse, une tension permanente et une peur de l'échec qui finissent par les user intérieurement. L'insatisfaction est à la fois le moteur de la réussite et la source de problèmes personnels qui peuvent être graves. Les chiffres de consommation de tranquillisants et de somnifères en France (les plus élevés au monde) montrent que les Français sont plus stressés que les autres ou qu'ils sont moins armés pour lui résister...

Après avoir progressé, la liberté individuelle est à nouveau menacée dans l'entreprise.

Les dernières années avaient été marquées par un certain nombre de progrès en matière de liberté individuelle au travail : horaires variables ou « à la carte » ; enrichissement des tâches ; diminution des contraintes en matière d'organisation du travail ; encouragement des initiatives et suggestions en faveur de la qualité des produits...

Certaines tendances récentes vont au contraire dans le sens d'une réduction de la liberté individuelle au sein de l'entreprise. La notion de « culture d'entreprise » (ensemble d'objectifs, d'attitudes et de façons de faire propres à une entreprise) est parfois présentée comme un modèle auquel chacun doit adhérer et se conformer. Au risque de perdre une partie de son identité.

Certaines entreprises pratiquent de véritables atteintes à la liberté individuelle : écoutes téléphoniques des employés par l'intermédiaire de standards perfectionnés ; contrôles de la productivité par caméras ; inscription de cadres à des stages de conditionnement physique et moral ; utilisation de détecteurs de mensonge ; obligation de porter des badges électroniques indiquant les déplacements des employés et leur interdisant l'accès à certains services de l'entreprise. Enfin, les pratiques de recrutement tiennent de plus en plus compte d'éléments de la vie privée : statut matrimonial ; personnalité ou nationalité de l'épouse, activités extraprofessionnelles, opinions, etc.

Cherche individus bien sous tous rapports...

Dans leur chasse à l'oiseau rare, les entreprises mettent en œuvre des méthodes de recrutement de plus en plus complexes. Les *curriculum vitae*, entretiens d'embauche, analyses graphologique, tests d'aptitude ou de personnalité ne leur suffisent plus ; elles ont de plus en plus souvent recours à la numérologie ou à l'astrologie pour découvrir la personnalité des candidats. Dans certains cas, l'employeur désire rencontrer l'épouse d'un postulant, afin de s'assurer qu'elle ne représentera pas une entrave à la disponibilité de son mari. Les entreprises préfèrent les hommes mariés et pères de famille et les femmes divorcées sans enfants.

La vie professionnelle tend de plus en plus à être codifiée et à ne pas accepter les « déviations ».

La tenue vestimentaire, les comportements vis-à-vis des supérieurs, des clients, à l'intérieur mais parfois en dehors de la vie professionnelle sont souvent plus ou moins imposés. Beaucoup d'exemples récents montrent que les entreprises acceptent moins bien des employés habillés ou coiffés de façon « voyante », trop gros, fumeurs, atteints de certaines maladies ou qui ont des opinions politiques ou religieuses « non conformes ».

Le souci de la compétitivité, la volonté d'écarter les employés « déviants » pour imposer une norme commune et le progrès technologique sont les principales raisons de cette évolution contestable. La liberté, revendiquée et acquise par les salariés au cour des précédentes décennies risquerait de se transformer en liberté surveillée.

S ➤ 81 % des Français pensent que, lorsqu'une femme travaille à temps complet, elle sacrifie quelque chose ou quelqu'un (16 % non).
S ➤ 76 % des dirigeants français d'entreprises de 100 à 500 salariés perçoivent 1992 comme une opportunité pour l'économie européenne.
S ➤ 84 % des cadres pensent occuper un poste qui correspond à leurs compétences et à leur savoir-faire, 14 % non.
S ➤ 47 % des cadres ont le sentiment d'appartenir à une classe privilégiée, 47 % non.
S ➤ 53 % des cadres ne s'estiment pas assez payés, 45 % comme il faut.

Les nouvelles motivations

Depuis le milieu des années 60, les Français ont accumulé des attentes non satisfaites vis-à-vis du travail. La crise économique les avait provisoirement enfouies. Elles ressortent aujourd'hui. L'argent et l'épanouissement personnel sont les deux principales.

Beaucoup de Français sont peu motivés par leur travail.

Si certains Français ont développé récemment le culte de la réussite et considèrent la vie professionnelle comme la plus excitante des aventures, beaucoup d'autres semblent manquer de motivation. Les chiffres élevés de l'absentéisme en France en sont une illustration. Les plaintes des usagers ou clients quant au service apporté par les administrations et les entreprises en est une autre. Les grèves qui se sont développées depuis 1989 montrent que le secteur public est davantage concerné par ce malaise que le privé.

Le dynamisme des entreprises, qui s'est accru récemment, est le plus souvent dû à un petit nombre d'individus, les « leaders », qui traînent derrière eux (souvent plus qu'ils n'entraînent) ceux qui sont décidés à faire le minimum pour conserver leur place et leur salaire, sans perdre leur confort.

Cette désaffection vis-à-vis du travail est le signe de l'angoisse des individus face à un monde hypercompétitif qui leur fait peur et vis-à-vis duquel ils éprouvent un sentiment d'impuissance.

L'argent est plus que jamais un aspect essentiel de la vie professionnelle.

Contrairement aux choix qu'ils faisaient il y a quelques années, une majorité de Français préfèrent aujourd'hui un accroissement de leur pouvoir d'achat à une augmentation de leur temps libre. Les métiers qui ont dans l'absolu leurs faveurs ne sont pas systématiquement ceux qui permettent de gagner le plus d'argent. Mais il est clair que la rémunération est une motivation d'importance croissante.

Dans une société où l'avenir apparaît entaché d'incertitudes et de menaces, c'est le court terme qui domine. La consommation est donc la première des priorités, d'autant qu'elle est largement valorisée par les médias et la publicité. Le pouvoir d'achat, qui mesure la faculté de dépenser, est étroitement associé à la notion de liberté individuelle.

Le besoin d'épanouissement personnel est de plus en plus fort.

Peu de Français, même parmi les plus jeunes, sont assez naïfs pour imaginer qu'on puisse se soustraire à « l'ardente obligation » du travail. Si certains avaient pu y songer pendant les années 60, ils sont aujourd'hui conscients de leur utopie. Mais le désir de s'épanouir en occupant un emploi intéressant leur paraît de plus en plus légitime.

Pour beaucoup, le travail idéal, c'est celui que l'on accomplit sans avoir l'impression de travailler, à l'image de ces vedettes de cinéma ou du *show-business* qui prennent de toute évidence beaucoup de plaisir en faisant leur métier.

Dans le choix, réel ou imaginaire, d'un métier, il entre aujourd'hui d'autres dimensions que sa nature intrinsèque et sa rémunération : les conditions dans lesquelles il s'exerce ; la liberté qu'il laisse ; les gens qu'il permet de rencontrer, etc.

Chercheur ou patron

« Parmi les activités suivantes, quelles sont les trois ou quatre qui vous paraissent les plus prestigieuses pour un homme ? » :

• Chercheur scientifique	39
• Chef d'une grande entreprise	35
• Pilote de ligne	21
• Grand reporter	20
• Ecrivain	19
• Professeur d'université	18
• Musicien	17
• Diplomate	12
• Officier supérieur	10
• Peintre	10
• Député	6
• Navigateur	6
• Vedette de cinéma	5
• Vedette de télévision	5
• Champion de tennis	4
• Mannequin	2

Les jeunes sont inquiets des perspectives de l'emploi.

Ceux qui ne sortent pas des grandes écoles et n'ont pas de solides relations personnelles ou familiales ne sont pas sûrs aujourd'hui d'entrer dans de bonnes conditions dans la vie professionnelle. Loin de tuer les ambitions légitimes des jeunes, la crise leur a donné d'autres formes. Beaucoup souhaitent réussir pour eux-mêmes, c'est-à-dire se sentir bien dans un métier où il leur sera possible de créer.

La grande entreprise, lieu de prédilection des jeunes loups des années 60, n'est plus aujourd'hui le seul terrain d'expression de leurs ambitions professionnelles. Les petites structures dynamiques, qui permettent souvent une plus grande autonomie, ont souvent leur faveur. Dans le travail comme dans d'autres domaines, l'heure n'est plus aux grandes organisations centralisées et lointaines.

S ➤ 47 % des cadres d'entreprises de plus de 200 salariés ont envie de quitter leur entreprise.
S ➤ 25 % des cadres souhaitent travailler dans une autre région ou une autre ville, 23 % non. 45 % accepteraient s'ils y gagnaient davantage. Les villes dans lesquelles ils préféreraient s'installer pour y travailler sont : Aix-en-Provence (52 %), Toulouse (51 %), Montpellier (49 %), Annecy (45 %), Grenoble (44 %), la région parisienne (47 %), Nice (39 %), Lyon (38 %), Bayonne-Biarritz (35 %). Les villes qui les attirent le moins sont : Calais (1 %), Amiens (2 %), Nancy (5 %), Le Havre (6 %), Clermont-Ferrand (6 %), Metz (8 %), Reims (8 %), Lille (10 %).
S ➤ 21 % des actifs déclarent avoir été récemment victimes d'un « coup bas » ou de « vacheries » (79 % non).

AVENIR DU TRAVAIL

Troisième révolution industrielle, phase trois ● Utilisation « transversale » de la micro-électronique ● Suppression d'emplois mais création de nouveaux métiers ● Développement des métiers liés à l'environnement ● Importance de la culture générale ● Risque de marginalisation des moins qualifiés

La troisième révolution industrielle

Après la vapeur et l'électricité, l'électronique a marqué le début d'une troisième révolution industrielle. Commencée il y a plus de quarante ans, ses effets sur l'économie et les modes de vie ne sont apparus que récemment, avec l'invention du microprocesseur et les développements de la télématique.

La troisième révolution industrielle est celle de l'électronique.

L'invention de la *machine à vapeur* est associée à la première révolution industrielle, à la fin du XVIIIe siècle. Elle permit à l'homme de disposer pour la première fois d'énergie en quantités importantes. On lui doit en particulier le développement considérable de l'industrie au cours du siècle suivant.

La seconde révolution industrielle fut liée à la généralisation de l'*électricité*, à la fin du XIXe siècle. Elle allait permettre le transport de l'énergie, donc son utilisation aussi bien par les industries que par les particuliers.

La troisième révolution industrielle est celle de l'*électronique*. Contrairement à ce que l'on croit, elle a commencé voici quarante ans. Elle a d'abord connu deux phases décisives :

● Le *transistor*, inventé en 1948, annonçait le véritable début des produits audiovisuels de masse (radio, télévision, électrophone...) et des calculateurs électroniques.

● Le *microprocesseur* ou circuit intégré (petite pastille de silicone contenant un véritable circuit électronique et des composants) date des années 60. On lui doit le fantastique développement de l'industrie électronique. Grâce à la miniaturisation, l'ordinateur est devenu de plus en plus puissant et de moins en moins cher. Il a permis le développement de l'informatique et l'accélération de celui des télécommunications.

La troisième phase de la troisième révolution est celle de la télématique.

La télématique marie le microprocesseur et les télécommunications. Cette phase de développement technologique est encore plus lourde de conséquences que les deux précédentes pour la vie des Français. Car elle ne concerne plus seulement les processus industriels et la nature des produits accessibles au grand public. Elle porte en elle les germes d'une véritable civilisation nouvelle, caractérisée par de nouveaux modes de vie.

On en voit déjà les effets depuis une dizaine d'années sur la vie professionnelle et personnelle des Français. La transition a été souvent douloureuse, car la société a dû faire face en même temps à la mutation technologique et à une crise économique et sociale. Mais ces deux phénomènes, concomitants, n'étaient évidemment pas indépendants.

➤ En 1982, le niveau du baccalauréat était demandé à 40 % des salariés ; la proportion devrait passer à 75 % en l'an 2000. Les banques, qui recrutaient souvent des titulaires du BEPC, embauchent aujourd'hui au niveau bac + 2.

Trois révolutions industrielles

Les trois révolutions industrielles :

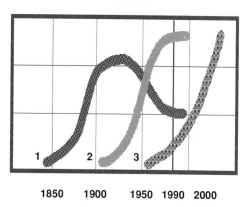

1850   1900   1950 1990 2000

(1) Charbon, acier, textile
(2) Mécanique, automobile, avion, pétrole, chimie, électricité
(3) Electronique, télématique, robotique, biotechnologie, biomasse, atome

L'Expansion

L'utilisation de la microélectronique s'étend à l'ensemble des activités professionnelles et humaines.

L'avènement de la micro-électronique est plus lourd de conséquences pour les sociétés industrielles que les grandes innovations technologiques précédentes, car son champ d'application est illimité. On lui doit, d'abord, le formidable développement de la production et de la communication à tous les niveaux de l'entreprise : conception assistée des produits ; optimisation des méthodes de fabrication ; robotique ; télécopie ; téléconférence, etc.

Mais on lui doit aussi la formidable diffusion de produits qui ont changé la vie des individus : télévision couleur ; magnétoscope ; micro-ordinateur ; lecteurs de disques compacts ; vidéodisque, Minitel, billetteries automatiques, etc.

A la différence des autres innovations, celle du microprocesseur a des applications « transversales ». L'ordinateur, qui en est issu, est essentiellement un outil de calcul qui peut être introduit avec profit dans tous les secteurs industriels mais aussi dans les produits grand public. Son utilisation permet d'ailleurs non seulement

d'inventer ces nouveaux produits, mais de les fabriquer à des prix de moins en moins élevés.

Emploi et technologie

Les nouvelles technologies ont des effets contradictoires sur l'emploi. Elles en suppriment et elles en créent successivement. Surtout, elles modifient la nature des emplois et des métiers et nécessitent toujours plus de qualification.

La technologie supprime des emplois mais crée des métiers.

Les mutations technologiques, celle de l'informatique en particulier ne font pas que supprimer des emplois. Elles sont aussi créatrices de nouveaux métiers. Mais il existe trois décalages entre les deux phénomènes.

Le premier est temporel : les nouveaux emplois ne sont pas créés en même temps que certains sont supprimés, ce qui explique que le chômage a continué d'augmenter jusqu'en 1985.

Le second décalage est spatial : les nouveaux emplois ne sont pas créés au même endroit que les anciens, ce qui implique une plus grande mobilité des travailleurs.

Enfin, il existe un décalage qualitatif : les emplois créés n'utilisent pas les mêmes compétences que ceux qui disparaissent. C'est pourquoi l'effort de formation revêt une si grande importance.

Les emplois les plus touchés ont d'abord été ceux liés à la production.

On peut donner mille exemples de l'impact de l'informatique ou de l'électronique sur l'emploi. Son champ d'application s'est d'abord limité aux tâches de production manuelles et répétitives. Dans l'industrie téléphonique, le passage de la commutation électromécanique des centraux à la commutation électronique a fait passer entre 1977 et 1982 les effectifs de 42 000 à 29 000 personnes pour une production analogue. Chez les constructeurs automobiles, l'utilisation des robots pour la fabrication des nouveaux modèles a permis de baisser le prix de revient d'au moins 20 % par rapport aux chaînes traditionnelles. La cataphorèse (fixation de la peinture des carrosseries par électrolyse) avait déjà fait disparaître le travail des ponceurs. Bientôt, les pistoleurs et les soudeurs seront remplacés par des robots.

Entre 1973 et 1985, l'Europe perdait plus de 5 millions d'emplois, tandis que les Etats-Unis en créaient plus de 20 millions. La France en a perdu jusqu'en 1986 ; elle n'a recommencé à en créer que très récemment.

L'avenir passe par la technologie

Les services ne sont pas tous créateurs d'emplois.

En France comme dans l'ensemble des pays industrialisés, l'érosion du nombre d'emplois a été partiellement compensée depuis le début de la crise par les créations dans le domaine des services. Mais des gains de productivité sont souvent possibles dans ces domaines grâce à l'informatique, la bureautique, etc.

Ainsi, dans les compagnies d'assurances, les agents classeurs et les archivistes perdent peu à peu leur raison d'être avec le développement des techniques d'archivage par microfilm et par ordinateur. Même certains métiers de l'informatique qui avaient fourni beaucoup d'emplois subissent la loi d'une révolution à laquelle ils ont largement contribué. Les 100 000 mécanographes des années 60 ont aujourd'hui disparu et les perforatrices non reconverties sont venues grossir les rangs des chômeurs.

Dans les bureaux d'études et de méthodes, l'arrivée de la CAO (Conception assistée par ordinateur) a transformé les métiers de dessinateur, traceur et préparateur. Le développement de la bureautique (stockage de l'information, traitement de texte, gestion de l'informatique et des dossiers, agenda automatique, téléconférences, banques de données, courrier électronique, etc.) ne sera pas sans effet sur les postes d'employés.

Les immigrés, les travailleurs les plus âgés et les femmes sont les plus menacés.

Les immigrés occupent pour la plupart les postes les moins qualifiés et ne bénéficient guère de la formation continue. Les travailleurs les plus âgés sont souvent moins malléables à la nouveauté, qui dérange leurs habitudes de travail. Ils sont aussi moins disposés à se remettre en question et à retourner à l'école. Quant aux femmes, elles sont jusqu'ici assez peu nombreuses dans les métiers de l'informatique et elles remplissent souvent des fonctions que l'ordinateur peut ou pourra assurer en partie.

La fin des secrétaires ?

Le métier de secrétaire comporte principalement quatre types d'activité : classement, dactylographie, téléphone, tenue d'agenda. Or, les patrons peuvent dès aujourd'hui effectuer leur propre classement sur ordinateur, recourir à un archivage centralisé ou aux messageries électroniques internes accessibles immédiatement sur terminal. Les logiciels de traitement de texte (et, demain, la machine à écrire à reconnaissance vocale) réduisent la dactylographie à sa plus simple expression. Enfin, les progrès des standards et des postes terminaux permettent déjà aux cadres de gérer eux-mêmes leurs appels téléphoniques. A terme, les secrétaires devront donc se remettre en question et devenir, pour les plus qualifiées, de véritables assistantes.

E ➤ Il s'est écoulé 102 ans entre la découverte du phénomène physique applicable à la photographie (1727) et la photographie elle-même (1829). Il n'aura fallu que 56 ans pour la mise au point du téléphone (1820-1876), 35 ans pour celle de la radio (1867-1902), 14 ans pour celle du radar (1926-1940), 6 ans pour celle de la bombe atomique (1939-1945), 5 ans pour celle du transistor (1948-1953).

Les métiers de demain

Tous les emplois sont ou seront modifiés par l'existence des nouveaux outils technologiques. Beaucoup de métiers changent de nature. Des professions nouvelles apparaissent, pour participer au développement technologique et scientifique en cours ou pour pallier ses inconvénients sur l'environnement.

Toutes les professions sont concernées par l'évolution technologique.

Les travailleurs les moins qualifiés, effectuant des tâches répétitives, sont directement menacés par l'arrivée de machines électroniques. Mais ceux qui occupent des emplois de responsabilité sont également concernés par cette évolution. 60 % des cadres français n'ont aucun diplôme. Certains, souvent parmi les plus âgés, éprouvent des difficultés à dialoguer avec un terminal d'ordinateur. Ils devront pourtant s'adapter à des méthodes de travail différentes de celles qu'ils ont toujours pratiquées : travail en équipe, décentralisation des responsabilités, rationalisation des prises de décision, etc.

Même les métiers de création, jusqu'ici les plus épargnés par le progrès technologique, se mettent aujourd'hui en question. Les graphistes, illustrateurs, stylistes, concepteurs et même artisans peuvent utiliser avec profit les outils informatiques et télématiques. Il seront touchés par les prochaines générations de *systèmes experts*, qui seront capables d'apprendre certains modes de fonctionnement du cerveau humain, d'intégrer l'expérience des individus les plus qualifiés et de les appliquer à des situations nouvelles.

Les métiers liés à l'environnement seront de plus en plus nombreux.

Les préoccupations écologiques croissantes vont imposer de nouvelles contraintes aux entreprises, qui devront « produire propre » sous peine de sanctions légales et, surtout, d'une détérioration de leur image. Les métiers liés à la protection de l'environnement vont donc se développer au cours des années à venir, à la fois à l'intérieur et à l'extérieur des entreprises.

Autant qu'une spécialité à part entière (ingénieurs ou techniciens de l'environnement), la dimension écologique devra être intégrée aux métiers existants et concernera tous les secteurs de l'industrie. Des disciplines comme la chimie, la biologie, l'agronomie, la géologie, l'hydrologie, mais aussi le droit ou l'informatique seront particulièrement touchées par la contrainte écologique. Les problèmes de traitement des eaux et des déchets, de rejet de matières toxiques dans l'air devront être progressivement résolus, en attendant que des techniques de fabrication non polluantes soient mises au point.

Fonctions et métiers d'avenir

Six *fonctions* de l'entreprise devraient se développer particulièrement au cours des prochaines années :
- Gestion-finances : audit ; credit manager ; contrôleur de gestion ; analyste financier ; expert comptable.
- Commerce-marketing : ingénieur technico-commercial ; acheteur industriel ; chef de rayon de supermarché ; chargé d'études marketing ; merchandiser ; chef de produit.
- Maintenance-qualité : logisticien ; responsable de maintenance ; qualiticien.
- Informatique : cogniticien ; administrateur de base de données ; spécialiste de maintenance informatique ; architecte de réseau ; chef de projet analyste ; ingénieur système.
- Recherche-développement : chercheur industriel.
- Formation : responsable de formation

Le secteur tertiaire devrait poursuivre sa croissance, en particulier dans cinq *secteurs d'activité* :
- Professions juridiques : juriste d'entreprise ; avocat.
- Banques-assurances : agent immobilier ; exploitant ; analyste crédit.
- Santé : manipulateur électroradiologie ; conseillère en économie sociale et familiale.
- Enseignement : instituteur ; professeur de mathématiques.
- Publicité-communication : chef de publicité d'agence ; responsable de la communication.

Enfin, *cinq branches industrielles* apparaissent porteuses :
- Electronique-télécommunications : automaticien ; électrotechnicien ; concepteur de circuit intégré.
- Bâtiment-travaux publics : ingénieur d'étude de prix ; ingénieur méthodes du bâtiment.
- Froid-thermique : frigoriste ; thermicien.
- Industries des plastiques : plasturgiste.
- Aéronautique-espace : spécialiste télédétection.

Le télétravail pourrait se développer dans certains domaines.

Fruit de l'ordinateur et de la télématique, le télétravail consiste à rester chez soi et à communiquer avec l'entreprise dont on est salarié, par l'intermédiaire d'un terminal d'ordinateur. Des ingénieurs, journalistes, employés... sont d'ores et déjà concernés par ce nouveau type d'activité.

En France, le travail à domicile existe depuis longtemps. Il connaît une seconde jeunesse dans certaines sociétés de services. Des salariés des compagnies d'assurances, par exemple, gèrent chez eux des dossiers de sinistres qu'ils vont chercher au siège une fois par semaine. Avec l'utilisation d'un terminal d'ordinateur, ce travail à domicile se transforme en « télétravail ».

Ce système devrait se développer dans les prochaines années. Il présente l'avantage d'une meilleure productivité pour l'entreprise (les expériences menées aux Etats-Unis ont fait apparaître des gains de l'ordre de 40 %) et d'une plus grande liberté pour les employés. Il reste à savoir, cependant, si l'absence de relations *de visu* avec les collègues ou les patrons sera ressentie par les télétravailleurs comme un handicap ou comme un privilège...

La qualification sera de plus en plus déterminante dans l'obtention d'un emploi.

L'importance croissante de la technologie dans l'entreprise n'implique pas que la réussite professionnelle passera de plus en plus par la spécialisation des formations. C'est même le contraire qui pourrait se produire. D'ores et déjà, la formation donnée par l'enseignement supérieur dans les domaines de haute technologie est « en retard » par rapport aux développements en cours dans les entreprises et les laboratoires. De plus, les seules connaissances scientifiques et mathématiques sont largement insuffisantes pour permettre aux jeunes diplômés d'accéder aux postes de responsabilité ; il leur faut aussi savoir communiquer, avoir l'ouverture d'esprit suffisante pour travailler avec les autres. Enfin, il apparaît que les carrières se dérouleront de plus en plus souvent en plusieurs phases, correspondant à des postes et à des métiers différents.

26 millions d'actifs en l'an 2000

Prévision d'évolution de la population active :

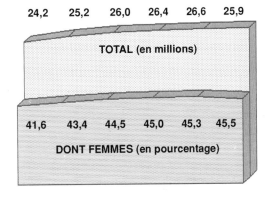

INSEE

La culture générale est la clé de l'adaptation à un environnement en perpétuelle mutation.

Les entreprises ont aujourd'hui besoin d'employés capables de comprendre ce qui se passe autour d'eux, non seulement dans leur domaine d'activité et dans leur pays, mais dans la société et dans le monde. Cette capacité requiert un niveau de plus en plus élevé de culture générale. Elle seule peut fournir des points de référence par rapport au passé et permettre la mise en perspective de mouvements et de tendances apparemment aléatoires ou contradictoires.

Dans cette optique, les lettres devraient prendre leur revanche sur les mathématiques. L'informatique n'est d'ores et déjà plus seulement un métier mais l'une des composantes de base de la formation. La sociologie, la géopolitique, la philosophie, l'art, l'histoire des civilisations ou des religions seront de plus en plus des outils de base pour les cadres et les dirigeants dont le métier est d'intégrer le présent afin de préparer l'avenir.

➤ 40 % seulement de ceux qui portent le titre d'ingénieur ont suivi une formation d'ingénieur sanctionnée par un diplôme. Les autres sont des « ingénieurs maison ».

La société centrifuge

La crise économique qui s'est développée depuis le milieu des années 70 n'était en fait que la partie immergée d'une restructuration en profondeur de la société. Ses conséquences se font déjà sentir dans de nombreux domaines, qui débordent largement la vie professionnelle. Déjà, un certain nombre de Français sont restés au bord du chemin. Il est à craindre qu'ils soient de plus en plus nombreux.

La technologie a évolué plus vite que les mentalités.

Le progrès technique est d'autant mieux accepté qu'il ne s'accompagne pas d'une remise en cause des valeurs. C'est pourquoi les premières phases de la révolution électronique s'étaient déroulées sans grandes difficultés sociales. L'évolution plus récente a entraîné beaucoup plus de résistances.

Les structures, qu'elles soient industrielles, sociales ou mentales, ont de la peine à intégrer les bouleversements, surtout lorsqu'ils se succèdent à un rythme croissant. Il s'ensuit un décalage croissant entre ceux qui ont les moyens et la volonté de « rester dans le coup » et ceux qui se laissent emporter par le courant. C'est donc le système social et professionnel, plus que la volonté des hommes qui engendre les inégalités.

Micro-entretien

JOËL DE ROSNAY *

G.M. - *Le progrès technique ne risque-t-il pas de renforcer les inégalités entre les individus ?*

J. de R. - Si l'on examine la façon dont s'effectue la diffusion de l'information et l'utilisation des banques de données, on constate qu'il se crée un fossé entre ceux qu'on pourrait qualifier de riches en information et de pauvres en information. Il y a d'une part ceux qui savent se servir de ces banques de données, de ces réseaux d'ordinateurs, et de l'autre ceux qui en sont incapables. Ceux-là entrent alors dans une spirale du type de celle qu'on a connue dans des pays du tiers monde et qui explique le sous-développement dû aux problèmes économiques et énergétiques. C'est pourquoi il faut être extrêmement vigilant.

* Directeur à la Cité des Sciences et de l'Industrie de la Villette, auteur de nombreux ouvrages scientifiques, dont *le Macroscope* et *l'Aventure du vivant* (Seuil).

La technologie change à la fois les modes de travail et les modes de vie.

Les grands mouvements de la société coïncident souvent avec ceux de la technologie. La correspondance paraît flagrante depuis le début de l'ère industrielle. Watt mettait au point sa

L'informatique incontournable

« Au cours des années à venir, la diffusion de l'informatique va modifier certains aspects des conditions de vie. Considérez-vous cette évolution comme une chose » (en %) :

	1979	1980*	1982	1983	1984	1985	1986	1987	1988	1989
• Souhaitable	22,0	26,9	29,0	34,2	38,8	40,5	36,5	36,0	36,3	36,1
• Peu souhaitable, mais inévitable	53,7	47,0	47,4	48,1	45,8	47,8	49,5	51,3	51,5	50,5
• Regrettable et dangereuse	20,1	21,1	21,6	15,3	13,2	9,4	12,6	11,4	11,1	12,3
• Cela dépend	2,0	0,6	-	-	-	-	-	-	-	-
• Ne sait pas	2,2	4,4	2,0	2,4	2,2	2,3	1,4	1,3	1,1	1,1
Ensemble	100,0	100,0	100,0	100,0	100,0	100,0	100,0	100,0	100,0	100,0

* L'enquête n'a pas été effectuée en 1981.

CREDOC

L'ordinateur, outil indispensable

machine à vapeur en 1782, sept ans avant une autre révolution, plus célèbre encore. Plus près de nous, la Seconde Guerre mondiale fut à l'origine de progrès tout à fait considérables dans l'aéronautique, la chimie ou le nucléaire.

Les années 80 resteront sans doute marquées par les premiers vols de la navette spatiale américaine, l'apparition des systèmes experts et surtout l'extension de l'informatique à l'ensemble des secteurs de l'économie. L'emploi en sera profondément modifié, tout autant que la façon de travailler.

Mais l'impact de la révolution technologique de cette fin de siècle ne se limitera pas au travail. Il touchera progressivement tous les aspects de la vie quotidienne des Français. Qu'ils le veuillent ou non, l'ordinateur sera bientôt leur compagnon de tous les jours, au bureau, à la maison ou dans la rue. Plus encore, peut-être,

que la télévision hier, l'ordinateur sera demain le pilier d'une nouvelle civilisation.

Le « quart monde » va sans doute continuer à se développer.

Certaines catégories sociales ont été comme pétrifiées par le changement radical qui s'est amorcé depuis quelques années. Les travailleurs peu qualifiés et ceux qui ont des difficultés à s'adapter (ce sont souvent les mêmes) furent les premiers concernés par les transformations en cours. Les changements à venir risquent d'amplifier leur inadaptation, tant dans la vie professionnelle que sociale. On peut donc parier, au cours des prochaines années, sur un accroissement du nombre des exclus du modernisme, qui en subiront les effets sans pouvoir en tirer le moindre avantage.

S ➤ 44 % des entreprises françaises ont mis en place des cercles de qualité (56 % non), 38 % un système de management participatif (60 % non), 28 % des projets d'entreprise (70 % non).
S ➤ 82 % des cadres des entreprises de 1 000 salariés et plus ont suivi au moins une formation au cours des quatre dernières années. La proportion est de 71 % dans les entreprises de 500 à 999 salariés, 61 % dans celles de 50 à 499, 58 % dans celles de moins de 50 salariés. Dans 57 % des cas, il s'agissait d'une formation à l'intérieur de l'entreprise, dans 33 % d'une formation inter entreprises.
S ➤ Sur les 200 plus importants chefs d'entreprise français, 2 % seulement ont suivi une formation universitaire et 7 % sont autodidactes. Parmi les cadres dirigeants des grandes entreprises (P-DG, directeurs généraux, etc.), 49 % ont suivi des études d'ingénieur (18 % à Polytechnique), 39 % ont une formation commerciale, 5 % une double formation, 4 % sont autodidactes. 1,5 % seulement sont des femmes.

ARGENT

LE BAROMÈTRE DE L'ARGENT

Les pourcentages indiqués représentent les réponses positives aux affirmations proposées pour les graphiques 1, 2 et 4. Pour le graphique 3, la courbe 1 indique le total des réponses aux affirmations « beaucoup moins bien » et « un peu moins bien » et la courbe 2 le total des réponses aux affirmations « beaucoup mieux » et « un peu mieux ».

1. « Il faut réduire au maximum les écarts entre les revenus » (%) :

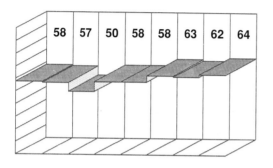

1982 83 84 85 86 87 88 89

Agoramétrie

2. « Frauder le fisc, ce n'est pas du vol » (%) :

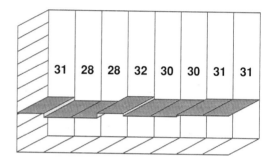

1982 83 84 85 86 87 88 89

Agoramétrie

3. « En ce qui concerne le niveau de vie de l'ensemble des Français depuis une dizaine d'années, il va ... » (%) :

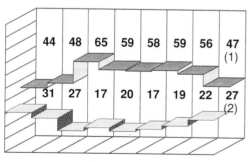

1982 83 84 85 86 87 88 89

CREDOC

4. « Il faut limiter les héritages » (%) :

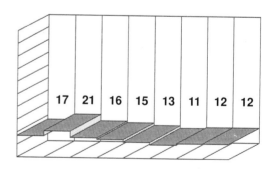

1982 83 84 85 86 87 88 89

Agoramétrie

LES REVENUS

IMAGE DE L'ARGENT

L'argent réhabilité ● *Un gaz incolore et inodore* ● *La réussite économique moins suspecte* ● *Rêve et frustration* ● *Plus de 70 milliards de francs aux jeux*

L'odeur de l'argent

Longtemps absent des conversations des Français, sinon de leurs préoccupations, l'argent tient aujourd'hui une place centrale dans la société. Les salaires des uns et la fortune des autres alimentent les discussions et les médias. Gagner de l'argent, que ce soit en travaillant, en jouant ou en héritant, est devenu une ambition légitime.

Mais on aurait tort de ne voir dans cette attitude nouvelle que la fin d'un tabou. La transparence n'exclut pas le voyeurisme et l'étalage des inégalités est une source croissante de frustration.

En faisant l'argent plus rare, la crise économique l'a aussi fait plus « cher ».

Au cours des années récentes, on a assisté à une indéniable réhabilitation de l'argent. Avec la crise, celui-ci est apparu plus désirable à tous ceux qui ont vu leur pouvoir d'achat réduit ou menacé. D'autant que la consommation, les loisirs et le plaisir sont des valeurs essentielles de l'époque.

Si les plus jeunes affichent une assez grande décontraction vis-à-vis du « fric », qui leur apparaît à la fois nécessaire et sain, leurs aînés ont une attitude plus réservée. Entre l'attachement à l'égalité collective et la course aux privilèges individuels, leur cœur (et leur bourse) balancent. L'argent joue en tout cas dans la société un rôle prépondérant, que personne ne peut ignorer.

L'argent en proverbes

Les dictons populaires montrent l'ambiguïté des rapports que les Français ont entretenu pendant des siècles avec l'argent. On prétend ainsi depuis longtemps que « l'argent ne fait pas le bonheur ». Une affirmation aussi bien utilisée par ceux qui en sont démunis (pour conjurer le mauvais sort ?) que par les plus fortunés (comme pour s'en excuser). Car un honnête homme doit se méfier de l'argent, puisqu'il est à la fois « bon serviteur et mauvais maître ». D'ailleurs, les Français se sont consolés pendant longtemps de ne pas être riches en se répétant que « peine d'argent n'est pas mortelle »... Mais la période récente a remis à la mode un autre dicton, selon lequel « l'argent n'a pas d'odeur ».

Jadis solide, puis liquide, l'argent devient aujourd'hui un gaz, incolore et inodore, mais non sans saveur.

Après avoir été solide (on parlait des espèces « sonnantes et trébuchantes »), l'argent était devenu « liquide », par opposition à celui dont on pouvait disposer sous forme de chèques, bancaires ou postaux. On est tenté de dire aujourd'hui qu'il est devenu une sorte de gaz, immatériel mais capable de se répandre partout.

Il a en effet acquis cette faculté propre au gaz de s'échapper facilement du récipient qui le contient (ce qui explique peut-être la diminution régulière de l'épargne depuis une dizaine d'années). Un gaz inodore (c'est le proverbe qui le dit) et incolore, du fait de sa dématérialisation (virements, cartes de crédit...). Mais contrairement à beaucoup de gaz, l'argent n'est pas sans saveur. Il a, pour ceux qui en disposent, le goût plaisant de la réussite et du pouvoir, pour ceux qui en sont démunis, le goût amer de la frustration.

Micro-entretien

JACQUES ATTALI*

G.M. - *A partir de quand l'argent a-t-il joué un rôle central dans la société ?*

J.A. - A partir du xe siècle, la force, qui était l'ordre dominant, s'est appuyée sur l'argent dans les sociétés monarchiques. Puis l'argent s'est appuyé à son tour sur le sacré à partir du développement des sociétés capitalistes, vers le xviiie siècle. Nous sommes au moment où l'argent, plus que jamais, est maître. La canalisation de la violence passe par l'argent, même si celui-ci se sert de la force et du sacré pour organiser sa loi.

---

* Conseiller spécial du président de la République, auteur notamment de *Lignes d'horizon* (Fayard).

L'argent a échappé pour un temps aux idéologies...

La transformation progressive du système de valeurs a eu des répercussions profondes sur la façon dont les Français considèrent l'argent. Sa dimension philosophique ou politique a été jusqu'à récemment presque gommée au profit de sa dimension pragmatique.

S ➤ 71 % des Français considèrent l'argent comme quelque chose de positif, 19 % comme quelque chose de négatif..
S ➤ 30 % des Français affirment avoir déjà connu la pauvreté, et 25 % ont un proche dans cette situation (moins de 50 F par jour). 52 % considèrent qu'en l'an 2000 ils seront peut-être dans la misère.

Les fruits de l'argent ont un goût sucré

L'évolution politique n'a pas été étrangère à cette évolution. Pendant longtemps, l'idéologie de gauche avait fait l'amalgame argent-exploitation-inégalité, expliquant ainsi sa réserve, voire son mépris vis-à-vis de l'argent. La pratique du pouvoir, à partir de 1981, fut l'occasion d'une révision de ces conceptions.

La vision marxiste de l'argent est passée de mode, chez les militants socialistes comme chez les intellectuels en général. Aux interrogations idéologiques, les Français semblaient préférer des questions plus simples et plus concrètes : comment gagner plus d'argent ? Comment le dépenser ? Comment préserver le patrimoine accumulé ?

... mais les inégalités actuelles pourraient l'en rapprocher à nouveau.

Trois phénomènes récents sont susceptibles de redonner à la conception de l'argent un contenu idéologique. Le premier est l'accroissement des inégalités de revenus constaté depuis 1986 après trois décennies de réduction des écarts. Le second est le développement d'une pauvreté qui ne frappe plus seulement des individus marginaux, mais des Français comme les autres, victimes de la « société centrifuge ». Le troisième, enfin, est le fait que les Français, informés de ces réalités nouvelles par les médias, acceptent de moins en moins facilement la dureté d'une société qui fabrique presque mécaniquement de l'exclusion.

Un grand besoin d'humanisme et de solidarité se fait donc sentir aujourd'hui. Les hommes politiques et les chefs d'entreprise devront le comprendre et le satisfaire, sous peine de réactions sociales qui pourraient être violentes.

L'argent avant le temps

« Quelle est votre préférence entre... » (en%) :

	1982	1988	1989
• Une amélioration de votre pouvoir d'achat	54,8	69,3	61,6
• Un temps libre plus long	44,4	30,3	37,7
• Ne sait pas	0,8	0,4	0,8

CREDOC

La fin du péché capital

Longtemps, les Français soupçonnèrent les fortunes d'être trop rapidement acquises ou malhonnêtement entretenues. Aujourd'hui, l'enrichissement n'est plus aussi mal considéré. Mais la jalousie et la frustration ne sont pas absentes de l'attitude que les Français affichent devant l'argent des autres.

La réussite économique est moins suspecte.

Au palmarès de la respectabilité, le *self-made-man*, héros de l'économie capitaliste et personnage peu prisé de la culture française, a fait une remontée spectaculaire. Les Français sont presque unanimes à saluer les efforts qui lui ont permis « d'arriver ».

L'évolution depuis dix ans est frappante. Avec la crise s'est envolée la suspicion qui entourait la réussite professionnelle. Ceux qui se sont fait « une place au soleil » ne sont plus, comme on le pensait hier, des « aventuriers » ou des « chevaliers d'industrie » peu enclins à

l'altruisme et aux scrupules, mais des gens courageux et méritants.

L'argent est de plus en plus présent dans les médias.

La presse grand public (*Paris-Match, VSD, le Figaro Magazine...*) a compris depuis longtemps que l'argent fait rêver et... acheter. Les grands hebdomadaires d'information l'ont compris plus récemment et titrent régulièrement sur « le salaire des cadres », « la fortune des Français », ou « les placements de l'année ». Les journaux financiers (*Investir, Mieux-Vivre, le Revenu français...*) ont profité de la période d'euphorie boursière et bien résisté au krach de 1987.

Les livres qui parlent d'argent en rapportent souvent beaucoup à leurs auteurs. Le maître du genre est sans conteste Paul Loup Sulitzer dont les romans » (*Money, Cash, le Roi vert, Hannah, Cartel*, etc.) ont conquis un vaste public.

Quant à la télévision, elle se contente de montrer la richesse à longueur de téléfilms ou de séries et de spots publicitaires.

Argent et travail, même combat

« Si on parle devant vous d'une personne qui est partie avec trois fois rien en poche il y a 30 ans et qui est aujourd'hui devenue très riche, est-ce que vous vous dites... » : (en %)

	1989	1987 (1)	1983 (2)	1974 (3)
• Elle a beaucoup travaillé	69	64	59	40
• Elle n'a pas toujours dû être très honnête	13	21	18	37
• Sans opinion	12	15	23	23

(1) Le Figaro Magazine/Sofres, février 1987
(2) Grasset/Sofres, janvier 1983
(3) Elle/Sofres, novembre 1974

Figaro Magazine/Sofres, février 1989

S ➤ 74 % des Français trouvent choquant le salaire de 120 000 F d'un présentateur vedette de journal télévisé (24 % non), 62 % les 185 000 F d'un président d'un groupe automobile (30 % non).

RFI, 16 novembre 1988

Micro-entretien

PAUL LOUP SULITZER *

G.M. - *Qu'est-ce qui explique l'engouement récent des Français pour l'argent ?*

P.-L.S. En France, l'argent était considéré comme un péché. En parler était vulgaire. N'est-ce-pas dans notre langue qu'ont été inventés les mots « nouveau riche » et « parvenu » ? Pourtant, l'idée de parvenir à quelque chose me semble plutôt positive... La bourgeoisie française a beaucoup contribué à l'instauration de cette mentalité, de même que la gauche traditionnelle. Une espèce de consensus national s'était dégagé pour ne jamais parler d'argent. Les uns, pour ne pas divulguer le montant de leur patrimoine, excluaient toute transparence ; les autres n'en parlaient pas par idéologie. Dans une démocratie, la transparence est une nécessité. Car l'argent est une chose essentielle. L'argent, c'est l'économie, c'est le nerf de la guerre...

---

* Ecrivain et spécialiste de la finance, auteur notamment de *Cartel, les Routes de Pékin, Kate, la Femme pressée* (Edition N°1/Stock).

Les revenus élevés de certaines professions agacent les Français.

Le respect de la réussite matérielle et de la fortune est souvent teinté d'admiration ou d'envie, parfois de réprobation. L'argent gagné par les chefs d'entreprise paraît aujourd'hui acceptable au plus grand nombre (encadré), dans la mesure où il récompense une compétence, un risque personnel qui permet de maintenir des emplois et des salaires. Mais les sondages montrent que l'argent accumulé par les vedettes de la chanson, du cinéma, de la télévision ou du sport est beaucoup moins bien accepté. Les salaires des Foucaud, Sabatier, Ockrent et autres Sébastien paraissent aussi démesurés aux Français que ceux des joueurs de football, des champions de tennis ou de Formule 1.

A une époque où la misère ne touche plus seulement les pays pauvres, beaucoup trouvent indécent que ceux qui ont la chance d'être célèbres et de faire un métier passionnant aient en plus des revenus hors de proportion avec leur « valeur » intrinsèque.

Les revenus des patrons ne choquent pas

La réhabilitation de l'entreprise s'est accompagnée d'une réhabilitation des hauts revenus de ceux qui les animent, les développent ou même les sauvent. Fin 1989, la feuille de paye de Jacques Calvet, dévoilée par *le Canard enchaîné* au moment des grèves des ouvriers de Peugeot n'avait pas envenimé le conflit. Quelques temps après, les 5 millions de francs annuels annoncés avec fierté par Antoine Riboud à *l'Heure de vérité* avaient plutôt renforcé l'image de BSN et de son médiatique patron. En avril 1990, l'enquête de *l'Expansion* sur les salaires des chefs d'entreprise concluait que les Français étaient plutôt mal payés par rapport à leurs collègues étrangers sans déclencher de protestations massives de la part des salariés.

Les jeux de l'argent et du hasard

Si les Français acceptent mieux l'« argent des autres », ils sont aussi désireux de s'enrichir à titre personnel. Mais ils savent que leurs chances de faire fortune avec leur seul salaire sont faibles. C'est pourquoi ils sont nombreux à s'en remettre à la chance et aux jeux. Ceux-ci leur apportent aussi la part de rêve dont ils ont besoin pour mieux vivre le quotidien, en imaginant sans trop y croire des lendemains dorés.

En 1989, les Français ont joué plus de 70 milliards de francs, dont 30 milliards au PMU.

Plus d'un Français sur deux joue à des jeux proposés et gérés par l'Etat. Les paris sur les courses (PMU) sont les plus importants ; ils attirent chaque année plus de 30 milliards de francs et concernent (au moins occasionnellement) 8 millions de personnes. Parmi elles, un million jouent régulièrement et 100 000 tous les jours (4 000 fréquentent quotidiennement les hippodromes parisiens). Le montant moyen des paris est d'environ 30 francs par ticket de PMU.

Au classique tiercé s'était ajouté le quarté, dont l'espérance de gain est plus grande. Fin

1989 arrivait le quinté, qui permet à certains gagnants de devenir millionnaires.

La clientèle du PMU est plus homogène que celle du Loto. Elle est essentiellement constituée d'hommes (plus de 80 %) et les catégories sociales les plus représentées sont les ouvriers (35 %) et les inactifs (26 %).

20 millions de Français jouent au Loto, pour environ 12 milliards de francs par an.

Le Loto arrive en seconde position derrière les courses de chevaux, mais concerne davantage de joueurs. Plus de 12 millions de bulletins sont déposés chaque semaine dans les 13 500 points de vente (bureaux de tabac, kiosques et boutiques). La mise moyenne est de 20 francs par bulletin.

La vie est un jeu, avec ses gagnants et ses perdants

Le Loto sportif, créé en 1985, est toujours à la recherche de son régime de croisière et ne représente qu'environ 2 milliards de francs de mises. La mise moyenne est de 12 francs par bulletin de Loto sportif. Quant à la Loterie nationale, elle en rapporte encore le double (4 milliards de francs par an avec le Tac O Tac et le Tapis vert).

Des « jeux instantanés » (planches à gratter : Cash, Surf, Banco, etc.) ont été lancées depuis 1989. Leur succès s'explique par le fait que les joueurs savent tout de suite s'ils ont gagné et peuvent être réglés immédiatement par le point de vente ou, pour les gros gains, par un centre de paiement agréé.

---

3 000 millionnaires au Loto

Début la création du Loto, environ 3 000 personnes ont gagné au moins un million de francs, dont 140 plus de 5 millions, 27 plus de 10 millions. 12 joueurs ayant eu les six bons numéros d'un tirage n'ont pas été chercher leurs gains (délai maximum : 60 jours) ; le plus important gain non réclamé se montait à 7 millions de francs. Le record de gain au Loto, pour un bulletin unique, est de 33 456 975 francs, gagnés le 24 décembre 1988 à Nancy.

Les joueurs cherchent autant à rêver qu'à s'enrichir.

Le plaisir de jouer est souvent aussi important que l'appât du gain. Pour les amateurs de tiercé, le plaisir consiste à retrouver chaque dimanche les copains au bistrot. Car le jeu n'est pas une activité solitaire ; il est bien souvent un acte social.

La Loterie nationale, vieille institution créée en 1933, commençait à prendre quelques rides. La création du Loto, en mai 1976, a fourni un nouveau support aux rêves de fortune des Français. Plutôt que de choisir un billet parmi ceux disponibles chez le vendeur, chacun peut établir sa combinaison personnelle et livrer son propre combat contre le hasard. Si les courses de chevaux ne sont pas des jeux de hasard, elles sont cependant considérées comme telles par la plupart des Français qui, chaque dimanche, jouent leur date de naissance ou le numéro d'immatriculation de leur voiture.

➤ Les gagnants du Loto se partagent 56 % des mises. Le Tac O Tac redistribue 60 %, la Loterie 64 %, le PMU 70 %.
➤ Il existe une chance sur 13 983 816 de choisir la combinaison gagnante du Loto (six numéros plus un numéro complémentaire). Il y a en revanche une chance sur 57 d'avoir trois bons numéros.
➤ Le jeu de la roulette a été inventé en 1760, celui du baccara date du xve siècle.

Dans la majorité des cas, il semble que la manne tombée du ciel ne transforme pas de façon radicale les habitudes et les modes de vie des gagnants. Beaucoup conservent leur emploi et se contentent de placer leur argent après s'être offert la maison et/ou le voyage dont ils rêvaient. Le souci de gagner sa vie est alors remplacé par celui de préserver son capital et, souvent, son incognito.

Casinos : la manne des machines à sous

Les 140 casinos autorisés en France ne représentent qu'une part très faible des sommes jouées : environ un milliard de francs par an. Leur clientèle traditionnelle est surtout constituée de personnes aisées, dont beaucoup sont étrangères. Mais l'arrivée des machines à sous, présentes dans 14 casinos, séduit une nouvelle clientèle, plus jeune et moins fortunée. Au Casino de Deauville, par exemple, elles représentent déjà la moitié des recettes.

*La quête de la fortune traduit
une certaine frustration sociale.*

L'importance de l'argent dans la société est telle que ceux qui en ont peu ont le sentiment diffus de ne pas avoir réussi leur vie. La quête de la fortune s'accompagne aujourd'hui de l'attente de la « bonne fortune », c'est-à-dire la chance. Dans une société très structurée, où l'aventure tend de plus en plus à être réservée à des professionnels, on se donne le frisson en suivant celle des autres dans les médias ou en espérant être choisi par le hasard. L'instinct ludique et le besoin de rêve sont tous deux inhérents à la nature humaine. Mais on peut s'étonner que l'acte d'achat d'un bulletin de Loto puisse dans certains cas tenir lieu d'effort individuel pour améliorer son sort.

➤ Le Code civil français refuse la notion de jeu et le Code pénal interdit les jeux d'argent et de hasard. Mais une loi de 1907 permet des dérogations pour les jeux organisés ou autorisés par l'Etat.
S ➤ 76 % des Français se déclarent choqués par les salaires des footballeurs, 21 % non.
S ➤ 55 % des Français aimeraient devenir très riches, 44 % pas tellement ou pas du tout.

Combien gagnent les Français ?

Voir schéma ci-contre

Sous son apparente simplicité, la question cache une certaine complexité. D'abord, il faut savoir de quoi on parle. Plus que le montant brut de la feuille de paie des salariés ou la rémunération des non-salariés (agriculteurs, professions libérales, commerçants...), ce sont les revenus réellement disponibles de chacun qu'il est intéressant de connaître.

Il faut, pour les déterminer, ajouter aux revenus bruts du travail ceux du capital (placements), puis déduire les cotisations sociales (Sécurité sociale, chômage, vieillesse, etc.) et les impôts directs prélevés sur ces revenus (impôts sur le revenu, taxe d'habitation, taxe foncière, impôts sur les revenus des placements). Le résultat de ces opérations, effectuées pour les différents membres du ménage, constitue le revenu primaire du ménage.

La prise en compte des prestations sociales reçues par les différents membres des ménages (allocations familiales, remboursements de maladie, indemnités de chômage, pensions de retraite, etc.) permet ensuite de déterminer le revenu disponible du ménage.

Cette dernière notion est la plus significative. C'est en effet celle qui reflète le mieux la situation financière réelle des Français, car la consommation, l'épargne ou l'investissement sont généralement mesurés à l'échelle du ménage dans son ensemble plutôt qu'à celle des personnes qui le composent.

Ces différentes étapes illustrent la complexité des transferts sociaux et leur incidence considérable sur le pouvoir d'achat des Français. Il faut enfin préciser que les chiffres figurant dans ces chapitres correspondent à des moyennes. Par définition, chacune d'elles gomme les disparités existant entre les individus du groupe social qu'elle concerne. Mais cette simplification, nécessaire, présente aussi l'avantage de la clarté...

L'ARGENT DES FRANCAIS

La structure des différents chapitres (indiqués en CAPITALES) correspond au schéma ci-dessous :

CE DONT ILS DISPOSENT :

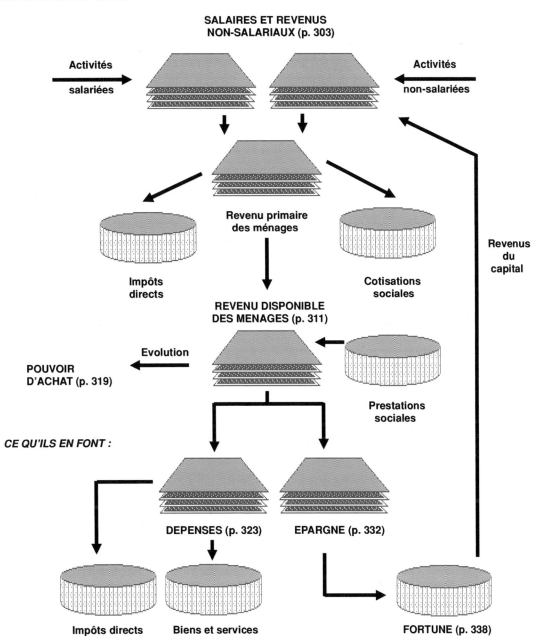

SALAIRES ET REVENUS NON-SALARIAUX (p. 303)

Activités salariées

Activités non-salariées

Revenu primaire des ménages

Impôts directs

Cotisations sociales

Revenus du capital

REVENU DISPONIBLE DES MENAGES (p. 311)

Evolution

POUVOIR D'ACHAT (p. 319)

Prestations sociales

CE QU'ILS EN FONT :

DEPENSES (p. 323)

EPARGNE (p. 332)

Impôts directs

Biens et services

FORTUNE (p. 338)

chômage, retraite). C'est celui qui apparaît sur la feuille de déclaration d'impôt remplie en 1989, en tant que salaire net imposable. Il concerne les salariés à temps plein du secteur privé et semi-public (hors agriculture).

Les salaires varient très largement selon les caractéristiques individuelles.

Le principal facteur influant sur le niveau de salaire est évidemment la profession : les cadres et chefs d'entreprise gagnent en moyenne trois fois plus que les ouvriers et deux fois plus que les techniciens.

Le sexe joue aussi un rôle important, mais les écarts entre hommes et femmes (environ 25 % au détriment de ces dernières) ne peuvent s'apprécier qu'à poste, responsabilité et ancienneté égales.

L'âge intervient de façon non linéaire dans le déroulement de la vie professionnelle. En début de carrière, les salaires sont moins élevés, mais l'âge devient un atout à partir de 30 ans. Il le reste, pendant une durée variable selon les professions, jusque vers 45 ans (35 ans environ chez les cadres).

Le secteur d'activité devient un facteur prépondérant. On gagne en moyenne 20 % de plus dans les transports que dans le bâtiment, mais les poids respectifs des catégories socioprofessionnelles y sont très différents. Dans un même secteur, on constate que le dynamisme de l'entreprise joue un rôle croissant. Enfin, les écarts régionaux ne sont pas non plus négligeables. Ils peuvent atteindre plus de 20 % entre Paris et les régions à faible implantation industrielle.

REVENUS SALARIAUX ET NON-SALARIAUX

105 000 F par salarié ● Pouvoir d'achat en baisse dans le secteur public ● Eventail à nouveau plus ouvert depuis 1985 ● Inégalités accentuées par les compléments de salaires ● A travail égal, les femmes moins payées ● Ecarts importants entre les revenus salariaux

Salaires

Les salariés ont perçu en moyenne un peu plus de 100 000 F de salaire net en 1989. Ceux du secteur privé sont en moyenne mieux rémunérés que ceux du secteur public. Les facteurs qui influencent le plus les rémunérations sont d'abord la qualification professionnelle et le sexe, mais aussi le secteur d'activité, l'âge, l'ancienneté et le lieu de travail.

Les salariés ont perçu en moyenne 104 700 F en 1989. La moitié ont gagné moins de 7 075 F par mois.

Le salaire mensuel moyen des salariés se montait à 8 725 F. Ce chiffre correspond au salaire moyen net, y compris les primes et indemnités, après déduction des diverses cotisations sociales à la charge de salariés (Sécurité sociale,

S ➤ 43 % des Français préfèrent dépenser l'argent, 43 % préfèrent l'encaisser.
S ➤ Les Français estiment le revenu d'un PDG en moyenne à 39 300 F par mois, celui d'un manœuvre à 4 470 F. Ils sous-estiment d'environ 30 % les revenus des médecins, de 40 % ceux des petits commerçants, de 60 % ceux des PDG.
S ➤ 56 % des Français s'estiment mal ou très mal payés, 34 % normalement payés, 9 % bien ou très bien payés.
S ➤ 7 % des cadres s'estiment très bien payés, 67 % assez bien payés, 16 % assez mal payés, 2 % très mal payés.
S ➤ 88 % des cadres considèrent que le salaire au mérite est une bonne chose, 7 % non.

Trois ans de salaires

Evolution des salaires annuels nets moyens selon la catégorie professionnelle (en francs et en %) :

	1987	1988	1989	Evolution 1988/87	Evolution 1989/88
• Chefs d'entreprise, cadres	217 100	223 700	230 700	0,3	- 0,5
• Techniciens, agents de maîtrise	115 200	118 200	122 000	- 0,1	- 0,3
• Autres professions intermédiaires	117 400	120 800	124 900	0,2	- 0,2
• Employés	75 500	77 800	80 200	0,3	- 0,5
• Ouvriers qualifiés	78 200	80 400	82 800	0,2	- 0,6
• Ouvriers non qualifiés	68 300	70 100	72 300	0,0	- 0,4
Ensemble	**97 500**	**101 000**	**104 700**	**0,8**	**0,1**

INSEE

Petits et gros salaires

Salaires bruts de quelques professions (1989, début et fin de carrière) :

- Caissière de supermarché : 4 962 F (SMIC)
- Manœuvre dans le bâtiment : 4 962 F
- Serveur de fast-food : 4 962 F
- Ouvrier agricole : 4 962 F
- Ouvrier en filature : de 4 962 F à 5 536 F
- Agent de service administratif : de 4 980 F à 6 520 F
- Déménageur : de 5 000 F à 7 500 F
- Eboueur : de 5 500 F à 7 200 F
- Aide-soignante : de 6 260 F à 7 856 F
- Gendarme : de 5 780 F à 8 830 F
- Gardien de prison : de 5 800 F à 11 000 F
- Instituteur : de 7 000 F à 11 300 F
- Infirmière : de 7 401 F à 10 629 F
- Percepteur : de 7 720 F à 16 500 F
- Secrétaire de mairie : de 8 000 F à 18 000 F
- Professeur agrégé : de 8 860 F à 16 000 F
- Conducteur de locomotive : de 8 970 F à 13 330 F
- Maître de conférences : de 8 480 F à 10 800 F
- Professeur de deuxième classe : de 15 300 F à 22 000 F
- Professeur de première classe : de 18 800 F à 26 700 F
- Conservateur à la Bibliothèque nationale : de 8 000 F à 15 500 F
- Magistrat à la Cour des comptes : de 8 500 F à 18 500 F
- Général de brigade : 21 000 F en moyenne
- P-DG d'entreprise publique : de 50 000 à 75 000 F

Le pouvoir d'achat brut des salariés du secteur privé a augmenté de 0,7 % en 1989 (à structure constante).

L'évolution des revenus est toujours difficile à analyser. On constate par exemple que l'accroissement du salaire moyen net entre 1980 et 1989 a été de 88 %, alors que celui du coût de la vie n'a été que de 75 %. Mais ce n'étaient pas exactement les mêmes personnes qui travaillaient au début et à la fin de la période de référence. Certaines sont aujourd'hui à la retraite (ou au chômage), d'autres ont changé d'emploi, d'autres enfin sont arrivées sur le marché du travail en cours de période.

Le rapport annuel du CERC mesure donc les évolutions *à structure constante de la population salariée selon la qualification*. Il constate ainsi que les salaires bruts ont progressé en moyenne de 0,7 % par an entre 1986 et 1989, alors que le salaire *moyen* a augmenté d'environ 1 % par an avant cotisations sociales, ou 0,3 % après cotisations.

Pour être tout à fait valide, l'analyse de l'évolution du pouvoir d'achat doit être faite à partir du *revenu disponible*, qui mesure les ressources réelles des Français après déduction des impôts et des prestations sociales (voir chapitre suivant). Ainsi, les rémunérations nettes des salariés du secteur privé ont connu en 1989 une stagnation (en francs constants) en raison de l'accroissement des taux de cotisations sociales.

La course salaires-inflation

Evolution des salaires annuels nets moyens (en milliers de francs et %) et de l'inflation (en %) :

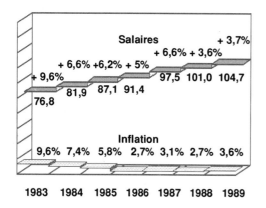

INSEE

Salaires d'embauche

Fourchette de salaire annuel brut à l'embauche de certains diplômés (1989, en milliers de francs) :

- HEC   163-171
- Essec   158-165
- ESCP   156-165
- ESC Lyon   147-157
- Escae Dijon   142-152 (*)
- ESC Reims   145-148
- ESC Rouen   140-147
- Edhec   140-147
- Escae Tours   138-144 (*)
- EBS   137-143
- ICN   135-139
- ISG   117-134
- ESG   116-133
- ISC   129-130

(*) Echantillon faiblement représentatif

Le salaire moyen du secteur public était de 112 400 F en 1989.

La rémunération des 5 millions de salariés du secteur public (administrations publiques centrales et locales, organismes de Sécurité sociale) comprend un traitement indiciaire de base auquel s'ajoutent des primes et autres éléments tels que l'indemnité de résidence, le supplément familial de traitement, etc. L'ensemble de ces éléments représente en moyenne 12,6 % du traitement de base, avec des écarts considérables selon les catégories : 4 % pour des ouvriers non qualifiés de catégorie D ; 27 % pour les personnels de la police et des prisons ; 47 % pour les ingénieurs des grands corps techniques.

En 1989, les rémunérations brutes (primes et mesures catégorielles comprises) ont augmenté d'environ 1,3 % par rapport à 1988, soit 0,5 % après cotisations. A qualification et ancienneté constantes, on constate une baisse du pouvoir d'achat net entre 1986 et 1989 de 0,8 % par an en moyenne.

S ➤ 57 % des ouvriers, 43 % des employés et 15 % des cadres ne savent pas que les primes d'intéressement peuvent être supprimées si les objectifs ne sont pas atteints.

Au cours des dernières années, les salaires du secteur public ont moins augmenté que ceux du privé.

Malgré ses privilèges, liés à la sécurité de l'emploi et à certaines situations particulièrement avantageuses (retraite, primes, durée et conditions de travail), la fonction publique n'est pas le lieu de travail idéal pour s'enrichir. Des

... mais la vision à court terme l'emporte

Fonctionnaires : pouvoir d'achat en baisse

Taux de rémunération des fonctionnaires, en francs constants (en %) :

	1987/ 1986	1988/ 1987	1989/ 1988	Variation annuelle moyenne
• Salaire moyen				
- brut	- 0,8	0,7	2,0 à 2,5	0,6 à 0,8
- net	- 1,6	0,6	1,2 à 1,8	0,1 à 0,2
• dont effet des variations de structure sur le salaire moyen	1,0	0,9	0,9 à 1,1	1,0
• Indice des prix à la consommation	3,1	2,7	3,6	3,1

comparaisons précises sont difficiles à établir (en raison d'appellations différentes des fonctions et d'un système de rémunération plus complexe dans le secteur public), mais elles sont généralement à l'avantage du privé.

Entre 1985 et 1989, l'indice des traitements bruts des agents de l'Etat (hors primes) a évolué un peu moins rapidement que l'inflation (- 0,8 % par an en francs constants), du fait de la forte baisse de 1987. Sur la période 1980-1988, le taux de rémunération des fonctionnaires est passé de l'indice 100 à l'indice 93,3 en francs constants.

S ➤ En février 1990, 37 % des Français considéraient que la lutte contre les inégalités est une priorité pour la France, contre 30 % en janvier 1986.
S ➤ 40 % des Français estiment que les inégalités ont augmenté dans la société depuis vingt ans, 21 % qu'elles ont diminué, 34 % qu'elles sont restées les mêmes. 29 % pensent que d'ici quinze ou vingt ans il y aura plus d'inégalités qu'aujourd'hui, 17 % moins, 41 % ni plus ni moins.
S ➤ Les inégalités les plus choquantes, selon les Français, sont, par ordre décroissant : l'accès au travail, les salaires, les impôts, l'accès à la justice, la retraite, le logement, l'accès aux soins, l'école, l'accès à la culture, l'héritage, le patrimoine.
S ➤ 90 % des femmes savent combien gagne leur mari (ou compagnon), 9 % non.

Le retour des inégalités

Pendant une vingtaine d'années, l'évolution des salaires des différentes catégories professionnelles s'était faite dans le sens d'un resserrement des écarts entre le haut et le bas de la hiérarchie. Depuis 1984, la tendance s'est inversée.

L'éventail des salaires s'ouvre à nouveau depuis 1985.

On peut mesurer l'éventail des salaires par le rapport entre le salaire moyen du dernier décile (montant au-dessus duquel se trouvent les 10 % de salariés les mieux rémunérés) et celui du premier décile (montant au-dessous duquel se trouvent les 10 % de salariés les moins bien rémunérés). Ce rapport était de 3,26 en 1980 et il avait baissé jusqu'à 3,09 en 1984. Il est ensuite remonté à partir de 1985 pour atteindre 3,3 en 1989. 10 % des salariés à temps plein ont gagné moins de 4 633 F par mois ; à l'inverse, 10 % ont gagné plus de 14 033 F.

Cette situation s'explique principalement par deux phénomènes : la moindre influence du SMIC sur les bas salaires ; les fortes hausses de salaires des cadres.

Du SMIG au SMIC

En 1950, le SMIG (salaire minimum interprofessionnel garanti) fut indexé sur la hausse des prix (avec un seuil de déclenchement de 5 % jusqu'en 1957, puis de 2 %). Comme la moyenne des salaires augmentait plus vite que les prix, le SMIG avait pris au milieu des années 60 un retard important.
En 1968, le salaire minimum fut au centre des discussions de Grenelle. Le SMIG devint SMIC (salaire minimum interprofessionnel de croissance) en 1970 et fut indexé à la fois sur les prix et sur l'ensemble des salaires. Il connut jusqu'en 1985 une augmentation très supérieure à celle des autres salaires.
En 1990, il a dépassé la barre des 5 000 francs par mois (sur la base de 39 heures) et concernait environ 2 millions de personnes : 10 % des salariés des entreprises d'au moins 10 salariés ; la proportion varie entre 20 et 45 % dans les petites entreprises du commerce et de l'artisanat. Les femmes sont 2,5 fois plus nombreuses que les hommes à le percevoir.

*Le SMIC augmente moins vite
que par le passé.*

Entre 1970 et 1985, le SMIC avait augmenté beaucoup plus vite que les autres salaires ; il fut multiplié par 6 pendant cette période, contre 3,8 pour le salaire horaire ouvrier.

Son évolution a été beaucoup moins favorable depuis. A partir de 1986, la progression du taux de salaire horaire ouvrier a été proche de celle du SMIC ; elle l'a dépassée en 1988. Le SMIC ne contribue donc plus à l'accroissement des bas salaires. On note même au contraire un léger élargissement de l'éventail des salaires ouvriers, lié à la difficulté de recrutement d'ouvriers qualifiés.

Les années du SMIC

Evolutions, en pourcentage, du SMIC horaire brut en francs courants et de l'indice des prix à la consommation :

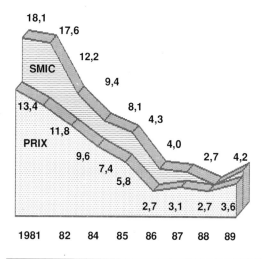

1981 82 84 85 86 87 88 89

Entre 1986 et 1989, les salaires des cadres et des patrons ont plus augmenté que les bas salaires.

Les salaires des cadres ont augmenté de 12,1 %, alors que ceux des ouvriers n'augmentaient que de 10,1 %. On constate d'autre part que les salaires des cadres supérieurs ont davan-

tage augmenté que ceux des cadres moyens, ce qui a eu aussi pour effet d'élargir l'éventail des revenus.

La même constatation s'applique aux salaires des chefs d'entreprise, qui se sont particulièrement accrus depuis 1986, du fait de la meilleure situation financière des entreprises. Le rapport entre leurs salaires et ceux des ouvriers qualifiés est passé de 3,11 en 1984 à 3,7 en 1989.

Les cadres « avantagés »

Les comparaisons des salaires des cadres sont faussées, entre autres choses, par les avantages en nature dont certains bénéficient et dont le cumul peut représenter le tiers du salaire total. On estime que 6 % des cadres supérieurs du secteur privé bénéficient d'un logement fourni par l'employeur (3,5 % gratuitement), 13 % d'une voiture donnée ou prêtée. 72 % des sociétés participent aux frais de repas du personnel. 36 % offrent des examens médicaux gratuits. 27 % payent les cotisations à des organisations professionnelles, 7 % à des clubs sportifs ou à des associations. 39 % offrent des réductions sur les produits de l'entreprise. 20 % remboursent des frais de téléphone privé, 19 % des frais de représentation, 9 % des frais de consultation financière ou juridique. 4 % participent aux frais d'études des enfants. 29 % autorisent des voyages d'affaires en première classe sur longue distance. Ces avantages s'ajoutent aux diverses formes d'intéressement mises en place par les entreprises. Certains bénéficient enfin d'autres avantages tels que le paiement des adhésions à des clubs ou associations ou encore la disposition d'un conseiller fiscal pour remplir la déclaration de revenus, la cure de désintoxication pour les fumeurs, l'aménagement du bureau, l'abonnement à des revues, la disposition d'un micro-ordinateur au domicile, le téléphone de voiture, les plans d'épargne d'entreprise, l'invitation du conjoint à un voyage d'affaires, etc.

*Les compléments de salaires
accentuent les inégalités.*

Les avantages *en espèces* comprennent des éléments de rémunération tels que l'intéressement, la participation, les primes de transport, les prêts de l'entreprise ou les suppléments familiaux. Les avantages *en nature* (logement de fonction, voiture, remboursements de frais, etc.) concernent davantage les fonctionnaires et les cadres. Il s'y ajoute parfois des avantages indi-

Les hommes gagnent un tiers de plus que les femmes

Evolution des salaires annuels nets moyens en francs et de l'écart en pourcentage selon le sexe :

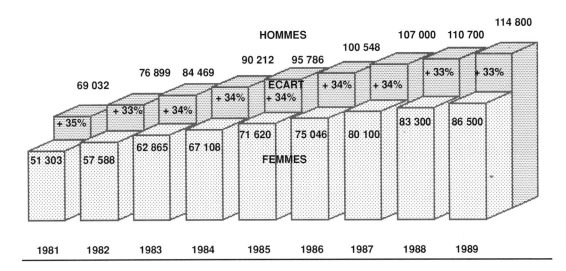

INSEE

rects comme les mutuelles maladie, les compléments de retraite, l'assurance-vie, etc. On estime que ces compléments (hors primes) représentent en moyenne 10 % du salaire brut.

Il apparaît que les revalorisations des formes nouvelles de rémunération (primes non mensuelles) sont plus fortes que celles des salaires proprement dits. Leur importance relative est plus forte dans les secteurs où les salaires moyens sont déjà les plus élevés (énergie, chimie, sidérurgie, banques et assurances). De ce fait, ils accentuent les disparités de rémunération entre les entreprises et entre les individus.

S ➤ Selon les Français, les catégories qui sont victimes des inégalités les plus choquantes sont par ordre décroissant : les chômeurs, les jeunes, les retraités, les ouvriers, les femmes, les handicapés, les immigrés, les agriculteurs.
➤ La désindexation des salaires par rapport à l'inflation, en place depuis 1983, fait que les salaires n'ont augmenté en moyenne que des trois quarts de la hausse des prix, avec un retard d'environ un semestre. La différence représente au total un transfert annuel d'environ 20 milliards de francs des ménages vers les entreprises.

Les femmes moins payées

Alors que l'on assistait depuis le début des années 70 à une diminution des écarts de salaires entre hommes et femmes, la tendance s'est interrompue depuis 1984. La situation actuelle montre une stabilisation.

Les femmes gagnent en moyenne un quart de moins que les hommes.

Mesuré dans l'autre sens, l'écart est encore plus spectaculaire : les hommes gagnent en moyenne un tiers de plus que les femmes (32 %). Il faut cependant nuancer la comparaison car les femmes occupent encore de façon générale des postes de qualification inférieure à ceux occupés par les hommes, même à fonction égale. Elles effectuent des horaires plus courts, avec moins d'heures supplémentaires. Enfin, elles bénéficient d'une ancienneté inférieure en moyenne à celle des hommes.

Même à profession égale, les femmes sont moins bien rémunérées que les hommes. En 1989, l'écart variait de 14 % (employées) à 32 % (chefs d'entreprise et cadres supérieurs). Il est

14 à 32 % d'écart entre les sexes selon les professions

Evolution des salaires annuels nets moyens selon la catégorie professionnelle et le sexe :

	1987		1988		1989	
	Hommes	**Femmes**	**Hommes**	**Femmes**	**Hommes**	**Femmes**
• Chefs d'entreprise, cadres	231 800	158 000	239 400	163 800	247 300	169 600
- *Ecart hommes/femmes*		*- 31,8 %**		*- 31,6 %*		*- 31,4 %*
• Techniciens, agents de maîtrise	117 400	100 400	120 500	103 100	124 500	106 600
- *Ecart hommes/femmes*		*- 14,5 %*		*- 14,4 %*		*- 14,3 %*
• Autres professions intermédiires	131 100	100 700	135 100	104 000	140 200	107 600
- *Ecart hommes/femmes*		*- 23,2 %*		*- 23,0 %*		*- 23,2 %*
• Employés	83 800	72 300	86 300	74 500	89 000	76 700
- *Ecart hommes/femmes*		*- 13,7 %*		*- 13,7 %*		*- 13,8 %*
• Ouvriers qualifiés	79 700	66 200	82 000	68 300	84 500	70 300
- *Ecart hommes/femmes*		*- 16,9 %*		*- 16,7 %*		*- 16,8 %*
• Ouvriers non qualifiés	73 000	58 500	74 800	60 100	77 100	61 900
- *Ecart hommes/femmes*		*- 19,8 %*		*- 19,6 %*		*- 19,7 %*
Ensemble	**107 000**	**80 100**	**110 700**	**83 300**	**114 800**	**86 500**
- *Ecart hommes/femmes*		**- 25,1 %**		**- 24,7 %**		**- 24,6 %**

INSEE

* Lecture : parmi les chefs d'entreprise et les cadres, les femmes gagnent 31,8 % de moins que les hommes.

plus grand en valeur relative pour les revenus les plus élevés.

Après s'être resserrés, les écarts ont légèrement augmenté en 1988 et 1989.

Depuis 1951, la différence de salaire entre les hommes et les femmes avait commencé à diminuer, de façon lente et irrégulière. Chez les ouvrières, l'écart s'était creusé entre 1950 et 1967, puis il avait diminué de 1968 à 1975 pour retrouver le niveau de 1950. Chez les cadres supérieurs, la tendance au redressement était apparue plus tôt (vers 1957), mais elle avait été stoppée dès 1964. Le resserrement général qui s'est produit à partir de 1968 est dû principalement au fort relèvement du SMIG puis du SMIC et des bas salaires, qui a profité davantage aux femmes, plus nombreuses à être concernées.

L'écart a légèrement augmenté en 1988 et 1989. Il s'accroît avec l'âge, ce qui tendrait à prouver que les évolutions de carrières sont moins favorables aux femmes, autre forme d'inégalité. On observe un double mouvement : hausse des salaires due à l'accès croissant des femmes aux professions supérieures ; moindre augmentation des salaires féminins dans ces professions résultant de leur arrivée récente.

Revenus non salariaux

Les professions non salariées ont connu depuis quelques années une forte évolution due aux mutations de l'économie, tant dans la production que dans la distribution. Leurs revenus, qui représentent un solde entre des recettes et des charges, sont par nature variables dans le temps. Ils rémunèrent à la fois le travail fourni et le capital mis en œuvre et ne sont donc pas directement comparables à ceux des salariés. C'est pourquoi il est nécessaire d'examiner leur évolution avec un recul suffisant.

*3,3 millions d'actifs
ont un statut de non-salarié.*

Les plus nombreux sont les agriculteurs (1,1 million) et les personnes travaillant dans des professions de services (en particulier les membres des professions libérales). Les autres sont des commerçants (0,6 million) et des artisans de l'industrie et du bâtiment (0,6 million).

L'évolution des professions non salariées depuis le début de la crise économique a été très contrastée. Il existe en outre une forte dispersion des revenus à l'intérieur de chaque catégorie.

La valse des prix

Entre 1973 et 1988, ce sont les prix des services (coiffeurs, cafés, restaurants, réparation automobile) qui ont le plus augmenté par rapport à l'inflation, avec une croissance annuelle de l'ordre de 1,8 % en francs constants. Les prix du pain et de la pâtisserie fraîche ont presque autant augmenté que ceux des services (1,6 % par an). Celui de la viande a au contraire diminué de 1,2 % par an, ceux des produits agricoles de 3,4 % par an.
Les agriculteurs sont les plus touchés par l'évolution des prix, d'autant qu'elle leur est imposée par l'évolution du marché international et en particulier européen. Leur revenu moyen s'établissait à 123 000 F par exploitant en 1989, avec des variations importantes selon le type d'activité : 292 000 F pour les horticulteurs, 165 000 F pour les viticulteurs (227 000 F pour les producteurs de vins fins), 41 000 F pour les éleveurs de bovins.

*De nombreux facteurs influent
sur l'évolution des revenus (bénéfices)
de ces professions.*

Les investissements en matériel ou en employés, nécessaires pour maintenir ou accroître le volume d'activité et la productivité, représentent des charges nouvelles (amortissements ou salaires) qui viennent en déduction du bénéfice. Les prix des matières premières influent également sur les prix de revient. L'évolution de la consommation ou de la demande pour un produit ou un service donné influence évidemment le chiffre d'affaires réalisé.

De la même façon, la variation, locale ou nationale, du nombre d'entreprises d'une profession joue sur la concurrence, donc à la fois sur l'activité et les prix. Les changements qui interviennent dans la distribution (super et hypermarchés, autres circuits de distribution) modifient la part du marché qui revient aux professions concernées. Enfin, l'évolution des prix relatifs a une incidence considérable à la fois sur l'activité et la marge bénéficiaire.

Diminuer les dépenses, une façon d'accroître les revenus

Les revenus moyens varient de un à sept entre la mieux rémunérée des professions libérales et le plus modeste des artisans ou commerçants.

Parmi les professions libérales, un avocat au Conseil d'Etat et à la Cour de cassation perçoit en moyenne près de 80 000 F par mois, soit cinq fois plus qu'un architecte. Parmi les artisans, commerçants et professions de services, l'écart n'est que de un à trois. Le pharmacien arrive très largement en tête, avec 35 000 F par mois, soit le double du restaurateur, qui se trouve en seconde position.

Au sein d'une même profession, les situations individuelles font apparaître des écarts considérables. Des médecins généralistes gagnent le SMIC, des architectes ou des restaurateurs de renom perçoivent des sommes très élevées. Enfin, il faut préciser que les montants officiels des revenus sont probablement sous-

INSEE

élevés, du fait d'une évasion fiscale plus facile que dans les professions salariées.

De l'architecte à l'avocat

Bénéfice moyen des membres des professions libérales (1987, en francs/mois) :

• Avocat au Conseil d'Etat et à la Cour de cassation	77 200
• Greffier des tribunaux de commerce	55 600
• Electroradiologiste	54 000
• Avoué près des cours d'appel	53 700
• Chirurgien	52 000
• Commissaire-priseur	51 800
• Notaire	49 400
• Huissier de justice	40 600
• Médecin spécialiste	38 000
• Avocat	34 500
• Chirurgien dentiste	34 000
• Conseil juridique et fiscal	28 500
• Expert comptable	27 500
• Médecin généraliste	27 000
• Masseur kinésithérapeute	15 500
• Architecte	15 000

Du cafetier au pharmacien

Bénéfice moyen des membres de l'artisanat, du commerce et des services (1987, en francs/mois) :

• Pharmacien	35 000
• Restaurateur	18 000
• Hôtelier	17 000
• Garagiste	16 500
• Peintre	16 000
• Boulanger	15 500
• Entrepreneur du bâtiment	15 000
• Electricien	15 000
• Menuisier	14 500
• Plombier	14 500
• Boucher	14 000
• Coiffeur	12 500
• Taxi	12 000
• Cafetier	11 000

*Au cours des années 80,
la pyramide des revenus non salariaux
s'est ouverte à la base...*

Les agriculteurs ont connu depuis une quinzaine d'années une baisse de leurs revenus, liée à la crise économique et à une surproduction agricole aggravée par les gains de productivité. Mais la réduction du nombre des petites exploitations a été plus forte que la baisse de valeur de la production, ce qui explique que le chiffre d'affaires moyen par exploitation a augmenté. Depuis 1978, cette hausse a permis de maintenir le revenu moyen de l'ensemble des exploitations en activité. 1989 a été une année particulièrement faste, avec un accroissement du revenu agricole de 10,8 % en francs constants. Les mauvaises conditions climatiques qui ont prévalu ont été largement compensées par l'augmentation des prix et l'assainissement de certains marchés nationaux et européens. Mais ce résultat d'ensemble cache de profondes disparités : le revenu des viticulteurs s'est accru de 68 % tandis que celui des maraîchers diminuait de 12 %, celui des floriculteurs de 18 %.

Parmi les professions libérales, les architectes ont subi une perte de pouvoir d'achat consécutive à l'accroissement de leurs effectifs, dans une conjoncture économique défavorable à la construction. Pour la même raison, la situation des artisans du bâtiment a été incertaine. Les effets ont été moins sensibles pour les notaires, protégés par un *numerus clausus* limitant le nombre des offices.

... et resserrée au sommet.

En moyenne, le bénéfice de l'ensemble des professions de l'alimentation (boulangers, bouchers, épiciers) et du commerce non alimentaire (détaillants en vêtements et chaussures) s'est accru de 1 % par an, en francs constants, entre 1986 et 1989. C'est le cas aussi des professions médicales et paramédicales (médecins, chirurgiens-dentistes, infirmières et infirmiers, masseurs-kinésithérapeutes). Les médecins généralistes n'ont pas profité totalement de la forte élévation de la consommation médicale, du fait de l'accroissement de leurs effectifs, qui a entraîné une concurrence croissante.

Les professions de service (hôtels, cafés, restaurants, garagistes, coiffeurs, taxis) ont connu une hausse de pouvoir de 6,5 % par an de leur pouvoir d'achat pendant cette période, du fait de la libération des prix intervenue fin 1986 (sauf pour les taxis).

Les grands gagnants de la décennie ont été les avocats, les experts-comptables, les kinési-

CERC, INSEE

thérapeutes, les pharmaciens et les coiffeurs (ces derniers favorisés par l'évolution démographique).

REVENU DISPONIBLE DES MÉNAGES

Croissance des revenus du capital supérieure à celle des revenus du travail ● Cotisations sociales et prestations sociales : environ 30 % des revenus primaires ● Poids des cotisations sociales stabilisé (45 %) ● Revenu disponible brut par ménage : environ 200 000 francs en 1990 ● 4 millions de pauvres ● 400 000 bénéficiaires du RMI

Revenus primaires

Le revenu *primaire* des ménages est obtenu en ajoutant aux salaires et revenus non salariaux perçus par les différents membres du foyer (voir chapitre précédent), les revenus du capital (placements mobiliers et immobiliers). Il ne tient pas compte des transferts sociaux (cotisations, impôts, prestations).

En 1989, le revenu primaire moyen s'est élevé à environ 210 000 francs par ménage.

Il s'agit d'un revenu brut, au sens de la Comptabilité nationale, c'est-à-dire incluant les cotisations sociales (y compris la part patronale). Les salaires représentent la plus grosse part de ce revenu : 71 %. Il s'y ajoute les revenus non salariaux provenant des entreprises individuelles (commerces, artisanat, professions libérales, agriculture, etc.). Il comprend aussi ceux du capital (intérêts, dividendes, loyers, fermages).

Entre 1960 et 1980, le poids des salaires dans les revenus primaires avait augmenté de 12 points, pour atteindre 73 %. Il s'est stabilisé depuis et a même amorcé une légère régression. La part des revenus du patrimoine tend au contraire à s'accroître ; elle atteint presque le niveau des revenus des non-salariés.

Les trois sources des revenus

Répartition du revenu primaire des ménages (1989) :

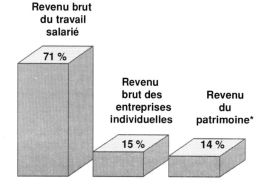

Revenu brut du travail salarié 71 %

Revenu brut des entreprises individuelles 15 %

Revenu du patrimoine* 14 %

(*) Revenu brut de la production hors entreprises individuelles plus revenu de la propriété.

Depuis 1982, la croissance des revenus du capital est supérieure à celle du travail.

Depuis quelques années, le partage des fruits de la croissance s'opère nettement en faveur du capital, alors que l'augmentation des revenus du travail est beaucoup plus lente. L'ensemble des placements a connu une hausse moyenne de près de 5 % par an entre 1986 et 1989, contre 0,5 % au cours de la décennie 1970-1980.

Les revenus de la propriété immobilière (loyers d'immeubles donnés en location et loyers fictifs des ménages propriétaires de leur résidence principale) ont connu une forte hausse, surtout depuis 1985. Ceux de la proprié-

té mobilière (intérêts des livrets d'épargne, plans et comptes d'épargne, comptes à terme, revenus d'actions et d'obligations, participation des salariés) ont eux aussi beaucoup augmenté depuis 1981. Ils ont plus que doublé en francs constants entre 1982 et 1988.

La composition du revenu primaire varie selon les catégories professionnelles.

Les sources des revenus primaires des ménages sont différentes selon que le ou les membres qui les composent sont salariés ou non et selon la profession qu'ils exercent. Ainsi, les salaires représentent la quasi-totalité des ressources des ménages dont le « chef » est ouvrier, employé ou cadre. Les revenus des professions indépendantes proviennent non seulement de leur entreprise mais aussi, souvent, du salaire du conjoint et du capital. Les agriculteurs, eux, tirent l'essentiel de leurs moyens de subsistance de leur exploitation. Quant aux inactifs, leurs sources de revenus sont très différentes, selon qu'ils sont retraités, qu'ils vivent de leurs rentes ou que leur conjoint est salarié ou entrepreneur individuel.

Les femmes actives apportent en moyenne un peu plus du tiers du revenu primaire du ménage.

Dans l'ensemble des ménages, les épouses représentent par leur activité environ 20 % du revenu total. Mais cette part est sous-évaluée par le fait que plus de la moitié des femmes sont inactives. Dans les ménages où l'épouse exerce une activité rémunérée, celle-ci représente en moyenne plus d'un tiers du revenu total. Un chiffre sans doute encore inférieur à la réalité du fait que beaucoup de femmes d'agriculteurs ou de commerçants contribuent par leur travail au fonctionnement de l'exploitation ou de la boutique, sans avoir le plus souvent d'existence sur le plan juridique et fiscal.

S ➤ Dans 44 % des couples, c'est le mari seul qui remplit la déclaration de revenus, dans 22 % la femme seule, dans 25 % le mari et la femme ensemble.
S ➤ En cas de baisse de la fiscalité, 62 % des Français préféreraient une baisse de la TVA, 30 % une baisse de l'impôt.

Comptabilité nationale

L'algèbre des transferts sociaux

Le revenu *disponible* des ménages est plus riche d'enseignements que leur revenu primaire. C'est celui qui est à leur disposition pour consommer et pour épargner. Il prend en compte les transferts sociaux (cotisations et prestations sociales, impôts directs) dont l'incidence sur les ressources et sur la redistribution des richesses est importante et croissante.

Cet algèbre des transferts sociaux traduit l'importance des besoins financiers de l'économie nationale (impôts, cotisations). Il est aussi la conséquence de la politique sociale du gouvernement en place (prestations).

L'égalité des dépenses plus facile que celle des revenus

M.A.O.

Les cotisations sociales représentent environ 30 % des revenus primaires.

Les cotisations sociales sont destinées au financement de la Sécurité sociale (maladie, infirmité, accidents du travail, maternité, famille, vieillesse, veuvage...) des caisses de chômage, des caisses de retraite complémentaire. Elles concernent l'ensemble des personnes qui perçoivent des revenus du travail (y compris les retraités) et sont réparties entre employés et employeurs, à raison d'un tiers pour les premiers et deux tiers pour les seconds.

Leur poids a augmenté dans des proportions considérables depuis 30 ans : elles représentaient 16 % du revenu primaire en 1959, 27 % en 1980, 33 % en 1989. La part des salariés, qui était de 22 % en 1970, a régulièrement augmenté pour passer à 34 % en 1989.

Du revenu primaire au revenu disponible

Evolution de la structure du revenu disponible des ménages (en %) :

	1989	1980	1959
Revenu primaire brut	100	100	100
dont :			
• *Revenu du travail perçu par les salariés (1)*	*74,7*	*73,0*	*59,9*
• *Revenu brut d'entreprise individuelle*	*13,9*	*15,4*	*29,6*
• *Revenu du patrimoine (2)*	*11,4*	*11,5*	*10,5*
Transferts nets de redistribution	**- 6,9**	**- 7,6**	**- 3,3**
dont :			
• *Impôts courants sur le revenu et le patrimoine*	*- 8,4*	*- 7,8*	*- 5,5*
• *Cotisations sociales versées*	*- 32,7*	*- 27,4*	*- 16,3*
• *Prestations sociales reçues*	*33,3*	*27,0*	*18,8*
Revenu disponible brut	**93,1**	**92,4**	**96,7**

(1) Y compris cotisations sociales
(2) Revenu brut de la production (hors entreprise individuelle) + revenu de la propriété

INSEE

Les impôts directs sur le revenu et le patrimoine représentent 8 % du revenu primaire des ménages.

Les impôts directs prélevés sur les revenus des ménages complètent le dispositif de redistribution. Elles sont de nature progressive ; plus on gagne et plus on paie proportionnellement d'impôts. Les impôts indirects (par exemple la TVA payée par les ménages sur les achats de biens et services) n'interviennent pas dans le calcul du revenu disponible total car ils concernent son utilisation et non pas sa constitution.

S ➤ 55 % des Français seraient favorables à ce que l'on retienne les impôts des salariés à la source, 33 % opposés.

A mi-temps pour l'Etat

Part des prélèvements obligatoires dans le PIB (en %) :

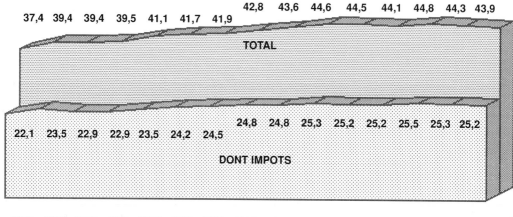

Le poids de l'impôt s'est stabilisé au cours des dernières années.

L'évolution de la fiscalité directe s'est faite dans deux directions. Le poids de l'impôt (revenu et patrimoine) a augmenté pour les ménages qui le payaient : il représentait 7 % du revenu des ménages en 1970 ; il a atteint 10 % en 1984 et s'est stabilisé depuis aux environs de 8 %. Son rôle redistributif s'est accentué. C'est ainsi que 64 % des foyers étaient imposés en 1980, contre seulement 51 % aujourd'hui.

Il faut souligner que la part de l'impôt sur le revenu est particulièrement faible en France par rapport à la plupart des autres pays industrialisés. Il représente 13 % des prélèvements obligatoires, contre plus de 30 % en Suède, aux Etats-Unis ou en Belgique.

Les Français reversent près de la moitié de leurs revenus à l'Etat.

44 % de la production intérieure, fruit du travail des Français, sont consommés par l'Etat. Cette situation n'est pas propre à la France. Des pays comme les Pays-Bas ou le Danemark font des « scores » encore plus élevés, bien que la structure des prélèvements entre particuliers et entreprises soit différente de celle de la France.

Ainsi, les cotisations de Sécurité sociale représentent 19 % du PIB en France, contre moins de 10 % en Grande-Bretagne, au Japon ou aux Etats-Unis, moins de 15 % en RFA. Le rattrapage se fait à l'aide de l'impôt sur les revenus des ménages, proportionnellement plus faible en France.

Les gouvernements se sont engagés à partir de 1984 dans une politique de réduction des impôts. Mais la baisse relative des impôts directs (en particulier l'impôt sur le revenu) a été compensée par la hausse des cotisations sociales et la mise en place de prélèvements exceptionnels, pour faire face par exemple au déficit de la Sécurité sociale. De sorte que le total des prélèvements obligatoires est resté stable, aux alentours de 44,5 % du PIB.

S ➤ 36 % des Français estiment que l'ensemble des prélèvements obligatoires (impôts sur les revenus, impôts indirects et cotisations sociales) sont plus élevés en France que dans les autres pays de la Communauté européenne, 5 % moins élevés, 19 % au même niveau.

Les prélèvements ailleurs

Part des recettes fiscales dans le PIB de certains pays (1988, en %) :

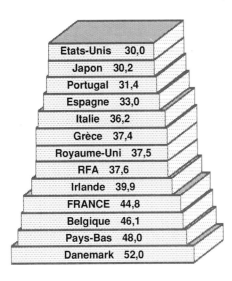

Etats-Unis	30,0
Japon	30,2
Portugal	31,4
Espagne	33,0
Italie	36,2
Grèce	37,4
Royaume-Uni	37,5
RFA	37,6
Irlande	39,9
FRANCE	44,8
Belgique	46,1
Pays-Bas	48,0
Danemark	52,0

Les prestations sociales représentent un tiers du revenu primaire des ménages. Leur part varie de 4 % pour les cadres supérieurs à 73 % pour les inactifs.

D'une manière générale, les prestations sociales sont inversement proportionnelles au montant des revenus primaires d'une catégorie. Il y a à cela deux raisons : l'effet redistributif, mentionné précédemment, et le fait que les prestations sont pour la plupart plafonnées et représentent donc une part des revenus d'autant plus faible que ceux-ci sont élevés.

L'évolution au cours des trente dernières années a été spectaculaire. En 1959, les prestations sociales représentaient 19 % du revenu primaire des ménages. Leur part atteignait 25 % en 1970 et 37 % en 1986, pour se stabiliser à 33 % en 1989. Ce sont bien sûr les allocations de chômage qui ont le plus augmenté : 2 % du montant des prestations sociales reçues par les ménages en 1970 ; 11 % en 1989.

En 1990, le revenu disponible brut par ménage sera proche de 200 000 francs (16 000 francs par mois). Il était de 37 000 francs en 1980.

Le lent cheminement précédent à travers les revenus primaires, prestations sociales et impôts directs permet enfin de dresser un bilan complet des ressources des Français. Le résultat est le revenu disponible des ménages, qui caractérise ce dont ils disposent réellement pour vivre.

En dehors des professions indépendantes et des cadres, les ménages perçoivent plus de prestations sociales qu'ils ne paient d'impôts directs et de cotisations. C'est ce qui explique que leur revenu disponible soit supérieur à leur revenu primaire. Le système redistributif de la fiscalité fait en effet que les prestations diminuent lorsque le revenu augmente, tandis que les impôts augmentent proportionnellement plus vite que le revenu.

70 000 francs par personne

Evolution du revenu disponible annuel brut par habitant (en francs courants) :

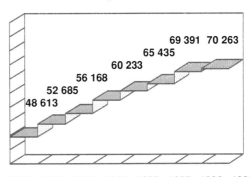

1982	1983	1984	1985	1986	1987	1988	1989
48 613	52 685	56 168	60 233	65 435	69 391	70 263	

INSEE

S ➤ 34 % des Français reconnaissent que, s'ils pouvaient ne pas faire figurer tous leurs revenus dans la déclaration, ils le feraient (58 % non).

*L'éventail des revenus disponibles
est beaucoup plus resserré
que celui des revenus primaires.*

Le rapport entre les salaires nets moyens d'un cadre supérieur et d'un manœuvre est d'environ 4. Il n'est plus que de 2 environ lorsqu'on compare les revenus *disponibles* moyens d'un ménage où l'homme est cadre supérieur et ceux où il est manœuvre.

Le mécanisme de redistribution n'est pas la seule raison de ce phénomène. La présence d'autres revenus salariaux (généralement celui du conjoint) est plus fréquente dans les ménages modestes où la femme travaille plus fréquemment et perçoit un salaire plus proche de celui de son mari que dans les ménages plus aisés.

La redistribution inégalitaire

La redistribution des revenus par l'impôt et les prestations sociales n'est pas aussi efficace que les chiffres semblent l'indiquer. Si l'on tient compte, en effet, de l'utilisation des services collectifs financés par l'impôt direct (hôpitaux, équipements sportifs, culturels, etc.), on constate que ce sont les titulaires des plus hauts revenus qui en profitent le plus, souvent au-delà de leur propre contribution. De même, les enfants des ménages les plus aisés sont ceux qui utilisent le plus longtemps le système éducatif. Enfin, les anciens titulaires de hauts revenus sont aussi ceux qui profitent le plus longtemps des prestations en matière de retraite, du fait d'une espérance de vie plus longue. Le phénomène de la redistribution est donc en réalité très complexe et ne saurait être limité à sa dimension financière apparente.

---

4 millions de pauvres

Dans une société où le pouvoir d'achat a continué globalement de s'accroître malgré la crise économique, les pauvres sont de plus en plus nombreux et de plus en plus pauvres. Il est difficile de les recenser dans la mesure où la définition du seuil de pauvreté reste subjective. On peut cependant estimer qu'au moins 4 millions de personnes en France ne disposent pas de revenus suffisants pour vivre décemment : chô-

meurs de longue durée, illettrés, personnes non couvertes par la Sécurité sociale, etc.

La mise en place du RMI (Revenu minimum d'insertion instauré par la loi du 1er décembre 1988) est une réponse encore très partielle à ce problème crucial, puisqu'il ne bénéficie qu'à environ une personne concernée sur dix.

*E • Avant la mise en place du RMI,
1,5 million de ménages avaient un revenu
inférieur à 2 200 F par ménage et par an.*

Si l'on retient comme seuil de pauvreté un revenu disponible inférieur à 40 % du revenu disponible moyen par *unité de consommation* (environ 24 000 F en 1988), le nombre des ménages concernés est d'environ 1,5 millions, soit un sur quinze. On détermine le nombre d'unités de consommation d'un ménage en comptant le premier adulte pour une unité, les autres adultes de plus de 14 ans pour 0,7 et les enfants de moins de 15 ans pour 0,5. A raison de 2,7 personnes par ménage, le nombre de personnes concernées serait donc de 4 millions.

Pour la seule ville de Paris, le nombre des sans-abri est estimé à 15 000. En France, 120 000 personnes habitent dans des cités de transit (en principe provisoires) et 100 000 dans des baraques, des caravanes, des vieux wagons ou des véhicules divers, le plus souvent dépourvus du confort minimum (eau, électricité, sani-

---

L'insertion est plus importante que le revenu

Success/Slad

Budgets-types

Salaire et revenu de quelques ménages-types en 1989 (en francs) :

	A		B		C	
	Pas d'enfant	3 enfants	Pas d'enfant	3 enfants	Pas d'enfant	3 enfants
• Salaire brut annuel	490 000	490 000	149 100	149 100	93 600	93 600
• Charges sociales, part salariale	73 100	73 100	24 600	24 600	16 500	16 500
• Salaires nets	416 900	416 900	124 500	124 500	77 100	77 100
• Prestations familiales	-	15 760	0	27 050	0	34 544
• Impôt sur le revenu payé*	80 707	48 958	7 590	0	0	0
• Impôts locaux	4 653	4 502	3 660	2 353	1 608	1 708
Revenu disponible total	331 540	379 200	113 250	149 197	75 492	109 936

A Homme cadre, femme cadre
B Homme technicien, femme sans activité professionnelle
C Ouvrier non qualifié, femme sans activité professionnelle

* Impôt payé dans l'année, sur les revenus de l'année précédente

CERC

taires). La société française n'est pas la seule à sécréter cette nouvelle forme de pauvreté. Des millions de personnes sont concernées dans la Communauté européenne.

Le phénomène s'est beaucoup amplifié depuis le début de la crise économique.

La pauvreté existant en France n'est pas importée. Elle est la conséquence tragique d'un processus dont il est difficile de sortir, une fois qu'il s'est mis en marche. En 1989, avant l'instauration du RMI, le Secours catholique d'Ile-de-France recevait chaque jour 2 000 demandes d'aide et 120 demandes d'hébergement. 8 % des loyers des HLM étaient impayés en 1988, contre 5 % en 1984. Les chômeurs de longe durée (plus de deux ans) sont plus de 500 000, contre 75 000 il y a dix ans. Plus d'un million de chômeurs ne sont pas, ou plus, indemnisés. Entre 1973 et 1985, la proportion de chômeurs parmi les jeunes garçons sans diplôme était passée de 12 à 56 %. La situation s'est un peu améliorée récemment du fait avec la création de stages d'insertion (TUC, SIVP).

Le chômage est toujours à l'origine du processus de marginalisation.

L'histoire commence toujours de la même façon. Une personne sans qualification perd son travail. Elle cherche sans succès un emploi, tout en percevant pendant un an les allocations de chômage, puis de fin de droit. Un jour, elle se retrouve sans ressources avec des enfants à nourrir, un loyer à payer. Ne pouvant plus payer ses dettes, pas plus que son loyer, elle est bientôt chassée de son logement, ses meubles sont saisis par les créanciers.

Certaines personnes prises dans cet engrenage ont pu subsister grâce aux différentes formes d'aides publiques ou privées. D'autres sont devenues des clochards, définitivement exclus de la société. La carte de la pauvreté recouvre très largement celle du chômage.

Les pauvres sont de plus en plus jeunes.

Beaucoup, parmi les « nouveaux pauvres », ont moins de vingt ans. Beaucoup ont quitté la province pour venir chercher du travail à Paris.

N'en ayant pas trouvé, ils n'ont plus d'argent et n'ont même pas droit aux indemnités de chômage. D'autres ont connu, pendant quelques années, les joies de la société de consommation et des facilités de crédit qu'elle accorde assez largement. Le chômage a mis fin brutalement à leurs rêves de voiture et de télé couleur.

Dans les centres d'accueil de l'association Médecins du monde, ouverts à partir de mai 1986 et destinés principalement aux chômeurs en fin de droit, 74 % étaient des hommes. 95 % étaient sans domicile fixe ou logés temporairement dans des centres d'hébergement, à l'hôtel, chez des amis ou parents. 70 % avaient moins de 40 ans, 35 % étaient âgés de 20 à 30 ans. Les étrangers n'étaient pas majoritaires : 55 % étaient Français, 15 % Africains, 14 % des Maghrébins non naturalisés et 6 % des ressortissants d'autres pays.

A mi-1990, environ 500 000 ménages, soit un million de personnes, avaient bénéficié du RMI.

Toute personne résidant en France, âgée de plus de 25 ans ou assumant la charge d'un ou plusieurs enfants peut bénéficier du Revenu minimum d'insertion si elle s'engage à participer aux actions ou activités nécessaires à son insertion sociale et professionnelle. D'une durée initiale de trois mois, il peut être prorogé pour une période de trois mois à un an, sur décision du préfet. Fin 1989, son montant était fixé à 1 785 F par mois pour une personne seule, 2 532 F pour un couple sans enfant, 3 026 F pour un couple avec un enfant, plus 607 F pour deux enfants (832 F pour le troisième depuis avril 1990). A cette somme s'ajoutait une allocation-logement de 1 407 F pour une personne seule à 2 002 F pour un couple ayant quatre enfants.

Les bénéficiaires sont en priorité des personnes jeunes, isolées (environ 80 % d'entre eux). 90 % sont de nationalité française. Les trois quarts ne disposent d'aucune ressource.

Malgré l'aide qu'il représente, il est clair que le RMI n'a pas supprimé la pauvreté en France. Un grand nombre de personnes éligibles ne se sont pas manifestées, souvent par manque d'information. D'autres n'entrent pas dans le cadre fixé par la loi. Surtout, l'insertion professionnelle de personnes marginalisées souvent depuis plusieurs années est très difficile à réaliser. La seule action de l'Etat ne peut y suffire ; la solidarité nationale ne peut s'exercer que si chaque entreprise et chaque individu y participe.

S ➤ 69 % des couples ont un seul compte sur lequel les deux conjoints retirent l'argent au fur et à mesure de leurs besoins (54 % en 1979). Dans 15 % des couples, chacun dispose de son propre budget en dehors d'une somme commune qui sert à régler les dépenses du ménage (7 % en 1979). Dans 13 % des cas, la femme s'occupe de toutes les dépenses et donne à son mari (compagnon) ce dont il a besoin (27 % en 1979). Dans 3 % des cas, c'est le mari qui s'en charge (10 % en 1979).

LES DÉPENSES

POUVOIR D'ACHAT

1950-1970 : croissance dure • 1971-1980 : croissance douce • 1981-1984 : croissance zéro • 1985-1990 : retour de la croissance et des inégalités

1950-1980 : de la croissance dure à la croissance douce

Le pouvoir d'achat mesure la capacité des individus ou des ménages à acheter des biens et des services avec les revenus qu'ils perçoivent. Son évolution dans le temps dépend à la fois du montant des revenus eux-mêmes et du niveau d'inflation, qui lamine en permanence la valeur de l'argent. Dans cette course poursuite entre l'augmentation des revenus et leur érosion par l'augmentation des prix, les années 1950-1980 ont représenté une période particulièrement favorable.

Entre 1950 et 1970, le pouvoir d'achat du salaire moyen a été multiplié par 2.

Durant la longue période de croissance économique qui suivit la Seconde Guerre mondiale, l'ensemble des revenus a augmenté plus vite que les prix. Le SMIG (salaire minimum interprofes-

sionnel garanti), qui était alors indexé sur l'inflation, prit un retard important sur les autres salaires jusqu'en 1968, pendant que les revenus plus élevés connaissaient une période de prospérité sans équivalent.

Pendant ces trente années, les Français se sont plus enrichis que pendant tout le siècle précédent. La plupart ont pu progressivement acquérir leur résidence principale et s'équiper des produits phares de la société de consommation : voiture, réfrigérateur, télévision, machine à laver, etc. C'est donc avec difficulté qu'ils s'installèrent dans la période de crise qui allait suivre cet âge d'or.

Entre 1970 et 1980, les salaires ont continué de croître, mais de façon plus sélective. Le pouvoir d'achat des salaires ouvriers a augmenté de 4,7 % par an en moyenne. Celui des cadres supérieurs, de 0,6 %. Celui du SMIC, de 5,7 %.

Ignorant délibérément la crise économique, les Français revendiquèrent la poursuite de l'accroissement de leur pouvoir d'achat, par l'intermédiaire des syndicats. Malgré les nuages qui s'accumulaient et la forte poussée de l'inflation (elle atteignit 14,7 % en 1973), celui-ci continua d'augmenter, mais de façon très modulée selon les catégories.

Ainsi, le revenu disponible brut des ménages de cadres supérieurs n'a augmenté en moyenne que de 0,9 % par an pendant la décennie, contre 4,8 % pour les inactifs, 2,8 % pour l'ensemble des ouvriers, 1,9 % pour les employés et les agriculteurs, 1,5 % pour les cadres moyens.

Ces dix années ont donc amené des changements importants dans la hiérarchie des revenus. Le haut de la pyramide s'est tassé, pendant qu'à la base la forte croissance du SMIC a entraîné celle de l'ensemble des bas salaires. Un phénomène inverse de celui des vingt années précédentes.

S ➤ Dans 25 % des couples, il arrive souvent ou quelquefois des désaccords sur la façon de dépenser l'argent du foyer.

Estimations à partir de données INSEE

1950-1980 : le pouvoir d'achat doublé

Evolution des salaires nets annuels moyens (en francs) et de leur pouvoir d'achat :

	1950	1980	Evolution (1)
• Cadres supérieurs			
• Cadres moyens	7 900	136 600	+ 203%
• Employés	4 000	70 500	+ 209%
• Ouvriers	2 800	44 400	+ 178%
	2 400	41 900	+ 206%

(1) Croissance du pouvoir d'achat, tenant compte de la hausse des prix pendant la période (+ 571 %).

1980-1985 : la croissance zéro

Globalement, le pouvoir d'achat moyen des revenus disponibles bruts des ménages a peu progressé au cours de cette période. L'augmentation des cotisations sociales et des impôts payés par les ménages n'a pas toujours été compensée par celle des prestations sociales reçues. Les deux fortes hausses de 1981 et 1982 furent en bonne partie annulées par les baisses de 1980, 1983 et 1984. Avec de fortes disparités entre les différentes catégories sociales.

Chez les salariés, le resserrement de l'éventail des rémunérations s'est poursuivi.

Entre 1981 et 1985, le SMIC augmenta son avance sur les autres salaires, en termes de du pouvoir d'achat. La conséquence fut une amélioration des bas salaires, surtout dans les secteurs privé et semi-public.

La réduction de la durée légale du travail, réalisée le plus souvent sans diminution de salaire, contribua aussi fortement à l'augmentation des salaires horaires les plus bas, tandis que le pouvoir d'achat des salaires mensuels, souvent plus élevés, restait stable. Globalement, le pouvoir d'achat des cadres et agents de maîtrise diminua pendant la période.

Les salariés de la fonction publique ont connu une évolution semblable : après une perte de pouvoir d'achat en 1979, les années 1980 et 1981 furent plus favorables. En 1982, seul le pouvoir d'achat des fonctionnaires du bas de l'échelle (catégorie D) fut préservé.

Le pouvoir d'achat des cadres a été le plus touché.

La baisse s'était amorcée vers 1975. C'est parmi les cadres supérieurs que les effets de la crise ont été les plus sensibles. Entre 1975 et 1985, la seule année positive (en ce qui concerne les salaires nets) fut 1976 (+ 1,2 %).

Les différentes catégories de cadres ont connu des évolutions contrastées. Ainsi, la hiérarchie des salaires s'est tassée chez les techniciens alors qu'elle s'est accentuée chez les ingénieurs. Si l'on prend en compte l'impôt sur le revenu et les prestations reçues par les ménages dont le chef de famille est cadre, on a assisté à une réduction des disparités. L'impact des mesures fiscales et sociales fut particulièrement négatif chez les cadres célibataires.

Les non-salariés ont connu des situations très variables selon les catégories.

Après les baisses importantes de l'année 1981 (- 5 %) et surtout de 1980 (- 14 %), le pouvoir d'achat des agriculteurs a retrouvé le che-

Quand on aime, on compte quand même

Peyrat & Associés

min de la hausse en 1982 (environ 2,5 %), puis il a rechuté en 1983 (- 4,2 %).

Les revenus des viticulteurs bénéficièrent d'une évolution plus favorable, grâce aux récoltes exceptionnellement abondantes de 1982 et 1983. 1984 fut une année plus difficile, à la suite des difficultés rencontrées au niveau européen.

Les commerçants ont connu des fortunes diverses selon leur activité, la conjoncture générale et leur dynamisme personnel. 1981 fut pour beaucoup une année difficile. 1982 fut nettement meilleure, en particulier pour les bouchers-charcutiers. 1983 marqua un repli généralisé des revenus, confirmé en 1984.

Les professions de santé subirent en 1982 les effets du blocage des tarifs conventionnés. Les hausses des tarifs des consultations intervenues en 1983 leur permirent de retrouver ensuite des niveaux de revenus plus élevés.

Revenus directs et prestations sociales

Le pouvoir d'achat du revenu *primaire* net (salaires et revenus non salariaux après cotisations sociales, revenus de la propriété) a progressé de 4,2 % par an en moyenne de 1960 à 1973, de 1,9 % entre 1974 et 1979, de 0,1 % seulement entre 1980 et 1987. Pendant cette dernière période, il avait un peu baissé entre 1980 et 1984 et légèrement augmenté ensuite, à cause de l'amélioration des revenus de la propriété et des revenus non salariaux qui avait compensé la baisse du pouvoir d'achat des salaires nets.
De son côté, le pouvoir d'achat des revenus *sociaux* (prestations sociales) s'est accru à un rythme soutenu. Entre 1960 et 1973, il avait augmenté plus vite que celui des revenus primaires. L'écart s'est encore accru entre 1974 et 1979. Il a ensuite ralenti sa croissance, surtout depuis 1983, du fait de la volonté politique de réduire les prélèvements obligatoires, mais sa croissance est restée plus forte que celle des revenus directs.
Au total, le pouvoir d'achat du revenu *disponible* par habitant a progressé de 4,7 % par an entre 1960 et 1973, de 3,1 % de 1974 à 1979, de 0,5 % de 1980 à 1987.

E ➤ Les logements achetés par les ménages représentent en moyenne l'équivalent de trois années de revenus.

1985-1990 : retour de la croissance et des inégalités

Les transformations qui se sont produites en France depuis le milieu des années 70 ont eu des répercussions considérables sur les plans économique et social. Pour lutter contre le ralentissement de la croissance, la forte montée du chômage et de l'inflation, des mesures d'adaptation ont dû être mises en œuvre : désindexation des salaires ; restructurations industrielles ; flexibilité du travail ; rémunération au mérite ; accroissement de l'effort de formation.

Le pouvoir d'achat des revenus a repris dès 1985 sa marche en avant, poussé par la croissance. En même temps, les écarts entre les revenus se sont à nouveau accrus, après une longue période de resserrement.

Le pouvoir d'achat a retrouvé la croissance depuis 1985.

La seconde moitié des années 80 a vu s'estomper les effets de la crise et le retour de la croissance, condition nécessaire à la résorption progressive du chômage. Le pouvoir d'achat des ménages, un moment mis en cause par la désindexation des salaires, a bénéficié de la réduction de l'inflation et de la meilleure santé des entreprises.

Il a aussi profité de mesures spécifiques comme la stabilisation du taux des prélèvements obligatoires ou l'instauration du Revenu minimum d'insertion.

Il a enfin été favorisé par la forte augmentation des revenus du capital, avec des taux d'intérêt réels souvent supérieurs à l'inflation. La performance d'ensemble des placements a été en moyenne de 5 % par an hors inflation entre 1986 et 1989, contre 0,5 % pendant la période 1970-1980.

Entre 1986 et 1989, le pouvoir d'achat moyen des revenus disponibles des ménages a augmenté de 2,1 %, contre 1,0 % entre 1982 et 1985. Cette forte augmentation est due pour l'essentiel à l'accroissement du pouvoir d'achat des revenus de la propriété et des prestations sociales. Celui des salaires n'a progressé en moyenne que de 0,3 %, une évolution comparable à celle des revenus d'activités non salariées (0,4 %).

Taxi Jaune LBA

La consommation est une fête

Les inégalités ont recommencé à s'accroître.

La contrepartie de ces évolutions, dans un contexte de compétitivité croissante et planétaire, a été l'accroissement des inégalités de revenus, après un resserrement pratiquement ininterrompu depuis le début des années 60. Le pouvoir d'achat des diverses catégories professionnelles a évolué de façon contrastée depuis

---

50 % de hausse en vingt ans

Evolution des revenus primaires par personne de 1970 à 1989 (en francs constants 1989) :

	1970 (aux prix de 1989)	1989	Evolution 1970/89
• Rémunération globale des salariés par salarié	109 200	169 800	+55,5%
• Revenu des entreprises individuelles par actif non salarié	124 400	182 000	+46,2%
• Revenu national par habitant	65 800	94 500	+43,6%

CERC-INSEE

1985. Il en est de même des écarts entre hommes et femmes, qui n'avaient cessé de décroître pendant plus de trente ans.

Les jeunes salariés ont aussi subi plus que les autres cette situation, à l'exception des jeunes diplômés de l'enseignement supérieur, en particulier issus des grandes écoles. On a constaté également un arrêt de la réduction des inégalités géographiques de salaires entre Paris et la province et entre les différentes régions.

Seules les personnes âgées ont été préservées de cette paupérisation des revenus modestes. Le montant des retraites a continué de s'accroître depuis une quinzaine d'années. Les retraités récents ont d'ailleurs plus profité que les anciens de ces augmentations du pouvoir d'achat.

Les ménages les plus aisés ont bénéficié de plusieurs circonstances favorables.

L'élargissement de l'éventail des revenus s'explique, à une extrémité, par le moindre rôle du SMIC dans la revalorisation des bas salaires. A l'autre, elle est due à l'augmentation des salaires des cadres et, surtout, des cadres dirigeants et chefs d'entreprise, qui ont bénéficié sans attendre de l'accroissement général des profits.

Elle s'explique aussi par la part croissante des revenus de la propriété dans le pouvoir d'achat des ménages. A l'exception des terres agricoles, tous les placements mobiliers et immobiliers ont connu des performances supérieures à celles des années 70. Même si la décennie a été marquée par une large diffusion des valeurs mobilières dans le public, ce sont les plus gros détenteurs de capitaux qui ont le plus bénéficié des opportunités de la Bourse ou de l'immobilier.

Enfin, les ménages les plus aisés ont vu leur part dans les prélèvements obligatoires (cotisations sociales et fiscalité directe) diminuer par rapport à celle des autres ménages.

La pauvreté et l'insertion des jeunes sont les deux défis essentiels des années 90.

Au total, il apparaît que l'enrichissement des Français au cours des années 80 a davantage profité aux ménages aisés, tandis que se développait une véritable pauvreté, surtout au cours de la première moitié : entre 1979 et 1984, la

L'éventail plus ouvert

Evolution du pouvoir d'achat des salaires nets par catégorie entre 1987 et 1989 (en %) :

	1987	1988	1989
• Cadres	- 0,7	+ 0,1	- 0,5
• Techniciens			
• Autres prof.	- 0,8	- 0,3	- 0,3
intermédiaires	- 0,8	- 0,3	- 0,2
• Employés	- 0,5	+ O,2	- 0,5
• Ouvriers qualifiés	- 0,6	+ 0,2	- 0,6
• Ouvriers non			
qualifiés	- 0,2	+ 0,1	- 0,4
Ensemble	**0,0**	**+ 0,7**	**- 0,1**

part du revenu total détenue par les 10 % de ménages les plus pauvres a diminué de 15 %. La mise en place, début 1989, du RMI, est une réponse partielle au problème de la pauvreté.

L'amélioration de la situation des jeunes est l'autre défi prioritaire qui devra être relevé au cours des prochaines années. C'est en effet la première fois depuis la guerre qu'une nouvelle génération connaît des difficultés à s'insérer dans la société pour l'obtention d'une formation, d'un emploi et d'un salaire.

S ➤ 69 % des emprunteurs n'ont aucune idée des taux d'intérêt qu'ils contractent.
S ➤ 21 % des emprunteurs (crédits à la consommation) ne connaissent pas le montant de leurs mensualités de remboursement. 29 % ne connaissent pas la durée de leur prêt.

DÉPENSES

La consommation prioritaire ● Inégalité croissante entre les catégories ● Croissance des dépenses de services ● Importance des prix relatifs ● Recours croissant au crédit ● 200 000 familles surendettées ● 100 millions de cartes de paiement

Toujours plus de consommation

A partir du revenu dont ils disposent après avoir payé leurs impôts et perçu les éventuelles prestations sociales auxquelles ils ont droit, les Français n'ont guère que deux choix : dépenser ou épargner. Après avoir longtemps joué à la fourmi de la fable, c'est la cigale, aujourd'hui, qu'ils prennent pour modèle.

Entre 1949 et 1969, la consommation a augmenté au même rythme que le pouvoir d'achat.

Le budget disponible pour la consommation s'est considérablement accru depuis le début des années 50 ; le pouvoir d'achat des ménages a été multiplié par quatre entre 1949 et 1985. Au cours de la période 1949-1969, les dépenses de consommation ont augmenté à un rythme comparable à celui du revenu réel des ménages, soit environ 5 % par an en moyenne.

La première période (entre 1949 et 1959) correspond à celle de la reconstruction, en particulier de l'habitat. Les années 60 ont été marquées à la fois par l'ouverture des frontières, l'industrialisation et l'avènement des produits de consommation de masse. C'est dans ce contexte qu'est survenue la crise de 1973.

Quarante ans de consommation

Croissance du revenu disponible et de la consommation depuis 1949 (taux annuel moyen, en %) :

	1949 à 1959	1960 à 1969	1970 à 1973	1974 à 1981	1982 à 1985
• Consommation (en volume)	4,5	5,5	5,6	3,4	1,6
• Revenu	4,5	5,5	6,5	3,0	0,9

INSEE

Entre 1969 et 1973, la consommation s'est un peu ralentie, au profit de l'épargne.

La croissance des revenus des ménages a été particulièrement forte pendant les cinq années qui ont précédé la crise économique : 6,5 % par an entre 1969 et 1973. La croissance de la consommation est restée très élevée (5,6 % par an), mais inférieure à celle des revenus. Les Français ont donc pu reconstituer leur épargne, tout en achetant les biens d'équipement du foyer fabriqués en grandes séries.

Le développement de l'offre industrielle, le rôle incitatif de la publicité et la volonté d'afficher son *standing* par les objets de la modernité (équipement ménager, voiture, vacances, vêtements, etc.) expliquent cette course effrénée aux biens matériels.

➤ Les Français ont emprunté en 1989 environ 2 000 milliards de francs, soit près d'une fois et demie le budget de l'Etat.
➤ Le taux d'endettement global des Français est de 45 % par rapport au revenu annuel. Il varie de 29 % pour les ouvriers qualifiés à 60 % pour les professions intermédiaires.

Depuis le début de la crise économique, l'accroissement des dépenses de consommation est supérieur à celui des revenus.

L'arrivée de la crise économique n'a pas modifié les comportements de consommation des Français. Une sorte de consensus social s'est produit pour nier l'existence de la crise. Il a été entretenu par l'attitude des partis politiques, mais aussi des syndicats et des entreprises.

Le résultat de cet état d'esprit commun aux individus et aux institutions est que les Français ont commencé à puiser dans leur épargne pour maintenir leur consommation : entre 1974 et 1981, la consommation s'accroissait de 3,4 % par an alors que les revenus n'augmentaient que de 3,0 %. Le phénomène a été encore plus marqué entre 1981 et 1987.

En 1989, les Français ont dépensé 87 % de leur revenu disponible.

Jusqu'en 1975, l'épargne avait largement bénéficié de l'accroissement des revenus. Mais la crise allait progressivement réduire l'augmentation du pouvoir d'achat, jusqu'à pratiquement l'annuler pour certaines catégories au cours des dernières années.

Pourtant, les Français sont restés très attachés à la consommation, de sorte, que pour la maintenir, ils ont réduit chaque année un peu plus leur épargne. Celle-ci ne représentait plus que 11,5 % du revenu disponible en 1987. Un taux qui s'est légèrement accru en 1988 (12,4 %) et en 1989 (12,7 %).

Les cadres consomment plus que les ouvriers

Dépenses par unité de consommation (*) des ménages de cadres supérieurs rapportées à celles des ménages ouvriers prises pour base 100 à chaque époque :

	1966	1971	1979	1985
• Alimentation	131	131	129	140
• Santé	178	147	143	149
• Logement	194	195	172	165
• Transports, télécommunications	314	272	194	187
• Equipement du logement	226	226	186	204
• Habillement	231	229	207	213
• Culture, loisirs	365	330	269	298

(*) Le premier adulte du ménage est compté pour une unité de consommation, les autres adultes de plus de 14 ans pour 0,7 et les enfants jusqu'à l'âge de 14 ans pour 0,5.

Lecture : en 1985, les ménages de cadres supérieurs dépensaient 2,98 fois plus par unité de consommation pour la culture et les loisirs que ceux d'ouvriers.

Les nouvelles priorités

L'examen de la structure du budget disponible des ménages est révélatrice des changements qui se sont produits dans les modes de vie. La croissance du pouvoir d'achat et l'évolution de l'offre de biens et services ont entraîné de nouveaux choix de consommation.

➤ Près d'un million de mauvais payeurs sont interdits de chéquier à la Banque de France.

En 1990, chaque Français aura dépensé environ 65 000 F.

La répartition du budget disponible des ménages s'est modifiée au fur et à mesure que leur pouvoir d'achat augmentait. Ainsi, la part relative des dépenses d'alimentation a diminué d'un quart depuis 1970, celle de l'habillement de près d'un tiers. Dans le même temps, les dépenses de santé ont fortement augmenté ; celles consacrées au logement, aux transports et communications (essentiellement l'achat de véhicules) et aux loisirs ont aussi connu une hausse sensible.

Ces variations indiquent des changements d'allocation des ressources. Mais celles-ci ont augmenté de façon continue depuis une trentaine d'années, de sorte que les consommations en volume ont toutes progressé : entre 1959 et 1989, les dépenses d'alimentation ont presque doublé ; celles de santé ont été multipliées par sept ; celles de loisirs, transports et logement par quatre.

1973 a été une année charnière.

Le début de la première crise pétrolière coïncide avec une rupture du rythme de consommation des ménages. Le phénomène est particulièrement net à la baisse pour l'alimentation, l'habillement et l'équipement du logement, à la hausse pour les dépenses de santé et de logement.

Ces arbitrages traduisent, bien sûr, l'évolution des goûts et des aspirations des Français, liée à leur nouvelle échelle des valeurs. Ils sont aussi la conséquence de contraintes économiques nouvelles. Ainsi, l'augmentation du prix de l'énergie conditionne celle des dépenses de logement qui, outre les loyers, comprennent le chauffage et l'électricité.

Les dépenses de transport sont également liées à l'augmentation du prix de l'essence et de celui des voitures, dont la construction nécessite beaucoup d'énergie et de matières premières, elles-mêmes dépendant du prix du pétrole. Les Français n'ont réussi à maintenir le niveau de ces dépenses qu'en réalisant des économies substantielles sur les deux postes. D'où une diminution de l'achat de voitures neuves au profit du marché de l'occasion.

Nouveaux besoins, nouvelles dépenses

Evolution de la structure de la consommation des ménages (coefficients calculés aux prix courants, en %) :

	1959	1970	1980	1988	2000*
• Produits alimentaires, boissons et tabac	36,0	26,0	21,4	19,8	16,5
• Habillement (y compris chaussures)	9,3	9,6	7,3	6,8	5,1
• Logement, chauffage, éclairage	9,3	15,3	17,5	18,9	19,0
• Meubles, matériel ménager, articles de ménage et d'entretien	11,2	10,2	9,5	8,2	8,7
• Services médicaux et de santé	6,6	7,1	7,7	9,3	16,4
• Transports et communication	9,3	13,4	16,6	16,9	15,7
• Loisirs, spectacles, enseignement et culture	5,4	6,9	7,3	7,5	8,6
• Autres biens et services	12,7	11,5	12,7	12,6	10,0
CONSOMMATION NATIONALE (y compris non marchande)	100,0	100,0	100,0	100,0	100,0

INSEE

* Estimations INSEE

Les évolutions constatées en France se retrouvent dans les autres pays européens.

Les frais de santé, les achats de véhicules, les dépenses liées au logement et à l'énergie ont augmenté dans tous les pays de la CEE et, d'une manière générale dans tous les pays industrialisés. A l'inverse, les dépenses d'alimentation et de vêtements ont baissé. Dans tous les cas, les changements de hiérarchie observés s'expliquent en partie par l'évolution des prix des différents types de biens et services par rapport à l'inflation.

Les services d'abord

L'évolution de la structure de consommation des ménages est un bon indicateur de l'état de la société à un moment donné. Ainsi, la répartition entre biens durables (meubles, équipement ménager, voiture, etc.) et biens de consommation courante ou services (alimentation, transports, loisirs...) donne une idée des transformations qui se sont produites dans les modes de vie des Français.

Les biens durables représentent moins de 10 % des dépenses des ménages.

Après avoir beaucoup augmenté jusqu'au début des années 70, au moment où les Français s'équipaient de télévisions, machines à laver et automobiles, la part des biens durables dans le

Le confort rassure

Les dépenses des autres

Structure de la consommation des ménages dans certains pays (1986, en %) :

	Belgique	Canada	Espagne	Etats-Unis	FRANCE	Italie	Japon	RFA	Royaume-Uni
• Produits alimentaires, boissons et tabac	19,1	17,3	27,2	13,6	20,5	24,5	21,9	17,0	18,9
• Habillement (y compris chaussures)	8,0	6,1	7,2	6,6	7,2	9,1	6,3	8,1	7,2
• Logement, chauffage, éclairage	18,0	22,9	15,2	19,8	18,7	14,9	18,8	19,1	20,3
• Meubles, matériel ménager, articles de ménage et d'entretien	10,3	9,1	7,1	5,8	8,5	8,6	5,4	8,4	6,8
• Services médicaux et de santé	10,5	4,1	3,4	14,1	8,9	5,5	10,6	14,2	1,3
• Transports et communication	12,0	15,3	13,9	15,3	16,4	12,6	9,5	14,6	16,3
• Loisirs, spectacles, enseignement et culture	6,4	10,7	6,7	9,2	7,2	8,4	9,7	8,9	9,7
• Autres biens et services	15,7	14,5	19,3	15,6	12,6	16,4	17,8	9,7	19,5
TOTAL	100,0	100,0	100,0	100,0	100,0	100,0	100,0	100,0	100,0

Eurostat

budget tend aujourd'hui à se stabiliser. L'essentiel des dépenses dans ce domaine est constitué par les achats de renouvellement plutôt que par la première acquisition ; le double équipement (voiture, télévision, etc.) s'étend progressivement à toutes les catégories sociales, en respectant la hiérarchie des revenus.

L'arrivée récente d'une nouvelle génération d'équipements (magnétoscope, ordinateur familial, lecteur de disques compacts, four à micro-ondes, sèche-linge, plaques de cuisson en vitrocéramique...) devrait relancer les dépenses d'équipement des ménages.

Les changements de comportements sont en partie masqués par l'évolution des prix relatifs.

La baisse apparente des achats de biens durables s'explique pour une large part par celle des prix de certains équipements. Ceux des appareils électroménagers ont tendance à diminuer en francs constants (parfois même en francs courants), au fur et à mesure de leur diffusion dans le public, grâce aux économies d'échelle et aux gains de productivité liés au progrès technique et à la concurrence internationale. Ainsi, le prix des montres, des téléviseurs ou, plus récemment, des magnétoscopes, lecteurs de disques compacts et ordinateurs a baissé de façon sensible, alors que les revenus des Français augmentaient.

A l'inverse, le journal, le timbre ou les places de cinéma ont augmenté beaucoup plus vite que l'inflation, ce qui les rend plus coûteux aujourd'hui. Les services, qui sont constitués essentiellement de main-d'œuvre, donc de salaires, se prêtent beaucoup moins bien aux gains de productivité. Ainsi, les tarifs des coiffeurs, des garagistes ou des plombiers ont augmenté plus vite que ceux des biens de consommation.

S ➤ 22 % des ménages ont l'intention, dans un délai de cinq ans, de réaliser des travaux d'amélioration d'un logement, 11 % d'acheter une résidence principale, 8 % un bien immobilier de rapport, 5 % une résidence secondaire, 4 % un terrain.

Paris plus cher

Les niveaux de prix comparés dans 23 agglomérations varient de 103,2 dans l'agglomération parisienne (dont 106,3 pour Paris intra-muros) à 94,4 à Caen. Le niveau 100 représente la moyenne des prix constatés en 1989 dans les 23 agglomérations. Ceux-ci englobent cinq postes de consommation : produits alimentaires ; habillement et textiles ; autres produits manufacturés ; services (hors loyers) ; loyers. Les agglomérations les plus chères, après Paris, sont par ordre décroissant : Ajaccio (101,6) ; Bastia (99,7) ; Lyon (99,6) ; Montpellier (99,2) ; Toulouse (98,7) ; Strasbourg (98,0) ; Amiens (97,7) ; Marseille (97,6) ; Reims et Orléans(97,4) ; Lille, Rouen et Rennes (97,0) ; Nancy (96,9) ; Dijon (96,8) ; Clermont-Ferrand (96,7) ; Besançon et Bordeaux (96,6) ; Limoges et Nantes (95,8) ; Poitiers (95,0).

Les dépenses de services continuent d'augmenter.

La distinction entre les achats de produits manufacturés et ceux de services (assurances, réparations, coiffeur...) fait apparaître une nette diminution des premiers au profit des seconds.

Services compris

Evolution de la répartition des dépenses des ménages par nature (en %) :

	1970	1980	1988
• Biens durables importants (automobile, TV, électroménager...)	7,3	8,9	8,6
• Biens semi-durables	15,3	16,7	14,9
• Biens non durables (alimentation...)	42,1	37,7	35,0
• Services	35,3	36,6	41,5
dont :			
- *Logement et entretien*	*9,5*	*11,1*	*13,7*
- *Santé*	*6,9*	*5,0*	*6,1*
- *Transports et PTT*	*2,7*	*4,1*	-
Total	100,0	100,0	100,0

L'augmentation des dépenses de services tient pour une bonne part à l'augmentation de celles qui concernent le logement (loyers et charges ou valeurs locatives pour ceux qui sont

propriétaires), liée à la recherche d'un meilleur confort. Mais la hausse du prix de l'énergie explique aussi partiellement celle des charges (en particulier le chauffage).

Parallèlement, les dépenses de santé se sont accrues de façon considérable. Il faut rappeler que le montant qui figure dans le budget des ménages ne représente qu'environ 20 % des dépenses totales, le reste étant pris en charge par la Sécurité sociale.

Le temps des restrictions

« Etes-vous obligé (vous ou votre foyer) de vous imposer régulièrement des restrictions sur certains postes de votre budget ? » (en %) :

	1978	1982	1989
Oui	**52,4**	**64,1**	**56,6**
Non	47,6	35,9	43,4

Si **oui**, sur quels postes vous imposez-vous des restrictions ?

• Vacances, loisirs	72,9	80,0	77,7
• Habillement	67,3	71,4	72,2
• Achat d'équipement ménager	57,6	62,1	69,0
• Voiture	42,3	55,3	50,2
• Soins de beauté	45,2	50,9	57,7
• Alimentation	20,0	26,6	24,1
• Logement	26,9	32,0	31,2
• Boissons et tabac	24,2	30,6	27,7
• Dépenses pour les enfants (1)	5,0	21,6	20,9
• Soins médicaux	6,4	8,9	9,8

(1) En 1978, l'item était libellé ainsi : « Education des enfants ».

Pour préserver leurs dépenses, les Français préfèrent puiser dans leur épargne et recourir au crédit.

Dès le début de la crise économique, il est apparu clairement que les Français n'étaient pas prêts à réduire leur train de vie. La plupart ont donc donné libre cours à leur boulimie de consommation en puisant dans leur bas de laine et en réduisant leur épargne nouvelle, même s'ils se disaient en majorité prêts à restreindre leurs dépenses. C'est ainsi que le taux d'épargne est passé de 18,6 % du revenu disponible en 1975 à 11,5 % en 1987 (avant de remonter à 12,7 % en 1989). L'autre moyen de maintenir et même d'accroître la consommation fut de recourir de plus en plus massivement au crédit, afin d'anticiper sur les revenus à venir (voir ci-après).

Plus qu'une simple satisfaction, la consommation est devenue aujourd'hui un véritable art de vivre. Inquiets pour leur avenir, les Français veulent profiter sans attendre des plaisirs de la vie.

La vie à crédit

Acheter sans payer tout de suite. L'idée est en train de faire fortune en France, après avoir été expérimentée avec succès aux Etats-Unis dès le début du siècle. Le développement de la société de consommation n'est sans doute pas peu redevable au développement du crédit. Mais la contrepartie est que de plus en plus de ménages sont dans l'incapacité de faire face à leurs remboursements.

L'endettement des ménages
représentait 51,9 %
de leur revenu disponible en 1988,
contre 39,4 % en 1980.

L'encours des crédits aux particuliers se montait à 1 588 milliards de francs en 1989 (dont 1 300 pour l'habitat et 350 pour les crédits de trésorerie) soit un peu plus de la moitié de leur revenu disponible annuel. La très forte hausse de ces dernières années est due principalement à celle des crédits de trésorerie, surtout depuis 1985.

Malgré cet accroissement spectaculaire, l'endettement des Français se situe dans la moyenne européenne. Il représentait 32 % du PIB en 1988, un taux comparable à celui de la RFA ou des Pays-Bas, supérieur à celui de l'Italie (9 %) mais très inférieur à celui de la Grande-Bretagne (73 %). L'encours des crédits à la consommation ne représente encore que 8 % du revenu disponible des ménages français, contre 14 % en Grande-Bretagne, 16 % en RFA et 29 % aux Etats-Unis.

Le taux de croissance des crédits
à la consommation dépasse 20 % par an
depuis 1985.

Cette forte hausse tient d'abord à l'arrêt de l'encadrement du crédit en 1985. Elle tient aussi au fait que les Français avaient connu une stagnation de leur pouvoir d'achat et ont voulu profiter des conditions plus favorables de ces dernières années. La troisième raison est liée à l'offre croissante de crédits aux particuliers de la part des banques, à l'aide de moyens commerciaux parfois agressifs.

Aujourd'hui, plus de 10 millions de Français recourent au crédit (un ménage sur deux). Ce sont les familles nombreuses qui sont les plus endettées ; les habitants des communes rurales sont plus concernés que ceux des villes, les actifs plus que les inactifs.

Consommer, une façon d'être vu

Un quart des biens d'équipement
sont achetés à crédit.

Un téléviseur couleur sur quatre, un magnétoscope sur trois, un lave-linge ou un lave-vaisselle sur quatre sont achetés à crédit. Au cours des trente dernières années, le développement du crédit a sans doute autant fait pour le rapprochement des conditions de vie des Français que la croissance économique. L'acquisition du lo-

La folie du crédit

Taux d'accroissement de l'encours du crédit à la consommation (en %) :

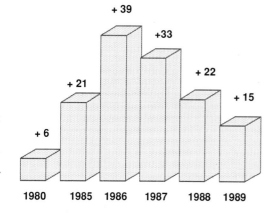

Banque de France

gement, en particulier, ne serait pas possible pour l'immense majorité des ménages, sans le recours au crédit.

Mais la tentation est grande de s'endetter au-delà de sa capacité de remboursement, d'autant que les vendeurs distribuent souvent les crédits sans vérifier la situation financière des acheteurs. Le moindre « accident de parcours » (perte de l'emploi, maladie, etc.) suffit alors à déclencher un processus qui peut avoir de lourdes conséquences.

L'âge des équipements

Age moyen de divers biens durables (à mi-1987, en années) :

• Automobile	6,3
• Réfrigérateur	9,0
• Congélateur	6,7
• Lave-linge	7,1
• Lave-vaisselle	5,9
• Téléviseur	6,0

INSEE

➤ L'emprunt moyen des accédants à la propriété du secteur PAP (prêt aidé à l'accession) dépasse 300 000 F, soit plus de 80 % du prix du logement.

Le surendettement s'est beaucoup accru ; il concerne au moins 200 000 familles.

On estime qu'un ménage est surendetté lorsqu'il doit faire face à des remboursements à court ou long terme supérieurs à 60 % de ses revenus. D'après le secrétariat d'Etat à la Consommation, 200 000 ménages environ sont dans cette situation, un million d'après certaines associations.

Les plus concernés sont souvent des ménages qui ont un lourd endettement immobilier, auquel s'ajoutent des emprunts destinés à financer l'acquisition de biens d'équipement (voiture, appareils électro-ménagers ou de loisirs...). Ce sont surtout des personnes de moins de 40 ans (85 %), des ouvriers (57 %), qui habitent dans des communes rurales ou des villes de moins de 100 000 habitants.

Une étude menée par l'Union nationale des fédérations d'organismes HLM a montré que 15 % des dossiers de surendettement sont dus à la maladie, 11 % à des problèmes d'emploi, 4,5 % à des divorces, 4,5 % à des accidents, etc. Mais la mauvaise information, en partie entretenue par la publicité faite autour du crédit, est souvent à l'origine des difficultés de remboursement des ménages.

La loi Neiertz de février 1989 prévoit des mesures de prévention et de règlement des difficultés liées au surendettement des particuliers et des familles. Ces mesures sont relayées par des commissions départementales.

Près de 100 millions de cartes de paiement sont en circulation.

La généralisation des cartes de crédit a contribué à l'accroissement du crédit à court terme. La grande majorité (environ 75 millions) sont des cartes privatives fournies par les grandes surfaces, grands magasins, organismes de crédit, sociétés de vente par correspondance, hôtels, compagnies aériennes, etc.

On compte plus de 17 millions de cartes bancaires en circulation, dont plus de la moitié sont des cartes nationales (Carte bleue, Crédit agricole, Crédit mutuel...). Les autres sont des cartes internationales (dont la majorité, des cartes Visa et Eurocard-Mastercard).

L'utilisation des cartes bancaires, longtemps réservée aux retraits d'argent dans les billetteries, s'est étendue en même temps que le réseau des commerçants qui l'acceptaient. La Carte bleue permet de régler ses achats chez 415 000 commerçants. Les cartes internationales sont acceptées par 6 millions d'établissements dans le monde.

S ➤ En mars 1990, 75 % des porteurs de cartes bancaires les utilisaient une à plusieurs fois par mois pour régler leurs achats (60 % en 1987). 72 % les utilisaient une à plusieurs fois par mois pour retirer de l'argent dans les distributeurs de billets (68 % en 1987).

Fraude à la carte

Après avoir atteint un sommet en 1983 (417 000) le nombre des chèques sans provision est en baisse régulière : 200 000 environ. Il en est de même du nombre des utilisations de chèques volés, falsifiés ou contrefaits.

Cette diminution s'explique par le fait qu'un nombre croissant de paiements sont effectués au moyen de cartes bancaires. La fraude s'est donc en fait déplacée de l'un à l'autre mode de paiement. La généralisation des cartes à puce, plus difficiles à contrefaire, devrait se traduire par une diminution de la fraude.

LE PATRIMOINE

ÉPARGNE

Taux d'épargne en hausse en 1988 et 1989, après sept années de baisse ● Moins d'épargne liquide et désaffection pour les livrets d'épargne ● Intérêt pour la Bourse ● Croissance de l'assurance-vie et du PEP ● Reprise modérée des investissements immobiliers

Les années-cigales

Pour accroître ou simplement maintenir leur capacité à consommer, les Français ont fortement réduit leur taux d'épargne depuis le début des années 80. Celui-ci s'est un peu redressé en 1988 et 1989, sous l'effet de l'accroissement du pouvoir d'achat.

Le taux d'épargne des ménages a augmenté de façon continue entre 1945 et 1975.

Le taux d'épargne des ménages mesure la part du revenu disponible qu'ils consacrent à l'épargne ou à l'investissement. A l'épargne financière annuelle s'ajoute l'endettement à moyen et à long terme qu'ils contractent en vue de l'achat ou de l'amélioration d'un logement (ou de l'investissement, dans le cas des entrepreneurs individuels). Ces différentes ressources financières sont employées pour les placements, investissements et remboursements d'emprunts.

Pendant la période des Trente Glorieuses qui ont précédé la crise économique, de 1945 à 1975, le taux d'épargne était passé de 12 % à 18,6 %, dans un contexte de forte croissance du pouvoir d'achat. Les Français étaient alors l'un des peuples les plus épargnants au monde.

Pendant les années 60, l'épargne fut principalement employée à l'acquisition du logement, avec un endettement assez faible. Le taux d'épargne s'est ensuite maintenu jusqu'en 1981, dans un contexte de croissance ralentie du pouvoir d'achat.

Le taux d'épargne est passé de 18 % du revenu disponible en 1981 à 11,5 % en 1987. Il est remonté à 12,7 % en 1989.

Entre 1982 et 1987, il avait baissé d'un tiers, sous l'influence de taux d'intérêt réels élevés.

On a assisté en 1988 et 1989 à une légère reprise de l'épargne, favorisée par la croissance retrouvée du pouvoir d'achat et la réticence des ménages devant les taux d'intérêt à long terme des prêts immobiliers.

La croissance de l'endettement a essentiellement concerné les crédits à la consommation, dont l'encours ne représente qu'environ un quart de l'endettement total des ménages.

La France est l'un des pays où l'épargne a le plus diminué.

La tradition d'économie, souvent associée à l'image des Français, est beaucoup moins justifiée aujourd'hui. Pourtant, la France reste dans la moyenne des pays industrialisés, largement derrière l'Italie (21 %) et le Japon (18 %) mais devant les Etats-Unis (4 %) et la Grande-Bretagne (9 %), à égalité avec la RFA.

La chute de l'épargne qui s'est produite en dix ans efface la croissance des trente années d'après-guerre. Elle traduit un changement important dans les mentalités des Français.

La reprise du bas de laine ?

Evolution du taux d'épargne des ménages (en % du revenu disponible) :

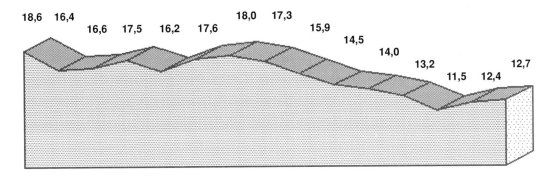

INSEE

Le temps de la consommation

La baisse de l'épargne est autant liée à des phénomènes objectifs (évolution du pouvoir d'achat, coût du crédit, rentabilité des placements, chômage) qu'à des facteurs subjectifs, qui touchent aux modes de vie et aux systèmes de valeurs. La dimension psychologique, l'évolution des besoins des ménages et des individus jouent un rôle considérable.

Les Français privilégient nettement la consommation par rapport à l'épargne.

L'effort d'épargne est indissociable de la notion de durée. C'est pour l'avenir, même à court terme, que l'on met de l'argent de côté, en vue de financer une dépense prévue à une certaine échéance ou simplement pour pouvoir faire face à une difficulté éventuelle. Aujourd'hui, les Français ne sont guère confiants en l'avenir et souhaitent profiter de l'instant présent. A la consommation différée, la plupart préfèrent la satisfaction immédiate de leurs besoins ou de leurs pulsions. Consommer, c'est agir, occuper son temps, se situer socialement et se faire plaisir. Dépenser, c'est vivre.

Epargne et pouvoir d'achat

A dépenses égales, il paraît logique que la hausse ou la baisse du pouvoir d'achat entraînent une variation de même sens de l'épargne. Dans la réalité, les choses ne sont pas aussi claires. Les ménages tendent à profiter des « bonnes années » pour effectuer certaines dépenses (biens d'équipements, voyages, etc.) et à freiner celles-ci pendant les périodes de « vaches maigres ». Ce phénomène de compensation s'applique surtout à des dépenses à caractère exceptionnel, pour lesquelles la liberté de décision est totale (vacances, équipement...). Il n'en va pas de même pour les dépenses courantes et pour celles qui sont imposées par les circonstances (impôts supplémentaires, remplacement d'une voiture ou d'un équipement...). Globalement, le taux d'épargne reste cependant lié à l'évolution du pouvoir d'achat, même si l'effet a parfois quelque retard sur la cause.

La plus grande instabilité familiale et sociale favorise le goût pour le court terme.

La fragilité croissante de la structure familiale, mesurée par la baisse du nombre des mariages, le développement de l'union libre et du divorce, explique la tendance à privilégier le court terme. L'incertitude et la mobilité qui prévalent dans le domaine professionnel (risque de chômage, évolution des emplois et des métiers) renforcent cette disposition d'esprit. On se lance moins volontiers dans des investissements à long terme comme l'achat d'un logement lorsqu'on n'est pas certain de l'habiter avec la même personne ou de rester dans la même région.

La multiplication et la banalisation des crédits à la consommation ont aussi participé à ce changement des mentalités. La tentation est forte de profiter d'un bien avant d'avoir les moyens de l'acheter.

La maison, refuge et placement

Synergie Bozell

Placements : nouveaux comportements

S'ils épargnent moins, les Français font plus d'efforts pour conserver et si possible accroître leur patrimoine, en le plaçant de façon efficace. C'est pourquoi ils se sont éloignés des formules traditionnelles pour s'intéresser aux nouveaux produits de placements (actions, assurance-vie, PEP...). Après le choc de 1987, les bons résultats de 1988 et 1989, tant à la Bourse que dans l'immobilier, ont conclu une décennie particulièrement favorable.

Les cigales et les fourmis

Taux d'épargne nette des ménages en pourcentage de leur revenu disponible dans quelques pays (en %) :

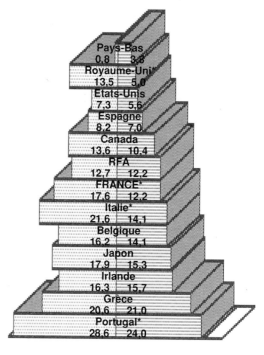

Pays-Bas	0,8 — 3,8
Royaume-Uni	13,5 — 5,0
Etats-Unis	7,3 — 5,6
Espagne	8,2 — 7,0
Canada	13,6 — 10,4
RFA	12,7 — 12,2
FRANCE*	17,6 — 12,2
Italie*	21,6 — 14,1
Belgique	16,2 — 14,1
Japon	17,9 — 15,3
Irlande	16,3 — 15,7
Grèce	20,6 — 21,0
Portugal*	28,6 — 24,0

* Epargne brute

OCDE

Les Français recherchent de plus en plus la rentabilité.

Après avoir longtemps placé l'essentiel de leurs économies à la caisse d'épargne, dans l'or ou dans la pierre (sans oublier les matelas et les bas de laine), les Français ont commencé depuis quelques années à chercher des solutions plus avantageuses. Il faut dire que leurs patrimoines avaient été sérieusement érodés au cours des années 70 par une inflation persistante. Une somme placée en 1970 sur un livret A de Caisse d'épargne avait perdu en 1983 un quart de sa valeur en francs constants. Depuis 1984, les taux d'intérêt réels (déduction faite de l'inflation) sont devenus positifs : 4,5 % en 1989, avec une inflation de 3,6 %.

Les ménages ont beaucoup réduit l'importance de leur épargne liquide.

Les liquidités, livrets d'épargne, comptes de dépôt, bons de capitalisation, comptes à terme ne représentent plus que 30 % des placements financiers, contre 43 % en 1985. Les Français ont en revanche découvert les valeurs mobilières, qui représentent aujourd'hui un peu plus d'un tiers de leurs placements. Ils ont surtout découvert l'assurance-vie, dont la croissance est spectaculaire depuis quelques années.

Cet engouement pour des placements plus risqués ne traduit pas seulement le souhait des épargnants de mieux préserver leur capital. Il marque aussi leur volonté de prendre un peu plus en charge leur patrimoine, comme le reste de leur vie.

La montée de l'assurance-vie

Evolution des placements financiers des ménages (en %) :

	1989	1987	1985
• **Epargne investie**	**70**	**58**	**57**
- *Assurance-vie*	*33*	*26*	*18*
- *Valeurs mobilières*	*37*	*32*	*39*
• **Epargne liquide**	**30**	**42**	**43**
- *Comptes de dépôts, bons, comptes à terme*	*26*	*32*	*30*
- *Livrets*	*4*	*10*	*13*

INSEE

L'assurance-vie représente un tiers des placements financiers des ménages.

La part de l'assurance-vie dans les placements financiers des ménages a presque doublé entre 1985 et 1989, passant de 18 à 33 %. Cet engouement est dû pour une large part aux craintes concernant le paiement des retraites à partir du début du siècle prochain. L'assurance-vie est donc en fait une épargne-retraite destinée à compléter le système traditionnel par répartition.

Les compagnies d'assurances et les organismes financiers ont mis au point des produits beaucoup plus intéressants pour les épargnants que les assurances-vie proposées pendant les années 70 par des vendeurs peu scrupuleux. La fiscalité avantageuse et les bons résultats obtenus par la majorité des contrats au cours des dernières années poussent un nombre croissant de Français à s'y intéresser.

Le boom du PEP

Lancé fin 1989, le Plan d'épargne populaire a connu très vite un succès très supérieur à celui du PER (Plan d'épargne retraite) qu'il remplaçait. Au cours du premier trimestre 1990, le PEP avait collecté plus de 60 milliards de francs, alors que le PER n'en avait réuni que 10 en trois ans.
Destiné a priori à une clientèle à faible revenu (qui bénéficie d'une prime au terme de huit ans), le produit concerne plutôt les catégories sociales aisées, intéressées par des allègements d'impôts. Les caisses d'épargne, la poste, puis les banques et les compagnies d'assurances se sont livrées à une surenchère sur les taux de rendement garantis pour attirer les capitaux. Sans toujours expliquer clairement le fonctionnement du produit.

Les Français ont découvert la Bourse en 1983.

Les efforts des pouvoirs publics pour diriger l'épargne des particuliers vers les valeurs mobilières ont été favorisés par la forte croissance de la Bourse depuis 1983. La période 1983-1986 avait été particulièrement favorable pour les porteurs d'actions : + 56 % en 1983, + 6 % en 1985, + 45 % en 1985, + 50 % en 1986.

Ce climat euphorique et les privatisations réalisées en 1986 et 1987 avaient décidé un grand nombre de Français à devenir actionnaires : 26 % des ménages à fin 1987, contre la moitié trois ans plus tôt.

S ➤ 57% des Français estiment qu'il leur est moins facile de mettre de l'argent de côté qu'il y a dix ou quinze ans, 17% plus facile, 13% ni plus ni moins.
S ➤ 77% des Françaises considèrent qu'elles sont plutôt du genre économe, 22% du genre dépensier.

La finance a la cote

Le séisme d'octobre 1987, avec une baisse de 30 % de la Bourse de Paris, a remis en question ces comportements. Malgré la forte remontée de 1988 (+ 45 %) et de 1989 (+ 32 %), les petits porteurs sont aujourd'hui plus hésitants à prendre des risques et privilégient les instruments de placements collectifs à vocation défensive ou d'attente (SICAV de trésorerie, fonds communs obligataires ou indiciels...).

Une bonne décennie pour les patrimoines

Performance réelle globale de différents placements sur 2 périodes (taux annuel moyen en %) :

	Fin 1981 à fin 1986	Fin 1986 à fin 1989
• Actions françaises	+ 32,7	+ 9,2
• Obligations secteur privé	+ 12,5	+ 4,5
• Logement Paris	+ 5,2	+ 19,3
• Logement (hypothèse ICC)	+ 2,0	+ 2,0
• Sicav « actions françaises »	0	+ 12,3
• Autres Sicav	0	+ 8,0
• Livret de Caisse d'épargne	+ 0,6	+ 1,2
• Lingot	- 4,6	- 4,9
• Terres agricoles	- 5,5	- 2,0

Les épargnants se désintéressent des livrets.

Depuis plusieurs années (exception faite de 1987), les Français boudent le livret A, produit traditionnel proposé par la Caisse d'épargne Ecureuil, au profit d'autres placements plus attrayants : épargne-logement ; livrets d'épargne populaire ; CODEVI. Cette évolution avait été d'abord favorisée par l'autorisation accordée aux banques de chasser sur les mêmes terres que l'Ecureuil (celles des produits défiscalisés) et donc de drainer une partie importante de l'épargne nouvelle.

Plus récemment, l'offre de produits à forte rentabilité a accentué ce phénomène. Le PEP (souvent proposé avec un taux d'intérêt garanti de 8 à 10 % en échange d'une immobilisation du capital pendant 8 ans), les SICAV de trésorerie et d'autres produits à faible risque ont incité les petits épargnants à vider leurs livrets. A la Caisse d'épargne Ecureuil, la collecte des livrets A a diminué de 8 milliards de francs en 1989, alors que celle des SICAV a triplé en trois ans ; l'encours total des dépôts est passé de 447 à 438 milliards de francs, soit une baisse de 2 %. Le mouvement s'est amplifié en 1990, avec une baisse de 25 milliards au cours du premier trimestre.

L'Europe des placements

La libre circulation des capitaux, prévue pour le 1er janvier 1993, est déjà amorcée. Depuis le 1er octobre 1989, les Européens peuvent acquérir des produits financiers commercialisés dans les autres pays de la Communauté et choisir le pays, la devise et l'intermédiaire de leur choix. Les organismes de placements collectifs en valeurs mobilières (OPCVM) peuvent faire de la publicité dans tous les pays membres. Ces dispositions ont été élargies au 1er juillet 1990, de sorte qu'un investisseur peut aujourd'hui placer ses dépôts sur un compte à vue en Espagne, un livret belge ou souscrire un contrat d'assurance-vie en Grande-Bretagne.

S ➤ Dans la perspective du Grand Marché de 1992, 48% des Français se disent prêts à placer leur argent sur le compte d'une banque étrangère (43% non), 30% à souscrire une assurance-vie dans un autre pays d'Europe (61% non).

*On assiste depuis 1987
à une reprise modérée
des investissements immobiliers.*

Pendant la première moitié des années 80, les Français ne s'étaient guère intéressés à la pierre. Ceux qui souhaitaient acquérir leur logement étaient découragés par les taux d'intérêt des prêts, surtout en phase d'inflation descendante. L'évolution de leur pouvoir d'achat leur avait donné aussi quelques craintes, de même que leur capacité de remboursement, compte tenu des risques pesant sur l'emploi. Enfin, la loi Quilliot avait inquiété les propriétaires qui craignaient une rentabilité insuffisante de leur investissement.

La loi Méhaignerie, en autorisant une certaine liberté dans la fixation des loyers et en prévoyant des incitations fiscales, a eu l'effet inverse. Elle a donné un coup de fouet au marché, en particulier dans les grandes villes, que le gouvernement nommé en 1988 a prolongé.

La situation de l'immobilier reste néanmoins très contrastée selon les types d'investissement et les régions. Paris constitue un marché à part, caractérisé par un déséquilibre important entre l'offre et la demande (voir encadré). L'immobilier de loisirs a trouvé un second souffle grâce à la formule de la multipropriété, qui autorise des investissements d'un montant plus limité. Quant à la terre, elle connaît une désaffection croissante, qui se traduit par une baisse moyenne de 4,5 % par an des prix de location des terres agricoles depuis 1980.

L'art pourrait être la nouvelle valeur refuge.

L'or ne joue plus, depuis quelques années, son rôle traditionnel de valeur refuge. Après avoir dépassé les 800 dollars en 1980, l'once d'or connaît depuis plusieurs années des cours compris entre 300 et 500 dollars.

Le cours des pierres précieuses a subi, lui, des mouvements de grande amplitude (dus à la fois aux fluctuations du marché et aux scandales survenus dans la profession). Seuls les professionnels et les spéculateurs chanceux ont pu les mettre à profit.

Le marché des objets d'art s'est au contraire considérablement développé depuis quelques années : en 1989, les commissaires-priseurs de Drouot, à Paris, ont réalisé un chiffre d'affaires de 4,8 milliards de francs, contre 2,9 en 1988, soit une progression d'environ 70 %. Il ne concerne encore qu'une petite minorité de Français capable de se mouvoir dans un domaine où l'argent côtoie la culture.

Les prix atteints dans certains domaines (surtout en peinture) atteignent des sommets et reflètent au moins autant les modes que la valeur intrinsèque des œuvres. La forte médiatisation de l'art, le besoin grandissant de culture et d'esthétique joints aux perspectives de plus-values importantes pourraient amener un nombre croissant de Français à s'intéresser à ce type de placement.

Chambre des notaires de Paris

Paris flambe toujours

Les prix de l'immobilier parisien ont doublé en francs constants en cinq ans, avec des taux de croissance très supérieurs à l'inflation : + 12,6 % en 1985 ; + 12,2 % en 1986 ; + 17,6 % en 1987 ; + 23,0 % en 1988 ; + 21 % en 1989. Fin 1989, le prix moyen au mètre carré des appartements s'établissait à 18 847 F, avec un maximum de 33 235 Fdans le VII⁰ arrondissement et un minimum de 13 090 F dans le XX⁰. Le prix moyen d'un studio s'établissait à 425 000 F, celui d'un 7 pièces à 6 599 000 F. L'écart de prix entre les appartements construits avant et après 1948 diminue : 29 % en 1984 ; 7 % en 1989.

L'épargne diminue mais rapporte davantage

Partner/JWT

Trente ans de placements

Sur la période des trente dernières années, la rentabilité moyenne des placements des Français s'est élevée à 2 %, après déduction de l'inflation et des frais spécifiques à chaque placement, mais avant impôts sur le revenu, la plus-value ou le capital. La terre a été le placement vedette des années 60 avec une hausse de 10 % par an, avant de connaître un déclin régulier. L'or a connu de fortes augmentations pendant les années 70 (14 % par an), poussé par l'inflation et la crise pétrolière. La décennie 80 aura été celle des valeurs mobilières, malgré le krach de 1987 (+ 12 % par an).

S ➤ 53% des Français estiment qu'ils épargnent moins qu'il y a dix ans, 21% autant, 18% plus.
S ➤ Lorsqu'ils font un placement, 47% des Français recherchent en priorité à réaliser vite des bénéfices, 38% à protéger leur épargne de l'inflation.
S ➤ 60% des Français ne peuvent pas mettre de l'argent de côté, 37% oui. 20% épargnent au moins 1 000 F par mois.
➤ La part de l'immobilier (logements, locaux professionnels, terres agricoles, bois et forêts) dans le patrimoine de rapport des particuliers baisse régulièrement depuis une vingtaine d'années : 52% en 1970; 45% en 1980; 36% en 1988.
➤ Le record de vente aux enchères en France est celui des "Noces de Piérette" de Picasso, vendu 300 millions de francs en 1989 à Drouot.

FORTUNE

800 000 F par ménage ● *Plus d'immobilier et de valeurs mobilières* ● *Ecarts des patrimoines supérieurs à ceux des revenus* ● *Disparités plus marquées chez les non-salariés* ● *1 % des ménages détiennent 20 % du patrimoine total* ● *Plus de 100 000 ménages concernés par l'impôt sur la fortune* ● *Renforcement récent des inégalités*

800 000 F par ménage

Estimer la valeur du patrimoine des Français n'est pas chose aisée. Il faut en effet pour cela répondre à deux questions délicates :
• Quels sont les *biens* possédés par les ménages ?
• Quelle est la *valeur* de chacun de ces biens ?

La réponse à la première question ne peut être qu'incomplète. On connaît la discrétion des Français dans ce domaine. Peu d'entre eux sont prêts à rendre public le nombre de pièces d'or, de bijoux et d'objets de valeur qu'ils conservent jalousement dans leur coffre ou dans leur cave.

La réponse à la seconde question ne peut être qu'approximative. Chacun sait que la valeur d'un appartement, d'une action ou d'une oeuvre d'art est éminemment variable. Elle ne peut être connue avec certitude que lorsqu'elle fait l'objet d'une transaction (à condition, encore, qu'aucun « dessous-de-table » n'intervienne...). Quant aux valeurs mobilières, leur cours varie d'un jour à l'autre, parfois dans des proportions importantes...

Pour ces diverses raisons, il est impossible de connaître la valeur du patrimoine global des Français avec la même précision que leurs revenus. Mais il est possible de procéder à une estimation à partir des éléments statistiques dont on dispose.

Le patrimoine global des Français peut être évalué à 800 000 F par ménage.

Le patrimoine brut (avant endettement) principal des ménages est estimé à 16 000 milliards de francs. Il faut, pour approcher la valeur totale des biens des ménages, y ajouter environ 250 milliards de francs pour l'argent liquide, les objets de collection et les biens d'équipement domestique, 400 à 500 milliards pour l'or, autant pour les autres biens d'équipement (voitures, autres véhicules, etc.).

Quel patrimoine ?

Il n'existe pas de définition unique du patrimoine. Si la nature des biens principaux qui le composent n'est guère discutable (liquidités, valeurs mobilières, biens immobiliers, terrains, placements divers), certains experts prennent en compte le patrimoine brut, sans tenir compte de l'endettement des ménages (considérant qu'ils ont la jouissance d'un bien acheté à crédit). D'autres estiment que seul le patrimoine net est le reflet de la réalité.
Un autre débat concerne les « droits à la retraite » accumulés par un ménage. Ceux-ci ne sont en général pas intégrés, car non cessibles ni transmissibles (sauf en partie au conjoint survivant) et difficiles à évaluer.
Des définitions élargies du patrimoine sont même proposées, qui incluent l'ensemble du « capital humain » : capacités individuelles liées aux aptitudes et connaissances (innées ou acquises) permettant à chacun d'obtenir tout au long de sa vie des revenus. Mais cette notion est évidemment encore plus difficile à mesurer.

Au total, les Français se partagent donc un magot d'environ 17 000 milliards de francs, soit 850 000 francs par ménage en moyenne. Il faut retrancher à ce montant celui de l'endettement (crédits à rembourser à moyen et à long terme) :

1 600 milliards, soit environ 80 000 francs par ménage. Ce qui laisse un patrimoine net de 770 000 francs en moyenne. On peut sans hésiter arrondir ce chiffre à 800 000 francs, compte tenu des sous-évaluations probables dans de nombreux domaines.

Le patrimoine moyen des Français avait triplé entre 1950 et 1970 (en francs constants). Il a augmenté d'un quart dans les années 70.

Entre 1949 et 1959, le patrimoine moyen des ménages avait augmenté de 4,4 % par an en francs constants (déduction faite de l'inflation). La croissance annuelle avait été encore plus forte entre 1959 et 1969 : 5,9 %. Cette hausse s'expliquait par les très fortes plus-values réalisées dans l'immobilier, l'augmentation des revenus et de l'épargne et l'accroissement du crédit.

Les années 70 ont été beaucoup moins favorables, du fait du fort accroissement de l'inflation, de la mauvaise tenue des valeurs mobilières (les actions françaises ont stagné) et des livrets d'épargne. Au total, le patrimoine moyen s'est tout de même accru d'un quart en francs constants pendant cette décennie.

Une croissance moins forte

Evolution du patrimoine moyen par ménage en indice (hors inflation) et en francs courants :

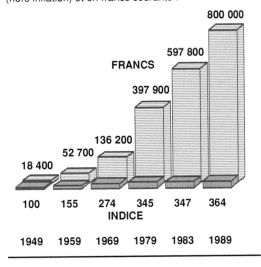

	FRANCS	800 000
	597 800	
397 900		
136 200		
52 700		
18 400		

100	155	274	345	347	364
			INDICE		
1949	1959	1969	1979	1983	1989

CERC et estimations

*La seconde moitié des années 80
a été plus profitable que la première.*

Pendant la première moitié des années 80, l'accroissement de la fortune des Français avait été compromis par les effets conjugués d'une inflation persistante, de la stagnation des prix de l'immobilier et de la baisse des terres agricoles. La stagnation des revenus et la réduction du taux d'épargne des ménages avaient renforcé cette tendance.

La situation s'est améliorée dans la seconde moitié de la décennie, du fait de l'évolution très favorable des valeurs mobilières (malgré le choc de 1987) dans un contexte de baisse continue de l'inflation et de reprise du pouvoir d'achat. L'évolution des prix de l'immobilier, en particulier à Paris, est à l'origine de plus-values parfois considérables.

La roue de la fortune

Répartition du patrimoine moyen des ménages (estimations 1988, en %) :

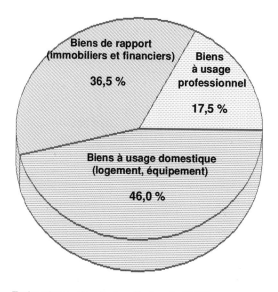

Estimations, d'après les études du CERC

Patrimoine : 4 années de revenu

On constate que, sur une longue période, le rapport entre le patrimoine d'un ménage et son revenu disponible reste à peu près constant, autour de 4. Cela signifie par exemple qu'un Français dont le revenu net annuel est de 100 000 francs disposera d'un patrimoine d'environ 400 000 francs. Mais ce rapport tend à augmenter un peu avec le montant du revenu.

*Depuis le début de la crise économique,
la composition des patrimoines
s'est transformée.*

Depuis 1975, la baisse du taux d'épargne des ménages, l'évolution des différents types de placements et les changements d'attitude des ménages ont abouti à une recomposition des patrimoines. Entre 1976 et 1986, le taux de possession de valeurs mobilières a doublé, passant de 10 à 20 %. Celui de l'épargne-logement a presque triplé, passant de 11 à 29 %. Enfin, l'assurance-vie s'est taillé une place croissante dans les investisements financiers des ménages.

Globalement, la part de l'épargne liquide (livrets, comptes de dépôts, bons, comptes à terme) a beaucoup diminué au profit de l'épargne investie, à la Bourse ou dans des contrats d'assurance-vie.

*Le logement représente
plus de la moitié du patrimoine des Français.*

L'immobilier reste l'élément prépondérant de la fortune des Français. Ce poste regroupe à la fois les biens immobiliers servant à la résidence (principale ou secondaire) de leurs propriétaires et ceux qui sont destinés au rapport (immeubles offerts à la location). L'accès à la propriété de son propre logement répond à un besoin très largement répandu, qui peut être analysé comme l'attachement à la terre des paysans. Il a été largement encouragé par les pouvoirs publics depuis les années 50. Les ménages propriétaires de leur logement sont devenus majoritaires (53 % en 1989).

Les terres et terrains non bâtis représentent une part fortement décroissante, du fait de la baisse (en francs constants) qu'ils subissent depuis plusieurs années.

Le patrimoine au rapport

Evolution de la structure du patrimoine de rapport (en %) :

	1970	1977	1982	1989
• Patrimoine foncier	52	47	44	30
• Valeurs mobilières	24	18	19	46
• Autres placements (épargne liquide)	24	35	37	24
Ensemble	100	100	100	100

CERC

nels, on s'aperçoit que les patrimoines des non-salariés sont beaucoup plus proches de ceux des salariés.

L'argent ne fait pas le bonheur, mais...

154

Le grand écart des fortunes

Entre les industriels, professions libérales et gros commerçants, qui possèdent en moyenne plus de 4 millions de francs, et les ouvriers, qui possèdent moins de 300 000 F, l'écart est considérable. Il est d'ailleurs beaucoup plus élevé qu'entre les revenus. Il s'explique principalement par trois facteurs : l'existence d'un capital professionnel ; le poids de l'héritage ; les différences entre les revenus. Les tendances actuelles laissent à penser que les inégalités de patrimoine pourraient continuer de s'accroître au cours des prochaines années.

L'existence d'un patrimoine professionnel explique en partie les écarts entre salariés et non-salariés.

L'exercice des professions non-salariées nécessite le plus souvent la disposition de biens et équipements particuliers (les locaux et machines de l'industriel, le cabinet et l'équipement des professions libérales, les terres de l'agriculteur) qui font partie du patrimoine des personnes concernées, pour une valeur parfois importante. Si on enlève la valeur de ces biens profession-

Mais ce phénomène n'est évidemment pas la seule cause des écarts constatés. Les revenus dégagés par les professions non-salariées (à l'exception des agriculteurs et de certains commerçants) sont en moyenne supérieurs à ceux des salariés. Ils autorisent donc un niveau d'épargne plus élevé, ce qui accroît d'autant le patrimoine.

S ➤ 19 % des Français estiment en moyenne que quelqu'un est riche si ses revenus mensuels se situent à 46 000 F.
S ➤ 38 % des Françaises pensent que la meilleure façon pour une femme de devenir riche est de jouer au Loto, 33 % de travailler, 17 % d'épouser un homme fortuné, 10 % de faire un héritage.
S ➤ 69 % des Français ne trouvent pas condamnable que certaines personnes gagnent leur vie en plaçant leur argent en Bourse (80 % en février 1987), 22 % oui (12 % en février 1987).
➤ Un capital placé à 3 % (intérêts composés) double en trente ans. Placé à 5 %, il est multiplié par 4,3 ; à 7 % par 7,6, à 10 % par 17,4, à 12 % par 30.

L'habit fait le patrimoine

Patrimoine brut des foyers (1) selon la catégorie socioprofessionnelle (en milliers de francs) :

	1990 (2)	**1980**
• Professions libérales	5 000	2 350
• Industriels et gros commerçants	4 100	2 234
• Exploitants agricoles	2 100	1 067
• Artisans et petits commerçants	2 050	882
• Cadres supérieurs	1 800	848
• Cadres moyens	750	357
• Inactifs	750	345
• Employés	400	181
• Ouvriers	270	148

(1) Le nombre des foyers fiscaux est de 23 millions (contre 19,6 millions de ménages).
(2) Estimations à partir des données existantes.

CERC

Chez les salariés, les écarts entre les patrimoines sont beaucoup plus élevés qu'entre les revenus.

Le rapport entre les revenus disponibles des ouvriers et celui des cadres supérieurs est de 3,3 ; celui existant entre leurs patrimoines est un peu supérieur à 6, soit deux fois plus. Si la hiérarchie des patrimoines des salariés est très semblable à celle des revenus, les écarts qui les séparent ne sont pas du même ordre. Ainsi, les 10 % de Français les mieux payés perçoivent un tiers des revenus, alors qu'ils possèdent un peu plus de 50 % du patrimoine total.

Ce phénomène s'explique à la fois par les différences d'héritage et les taux d'épargne. Ces derniers sont en général d'autant plus élevés en valeur relative que les revenus sont importants : on ne dépense pas deux fois plus pour son alimentation ou pour sa santé sous le prétexte qu'on gagne deux fois plus. Les ménages à hauts revenus épargnent donc davantage ; on sait par ailleurs que les sommes importantes sont elles-même génératrices de revenus d'épargne plus élevés, ce qui accroît encore les inégalités.

S ➤ 17 % des Français sont prêts à léguer tout ou partie de leurs biens à une association humanitaire.

Les écarts à l'intérieur d'une même catégorie sont d'autant plus grands que le patrimoine moyen de la catégorie est élevé.

Au sein d'une même catégorie professionnelle, le patrimoine moyen cache des disparités parfois considérables. Chez les salariés, le phénomène est d'autant plus vrai que l'on monte dans la hiérarchie professionnelle. Ainsi, l'écart entre les patrimoines des ouvriers peut être estimé à 3 ou 4 entre le premier décile (les 10 % ayant les patrimoines les moins élevés) et le dernier décile (les 10 % ayant les patrimoines les plus élevés). Il est dix fois plus élevé chez les cadres supérieurs, c'est-à-dire que l'écart entre leurs patrimoines peut atteindre 30 ou 40.

Parmi les non-salariés, les disparités sont encore plus marquées.

Chez les agriculteurs, le capital professionnel peut varier dans des proportions considérables, du petit producteur laitier au gros éleveur ou à l'exploitant très industrialisé. 0,4 % des agriculteurs exploitants ont un patrimoine inférieur à 100 000 francs, mais 18 % ont un patrimoine supérieur à 10 millions de francs. De la même façon, l'outil de travail du patron d'une petite usine artisanale aura une valeur infime par rapport aux actifs d'un grand industriel, même si ce dernier n'en est pas propriétaire à 100 %.

La dispersion est encore plus grande entre les inactifs, dont les situations professionnelles antérieures (lorsqu'ils sont retraités) étaient très diverses : 40 % ont un patrimoine inférieur à 100 000 francs, mais 30 % en ont un supérieur à un million de francs.

Le poids de l'héritage dans le patrimoine tend à diminuer.

L'enrichissement important des personnes âgées au cours des dernières décennies fait qu'environ les deux tiers des Français sont appelés à bénéficier d'héritages ou d'actes de donations. Les montants reçus sont très variables : 10 % des successions représentent près de la moitié du capital transmis.

Si l'on hérite aujourd'hui plus souvent, la part des héritages dans les patrimoines tend à diminuer. Ce phénomène s'explique par la croissance de la richesse accumulée en propre par les

L'argent multiforme

Taux de détention d'actifs financiers et immobiliers, selon la catégorie socio-professionnelle (en %) :

	Compte chèques	Carte de paiement	Livrets*	Epargne logement	Obli-gations, emprunts d'état	Valeurs mobi-lières	Assu-rance Vie	Posses-sion de la rési-dence princi-pale	Posses-sion d'un autre loge-ment**	Loge-ment (ensem-ble)
• Agriculteurs exploitants	99	43	83	47	8	16	38	77	27	80
• Artisans, commerçants, chefs d'entreprise	97	43	78	42	11	26	53	66	32	74
• Cadres	100	75	85	54	20	49	45	58	36	75
dont										
- professions libérales	*99*	*65*	*80*	*58*	*27*	*54*	*60*	*58*	*38*	*74*
• Professions intermédiaires	99	63	88	43	8	27	40	55	19	63
• Employés	98	49	79	26	3	9	33	37	11	43
• Ouvriers	94	46	78	25	2	7	39	44	10	49
• Retraités	91	23	83	19	14	23	16	60	19	64
• Autres inactifs	86	26	77	15	12	17	13	38	15	44
Ensemble	**94**	**43**	**82**	**29**	**9**	**20**	**31**	**52**	**18**	**59**

* Livrets A, B, bleu, bancaire, CODEVI, LEP
** Logement secondaire ou de rapport

Données sociales, INSEE

ménages et l'allongement de la durée de vie, qui fait que l'on hérite de plus en plus tard. D'après certaines estimations, la part héritée du patrimoine représenterait environ 40 % du patrimoine total.

Parmi les biens légués, les logements comptent pour 48 %, les liquidités et bons 16 %, les terres 14 % (dans la moitié des cas, des exploitations agricoles), les valeurs mobilières, créances, fonds de commerce, immobilier d'entreprise 17 %, les meubles, bijoux, or et oeuvres d'art 5 %. Dans huit successions sur dix, le montant est inférieur à 500 000 F (montant moyen : 200 000 F). Un enfant d'ouvrier hérite en moyenne de 50 000 F, un enfant d'agriculteur de 179 000 F, un enfant de cadre supérieur de 286 000 F (sommes nettes de droits). L'âge moyen au premier héritage est de 42 ans.

S ➤ 27 % des Français ont déjà préparé leur succession, 73 % non.

La part de l'héritage

Proportion de ménages ayant reçu un héritage au moins égal à 100 000 francs (en %) :

• Ouvriers	19,9
• Cadres moyens	20,2
• Employés	20,4
• Artisans, petits commerçants	25,3
• Inactifs	25,5
• Cadres supérieurs	38,3
• Agriculteurs	39,6
• Professions libérales	42,2
• Industriels, gros commerçants	43,6
Ensemble	**27,1**

Conseil des impôts

Les évolutions récentes vont dans le sens d'un renforcement des inégalités de patrimoine.

Le système de "reproduction sociale" reste très fort en France, où la mobilité professionnelle entre les générations est peu développée. Les enfants de familles aisées sont plus nombreux que les autres à exercer des professions non-salariées et en tout cas des métiers à revenus élevés.

Pour des raisons semblables, les écarts entre les héritages perçus par les différentes catégories sociales tendent naturellement à reproduire et à accroître ceux existant entre leurs patrimoines respectifs.

Enfin, les années récentes ont montré que les patrimoines les plus importants obtenaient les rendements et les plus-values les plus élevés. Leurs propriétaires bénéficient en effet d'une meilleure information sur les opportunités existantes, d'un meilleur service auprès des intermédiaires financiers et de frais réduits sur les opérations effectuées dans la mesure où ils sont répartis sur des sommes plus importantes.

Chacun de ces facteurs va donc dans le sens d'un renforcement des différences dans le temps.

Le club des riches

Plus encore que les revenus, les patrimoines sont en France très concentrés. Le « Club des riches », dont le droit d'entrée peut être fixé autour de 4 millions de francs, reste très fermé. Les seuls salaires, même élevés, sont dans la plupart des cas insuffisants pour y accéder. D'autres formes de revenus sont nécessaires, ceux par exemple des professions indépendantes, qui facilitent la création d'un capital. Mais c'est encore l'héritage qui constitue le moyen le plus sûr d'entrer dans le club.

L'instauration de l'impôt sur les grandes fortunes, en 1981 puis en 1988, et les efforts des médias pour répondre à la curiosité du public ont permis d'éclaircir en partie le mystère qui entoure depuis longtemps les grosses fortunes.

E ➤ 5 % des Français les plus riches détiennent 56 % du capital boursier.
➤ Avec 114 F par habitant, la Bretagne arrive en seconde position pour le paiement de l'impôt sur la fortune, derrière l'Ile-de-France et devant la région Provence-Côte d'Azur.
S ➤ 73 % des Français pensent que l'on peut faire fortune aujourd'hui en France, 27 % non.

1 % des ménages les plus fortunés détiennent près de 20 % du patrimoine total. Les 10 % les plus fortunés en possèdent 54 %. Les 10 % de ménages les moins fortunés en possèdent une part infime (0,1 %).

La structure très étirée des patrimoines à l'intérieur de chaque catégorie sociale ne doit pas cacher l'énorme concentration du capital. La moitié la moins fortunée de la population ne possède que 6 % du patrimoine global, alors que les 10 % les plus riches en détiennent plus de la moitié. La répartition du patrimoine est beaucoup plus inégale que celle des revenus : les 10 % de revenus les plus élevés ne représentent que 28 % de la masse totale des revenus.

La fortune concentrée

Répartition du patrimoine entre les ménages par décile (en %) :

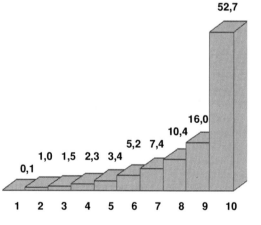

Direction générale des impôts

La concentration est particulièrement forte à Paris, où 10 % de ménages fortunés se partagent 74 % de la fortune, contre 52 % en province. Elle est aussi plus forte chez les agriculteurs et les membres des professions libérales que chez les ouvriers ou les employés. L'âge est un autre facteur important : le patrimoine des 40-60 ans (tranche d'âge où il est maximum) est 11 fois plus élevé que celui des moins de 30 ans.

Le luxe, moyen d'accès au bonheur ?

Les « petits riches » ont plus d'immobilier, les « gros riches » plus de valeurs mobilières.

Les actifs non professionnels sont à peu près également répartis entre les biens immobiliers et les valeurs mobilières et liquidités. Les immeubles de rapport constituent 53 % du parc immobilier, les résidences principales représentent 22 %, les résidences secondaires 12 %.

C'est la part relative de l'immobilier et des valeurs mobilières qui différencie le plus les fortunes. Si toutes disposent généralement d'un capital immobilier élevé en valeur absolue, celui-ci reste le plus souvent relativement constant quel que soit le niveau de la fortune. Ce sont ensuite les portefeuilles de valeurs mobilières qui font la différence. Dans beaucoup de cas, celles-ci sont en fait des biens professionnels détenus par les gros industriels.

E • Environ 150 000 ménages sont concernés par l'impôt sur la fortune.

Entre 1982 et 1986, 100 000 foyers fiscaux environ avaient payé l'impôt sur la fortune. Ils sont environ le double à être concernés par l'Impôt de solidarité sur la fortune instauré en 1988, dont le seuil était un peu supérieur à 4 millions de francs en 1990. En réalité, les détenteurs de grosses fortunes sont plus nombreux, car l'ISF exonère les biens professionnels et les œuvres d'art, qui représentent des sommes considérables, ainsi que d'autres biens. De plus, la flambée des prix de l'immobilier à Paris a été telle depuis 1986 que de nombreux appartements ont aujourd'hui une valeur potentielle supérieure à 4 millions de francs.

Les grosses fortunes se sont constituées en peu de temps, du fait de « coups » financiers réussis (OPA, OPE) ou de créations d'entreprises dans certains secteurs (informatique, mode, cosmétiques, distribution...). Selon différentes estimations, il y aurait en France une quarantaine de milliardaires en francs actuels, qui ont accumulé leur fortune en faisant prospérer des entreprises ou en héritant.

E ➤ Le patrimoine des ménages représente près de trois fois le montant du produit intérieur brut de la France.
S ➤ 34 % des Français ont déjà reçu un héritage, 66 % non. 10 % des 18-24 ans en ont reçu, 14 % des 25-34 ans, 25 % des 35-49 ans, 56 % des 50-64 ans, 63 % des 65 ans et plus. Dans 20 % des cas, des conflits ou tensions sont apparus entre les héritiers.
S ➤ 86 % des Français considèrent qu'il est légitime que l'on puisse transmettre à ses enfants les biens que l'on a acquis tout au long de sa vie sans que l'État prélève des droits de succession. 10 % pensent que les droits de succession permettent à l'État de réduire de façon légitime les inégalités de fortune entre les Français.
➤ Les 2 000 Français les plus riches ont payé en moyenne 760 000 F, au titre de l'impôt sur la fortune, en 1989.

LOISIRS

LE BAROMÈTRE DES LOISIRS

Enquêtes auprès de la population de 18 ans et plus ; cumul des réponses « bien d'accord » et « entièrement d'accord » à l'affirmation (2) ; pourcentages des réponses positives aux affirmations (1), (3) et (4).

1. « Je suis obligé de m'imposer des restrictions sur mon budget vacances-loisirs » (%) :

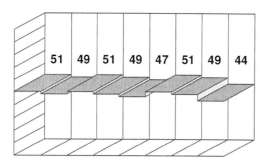

| 51 | 49 | 51 | 49 | 47 | 51 | 49 | 44 |

1982 83 84 85 86 87 88 89

CREDOC

2. « On est pris pour des abrutis à la télévision » (%) :

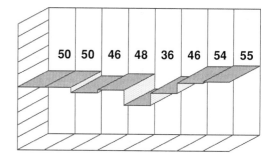

| 50 | 50 | 46 | 48 | 36 | 46 | 54 | 55 |

1982 83 84 85 86 87 88 89

Agoramétrie

3. « Faites-vous partie d'une association sportive ? » (%) :

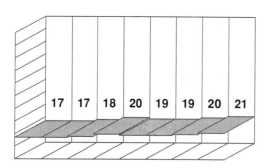

| 17 | 17 | 18 | 20 | 19 | 19 | 20 | 21 |

1982 83 84 85 86 87 88 89

CREDOC

4. « Faites-vous partie d'une association culturelle, de loisirs » (%) :

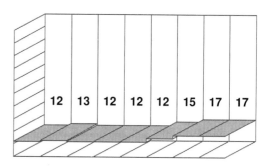

| 12 | 13 | 12 | 12 | 12 | 15 | 17 | 17 |

1982 83 84 85 86 87 88 89

CREDOC

LE TEMPS LIBRE

CIVILISATION DES LOISIRS

Temps libre d'une vie trois fois plus long que temps de travail ● *Dépenses de loisirs en augmentation* ● *Loisir-récompense remplacé par loisir-activité* ● *Principe de jouissance plus important que principe de réalité* ● *Importance du jeu et du « voyage »*

Le temps et l'argent

Les Français consacrent de plus en plus de temps et d'argent (tous postes loisirs confondus) à leurs activités (ou parfois leurs passivités !) de loisirs. La crise n'a pas retardé le processus ; elle l'a au contraire accéléré.

Le temps libre d'une vie est trois fois plus long que le temps de travail.

Le temps libre d'une vie moyenne (72 ans pour un homme) représente environ 25 ans depuis la naissance, alors que le temps de travail et de scolarité en représente moins de 10. Le temps libre ne cesse d'ailleurs de s'accroître : entre 1975 et 1985, il est passé de 3 h 28 à 4 h 04 par jour.

Cette augmentation de 35 minutes a surtout profité à la télévision, qui s'est octroyé 26 minutes supplémentaires. Le reste se répartit entre la pratique sportive (8 minutes par jour contre 3 en 1975), les sorties et spectacles (8 minutes contre 5), les jeux (11 minutes contre 8).

Travail-loisirs : le principe des temps communicants

Un simple calcul montre que toute réduction du temps de travail entraîne un accroissement trois fois plus élevé du temps libre. Un actif « moyen » est occupé environ 10 heures par jour par son travail, les transports et les travaux « forcés » (tâches ménagères, courses, obligations diverses). S'il consacre 8 heures au sommeil, il lui reste donc 6 heures de temps éveillé. La moitié est consacrée aux repas, à la toilette et à d'autres activités répétitives, de sorte que son temps disponible pour des activités librement choisies est de 3 heures par jour. Supposons que son temps de travail quotidien diminue d'une heure, sa semaine passant par exemple de 39 à 34 heures. Cette réduction d'une heure par jour ouvrable représente 12,8 % de son temps de travail. Mais le temps de loisir disponible sera alors de 4 heures au lieu de 3, soit 33 % de plus. La part du loisir dans l'emploi du temps de la vie bénéficie donc d'un très important effet de levier. Celui-ci a des conséquences considérables sur le fonctionnement de la société, car il en change les priorités.

E • Les dépenses de loisirs représentent au total plus de 15 % du budget disponible des ménages.

Les Français consacrent en moyenne un peu plus de 7 % de leur budget disponible aux dépenses de loisirs, spectacles, enseignement, culture. La croissance réelle des dépenses de loisirs est plus élevée qu'il n'y paraît pour deux raisons principales.

La première est que les dépenses de loisirs concernent aussi d'autres postes. Ainsi, le poste transports comprend une partie des dépenses telles que les vacances ou les sorties ; il a augmenté de façon importante, bien qu'une large part soit due à l'accroissement du prix de l'énergie, très sensible depuis le début de la crise. De la même façon, certaines dépenses d'alimentation peuvent être considérées comme partie intégrante des loisirs : repas de fête, réceptions entre amis.... Le poste habillement contient aussi certains achats de vêtements affectés spécialement aux loisirs. En considérant ensemble ces différentes composantes, on arrive à une dépense totale supérieure à 15 % du revenu disponible global, soit le double du seul poste loisirs-culture.

La seconde raison est que la part consacrée aux équipements (téléviseurs, magnétoscopes, etc.) et biens consommables (disques, cassettes, etc.) a été réduite par la baisse régulière des prix relatifs depuis une vingtaine d'années. Cela signifie que les Français peuvent acquérir des équipements de plus en plus performants, tout en dépensant moins.

La presse d'abord

Répartition des dépenses de ménages pour la culture (1987, en %) :

- Presse   25,6
- Imprimerie, édition   16,4
- Appareils radio, téléviseurs   14,7
- Electrophones, magnétophones, magnétoscopes   11,8
- Redevance TV   8,9
- Disques, bandes, cassettes   7,8
- Spectacles   6,8
- Cinéma   3,2
- Films, pellicules   2,9
- Appareils photo et cinéma   1,9

Au total, il apparaît donc que les Français consacrent aux activités de loisirs une place et un budget croissants. Celui-ci devrait d'ailleurs continuer de s'accroître au cours des prochaines années, le seul poste loisirs-culture passant de 7,5 % en 1990 à 10,6 % en l'an 2000.

S ➤ 69 % des visiteurs du Louvre sont des étrangers. Parmi eux, les Européens sont les plus nombreux (38 %), suivis des Américains et des Canadiens (14 %) et des Japonais (7 %).

INSEE

Les cinq filières

Les dépenses de loisirs se répartissent en cinq grandes catégories : image ; son ; écrit ; sorties ; pratiques d'amateur (photographie, instruments de musique, activités associatives...). Les dépenses liées à l'écrit (journaux, magazines, livres) restent les plus importantes (1 400 F par an et par ménage en 1986). L'image arrive en seconde position, avec 981 F, devant les pratiques d'amateur (759 F), les sorties (517 F) et le son (480 F).
Entre 1979 et 1986, les dépenses ont augmenté pour l'écrit et les sorties et diminué pour l'image, le son et les pratiques d'amateur. Mais la baisse, en francs constants, des prix des équipements audiovisuels explique largement cette évolution.

Ministère de la Culture

Loin de retarder le développement des loisirs, la crise l'a accéléré.

On aurait pu penser que le coup d'arrêt à la croissance et ses conséquences sur la vie des ménages allaient donner un coup d'arrêt à l'évolution amorcée dans les années 60. Il semble au

---

4 200 F par an par ménage

Répartition du budget culturel selon la nature des dépenses (en francs par ménage) :

	1985	1979
• Appareils support dont :	917	680
- *TV couleur*	*393*	*328*
- *Chaîne hi-fi*	*171*	*134*
- *Magnétoscope*	*124*	*4*
• Biens culturels dont :	1 817	987
- *Journaux, revues*	*668*	*398*
- *Livres non scolaires*	*454*	*246*
- *Abonnements journaux, revues*	*273*	*117*
• Services culturels dont :	1 527	920
- *Taxe TV*	*347*	*177*
- *Cotisation à des clubs, syndicats*	*238*	*166*
- *Cinéma*	*186*	*103*
- *Danse*	*162*	*75*
Total culture	**4 261**	**2 587**

Ministère de la Culture et de la Communication

contraire que la crise ait accéléré le mouvement vers une société postindustrielle. La montée du chômage a posé en effet le problème du partage du travail et donc celui d'une nouvelle réduction de sa durée. Or, c'est de la réduction du temps de travail que se nourrit le temps de loisir.

La génération loisirs remplace celle du travail

Écom

La civilisation des loisirs

L'accroissement du temps libre et celui du pouvoir d'achat ont largement favorisé le développement du loisir. Mais sa reconnaissance en tant qu'activité sociale majeure supposait en outre un état d'esprit différent. C'est le sens de l'évolution de ces dernières années. De sorte que la civilisation des loisirs n'est plus aujourd'hui un mythe, ni une perspective à moyen terme.

Le ressort de la société actuelle n'est plus le travail, mais le loisir.

Au cours des vingt dernières années, les Français ont subi plusieurs chocs : culturel en Mai 68, économique en 1973, politique en 1981, idéologique en 1982, financier en 1987. Chacun d'eux a eu des effets sur les mentalités et sur la diffusion de nouveaux modes de vie qui mélangent le travail et les loisirs, tant dans l'emploi du temps et les mentalités.

Il ne s'agit plus seulement, pour un nombre croissant de Français, d'équilibrer les « figures imposées » de la vie (le travail, les activités contraintes) par des « figures libres » (les activités de loisirs). Il s'agit au contraire, idéalement, de mélanger les unes et les autres, ingrédients d'une vie plus riche, plus équilibrée et, finalement, plus agréable.

C'est dans cette recherche d'une plus grande harmonie entre travail et loisir que se définit peu à peu le portrait de l'honnête homme de cette fin de XXe siècle.

Le loisir n'est plus une récompense, mais une activité.

Le temps libre se vivait autrefois comme une récompense. Il fallait avoir « gagné sa vie à la sueur de son front » pour avoir droit au repos, forme primaire du loisir. L'individu se devait d'abord à sa famille, à son métier, à son pays, après quoi il pouvait penser à lui-même.

Les plus âgés des Français sont encore très sensibles à cette notion de mérite, indissociable pour eux de celle de loisir. Mais, pour les plus jeunes (la frontière se situe vers 40 ans), le loisir est un droit fondamental. Plus encore, peut-être, que le droit au travail, puisqu'il concerne des aspirations plus profondes et plus personnelles. Il n'y a donc aucune raison de se cacher ni d'attendre pour faire ce que l'on a envie de faire, bref pour « profiter de la vie ».

Ce changement de mentalité traduit la priorité accordée au présent...

Le principe de jouissance est devenu prioritaire par rapport à celui de réalité. Au cours des années 80, les Français (et les Françaises, phénomène inédit) ont ainsi redécouvert l'existence de leur corps et cédé à leurs pulsions naturelles pour le jeu, la fête, la liberté. Le déclin des valeurs religieuses n'y est pas étranger. Des notions comme l'esprit de sacrifice ou la recherche d'un paradis après la mort tiennent de moins en moins de place dans la vie quotidienne.

Les Français organisaient jusqu'ici leur vie autour de leurs obligations. Les plus jeunes souhaitent aujourd'hui l'organiser autour de leur passions.

Micro-entretien

ALAIN DE VULPIAN *

G.M. - *Les Français veulent de plus en plus mélanger le travail et le loisir. Combien y parviennent ?*

A. de V. - L'hédonisme, ou la morale du plaisir, a été la grande conquête de ces dernières décennies. Depuis le début des années 80, la revendication porte aussi sur la vie professionnelle, au bureau ou à l'usine. Mais l'hédonisme bute encore sur la porte de l'entreprise. C'est un problème non résolu, car, dans l'état actuel des choses, seule une minorité de privilégiés prennent du plaisir à travailler. La grande majorité n'en éprouvent guère. L'un des grands problèmes de l'entreprise aujourd'hui est donc de faire en sorte que ses employés puissent trouver du plaisir en travaillant.

* Président de la Cofremca.

... et la prépondérance de l'individu sur la collectivité.

Dans la conception du loisir, deux visions très différentes de la vie s'opposent. La première est optimiste et athée. Elle pose en principe que tout homme est mortel et qu'il lui faut donc tenter de s'épanouir au cours de son existence terrestre. Son objectif est donc de maîtriser sa vie et de la conduire le plus librement possible. Dans cette optique, le cheminement de ces dernières décennies peut être regardé comme un progrès. Les sociétés occidentales ont avancé sur la voie difficile d'un individualisme de type humaniste, auquel beaucoup aspiraient depuis longtemps.

La seconde vision est à la fois pessimiste et mystique. La tendance actuelle, qui privilégie l'individu et le court terme par rapport à la collectivité et à l'éternité, est ressentie comme l'amorce d'une décadence qui menace les sociétés développées. Car l'individualisme ne paraît guère compatible avec les progrès de la vie en société. Avec lui se développent les risques d'antagonisme entre des intérêts divergents. En refusant l'effort, la solidarité et le sacrifice, les hommes se condamnent à une fin prochaine.

Le choix serait donc entre l'individualisme forcené, condition de l'épanouissement de l'homme, et la référence à des valeurs transcendantales et collectives, sans lesquelles le monde ne pourrait survivre. La première solution peut conduire à l'égoïsme, la seconde au totalitarisme. Entre ces deux écueils, la société devra naviguer avec précision. Sur son itinéraire, la civilisation des loisirs n'est sans doute qu'une étape. Mais elle est sans doute plus proche de la rive individuelle que de la rive collective.

La vie rêvée

En matière de loisirs, les Français adoptent des comportements qui traduisent à la fois leur insatisfaction par rapport au présent et leur angoisse vis-à-vis de l'avenir. Les outils et les pratiques de loisirs sont souvent des moyens de substituer le rêve à la réalité.

Le réalisme n'est plus à la mode.

On trouve les manifestations de cette tendance dans la plupart des activités de loisirs. Les films qui font le plus d'entrées racontent des histoires en forme de contes de fées (*Bagdad Café, Romuald et Juliette, Crocodile Dundee*), donnent la vedette à des animaux (*le Grand Bleu, l'Ours, Roger Rabbit*), ou s'inscrivent dans le genre fantastique ou science-fiction.

Les romanciers contemporains, tels Philippe Djian, Modiano ou Le Clézio, montrent des personnages sans chair dans des histoires sans lieux véritables. La peinture moderne est de plus en plus intérieure et de moins en moins descriptive. Les sculpteurs ne reproduisent pas des formes ; ils donnent du volume et du poids à des images abstraites. La photographie, la bande dessinée, les clips musicaux mettent en scène des héros symboliques qui évoluent dans des univers oniriques. La musique, de Jean-Michel Jarre à Michaël Jackson, utilise des synthétiseurs qui créent des sonorités propres à favoriser le rêve.

La publicité, qui participe de toutes ces disciplines artistiques, cherche aussi de plus en plus souvent à transcender la réalité du produit qu'elle vante : décors, acteurs, éclairages, angles de prise de vue, montage contribuent à inscrire les images publicitaires dans un « autre monde ».

Ce n'est sans doute pas un hasard si les créateurs donnent à l'imagination une place plus grande qu'à l'observation. Comme leurs concitoyens, ils tendent à fuir une réalité qui les inquiète plus qu'elle ne les rassure. Ne trouvant plus leur inspiration dans le quotidien, ils en inventent un autre, qui se plie plus facilement à leurs désirs ou à leurs fantasmes.

Le jeu occupe une place croissante dans les loisirs.

L'engouement croissant pour les jeux de toutes sortes s'inscrit aussi dans ce désir, souvent inconscient, de rêver sa vie. Le Loto est devenu pour des millions de Français un acteur potentiel de leur destin personnel ; le seul capable de leur permettre de changer d'existence, de la dévier ou seulement d'en enjoliver le cours.

Les chaînes de télévision ont bien compris l'importance de la part du rêve et multiplient les occasions de « gagner ». Autour de la *Roue de la fortune*, des émissions de jeux (souvent importées des Etats-Unis) se sont installées sur toutes les chaînes et servent de locomotives aux journaux de 20 heures tout en accroissant les revenus publicitaires. Les films et les séries sont devenus des prétextes à concours. Du voyage exotique au four à micro-ondes, la panoplie des gains proposés n'a de limite que celle de l'imagination. Car les producteurs savent que la carte du rêve coïncide avec celle de l'audience et de la rentabilité.

Cet engouement croissant pour le jeu montre la volonté des Français de redonner au hasard une place que la société industrielle lui a fait perdre.

Beaucoup de loisirs prétendent simuler la réalité ; leur but est en fait de la rendre conforme aux rêves de ceux qui les pratiquent.

On pourrait croire que les activités de loisirs les plus modernes cherchent à recréer des univers existants, dans une sorte d'ambiance hyperréaliste. En fait, ils s'en inspirent pour mieux les transcender.

Ainsi, les villages du Club Méditerranée sont des recréations de lieux et de modes de vie qui n'existent que dans l'imaginaire. Les parcs aquatiques du type Center Parcs ou Aquaboule-

vard à Paris recréent une ambiance tropicale, mais ils sont organisés autour d'une bulle de verre, cocon protecteur contre les intempéries, la pollution, les maladies, le froid. Celui-ci évite les inconvénients de la réalité, de sorte que seul le rêve demeure.

La vie est considérée comme une fête

Eqvateur

Le progrès technologique favorise cette tendance à transcender le réel.

Le développement des jeux vidéo en est une bonne illustration. Ceux que l'on trouve dans les lieux publics (jeux d'arcade) ont atteint une sophistication extrême : simulateurs de pilotage, jeux d'aventure intergalactique ou de guerre. On les retrouve sur les ordinateurs individuels et les consoles que les enfants branchent sur le téléviseur familial. Leur caractéristique commune est de présenter une vision « fantastique » de la vie.

Contrairement à ce que l'on pourrait croire, ces simulations ne cherchent pas à reproduire la réalité ; elles la dépassent très largement. Les avions, hélicoptères, voitures ou motos sont des engins de science-fiction ; ils explosent, produisent de terribles accidents... et repartent aussitôt, profitant de leur immatérialité.

➤ En cent ans, de 1889 à 1988, la tour Eiffel a accueilli 120 millions de visiteurs, dont plus de 4 millions en 1988.

Le mythe du « voyage » se développe.

Le contenu symbolique du mot « voyage » est très fort. On peut, au sens propre, changer de lieu, d'identité, d'activité, d'habitudes, bref de vie. C'est sans doute pourquoi l'idée de voyage occupe une place croissante dans la vie des Français, qui sont de plus en plus nombreux à s'accorder des périodes de rupture et de liberté, réparties tout au long de l'année.

Mais on peut aussi voyager au sens figuré, partir de soi-même comme on part de son pays ou de sa région. Le rêve en est le véhicule essentiel ; l'imagination, le support. Ce type de voyage est largement favorisé par l'environnement médiatique : images de synthèse, créations artistiques, publicité, jeux de toutes sortes.

Micro-entretien

JACQUES SÉGUÉLA*

G.M. - L'imaginaire est-il le plus court chemin vers le bonheur ou un danger, lorsque le retour au réel engendre la frustration ?

J.S. - Il me semble qu'après la société de consommation, relayée ces dernières années par la société de communication qui déjà s'essouffle, nous entrons dans une nouvelle société que les Français attendent. Je l'ai baptisée société d'harmonisation. Elle fera la synthèse entre le meilleur de l'imaginaire et le meilleur de la réalité, pour les faire coexister dans le calme, la tranquillité, la tendresse, la sérénité. Bref, le rêve sera devenu réalité.

* Publicitaire, auteur notamment de *Demain, il sera trop star* (Flammarion).

Ce n'est donc pas un hasard si la drogue prend une place croissante dans les sociétés développées. Le « voyage » auquel elle conduit n'a rien à voir avec ceux proposés dans les catalogues. Il est avant tout une fuite, en marge d'une société dans laquelle certains ne trouvent pas leur place.

S ➤ 57 % des Français n'ont jamais fréquenté au cours de leur vie un parc d'attraction, 51 % une exposition de peinture, 26 % un musée.

Le refus du réel est lié à la perception actuelle du monde et de son avenir.

L'examen des tendances qui structurent les pratiques actuelles appelle au moins deux réflexions. La première est que les Français semblent s'être précipités dans le loisir plutôt pour fuir une réalité qui les inquiète que pour vivre mieux ou « être » davantage. La démarche n'est donc pas a priori positive. Elle conduit à la seconde réflexion : cette attitude de refus du réel sera-t-elle durable ou évoluera-t-elle en fonction du contexte économique, social, politique, environnemental ?

On est tenté de penser que la situation actuelle est transitoire et que le réalisme retrouvera ses droits dès lors que l'horizon apparaîtra moins lourd de menaces. Mais il est évident qu'il faudra du temps pour que les menaces actuelles (environnement, sida, chômage, risques technologiques, etc.) s'éloignent ou disparaissent, en admettant que ce soit possible.

Les hommes devront donc s'accommoder de l'incertitude tout en réparant les erreurs commises par la civilisation qu'ils ont fondée. La réalité ne devrait plus alors les effrayer, de sorte qu'ils pourront vivre leurs loisirs sans en faire un moyen privilégié d'échapper au quotidien.

RFI, 27 mai 1989

PRATIQUES

Prépondérance de l'audiovisuel ● Importance croissante de la musique ● Pratique sportive plus individuelle, moins compétitive, plus diversifiée ● Facteurs de discrimination : instruction, sexe et surtout âge ● Ecarts entre les sexes en diminution ● Pratiques plus fréquentes et variées dans les villes, surtout à Paris

L'ère de l'audiovisuel

La diffusion des équipements audiovisuels a beaucoup progressé, ainsi que les pratiques s'y rattachent (télévision, vidéo, musique), au détriment de l'écrit, en particulier du livre. Mais l'importance des loisirs à domicile n'empêche pas les Français d'avoir plus d'activités à l'extérieur de chez eux (restaurants, discothèques, vie associative). La culture tend à être plus diversifiée, surtout parmi les jeunes. Tels sont les principaux enseignements de la grande enquête réalisée par le ministère de la Culture sur les pratiques culturelles des Français en 1988-1989. Elle permet de mesurer les évolutions qui se sont produites depuis 1973 et 1981, dates des deux précédentes. Une autre enquête, effectuée par l'INSEE en 1988, confirme et précise ces données.

Ministère de la Culture et de la Communication

La panoplie des loisirs

Evolution de l'équipement de loisirs des ménages (en % de ménages concernés) :

	1973	1981	1988
● Téléviseur	86	93	96
dont :			
- un seul poste	*	*83*	*71*
- plusieurs postes	*	*10*	*24*
- un poste couleur	9	*52*	*86*
● Magnétoscope	*	2	25
● Chaîne hi-fi	8	29	56
● Electrophone	53	53	31
● Magnétophone	15	54	40
● Appareil photo	72	78	83
● Caméra	12	15	9
● Caméscope	*	*	2
● Instrument de musique	33	37	40
● Baladeur	*	*	32
● Livres	73	80	87
● Disques	62	69	74
● Disques compacts	*	*	11
● Cassettes son	*	54	70
● Cassettes vidéo	*	*	24

* La question n'avait pas été posée

Le foyer devient une sorte de bulle stérile reliée au monde extérieur.

Les « produits de distanciation », qui permettent de rester en contact avec le monde sans être en contact direct avec lui, sont de plus en plus répandus dans les foyers. La télévision et son complément naturel le magnétoscope en sont bien sûr les meilleurs exemples : 25 % des ménages ont aujourd'hui plusieurs récepteurs ; 25 % possèdent un magnétoscope.

L'évolution technologique est bien sûr à l'origine de cette évolution. Les innovations en matière de télévision (écran géant, son stéréo, câble, réception satellite...), le magnétoscope, le Minitel, l'enregistrement sur disques compacts, l'ordinateur, les consoles vidéo, la modulation de fréquence sont des incitations à profiter des loisirs audiovisuels dans de meilleures conditions. L'accroissement du nombre de programmes ou activités disponibles à partir de ces équipements a lui aussi contribué à ce mouvement.

Mais son développement n'aurait pu être aussi rapide s'il n'avait rencontré des attentes sociologiques. Ce n'est pas par hasard que l'on assiste depuis quelques années à la création de « foyers-bulles » pourvus des moyens de télé-communication les plus modernes, mais protégés. C'est que les Français souhaitent se mettre à l'abri des « agressions » de toutes sortes : délinquance, pollution, bruit, présence de la pauvreté, etc.

La musique tient une place croissante dans la vie des Français.

On constate une spectaculaire progression de l'écoute de la musique, sur disques, cassettes ou à la radio. Là encore, la naissance des baladeurs et des disques compacts, l'amélioration des chaînes hi-fi et des postes de radio FM ainsi que la baisse des prix ont largement favorisé le mouvement. 56 % des Français possèdent une chaîne hi-fi contre 8 % en 1973 ; 67 % des 15-19 ans ont un baladeur.

La proportion de Français qui écoutent des disques ou cassettes au moins un jour sur deux a doublé en quinze ans, passant de 15 % en 1973 à 33 % en 1988. L'augmentation de l'écoute musicale touche toutes les catégories de population sans exception, et tous les genres de musique, du jazz au rock en passant par la musique classique et l'opéra. Le phénomène est cependant plus marqué chez les jeunes. La moitié des 15-19 ans écoutent des disques ou cassettes tous les jours, le plus souvent du rock.

Micro-entretien

JACQUES SÉGUÉLA*

G.M. - *Les médias, qui tiennent une place centrale dans la vie des Français, sont en même temps de plus en plus critiqués. Est-ce que cela va s'accentuer ?*

J.S. - Pendant les deux dernières décennies, les médias ont été le quatrième pouvoir. Ils sont en train de le perdre par abus de pouvoir. Les médias doivent être des intermédiaires, des petits télégraphistes qui prennent les messages à la source et se dépêchent de les porter au public. C'est d'ailleurs la même chose pour les publicitaires. Mais les médias ont voulu être aussi des acteurs, et même des stars. Ils se sont pris pour le public, ils ont dit : "je pense, donc je suis". Tout abus de pouvoir se paye un jour. Il faut donc s'attendre à un prochain rejet des médias. Après les politiques, qui sont au plus mal, mais qui vont se ressourcer, ce sont les journalistes qui vont payer les excès d'apriorisme.

---

* Publicitaire, auteur notamment de *Demain, il sera trop star* (Flammarion).

RFI, 27 mai 1989

ALLIBIRD, de nouveaux horizons golfiques dès septembre 1989 Tél.: 42 56 02 21   ALLIBIRD

Les loisirs restent inégaux

Roma

Le sport est plus individuel, moins compétitif, plus diversifié.

Les Français sont globalement plus nombreux à avoir une activité sportive : un sur deux est concerné, mais seulement un sur cinq peut être considéré comme un sportif régulier. Les sports individuels (tennis, marche ont pris le pas sur les sports collectifs, qui sont peu pratiqués par les femmes.

Le nombre des activités sportives s'est lui aussi accru et il est de plus en plus fréquent d'en pratiquer plusieurs, de façon plus ou moins suivie. Des sports nouveaux ou récents comme le base-ball, le golf, l'offshore, le canoë kayak le tir à l'arc, le vol libre ont de plus en plus d'adeptes,

Les temps changent, les activités aussi

Evolution de quelques activités de loisirs entre 1967 et 1988 (en %) :

Proportion de Français ayant pratiqué l'activité suivante...	1967	1988
• Regarder la télévision tous les jours ou presque	51	82
• Recevoir des parents ou des amis pour un repas au moins une fois par mois	39	64
• Etre reçu par des parents ou des amis pour un repas au moins une fois par mois	37	61
• Lire une revue ou un magazine régulièrement	56	79
• Avoir visité un Salon ou une foire-exposition depuis un an	33	56
• Sortir le soir au moins une fois par mois	30	48
• Aller au restaurant au moins une fois par mois	8	25
• Avoir visité un musée depuis un an	18	32
• Avoir visité un château ou un monument depuis un an	30	41
• Faire de la couture ou du tricot de temps en temps et « avec plaisir »	28	38
• Danser au moins 5 ou 6 fois par an	20	30
• Ecouter la radio tous les jours ou presque	67	75
• Participer régulièrement à au moins une association	11	18
• Faire une collection	16	22
• Jouer aux cartes ou à d'autres jeux de société chaque semaine ou presque	13	18
• Jouer de la musique régulièrement ou parfois	4	7
• Réparer une voiture de temps en temps et « avec plaisir »	10	12
• Aller au cinéma au moins une fois par mois	18	18
• Lire au moins un livre par mois	32	31
• Jardiner tous les jours ou presque à la belle saison	20	19
• Aller au cinéma chaque semaine ou presque	6	4
• Aller au théâtre au moins une fois par an	21	18
• Aller au café au moins une fois par semaine	24	17
• Assister à un spectacle sportif au moins 5 fois par an	17	9
• Lire un quotidien tous les jours ou presque	60	42

INSEE

mais restent encore marginaux. Certains sports comme le jogging et l'aérobic sont un peu en perte de vitesse, même si ces deux activités comptent encore beaucoup d'inconditionnels.

D'une manière générale, les Français cherchent moins à faire des performances et à aller au bout d'eux-mêmes qu'à entretenir leur forme ; le sport-plaisir prend le pas sur le sport-souffrance. Ils sont confortés dans cette idée par les médias qui, après en avoir fait l'apologie, dénoncent aujourd'hui les risques que peuvent présenter certains sports comme le jogging, l'aérobic ou le tennis pour des personnes insuffisamment entraînées.

S ➤ 55 % des Français ne sont jamais allés au théâtre, 45 % dans une discothèque, 12 % au cinéma.

Le loisir inégal

La démocratisation des loisirs n'est pas encore faite. Si l'accroissement de l'écoute de la musique et de la télévision touche l'ensemble des catégories sociales, les pratiques culturelles traditionnelles sont encore peu diffusées. La fréquentation des concerts (surtout de rock et de jazz) et celle des expositions, monuments et musées ont certes augmenté, mais leur public ne s'est guère élargi. Les trois quarts des Français n'ont encore jamais assisté à un spectacle de danse ou à un concert de musique classique, plus de la moitié ne sont jamais allés au théâtre et n'ont jamais vu d'exposition. Malgré les efforts d'équipement et de communication réalisés depuis quelques années en matière de loisirs, surtout culturels, c'est toujours dans les mêmes catégories sociales que l'on trouve les pratiquants de loisirs.

L'instruction, le sexe et l'âge sont encore des facteurs de discrimination majeurs.

On trouve d'un côté les Français de la « vieille école », pour qui les loisirs sont ce quelque chose en plus qui complète et agrémente la vie courante, faite de travail, de contraintes et de devoirs ; de l'autre, les « modernes », qui considèrent le loisir comme un droit fondamental, au service de leur épanouissement personnel.

A travers ces deux France s'opposent deux visions de la vie et de la société. Ces deux catégories de Français sont séparées principalement par trois caractéristiques : l'âge, le niveau de formation et, à un moindre degré, le sexe. Le temps consacré, le type d'activité pratiqué, l'état d'esprit sont très différents d'une catégorie à l'autre. A tel point que les classes sociales, qui semblaient jusqu'ici s'estomper, tendent à se reformer autour des loisirs.

La pratique varie beaucoup avec le niveau d'instruction.

D'une façon générale, la pratique des loisirs augmente avec le niveau scolaire. La quasi-totalité des activités, à l'exception des loisirs dits de masse (radio, télévision) et des jeux d'argent du type Loto ou PMU, sont pratiquées par ceux dont le niveau d'instruction est au moins équivalent au baccalauréat. Les activités de type culturel (lecture, pratique de la musique, théâtre, musées, etc.) sont celles qui séparent le plus les Français les plus diplômés de ceux qui le sont moins. On retrouve des écarts de même nature entre les professions, dont on sait qu'elles sont fortement corrélées au niveau de formation.

Ces inégalités de comportement ne peuvent être expliquées par les seules différences de revenus. Le jogging, la visite des musées ou les promenades ne sont pas des activités coûteuses. Elles sont cependant ignorées ou presque des catégories ayant les niveaux d'instruction les moins élevés. Plus que des raisons d'ordre matériel, ce sont les différences culturelles qui sont à l'origine de ces inégalités. Le manque d'habitude, le manque de références et la peur de se mélanger à d'autres catégories sociales restent des freins importants à un élargissement de la pratique culturelle.

Les hommes pratiquent plus d'activités que les femmes, mais les écarts diminuent.

Dans la plupart des activités de loisir, les hommes sont plus souvent concernés que les femmes. Le sport apparaît ainsi comme une occupation majoritairement masculine, bien qu'un

---

Loisirs et instruction

Quelques pratiques culturelles en fonction du degré d'instruction (en % de la population de 15 ans et plus) :

	Aucun diplôme ou CEP	BEPC	CAP	Bac ou équivalent	Etudes supérieures
• Lit un quotidien tous les jours	47	35	43	39	45
• Lit régulièrement un hebdomadaire d'information	6	14	12	30	41
• Lit régulièrement une revue de loisirs	4	9	10	18	24
• Regarde la télévision tous les jours ou presque	80	79	73	60	-
• Possèdent des disques compacts	5	12	10	20	23
• Ne font pas de sorties ou visites*	24	9	5	6	5

* Liste de 24 activités : restaurant, musée, cinéma, brocante, bal, match, zoo, galerie d'art, spectacle, opéra, etc.

net rapprochement ait eu lieu depuis quelques années (voir tableau).

Dans le domaine des médias, les femmes inactives constituent la clientèle privilégiée des radios. Elles regardent cependant moins la télévision et lisent moins les journaux que les hommes. Leurs sorties préférées sont les promenades en forêt et les pique-niques. Le théâtre et le cirque les attirent plus que les hommes, qui préfèrent le cinéma ou les stades (côté gradins).

Qu'elles exercent une activité rémunérée ou non, les femmes disposent en moyenne de moins de temps libre que les hommes : 3 h 42 par jour pour les femmes inactives entre 25 et 54 ans, contre 5 h 37 pour les hommes ; respectivement 2 h 39 et 3 h 30 pour les femmes et les hommes actifs de la même tranche d'âge. C'est que les tâches ménagères occupent une très large part du temps dont elles disposent ; l'écart reste important malgré la moindre réticence des hommes à y participer.

Pour certains, le sport est une médecine

On pratique plus les loisirs dans les villes que dans les campagnes.

Certains types de loisirs sont indépendants de l'endroit où l'on habite, comme la lecture, l'écoute de la radio ou de la télévision. Les différences sont alors assez peu sensibles entre les petites et les grandes villes, sauf à Paris, où la

Le sexe des loisirs

Quelques partiques culturelles en fonction du sexe (en % de la population de 15 ans et plus) :

	Hommes	Femmes
• Lit un quotidien tous les jours	47	39
• Lit régulièrement un hebdomadaire d'information	17	13
• Lit régulièrement une revue scientifique	13	6
• Ecoute la radio tous les jours pour les informations	59	41
• Regarde la télévision tous les jours ou presque	71	74
• A lu au moins un livre au cours des 12 derniers mois	73	76
• Fait une collection	27	20
• Fait de la photographie	13	9

multiplicité des autres formes de loisirs possibles (en particulier de type culturel) entre en concurrence avec ces activités.

D'autres types de loisirs nécessitent par contre des équipements ou des infrastructures spécifiques. C'est le cas, par exemple, des spectacles (music-hall, théâtre, opéra, cirque...) et de la plupart des sports. On conçoit que la pratique en soit plus réduite dans les petites communes, généralement moins bien équipées que les grandes villes.

Paris ville de culture

En matière de loisirs, Paris occupe une situation particulière. Les Parisiens pulvérisent les moyennes nationales dans la plupart des activités. Ils sont à peu près trois fois plus nombreux que la moyenne à pratiquer les diverses formes d'activités culturelles : 28 % ont assisté au cours de l'année à un concert de rock contre 10 % en moyenne nationale, 26 % à un concert de musique classique (contre 9 %), 21 % à un concert de jazz (contre 6 %), 11 % sont allés à l'opéra (contre 3 %), 43 % au théâtre (contre 14 %), 81 % au cinéma (contre 49 %). Leur pratique sportive est également plus forte : 20 % jouent au tennis au moins de temps en temps, contre 13 % en moyenne nationale, 30 % pratiquent le jogging (contre 23 %), 28 % font de la gymnastique (contre 20 %).

Ministère de la Culture et de la Communication

L'âge des loisirs

Quelques pratiques culturelles en fonction de l'âge (en % de la population de 15 ans et plus) :

	15-19	20-24	25-34	35-44	45-54	55-64	65 et +
• Lit un quotidien tous les jours	26	29	31	44	50	57	58
• Lit régulièrement un hebdomadaire d'information	10	19	17	20	14	13	8
• Possède un magnétoscope au foyer	36	30	30	32	24	17	6
• Possède des disques compacts	15	17	12	13	11	7	2
• N'a lu aucun livre au cours des 12 derniers mois	14	19	20	23	29	32	38
• Ne fait pas de sorties ou de visites*	4	8	9	10	17	21	32
• Fait une collection	41	29	24	22	22	19	14

* Liste de 24 activités : restaurant, cinéma, musée, brocante, bal, match, zoo, galerie d'art, spectacle, opéra, etc.

Ministère de la Culture et de la Communication

C'est l'âge qui explique le mieux les différences entre les pratiques de loisirs.

On pourrait imaginer que l'âge mûr est aussi l'âge d'or des loisirs : les contraintes familiales sont moins nombreuses (les enfants ont acquis leur autonomie), les possibilités financières sont supérieures et c'est l'âge où l'on bénéficie en général d'une plus grande stabilité personnelle et professionnelle. Pourtant, les chiffres montrent qu'il n'en est rien.

Il est frappant de constater l'écart existant entre les moins de 45 ans et leurs aînés. Parmi les très nombreuses activités existantes, deux seulement augmentent avec l'âge : la lecture des journaux et le temps passé devant la télévision. Les autres (sports, spectacles, activités de plein air, activités culturelles, etc.) diminuent rapidement avec l'âge.

Il faut noter qu'il s'agit principalement d'activités extérieures. S'il est concevable que les plus de 60 ans soient plus casaniers, cela est plus inattendu de la part de ceux qui ont entre 40 et 60 ans. Lassitude, désintérêt, peur de ne pas être « à la hauteur » pour les activités physiques, de ne pas être « dans le coup » pour les activités de type culturel ? L'explication est peut-être à la fois plus simple, et aussi plus irréversible : le manque d'habitude. Les plus de 45 ans sont en effet les représentants d'une autre génération, pour laquelle la civilisation des loisirs n'est qu'une invention récente. Nés avant la Seconde Guerre mondiale, ils ont dû consacrer plus de temps au travail qu'au loisir, pour des raisons souvent matérielles. Certaines activités considérées comme normales aujourd'hui leur paraissent sans doute un peu futiles. Et, même si elles tentent certains, les autres considèrent qu'il est trop tard pour les pratiquer.

L'évolution de la pratique des loisirs est un indicateur très fidèle du changement social.

Les différentes pratiques de loisirs constituent en elles-mêmes un panorama de l'état de la société française et des modes de vie des diverses catégories qui la composent. Les comparaisons dans le temps permettent de mesurer le chemin, considérable, qui a été parcouru, et qui se traduit notamment par une participation croissante des femmes.

S ➤ S'ils étaient contraints de rester seuls dans une pièce sans pouvoir en sortir, 40 % des Français emporteraient en priorité des livres, 25 % un poste de télévision, 19 % un poste de radio, 7 % du papier et un stylo, 8 % un électrophone et des disques.

Les femmes ont découvert le sport

On observe également une forte persistance des inégalités liées au niveau d'instruction, surtout dans la pratique de loisirs « culturels ». La césure entre les moins de 45 ans et les plus âgés est le signe concret et spectaculaire du passage, en une génération, de la civilisation industrielle à un autre type de civilisation, dans lequel les loisirs occupent une place prépondérante. Cette césure se déplace chaque année d'un an, de sorte que, d'ici une génération, la civilisation des loisirs devrait être une réalité pour l'ensemble des Français.

➤ Il y a eu en 1989 122 spectacles taurins en France (corridas, novilladas, corridas à cheval), et 600 000 entrées. La première corrida française a eu lieu en août 1853 à Bayonne, sous l'impulsion de l'impératrice Eugénie.

S ➤ 82 % des Français n'ont jamais assisté au cours de leur vie à un concert de jazz, 76 % à un spectacle de danse professionnelle, 75 % des Français à un concert de rock, 71 % des Français à un concert de musique classique.

S ➤ 13 % des Français de 15 ans et plus ont été au moins une fois dans l'année à un spectacle de rock ou jazz, 10 % à un spectacle de music-hall, 9 % à un spectacle de musique classique, 3 % à un spectacle d'opérette ou d'opéra.

S ➤ Les Français de 15 ans et plus possèdent en moyenne 49 disques 45 tours, 60 disques 33 tours, 37 disques compacts, 57 cassettes (dont 23 achetées pré-enregistrées). 16 % seulement ne possèdent ni disques ni cassettes.

LES MÉDIAS

TÉLÉVISION

95 % des foyers équipés, 31 % multi-équipés
● *3 h 44 par jour* ● *44 % d'audience à TF1 en*
1989 ● *Émissions préférées : films et varié-*
tés ● *Offre de programmes différente de la*
consommation ● *Satisfaction limitée* ● *Gé-*
néralisation du zapping ● *31 % des foyers*
équipés d'un magnétoscope ● *2 millions de*
ménages câblés

Le monde à la lucarne

Après le cheval, puis l'automobile, la plus belle conquête de l'homme est sans doute la télévision. Au cours de sa vie, un Français passe plus de temps devant le petit écran qu'au travail : environ 9 années, contre 8 années de travail. Les enfants scolarisés consacrent aussi plus de temps au petit écran qu'à l'école : 1 000 heures par an, contre 800 heures de classe. Ce temps passé devant la télévision continue de s'accroître régulièrement ; il constitue l'essentiel du temps libre des Français.

> **S** ➤ 47 % des Français estiment que les télévisions privées tiennent davantage compte des attentes des téléspectateurs que les télévisions publiques, 19 % non, 31 % ne voient aucune différence.

Début 1990, 95 % des foyers sont équipés,
dont 89 % ont la couleur,
60 % une télécommande.
31 % disposent de plusieurs postes.
15 % ont un décodeur Canal Plus.

En 1950, 297 privilégiés possédaient « l'étrange lucarne » sur laquelle ils pouvaient suivre quelques émissions expérimentales. En 1990, 95 % de la population totale sont équipés. Les 5 % qui ne le sont pas sont des réfractaires, dont beaucoup préfèrent d'autres activités de loisir, souvent de type culturel : 14 % des Parisiens, 12 % des cadres supérieurs, 11 % des diplômés de l'enseignement supérieur.

La seule télévision en noir et blanc ne concerne plus qu'une faible minorité des foyers (5 %). Le taux de multi-équipement a plus que doublé depuis 1981, passant d'un ménage sur dix à près d'un sur trois. Il est encore inférieur à celui constaté dans d'autres pays voisins (environ 50 %). Six foyers sur dix sont équipés de télécommande sur le poste principal, ce qui explique le développement du *zapping*.

En 1989, les téléspectateurs
de 15 ans et plus ont passé 3 h 44 par jour
devant le petit écran.

La télévision occupe la plus grande partie du temps libre des Français. Les femmes sont proportionnellement plus nombreuses à la regarder que les hommes, les inactifs plus que les actifs. De fortes disparités existent quant à la durée moyenne d'écoute. Les 10 % les plus assidus regardent en moyenne 7 heures par jour (Médiamétrie). Ce sont en majorité des femmes, des personnes qui habitent les grandes agglomérations, ont plus de 50 ans, vivent seules ou à deux, ont un niveau d'instruction peu élevé. Les 20 % de « télévores » représentent à eux seuls près de 50 % de l'audience totale. Les 10 % les moins assidus ne regardent en moyenne que 8 minutes par jour.

Les adultes ont une consommation supérieure à celle des enfants : 21 h 28 par semaine pour les 15 ans et plus, contre 17 h 16 pour les

L'amie de la famille

Evolution du taux d'équipement des ménages en récepteurs de télévision (en %) :

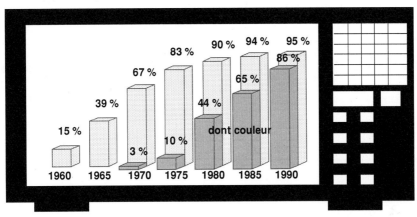

INSEE

11-14 ans et 15 h 59 pour les 6-10 ans. La consommation est en outre plus irrégulière chez les enfants, avec une forte consommation le mercredi.

184 ou 224 minutes par jour ?

Les chiffres de durée d'écoute de la télévision donnés par le CESP (Centre d'étude des supports de publicité) et Médiamétrie sont différents : respectivement 224 min par jour et par téléspectateur contre 184 min en 1989. Ces écarts importants sont dus aux méthodologies différentes utilisées. Pour des raisons de cohérence avec la radio et la presse, mesurés par le seul CESP, nous reproduisons dans ce chapitre les chiffres émanant de cet organisme, tant pour la durée que pour l'audience des chaînes. Certaines informations complémentaires provenant de Médiamétrie sont cependant reprises dans le texte (source mentionnée).

Entre 1982 et 1989, la durée de réception par foyer est passée de 4 à 5 heures par jour (Médiamétrie).

Cette augmentation de 25 % (233 minutes en 1982, 295 en 1989) s'explique en particulier par celle du nombre de chaînes disponibles (à partir de 1984), de la progression du nombre de foyers équipés de plusieurs postes et par l'accroissement du temps de diffusion (télévision du matin et de la nuit). La durée constatée en France reste encore largement inférieure à celle d'autres pays européens comme l'Italie (5 h 30) ou la Grande-Bretagne (5 h 40).

La durée d'écoute individuelle la plus élevée est celle du dimanche ; elle est minimale les mercredi, jeudi, vendredi. Elle varie fortement au cours de la journée, avec des pointes entre 11 h 30 et 14 h 30 et surtout entre 18 h et 22 h (46 % de l'écoute) ; les différences sont un peu moins marquées le samedi et le dimanche. Elle varie aussi selon la période de l'année, atteignant un maximum en janvier et en décembre et un minimum en mai, juin, juillet, août. Enfin, on constate que l'existence de plusieurs postes dans un foyer ne se traduit pas par une consommation individuelle supérieure.

➤ 90 % des postes de télévision achetés comportent une télécommande (37 % en 1980, 15 % en 1977). 25 % sont équipés en stéréo.
➤ 1 % seulement des ménages français recourent à la location de téléviseurs et magnétoscopes, contre 40 % en Grande-Bretagne et 15 % environ dans les pays scandinaves.
➤ 32 % des résidences secondaires sont équipées de la télévision.

CESP

Près de 4 heures par personne

Durée moyenne d'écoute par téléspectateur en 1989 (du lundi au dimanche, en minutes) :

• TF1	134
• Antenne 2	97
• FR3	64
• Canal +	82
• La Cinq	102
• M6	87
• Autres chaînes	85
Télévision en général	**224**

La guerre de l'audience

La recherche de l'audience a toujours été un élément important de la politique des chaînes en matière de programmation. Ce phénomène s'est largement accentué depuis quelques années, avec la création de nouvelles chaînes : Canal Plus (1983), la Cinq et TV6 (1986) puis M6 et la privatisation de TF1 (1987). Les chiffres d'audience conditionnent en effet les recettes publicitaires, donc les ressources des chaînes. Mais l'image d'une chaîne ne correspond pas obligatoirement à son audience.

Sur M6 nous avons peu de sport mais nous encourageons sa pratique.

M6. La petite chaine qui monte, qui monte.

Pas de sujet tabou à la télévision

Australie

TF1 a obtenu 44,4 % de l'audience totale en 1989.

Antenne 2 arrivait en seconde position, avec 20,3 %, devant la Cinq (12,5 %), FR3 (10,4 %), M6 (6,6 %) et Canal Plus (4,0 %), les autres chaînes 1,9 %. Les deux chaînes publiques ne totalisaient donc que 30,7 % de l'audience totale. Les résultats des chaînes les plus récentes doivent être examinés en tenant compte de leurs zones de réception respectives. En octobre 1989, 77 % des foyers pouvaient recevoir la Cinq, 66 % M6, 61 % Canal Plus. Ces chaînes ne sont d'ailleurs pas reçues dans de bonnes conditions par tous les foyers théoriquement couverts.

Micro-entretien

ANNE SINCLAIR *

G.M. - *La télévision est à la fois un objet de culte et de consommation. Est-ce qu'on ne lui accorde pas trop d'importance ?*

A.S. - Oui. Je trouve qu'elle a une dimension sacralisée qui va bien au-delà de ce qu'elle est. C'est d'abord un objet familier. Aussi familier que le réfrigérateur ou la machine à laver. Un objet qui a sa place au foyer et qui est là, en permanence, qu'on le regarde ou non. Nous autres, professionnels, devons être humbles. On sait par exemple qu'il y a 200 000 personnes qui regardent la mire ! Cela relativise l'attrait que peut avoir cette lucarne magique. Mais il est vrai qu'on en a fait un objet solennel et sacré bien au-delà de ce qu'il représente. La télévision, c'est la vie extérieure qui entre chez nous. Ce n'est pas autre chose que le reflet, la loupe grossissante d'une société.

* Journaliste à TF1.

La remarque vaut aussi pour les chaînes étrangères, dont la couverture est limitée à quelques régions frontalières avec la Belgique, le Luxembourg, l'Allemagne, la Suisse ou l'Italie. Le taux d'initialisation de Télé-Monte-Carlo était de 5,9 %, celui de RTL TV 4,2 %. Ces chaînes réalisent donc des scores nationaux faibles : environ 2 % de l'audience. 14 % des ménages recevaient d'autres chaînes, par câble ou satellite.

TFI à la une

Parts de marché des chaînes en 1989 (du lundi au dimanche, en %) :

• TF1	44,2
• Antenne 2	22,0
• FR3	9,1
• Canal +	3,8
• La Cinq	12,2
• M6	6,6
• Autres chaînes	2,1
Télévision en général	**100,0**

Les émissions les plus regardées restent les films et les variétés.

Les genres d'émissions qui plaisent le plus n'évoluent guère : le cinéma, les variétés et le sport constituent le tiercé gagnant. Avec des variations très fortes selon les films, les émissions et la personnalité des présentateurs.

L'audience d'une émission est évidemment une bonne indication de son intérêt pour le public. Elle ne peut cependant être considérée indépendamment de sa date et surtout de son heure de diffusion, ainsi que des programmes proposés au même moment par les autres chaînes. Le palmarès 1989 fait apparaître la suprématie de TF1 dans la plupart des genres d'émissions.

L'offre de programmes est assez différente de la consommation.

En 1989, les cinq chaînes ont diffusé 36 798 heures de programmes, dont le tiers était constitué d'émissions de fiction-TV. On constate un écart parfois important entre la répartition de la diffusion par genre et la répartition de la consommation (les types de programmes regardés). Ainsi, les films représentent 10,5 % de la consommation mais seulement 4 % de la programmation. Les jeux, les journaux télévisés et la publicité sont également « surconsommés » par rapport à l'offre. A l'inverse, les émissions de fiction, les variétés et les émissions pour la jeunesse font l'objet d'une « sous-consommation ».

1 013 heures de télévision

Un Français âgé de 6 ans et plus a consommé en moyenne 1 013 heures de télévision en 1989, dont : 301 heures de fiction ; 124 heures de journaux télévisés ; 106 heures de films ; 94 heures de magazines, documentaires, débats ; 91 heures de variétés, divertissements ; 85 heures de jeu ; 60 heures de publicité ; 56 heures d'émissions pour la jeunesse ; 41 heures de sport ; 8 heures de théâtre et de musique classique ; 2 heures d'émissions religieuses ; 45 heures d'autres programmes.

L'offre et la demande

Offre et consommation des programmes de télévision en 1989 (en %) :

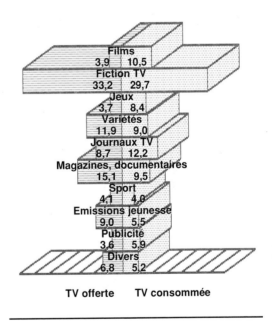

	TV offerte	TV consommée
Films	3,9	10,5
Fiction TV	33,2	29,7
Jeux	3,7	8,4
Variétés	11,9	9,0
Journaux TV	8,7	12,2
Magazines, documentaires	15,1	9,5
Sport	4,1	4,0
Emissions jeunesse	9,0	5,5
Publicité	3,6	5,9
Divers	6,8	5,2

Les Français regardent plus la télévision, mais ne sont guère satisfaits des programmes.

La plupart des téléspectateurs s'étaient massivement félicités de la disparition du monopole audiovisuel de l'Etat, synonyme d'un plus grand nombre de chaînes et d'une plus grande indépendance de chacune d'elles. Mais les sondages

Médiamétrie

Palmarès 89

Liste des 5 meilleurs scores d'audience par genre (en %) :

Films
- Le Mur de l'Atlantique — 27,8 — TF1
- Le Grand Chemin — 27,5 — TF1
- Les Rois du gag — 26,8 — TF1
- Papy fait de la résistance — 25,8 — A2
- La Chèvre — 25,3 — TF1

Fiction TV (téléfilms, séries, feuilletons)
- Les Douze salopards — 21,6 — TF1
- Navarro (Folie de flic) — 21,6 — TF1
- Maria Vandamme (2e partie) — 21,5 — TF1
- Navarro (La fille d'André) — 21,4 — TF1

Jeux
- La roue de la fortune — 23,2 — TF1
- Intervilles (finale) — 18,1 — TF1
- C'était quand ? — 17,0 — A2
- Le juste prix — 15,1 — TF1
- Interglace — 14,9 — TF1

Variétés
- Sacrée soirée, spécial cabaret — 26,9 — TF1
- Sébastien, c'est fou ! — 24,5 — TF1
- Avis de recherche (Johnny Hallyday) — 24,2 — TF1
- C'est un Leeb show — 22,2 — TF1

Humour
- Le bébête show — 25,8 — TF1
- On en rit encore — 24,8 — TF1
- Surprise sur prise — 21,2 — TF1
- Le bétisier — 19,4 — A2

Théâtre
- Quelle famille — 18,7 — TF1
- Le Bluffeur — 17,3 — A2
- Deux Hommes dans une valise — 15,1 — TF1
- Duos sur canapé — 13,6 — A2
- Les Seins de Lola — 13,5 — A2

Musique classique-ballets
- La Marseillaise — 9,8 — TF1
- La Marseillaise — 9,2 — A2
- La nuit d'avant le jour à l'Opéra de la Bastille — 6,1 — A2
- Concours Eurovision des jeunes danseurs — 3,2 — FR3

Magazines d'images
- Reportages — 17,2 — TF1
- 52 à la une — 12,4 — TF1
- Ushuaïa — 12,2 — TF1

Magazines-débats
- 7/7 François Mitterrand — 18,2 — TF1
- Médiations (femmes battues) — 12,4 — TF1
- Ciel mon mardi ! — 12,2 — TF1
- Cartes de stars — 11,4 — TF1

Documentaires
- De Nuremberg à Nuremberg (le triomphe et la guerre) — 15,7 — A2
- De Nuremberg à Nuremberg (la défaite et le jugement) — 14,3 — A2
- D'amour et de sexe : les homosexuels — 12,0 — TF1
- D'amour et de sexe : les femmes — 11,2 — TF1
- L'odyssée du commandant Cousteau (le poisson qui a gobé Jonas) — 11,1 — A2

Emissions politiques
- Elections municipales — 15,4 — TF1
- Elections municipales — 14,8 — TF1
- Europe 89 (le débat) — 13,9 — TF1
- L'heure de vérité (Charles Pasqua) — 10,1 — A2
- L'heure de vérité (Georges Marchais) — 10,0 — A2

Sport-retransmissions
- Football (coupe du monde, éliminatoires Ecosse-France) — 21,6 — TF1
- Football (coupe du monde, éliminatoires France-Ecosse) — 20,0 — TF1
- Football (coupe du monde, éliminatoires France-Yougoslavie) — 19,8 — TF1
- Football (coupe de France, Marseille-AS Monaco) — 18,2 — TF1

Magazines sportifs
- Téléfoot — 10,5 — TF1
- Stade 2 — 10,1 — A2
- Le journal du tour — 7,7 — A2
- A chacun son tour — 7,2 — A2

Emissions spéciales
- La nuit des 7 d'Or — 17,1 — A2
- 1789-1989 — 17,1 — TF1
- En direct de l'Elysée — 15,3 — A2
- L'adoption, sauver l'amour — 15,0 — TF1
- La nuit des Césars — 14,5 — A2

N.B. Dans le cas d'émissions régulières, le score indiqué correspond à l'audience maximum obtenue.

montrent qu'ils sont assez peu satisfaits par les programmes qui leur sont proposés aujourd'hui. Les plus traditionalistes s'alarment de l'invasion de la publicité et de l'aspect « racoleur » de certaines émissions. D'autres se regrettent le conformisme, le manque d'imagination et la pauvreté culturelle des programmes, aussi bien dans le choix des sujets que dans le ton et le style utilisés.

Le palmarès des enfants

Dix meilleurs scores chez les enfants de 6 à 14 ans, tous genres confondus, hors émissions pour la jeunesse et dessins animés (1989, en %) :

6-10 ans

• Superman II	29,8	A2
• Superman	26,7	A2
• Ali Baba et les quarante voleurs	24,9	A2
• La Chèvre	24,7	TF1
• Le Coup du parapluie	23,4	TF1
• Intervilles (Pornichet-Troyes)	21,5	TF1
• Les rois du gag	21,4	TF1
• Intervilles (Cabourg-Troyes)	21,2	TF1
• Tarzan	20,9	TF1
• A la poursuite du diamant vert	20,8	TF1

11-14 ans

• Le Coup du parapluie	34,3	TF1
• Superman II	33,3	A2
• La Folie des grandeurs	30,3	A2
• Les bronzés font du ski	29,3	A2
• Superman	29,3	A2
• Mr T. l'homme le plus fort du monde	28,2	TF1
• Hibernatus	28,1	TF1
• SOS fantômes	28,1	TF1
• Santa Barbara	28,0	TF1
• L'As des as	27,6	TF1

➤ 4,2 % des Français peuvent capter des chaînes de télévision allemandes, 3,9 % Télé-Monte Carlo, 3,8 % les chaînes belges, 2,7 % RTL Télévision, 2,4 % les chaînes suisses, 1 % les chaînes italiennes, 0,6 % anglaises, 0,5 % espagnoles.
➤ 25 000 spots publicitaires ont été diffusés en 1988. L'ensemble des chaînes diffusent en moyenne 18 h 15 de publicité par semaine.
S ➤ 24 % des Français estiment que la publicité est « beaucoup trop envahissante » à la télévision, 35 % « un peu trop », 21 % « envahissante mais supportable », 16 % « à un niveau raisonnable ».

Les nouveaux comportements

La diffusion de la télécommande, du magnétoscope, des jeux vidéo ou, plus récemment, de la réception par câble ou par satellite permettent une plus grande maîtrise de la télévision. Les comportements des téléspectateurs en sont progressivement transformés.

Micro-entretien

NOËL MAMÈRE *

G.M. - *La télévision exerce-t-elle une réelle influence, notamment en matière politique ?*

N.M. - De la même manière qu'il n'est pas possible de faire changer les gens de religion, ce n'est pas le fait de prendre le contrôle de la télévision qui permettra aux hommes politiques de modifier les opinions. Mais, si la télévision n'exerce pas un véritable pouvoir, elle possède une influence. Elle peut agir sur les marges, ce qui est d'une importance considérable quand on sait qu'une élection nationale peut basculer à cause de 400 000 voix. Il ne faut pas pour autant accorder une importance démesurée à la télévision. Les journalistes jouent parfois aux apprentis-sorciers alors qu'ils ne sont que des travailleurs semblables aux autres.

* Journaliste à Antenne 2.

RFI, 23 novembre 1988

Le choix des programmes se fait souvent au dernier moment.

Un téléspectateur sur quatre seulement décide à l'avance de son programme. La moitié (49 %) décident au jour le jour. Le fait d'allumer la télévision est devenu un geste banal, plus qu'une décision. 28 % l'allument tous les jours en rentrant chez eux, sans connaître les programmes, 52 % procèdent ainsi au moins de temps en temps. 27 % laissent le poste allumé, même si personne ne le regarde.

Le zapping prend de plus en plus d'importance.

Près des deux tiers des foyers (60 %) sont aujourd'hui équipés d'une télécommande, contre 24 % fin 1983. L'augmentation du nombre de chaînes et celle des écrans publicitaires expliquent l'importance croissante du *zapping* (passage d'une chaîne à l'autre de façon répétée).

Les interruptions publicitaires sont de plus en plus mal tolérées, surtout pendant les films. 51 % des personnes équipées de télécommande s'en servent pour éviter la publicité. Un tiers des téléspectateurs profitent de la durée des écrans publicitaires pour regarder ce qui se passe sur les autres chaînes ; un autre tiers en profite pour faire autre chose ; les autres regardent la publicité. Au total, 35 % seulement des Français regardent une émission du début à la fin. 25 % utilisent leur télécommande pour suivre plusieurs émissions.

Une fenêtre ouverte sur la vie des autres

Début 1990, 31 % des foyers étaient équipés d'un magnétoscope.

Pratiquement inconnu il y a dix ans (7 000 foyers équipés en 1977), le magnétoscope est présent aujourd'hui dans près d'un foyer sur trois. Le taux d'équipement français est d'ailleurs inférieur à celui de pays comme la Grande-Bretagne (66 %), les Etats-Unis (60 %), l'Espagne (55 %) ou la RFA (45 %). Les familles avec des enfants de 15 à 19 ans sont les plus fréquemment équipées, les adolescents étant souvent à l'origine des décisions d'achat. A l'inverse, les agriculteurs et les retraités sont les moins équipés.

54 % des possesseurs d'un appareil l'utilisent au moins une fois par semaine (ministère de la Culture, enquête sur les Pratiques culturelles 1989). Ils possèdent en moyenne 28 cassettes vidéo. 87 % des utilisateurs achètent des cassettes vierges, destinées à enregistrer des émissions, 58 % louent des cassettes préenregistrées et 30 % en achètent. 14 % n'utilisent jamais leur appareil ou presque (25 % parmi les 45-54 ans).

Vidéo-boom

Les Français ont acheté 12 millions de cassettes vidéo en 1989, ce qui représente une forte augmentation par rapport aux années précédentes. La diminution du prix des cassettes explique en partie cette hausse, ainsi que la désaffection concernant la location.

Le potentiel de croissance reste important, puisque les possesseurs de magnétoscope achètent en moyenne 2,1 cassettes par an. Parmi les best-sellers, *le Grand Bleu* a été vendu à 225 000 exemplaires. Les jeunes de 15 à 24 ans sont les plus passionnés de vidéo ; 42 % de ceux qui ont un magnétoscope l'utilisent plus de 6 heures par semaine.

Le choix et l'interactivité vont continuer de se développer.

Les loisirs audiovisuels étaient jusqu'ici pratiqués de façon passive. On regardait, on écoutait les programmes diffusés par les stations de télévision ou de radio, avec une faible possibilité de choix (sauf dans le cas des disques ou des cassettes). Les loisirs audiovisuels autorisent aujourd'hui une réelle participation. Le magnétoscope permet aux téléspectateurs de se composer une chaîne tout à fait personnelle.

➤ Le nombre d'heures de programmes est passé de 2 760 en 1960 à 39 000 en 1988.
➤ Entre juin et juillet 1990, les chaînes de télévision ont diffusé plus de 1 000 heures de sport (directs, différés, magazines), dont 204 heures de tennis (154 pour Roland-Garros, 50 pour Wimbledon), 114 heures de football (coupe du Monde).

Eqvateur

La télévision par câble rend possible la régionalisation et aussi « l'interactivité » (possibilité pour le téléspectateur d'envoyer des informations simples à l'émetteur, pour lui faire connaître, par exemple, son opinion sur le programme qu'il regarde...). Enfin, la télévision par satellite permettra l'accès à un grand nombre de chaînes étrangères, qui viendront brutalement concurrencer les chaînes françaises.

La bataille du câble

A fin 1989, 1,9 million de prises de raccordement au câble étaient installées dans une centaine de villes et 243 000 foyers étaient abonnés, soit 12,5 % de la population. Bien que la croissance ait été forte en 1989, ces chiffres restent très inférieurs à ceux constatés dans d'autres pays ; il y a par exemple plus de 6 millions d'abonnés en RFA.

RADIO

Tous les foyers équipés ● FM, autoradios, baladeurs en hausse ● 3 heures par jour en moyenne en 1989 ● Erosion des stations généralistes ● RTL toujours leader ● Radios libres : 40 % de part d'audience

Tous branchés

La radio est pour beaucoup de Français l'indispensable compagnon de la vie courante. L'amélioration continue de la qualité de réception leur a permis de donner libre cours à leur goût pour la musique et pour l'information.

A l'évolution technologique s'est ajoutée, depuis 1982, l'évolution juridique tant attendue. L'autorisation des « radios libres » (officiellement radios locales privées) a été une date importante dans l'histoire des médias. Elle a permis de nouvelles relations entre les stations et leurs auditeurs, basées sur le dialogue, l'engagement ou le partage d'un même centre d'intérêt. Face à la télévision, la radio semble avoir aujourd'hui trouvé sa place.

Tous les foyers sont équipés d'au moins un poste de radio.

Le multi-équipement est aujourd'hui la règle, alors qu'on ne comptait que 20,5 millions de récepteurs en 1971. Depuis quelques années, la modulation de fréquence (mono et stéréo), les radiocassettes (2,4 millions achetées en 1989), les radioréveils (1,8 million), les autoradios (3,1 millions) et les baladeurs (3 millions) ont largement contribué au développement d'un marché qu'on aurait pu croire saturé.

La radio accompagne les Français dans la plupart des moments de la vie quotidienne : à la maison, dans la rue, en voiture, dans les magasins et parfois sur leur lieu de travail.

Plus des trois quarts des Français sont équipés d'un poste recevant la modulation de fréquence.

Seule la possession de la FM différencie encore les catégories sociales. Les taux de possession sont assez inégaux selon l'âge, la profession ou la région et donnent à la FM un aspect moins populaire que l'écoute de la radio en général.

Comme c'est souvent le cas pour les produits à forte « technologie ajoutée », ce sont les plus jeunes, les plus aisés et les plus « urbains » qui sont les mieux équipés. Mais la baisse des prix des récepteurs FM les rend accessibles à l'immense majorité des ménages.

E • 80 % des automobilistes disposent d'un autoradio (24 % en 1971).

En quinze ans, le taux d'équipement radio des automobilistes a triplé. Les Français en achètent plus de 3 millions par an. Les jeunes, en particulier, sont séduits par la qualité croissante de l'écoute, liée à l'évolution spectaculaire des matériels (récepteurs, haut-parleurs, amplis, égaliseurs, etc.). Aujourd'hui, les radiocassettes représentent plus des trois quarts des autoradios achetés chaque année (contre un dixième en 1970).

Les Français écoutent la radio en moyenne 3 heures par jour.

La durée moyenne d'écoute par auditeur était de 182 minutes en 1989, identique à celle de 1988 (jour moyen de semaine, du lundi au vendredi). Une durée inférieure de près de trois quarts d'heure à celui de la télévision. Il faut cependant préciser que les chiffres donnés pour la télévision correspondent à une présence effec-

tive d'un individu devant le poste, alors que ceux mesurés pour la radio n'impliquent pas obligatoirement une écoute. Il arrive en effet souvent qu'un poste de radio soit allumé dans une autre pièce que celle dans laquelle on se trouve, ou qu'on ne l'écoute pas attentivement. Ce phénomène est moins fréquent pour la télévision.

Radio-consommateurs : les mêmes que ceux de la télé

Ceux qui écoutent le plus	Ceux qui écoutent le moins
• Les femmes	• Les hommes
• Les plus âgés	• Les plus jeunes
• Les moins instruits	• Les plus instruits
• Les petits patrons	• Les agriculteurs
• Les femmes au foyer	• Les étudiants
• Les habitants du Nord et du Bassin parisien	• Les habitants du Sud-Ouest et de l'Ouest

CFO

La radio est surtout écoutée le matin et à la mi-journée.

La radio est très écoutée le matin entre 7 et 9 heures, pendant la tranche d'informations, bien que la télévision du matin bénéficie d'une audience croissante. L'écoute maximale est atteinte entre 7 h et 18 h. Elle diminue ensuite au

Les médias, produits de consommation courante

Meunie Granier-Deferre

fur et à mesure que la soirée se poursuit et que les Français s'installent devant leur petit écran. On écoute aussi la radio le samedi et surtout le dimanche, jour pourtant traditionnellement consacré à la télé. C'est en octobre et en novembre que la radio a le plus d'auditeurs, alors que les postes sont plus silencieux en juillet et août (sauf parfois sur les plages, où ils ne sont pas très bien tolérés).

L'audience générale de la radio s'est redressée en 1988 et 1989.

L'audience globale de la radio (radios locales comprises), semble s'être stabilisée, après le fléchissement des années 1985 à 1987. 74 % des Français écoutaient régulièrement la radio (tous les jours ou presque) en 1989, 10,8 % occasionnellement (une ou deux fois par semaine et moins souvent).

On constate cependant en 1989 un léger repli de l'audience en cumulé par rapport à l'année précédente : 68 % contre 70 %. Ce résultat est la conséquence de deux mouvements de sens contraire : le poids croissant des radios libres, qui comblent le besoin de musique des jeunes et des moins jeunes ; la baisse d'audience des radios périphériques.

L'accroissement du nombre de chaînes de télévision ne semble pas avoir eu d'effets sensibles sur l'écoute de la radio. Les qualités propres à ce média, plus souple que la télévision, mieux adapté à l'analyse et au commentaire, à l'information en direct, parfois aussi à l'impertinence...

Audience et géographie

Les stations de la « bande des quatre » (RTL, Europe 1, France-Inter, RMC) ont des implantations géographiques assez différentes. Radio Monte-Carlo détient environ 40 % de l'écoute radio du Sud-Est et un taux un peu moins élevé dans le Sud-Ouest. Les trois autres stations se partagent le reste de la France, avec une prépondérance de RTL dans le Nord et l'Est, d'Europe 1 dans l'Ouest, le Centre et la région Rhône-Alpes. France-Inter fait un bon score dans le Sud-Ouest et l'Ouest et obtient environ 15 % d'écoute dans le Sud-Est, fief de RMC. L'absence de publicité de marque sur France-Inter (seules les publicités « collectives » sont autorisées) ne semble pas l'avoir favorisée auprès des auditeurs, qui n'apprécient pourtant pas toujours la publicité à la radio.

Les stations généralistes subissent une certaine érosion.

Dans la lutte qui oppose depuis longtemps les stations périphériques, RTL maintient sa position de leader, concrétisée à la fois par une audience supérieure et par une durée d'écoute plus longue (voir tableau). Europe 1 et France-Inter se disputent la seconde place, mais avec une part d'audience deux fois moins élevée que celle de RTL (environ 10 % contre 21,7 %).

Avec 4,6 % de l'audience totale, RMC ne représente que la moitié de l'audience de NRJ, mais avec une couverture très régionale.

Il faut noter aussi les bons résultats enregistrés par France-Info, qui obtient plus de 4 % d'audience cumulée, avec une durée moyenne d'écoute de la moitié de celle des stations périphériques.

RTL toujours leader

Audiences en cumulé, durées moyenne d'écoute par auditeur et parts de marché, pour un jour moyen du lundi au dimanche, en 1989 :

	Audience (%)	Ecoute (en min)	Parts de marché (%)
• Europe 1	11,1	113	10,1
• Europe 2	3,3	147	3,9
• France-Info	3,7	65	1,9
• France-Inter	10,5	112	9,5
• Fun Radio	3,1	121	3,1
• Kiss FM	0,7	111	0,6
• Nostalgie	3,7	143	4,3
• NRJ	8,3	138	9,2
• RMC	4,5	125	4,6
• RFM	1,1	130	1,2
• RTL	16,6	161	21,7
• Skyrock	2,7	135	2,9
Regroupements de stations			
• Radio Music	5,8	145	6,8
• Radio Puissance 3	16,3	128	16,9
• SMF	10,3	140	11,6
• **Radio en général**	**60,8**	**182**	**100,0**
• Périphériques	30,8	150	37,3
• Ensemble des radios locales privées	30,0	166	40,0
• Radio-France	18,5	123	18,3
• Divers autres	5,7	95	4,4

Radios libres : les ondes de choc

Depuis leur naissance officielle, en 1982, les radios locales privées ont réalisé une percée remarquable, confirmée d'année en année par les sondages. Elles représentent aujourd'hui un quart de l'audience totale et l'une d'entre elles, NRJ, s'est même hissée à la quatrième position, immédiatement après les grandes radios périphériques nationales.

En 1989, les radios locales privées ont obtenu 30 % de part d'audience.

On observe depuis quelques années une érosion de l'audience des stations nationales traditionnelles, au profit des radios libres de la bande FM. Après avoir connu un démarrage foudroyant et malgré une légère érosion récente, NRJ fait presque jeu égal avec France-Inter (9,2 % de part de marché en 1989). Europe 2 a connu aussi un très fort développement, et arrive juste derrière Radio Nostalgie avec 3,9 %. D'autres stations comme Skyrock ou Fun Radio ont connu une forte croissance.

Près de 1 500 radios libres ont été autorisées sur le territoire au terme d'une période transitoire pendant laquelle les auditeurs ont eu un peu mal aux oreilles, entre les glissements de fréquence, les brouillages et les superpositions de programmes. La moitié environ sont ouvertes à la publicité de marque. Les autres ont un statut associatif et ne peuvent diffuser que des campagnes collectives.

Musique, décontraction, spécialisation sont les principaux atouts des radios libres.

La musique est sans aucun doute ce qui attire le plus les Français vers les radios libres. La spécialisation de la plupart de ces stations est une autre différence déterminante par rapport à leurs grandes sœurs généralistes, qui doivent, si elles veulent survivre, s'adresser en priorité au « grand public », comme le font les chaînes de télévision. Cette spécialisation des radios libres a d'abord été régionale où locale, du fait de zones d'écoute techniquement limitées. Les regroupements de stations au sein de réseaux ont permis à certaines de devenir véritablement nationales.

Radios locales : la radio libérée

Les radios libres constituent une nouvelle génération de médias.

Contrairement aux stations « généralistes », les radios libres s'adressent à des groupes définis par des modes de vie communs plutôt que par toute caractéristique sociodémographique. C'est ce qu'a fait avec succès la presse, en multipliant le nombre de titres destinés à des publics spécifiques. C'est ce que devront faire, demain, les chaînes de télévision dont la majorité sont aujourd'hui généralistes.

Les radios nationales et périphériques ont tenté de s'inscrire dans ce mouvement. Radio-France a réussi une percée remarquée avec le concept de France-Info, Europe 1 a réussi à hisser Europe 2 dans le groupe de tête des radios locales nationales. Entre radios périphériques et radios libres, la guerre n'est pas encore terminée. L'auditeur devrait en tout cas y trouver son compte.

➤ D'après le sondage Médiamétrie réalisé d'avril à juin 1990, RTL obtenait 18,8 % d'audience cumulée, devant Europe 1 (11,2 %), France-Inter (10,4 %) et RMC (5,0 %). Parmi les radions à dominante musicale, l'audience de NRJ se tassait légèrement (8,4 %), celle d'Europe 2 se stabilisait (4,4 %), celle de Skyrock était en augmentation (4,7 %), devant Radio Nostalgie et Fun Radio (3,6 %). France-Info obtenait 4,6 %.

CINÉMA

Baisse continue de la fréquentation ● *Les Français aiment le cinéma... à la télévision* ● *15-24 ans : la moitié du public* ● *Genres préférés : rire et aventure* ● *Moins de stars dans les films à succès*

Les mauvaises fréquentations

La fréquentation des cinémas a connu en France plusieurs phases distinctes. La chute a d'abord été brutale entre la fin de la Seconde Guerre mondiale et le début des années 70. Puis les efforts entrepris par les professionnels de la production et de l'exploitation ont permis d'enrayer le processus de déclin.

Mais la baisse de la fréquentation des salles a repris depuis 1983. Le nombre d'entrées s'est stabilisé en 1989, mais grâce à l'impact de quelques films, ce qui rend la situation fragile.

La baisse de fréquentation s'est amorcée dès la fin des années 40.

Il y avait 424 millions de spectateurs en 1947 ; ils n'étaient plus que 400 millions en 1957 et la moitié seulement en 1968 (203 millions), alors que la population avait augmenté d'environ 9 millions pendant la période. Les raisons de cette érosion sont multiples. De nouvelles formes de loisirs sont venues concurren-cer progressivement le cinéma. Ce fut d'abord la voiture, qui permettait aux Français (en particulier aux habitants des grandes villes) d'aller passer le week-end à la campagne. Et puis, surtout, la télévision s'est installée peu à peu dans les foyers. Elle a bouleversé les pratiques de loisirs, en même temps que les modes de vie.

La télévision a permis un accès simple et presque gratuit aux films de cinéma.

A partir du moment où il devenait possible de voir des films à la télévision, les contraintes propres à la fréquentation des cinémas (prix des places, nécessité de faire la queue pour voir les nouveaux films, inconfort de certaines salles...) découragèrent beaucoup de spectateurs. En 1973, leur nombre avait baissé jusqu'à 176 millions. Une érosion massive qui laissait augurer de la disparition pure et simple de l'industrie cinématographique.

Entre 1975 et 1982, les efforts des professionnels ont laissé espérer un retournement de tendance.

Face à cette situation dramatique, les producteurs et les exploitants ne baissèrent pas les bras. Ils se lancèrent dans un courageux programme de rénovation : nouveaux « complexes multi-salles » proposant un choix plus grand dans des salles plus petites et moins nombreuses ; modulation du prix des places ; efforts des producteurs et des promoteurs.

En 1982, la fréquentation remontait à 200 millions de spectateurs et le déclin semblait enrayé.

La baisse de la fréquentation a repris depuis 1983.

L'érosion s'est poursuivie sans interruption depuis 1983. 1987 et 1988 ont été de mauvaises années pour le cinéma, avec des baisses de 18 % et 11 %. En 1989, la fréquentation était encore en baisse de près de 5 % avec 119 millions de spectateurs (chiffre provisoire de juin 1990).

La télévision porte évidemment une large responsabilité dans ce déclin, avec l'arrivée de nouvelles chaînes et l'accroissement du nombre de films diffusés. L'accroissement rapide de l'équipement des ménages en magnétoscopes

La chute de l'empire de Celluloïd

Evolution de la fréquentation des cinémas (en millions de spectateurs) :

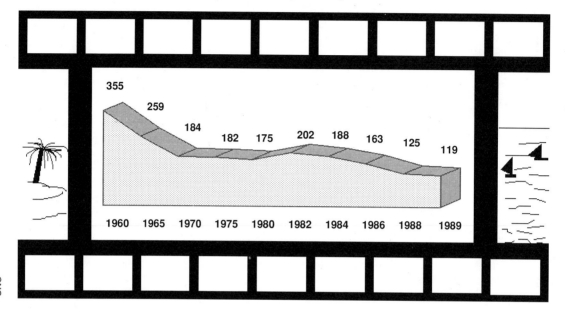

CNC

est une autre raison de la diminution du public des salles.

Les films français ne représentent plus qu'un tiers des entrées, les films américains plus de la moitié.

La baisse de fréquentation des salles concerne surtout les films français. Depuis 1986, ceux-ci attirent moins de spectateurs que les films américains. La situation s'est considérablement dégradée en 1989, de sorte que les films américains ont représenté 55,4 % des entrées, contre 30 % en 1982.

Il semble donc que la profession cinématographique française n'ait pas su produire des films suffisamment attractifs. Après avoir représenté 53 % en 1982, leur part dans les entrées s'est réduite régulièrement, jusqu'à 33,8 % en 1989.

➤ On compte en France 5 000 salles équipées en 35 mm, contenant au total 1 200 000 fauteuils.

Micro-entretien

PIERRE TCHERNIA *

G.M. : *Pourquoi les Français ont-ils perdu le goût du cinéma dans les salles ?*

P.T. - La création des multisalles a été un avantage pour les exploitants, pas pour les spectateurs. Ceux-ci vont au cinéma pour le plaisir, à la recherche du grand spectacle, sur grand écran. Le spectacle, c'est depuis toujours l'occasion pour la population de se réunir et de communier. De même qu'un esprit religieux s'empare des gens réunis dans une église, un esprit lyrique, comique ou de terreur s'empare des spectateurs devant un film dans une salle de cinéma. Plus la salle est petite, plus le sentiment éprouvé sera proche de celui que suscite un écran de télévision. Il n'est donc pas utile, dans ces conditions, de sortir de chez soi.

* Homme de télévision, scénariste et réalisateur.

La baisse de la fréquentation
concerne la plupart des pays d'Europe.

La crise du cinéma n'est pas seulement française. En Europe, la France conserve encore la première place en ce qui concerne la fréquentation moyenne : 2,2 par habitant et par an, contre 1,8 en Espagne et en RFA, 1,6 en Italie, 1,4 au Royaume-Uni. Le cinéma italien, longtemps considéré comme l'un des plus dynamiques et créatifs, est à l'agonie : la fréquentation des salles avait diminué des trois quarts entre 1974 et 1984 ; la chute semble enrayée depuis 1988. Pendant la même période, la baisse a été de 69 % en Espagne, de 65 % en Grande-Bretagne, de 35 % en RFA. On constate cependant une légère remontée de la fréquentation en Grande-Bretagne depuis 1985 et en RFA depuis 1986.

Aux Etats-Unis, la très forte baisse enregistrée jusqu'en 1971 a été enrayée. La tendance s'est ensuite inversée et le nombre de spectateurs dépasse un milliard depuis une douzaine d'années. Le record appartient toujours à la Chine, avec plus de 20 milliards de spectateurs annuels, pour seulement 4 600 salles fixes, mais 100 000 unités mobiles qui circulent dans tout le pays. La fréquentation de l'Inde est relativement stable à 4 milliards de spectateurs, identique à celle de l'URSS, en baisse constante depuis les années 70.

Le monde du cinéma

Fréquentation des cinémas dans quelques pays en 1988 (en millions de spectateurs) :

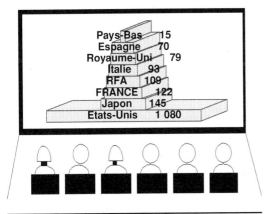

Pays-Bas	15
Espagne	70
Royaume-Uni	79
Italie	93
RFA	109
FRANCE	122
Japon	145
Etats-Unis	1 080

CNC

Le cinéma à la télé

En 1989, les cinq chaînes de télévision non codées ont diffusé 901 films. 55 % étaient des productions françaises, 31 % étaient des productions américaines. Canal Plus a diffusé 388 films (le quota est de 364 films entre 12 h et 1 h du matin).
Le prix payé par les chaînes pour la diffusion des films de cinéma varie entre 400 000 F et 10 millions de francs. Pour les films récents, le prix d'achat moyen est de l'ordre de 2 millions de francs. Le montant total des achats et des préachats de films s'est élevé à 1,8 milliard de francs, dont un milliard destiné à des films français.
L'exploitation des films en vidéo (vente et location de cassettes enregistrées) a rapporté environ 1,2 milliard de francs aux producteurs en 1989, en hausse de 45 % par rapport à 1988.

CNC

Les Français adorent le cinéma... à la télévision

Alliance

Les Français aiment le cinéma

On pourrait croire, à la lecture des chiffres de fréquentation, que les Français n'aiment plus le cinéma. Jamais, au contraire, ils n'ont regardé autant de films. Mais c'est à la télévision, le plus souvent qu'ils assouvissent leur passion. Les jeunes répésentent aujourd'hui le seul public fidèle des salles obscures.

Le cinéma est la plus fréquente des sorties après le restaurant, mais un Français sur deux n'y va jamais.

Bien qu'en diminution, la sortie au cinéma est encore très appréciée des Français. 49 % des personnes âgées de 15 ans et plus y sont allées en 1988, dont 53 % au moins 5 fois (60 % en 1980). 59 % des Français ne fréquentent pas les salles, mais 34 % des spectateurs peuvent être considérés comme réguliers et assidus.

Le cinéma devance (par ordre décroissant) la fête foraine, les musées, les monuments historiques, les bals publics, les matchs sportifs, les expositions, les zoos, les spectacles d'amateurs, le théâtre, les concerts de rock ou de jazz, les danses folkloriques, le music-hall, le cirque, les concerts de musique classique, les spectacles de danse professionnelle, les opérettes et les opéras.

Les jeunes constituent le public privilégié.

Les enfants entraînent au cinéma leurs parents pour y voir des dessins animés ou des films sur les animaux. Pour les adolescents, le cinéma est une occasion de se retrouver entre amis, en bande ou en couple.

90 % des jeunes de 15 à 24 ans vont au moins une fois par an au cinéma, contre seulement 12 % des plus de 65 ans. Les trois quarts des entrées sont assurées par les moins de 35 ans. Les 15-24 ans en représentant à eux seuls la moitié, alors qu'ils ne comptent que pour 19,5 % de la population totale. C'est ce qui explique que beaucoup de films figurant aux premières places du hit-parade cinématographique sont faits tout spécialement pour le public des jeunes : *la Boum, ET, la Guerre des étoiles,* etc.

Les cinéphiles appartiennent plutôt aux catégories instruites.

81 % de ceux qui ont poursuivi des études supérieures vont au cinéma, contre 29 % de ceux qui n'ont aucun diplôme. Les habitués sont plus souvent des hommes (41 % d'entre eux vont au cinéma au moins une fois par an, contre 35 % des femmes), des célibataires et des personnes qui résident dans des grandes agglomérations.

Les Parisiens vont beaucoup plus fréquemment au cinéma que les provinciaux : 81 % au moins une fois dans l'année contre 49 % pour l'ensemble de la population. Ils y vont aussi plus fréquemment : 60 % au moins dix fois contre 29 % des Français.

Ciné-parade

Films ayant réalisé plus d'un million d'entrées en 1989 (en millions) :

• Rain man (E.-U.)	6 386
• Indiana Jones et la dernière croisade (E.-U.)	5 670
• Le Grand Bleu (F)	2 750
• Les Jumeaux (E.-U.)	2 147
• Batman (E.-U.)	2 096
• Permis de tuer (E.-U.)	2 069
• Un poisson nommé Wanda (G.-B.)	2 048
• Gorilles dans la brume (E.-U.)	2 004
• Les dieux sont tombés sur la tête (suite)(E.-U.)	1 941
• Trop belle pour toi (F)	1 877
• Abyss (E.-U.)	1 869
• Arme fatale 2 (E.-U.)	1 788
• Oliver et compagnie (E.-U.)	1 680
• Cinéma paradiso (F)	1 628
• Camille Claudel (F)	1 600
• Les Liaisons dangereuses (E.-U.)	1 572
• L'Ours (F)	1 568
• Coktail (E.-U.)	1 461
• Itinéraire d'un enfant gâté (F)	1 430
• Après la guerre (F)	1 424
• La Vie et rien d'autre (F)	1 392
• La Petite Voleuse (F)	1 387
• Retour vers le futur (2e partie) (E.-U.)	1 381
• SOS Fantômes II (E.-U.)	1 355
• Sexe, mensonges et vidéo (E.-U.)	1 268
• Le Coup du menhir (F)	1 267
• Hiver 54 (F)	1 261
• L'Union sacrée (F)	1 212
• La Belle et le clochard (E.-U.)	1 201
• Haute Sécurité (E.-U.)	1 201
• Les Aventures du baron de Munchausen (G.-B.)	1 177
• Willow (E.-U.)	1 170
• Noce blanche (F)	1 157
• Quand Harry rencontre Sally (E.-U.)	1 090

CNC

➤ 770 salles sont classées « Art et Essai ».
11 000 ciné-clubs en activité regroupent plus d'un million d'adhérents.
S ➤ Les genres de films préférés des Français sont : les films comiques (57 %) ; les films d'aventures (49 %) ; les policiers (46 %) ; les films historiques (40 %) ; les histoires d'amour (29 %) ; les westerns (29 %) ; les dessins animés (18 %) ; les films de guerre (18 %) ; les films de science-fiction (18 %) ; les comédies musicales (16 %) ; les films politiques (14 %) ; les films d'épouvante (12 %) ; les films érotiques (7 %) ; les films pornographiques (2 %).

L'émotion sur grand écran

Les films qui attirent le plus de spectateurs sont ceux où l'on rit, où l'on rêve, où l'on a peur, bref où l'on ressent des émotions. La présence des stars compte moins aujourd'hui que l'histoire. Le grand écran reste le lieu privilégié des images fortes qui font passer un bon moment ou qui transcendent le quotidien.

Le rire et l'aventure sont les deux genres préférés des Français.

Si les jeunes aiment avoir peur au cinéma, ils aiment aussi, comme leurs aînés, les films qui les font rire. C'est ce qui explique le succès des grands films comiques, qui occupent toujours les premières places du palmarès de ces dernières années. La tradition comique du cinéma français est ancienne. Louis de Funès avait su faire oublier la disparition de Fernandel. Il avait même réussi la performance de placer six de ses films (dont trois « Gendarme ») dans la liste des cinquante plus gros succès depuis 1956. Coluche aurait sans doute pu être son successeur si sa carrière n'avait été interrompue prématurément.

Les stars jouent un rôle moins déterminant dans le succès d'un film.

La participation d'un grand acteur à un film n'est plus une condition suffisante pour en assurer le succès. Le genre, l'histoire, les effets spéciaux comptent aujourd'hui autant que le générique pour attirer les foules.

Les spectateurs se déplacent moins pour voir une star consacrée qu'une histoire dont ils ont entendu dire du bien par le « bouche à oreille ». C'est ainsi que des films comme *Trois Hommes et un couffin, 37°2 le matin, La vie est un long fleuve tranquille, Bagdad Café* ou *le Cercle des poètes disparus* ont pu connaître d'énormes succès, alors que d'autres films a priori mieux armés par leur générique ou leur promotion ont été boudés par le public.

S ➤ 46 % des Français trouvent le prix des places de cinéma insupportable ou excessif, 40 % raisonnable.

Les animaux superstars

L'émergence des animaux comme héros de films est un phénomène récent et significatif. *L'Ours,* les dauphins du *Grand Bleu,* le lapin de *Roger Rabbit* ont connu des succès qui ne peuvent s'expliquer par leur seule qualité cinématographique.

Le Grand Bleu, film fétiche des années 80, est une quête, un retour littéral aux « sources », une cure de « thalassothérapie de groupe » d'où les spectateurs ressortent apaisés et régénérés.

L'Ours, au contraire des films animaliers traditionnels, ne cherche pas à rendre l'animal proche de l'homme ; il montre ce qu'il reste d'animal en l'homme. C'est à une sorte de régression, au sens psychanalytique du terme, qu'il invite.

Roger Rabbit est un aimable lapin qui porte sur l'espèce humaine un regard plein d'ironie et de sagesse.

Les films d'animaux peuvent être vus comme des fables modernes. Leur morale est qu'en cette fin de millénaire les hommes civilisés sont devenus moins fréquentables que les animaux. Que l'évolution, au sens darwinien du terme, ne doit pas être confondue avec le progrès.

Les animaux, on le sait, sont des réducteurs d'angoisse pour les enfants. On découvre qu'ils jouent un rôle semblable auprès d'adultes qui se sentent frustrés, vulnérables aux menaces d'une civilisation qui n'en finit pas de muer. La possession d'animaux familiers et les soins dont ils sont entourés (voir chapitre Animaux familiers) sont une autre illustration de ce phénomène majeur.

Les films tendent à devenir des produits comme les autres.

On constate depuis plusieurs années la part croissante des films à gros budget. Le cinéma est un art où il devient difficile de réussir sans investir. Il faut offrir à un public de plus en plus exigeant les acteurs, les décors, les truquages, la qualité technique (sans oublier la promotion !) auxquels il est maintenant habitué.

Les films deviennent donc des « produits » et le marketing joue un rôle croissant dans leur élaboration comme dans leur promotion. Cette évolution tend à favoriser les grandes productions américaines au détriment des films français, plus intimistes. Avec quelques brillantes exceptions qui ont permis à des metteurs en scène comme François Truffaut ou Claude Sautet de faire vivre un cinéma qui donne plus à penser qu'à voir.

Les Césars du public

Les plus grands succès de 1956 à 1989 (titre du film, nationalité, nombre de spectateurs en millions) :

- La Grande Vadrouille (F) — 17,2
- Il était une fois dans l'Ouest (Ital.) — 14,8
- Les Dix Commandements (E.-U.) — 14,2
- Ben Hur (E.-U.) — 13,8
- Le Pont de la rivière Kwaï (G.-B.) — 13,4
- Le Livre de la jungle (E.-U.) — 12,5
- Le Jour le plus long (E.-U.) — 11,9
- Le Corniaud (F) — 11,7
- Les 101 dalmatiens (E.-U.) — 11,6
- Les Aristochats (E.-U.) — 10,4
- Trois Hommes et un couffin (F) — 10,2
- Les Canons de Navarone (E.-U.) — 10,2
- Les Misérables-2 époques (F) — 9,9
- Docteur Jivago (F) — 9,8
- La Guerre des boutons (F) — 9,7
- L'Ours (F) — 9,1
- Emmanuelle (F) — 8,9
- Le Grand Bleu (F) — 8,9
- ET, l'Extra-terrestre (E.-U.) — 8,9
- La Vache et le Prisonnier (F) — 8,8
- La Grande Evasion (E.-U.) — 8,7
- West Side Story (E.-U.) — 8,7
- Le Gendarme de Saint-Tropez (F) — 7,8
- Les Bidasses en folie (F) — 7,5
- Les Aventures de Rabbi Jacob (F) — 7,4
- Les Aventures de Bernard et Bianca (E.-U.) — 7,2
- Jean de Florette (F) — 7,2
- Les Sept Mercenaires (E.-U.) — 7,0
- La Chèvre (F) — 7,0
- Les Grandes Vacances (F) — 6,9
- Michel Strogoff (F) — 6,9
- Le gendarme se marie (F) — 6,8
- Rox et Rouky (E.-U.) — 6,7
- Goldfinger (G.-B.) — 6,7
- Manon des sources (F) — 6,6
- Sissi (Aut.) — 6,6
- Robin des bois (E.-U.) — 6,5
- Sissi jeune impératrice (Aut.) — 6,4
- Rain man (E.-U.) — 6,4
- La Cuisine au beurre (F) — 6,4
- Orange mécanique (E.-U.) — 6,3
- Les Aventuriers de l'arche perdue (E.-U.) — 6,3
- Le Bon, la brute et le truand (Ital.) — 6,3
- Les Dents de la mer (E.-U.) — 6,2
- Le Gendarme et les extraterrestres (F) — 6,2
- Oscar (F) — 6,1
- Marche à l'ombre (F) — 6,1

CNC

La survie du cinéma passe par une plus grande différenciation par rapport à la télévision.

Les spectateurs ne reviendront dans les salles que si le cinéma leur offre davantage que la télévision, afin de justifier le déplacement et le prix élevé des places. La qualité du son, celle de l'image, les effets spéciaux, la taille de l'écran sont des atouts qu'il lui faut exploiter. Des tentatives sont faites dans ce sens ; les écrans du type Géode à Paris (image hémisphérique de 1 000 mètres carrés) ou du Futuroscope de Poitiers permettent de montrer des spectacles d'un genre nouveau, utilisant les nouveaux procédés Omnimax ou Showscan.

C'est la force de l'image projetée sur grand écran dans une salle obscure qui représente l'atout essentiel du cinéma. C'est de sa capacité à maintenir cet avantage que dépendra son avenir.

S ➤ 55 % des Français regardent souvent à la télévision un film qu'ils ont déjà vu au cinéma, 20 % de temps en temps, 7 % rarement, 16 % jamais.

S ➤ 64 % des téléspectateurs considèrent que le petit écran ne restitue pas bien les films à grand spectacle tournés pour le cinéma (34 % oui).

S ➤ Pour choisir les films, les habitués du cinéma (au moins une fois par mois) attachent une importance au bouche à oreille (33 %), aux bandes-annonces au cinéma (24 %), aux revues de cinéma (21 %), aux reportages sur les tournages (17 %), aux bandes-annonces à la télévision (16 %), aux affiches (15 %), aux critiques dans la presse (14 %).

S ➤ Les acteurs préférés des Français sont : Dustin Hoffman (26 %), Jean-Paul Belmondo (20 %), Richard Bohringer (18 %), Alain Delon (12 %), Gérard Depardieu (12 %), Sylvester Stallone (3 %). Leurs actrices préférées sont Isabelle Adjani (32 %), Catherine Deneuve (23 %), Sophie Marceau (11 %), Sandrine Bonnaire (7 %), Isabelle Huppert (6 %), Sigourney Weaver (6 %), Mathilda May (4 %), Charlotte Gainsbourg (3 %).

➤ Les films ont représenté en 1989 4 % du temps total de programmation des 5 chaînes non codées, mais 10 % du temps passé par les téléspectateurs (106 h par personne).

S ➤ Au cinéma, les Français recherchent en priorité le rire (49 %), l'évasion (29 %), le plaisir de voir des comédiens qu'ils aiment, la beauté des images (21 %), l'action (15 %), l'émotion (19 %), le suspens (9 %).

MUSIQUE

Loisir en développement rapide ● Baisse des achats de disques vynile et forte hausse des compacts et des cassettes ● Goûts plus éclectiques ● Renouveau de la chanson française

---

De la musique avant toute chose

La musique fait de plus en plus partie de la vie quotidienne des Français, à la maison, en voiture ou dans la rue. Face aux nuisances engendrées par la société industrielle, elle apparaît comme un moyen d'enjoliver l'environnement. Comme dit le proverbe, la musique adoucit les mœurs...

L'écoute de la musique est le loisir qui s'est le plus développé au cours des dix dernières années.

En même temps que les Français consommaient plus d'images, ils s'intéressaient davantage au son. Les deux phénomènes témoignent de la prépondérance de l'audiovisuel dans les loisirs. Ils ont été largement favorisés par l'évolution des équipements.

Mais la musique connaît un engouement qui lui est propre. Tous les indicateurs de pratique sont en hausse. A la radio, la fonction musicale a pris le pas sur la fonction informative. Les sor-

ties qui concernent la musique (concerts, discothèques) sont les seules à avoir progressé de façon sensible depuis une quinzaine d'années. Enfin, la pratique du chant et celle des instruments ont augmenté.

21 % des Français écoutent des disques ou cassettes tous les jours ou presque, contre 9 % en 1973.

En outre, 19 % des Français déclarent écouter la radio chaque jour « essentiellement pour la musique », quel que soit le genre. Cette évolution est due à la fois à un besoin de musique croissant et au développement considérable de l'équipement des ménages. Plus de la moitié d'entre eux possèdent aujourd'hui une chaîne haute fidélité ; près d'un sur trois un baladeur ; 11 % un lecteur de disques compacts.

L'engouement pour la musique est d'autant plus remarquable qu'il concerne, à des degrés divers, toutes les catégories de population et tous les genres de musique.

Les instruments de musique

Evolution de l'équipement musical des Français de 15 ans et plus (en %) :

	1988	1981	1973
• Chaîne hi-fi	56	29	8
• Electrophone, tourne-disques (hors hi-fi)	31	53	53
• Disques	74	69	62
• Cassettes son	69	54	*
• Baladeur	31	*	-
• Lecteur de disques compacts	11	-	-

* Question non posée

Du vynile au compact

Après une crise qui avait commencé à la fin des années 70, les achats de disques connaissent depuis quelques années une progression spectaculaire. Le développement des disques compacts en est la cause principale, mais ces bons résul-

Ministère de la Culture et de la Communication

tats sont dus aussi à la baisse de la TVA, à l'autorisation de la publicité pour les disques à la télévision et au renouveau de la création musicale française. Les achats de cassettes ont aussi beaucoup augmenté, poussés par l'accroissement du parc de baladeurs et d'appareils de radio lecteurs de cassettes.

84 % des Français possèdent des disques et/ou des cassettes.
Ils ont en moyenne 100 disques vynile et 49 cassettes.

Les Français ne cessent d'accumuler de la musique enregistrée, sous forme de disques ou de cassettes. La quantité moyenne de disques a augmenté de 50 % en quinze ans, celle des cassettes a doublé entre 1981 et 1988 (49 contre 25).

Ceux qui disposent de disques compacts en ont déjà acheté un nombre respectable (37 en moyenne). Une part de ces achats est destinée à reconstituer la discothèque traditionnelle.

Les achats de disques traditionnels (vinyle) ont baissé des deux tiers en dix ans.

En 1989, les Français ont acheté 51,4 millions de disques traditionnels (hors disques compacts). Ce sont les 33 tours qui se vendent le moins bien ; leur nombre a été divisé par cinq depuis 1978. Les 45 tours résistent un peu mieux, mais les achats ont tout de même baissé de près de moitié depuis 1978. Les 45 tours EP (qui comportent quatre titres) sont en chute libre, tandis que les 45 tours maxi se maintiennent à un peu plus de 2 millions d'exemplaires.

Les Français ont acheté 40 millions de cassettes en 1989.

Pendant plusieurs années, le fort taux de TVA et l'importance croissante de la copie privée avaient constitué un frein à la progression des achats de cassettes enregistrées. Mais la TVA a été ramenée à 18,6 % fin 1987 et la demande de cassettes enregistrées s'est accrue avec la généralisation des baladeurs et autres radiocassettes. Les achats de cassettes sont en forte progression depuis deux ans : + 40 % en 1988, + 29 % en 1989.

L'usure des disques vynile

Structure des ventes de disques (en millions) :

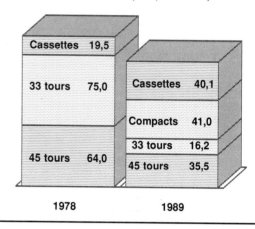

En 1989, les Français ont acheté 41 millions de disques compacts (deux fois plus qu'en 1988).

Après la stéréo, la quadriphonie, les mini-chaînes et les mini-enceintes, l'invention du lecteur laser représente une percée technologique de grande envergure : reproduction incomparable, usure pratiquement nulle, encombrement réduit. Lancé au Japon en 1982 et aux Etats-Unis en 1983, il connaît aujourd'hui en France un succès spectaculaire. Le démarrage avait été assez lent, avec 25 000 lecteurs achetés en 1983 et 40 000 en 1984, mais il dépassait un million en 1988.

Le disque laser s'est initialement appuyé sur la musique classique et les tranches d'âge entre 30 et 50 ans, plus aisées que les jeunes. Aujourd'hui, le disque compact a pris la relève des disques vynile dans tous les genres musicaux et la baisse des prix l'a rendu accessible aux plus jeunes. Il constitue la première application grand public d'une technologie totalement nouvelle. Celle-ci est déjà appliquée à la vidéo ; 814 000 vidéodisques ont été achetés en 1989, contre 207 000 en 1988.

➤ Le nombre des disquaires a diminué de 3 000 en cinq ans. On ne compte plus que 250 disquaires spécialisés. La grande distribution représente la moitié des ventes.

Le DAT à l'assaut du compact ?

Face au disque compact, avec ses applications audio et vidéo, la cassette audionumérique (*Digital Audio Tape*) présente deux avantages déterminants pour les consommateurs : sa petite taille (celle d'une cassette ordinaire) et surtout la possibilité d'enregistrer soi-même de la musique, avec une remarquable fidélité. Ce risque de voir se développer la copie (privée ou commerciale) des disques compacts est sans doute l'une des raisons de l'hésitation des fabricants à mettre ces cassettes sur le marché. La contre-attaque du disque compact devrait s'effectuer sur trois fronts : le disque compact vidéo (CDV) permettant de lire à la fois le son et l'image (déjà commercialisé) ; le disque compact interactif (CDI) autorisant quatre niveaux de reproduction du son et une image haute définition ; enfin, le disque optique enregistrable (DOR) permettant d'enregistrer et d'effacer à volonté le son, l'image ou des données informatiques.

**VIRGIN MEGASTORE
ON NE FERA JAMAIS ASSEZ DE PLACE
A LA MUSIQUE.**

De la musique avant toute chose

Des goûts plus éclectiques

La progression importante de l'écoute de la musique depuis une quinzaine d'années concerne tous les genres musicaux. Mais la hiérarchie reste sensiblement la même : la chanson arrive largement en tête, devant la musique classique, le rock, le jazz et l'opéra. La musique française retrouve une place de choix due à la qualité de sa création.

La chanson est le genre préféré.

La chanson arrive en tête dans toutes les catégories de la population (surtout auprès des femmes), à l'exception des 15-19 ans qui lui préfèrent le rock et des cadres et professions intellectuelles supérieures qui privilégient la musique classique. Les chansons le plus volontiers écoutées par les jeunes sont les « tubes » du moment, alors que les plus âgés restent attachés à des succès plus anciens (Brel, Brassens, Ferré...).

La chanson française connaît un renouveau.

On constate aujourd'hui un retour de la création musicale française, grâce à des auteurs et/ou compositeurs de talent comme Goldman, Gainsbourg, Duteil, Renaud ou Berger, des groupes tels que Gold, Rita Mitsuko ou Niagara.

En 1989, 47 % des achats de disques concernaient les variétés françaises, contre 41 % pour les variétés internationales. La musique classique compte pour 12 % du nombre des disques

---

Micro-entretien

JEAN-JACQUES GOLDMAN *

G.M. - *L'importance nouvelle des textes dans les chansons signifie-t-elle que certains chanteurs sont des gourous ?*

J-J.G. - Il y avait en France un lieu commun selon lequel une « chanson à texte » devait être obligatoirement ennuyeuse et une chanson qui n'était pas ennuyeuse ne pouvait être à texte. Puis une génération de chanteurs est arrivée, avec des gens comme Polnareff ou Berger qui ont commencé à chanter des chansons modernes avec des textes intéressants. Mais il ne faut pas s'imaginer pour autant que nous sommes des gourous. Les chanteurs font des chansons et les gens choisissent. Ils ne croient plus les hommes politiques, les institutions, pas toujours leurs parents ; leur attitude vis-à-vis de nous est aussi très critique. Les stars sont une espèce en voie de disparition. Elles disparaissent comme la tuberculose, avec la hausse du niveau de vie et de l'hygiène générale et mentale.

---

* Auteur, compositeur, interprète.

RFI, 21 juin 1988

achetés, mais elle constitue en réalité une part plus importante du budget disques des Français, puisqu'il s'agit dans presque tous les cas de disques compacts ou 33 tours.

Si la musique est plus que jamais pour les jeunes un moyen de communication privilégié, les paroles prennent aujourd'hui une importance nouvelle. Ils sont d'autant plus attentifs aux textes des chansons qu'ils reflètent leurs inquiétudes et leurs doutes vis-à-vis de la société contemporaine.

Meunie Granier-Deferre

La qualité du son, une demande croissante

23 % des Français écoutent le plus souvent de la musique classique.

Entre 1973 et 1988, le pourcentage de Français déclarant écouter le plus souvent de la musique classique a progressé de 7 points, passant de 16 à 23 %. Mais la composition de ce public a peu évolué : personnes d'âge moyen, Parisiens, bacheliers et diplômés de l'enseignement supérieur, et surtout cadres et professions intellectuelles. 85 % de ces derniers possèdent des disques ou cassettes de musique classique, contre 49 % dans l'ensemble de la population.

Le jazz connaît un engouement croissant.

En quinze ans, la proportion de personnes déclarant écouter le plus souvent du jazz a dou-

blé, passant de 5 à 11 %. Ce sont en majorité des personnes d'âge moyen (20-34 ans), des Parisiens, des cadres et des membres des professions libérales. Bien que le jazz ait progressé dans l'ensemble des catégories sociales, on constate que l'écart entre les cadres moyens et supérieurs se creuse, comme celui qui sépare les Parisiens et les provinciaux.

Le jazz apparaît comme une sorte de transition entre le rock, musique préférée des jeunes, et la musique classique, plus appréciée des personnes d'âge mûr.

L'éclectisme se développe.

Les relations existant entre les catégories d'âge et les préférences musicales n'empêchent pas un éclectisme croissant dans les goûts. Lorsqu'on les interroge sur les genres qu'ils affectionnent, les Français donnent spontanément plusieurs réponses. Seuls 30 % de ceux qui déclarent écouter le plus souvent du rock ne citent aucun autre genre ; ils sont 26 % parmi ceux qui préfèrent la musique classique, 18 % pour le jazz. 64 % des amateurs d'opéra citent aussi la musique classique, 40 % des amateurs de jazz citent le rock (20 % seulement dans le sens inverse). La préférence exclusive pour le jazz n'est le fait que d'une faible minorité, les autres écoutant aussi d'autres genres musicaux qu'ils placent en tête lorsqu'ils doivent choisir.

▶ Le nombre de places offertes pour des spectacles lyriques à Paris était de 430 000 au cours de la saison 1986-1987, dont 258 000 à l'Opéra de Paris, 110 000 au Châtelet et 64 000 au Théâtre des Champs-Elysées. L'achèvement de l'Opéra de la Bastille a porté le total à 825 000 places, soit une place pour dix habitants de l'agglomération parisienne (contre une pour quinze à New York et une pour vingt à Londres).
▶ La musique française représente 55 % des ventes de disques et cassettes, alors que la musique étrangère occupe environ 70 % de la programmation des radios FM.

LECTURE

Déclin de la presse quotidienne ● Confiance dans l'écrit ● Presse pour jeunes, presse loisirs et sportive en forte progression ● Plus de lecteurs de livres mais moins de livres lus ● Jeunes moins attirés par la lecture, personnes âgées davantage ● Plus de titres publiés, mais tirage moyen en baisse ● Un tiers des exemplaires et un cinquième des titres en poche

Le déclin des quotidiens

En matière d'information, la presse est considérée comme le média le plus crédible par les Français. En 1989, les quotidiens (de même que les hebdomadaires d'information) ont pourtant enregistré une baisse de leurs ventes, après une bonne année 1988.

En dix ans, le nombre des lecteurs de la presse quotidienne a diminué de plus d'un quart.
En 1989, 47 % des Français lisaient régulièrement un quotidien, contre 55 % en 1973.

Si l'on rapporte le nombre d'exemplaires au nombre d'habitants, la France arrive en 31ᵉ position dans le monde avec 180 exemplaires pour mille habitants, le Japon étant le numéro un avec 560 exemplaires. En Grande-Bretagne, un foyer sur deux achète un quotidien, contre un sur quatre en France.

L'érosion des quotidiens

Habitudes de lecture des quotidiens nationaux et régionaux :

	Nombre de lecteurs réguliers*	% de la population
• Au moins un quotidien français	20 616 000	46,7
• Au moins un quotidien national		
- France entière	3 632 000	8,2
- Région Paris	2 109 000	26,3
• Au moins un quotidien régional	15 522 000	42,9

* Personnes de 15 ans et plus déclarant lire tous les jours un quotidien

CESP

La proportion de lecteurs de quotidiens est cependant à peu près stable ; c'est celle des lecteurs réguliers qui a chuté. Cette baisse concerne toutes les catégories de population, à l'exception des agriculteurs. La lecture des quotidiens augmente avec l'âge jusqu'à 50 ans et diminue ensuite : 17 % des 15-24 ans lisent un au moins un quotidien national ; 19 % des 25-34 ans ; 28 % des 35-49ans : 19 % des 50-64 ans ; 17 % des plus de 65 ans.

Le prix du quotidien

Parmi les raisons qui expliquent la désaffection vis-à-vis des quotidiens, celle de l'évolution de leur prix de vente ne saurait être sous-estimée. En 20 ans, le prix des quotidiens nationaux a en effet été multiplié par 13, alors que l'indice des prix n'était multiplié que par 4,8.
Sachant qu'un journal valait 0,30 F en 1964, il devrait valoir aujourd'hui 1,70 F s'il avait suivi la hausse des prix. Il vaut en réalité au moins 4 francs.
A titre de comparaison, le *New York Times* américain est vendu 1,80 franc en semaine, comme le *Bild* allemand, et les quotidiens britanniques sont vendus environ 2 francs.

Les Français font davantage confiance à l'écrit mais se laissent de plus en plus séduire par l'audiovisuel.

Pour beaucoup de Français, le journal télévisé du soir et les informations entendues à la radio en prenant le petit déjeuner constituent une dose journalière suffisante. Pour ceux qui souhaitent en savoir plus, les analyses proposées par les hebdomadaires apparaissent comme une solution efficace et agréable. Moins longue et moins coûteuse, en tout cas, que la lecture assidue d'un quotidien.

Les achats de journaux et de magazines d'information sont en outre largement tributaires de l'actualité. Les résultats de ventes des deux dernières années ont été contrastés. En 1989, les tirages des six quotidiens nationaux ont régressé en moyenne de 1,4 %, après une progression de 1,5 % en 1988. Mais ceux des quatre « news magazines » ont encore plus baissé (- 3,4 %, après + 2,5 % en 1988). 1988 avait été une année fertile en événements politiques intérieurs (élections présidentielle, législative...) tandis que 1989 fut marquée par les spectaculaires bouleversements à l'Est, qui ont plus profité à la télévision.

Information : l'écrit plus crédible que l'audiovisuel

Pour 97 % des Français, l'information est nécessaire, mais 55 % seulement s'estiment bien informés (40 % non). Parmi les médias, c'est la presse qui informe le mieux pour 58 % des personnes interrogées, loin devant la télévision (20 %) et la radio (18 %). Pour un même événement, 55 % des Français font davantage confiance à la presse, 23 % à la radio, 19 % à la télévision.
La majorité des Français pensent que, d'une manière générale, les journalistes ne disent pas la vérité (54 % contre 35 %), en tout cas qu'ils ne disent pas tout ce qu'ils savent (71 % contre 21 %). 85 % estiment que les journalistes sont manipulés (9 % non). Enfin, 65 % pensent que la presse doit tout dire (29 % non).

L'Echo de la presse/RES, janvier 1990

S ➤ Sur 100 lecteurs, 54 lisent à la fois des livres et des bandes dessinées, 46 % uniquement des livres.

Du tirage dans la diffusion

Evolution du nombre de lecteurs des quotidiens nationaux (en milliers) :

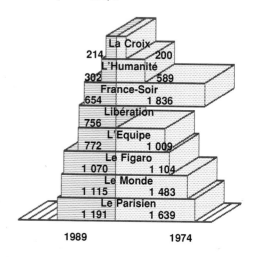

	1989	1974
La Croix	214	200
L'Humanité	302	589
France-Soir	654	1 836
Libération	756	
L'Equipe	772	1 009
Le Figaro	1 070	1 104
Le Monde	1 115	1 483
Le Parisien	1 191	1 639

Le temps des magazines

Face à l'expansion de la galaxie Mc Luhan, celle de Gutenberg a su se remettre en question et s'adapter avec intelligence et imagination. Chaque année, de nouveaux titres tentent de s'installer dans les « créneaux » ouverts par les centres d'intérêt des Français, de l'aventure à l'informatique en passant par le golf ou la planche à voile. La presse française en compte aujourd'hui plus de 3 000.

68 % des Français lisent régulièrement un magazine (au moins un numéro sur trois). 15 % lisent un magazine de télévision.

Les femmes sont plus nombreuses que les hommes, du fait de l'existence de magazines féminins et de décoration. Les hommes sont plus concernés par les revues de loisirs : sport, bricolage, automobile, etc. Les habitants de la région parisienne lisent plus que les provinciaux, les bacheliers plus que les non-diplômés. Contrairement à la presse quotidienne, on constate que la lecture des magazines baisse après 45 ans.

Lectures pour tous

Nombre de lecteurs des principaux magazines en 1989 (15 ans et plus, en milliers) :

Hebdomadaires d'actualité générale et économique

- Paris-Match 4 512
- Figaro Magazine 3 112
- L'Express 2 674
- France-Dimanche 2 413
- Le Nouvel Observateur 2 327
- VSD 2 269
- Ici Paris 2 089
- Le Point 1 882
- Le Pèlerin Magazine 1 588
- Le Journal du Dimanche 1 537
- L'Evénement du Jeudi 1 433
- La Vie 1 309
- L'Expansion (bimensuel) 1 088
- Le Nouvel Economiste 502

Féminins et Familiaux

Hebdomadaires

- Femme actuelle 7 825
- Maxi 2 636
- Madame Figaro 2 558
- Nous Deux/
Echo de la femme 2 144
- Femme d'Aujourd'hui 2 109
- Elle 2 005
- Voici 1 489
- Jours de France 1 741
- Intimité 1 408
- Chez Nous 887

Mensuels

- Prima 5 146
- Modes et Travaux 5 087
- Marie-Claire 4 089
- Parents 3 242
- Marie-France 3 096
- Santé Magazine 3 093
- Femme Pratique 3 009
- Enfants Magazine 1 585
- Biba 1 387
- Guide Cuisine 1 369
- Cosmopolitan 1 136
- Famille Magazine 1 085
- Vital 1 080
- Votre Beauté 1 044

Hebdomadaires de télévision

- Télé 7 Jours 11 339
- Télé Poche 7 423
- Télé Star 6 344
- Télé Z 4 510
- Télé Loisirs 3 903
- Télérama 2 155
- Télé Magazine 1 234

Automobile

Bimensuel

- L'Auto-journal 1 737

Mensuels

- Auto-moto 3 037
- Action automobile 2 746
- Automobile magazine 2 544
- Echappement 1 433
- Sport Auto 1 176

Décoration - Maison - Jardin

Hebdomadaire

- Rustica 989

Mensuels

- Mon Jardin
ma Maison 1 908
- Maison bricolages 1 705
- Maison et Jardin 1 550
- L'Ami des Jardins 1 466
- La Maison de
Marie-Claire 1 412
- Système D 1 388
- Maison française 594

Bimestriels

- Art et Décoration 4 206
- Maison et Travaux 2 623
- La Bonne Cuisine 2 023
- Maison individuelle 1 363
- Votre Maison 949

Distraction - Loisirs - Culture et Divers

Hebdomadaires

- L'Equipe du Lundi 2 530
- L'Equipe Magazine 1 741
- France Football 1 316
- OK Magazine 1 289
- L'Officiel des Spectacles 1 219
- La France agricole 1 100

Mensuels

- Géo 5 015
- Sélection 4 094
- Notre Temps 3 370
- Science et Vie 3 404
- Télé 7 Jeux 3 191
- Le Chasseur français 3 059
- Ça m'intéresse 2 757
- Première 2 114
- Actuel 2 070
- 30 Millions d'Amis 1 889
- Onze 1 661
- Vidéo 7 .... 1 653
- La Pêche et
les Poissons 1 614
- Podium-Hit 1 598
- Le Monde de l'Education 1 551
- Photo 1 454
- Science et Vie économie 1 416
- Newlook 1 370
- Historia 1 340
- L'Etudiant 1 270
- L'Echo des Savanes 1 222
- Science et Avenir 1 160
- Revue nationale
de la chasse 1 147
- Photo Magazine 1 052
- Médecines douces 1 023
- Rock and Folk 969
- Lire 935
- Tennis Magazine 896
- La Recherche 837
- Best 830
- Cheval Magazine 813
- Historama 721
- Gault et Millau
Magazine 657

CESP

La presse pour les jeunes et la presse sportive connaissent une forte progression.

Il suffit de porter un regard panoramique sur les rayons d'un kiosque pour avoir une vision des multiples centres d'intérêt des Français. La liste des nouveaux titres fournit aussi des indications sur leur évolution. En 1989, 246 lancements ont été effectués. Les deux secteurs les plus représentés étaient de loin la presse pour les jeunes (46 lancements) et la presse sportive (30). Plus de la moitié des nouveaux magazines étaient des mensuels, 22 % des bimestriels, 12 % des hebdomadaires.

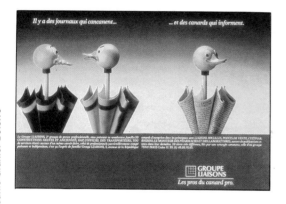

Il y a des journaux qui cancanent...   *... et des canards qui informent.*

GROUPE LIAISONS
Les pros du canard pro.

La presse magazine de plus en plus diversifiée

Meunie Granier-Deferre

La presse enfantine s'est beaucoup développée depuis quelques années. Même les tout-petits (moins de 3 ans) ont leurs journaux depuis 1986, avec le lancement de *Popi*. Ce sont surtout les titres à vocation pédagogique qui ont progressé, encouragés par les parents. La presse distractive pour enfants a eu au contraire tendance à stagner.

La presse sportive connaît elle aussi une forte croissance grâce à des revues spécialisées traitant de sports encore peu connus mais en progression.

S ➤ 37 % des Parisiens lisent au moins occasionnellement dans les transports en commun.

Le secteur des loisirs est celui qui progresse le plus.

Les titres de la presse de loisirs ont augmenté leur diffusion de 10,6 % en 1989. La presse télévision, qui s'y rattache indirectement, a elle aussi enregistré un accroissement de ses ventes. *Télé 7 Jours*, poids lourd de la presse française depuis longtemps, est lu par plus de 11 millions de Français (personnes ayant lu le titre au cours de la semaine précédant l'enquête) ; *Télé Poche*, *Télé Z*, *Télé Star* et *Télé Loisirs* dépassent ou approchent les 4 millions de lecteurs.

Les magazines féminins ont au contraire chuté de 3,5 %. Après les lancements un peu élitistes et féministes de ces dernières années (*Biba*, *Cosmopolitan*, *Vital*...), on a assisté au retour des magazines destinés à une audience plus traditionnelle et moins « parisienne ». Avec des résultats spectaculaires comme ceux de *Femme actuelle*, lu par près de 8 millions de personnes, de *Prima* (5 millions) ou de *Maxi* (2,6 millions).

Le livre concurrencé

Les Français sont un peu plus nombreux à lire et à posséder des livres mais ils en lisent moins, surtout parmi les jeunes et dans les classes moyennes. La place du livre tend à devenir moins centrale dans les pratiques culturelles des Français, du fait de la concurrence croissante de l'audiovisuel.

Un quart des Français ne lisent jamais de livres. Le nombre de livres lus est en diminution.

25 % des Français déclarent ne lire aucun livre, contre 30 % en 1973. Parmi les lecteurs, 32 % lisent moins de 10 livres par an, contre 28 % en 1981 et 24 % en 1973. A l'inverse, 17 % lisent au moins 25 livres dans l'année, contre 19 % en 1981 et 22 % en 1973.

Contrairement à la situation antérieure, ce sont aujourd'hui les femmes qui sont les plus concernées par la lecture ; elles sont proportionnellement plus nombreuses que les hommes à lire au moins un livre par an (76 contre 73 %) et elles ont moins réduit que les hommes leurs habitudes de lecture depuis quinze ans.

13 % des Français n'ont pas de livres

En 1973, un Français sur quatre déclarait ne posséder aucun livre. Ils ne sont plus que 13 % aujourd'hui. On constate que ce sont les catégories de population qui étaient les moins concernées auparavant qui ont le plus progressé. En quinze ans, la proportion de retraités possédant des livres est passée de 61 à 79 %, celle des ouvriers spécialisés de 66 à 84 %.

En réalité, la proportion de non-possesseurs de livres est plus faible, dans la mesure où plus des deux tiers d'entre eux ont un dictionnaire, un livre pratique ou de cuisine ou un missel. Il n'y aurait en fait qu'environ 5 % de Français à ne pas avoir du tout de livres.

Les jeunes sont moins attirés par la lecture ;
les personnes âgées le sont davantage.

Les lecteurs de 15 à 24 ans sont moins nombreux qu'auparavant. La chute est encore plus nette si l'on ne tient pas compte des bandes dessinées, dont les jeunes sont de gros consommateurs. Cette évolution s'explique sans doute par la priorité de plus en plus nette accordée à la musique et à la vidéo.

A l'inverse, les personnes âgées de 60 ans et plus constituent la seule catégorie dans laquelle la lecture a progressé. La proportion de lecteurs a augmenté parmi eux, ainsi que le nombre moyen de livres lus. L'abaissement de l'âge de la retraite, qui s'est traduit par plus de temps libre, n'est sans doute pas étranger à ce phénomène.

Lecture et possession

Proportion des Français âgés de 15 ans et plus qui...	1973 (%)	1981 (%)	1988 (%)
• possèdent des livres dans le foyer	73	80	87
• ont lu au moins 1 livre dans les 12 derniers mois	70	74	75
• ont acheté au moins 1 livre dans les 12 derniers mois	51	56	62
• sont inscrits dans une bibliothèque	13	14	16

Le nombre de titres publiés augmente,
mais le tirage moyen diminue.

Après avoir connu une forte croissance pendant les années 60 (en moyenne 8 % en volume chaque année), les achats de livres ont augmenté moins fortement au cours des années 70 (3,5 % par an). L'évolution est moins favorable depuis le début des années 80, mais elle reste légèrement positive (5 % en 1989).

Le nombre de titres publiés progresse assez régulièrement depuis une dizaine d'années. Celui des nouveautés, plus faible entre 1981 et 1984, a augmenté beaucoup plus fortement au cours des cinq dernières années.

Quant au nombre d'exemplaires achetés, après avoir sensiblement baissé en 1981, il s'était redressé de 1982 à 1984. On assiste depuis à une diminution des tirages moyens par titre (11 350 exemplaires en 1989), qui concerne aussi bien les nouveautés que les nouvelles éditions et les réimpressions.

En 1989, les Français ont acheté
355 millions d'exemplaires soit un million
de livres par jour
(2 fois plus qu'il y a 20 ans).

Avec environ 300 000 titres disponibles, le catalogue de l'édition française est l'un des plus riches du monde. Il s'est enrichi en 1989 de 17 500 titres, dont 3 500 nouvelles éditions et 14 000 réimpressions. La part des nouveautés et nouvelles éditions dans l'ensemble de la production représentait 71 % des livres scientifiques et techniques, et plus de 60 % en littérature, livres pratiques et livres d'art.

Le genre préféré des Français est le roman.

Environ un tiers des livres achetés chaque année sont des livres de littérature générale (romans, histoire, théâtre, poésie, critiques, essais, reportages, actualité...), mais ils représentent une part décroissante des achats totaux (un peu moins du quart du chiffre d'affaires). Il faut mentionner la part prise par les romans populaires (collections *Harlequin*, *Duo*, etc.), qui représentent à eux seuls le quart des achats de livres de poche et constituent souvent l'essentiel des bibliothèques des Français, en ce qui concerne les romans contemporains. Les livres pratiques ont doublé leur part depuis dix ans et représentent aujourd'hui 10 % du chiffre d'affaires.

80 titres par jour

Nombre de titres et nombre d'exemplaires édités en 1988 dans chaque catégorie de livres :

	Nb de titres	Nb d'exem-plaires (millions)
• Romans, théâtre et poésie	8 970	128,0
• Livres pour la jeunesse	4 850	55,8
• Livres scolaires	4 839	67,5
• Livres de sciences humaines	4 001	18,1
• Livres pratiques	2 532	27,9
• Livres scientifiques, professionnels et techniques	2 280	7,1
• Beaux-arts et beaux livres	1 243	8,1
• Histoire et géographie	1 009	8,2
• Encyclopédies et dictionnaires	515	11,0
• Divers non ventilés	1 481	27,7
Total	**31 720**	**359,4**

Le livre, produit de consommation

Le livre fut longtemps considéré comme un « objet culturel » très particulier. Aujourd'hui, un nombre croissant d'éditeurs le considèrent comme un véritable produit, susceptible de bénéficier de toutes les techniques de commercialisation. Le livre au format de poche avait permis en son temps d'élargir considérablement le nombre des lecteurs. Les « romans roses » modernes lui ont donné un second souffle, avec la création, en 1978, de la collection *Harlequin*.

Les clubs de livres représentent un mode de distribution important (5 millions d'adhérents, dont 4 à *France-Loisirs*) qui a permis à de nombreux Français d'accéder à la lecture. Les dépenses de publicité et de promotion tendent à s'accroître, de même que les efforts réalisés pour attirer l'attention des acheteurs dans les points de vente (jeux, présentoirs, affiches, etc.).

Les encyclopédies et dictionnaires ont connu une forte croissance depuis trois ans et représentaient 18,6 % des achats en 1988. Les autres catégories de livres (scolaires, scientifiques, pour la jeunesse, art) maintiennent leur part et connaissent des évolutions d'assez faible amplitude.

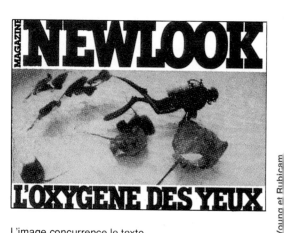

L'image concurrence le texte

Le renouveau de l'édition religieuse

Après avoir traversé une crise pendant la première moitié des années 70, l'édition religieuse connaît depuis 1975 une progression supérieure à la moyenne. Les efforts de créativité des éditeurs (nouveautés et réimpressions), la diversification des thèmes et le besoin de spiritualité du public expliquent cette évolution. Certains livres de témoignage rencontrent un succès considérable, ainsi que des ouvrages de doctrine, d'initiation biblique ou d'histoire.

La « culture de poche » représente un tiers des exemplaires achetés et un cinquième des titres produits.

La vitalité de l'édition française tient pour une large part aux performances des livres au format de poche. La plupart des titres sont des rééditions de livres anciens ou récents (environ deux ans).

Micro-entretien

JÉRÔME GARCIN *

G.M. - *Peut-on s'attendre à une imbrication croissante de l'écrit et de l'audiovisuel, formes complémentaires de diffusion de la culture ?*

J.G. - L'imbrication se fera naturellement. D'ici une dizaine d'années, lycées et collèges seront équipés d'outils audiovisuels, mais pas à titre de gadget. La découverte de Prévert ou de Claude Simon par le biais d'interviews ou de portraits audiovisuels diffusés en classe rendra la littérature infiniment plus attrayante. C'est dans ce sens que l'évolution se fera, et la littérature ne restera pas le parent pauvre de l'enseignement, en comparaison des mathématiques et des sciences exactes.

———

* Journaliste et critique littéraire, auteur du *Dictionnaire* (François Bourin).

Outre sa grande commodité (idéal pour les transports en commun), le livre au format de poche a permis à un grand nombre de Français d'accéder à peu de frais aux grandes œuvres de la littérature française et étrangère, à travers plus de 20 000 titres, répartis au total dans plus de 300 collections. Les jeunes, les cadres moyens et les employés sont les plus gros consommateurs, principalement dans les grandes villes.

S ➤ 13 % des hommes lisent régulièrement des magazines féminins.

S ➤ 23 % des Français fréquentent, au moins occasionnellement, une bibliothèque.

S ➤ 69 % des Belges, 60 % des Espagnols, 54 % des Italiens, 50 % des Britanniques et 23 % des Allemands connaissent Victor Hugo (au moins de nom).

S ➤ Dans le choix des livres, les critères les plus importants sont, par ordre décroissant : l'auteur ; le résumé au dos du livre ; le prix du livre ; l'aspect physique du livre ; le titre ; le passage à *Apostrophes* (sondage 1989) ; les critiques ; les conseils du libraire ; la façon dont le livre est présenté en librairie ; l'obtention d'un prix littéraire ; l'éditeur.

S ➤ 38 % des 12-34 ans aiment beaucoup ou assez les bandes dessinées, 59 % peu ou pas du tout. Les héros préférés sont, par ordre décroissant : Astérix, Tintin, Tarzan, Gaston Lagaffe, Lucky Luke, Superman, les Schtroumpfs.

S ➤ 18 % des personnes qui regardaient *Apostrophes* achetaient souvent ou parfois des livres cités dans l'émission (51 % des téléspectateurs assidus), 72 % jamais.

➤ Le nombre des quotidiens a connu une diminution régulière : on comptait 250 titres en 1885, 175 en 1939 ; il en reste environ 80 aujourd'hui.

LES ACTIVITÉS PHYSIQUES

SPORT

53 % des hommes et 42 % des femmes ● 13 millions de licenciés ● Sportifs plus nombreux et assidus ● Sports individuels en hausse ● Lente démocratisation ● Age, facteur déterminant ● Moins d'écart entre les sexes ● Croissance et professionnalisation de l'aventure

Un Français sur deux

Depuis le début des années 80 les sportifs sont plus nombreux et plus assidus. Pourtant, la pratique sportive ne concerne encore qu'un peu moins d'un Français sur deux et reste modeste par rapport à d'autres pays.

L'évolution des préférences et des pratiques est significative de l'état de la société française. Les sports en vogue sont plus individuels. La recherche du plaisir est plus importante que celle de la performance.

53 % des hommes et 42 % des femmes se livrent à une activité sportive plus ou moins régulière.

Les effectifs des associations sportives ont beaucoup progressé au cours des dix dernières années : près d'un Français sur cinq est adhé-

rent. Environ 13 millions sont licenciés d'une fédération ; leur nombre a presque triplé en vingt ans.

L'accroissement de la pratique du sport répond à un désir, collectif et inconscient, de mieux supporter les agressions de la vie moderne par une meilleure résistance physique. Elle traduit aussi la place prise par l'apparence dans une société qui valorise souvent plus la *forme* (dans tous les sens du terme) que le fond. Elle a été aussi favorisée par le développement des équipements sportifs des communes (gymnases, piscines, courts de tennis, terrains de plein air), l'accroissement du temps libre et du pouvoir d'achat.

La palette des sports pratiqués s'est élargie avec l'intérêt croissant porté à des disciplines comme le golf, l'escalade, le tir à l'arc et les sports de glisse. Le taux de pratique multiple s'est accru : en 1984, on recensait 15 activités sportives pratiquées par au moins 1 % des Français ; en 1988, en rehaussant le seuil à 1,5 %, on en trouve 18 différentes.

Licenciement collectif

Evolution du nombre de licenciés des fédérations sportives :

	1988	1970
● Fédérations olympiques	6 405 592	2409 958
● Fédérations non olympiques*	2 570 052	1 053 705
● Fédérations et groupements multisports	1 519 310	620 015
● Fédérations scolaires et universitaires	2 453 354	1 443 644
Total	**12 948 308**	**5 527 322**

* Dont : 1 638 996 agréées et délégataires et 931 056 agréées (sans compétition).

S ➤ 33 % des hommes et 26 % des femmes déclarent faire du sport au moins une fois au cours d'une semaine.

Ministère de l'Education nationale

*La France ne fait pas partie
des nations les plus sportives.*

Malgré son accroissement récent, la pratique sportive reste assez faible en France, si on la compare à celle d'autres pays, en particulier du nord de la Communauté européenne. Un tiers des Néerlandais, Danois, Allemands sont inscrits dans un club sportif, contre seulement un Français sur cinq, un Italien ou un Grec sur douze, un Portugais sur cinquante. Mais ces chiffres ne reflètent pas précisément la « sportivité » des nations, dans la mesure où beaucoup d'Européens pratiquent un sport sans être inscrits à une fédération ou un club (la pratique est alors souvent moins régulière).

Dans certains pays, des sports nationaux, ou même régionaux, occupent une place de choix : les sports gaéliques en Irlande ; le cricket et le badmington en Grande-Bretagne ; le ski ou... les boules en France.

LA FOLIE DU SPORT

SP/3

Le sport, un mode de vie

*Plus d'un Français sur trois pratique
un sport individuel (un sur quatre en 1973) ;
un sur quinze pratique un sport collectif.*

La grande lame de fond de l'individualisme ne pouvait épargner le sport. L'engouement pour le jogging, puis pour l'aérobic en a été, dès le début des années 80, la spectaculaire illustration. On peut y ajouter le tennis, l'équitation, le ski, le squash, le golf et bien d'autres sports. Même la voile, autrefois surtout pratiquée en équipage, a acquis ses titres de noblesse avec les courses transatlantiques en solitaire.

Parallèlement, les sports collectifs ont cédé du terrain ; ils ne sont pratiqués que par 11 % des hommes et 2 % des femmes. S'il reste le premier en nombre de licenciés, le football n'arrive qu'à la septième place des sports les plus pratiqués. On compte beaucoup plus de licenciés de tennis, de ski ou de judo que de rugby ou de handball. Les licenciés de voile, de karaté, de tir ou de golf sont plus nombreux que ceux de volley-ball.

Le ski d'abord

Taux de pratique sportive pendant l'année écoulée (1988, en % de la population totale) :

	Hommes	Femmes	Total
• Ski	18,7	14,5	16,5
• Gymnastique	11,5	18,5	15,1
• Cyclisme	16,6	1,3	13,8
• Natation	12,2	13,7	13,0
• Marche	11,3	10,1	10,7
• Gymnastique d'entretien	6,3	11,4	8,9
• Tennis	11,2	5,6	8,3
• Sports d'équipe	10,9	1,8	6,2
• Course à pied	7,3	2,5	4,8
• Football	7,5	0,3	3,7
• Ping-pong	5,1	1,4	3,1
• Musculation	3,5	1,7	2,6
• Planche à voile	2,5	1,1	1,8
• Sports de combat	2,1	0,5	1,3
Total	**53,4**	**42,5**	**47,7**

INSEE

S ➤ 51 % des hommes et 31 % des femmes se considèrent comme très ou assez sportifs, 49 % des hommes et 68 % des femmes comme peu ou pas du tout sportifs.
S ➤ La pratique du sport est très variable selon le niveau de formation : 62 % des personnes ayant un diplôme supérieur au baccalauréat sont sportives, contre seulement 47 % de celles qui n'ont que le BEPC, 36 % de celles qui n'ont que le CAP, 18 % de celles qui n'ont que le certificat d'études.
S ➤ 64 % des Français savent nager, 36 % non (25 % des hommes et 46 % des femmes, 22 % des Parisiens et 40 % des provinciaux 56 % des agriculteurs, 53 % des 45 ans et plus).

Golf : la petite balle qui monte

Avec près de 200 000 licenciés de golf (contre 43 000 en 1981) et près de 650 clubs, la France arrive en seconde position en Europe occidentale, derrière la Suède. Avec 305 parcours (dont 105 ouverts en dix-huit mois), elle occupe la première place devant la RFA. Début 1990, 120 nouveaux parcours étaient en construction et 93 en projet.

Cet engouement pour le golf, beaucoup plus récent en France que dans d'autres pays, s'explique par son image valorisante, comparable à celle du tennis il y a dix ans et entretenue par les médias, le fait qu'on peut le pratiquer longtemps et les efforts réalisés au cours des dernières années pour le rendre accessible à un plus grand nombre.

*Les sports sont pratiqués
de façon plus assidue.*

L'accroissement du nombre des licenciés révèle une tendance relativement nouvelle : le désir croissant des Français de progresser dans le sport qu'ils ont choisi. Cette volonté est logiquement assortie de l'inscription à une fédération, qui consacre le passage du statut de simple amateur à celui de sportif véritable.

A cet égard, le cas du tennis est significatif. Alors qu'autrefois les pratiquants se contentaient d'échanger quelques balles sur un court pour s'amuser, ils sont souvent aujourd'hui plus

ambitieux. Sans rêver d'imiter les grands champions qu'ils suivent à la télévision, beaucoup veulent améliorer leur technique. Le succès des stages, le développement des achats d'équipement au cours des années 80 témoignent de cette volonté de progresser. Mais les dépenses tendent à stagner depuis 1987, dans la mesure où il s'agit surtout d'achats de renouvellement.

De moins en moins de chasseurs

La chasse constitue une activité de loisir assimilable au sport par certains aspects. La France est le pays de la Communauté européenne où l'on trouve le plus grand nombre de chasseurs : 1,8 million, soit plus que de licenciés de football, devant l'Italie (1,5 million) et l'Espagne (1,1 million). Depuis le milieu des années 70, la tendance est à la baisse. L'instauration du permis en 1976, le coût de l'équipement et le moindre intérêt des jeunes pour cette activité expliquent ce déclin.

Les chasseurs sont avant tout des hommes (98,5 %). Ils appartiennent aux catégories moyennes et modestes (agriculteurs, employés) et habitent des petites communes (80 % dans des communes de moins de 5 000 habitants). Ils possèdent 3 millions de chiens (25 % en ont au moins deux), chassent en moyenne 30 jours par an et dépensent près de 7 000 F par an.

7 % des Français se disent chasseurs. 31 % sont favorables à l'interdiction de la chasse en France, 61 % défavorables. 54 % pensent que la chasse est une menace de disparition pour certaines espèces animales, 33 % un moyen de préserver l'équilibre naturel.

La lente démocratisation

Plus encore que les autres activités de loisirs, la pratique sportive est variable selon les catégories sociales. Le sexe, l'âge et la profession sont les critères qui décrivent le mieux ces différences, tant en ce qui concerne la nature des activités que l'intensité de leur pratique. Le sportif-type est jeune (souvent étudiant), de sexe masculin, habite une ville de plus de 100 000 habitants et appartient à un milieu aisé. Les disparités se sont un peu réduites au cours des dernières années (surtout en ce qui concerne les femmes et les personnes âgées), mais elles restent encore marquées.

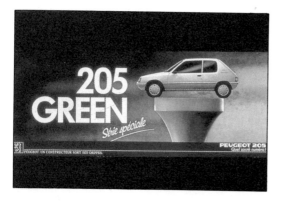

Le golf à la mode

*Les Français sont d'autant plus sportifs
qu'ils occupent une position élevée
dans la hiérarchie sociale.*

Le taux de pratique sportive est de 61 % chez les cadres supérieurs, 48 % chez les membres des professions libérales, 37 % chez les employés, 23 % chez les ouvriers spécialisés, 15 % chez les agriculteurs. Le tennis, dont on a beaucoup vanté la démocratisation, est pratiqué par un tiers des cadres supérieurs et... 5 % des agriculteurs.

Cette distinction est surtout valable pour les sports à forte image sociale, comme la voile, le golf ou l'équitation, qui sont souvent coûteux et se pratiquent dans des clubs dont l'accès n'est pas toujours aisé. Elle est moins sensible dans le cas de sports plus populaires comme le football, le cyclisme ou la gymnastique. Le sport reste un moyen de valorisation sociale, un attribut du « standing » individuel.

*L'âge reste un facteur déterminant,
mais les personnes âgées sont
de plus en plus sportives.*

On pratique dix fois moins le football ou la danse entre 40 et 60 ans qu'entre 15 et 20 ans, cinq fois moins le tennis, trois fois moins la natation ou la gymnastique. En dehors du golf ou des boules, la pratique sportive décroît régulièrement avec l'âge, la césure se faisant le plus souvent vers quarante ans.

Lorsque la capacité physique n'est pas en cause, les obstacles à la pratique du sport chez les adultes d'âge mûr sont liés à la tradition, qui réservait le sport plutôt aux gens aisés, disposant du temps et de l'argent nécessaires. Si les contraintes matérielles ont, pour la plupart, disparu, les contraintes culturelles demeurent.

Pourtant, on constate que les personnes âgées s'intéressent davantage aux sports, à commencer par ceux qui leur sont le plus accessibles comme la marche, la gymnastique, la natation, ou le cyclisme.

> ➤ Sur les 10 000 adeptes du parapente, on a compté 6 morts et 28 blessés en 1987. 53 % des accidents ont eu lieu au moment de l'atterrissage, 40 % lors du décollage, 7 % en plein vol.

*Les femmes sont en train de rattraper
les hommes dans la pratique
des sports individuels.*

Longtemps moins concernées que les hommes, les femmes ont trouvé dans le sport la réponse à certaines de leurs préoccupations : rester en bonne forme physique ; se forger un corps séduisant ; conquérir un domaine jusqu'ici plutôt réservé à l'autre sexe ; lutter contre les signes apparents du vieillissement.

Depuis une dizaine d'années, elles ont réduit leur retard sur les hommes en matière sportive. Les sports d'équipe ne les passionnent pas (à l'exception du basket et du handball). Elles se ruent en revanche sur les sports individuels : plus de 75 % des pratiquants de la gymnastique ou de la danse sont des femmes ; plus de 60 % des nageurs ou des cavaliers.

Les femmes sont aussi nombreuses que les hommes à pratiquer le ski de fond, la marche, la randonnée ou le handball. Elles sont de plus en plus nombreuses à s'adonner aux sports à forte image masculine : 1,7 % des femmes pratiquent la musculation (3,5 % d'hommes).

Un intérêt de plus en plus partagé

Degré d'intérêt pour le sport selon le sexe (en %) :

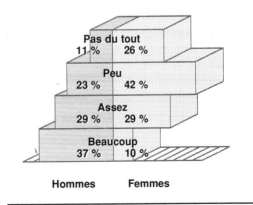

	Hommes	Femmes
Pas du tout	11 %	26 %
Peu	23 %	42 %
Assez	29 %	29 %
Beaucoup	37 %	10 %

Figaro Magazine/Sofres, 9 juin 1990

Les effets de mode sont importants.

Le début des années 80 avait coïncidé avec l'explosion du jogging et de l'aérobic. Aujourd'hui, le phénomène a trouvé sa vraie dimension. Ceux qui continuent de courir ou fréquentent les salles de gymnastique ne le font pas pour sacrifier à une mode, mais parce qu'ils en ressentent le besoin. Les autres, qui refusent de souffrir pour être en forme, ont abandonné ou se sont dirigés vers des activités plus confortables.

Mais de nouvelles modes ont pris le relais. Le golf, le parapente, le baseball, le vol libre, les sports acrobatiques ou le ski nautique ont augmenté le nombre de leurs adhérents de façon significative. Les médias jouent un rôle essentiel dans la création et l'entretien de ces mouvements de mode. La pratique de certains sports relève au moins autant de la volonté d'afficher un style de vie et un statut social que de la volonté de s'entretenir physiquement.

L'équipement stagne

On estime que le quart de ceux qui possèdent un équipement de sport ne l'utilisent pas, ce qui explique les faible taux de renouvellement constatés récemment. Les achats de raquettes de tennis, de skis ou de planches à voile ont baissé par rapport au début de la décennie, du fait de l'absence de réelles innovations technologiques et d'un taux de premier équipement élevé. Les achats de vêtements de sport restent plus soutenus, du fait de leur utilisation non sportive. Les achats de chaussures de sport sont en légère baisse (en dehors de secteurs spécifiques comme la randonnée ou l'escalade), la mode leur étant moins favorable.
En moyenne, chaque Français dépense environ 400 francs par an pour le sport, un budget très inférieur à celui des Anglais, des Allemands ou des Américains.

L'aventure, ou le sport extrême

Prolongement ou détournement du sport, l'aventure est devenue un véritable phénomène de société. Mais sa présence croissante dans les médias ne doit pas laisser croire que tous les Français ont attrapé le virus. La plupart se contentent de vibrer aux exploits des autres.

S ➤ 52 % des Français s'intéressent au football, 47 % non (28 % des hommes et 63 % des femmes).

Un nombre croissant de Français cherchent des sensations fortes dans le sport ou l'aventure.

Les sports de glisse (deltaplane, parapente, ULM, surf, ski acrobatique) ou les sports nautiques motorisés (offshore, scooter des mers) font de plus en plus d'adeptes, et aussi de blessés. Depuis la sortie du *Grand Bleu*, beaucoup rêvent de pratiquer la plongée en apnée et d'imiter Mayol. Des cadres mal dans leur peau considèrent le saut en élastique comme une thérapeutique à l'angoisse ou comme un test de leur force intérieure. Les médias et les organisateurs de voyages ont compris cet engouement pour les émotions fortes. Les premiers montrent de belles images qui font rêver ; les seconds proposent des formules d'aventure à la carte, selon les possibilités, physiques et financières, de chacun.

L'aventure, vécue ou rêvée

La découverte du monde passe après celle de soi-même.

Depuis près d'un siècle, l'exploration du monde est pour l'essentiel achevée. Les pays et les sociétés ont été découverts, étudiés, répertoriés. Les amateurs d'aventure doivent donc se tourner vers d'autres types de conquête. La vitesse, le risque, l'inconnu, qui en sont les ingrédients principaux, les ramènent en fait à la découverte d'eux-mêmes. Celle-ci passe souvent par le dépassement.

Pour les plus solides, l'aventure est le moyen de mieux se connaître et de vivre des moments privilégiés. Pour d'autres, elle opère comme une véritable drogue ; elle répond aux mêmes difficultés d'être et présente les mêmes dangers d'accoutumance et de risque physique.

Micro-entretien

NICOLAS HULOT *

G.M.- On peut s'intéresser à l'aventure pour ressentir le grand frisson, s'évader de la société, se dépasser, faire parler de soi, ou pour mieux se connaître. Quelle est la motivation la plus courante ?

N.H.- Je crois que c'est un peu tout cela à la fois. Je mettrais de côté l'idée qu'on puisse nourrir et développer une aventure uniquement à des fins médiatiques ou de notoriété. Cela peut arriver, mais je pense que l'aventure se charge très vite de faire une sélection naturelle. C'est une école de vérité et d'authenticité. On ne peut pas tricher avec soi-même, ou alors ça se voit tout de suite. Je pense qu'il y a un besoin de découvrir d'autres horizons, même si l'on n'est pas le premier. Et puis aussi de se connaître mieux, car l'aventure c'est sa propre découverte. La société vous donne peu de moyens de faire le point avec vous-même. Alors, l'aventure permet de préciser ses limites. Je ne dis pas déplacer ses limites, parce que ce serait un peu prétentieux, mais de les préciser.

---

* Journaliste, présentateur de télévision, auteur notamment des *Chemins de traverse* (Jean-Claude Lattès).

RFI, 15 février 1989

Les aventuriers tendent à devenir des professionnels.

La vitrine de l'aventure est celle des grands exploits « sponsorisés » et relayés par les médias. Pour les navigateurs à la recherche du financement d'un bateau, comme pour tous ceux qui tentent de réaliser quelque chose de nouveau ou d'insolite, l'aventure devient une véritable activité professionnelle, qui se prépare longtemps à l'avance et met en œuvre des moyens considérables.

Les entreprises qui financent ces opérations y trouvent un moyen d'accéder aux médias et de se donner une image dynamique et attrayante. La technologie joue aussi un rôle important, lorsqu'il s'agit de trouver des équipements plus légers, plus résistants, plus perfectionnés. Les « petits » aventuriers, qui ne peuvent bénéficier des mêmes moyens, en éprouvent parfois quelque frustration.

Beaucoup de Français vivent l'aventure par procuration.

Les médias, qui ne manquent pas une occasion de montrer les exploits de toutes sortes, ont donné à beaucoup le goût de l'aventure sportive. Mais ceux qui participent effectivement au rallye Paris-Dakar, descendent en *rafting* les rivières africaines, escaladent les montagnes, courent dans le désert ou font la traversée de l'Atlantique en voilier constituent une infime minorité. Le goût pour l'aventure, compréhensible dans une société qui ne l'autorise guère, est souvent satisfait d'une façon très artificielle.

Il en est de même du sport traditionnel. Les médias ont permis à certains de se faire connaître et de se développer : tennis, golf, volley-ball, arts martiaux, etc. Entre 40 et 50 % des Français regardent des émissions sportives à la télévision. Mais celles-ci constituent souvent un substitut à la pratique sportive. Parmi les quelque 5 millions de téléspectateurs qui suivent chaque année le tournoi de tennis de Roland-Garros, un grand nombre n'ont jamais touché une raquette de leur vie.

E ➤ On compte en France environ 15 000 associations sportives.
E ➤ Les Français dépensent chaque année environ 50 milliards de francs pour le sport (équipements, spectacles, presse sportive, etc.), soit 1 % du PIB.
E ➤ Près de 10 000 véliplanchistes sont secourus chaque année.
S ➤ 75 % des jeunes de 12 à 17 ans font du sport en vacances.
E ➤ Plus de 300 000 Français pratiquent l'équitation ou les promenades à cheval.
➤ 50 % des articles de sport sont achetés dans les boutiques spécialisées, 14 % dans des magasins de vêtements, 17 % dans des hypermarchés, 4 % dans les magasins de chaussures, 4 % dans d'autres circuits de distribution (dont la VPC).

LOISIRS CRÉATIFS

Besoin d'activités manuelles ● Neuf Français sur dix bricoleurs, par nécessité et par plaisir ● 20 millions de jardiniers ● Cuisine de fête et activités artistiques en hausse

Activités manuelles : les gestes qui sauvent

Les différentes formes de bipolarisation de la personne ou de la pensée (gauche/droite, homme/femme, adulte/enfant, bien/mal...) sont de plus en plus fortement rejetées. C'est le cas aussi de l'opposition traditionnelle entre corps et esprit. Le développement récent de la pratique sportive, l'engouement pour les activités dites manuelles et créatrices en sont des illustrations.

Le besoin de « faire quelque chose de ses mains » a été contrarié par le progrès technique.

Depuis des décennies, les machines prennent progressivement le relais de la main humaine, comme autant de prothèses qui amplifient son pouvoir en même temps qu'elles réduisent son indépendance. La création est donc plus difficile aujourd'hui qu'elle ne l'était hier, en tout cas moins directe puisqu'elle transite généralement par la machine. Elle est aussi plus partielle car les travaux de fabrication sont le plus souvent divisés, afin d'en accroître l'efficacité. Le sentiment de la création personnelle, matérialisé par l'objet fabriqué par un seul homme, s'est donc éloigné, tandis que se développait la société industrielle.

Conscients de cet appauvrissement de leurs capacités créatrices, les Français commencent à rechercher les moyens d'une « rééducation ». C'est ce qui explique en partie la croissance de loisirs manuels tels que le bricolage, le jardinage ou la cuisine.

88 % des Français sont bricoleurs.

65 % des Français (parmi ceux qui sont propriétaires de leur logement) se considèrent comme très ou assez bricoleurs, 23 % un peu. Les compétences sont très diverses selon les individus : 82 % savent poser du papier peint, 51 % faire de petits travaux de maçonnerie ou de carrelage, mais 12 % seulement savent réparer les appareils électro-ménagers.

Il n'est pas étonnant que le bricolage connaisse depuis quelques années un fort développement. Certaines motivations sont d'ordre psychologique ; le besoin de faire quelque chose de ses mains est fort dans une société où l'activité professionnelle le permet de moins en moins. C'est sans doute pourquoi les employés ou les cadres sont mieux disposés à l'égard du bricolage que les ouvriers ou les artisans, moins frustrés sur le plan manuel.

Les Français bricolent à la fois par nécessité et par plaisir.

Les motivations d'ordre économique sont prépondérantes. Grâce à quelques outils et un peu de temps, il est possible de réduire ses dépenses d'entretien ou d'ameublement dans des proportions considérables. Une part importante de l'économie domestique est liée au bricolage : montage de meubles en kit ; travaux ; réparations ; entretien ; fabrication d'objets divers. Dans moins de la majorité des cas, les ménages font appel à des entreprises spécialisées : 40 % des propriétaires leur confient la totalité de leurs travaux (surtout dans les catégories aisées), 14 % une partie.

La distraction est également une forte motivation du bricolage. Il permet d'occuper son temps, d'améliorer le confort de son logement, de se changer les idées lorsqu'on exerce un métier plutôt intellectuel. Enfin, il participe pour les hommes de la symbolique de la virilité ; seuls 11 % se reconnaissent incapables de planter un clou, contre 27 % des femmes.

L'utile et l'agréable

*Le jardinage concerne
plus de 20 millions de Français.*

Les Français sont de plus en plus nombreux à habiter une maison individuelle, et 59 % disposent d'un jardin. La France compte au total 10 millions de jardins en résidences principales, 1,4 million en résidences secondaires et 840 000 jardins isolés. En douze ans, les dépenses consacrées au jardinage sont passées de 7 à 25 milliards de francs.

Ceux qui habitent en appartement s'efforcent de plus en plus lui donner des airs de campagne ; on trouve environ 150 millions de plantes vertes dans les foyers. Le mythe de la nature reste donc fort chez les Français. Beaucoup souhaitent préserver, même au milieu de la ville, leurs racines paysannes.

S ➤ 34 % des Français se déclarent capables de faire des travaux de menuiserie, 31 % de réparer une automobile ou un deux-roues, 25 % de faire des travaux de plomberie.

La cuisine est aussi un loisir.

Les Français ressentent de plus en plus le besoin de faire la fête, pause appréciée dans le tourbillon de la vie. Le bon repas partagé avec les proches en est l'une des formes les plus recherchées. La cuisine de fête revêt aujourd'hui des aspects plus variés que par le passé. Du plat unique dont la recette est empruntée aux traditions régionales les plus anciennes (pot-au-feu, cassoulet, choucroute, etc.) à la cuisine la plus exotique (chinoise, africaine, mexicaine...) en passant (plus rarement) par la nouvelle cuisine.

Opposée par définition à la cuisine-devoir, la cuisine de fête, ou cuisine-loisir, en est aussi le contraire dans sa pratique. Le temps ne compte plus, seule importe la qualité des ingrédients. Si le menu est profondément différent, la façon de le consommer ne l'est pas moins : le couvert passe de la cuisine à la salle à manger ; la composante diététique, souvent intégrée dans le quotidien, est généralement absente de la fête. Enfin, les accessoires prennent une plus grande importance : bougies, décoration de la table et des plats, etc.

La cuisine-loisir est également marquée par la recherche du « polysensualisme » : le goût, l'odorat, l'œil, le toucher y sont naturellement à l'honneur ; l'ouïe aussi, car la musique est souvent présente dans les salles à manger.

La cuisine n'est pas, on le devine, une activité comme une autre. C'est tout l'être profond qui s'exprime face au premier besoin de l'individu, celui de manger. Rien n'est donc gratuit dans les rites qui président à sa célébration.

Activités artistiques : les jardins secrets

Les activités artistiques permettent aux Français d'exprimer des facettes intimes de leur personnalité. Leur besoin d'épanouissement total ne pouvait ignorer ce qui, plus peut-être que tout autre aspect, caractérise la nature humaine : la sensibilité. On retrouve dans certaines tendances actuelles cette volonté de rééquilibrer des activités professionnelles souvent froides, rationnelles, par d'autres qui le sont moins.

C'est pourquoi les Français sont très nombreux à s'intéresser à la musique, à prendre des cours de peinture ou de sculpture, à s'adonner aux joies de l'écriture ou de la photographie.

Les Français se mettent au vert

*35 % des Français ont chez eux
un instrument de musique, 16 % en jouent.*

En outre, 6 % de personnes jouent d'un instrument à l'extérieur de chez elles (certaines peuvent jouer à la fois chez elles et à l'extérieur). Les instruments les plus répandus sont la flûte et la guitare, mais ceux dont on joue le plus sont la flûte et le piano.

Les hommes sont un peu plus nombreux que les femmes à pratiquer la musique : 18 % contre 13 % au foyer ; 7 % contre 5 % à l'extérieur. La pratique décroît régulièrement avec l'âge : 34 % des 15-19 ans au foyer et 15 % à l'extérieur ; 5 % des 65 ans et plus au foyer et 2 % à l'extérieur. Elle concerne trois fois plus les élèves, étudiants, cadres et professions intellectuelles que les employés, ouvriers, artisans, commerçants.

S ➤ 17 % des Français ont chez eux une flûte, 12 % une guitare, 8 % un harmonica, 7 % un piano, 6 % un orgue, 3 % un autre instrument à corde (violon, violoncelle), 3 % un instrument à vent, 2 % un synthétiseur, 2 % un accordéon, 2 % un instrument à percussion, 2 % un autre instrument.

Parmi ceux qui jouent d'un instrument, 29 % ont appris à jouer seul ou avec des amis, 26 % à l'école, 24 % avec un professeur particulier, 15 % dans une école de musique, 9 % avec l'un de leurs parents.

Deux millions de flûtes par an

Les Français achètent chaque année environ deux millions de flûtes (étudiée dans certaines classes des écoles primaires). Le second instrument le plus acheté est la guitare (environ 200 000 achats par an), devant le piano, loin derrière avec 30 000 achats par an. L'accordéon n'est plus à la mode et les Français en achètent moins de 20 000 par an.

La *Fête de la musique* permet, chaque année, de constater combien la pratique musicale est répandue en France : on ne compte pas moins de 4 000 harmonies, 8 000 chorales, 25 000 groupes de rock, sans parler des très nombreuses cliques et fanfares.

*83 % des Français possèdent
un appareil photo,
10 % possèdent une caméra
ou un Caméscope.*

La photographie est une pratique très vulgarisée et la plupart des ménages prennent des photos. 24 % se servent souvent de leur appareil photo, 35 % surtout pendant les vacances, 24 % de temps en temps. Seuls, 18 % ne l'utilisent presque jamais. Les personnes âgées ou seules et les couples sans enfant sont les moins concernés. Les enfants commencent à photographier à partir de 10 ans ; à 14 ans, deux sur trois font des photographies. Puis la pratique décroît, au profit d'autres types de loisirs.

Dans la majorité des familles, c'est le père qui fait principalement les photos (52 % des cas, 28 % pour la femme). 18 % des ménages disposent d'appareils compacts automatiques, 22 % ont des appareils perfectionnés de type reflex. 90 % des ménages font des photos sur papier couleur, 21 % des diapositives, 12 % des photos noir et blanc (ce sont surtout des passionnés, jeunes, parisiens, diplômés). Plus des trois quarts des ménages font retirer des photos pour les envoyer à des parents ou amis.

La possession d'une caméra ou d'un Caméscope est plus fréquente dans les catégories aisées : 22 % des cadres et professions intellectuelles contre 5 % des agriculteurs, 6 % des ouvriers et des retraités.

---

10 millions de collectionneurs

23 % des Français de 15 ans et plus déclarent faire une collection (27 % d'hommes et 20 % de femmes). Les plus fréquentes sont les collections de timbres (8 %). Viennent ensuite les cartes postales (4 %), les pièces ou médailles (4 %), les objets d'art (2 %), les pierres et minéraux (2 %), les livres anciens (2 %), les poupées (1 %), les disques anciens (1 %). Parmi les collectionneurs, 20 % s'en occupent au moins une fois par semaine, 35 % environ une fois par mois, 45 % plus rarement. L'âge est un critère déterminant (41 % entre 15 et 19 ans, contre 14 % à 65 ans et plus). La catégorie socioprofessionnelle l'est beaucoup moins, en dehors des agriculteurs et femmes au foyer qui sont peu concernés.

---

14 % des Français dessinent ; moins de 10 % pratiquent d'autres activités artistiques.

Le dessin est d'autant plus pratiqué que l'on est jeune : 42 % entre 15 et 19 ans, mais 3 % à 65 ans et plus. Les activités de type littéraire arrivent en seconde position : 7 % des Français (8 % des femmes et 6 % des hommes) tiennent un journal intime ; 6 % écrivent des poèmes. Les arts plastiques (peinture, sculpture, gravure) concernent 6 % des Français. Il faut ajouter la poterie, reliure, artisanat d'art (3 %), le théâtre amateur (2 %).

On retrouve les mêmes types de variations selon l'âge : 13 % des 15-19 ans tiennent un journal, 10 % font de la peinture ou sculpture, contre respectivement 5 % et 3 % des 65 ans et plus. Le fait de suivre une scolarité constitue sans aucun doute une forte incitation aux activités artistiques ou culturelles. A l'âge adulte, ces pratiques sont toujours plus fréquentes dans les catégories aisées et diplômées, à Paris et dans les grandes villes, chez les personnes célibataires.

➤ La France compte 5 500 musiciens professionnels, contre 35 000 en RFA et 39 000 en Grande-Bretagne.

S ➤ 23 % des femmes et 3 % des hommes font (parfois ou souvent) des vêtements ou du tricot.

S ➤ 40 % des Français aiment beaucoup ou assez écrire (33 % des hommes et 46 % des femmes), 60 % peu ou pas du tout. 8 % ont déjà écrit un roman, des poèmes, 18 % ont tenu un journal. 13 % écrivent des lettres au moins une fois par semaine (en dehors du courrier professionnel), 19 % une fois par mois, 22 % plusieurs fois par an, 30 % exceptionnellement.

S ➤ 8 % des Français font de la musique ou du chant dans le cadre d'une organisation ou avec un groupe d'amis.

S ➤ 3 % des Français chantent dans une chorale.

S ➤ 74 % des logements comportent des photographies dans la décoration intérieure, 52 % des posters, 34 % des tapisseries, 18 % des œuvres d'art contemporain, 17 % des œuvres d'art ancien.

S ➤ 76 % des Français se considèrent comme plutôt adroits, 16 % plutôt maladroits.

S ➤ 39 % des ménages sont équipés d'une machine à coudre électrique, 52 % d'une perceuse électrique, 32 % d'une lampe ou d'un fer à souder, 8 % d'une clef dynamométrique.

S ➤ 9 % des Français font partie d'une association ou organisation culturelle, 4 % d'une association artistique.

S ➤ 41 % des Français font des mots croisés, au moins occasionnellement. 13 % en font plus de 10 min par jour (5 % plus de 50 min).

S ➤ 63 % des Français jouent aux cartes ou à d'autres jeux de société (18 % chaque semaine ou presque).   •

LES VACANCES

VACANCES D'HIVER

27 % de départs ● Phénomène minoritaire et sélectif ● Diminution de la durée moyenne des séjours ● Plus de séjours à la mer et à l'étranger, moins à la montagne ● Plus de départs en week-end

Vacances d'hiver : neige et soleil

La diminution du temps de travail et la cinquième semaine de congés payés ont entraîné au cours des années 80 un plus grand morcellement des vacances. Les départs en vacances d'hiver, après avoir beaucoup augmenté, sont un peu moins fréquents depuis 1988. Surtout, les séjours aux sports d'hiver tendent à être moins nombreux et plus courts. L'absence de neige dans les stations et la volonté de trouver le soleil expliquent en grande partie cette évolution.

Au cours de l'hiver 1988-89, 27,3 % des Français sont partis en vacances, contre 28,2 % l'année précédente.

Les vacances d'hiver restent un phénomène minoritaire et sélectif. Près des trois quarts des Français restent chez eux. Les taux de départ sont très variables selon les catégories sociales : 65 % des cadres supérieurs et professions libé-

rales, mais seulement 10 % des ouvriers non qualifiés et 12 % des agriculteurs. 57 % des Parisiens partent, contre 18 % des habitants des communes rurales. L'âge est un facteur moins déterminant, bien que l'on constate une diminution à partir de 50 ans. Ces écarts restent semblables depuis une dizaine d'années.

Le taux de départs en vacances d'hiver avait augmenté jusqu'en 1987-88 (avec une exception en 1984-1985). La baisse constatée depuis est liée au fait que certaines catégories partent moins : jeunes de 15 à 19 ans ; adultes de 30 à 50 ans (surtout les chefs d'entreprise). Les mauvaises conditions d'enneigement des stations de sports d'hiver au cours des dernières années sont une cause probable de cette diminution, surtout chez les jeunes.

La durée moyenne des vacances d'hiver tend à diminuer depuis deux ans ; elle a été de 13,8 jours en 1988-89.

Cette diminution concerne la plupart des catégories sociales, à l'exception des agriculteurs et des ouvriers. Elle est liée pour l'essentiel à la baisse de la durée des séjours aux sports d'hiver. Le nombre moyen de séjours par vacancier est d'autant plus élevé que le revenu des ménages est important : 1,6 pour les cadres, 1,1 pour les ouvriers qualifiés. Les catégories aisées partent plus régulièrement en vacances d'hiver que les autres : 91 % des cadres supérieurs et des ménages ayant plus de 200 000 F de revenu annuel qui sont partis au cours de l'hiver 1988-89 étaient déjà partis l'année précédente, contre 52 % des ouvriers non qualifiés et 58 % des agriculteurs.

Les séjours à la mer et à l'étranger sont plus nombreux ; ceux à la montagne diminuent.

26 % des séjours d'hiver 1988-89 se sont déroulés à la campagne, 22 % aux sports d'hiver, 20 % à la mer, 15 % à l'étranger. On constate depuis deux ans une diminution des séjours aux sports d'hiver, surtout chez les

La fonte de la neige

Taux de départ et nombre moyen de journées par personne partie pour l'ensemble de la population :

	Taux de départ (en %)		Jours par personne	
	Vacances d'hiver	dont sports d'hiver	Vacances d'hiver	dont sports d'hiver
• Hiver 1974-1975	17,1	4,3	14,3	12,7
• Hiver 1975-1976	18,1	4,8	15,4	13,2
• Hiver 1976-1977	17,9	5,5	14,6	11,4
• Hiver 1977-1978	20,6	6,6	13,7	10,2
• Hiver 1978-1979	22,1	7,1	13,9	10,4
• Hiver 1979-1980	22,7	7,8	14,3	10,0
• Hiver 1980-1981	23,8	7,9	14,0	9,9
• Hiver 1981-1982	24,6	8,2	14,2	9,8
• Hiver 1982-1983	24,3	9,2	14,4	9,6
• Hiver 1983-1984	26,2	10,0	13,8	9,4
• Hiver 1984-1985	24,9	8,8	14,1	9,8
• Hiver 1985-1986	27,1	9,6	13,9	9,5
• Hiver 1986-1987	28,0	8,8	14,8	9,2
• Hiver 1987-1988	28,2	8,8	14,1	9,1
• **Hiver 1988-1989**	**27,3**	**7,9**	**13,8**	**8,8**

Taux de départ et nombre moyen de journées par personne partie pendant l'hiver 1988-1989, selon la commune de résidence et selon la catégorie socioprofessionnelle :

	Taux de départ (en %)		Jours par personne	
	Vacances d'hiver	dont sports d'hiver	Vacances d'hiver	dont sports d'hiver
Commune de résidence				
• Commune rurale	18,1	5,5	11,5	8,2
• Commune urbaine (hors agglomération parisienne)	27,2	8,2	14,0	8,6
• Agglomération parisienne (sauf Paris)	39,4	11,9	14,5	9,7
• Ville de Paris	57,2	9,6	16,0	10,4
Catégorie socioprofessionnelle				
• Exploitants et salariés agricoles	11,6	3,5	12,5	8,2
• Patrons de l'industrie et du commerce	23,4	8,4	11,1	8,4
• Cadres supérieurs et professions libérales	64,8	27,3	13,6	8,5
• Cadres moyens	44,3	15,7	12,8	8,7
• Employés	28,5	5,8	11,8	8,7
• Ouvriers qualifiés, contremaîtres	18,0	5,4	11,0	8,7
• Ouvriers non qualifiés	9,7	1,4	19,7	12,6
• Retraités	19,9	1,7	18,7	12,4

La durée moyenne des vacances d'hiver tient compte des vacances prises à Noël et de celles prises plus tard, en particulier au moment des vacances scolaires.

INSEE

moins de 50 ans, qui leur préfèrent de plus en plus la campagne.

La mer a représenté un cinquième des séjours, en augmentation depuis deux ans, mais le taux reste inférieur au maximum enregistré en 1986-87 (21,5 %). Les plus fervents adeptes de la mer sont les cadres moyens, les retraités, les Parisiens et les personnes de 65 ans et plus. Les séjours à l'étranger tendent à augmenter, mais la part des vacances au « soleil d'hiver » (à la mer, à l'étranger) ne représente que 4 % de l'ensemble des séjours.

Les séjours à la campagne se déroulent en majorité chez des parents ou amis. La location est la plus utilisée pour les sports d'hiver. Les patrons, cadres supérieurs, retraités constituent la clientèle principale des hôtels.

N Le ski en recul

7,9 % de Français se sont rendus dans les stations de sports d'hiver en 1988-89.

Les écarts entre les catégories sociales sont encore plus marqués que pour les départs en vacances d'hiver en général. Les cadres supérieurs sont proportionnellement 20 fois plus nombreux à partir aux sports d'hiver que les ouvriers non qualifiés, 8 fois plus que les agriculteurs, 6 fois que les employés. La « démocratisation » de la neige est donc encore loin d'être réalisée. Les retraités (âgés et donc peu tentés par le ski, que beaucoup n'ont jamais eu l'occa-

sion de pratiquer) ne sont quasiment pas représentés : moins de 2 % se rendent aux sports d'hiver.

Le taux de départ en vacances d'hiver s'est accru régulièrement jusqu'en 1983-84, favorisé par la généralisation de la cinquième semaine de congés payés ; il est en diminution depuis l'hiver 1986-87. Le manque de neige, le coût de ce type de vacances et la concurrence d'autres formules expliquent cette évolution.

La durée moyenne des séjours aux sports d'hiver diminue.

La durée des séjours aux sports d'hiver n'a pas suivi l'augmentation de celle des départs en vacances d'hiver. Après avoir atteint un maximum de 13,2 jours par personne en 1975-76, elle a diminué presque régulièrement depuis, passant au-dessous de 9 jours en 1988-89.

Les raisons de la désaffection de certaines catégories sociales vis-à-vis des sports d'hiver sont sans doute d'abord économiques ; le budget d'une famille de quatre personnes, dont deux enfants en âge de skier, atteint vite 10 000 francs pour une semaine, ce qui décourage bon nombre de prétendants à l'ivresse des cimes. A budget égal, certaines familles préfèrent aujourd'hui chercher le soleil des Baléares ou d'autres destinations proches.

L'offre en hausse, la demande en baisse

Le faible enneigement des hivers 1988, 1989 et 1990 a eu pour conséquence des réservations plus tardives et des annulations plus nombreuses. Certaines stations connaissent donc des difficultés, d'autant que des investissements considérables ont été réalisés au cours des dernières années pour accroître les capacités d'accueil et le nombre des remontées mécaniques.
Si le mauvais enneigement persistait au cours des prochaines années, l'offre pourrait s'avérer de plus en plus excédentaire par rapport à une demande qui n'est pas insensible à d'autres formules de vacances, moins chères, moins contraignantes ou plus exotiques.
La tenue des jeux Olympiques d'hiver de 1992 en Savoie devrait cependant stimuler la fréquentation des stations de ski. D'autant que les travaux d'aménagement routier permettront de réduire considérablement les difficultés de circulation au moment des vacances scolaires.

Week-ends :
les vacances hebdomadaires

Les fins de semaine représentent, par leur côté régulier et répétitif, un aspect particulier des vacances des Français. Si le repos dominical est une vieille conquête (presque centenaire), son jumelage avec le samedi (ou le lundi pour les commerçants) est beaucoup plus récent.

Même si certains Français n'en bénéficient pas, du fait de leurs conditions de travail particulières, la plupart apprécient cette parenthèse hebdomadaire entre deux semaines de travail.

Le dimanche reste un jour exceptionnel.

Pour la plupart des Français, il est synonyme de fête et de famille, une pause nécessaire dans un emploi du temps généralement chargé. Neuf Français sur dix le passent en famille et il n'est pas rare que trois générations se retrouvent ; les jeunes de moins de 35 ans mariés se déplacent fréquemment chez leurs parents pour déjeuner avec eux, avec leurs propres enfants.

Les Français aiment les dimanches

- 86 % des Français aiment le dimanche, 11 % peu, 3 % pas du tout.
- Habituellement, 56 % retrouvent la famille, rencontrent des amis, 50 % regardent la télévision, 43 % se promènent, 33 % flânent chez eux, 32 % jardinent ou bricolent, 32 % lisent ou écrivent de la musique, 21 % dorment ou font la sieste, 20 % s'occupent de leurs enfants, 20 % cuisinent ou vont au restaurant, 16 % font du sport, 16 % travaillent, 11 % prennent le temps de prier, 9 % vont au marché ou font les courses, 4 % vont au cinéma.
- Pour 42 % des Français, le dimanche a une signification religieuse, pour 58 % non.
- Pour 76 %, le dimanche est le dernier jour de la semaine, pour 23 % le premier.

Pèlerin Magazine/Sofres, avril 1990

Le repas de midi est en effet une étape importante du rituel dominical. 60 % des familles font plus de cuisine le dimanche ; la plupart privilégient la cuisine traditionnelle (poulet, gigot...) et terminent le repas par un gâteau.

Les loisirs dominicaux n'évoluent guère : la famille, les amis et la télévision y tiennent la plus grande place. Mais une autre tradition, celle de la messe, est au contraire en nette diminution ; moins d'un quart des ménages se rendent à l'église le dimanche.

Les Français passent en moyenne 7 week-ends hors de chez eux chaque année, mais 52 % ne partent jamais.

2 500 000 ménages possèdent une résidence secondaire. 20 % n'y vont pratiquement jamais, 43 % s'y rendent régulièrement, toute l'année ou seulement à la belle saison. Ceux qui partent le plus fréquemment appartiennent aux catégories aisées : 14 % des cadres supérieurs au moins 15 fois dans l'année, contre 6 % des ouvriers et 4 % des retraités.

Les départs en week-end ne s'expliquent pas seulement par le nombre élevé des résidences secondaires. Beaucoup de Français vont à l'occasion passer un ou deux jours chez un membre de leur famille ou chez des amis. Les Parisiens sont sans conteste les champions dans ce domaine. Les bouchons qui se forment sur les autoroutes au départ de la capitale dès le vendredi soir en sont l'illustration.

Les week-ends des Français

- 4 % des Français partent en week-end toutes les semaines, 13 % une ou deux fois par mois, 26 % quelquefois dans l'année, 24 % rarement, 31 % jamais.
- 10 % vont en général dans leur résidence secondaire, 55 % chez des parents, 43 % chez des amis, 13 % à l'hôtel, 16 % en camping.
- 90 % utilisent en général la voiture, 11 % le train, 4 % le car, 3 % l'avion. 28 % font moins de 100 km pour se rendre sur leur lieu de séjour, 34 % entre 100 et 200 km, 26 % entre 200 et 500 km, 8 % plus de 500 km.
- 7 % partent le vendredi après-midi, 23 % le vendredi soir, 24 % tôt le samedi matin, 33 % le samedi en fin de matinée ou en début d'après-midi.

Figaro Magazine/Sofres, juillet 1989

S ➤ 43 % des hommes et 38 % des femmes préfèrent aller à la montagne pour les vacances d'hiver, 44 % des hommes et 46 % des femmes préfèrent aller dans un pays chaud.
➤ 21 % des séjours d'hiver débutent pendant les vacances scolaires de Noël, 26 % pendant les vacances de Pâques.

Le soleil d'hiver de plus en plus recherché

Dire Emotions

GRANDES VACANCES

56 % de départs en 1989 ● Fragmentation plus fréquente, mais séjours moins longs ● Destination France, mer, soleil ● Un départ sur huit, un séjour sur cinq à l'étranger ● Davantage de sport et d'activités culturelles

Les parcs de loisirs sont des nouvelles destinations de week-end.

Le développement des parcs de loisirs constitue une illustration de l'évolution des modes de vie. Concurrents des résidences secondaires, des stations de ski, des vacances traditionnelles, ils constituent un nouveau type de loisir. Pour beaucoup de familles, ils constituent aussi une alternative à la « journée télé » du dimanche, un moyen de se procurer des émotions fortes (manèges), de se retrouver dans un environnement différent (parcs à thème), bref de se donner le sentiment de vivre intensément.

Certains parcs connaissent cependant des difficultés, à cause de tarifs d'entrée parfois dissuasifs et du fait qu'ils s'adressent plus aux enfants qu'aux familles.

> S ➤ 22 % des vacanciers d'hiver acceptent une dépense de 1 000 francs par personne et par semaine, 21 % de 1 500 francs, 22 % de 2 000 francs, 12 % de 2 500 francs, 7 % de 3 000 francs.
> S ➤ 32 % des Français font la grasse matinée le dimanche, 68 % non.
> S ➤ 18 % des Français seulement recourent à un intermédiaire pour organiser leurs vacances d'hiver, 69 % dans le cas de séjours à l'étranger.
> S ➤ 7 millions de Français se rendent plus ou moins fréquemment aux sports d'hiver. Ceux qui partent le plus sont les habitants de l'Île-de-France, de la Normandie et du Centre ; ceux qui partent le moins habitent l'Alsace et la Franche-Comté.

Partir, c'est vivre

Pour beaucoup de Français, les « vraies » vacances restent celles de l'été. Le soleil de la mer ou de la campagne vient récompenser onze mois d'efforts, de contraintes, voire de frustrations. Pour être réussies, les vacances doivent donc marquer une rupture avec la vie quotidienne : farniente, bronzage, gastronomie, fête et insouciance...

Mais d'autres refusent que l'équilibre de leur vie soit fait d'une moyenne entre deux périodes (de longueur très inégale) dont l'une serait caractérisée par la contrainte, l'autre par le défoulement. C'est cette seconde conception de l'emploi du temps de la vie qui tend aujourd'hui à se développer parmi les Français.

56 % des Français sont partis en vacances au cours de l'été 1989.

Le taux de départ en vacances s'était considérablement accru jusqu'au milieu des années 80 (plus un tiers en vingt ans). Après un fléchis-

Un été 89

Evolution du taux de départ en vacances d'été et de la durée des séjours :

	1965	1970	1980	1981	1982	1983	1984	1985	1986	1987	1988	1989
• Taux de départ (%)	41,0	44,6	53,3	54,3	54,5	55,2	53,9	53,8	54,1	54,2	55,5	**56,5**
• Proportion de séjours à l'étranger (%)	-	-	16,5	17,1	17,1	14,9	16,9	16,7	18,5	18,0	19,0	**19,0**
• Durée moyenne de séjours (jours)	27,2	27,3	24,9	24,8	24,8	24,7	24,7	24,6	24,0	23,5	23,4	**23,3**

Taux de départ en été 1989, selon la catégorie socioprofessionnelle et le lieu de résidence (%) :

Catégorie socioprofessionnelle	1989	Commune de résidence	1989
• Exploitants et salariés agricoles	29,3	• Commune rurale	44,8
• Patrons de l'industrie et du commerce	56,8	• Agglomération (hors parisienne)	56,9
• Cadres supérieurs et professions libérales	85,4	• Agglomération parisienne (hors Paris)	75,6
• Cadres moyens	76,8	• Ville de Paris	76,6
• Employés	63,2		
• Ouvriers qualifiés, contremaîtres	54,5	**Ensemble de la population**	**56,5**
• Ouvriers non qualifiés	43,6		
• Retraités	40,3		
Ensemble de la population	**56,5**		

Répartition des journées de vacances d'été 1989 selon le mode d'hébergement et l'endroit (%) :

Hébergement	1989	Lieu	1989
• Résidence principale (parents, amis)	27,3	• Mer	37,4
• Tente et caravane	19,9	• Campagne	20,0
• Location	16,6	• Montagne	8,5
• Résidence secondaire	14,0	• Ville	6,3
• Résidence secondaire (parents, amis)	10,1	• Autres	27,8
• Hôtel	4,9		
• Village de vacances	4,9	**Total**	**100,0**
• Auberge de jeunesse et autres	2,3		
Total	**100,0**		

INSEE

sement en 1986 et 1987, les départs ont augmenté de deux points au cours des deux dernières années. Comme pour les vacances d'hiver, les différences entre catégories sociales sont marquées. Les cadres supérieurs et membres des professions libérales sont proportionnellement trois fois plus nombreux à partir que les agriculteurs et deux fois plus que les retraités. Les habitants des grandes villes (surtout Paris et son agglomération) partent plus que ceux des petites agglomérations. Les personnes âgées de 50 ans et plus partent moins que les plus jeunes.

Malgré l'accroissement du taux de départ en vacances, près de la moitié des Français restent chez eux. Certains parce qu'ils hésitent à se mêler à la foule des vacanciers, d'autres parce

Concurrence Moderne

Je veux bien payer 950 Francs.
Mais je ne veux pas qu'on soit 950.

jumbo
Pour partir avec ceux qu'on aime

Voyager, c'est vivre

qu'ils ont des travaux à faire, un autre métier à exercer, d'autres encore parce qu'ils n'ont pas les moyens financiers suffisants.

L'effet de génération

Ce sont les jeunes de moins de 20 ans et les adultes entre 30 et 50 ans qui, aujourd'hui, partent le plus en vacances au cours des mois d'été. C'étaient les mêmes personnes, il y a dix ans, qui partaient déjà le plus. Les premières étaient alors à peine adolescentes, les secondes avaient entre 20 et 40 ans. Ce phénomène, s'il était encore vérifié au cours des prochaines années, suggérerait que certaines générations sont plus attachées aux vacances que d'autres. On observe que les premiers sont nés après 1968, les seconds entre 1940 et 1960. La génération post-soixante-huitarde et celle de l'après-guerre ont peut-être en commun une conception moderne des loisirs.

Violette Filipowski, INSEE

Les Français partent plus souvent que les autres Européens.

56 % des habitants de la CEE partent chaque année au moins une fois en vacances hors de leur domicile pour une durée d'au moins quatre jours. Les taux les plus élevés sont ceux des pays du Nord : Pays-Bas, Danemark, Grande-Bretagne, RFA. Les départs en vacances concernent

moins de la moitié des Portugais, des Irlandais, des Belges, des Espagnols et des Grecs. De tous les Européens, les Français sont les plus nombreux à partir plusieurs fois dans l'année (27 %, contre 19 % pour l'ensemble de la CEE), du fait des cinq semaines de congés légaux ainsi que des incitations et obligations à fractionner les congés.

Les deux tiers des Européens ont déjà visité un ou plusieurs autres pays de la Communauté, mais les vacanciers des pays du Sud sont moins nombreux que ceux du Nord à se rendre à l'étranger. 41 % des Européens partent en vacances en juillet ou août. 8 % partent en voiture, 32 % séjournent à l'hôtel ou dans une pension. La moitié choisissent la mer.

Micro-entretien

GILBERT TRIGANO *

G.M. - *Les vacances sont-elles une spécialité française ?*

G.T. - Dans le domaine des loisirs, le modèle est anglo-saxon. En ce qui concerne les vacances, il est français. La France a été la première au monde à reconnaître le droit aux congés payés. Grâce à Léo Lagrange, en 1936, une avance considérable a été prise dans ce domaine, malgré la rupture de la guerre. Dès que la vie a retrouvé son cours normal, les vacances ont pris une importance primordiale dans la vie des Français. Les loisirs et les vacances sont deux domaines qui s'interpénètrent et se croisent aujourd'hui. Il conviendra donc de réaliser une synthèse de ces deux envies devenues deux besoins.

---

* Président du Club Méditerranée.

Les vacanciers partent moins longtemps...

La durée moyenne des vacances d'été a diminué régulièrement au cours des années 80 : 23,3 jours en 1989 contre 24,5 jours en 1979. A l'exception des personnes âgées, ceux qui partent le plus (cadres, professions libérales) sont aussi ceux qui partent le plus longtemps. La plus longue durée des vacances des ouvriers non qualifiés s'explique par la forte proportion d'étrangers, qui profitent des vacances d'été pour retrouver leur famille.

On observe aussi que ceux qui prennent les vacances les plus longues sont ceux qui les fractionnent le plus. Enfin, ceux qui disposent d'un niveau de vie élevé partent pour des séjours plus courts et plus nombreux que la moyenne : 1,6 séjour pour les personnes gagnant plus de 300 000 F par an ; 1,2 pour celles gagnant moins de 100 000 F.

...et ils dépensent moins.

Au cours des années 80, la stagnation du pouvoir d'achat et la généralisation de la cinquième semaine de congés ont contraint les Français à surveiller leur budget de vacances d'été, afin de pouvoir partir plus souvent. Les dépenses consacrées aux distractions et à l'alimentation ont été les premières touchées. Les abus constatés dans certaines régions touristiques françaises ont aussi contribué à cette évolution des comportements. Beaucoup d'hôteliers et de restaurateurs ont vu leur chiffre d'affaires stagner, voire régresser au cours des dernières années.

Congés payés : la longue marche

Les Français ont entamé leur conquête des vacances en 1936 ; pour la première fois, les salariés disposaient de deux semaines de congés payés par an. Ils n'ont cessé depuis de gagner de nouvelles batailles : une troisième semaine en 1956, une quatrième en 1969, une cinquième en 1982. Beaucoup, par le jeu de l'ancienneté ou de conventions particulièrement avantageuses, disposent en fait d'au moins six semaines de congés annuels. De sorte que la France arrive en seconde position dans le monde pour la durée annuelle des vacances, derrière la RFA.

E ➤ La France attend 45 millions de touristes en 1990, dont 2,7 millions d'Américains, un million de Japonais.
➤ La France est le premier pays touristique en Europe et le deuxième dans le monde. Le solde commercial du tourisme a été excédentaire de 40 milliards de francs en 1989, année du bicentenaire.
➤ La France compte 20 000 hôtels et 500 000 chambres. Le prix moyen des chambres varie de 220 F en deux étoiles à 750 dans la catégorie luxe.

Destination soleil

La grande majorité des vacanciers restent fidèles à l'Hexagone, bien que le nombre des séjours à l'étranger augmente faiblement. La mer et son complément naturel, le soleil, ont de plus en plus la préférence des Français.

87 % des vacanciers sont restés en France en 1989.

Cette très forte proportion ne varie guère dans le temps, malgré la baisse des prix des transports aériens. Elle est très supérieure à celle que l'on mesure dans d'autres pays.

On peut voir trois raisons à ce phénomène. La première est la richesse touristique de la France, avec sa variété de paysages et son patrimoine culturel. La seconde est le caractère plutôt casanier et peu aventurier des Français. Enfin, les contraintes financières ont pesé d'un poids croissant au cours des années 80, avec la stagnation ou parfois la régression du pouvoir d'achat, et l'accroissement récent des inégalités de revenus.

En 1989, 46 % des séjours ont été effectués à la mer.

L'image symbolique de la mer baignée de soleil reste fortement ancrée dans l'inconscient collectif. Pourtant, les Français en connaissent bien les inconvénients estivaux : difficulté d'hébergement, inflation des prix, omniprésence de la foule... C'est pourquoi ils se tournent plus volontiers vers les régions intérieures, plus accessibles, qui gagnent à être connues.

Les séjours à la campagne et à la montagne sont en régression ; ils ne représentaient respectivement que 22 % et 13 % des séjours. La campagne intéresse surtout les ménages urbains les plus modestes et les retraités.

13 % des vacanciers sont allés à l'étranger.

Un vacancier Français sur huit seulement se rend à l'étranger. C'est très peu par rapport aux autres Européens : 64 % des Néerlandais, 60 % des Allemands, 56 % des Belges, 51 % des Irlandais, 44 % des Danois et 35 % des Anglais partent en vacances dans un autre pays.

Le taux de départ à l'étranger est tout de même passé de 10,3 % à 13,4 % en dix ans. Mais, comme certains partent plusieurs fois, 19 % des séjours se déroulent à l'étranger. Il est plus élevé chez les jeunes de 14 à 24 ans, ainsi que chez les adultes de 40 à 50 ans, les Parisiens, les cadres et les patrons. Le taux élevé des ouvriers non qualifiés s'explique par les voyages d'immigrés dans leur pays d'origine.

L'exotisme, mais pas le risque

Un départ sur huit, un séjour sur cinq à l'étranger

Part des vacances d'été à l'étranger (en %) :

	1977	1986	1989
• Taux de départ à l'étranger	10,4	12,0	13,4
• Part des séjours à l'étranger	18,0	18,5	19,0
dont dans famille proche	*6,0*	*7,5*	*7,1*

INSEE

CEP/Euro-impressions

La péninsule Ibérique et le Maghreb sont les principales destinations.

La quête du soleil explique que les plus grands courants de migration se font dans le sens nord-sud. La plupart des départs concernent les destinations européennes proches comme l'Espagne et le Portugal, qui représentent à elles deux le tiers des départs. L'Afrique du Nord est une destination de plus en plus fréquente, Les pays plus lointains (Egypte, Thaïlande, Amérique du Sud) prennent une part croissante depuis quelques années. On constate une diminution importante de la place de l'Italie : 9,4 % des séjours en 1989 contre 15,4 % en 1979. L'attirance des pays de l'Est, plus accessibles depuis leur libéralisation, devrait se faire sentir au cours des prochaines années ; en 1989, la moitié des séjours se déroulaient en Pologne.

Cap au sud

Répartition des séjours de vacances d'été 1987 à l'étranger, par groupe de pays (en %) :

	1989	1977
• Andorre, Espagne, Portugal	35,9	38,7
• Algérie, Maroc, Tunisie	15,2	9,1
• Italie	9,4	15,3
• Grèce, Monaco, Turquie, îles méditerranéennes	6,9	3,8
• Îles Britanniques	5,2	7,2
• Yougoslavie	1,8	2,1
• Europe de l'Ouest (autres pays)	13,6	13,4
• Europe de l'Est (y compris URSS)	2,0	2,6
• Pays lointains	7,9	5,9
• Autres circuits	2,1	1,9

INSEE

Vacances en tout genre

Pour beaucoup de Français, les vacances restent un temps privilégié pour se reposer, « se changer les idées », « recharger les batteries » avant une nouvelle année de travail. Ce sont surtout des adultes d'âge mûr (30 à 50 ans).

Les partisans des vacances actives se recrutent plutôt chez les jeunes. Mais le mouvement gagne peu à peu d'autres catégories. La formule des « 3 S » (soleil, sable, sexe) semble donc reculer devant celle des « 3 A » : activité, apprentissage, aventure. Une preuve supplémentaire que la frontière qui sépare la vie quotidienne de la vie de loisirs s'estompe.

Les motivations varient avec l'âge.

La majorité des Français en vacances déclarent vouloir « vivre leurs fantasmes ». Mais l'affirmation recouvre des réalités différentes selon les individus. Le sport occupe la première place chez les moins de 40 ans. Parmi les plus jeunes (moins de 20 ans), la recherche de l'aventure amoureuse tient également une place importante. Les vacances sont souvent pour les adolescents l'occasion du premier flirt et des premiers rapports sexuels.

A côté (ou à la place) des activités physiques en tout genre, la lecture est assez largement pratiquée par les vacanciers. Les enquêtes disponibles ne permettent pas de dire si c'est parce qu'ils regardent moins la télévision que pendant l'année (faute, souvent, de disposer d'un poste) ou parce que l'ambiance des vacances est plus propice à ce type de loisir.

Les activités sportives restent les plus pratiquées...

Pour beaucoup, les vacances constituent une occasion unique de s'initier à la pratique d'un sport ou de se perfectionner. Les préférences vont au tennis et au cyclisme, suivis de près par la planche à voile. Les stages d'initiation ou de perfectionnement connaissent depuis quelques années un succès considérable. Après le tennis, le golf attire chaque été un nombre croissant de vacanciers stagiaires. Les formules de « vacances aventure » (trekking, escalade, circuits à pied ou en voiture tout-terrain) sont également davantage recherchées. Les phénomènes de mode ne sont évidemment pas absents de ces nouveaux comportements.

E ➤ Chaque année, 20 000 Français victimes d'un accident ou d'une maladie sont secourus ou rapatriés par les organismes d'assistance.
E ➤ 3 millions de Français partent chaque année en vacances à l'étranger en voiture. 30 000 sont accidentés à l'étranger.
E ➤ Un vacancier sur dix recourt aux services d'un organisme spécialisé.

...mais les activités culturelles sont de plus en plus recherchées.

Un nombre croissant de Français souhaitent profiter des vacances pour enrichir leurs connaissances et découvrir des activités auxquelles ils n'avaient jamais eu l'occasion de s'intéresser. Les possibilités qui leur sont offertes sont aussi de plus en plus nombreuses, que ce soit pour s'initier à l'informatique, à la pratique d'un instrument de musique ou à la dégustation des vins. Les organisateurs de vacances multiplient les formules culturelles ; artistiques, traditionnelles ou récentes, qui permettent à chacun de faire apparaître ou de réveiller une vocation enfouie.

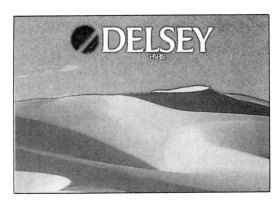

Une occasion de changer d'univers

Joker

Les Français recherchent de plus en plus des vacances intelligentes et utiles.

Les motivations qui poussent les Français à ne pas « bronzer idiot » en vacances sont de deux ordres. Il y a la volonté, d'abord, de *progresser* à titre personnel, en profitant d'une période privilégiée, sans autres contraintes que celles qu'on s'impose. Il est ainsi possible de mettre à jour ses connaissances et de s'adapter à l'évolution de plus en plus rapide des techniques, des métiers et des modes de vie.

Beaucoup de vacanciers éprouvent également le désir de *s'épanouir* en découvrant de nouveaux domaines, en laissant s'exprimer des penchants personnels pour telle ou telle activité qu'ils n'avaient pu jusqu'ici explorer. Pour enrichir leurs connaissances ou leur expérience et, qui sait, faire un jour d'un hobby découvert en vacances un véritable métier dans lequel ils pourront s'épanouir.

Il en est donc des vacances comme de toutes les activités ; la séparation, jusqu'ici totale, entre les périodes de congés et celles consacrées au travail apparaît de moins en moins satisfaisante. Pour beaucoup, l'équilibre de la vie ne peut résider dans le contraste entre des occupations opposées, mais, au contraire, dans une plus grande intégration de chacune dans le quotidien. L'homme est par nature un personnage multidimensionnel. C'est en assumant de façon conti-nue ses différentes composantes qu'il a le plus de chances de trouver l'harmonie. Cet état particulier que l'on appelle aussi bonheur...

➤ La France compte 11 000 terrains de camping, dont près de 9 000 sont aménagés, et 80 000 emplacements, qui accueillent environ 5,5 millions de vacanciers.

➤ Entre 1980 et 1988, les prix des hôtels en France ont augmenté en moyenne de 10 % par an.

S ➤ 80 % des Français étaient satisfaits de leurs vacances d'été 1989.

S ➤ Lorsqu'ils pensent aux vacances, les Français pensent d'abord à « faire du tourisme » (45 %), à « ne rien faire » (31 %), à « faire des connaissances » (27 %), à « faire du sport » (25 %), à « faire la fête » (14 %).

ANNEXE

BIBLIOGRAPHIE

De nombreux ouvrages, chaque année, abordent directement ou indirectement certains aspects de la vie des Français. La liste qui suit mentionne quelques-uns de ceux qui sont parus depuis la précédente édition de FRANCOSCOPIE, et dont nous recommandons la lecture.

• *La France vue d'en face*. Dominique Frischer, Robert Laffont.
• *La France et l'Islam*. Bruno Etienne, Hachette.
• *Le Mal de l'âme*. Denise Bombardier et Claude Saint Laurent, Robert Laffont.
• *Le Cerveau planétaire*. Joël de Rosnay, Olivier Orban.
• *Données sociales 1989*. INSEE
• *L'Etat de l'opinion 1990*. Présenté par Jérôme Jaffré et Olivier Duhamel, Sofres/Seuil.
• *L'Invention de l'Europe*. Emmanuel Todd, Seuil.
• *Le Prochain Monde*. Albert Bressand et Catherine Disler, Seuil.
• *Moeurs et humeurs des Français au fil des saisons*. Philippe Besnard, Balland.
• *La Génération inoxydable*. Michel Cicurel, Grasset.
• *Hexagonie*. Peter Scholl-Latour, Presses de la Cité.
• *La France*. Pierre Chaunu, Robert Laffont.
• *La France illettrée*. Jean-Pierre Vélis, Seuil.
• *D'une France à une autre*. Jean et Jacqueline Fourastié, Fayard.
• *Tant qu'il y aura du grain à moudre*. André Bergeron, Robert Laffont.
• *La Dictature de l'Audimat*. Noël Mamère, la Découverte.
• *La République du Centre*. François Furet, Jacques Julliard, Pierre Rosanvallon, Calmann-Lévy.
• *Justice... vous osez dire justice ?* Guy Thomas, Edition N°1.
• *Les Besoins des Français*. Jacques Méraud, Conseil économique et social, Economica.

• *Gens du privé, gens du public*. François de Singly, Claude Thélot, Dunod.
• *Le Paravent des égoïsmes*. Michèle Barzach, Odile Jacob.
• *La Société humaine*. Léon Schwartzenberg,
• *La Connaissance inutile*. Jean-François Revel, Grasset.
• *La société des enfants gâtés*. Bernard Préel, la Découverte.
• *Les Pratiques culturelles des Français, 1973-1989*. Ministère de la Culture et de la Communication, la Découverte/ la Documentation française.
• *Nouvelle enquête sur les pratiques culturelles des Français* en 1989. Ministère de la Culture et de la Communication, la Documentation française.
• *La Scolarité démystifiée*. Simone Bibal et Dominique Ettori, Balland.
• *La Terre en otage*. Renaud Vié le Sage, Seuil.
• *L'Inertie polaire*. Paul Virilio, Christian Bourgois.
• *Le Contrat naturel*. Michel Serres, François Bourin.
• *La Terre va-t-elle cesser de tourner ?* Haroun Tazieff, Seghers.
• *Lignes d'horizon*. Jacques Attali, Fayard.
• *La Démocratie familiale*. Michel Fize, Presses de la Renaissance.
• *L'Abbé Pierre, l'insurgé de Dieu*. Pierre Lunel, Edition N1/Stock.
• *L'Accent du pays*. Jean-Claude Guillebaud, Seuil.
• *Le XXᵉ siècle des femmes*. Florence Montreynaud, Nathan.
• *Les Liturgies de la table*. Léo Moulin, Albin Michel.
• *Dieu des fourmis et des étoiles*. Rémy Chauvin, le Pré aux Clercs.
• *Trois jours en France*. Nathan Image.
• *Rapport Amnesty International 1990*, EFAI.

INDEX

REMERCIEMENTS

Ce livre est avant tout une synthèse des travaux des personnes et des organismes les plus qualifiés dans chacun des domaines abordés. Nous sommes donc très reconnaissants à tous ceux qui ont bien voulu être nos interlocuteurs, nous fournir des informations, parfois inédites, et nous prodiguer leurs conseils. Nos remerciements s'adressent en particulier à :

- **Agoramétrie**, Eric STEMMELEN.
- **Chambre Syndicale des Constructeurs d'Automobiles**, Marie-Claude GAUTHERIN.
- **CNAMTS** (Caisse nationale d'assurance maladie des travailleurs salariés), Jacques REVERCHON.
- **CDIA** (Centre de documentation et d'information de l'assurance), Jacques LAMBERT, Chantal HEDAL.
- **CERC** (Centre d'étude des revenus et des coûts), service de presse.
- **CESP** (Centre d'étude des supports de publicité), Corine FABRE, Sophie LELONG.
- **CNC** (Centre national de la cinématographie), Service de l'information et des études.
- **CREDOC** (Centre de recherche pour l'étude et l'observation des conditions de vie), Georges HATCHUEL, Robert ROCHEFORT.
- **Direction générale de la Gendarmerie nationale**, Service des relations publiques.
- **La Documentation française**, Laurent DELMAS.
- **INA** (Institut national de l'audiovisuel), Michèle PISIGO.
- **INED** (Institut national d'études démographiques), Catherine BONVALET, Michel BOZON, François HERAN.

- **Information Marketing**, Odile GIRY, Mireille PROUX.
- **INSEE** (Institut national de la statistique et des études économiques), Marc CHRISTINE, Jean-François MOREAUX, Mireille MOUTARDIER, Jean-Louis L'HERITIER.
- **INSERM** (Institut national de la santé et de la recherche médicale), Docteur HATTON.
- **Institut de l'enfant** (IED), Joël-Yves LE BIGOT.
- **Médiamétrie**, Catherine MANONI.
- **Ministère de la Solidarité, de la Santé et de la Protection sociale,** Marie-France ROMEL.
- **Ministère de l'Education nationale, de la Jeunesse et des Sports**, SPRESE, Service de la prévision, des statistiques et de l'évaluation.
- **Ministère de l'Intérieur,** Service de l'information et des relations publiques, Bernard ROUSSIN.
- **Ministère de la Justice**, Martine BARBARIN, Laurent MALGORN.
- **Ministère de l'Urbanisme, du Logement et des Transports**, Direction de la sécurité et de la circulation routière, Service de presse et des relations extérieures.
- **Radio France Internationale**, Philippe SAINTENY.
- **Secrétariat général de l'épiscopat,** Nicole DENAIN.
- **Secrétariat d'Etat chargé de l'Environnement,** Annie LE MEUR.
- **SID** (Service d'information et de diffusion du Premier ministre), Colette GIRALDON, Nicole FAVARDIN.
- **SECODIP**. Olivier GERADON de VERA, Denis BIED-CHARRETON, Bernard FEVRY.
- **Stratégies**, Nathalie BOUTIGNY.

La mise en pages a été effectuée par Francine MERMET sur ordinateur DYNAMIT COMPUTER (Société GLAAD, Jean-Claude DUGET, Jean-François MOUSSEAU). Les graphiques ont été dessinés avec les logiciels DHG4 et ADDESSIN de ADDE (Carol FRACHON, Marc RISO, Pascal FORTOLAN). L'ensemble de la mise en pages a été réalisé avec le logiciel VENTURA de RANK XEROX (Patrick GILHARD) et l'assistance d'ACT INFORMATIQUE.

QUESTIONNAIRE

FRANCOSCOPIE correspondra d'autant mieux à vos propres attentes que vous nous les ferez connaître. Merci de remplir le questionnaire ci-dessous, de le découper et de le retourner à :

LAROUSSE-FRANCOSCOPIE ,17, rue du Montparnasse 75298 PARIS CEDEX 06

ETES-VOUS SATISFAIT (cochez la case correspondante) :

1. Du livre dans son ensemble ?

   ❐   ❐   ❐
  oui   moyen   non

Commentaires :

2. De la structure des chapitres ?

   ❐   ❐   ❐
  oui   moyen   non

Commentaires :

3. De la présentation générale ?

   ❐   ❐   ❐
  oui   moyen   non

Commentaires :

4. Des textes et des analyses ?

   ❐   ❐   ❐
  oui   moyen   non

Commentaires :

5. Des graphiques et des tableaux ?

   ❐   ❐   ❐
  oui   moyen   non

Commentaires :

6. Des photos et des dessins d'illustration ?

   ❐   ❐   ❐
  oui   moyen   non

Commentaires :

QUELLE EST VOTRE UTILISATION PRINCIPALE DU LIVRE ?

   ❐   ❐
 professionnelle   non professionnelle

COMBIEN DE PERSONNES UTILISENT VOTRE EXEMPLAIRE ?

  ❐   ❐   ❐   ❐   ❐
  1   2   3   4   plus de 4

QUELLES EDITIONS PRECEDENTES AVEZ-VOUS ACHETEES OU UTILISEES ?

   ❐   ❐   ❐   ❐
 La première (1985) La deuxième (1987) La troisième (1989) Aucune

AVEZ-VOUS CONSTATE DES AMELIORATIONS DANS LA DERNIERE EDITION ? LESQUELLES ?

COMMENT AVEZ-VOUS CONNU FRANCOSCOPIE ?

   ❐   ❐   ❐   ❐
 Publicité Bouche à oreille Librairie Autre (préciser)

QUELLES SONT VOS SUGGESTIONS POUR LA PROCHAINE ÉDITION (contenu, structure, présentation...) ?

Facultatif :

NOM :   **Prénom :**   **Profession :**

Age :   **Adresse :**

145

Réalisation des films sur linotype par CODEMA, Levallois-Perret.

Mame Imprimeurs - 37000 Tours
Dépôt légal Octobre 1990 - N° de série éditeur 16260.
Imprimé en France *(Printed in France)* 503090 A - Septembre 1991.